LES TROIS DERNIERS CHAGRINS DU GÉNÉRAL DE GAULLE

ANNE ET PIERRE ROUANET

LES TROIS DERNIERS CHAGRINS DU GÉNÉRAL DE GAULLE

Le Grand-Livre-du-Mois

MODE D'EMPLOI

Ceci est un récit d'aventures, et — si l'on veut rendre à un vieux mot son sens technique — une chanson de geste.

L'Histoire a créé entre le général de Gaulle, les Français et quelques autres peuples des liens affectifs d'une nature spécifique. Avec d'autres meneurs politiques, il arrive qu'une nation traite; avec de Gaulle, une génération, tantôt contente de lui et tantôt pas, a partagé. On serait même furtivement tenté de se demander si cette génération ne se distinguera pas par le fait qu'un seul homme y ait imprimé sa marque; ainsi s'expliquerait peut-être que le nom du général de Gaulle intrigue les générations suivantes.

L'intention du présent récit est de mettre ses lecteurs en situation d'accompagner à nouveau ce personnage dans ses dernières aventures, telles que sa vie le conduisait à les vivre, dans leur épaisseur humaine.

Rarement homme public aura été de son vivant recouvert d'une telle croûte d'interprétations. En les décapant, nous avons été plus d'une fois surpris de trouver une vérité très opposée à l'usage établi. Or, elle était simple

*
* *

Pour demeurer à l'intérieur de l'authenticité du général de Gaulle, nous avons utilisé le style direct entre guillemets dans trois cas exclusivement : c'est-à-dire quand les phrases nous ont été rapportées soit par celui qui les a prononcées, soit par celui qui les a entendues, soit encore par quelqu'un qui les a recueillies directement d'un acteur. Jamais plus d'un intermédiaire. Au-delà, pas de guillemets.

*
* *

Lorsqu'une phrase est reproduite ici sans référence à une source — cas le plus fréquent — c'est que nous l'avons nous-mêmes recueillie. Il en va *de même pour le récit inédit de maintes scènes, réalisé la plupart du temps par recoupements de plusieurs participants ou témoins immédiats. Le lecteur n'aura pas de mal à les repérer. Le nom de quiconque a bien voulu nous fournir sa contribution figure dans notre livre* à une place ou à une autre, généralement là où le témoin se trouvait mêlé à l'aventure. Nous n'aurions garde de dissimuler nos sources, notre intérêt ayant été de les choisir de qualité.*

Le lecteur va voir au fil des pages qu'elles ont été nombreuses, à tel point qu'il a été impossible d'alourdir d'un tableau d'honneur la présente préface.

Dans tous les cas mention est faite de la personne qui a parlé ou écrit; qu'il soit dit ici que cette mention vaut expression de notre reconnaissance.

Lorsque des témoignages de première main se sont cristallisés dans un livre, nous en signalons la référence. Pour la commodité du lecteur, la liste est groupée en fin de volume; un numéro dans le texte y renvoie.

Quand nous avons ainsi emprunté à un livre, c'est que son auteur avait été acteur ou témoin direct. Notre règle ne nous conduisait pas à invoquer des commentateurs, si grande que nous trouvions la valeur de leur commentaire.

Il va de soi qu'emprunter à un livre revient à souligner le respect qu'on accorde à son importance. C'est recommander cordialement à nos propres lecteurs de le lire aussitôt si ce n'est déjà fait.

Parmi tant de personnes à qui nous payons notre remerciement, qui ne nous approuverait pas d'attirer spécialement l'attention des lecteurs sur les travaux et les richesses de l'Institut Charles de Gaulle. Il y a là un gisement hors de pair, qui ne fait que s'accroître sous l'ardeur des collaborateurs de l'Institut et de leurs invités. Tout témoin de l'époque marquée par le général de Gaulle se doit de porter sa pierre à cet édifice; nul curieux ne peut prétendre assouvir l'intérêt qu'il porte à cette époque tant qu'il n'est pas abonné à la revue Espoir.

Pour désigner le général de Gaulle vivant et agissant, nous n'avons pas cru bon de recourir aux périphrases qu'on lit au socle des statues. Dans la rue, on disait de Gaulle, et nous disons ainsi quand le lecteur est dans la rue avec de Gaulle. A l'Elysée, l'entourage disait le Général et nous faisons de même quand le Général travaille. Personne dans sa maison

---

* A deux exceptions près. Par principe, nous nous sommes interdit les présentations voilées : comment demander au lecteur de faire crédit à l'anonyme, et du coup à nous-mêmes? Cependant, il s'est trouvé deux personnes qui, au moment où allait paraître la première édition du présent livre, étaient dans le risque de subir des représailles pour leurs dires. Comme leur témoignage ajoutait à la substance du récit, nous l'avons utilisé en laissant leur nom en blanc. Mais il a été déposé chez l'éditeur.

n'aurait songé à dire le président de la République, hormis lui-même, dans des circonstances déterminées; nous en faisons autant dans ces circonstances-là.

« Charles de Gaulle » est venu en appellation posthume dans la bouche de ceux qui avaient intérêt à l'embaumer. De son vivant, il n'a été usé de cette appellation — à sa demande — que comme signature de ses livres. On verra à la fin de notre ouvrage quelle portée il attribuait à sa fonction d'écrivain. C'est le seul emploi qu'il ait abordé timidement; son éditeur, Marcel Jullian, l'a raconté bellement et drôlement dans Délit de vagabondage.

* * *

Notre travail d'écriture étant de restituer une authenticité charnelle plutôt qu'une objectivité décharnée, le mouvement des phrases suit le mouvement du héros plus volontiers que celui des auteurs. Si des impatiences ou des enthousiasmes y percent, ce sont ceux qui animaient le personnage central à l'instant décrit. Depuis qu'on fait des livres, il ne s'en est jamais fait de bon que lorsque l'écrivain, le temps de les faire, ressentait les choses et les êtres comme son héros les ressentait. Quitte pour l'écrivain à se mettre dans une autre peau au livre suivant. En littérature, on ne connaît pas d'autre moyen d'avancer dans la vérité d'une aventure. L'écrivain qui n'est pas dans son personnage le temps d'un livre reste à l'extérieur, dirait La Palice. La froideur est faussaire.

N'empêche; depuis qu'on fait des livres, il se trouve toujours quelque plaignant pour vouloir à tout prix qu'un écrivain exprime à travers son personnage ses propres élans. La réalité est plus complexe. Mais le procès est si vieux, le soupçon si ancré, l'accusation si intéressée, qu'on ne voit pas pourquoi seul le présent livre espérerait en être indemne.

A. et P. R.

— J'ai dit ce que j'avais à dire. A présent je vais
rentrer dans mon village.

19 mai 1958.

— Quant à moi, je n'aurais plus, jusqu'à la
mort, qu'à rester dans mon chagrin.

29 mai 1958.

I

LA FELURE

Matin du mardi 25 juillet 1967. 8 h 30. Michel Jobert, directeur du cabinet du Premier ministre, rigole au fond de la voiture, événement dont la relation peut paraître outrée pour qui s'est familiarisé avec les sourires acidulés de M. Jobert. Mais M. Jobert se porte témoin de lui-même :

Michel Jobert (1977) : — Moi je rigolais franchement. »

Le chauffeur rigole, la France, ce matin, rigole. De quoi? Elle ne sait pas trop encore.

Du coup du général de Gaulle? Peut-être, plus directement, de la stupeur mal éveillée des présentateurs de radio. A l'heure du petit déjeuner, ils n'ont pas su par quel bout prendre le coup du Général : « Vive le Québec libre! »

Car, pour toutes les radios d'obédience gouvernementale, chaîne d'Etat ou émetteurs dits périphériques, il s'agit bien d'un coup.

Tous disent « coup de théâtre ».

« Coup de tête », suggèrent plusieurs.

Et déjà à leur accent on devine l'interrogation qui sera dans la presse à partir du lendemain : « Coup de folie? »

Le matin du 25 juillet, les journaux imprimés ne disent encore rien ou presque : le décalage des fuseaux horaires entre Montréal et Paris leur a tout juste laissé le temps — et pour quelques éditions seulement — d'accrocher la mention de ce cri : « Vive le Québec libre! » Mention ajoutée au bas des reportages sur la journée précédente, étonnants reportages et publiés sans entrain, en pages intérieures. Quelques envoyés spéciaux y décrivent un phénoménal bain de foule, sur trois cent cinquante kilomètres de long, ils parlent de bouleversantes retrouvailles entre le Canada français et le président de la République française qui lui parle de prendre en main son propre destin. Mais enfin les envoyés spéciaux, on les connaît dans les rédactions sédentaires : où qu'on les expédie, ils croient que c'est l'axe du monde. Il faut les ramener à leur juste place : en page quatre.

Pour accompagner de Gaulle au Canada, on n'a pas envoyé les meilleurs, et pas nombreux.

Gilbert Pérol * (1976). — C'est un des voyages du Général à l'étranger qui a suscité en France le moins d'intérêt. Je peux en donner comme témoignage la constitution des listes de journalistes accrédités qui voulaient suivre ce voyage. Personne ne se pressait au portillon. Il faut dire aussi que c'étaient les vacances [1]. »

Vacances dont le ministre de l'Information, Georges Gorse, a donné le signal. Puisque de Gaulle s'offrait une balade au Canada, lui pouvait bien s'offrir deux semaines sur la Côte d'Azur. Les directeurs ou rédacteurs en chef des chaînes de radio et de télévision qui, d'habitude, chaque matin, viennent aux consignes de leur ministre, ont physiquement senti le mors se relâcher. Comment n'y pas voir une indication — presque une directive — quant au peu de cas qu'on fera du voyage présidentiel?

Paf! Voici qu'il faut tout à trac faire cas de « Vive le Québec libre! » Non pas tant qu'on le trouve important. Mais d'un bout du monde à l'autre tombent des dépêches sur les « réactions ».

Pour expliquer les retombées, il faut bien que quelque chose ait explosé. Et pour justifier que ça se soit passé sans qu'on l'ait fait prévoir, il faut présenter un coup de théâtre, un coup de tête, et tant pis si l'auditeur comprend coup de folie.

La radio, ce mardi matin 25 juillet 1967, privilégie les réactions mondiales — déjà désobligeantes — par rapport à l'événement. L'événement lui-même, elle le coupe de ses racines.

Ainsi va se forger, pour des motifs techniques très étroits, un malentendu entre de Gaulle et l'opinion française. De cascade en cascade, il se développera jusqu'à ce que de Gaulle quitte la scène.

C'est très précisément à propos de ce cri « Vive le Québec libre! », que Valéry Giscard d'Estaing décochera à de Gaulle le grief de « l'exercice solitaire du pouvoir ». Où le général de Gaulle trouverait-il, en réplique, la démonstration qu'il n'est pas solitaire? Dans le référendum. Il y pensera dès ce moment-là, il croira apercevoir l'occasion en Mai 68; Pompidou imposera l'ajournement, de Gaulle écartera Pompidou, et finalement, à force de laisser Couve de Murville traîner, de Gaulle se prendra les pieds le 27 avril 1969 dans les ficelles mal tendues par Giscard d'Estaing, mieux tendues par Pompidou et par quelques financiers étrangers.

Ce matin 25 juillet 1967, on n'est pas à ces vastes perspectives. Les rédactions des radios improvisent un bouche-trou, et elles le font à partir de Paris, pas à partir du lieu de l'événement.

Le présentateur parisien annonce, résume, situe, puis, « écoutez vous-même », il passe une illustration sonore, trois phrases du discours. Puis, de Paris de nouveau, commentaire. Quant au journa-

---

* Chargé de mission à la présidence de la République de 1962 à 1968, M. Gilbert Pérol avait à la fois dans ses attributions les questions d'information et la préparation des voyages présidentiels.

liste qui, sur place, a enregistré le discours, celui qui a vu quelles gens applaudissaient de Gaulle, et avant, et après, ce journaliste-là n'aura pas la parole.

Tellement maladroites à vouloir surprendre leur public, ces premières émissions du matin, que les auditeurs perçoivent que les plus surpris, ce coup-ci, ce sont les professionnels de la sensation.

L'arroseur arrosé... Ça fait rigoler. Celui qui a ouvert le robinet crée la sympathie. De Gaulle, dans un premier temps, a les rieurs de son côté, et même, confusément, l'adhésion populaire. Ça ne les gêne pas, ça ne les choque pas, les Français qui sont en vacances et ceux qui vont y partir, si de Gaulle fredonne avec impertinence un air de libération. Il y a un côté fête, un côté farce dans toute libération, le plaisir d'arracher les faux masques blafards des pseudo bien-pensants. Voici longtemps que de Gaulle n'avait pas consterné les conformistes. Ce matin, à entendre les conformistes bafouiller, les Français rigolent, le chauffeur rigole, Michel Jobert rigole.

Il est l'un des rares Français à rigoler en connaissance de cause. Pour paiement de son ardeur innombrable et glacée, Pompidou laisse son directeur de cabinet entretenir deux danseuses : la Forêt, et la Francophonie. Le Canada, et le Québec au Canada, Michel Jobert connaît. Pas besoin d'un commentaire de radio pour saisir ce que de Gaulle a voulu dire et voulu faire. Ni pour apercevoir à travers quel réseau de Gaulle a pu prendre le contact du peuple canadien français. Il y a beau temps que Jobert établit ou signe des ordres de mission aux limites de la hardiesse administrative.

A 9 heures quand Jobert, épanoui, entre présenter ses devoirs au Premier ministre, Pompidou lui aussi, sourcil relevé, œil plissé, une façon également de laisser pendre le mégot, Pompidou comme tout le monde a l'air de rigoler. Plus exactement : d'avoir rigolé.

Le Premier ministre (à son directeur de cabinet) : — On va se faire engueuler. »

Tacticien plus que stratège, Pompidou a l'analyse prompte. La suite montrera qu'il a vu juste. Avant qu'ait crevé la double averse des récriminations de l'étranger et de la France, il est déjà à préméditer l'attitude à opposer.

A midi et demi, la télévision française montre — pour la première fois — des passages du discours de Montréal, son avant-dernière phrase notamment : « Vive le Québec... (un mouvement de tête pour appuyer)... librrre! » Deux bras tendus en V, tirés au possible par deux poings fermés.

Pompidou et Jobert regardent ensemble la télévision, à midi et demi, et seuls. Une habitude. Presque unique moment d'intimité entre ces deux timides, sans avoir à se regarder. Pompidou lâche des phrases décousues à mesure des séquences. Jobert, qui les recoud inconsciemment, en reçoit la confidence politique.

A la séquence du discours de Montréal, Pompidou dit :
— Celui-là, il ne me l'avait pas montré. »

Façon de rappeler qu'il avait eu sa part dans la préparation politique du voyage, que de Gaulle lui avait communiqué les couplets rédigés à l'avance. Façon insistante, toujours un peu inquiète, d'un nouveau riche mal encore convaincu de sa bonne fortune. Pompidou s'est toujours flatté (publiquement même, devant les députés en 1964) d'avoir de par sa fonction un accès privilégié aux projets du Général. Il aimait se montrer à l'entresol, entre chef de l'Etat et gouvernement, au lieu de passer pour « le premier des ministres ». Hier encore, lorsque de Gaulle, à Québec, avait commencé à parler de la nécessité pour le Canada français de devenir « maître de lui-même », si Pompidou avait rigolé, c'était d'un air entendu, l'air d'un homme content d'être le seul qui ne puisse pas être surpris.

Aujourd'hui, « on va se faire engueuler ». Un peu soucieux comme s'il pensait que, décidément, les affaires du Général tournent mal dès que lui, Pompidou, n'en a pas la direction.

Au demeurant, Pompidou aime assez, semble-t-il, se poser en bouclier contre l'orage (on le vérifiera en Mai 68). Il ne déteste pas non plus laisser apercevoir qu'il est de taille à payer les pots cassés par les autres.

Y compris ceux que de Gaulle casse? C'est cependant la première fois, on dirait bien, ce mardi 25 juillet 1967, que Georges Pompidou marque ses distances par rapport au Général. Ses collaborateurs — Jobert inclus — soutenaient que jamais le Premier ministre, revenant d'un tête-à-tête avec le président de la République, ne leur avait marqué d'aucun signe la part que l'un ou l'autre interlocuteur avait pu prendre à la décision notifiée. Cette fois-ci, au moment où il prévoit l'orage, Pompidou — souvent franc, étonnamment, mais jamais étourdi ni impulsif — laisse filtrer que ce discours de Montréal a été la part exclusive du Général. Sa faute exclusive? Première fêlure dans la dyarchie? Nous allons en voir d'autres, de plus en plus nettes, à un rythme croissant. Pour déceler celle-ci, il faut encore la loupe.

Depuis la nomination de Pompidou comme Premier ministre, en avril 1962, les points de vue ont souvent différé et sans ménagements. L'épisode le plus connu est le refus opposé par Pompidou à l'exécution du général Jouhaud, qui, selon la lettre des lois, ne dépendait que du chef de l'Etat. On trouverait cent exemples moins saignants. Mais il s'agissait là, chaque fois, de la confrontation normale entre deux personnages conscients de leurs responsabilités civiques et respectueux des responsabilités de l'autre. Ça restait entre eux.

Cette fois-ci, première fois, la réticence minuscule de Pompidou n'est pas adressée au général de Gaulle. On dirait que Pompidou ne se sent plus en situation de conduire la suite de l'affaire à compte à demi avec de Gaulle. On dirait qu'il trace une ligne au-delà de laquelle le Général, s'il veut y aller, ira tout seul.

D'ailleurs, point de dilemme immédiat pour le Premier ministre, aucun récif en vue sur lequel la dyarchie puisse trouver bientôt l'occasion de se rompre.

Michel Jobert, en tout cas, n'a pas senti de fêlure.

Michel Jobert (1977) : — M. Pompidou a pris l'épisode à la rigolade, d'un air de dire : « le Général a mis la dose un peu forte, mais enfin... ». Puis : « Tiens, il ne m'a pas montré ça; j'étais à cent lieues de me douter qu'il y aurait une bombe. » Il a conclu : « Le Général sait ce qu'il fait », sur le ton : il nous étonnera toujours. S'il le disait souvent, demandez-vous? Non.

« En outre, si M. Pompidou m'a parlé de cette façon, en revanche il a dit en substance aux ministres qui commençaient à s'interroger par téléphone : Le président de la République a raison; si ce n'est pas lui qui dit des choses comme ça, qui les dira?; par conséquent, chacun son rôle; après tout, très bien comme ça. »

Michel Jobert refuse d'y voir malice. Il a retenu uniquement la façon dont le Premier ministre s'est mis en mesure de seconder l'action engagée par de Gaulle :

Michel Jobert (1977) : — Je le vis dans son bureau (...) s'amusant comme un sportif quand le vent forcit et que la navigation va être rude [2]. »

Si Pompidou prévoit l'orage, pour le moment, c'est seulement le temps lourd; de Gaulle, sa sonate achevée de Québec à Montréal, sacrifie sa journée de mardi à la visite de l'Exposition universelle. Le gouvernement fédéral canadien, qui doit accueillir de Gaulle le lendemain soir à Ottawa, s'est réuni dès le matin en Conseil des ministres extraordinaire pour examiner s'il fallait prendre ce Québec libre pour du lard ou du cochon. Débat qui l'absorbera jusqu'au soir.

A Paris, les ministres français, pris à contre-pied, aperçoivent que le voyage présidentiel ne se déroule plus dans l'ornière. Le réveil de l'intérêt leur est pénible. Aucun, en tout cas, n'a le réflexe de déclarer à Paris, aux Français, que de Gaulle fait bien de parler Outre-Atlantique.

Le quotidien « Sud-Ouest » (sous la signature de Pierre Sainderichain) : — De Gaulle parle, les ministres se taisent. »

A ce niveau, la fêlure se distingue à l'œil nu.

La nuit suivante (bientôt minuit à Montréal, déjà le petit jour à Paris), le général de Gaulle appelle Georges Pompidou par téléphone. Les transmetteurs du croiseur *Colbert*, ancré dans le Saint-Laurent, assurent l'étanchéité de la communication.

De Gaulle informe Pompidou qu'il n'ira pas à Ottawa. Le gouvernement fédéral canadien déclare « inacceptable » son appel à la libération du Québec. De Gaulle estime inacceptable qu'on déclare inacceptable, etc. Pas fâché, manifestement, de se dispenser des mornes lâchetés du protocole, maintenant qu'il a accompli ce qui l'intéressait.

Si par son coup de téléphone il « consulte le gouvernement », c'est uniquement sur les conséquences à attendre du voyage. Pompidou signale que les Français, hommes politiques en tête, n'ont pas ressenti l'événement créé par le Général; en revanche, ils sentent venir le choc en retour. Le Premier ministre déclare son pessimisme pour les développements à venir. Le Général dit que l'ampleur de l'événement a répondu à ses vœux, qu'il appartient maintenant au gouvernement d'en montrer allégrement l'importance nationale.

Téléphone raccroché, Pompidou traduit : convocation de tous les membres du gouvernement à Orly pour accueillir le Général, et montrer qu'on est solidaire du retour brusqué et de ce qui l'a motivé.

Rien de pressé : le général de Gaulle accomplit le programme prévu dans la province du Québec. Il compte reprendre son avion au milieu de l'après-midi. Avec la différence d'heures, il sera à Paris vers 4 heures du matin, heure locale, le lendemain.

Mécanique ordinaire donc, pour battre le rappel des ministres.

Michel Jobert (1977) : — De toute façon, un tel jour, on n'avait pas grand-peine à trouver les ministres au téléphone. Ils se chargeaient bien d'appeler l'hôtel de Matignon les premiers! »

Le climat gouvernemental n'était donc plus normal, dès ce moment-là?

Jobert : — Oh là là, plus du tout! »

Dans sa thébaïde de Porquerolles, le ministre de l'Information, Georges Gorse, n'a pas été mis sur la voie par l'insolite de la convocation. Il reviendra seulement pour le Conseil extraordinaire du lundi suivant. Il n'a pas saisi que l'affaire québécoise prenait une place primordiale dans les vues du Général. Du fait de son absence, l'exposé de ces vues démarrera avec un handicap de trois jours, qu'il ne surmontera plus.

L'événement, pour les ministres, ce n'est pas la rencontre entre la France et le peuple québécois (ils ne se mettent pas dans la tête ni dans le cœur que ce peuple puisse exister), l'événement commence seulement à la brouille avec le gouvernement d'Ottawa. Le réflexe d'obséquiosité atlantiste que de Gaulle croyait avoir extirpé, le revoici intact au bout de dix ans, au cœur du gouvernement.

De Gaulle voudrait parler de la joie des Français du Canada; la seule importance pour les ministres — et pour la presse derrière eux — sera la grise mine des Anglais. Le porte-à-faux ne disparaîtra plus. C'est lui qu'il faut voir si l'on veut comprendre le déconcertant malaise politique qui va suivre le retour du Général.

Tiré de Londres, un obus de gros calibre vient de faire blêmir les membres du gouvernement français : un éditorial du *Times* dont le titre à lui seul, « Ce ne sont pas des façons », pousse déjà à s'interroger sur l'inconduite du général de Gaulle.

The Times (26 juillet 1967) : — Le mandat du Général comme président de la République française s'étend encore sur cinq années; et, bien qu'il soit possible que son successeur prenne sa place avant 1972, il est nécessaire pour les Français comme pour l'étranger de préparer la ligne de conduite qu'ils auront à adopter durant le long, triste processus du déclin à la dérive du Général. »

Ce n'est pas un simple article. Il est bourré jusqu'à la gueule d'arguments diplomatiques. Tout y passe, depuis la critique de la politique gaullienne du Proche-Orient jusqu'à un appel aux Allemands pour qu'ils cessent d'appuyer de Gaulle dans sa politique de stricte application du Marché commun.

Trop précises, les deux colonnes du *Times*, pour que les ministres français osent y voir seulement l'initiative d'un journaliste. C'est la voix autorisée de la City de Londres.

Ou bien le gouvernement britannique a tenu la main du rédacteur (les ministres français reconnaissent avec frayeur des boutades que leur susurrent les membres de l'ambassade de Sa Majesté, mais ce coup-ci, on ne peut plus feindre qu'il s'agisse d'humour), ou bien ce sont les banquiers qui ont donné la note, et c'est sans doute plus atterrant; les banquiers de Londres, c'est-à-dire les placiers de l'eurodollar; et si l'hypothèse est exacte, c'est que la puissance mondiale des firmes multinationales a jugé l'occasion propice pour déclencher la foudre contre de Gaulle, l'imprudent de Gaulle qui agitait sous le nez des géants son exigence d'en finir avec un système monétaire léonin.

Imprudent? ou fou? Gâteux? « Triste processus d'un déclin à la dérive »?

Le mot de déclin est mis dans la tête des ministres du général de Gaulle, en même temps que leur est tendue la carotte : « Français comme étrangers ont à préparer la ligne de conduite »... On se chuchote dans les ministères la phrase que le Général écrivait sur le Maréchal :

— La vieillesse est un naufrage... »

La bombe du *Times* restera dans l'Histoire. Il est arrivé ce qui n'arrive pas une fois par siècle pour un article de journal : cette bombe s'est logée dans le mille. Peu importe si ce qui est dit du général de Gaulle est inexact. Le ton est donné. L'article du *Times* a été le foyer central qui a irradié tous les autres articles dans la presse mondiale, catéchisme récité par les diplomates et les hommes politiques dans le monde entier, dogme indiscutable pour qui se mêlerait désormais de mentionner le nom du président de la République française. A travers tant de relais, la plupart des journalistes ont perdu de vue l'origine de cette pensée, mais tous l'ont adoptée.

Le détonateur a déclenché la presse française. La voici prolixe, ce mercredi, sur les froissements avec le Canada anglais, elle quasi muette la veille sur les embrassades avec le Canada français. Ignorant la différence, elle dit généralement « le Canada » tout court, ce qui accroît la confusion des lecteurs français : qui comprendra que les Canadiens tournent le dos sans au revoir à de Gaulle, s'il a été aussi cordial qu'on croyait?

Avec le *Times*, voici enfin matière pour les journaux français qui ne pouvaient pas, il est vrai, emplir leurs colonnes avec le blanc du gouvernement français. Le silence, l'inconsistance, l'ignorance, que les ministres ont affichés depuis que le Général a parlé, rien n'était de nature à persuader les journaux qu'il s'agissait d'une politique longuement mûrie et solidement étayée. Les ministres s'affolent de découvrir dans la presse l'image d'une France désorientée. Ils ne s'aperçoivent pas qu'ils ont peur devant leur miroir.

Bientôt le général de Gaulle survole l'Atlantique à rebrousse-poil de la nuit.

Commence, avant l'aube, le carrousel des limousines officielles entre les hôtels des ministères et la piste d'atterrissage à Orly. Le préfet de police, Maurice Grimaud, veille à la sécurité.

Maurice Grimaud : — Peu avant trois heures du matin, j'étais à Orly dans l' « isba* » éclairée a giorno comme si l'on donnait une fête à proximité des grands bâtiments obscurcis de l'aérogare principale. Le ballet des voitures y déposait l'un derrière l'autre les ministres encore un peu chiffonnés par ce réveil nocturne [3]... »

Pas chiffonnés seulement par ça, sans doute... Des maîtres d'hôtel leur offrent une tasse de café; on croirait qu'ils leur administrent un cordial. Roger Frey, ministre d'Etat, l'un des derniers arrivants, s'esclaffe à la vue de ce festin piteux :

— Alors, on se goberge? »

La taquinerie tombe à plat.

Maurice Grimaud : — Comme deux familles brouillées réunies à l'occasion d'une cérémonie, les gens de l'ambassade du Canada, légèrement compassés, et ceux de la délégation du Québec, réprimant mal leur satisfaction, s'épiaient en chuchotant [4]. »

Ne sachant qui est qui parmi ces Québécois et ces Canadiens, les ministres se constipent un peu plus.

Maurice Grimaud : — Le DC8 présidentiel se pose à 4 heures précises. Seuls MM. Pompidou et Messmer (ministre des Armées) se dirigent vers la coupée, tandis que le protocole nous fait placer en rang d'oignon, ministres d'abord, hauts fonctionnaires ensuite, diplomates en face. »

Sur le seuil, de Gaulle, jaillissant de la nuit et de la fête québécoise, découvre cette enfilade livide; il ne se tient plus. Il prend l'air faussement émerveillé du grand-papa devant le gâteau d'anniversaire :

Général de Gaulle : — Oh! Je suis désolé que vous soyez venus si tard m'attendre! »

Maurice Grimaud : — Un Général goguenard, le sourcil levé, comme surpris de trouver tout ce monde. »

---

* Le trafic international utilisait à l'époque les pistes d'Orly. Distinct de l'aérogare et pourvu de ses propres abords, le bâtiment destiné aux accueils cérémonieux était connu sous le surnom d'*isba*. L'atterrissage des avions de ligne était interdit après 23 h 30 et l'aérogare principale fermée.

Dans le dos du Général, les gens qui ont fait le voyage avec lui, une équipe chaleureuse et hilare qui rentre match gagné, encore étourdie de la célébration, des lurons qui chahutent en se bousculant pour voir un peu de ce que contemple leur capitaine : une autre planète, refroidie.

Jean-Daniel Jurgensen (à l'époque, directeur des Affaires d'Amérique au ministère des Affaires étrangères) : — Les ministres faisaient pâle mine. Ils considéraient — ça se voyait! — que leur poste était compromis : « Le Général est devenu fou, on va être débarqués dans deux mois! »

Témoignage d'un autre haut participant (désireux que son entorse au style administratif demeure couverte par l'anonymat) : — Tous déballonnés... »

Si les intéressés ne témoignaient pas pour eux-mêmes, nous aurions eu du mal à identifier ces galapiats au langage de permissionnaires avec les hauts personnages qu'ils étaient redevenus dix ans après, volontiers confits en administration : René de Saint-Légier de la Saussaye *, qui sera ambassadeur; Gilbert Pérol, qui quittera la diplomatie pour la direction générale d'Air France; plus haut gradé et déjà cité, Jean-Daniel Jurgensen; des militaires aussi, encore excités de cette équipée un peu débraillée.

Maurice Grimaud : — L'amiral Philippon (chef de l'état-major particulier) qui n'a pas eu le temps de se changer avant le départ précipité de Montréal, est là dans sa belle tenue blanche à parements d'or (...); je lui rapporte les titres énormes de la presse... »

Amiral Philippon (à Maurice Grimaud) : — Tout compte fait, ça n'est pas plus mal. Les Québécois étouffaient : ça leur donne de l'air. Il fallait les libérer de leur corset. »

Maurice Grimaud (à part soi) : — Je comprends qu'il me reflète ce qui se disait cette nuit dans l'avion du Général, sur l'Atlantique. »

L'aide de camp du Général, François Flohic, commandant de vaisseau, ordinairement chargé de tenir son monde en rang, déborde à l'instar de l'amiral.

Sans oublier celle qu'on oublie toujours, Mme de Gaulle. D'ailleurs en ce moment elle attend dans la voiture présidentielle sans se montrer dans l'« isba ». Etrange cantinière pour une telle troupe, avec sa toque sempiternelle, en fourrure l'hiver et en plumes l'été. Plus guindée que nature dans son univers conformiste, volontiers rabrouée à sa place de servante du foyer, tatillonne sur les petits sujets et semblant ignorer qu'il pût en exister de grands, on lui découvrait parfois — une seconde dans l'année — une indéfectible solidarité avec les recrues même les plus compromises de l'action la plus douteuse. Quiconque avait été dévoué à son mari trouvait auprès d'elle

---

* Conseiller technique à la présidence de la République pour les Affaires extérieures.

indulgence plénière. Force devenait alors de supposer que cette tricoteuse inlassable en savait terriblement plus long qu'on ne l'en croyait capable.

Elle attend dans la voiture comme d'habitude, dirait-on, que ses gaillards s'en retournent de la buvette. Cette espèce de fête où les voici, si inaccessible aux ministres, après tout c'est l'univers ordinaire et paradoxal de cette dame, de Londres à Colombey, d'Alger aux balles du Petit-Clamart (encore une voiture où on oublie qu'elle est...).

Eux, ses garçons, ils avaient pris des couleurs à respirer on ne sait quoi au Québec, l'ozone de l'Histoire peut-être. On aurait dit cette nuit-là qu'ils avaient entrevu la politique, la vraie, et, qui sait, la France? On est tenté de reconnaître dans leur allégresse incongrue celle qu'Edgar Faure, vieux sceptique, a si lucidement discernée chez les gaullistes de la première génération londonienne.

Edgar Faure (1974) : — Il ne suffit pas de noter, pour les comprendre, qu'ils étaient d'accord avec le général de Gaulle; ils s'émerveillaient de penser que le général de Gaulle était d'accord avec eux [5]. »

Chacun d'eux, à sa façon, venait, des années durant, de contribuer à dégager un peu le Québec de sa gangue. Peu ou prou, ils avaient rechargé ce condensateur national. Et voici que de Gaulle avait concentré l'étincelle.

Allez donc expliquer leur emballement à des ministres qui n'avaient pas vécu Londres — enfin, mettons Montréal — et qui attendaient ici le désastre, en rang d'oignon. Tous déballonnés, les ministres?

C'est que eux, par derrière le Général, immense pendard réjoui, et sa troupe d'acolytes enluminés, ils la voient, épouvante!, ils n'ont d'yeux que pour elle, la tache sur le mur, blanche, plus blafarde qu'on la vit jamais :

Maurice Grimaud : — Couve de Murville, un peu triste au dernier rang, comme s'il se demandait ce que tout ça va donner... »

Visage d'ivoire sculpté sous cheveux argentés, la mise en plis de la chevelure enchaînant sur les innombrables replis de la peau, le ministre des Affaires étrangères adore jouer de son physique imperturbable : le Gilles de Watteau, au Louvre. Il s'en sert, il s'en amuse, il en remet. Mais enfin ses collègues du gouvernement, bien qu'il se commette peu avec eux, sont habitués à le déchiffrer. Après tout, son registre comique n'est pas si large. Et là, on voit bien qu'il ne fait pas le clown triste parmi les autres clowns.

Il est ministre des Affaires étrangères. A Montréal, c'est lui qui a soutenu la première onde de choc en retour, c'est lui qui a dû arranger avec le gouvernement fédéral d'Ottawa l'annulation de la rencontre, c'est lui qui a dû trouver des mots (et en secret) pour éviter que l'éclat du Québec ne devienne rupture en Ontario. Il a dû consoler l'ambassadeur condamné à engloutir en tête à tête avec l'ambassadrice, dans ses salons déserts, des dizaines de milliers de petits fours. On ne va pas lui demander de prendre l'air de rentrer d'une goguette comme le reste de la bande!

Seulement Couve de Murville, ses collègues l'ont vu souvent imperturbable à la table des pires crises voulues par de Gaulle. Cette fois-ci, il fait la tête; alors cette crise dont on pouvait essayer d'espérer qu'elle était secondaire — le Canada, après tout!... — cette crise-ci faut-il comprendre que Couve la trouve bêtement engagée vers des développements majeurs?

Maurice Grimaud : — Michel Debré (ministre d'Etat aux Finances) s'avance affectueusement vers le Général; celui-ci lève les bras au ciel, l'air de dire « Quelle histoire! ». Manifestement il n'en est pas contrit. »

Quand Debré devient affectueux, ses collègues l'imaginent toujours aspirant au bûcher, et ils le soupçonnent de prier pour que le Général y soit voué afin de s'y consumer à ses pieds. Pas de quoi rassurer les autres. Ils ne se laisseront pas davantage convaincre par les rares collègues qui ne paraissent pas effarouchés, Roger Frey, Jean-Marcel Jeanneney, Alain Peyrefitte.

Messmer? Qui saura? Il a réussi à élever le cul de poule à la hauteur d'un masque romain. Pourquoi le stuc, plus que le marbre, aurait-il à penser? A Orly, cette nuit, il est au bord du tapis rouge, impeccable ordonnateur des pompes, dussent-elles devenir funèbres.

Quant à Edgar Faure, astucieux enjambeur de Républiques... tiens au fait, il n'a pas déféré à la convocation, Edgar Faure, ministre de l'Agriculture? En vacances déjà, désertant les difficultés du Marché commun agricole qu'il s'est flatté d'aplanir? Que non point! Et fi d'un faux prétexte de maladie! Dans les heures suivantes, Edgar Faure sera à son ministère, et laissera son cabinet chuchoter « qu'il n'est pas d'accord avec la teneur des paroles prononcées par le chef de l'Etat français au Canada, pas plus qu'il n'était d'accord avec l'attitude adoptée, il y a un mois, dans le conflit du Proche-Orient. Il ne serait pas étonnant — indiquent encore les officieux — que le ministre de l'Agriculture décide de boucler ses valises. » Cela est diffusé textuellement dans un article reproduit par maint journal de province.

Phrases révélatrices : l'entourage d'Edgar Faure est le premier à avouer que l'épisode québécois fournissait un simple prétexte, et que l'envie de prendre le large tient à d'autres motifs plus anciens, notamment à l'agitation qu'entretiennent à Paris les services israéliens depuis deux mois : depuis que de Gaulle s'est désolidarisé d'Israël dans la guerre des Six Jours *.

* Lors d'un colloque organisé par l'Institut Ch. de Gaulle le 12 février 1977, un intervenant québécois, M. Patry en venait à évoquer la façon dont Pompidou rameutait ses ministres en pleine nuit. La phrase de M. Patry a été coupée par un auditeur impatient de placer sa précision :
« M. Léo Hamon : — Nous avons dit : "Nous allons l'attendre. Nous le recevrons, mais son mot est inexplicable. " » (voir la sténographie dans la revue *Espoir*, n° 20, p. 34).
Or aucun personnage du nom de M. Léo Hamon n'a été ministre d'aucun gouvernement au temps du général de Gaulle. M. Hamon n'était pas à Orly où il n'avait rien à faire.
Ce curieux phénomène hallucinatoire à dix ans de distance montre la gravité des séquelles qu'a laissées le traumatisme de Montréal dans les esprits les plus sensibles à la campagne déclenchée par les services israéliens.

On se garde de dire de semblables choses aux journaux parisiens. Mais à Orly déjà, à l'instant d'accueillir le Général, Georges Pompidou sait à quoi s'en tenir sur l'éclipse d'Edgar Faure : celui-ci n'a pas boudé du téléphone.

Lui, Pompidou, dans l' « isba » d'Orly, il sourit. Les photographies en témoigneront, et la radio.

Maurice Grimaud : — ... Un grand scintillement de caméras, de flashes, de micros... Le Général tourne le dos aux journalistes et entraîne la petite troupe de ses ministres vers la salle où il va raconter de façon expressive et imagée son aventure québécoise... »

Le préfet de police Grimaud est sans doute fasciné au point de ne pas remarquer qu'un petit barbichu brun se glisse parmi les ministres, visage tourné de côté pour mieux tendre l'oreille. Le capitaine de vaisseau Flohic, aide de camp, n'a jamais vu cette barbiche à l'entrée du Conseil des ministres. Il va lui demander son nom : M. Coulon, couvert par son passeport diplomatique du Canada fédéral.

Professionnel blasé, M. Coulon veut bien s'écarter, en haussant les épaules : on ne peut plus faire tranquillement des écoutes. Décidément, les Canadiens d'Ottawa viennent d'engager leurs relations avec la France dans des procédés plus techniques que gracieux.

M. Coulon a-t-il eu le temps d'entendre au-delà des premiers mots du compte rendu du président de la République?

— Ah! Messieurs, ce fut un voyage magnifique, magnifique! »

La magnificence ne se reflète pas sur les rides du pauvre Couve. Les autres le voient, toujours en retrait, jusqu'à la conclusion :

Général de Gaulle : — Il fallait bien que je parle aux Français du Canada. Nos rois les avaient abandonnés... »

Ça, ça les achève.

*
* *

Doigt de gant retourné, c'était la formule que lui avait tendue trois heures plus tôt, dans le salon-avant du DC 8, M. le directeur des Affaires d'Amérique :

Jean-Daniel Jurgensen : — Mon général, vous venez de payer la dette de Louis XV! »

Deux stewards et la convoyeuse apportent des plateaux repas aux voyageurs de la suite présidentielle, peu causants sur leurs fauteuils.

Jean-Daniel Jurgensen (dix ans plus tard): — Nous étions encore médusés. On se méfiait un peu l'un de l'autre, sans bien savoir ce que l'autre pensait. Depuis lors, nous sommes restés comme ça sur ce sujet, les uns vis-à-vis des autres. »

De quart d'heure en quart d'heure, Flohic, l'aide de camp, s'encadre dans la porte du salon-avant et appelle d'un signe un des voyageurs.

Jean-Daniel Jurgensen : — Le Général nous a fait passer au confessionnal. »

A droite, de Gaulle, dans le sens de la marche. Devant lui une table assez vaste. Un bouquet, pas de dossiers.

A gauche, devant une table identique, Mme de Gaulle; elle lit. Sa silhouette demeure en grisaille dans l'image d'Epinal *. Elle ne marque aucun signe au visiteur convoqué et n'intervient pas dans la conversation.

Couve de Murville, premier appelé dans l'ordre hiérarchique, partage le dîner du Général : saumon, jambon, escalope de veau, fruits. De Gaulle ne lui demande pas de circonlocutions. Sans doute Couve dit-il au Général qu'il n'est pas heureux. Il est orfèvre en diplomatie. Il n'est pas imaginable qu'il ne distingue pas, dès cet instant, le gros projet, le secret que nous dirons plus loin.

Comme à l'ordinaire, les inconvénients sont majeurs. Si l'on prend une vue statique des choses telles qu'elles sont, le dessein du Général est impossible. Exactement de même qu'il était impossible de retirer l'armée française de l'OTAN ou de faire péter des bombes atomiques au nez et à la barbe des deux Grands. Mais il y a des gens qui se placent dans une perspective dynamique et qui sortent volontiers de l'ordinaire.

Edgar Faure (1974) : — Le général de Gaulle avait ce que le cardinal de Retz appelle le jugement héroïque et « qui consiste à distinguer l'extraordinaire de l'impossible " [6]. »

Ne faisons pas à Maurice Couve de Murville l'injure de supposer qu'il n'a pas énuméré franchement les risques devant le Général. En mangeant son saumon le ministre des Affaires étrangères expose, selon une de ses tournures favorites que le Québec sera « une boîte à chagrins ».

Ne faisons pas l'injure à de Gaulle de supposer que, pour la première fois de sa vie de tacticien, il néglige les risques. Il les prend tout pesé.

Edgar Faure (1974) : — Trait assez rare, l'aptitude à passer rapidement de la certitude à la décision. Cela suppose que l'on tire toutes les conséquences logiques d'une solution que l'on croit juste, et que l'on en prenne les risques. »

Couve ayant présenté le poids des choses, de Gaulle a pesé. Tout bien pesé, il va notifier. La soirée y passera, une soirée qui, avec le décalage horaire sur l'Atlantique, comptera pour une nuit blanche.

Général de Gaulle : — Je ne dors jamais en avion, sauf si je fais deux ou trois voyages de nuit consécutifs [7]. »

---

* Deux des voyageurs questionnés par nous en 1977 ont dû faire appel à la déduction logique pour admettre, contre leur souvenir, que Mme de Gaulle devait avoir été présente à bord.

Pourtant, il ne s'agit pas de passer le temps. De Gaulle se presse d'aller au fond des choses. Les hauts fonctionnaires qui se succèdent dans le salon-avant à mesure qu'un signe de Flohic les y convoque emporteront tous la même sensation : rarement de Gaulle s'est révélé aussi insistant, aussi catégorique et, pourrait-on dire, aussi confident. « Pathétique », si l'on veut, selon le mot d'un témoin. Mais pas le pathétique de l'homme coincé; le pathétique de la certitude urgente

Tous les voyageurs y passent (à l'exception de Mme Philippon, femme de l'amiral). Chacun est accueilli par la même question, celle que des centaines de visiteurs, tour à tour, auront entendue à l'Elysée quand des événements prenaient de la vitesse :

Général de Gaulle : — Alors? Qu'est-ce que vous pensez de tout ça? »

Interrogation qui n'appelle pas une longue réplique.

Jean-Daniel Jurgensen (1977) : — J'ai répondu ma petite phrase, au sujet de Louis XV, parce que je l'avais sur le cœur et que j'étais ravi. »

René de Saint-Légier (1977) : Quand j'ai été devant lui, le Général a parlé le premier. C'était un commentaire à l'usage d'un collaborateur, sur l'événement que nous venions de vivre. Il tenait aussitôt à ce que nous ne nous méprenions pas sur ses intentions, ni sur la portée qu'on devait attribuer aux paroles qu'il avait lancées sur le balcon de Montréal : « Vive le Québec libre! »

Avant d'atterrir à Orly le Général prépare son commando d'élite au contrecoup, en très claire conscience de ce qui l'attend.

Général de Gaulle à René de Saint-Légier, dans l'avion : — Bien entendu, je vais être traîné dans la boue. Vous avez vu les premières réactions de la presse française. Ça va durer. La presse internationale va se livrer à des manifestations indécentes à mon égard et à l'égard de la France [8]... »

De Gaulle à Jean-Daniel Jurgensen, toujours dans l'avion : — Qu'on ne me prenne pas pour un gamin, je sais très bien que je vais au-devant de difficultés importantes. »

Alors le Général se hâte de distribuer des munitions. Il fournit des arguments à ses collaborateurs.

Et, avec une insistance dont on ne retrouve l'équivalent dans aucune circonstance comparable, pathétiquement, il demande qu'on sache que ce qu'il a voulu dire, de sa part, c'était délibéré.

De Gaulle à J. D. Jurgensen : — J'ai pris des coups, je vais en prendre, mais c'était réclamé. »

Au Québec comme à la guerre les modalités s'apprécient sur le terrain, au gré de la progression. Non l'objectif.

De Gaulle à René de Saint-Légier : — En tout état de cause, ce que j'ai fait, je devais le faire... »

Devant Saint-Légier, il répète cette dernière phrase, à la fin de chaque couplet, comme si c'est cela qu'il est essentiel de faire sentir à la France.

Chez de Gaulle, derrière le propos banal, on finit toujours par trouver le mobile concret, étroitement délimité. Aussi nous semble-t-il de bonne méthode de le prendre au pied de la lettre. Ne pas décider prématurément dans quel ordre et à quel rythme on brûlera les munitions ne saurait dispenser ce militaire, avant la campagne, d'examiner l'objectif et d'inventorier le matériel. Pour supposer à tout prix une improvisation dans le discours de Montréal, on s'oblige abusivement à omettre un fait : le général de Gaulle, enfermé à bord d'un croiseur, a passé huit jours à ne rien faire d'autre que de passer par le gueuloir les idées et les phrases susceptibles d'être lancées entre Québec et Montréal.

De Gaulle, dans l'avion, à Saint-Légier : — Bien entendu, j'aurais pu, comme beaucoup d'autres, m'en tirer par quelques courtoisies ou acrobaties diplomatiques, mais quand on est le général de Gaulle, on ne recourt pas à des expédients de ce genre. »

De Gaulle à Jurgensen, toujours dans l'avion : — Il y a le de Gaulle qui est moi, à cette table, le pauvre homme de Gaulle, et puis il y a le de Gaulle dont on attend l'Histoire. Quand l'homme de Gaulle regarde le de Gaulle historique, il admet que le de Gaulle historique doit se conduire comme on l'espère de lui. Qu'importe si l'homme de Gaulle va prendre des coups! Le devoir, vous m'entendez, le devoir du de Gaulle qui va mourir bientôt, c'était de prononcer cette phrase. »

Un silence, les deux mains posées sur la table, comme un retour en arrière. Bientôt :

— Je n'aurais plus été de Gaulle si je ne l'avais pas fait. »

*
* *

La dette de Louis XV...

Les Français du Canada, Jeanne d'Arc et du Guesclin, c'est à eux autant qu'aux Français de l'hexagone. Et rien d'autre à mettre à la place.

La Fontaine et saint Martin, Rocroi et la famine, les guerres de religion et les croisades, la terreur de la peste, les contes de Perrault, et la façon de cuire le pain, et même Vercingétorix, c'est à eux autant qu'aux Français de l'hexagone; rien à la place.

Impossible de comparer aux Wallons, aux Valdotains, aux Suisses, qui parlent français par voisinage, et qui ont toujours possédé leurs propres meubles, leurs racines.

Le bagage ancestral d'espoir et de hantises, ils l'ont ficelé en France, les Français du Canada. Pas question de leur reprendre : rien à mettre à la place; pas davantage question de le leur revendre, c'est déjà à eux.

On dirait même que c'est surtout à eux. Ils étaient de l'espèce des Français les plus conscients, les plus militants. Pense-t-on bien au poids de conscience civique que cela pouvait représenter chez ces paysans français, entre le xvie et le xviiie siècle, que d'envisager une installation au Canada? Ni téléphone ni radio, et cette nation déjà savait, de Carcassonne à Rouen, à travers l'opus incertum des diversités administratives, ce que calculait Charles V bien avant Louis XIV. Et de Bordeaux à Dijon, malgré les ducs et les patois, tous ils le comprenaient finalement de la même façon. Nation compactée huit et peut-être vingt siècles avant que se soude toute autre nation.

Quand on a battu tambour à la sortie de la messe pour proposer des emplois au Canada, les Français en ont discuté en famille, sans étonnement. Depuis Jacques Cartier, la France avait le goût du moderne, la mobilité de l'emploi ne faisait pas peur.

Les plus dégourdis y ont rêvé, capacité inimaginable aujourd'hui d'embrasser l'ampleur du problème qui était proposé aux Français.

Etalé sur deux siècles, aucun recrutement ni déplacement de travailleurs n'ont nulle part et jamais été si soigneusement organisés, échelonnés : du dirigisme à la Colbert. On proposa les places, sur deux siècles, dans l'ordre des corps de métier, puis à mesure de la réussite des premiers installés.

Cultiver du blé, en veux-tu en voilà, peuple séculairement affamé, cultiver du blé entre océan et forêt, il y fallait des gens pour qui se mêlent le travail de la terre et la vie de la mer. Bretons, Vendéens, Charentais, mais Normands et Poitevins aussi, ils connaissaient ça, même ceux qui vivaient à cinquante lieues de la mer. Etrange circulation de l'instinct en guise d'information; l'imagination était leur cinéma. Ils savaient les gestes que leur voisin ferait, ils comprenaient une barque sans avoir vu la mer, ils comprenaient la France sans l'avoir courue.

Français, il est vrai, et nullement régionaux : une patrie, pas d'ethnie. C'est ça peut-être qui leur donnait la mentalité nationale. Ils vivaient sur les marches des grands brassages continentaux, les Sarrasins les avaient balayés, et les Wisigoths avant, les Anglais ou les Normands souvent, tantôt du Sud au Nord et tantôt en diagonale. Les guerres de religion venaient de tourbillonner sur ces provinces sans qu'aucun ravin, aucune montagne bloque le remous, privilégie un particularisme. Au bout de ça, allez savoir qui est qui, sauf Français, un seul repère fixe : le Roy ou la nation, choisissez le mot qui vous plaît, pour eux le mythe était le même, très présent, très précis.

La France, on est en train de l'étendre de l'autre côté de l'Océan. Comme on étend son plessis du côté de la sylve gauloise. D'un bord à l'autre de la sylve, les champs se sont rejoints? Continuons au Canada.

Rien d'émigré, rien d'expatrié. Tout le contraire : les plus dégourdis et les plus conscients des Français vont augmenter la France. Pas question de refaire en Nouvelle-France une petite Saintonge, la vraie est là pour ça. Ils vont au neuf. La tradition la plus enracinée de la France, c'est la tradition de progrès, un goût et un art aussi d'épouser le temps qui vient, foin de l'hypocrite veuvage du temps passé. Voyez les maisons qu'ils édifient au Canada : au lieu du torchis de l'Ouest ou du granit armoricain, de la tuile aquitaine et de l'ardoise angevine — le schiste émietté des rives du Saint-Laurent ne s'y prêtait pas — ce sera le bois et l'habitude en restera, comme dans toute l'Amérique. C'est peut-être aussi qu'on avait en premier lieu mené là-bas des charpentiers : le premier besoin social résidait dans les embarcations, le fleuve géant était leur unique esplanade *

Ils avaient conscience de donner à leur nation ce que John Kennedy allait appeler trois ou quatre siècles plus tard, pour ses propres concitoyens, « la nouvelle frontière ». Ils ne quittaient pas la France, ils la militaient. « Nouveau partage », comme aurait dit Franklin Roosevelt, mais le grand voyer, le juge et même le percepteur du Roy, y gardaient place, à leurs côtés et c'est bien ce qu'ils comptaient.

On peut mesurer à la même aune la mobilité d'un homme et ses qualités d'initiative. Comme on dit aux enterrements officiels, les meilleurs partent les premiers. L'esprit court et le cœur mou ne font pas le saut. Le déplacement est un filtrage.

Encore moins coloniaux qu'expatriés, les Français de la Nouvelle-France. Rien à voir avec l'Algérie de 1830, ni même avec la Louisiane. Les soldats du Roy ne marchaient pas devant eux pour leur ouvrir domaine à coups de mousquet, ils se déployaient derrière eux, entre Canada et Océan, pour empêcher les Anglais de s'approprier le travail.

Deux siècles de raids anglais et de harcèlements maritimes, avec des fortunes diverses. Ça, pas nouveau : en Aquitaine, en Charente, ou à Rennes, on en avait pire habitude. La prise de Montréal, les soldats du Roy Louis XV totalement défaits, ça ne changeait pas grand-chose. Que les Bourguignons ou les Grandes Compagnies tiennent le pays n'a jamais empêché de se passionner pour les percées blindées de Jehanne ou pour les guérillas de Bertrand du Guesclin. Tout enfant de France commence par cent ans d'occupation; il sait s'organiser jusqu'à ce que ça se passe. La mort de Montcalm, une péripétie; moins que la chute de Paris avant Henri IV.

Ici rupture sismique, une fosse abyssale s'ouvre entre les occupés et le Roy dont on attend le retour comme d'habitude. Par le traité de 1763, Louis XV se défait du Canada, cheptel vif compris. Le Roy, en la personne de tout l'encadrement national, les nobles, les évêques, les officiers, les ingénieurs, se planquent dans l'hexagone, personne ne parle d'aller chercher les autres, ces paysans, ces curés, ces couturières, ces charpentiers, tous ces Français qui se crottent à fabriquer de la France.

Le cas reste unique de ce tarissement monstrueux — au sens médical — de l'instinct maternel. Ne discutons pas si ce fut astucieux

---

* Dans la maison d'accueil de la réserve naturelle du Cap Tourmente, un panneau schématise les trois types d'habitation dont on gardait modèle. Ce panneau s'excuse de n'avoir pas trace des logis qui s'étaient édifiés avant 1750 le long du fleuve. Les Anglais avaient tout brûlé.

ou pas : on vous parle d'instinct. Aucune autre nation à aucune époque n'a fait ça. La France n'a jamais recommencé. Il lui paraissait inimaginable de ratifier l'abandon de l'Alsace-Lorraine dont la filiation française pouvait pourtant paraître moins certaine, et elle fit place à tous les Alsaciens-Lorrains qui voulurent. Les Français d'Algérie, elle les a rembarqués.

Famille par ailleurs normale : un seul enfant abandonné sans soins.

La France l'a gommé de sa conscience. La France — pas seulement un roi : la nation — a collé les pages de l'atlas : on sautera de Cambodge à Colombie. Déficit soudain de la conscience française; peut-être les nouveaux Canadiens en avaient-ils transporté la crème là-bas, en trop forte proportion. La boutade de Voltaire sur les arpents de neige — la seule que les Français de l'hexagone aient retenue — a eu la fortune foudroyante d'un slogan d'alibi pour toute la nation. Plus jamais la France ne retrouvera un accent naturel pour prononcer le nom des Canadiens. Le grand dictionnaire illustré de Pierre Larousse ne sait par quel bout le prendre. Et ne parlons pas des outrances godiches dans les journaux français lors du voyage de De Gaulle : leur relecture est insupportable. La France contourne cette tache blanche sur son atlas sentimental. Elle ne veut pas, il ne faut surtout pas, qu'il existe des Français canadiens.

Une trentaine d'années après le reniement, même pas le temps d'une génération, le général de La Fayette et l'amiral d'Estaing vont faire de grands moulinets d'épée le long des côtes d'Amérique, au nom de la liberté. Croyez-vous qu'à aucun moment il ait été question pour cette force française qui passait à quelques encablures de faire un crochet, un geste? Se gargariser de liberté, contrebattre l'Anglais? D'accord, d'un bout de la terre à l'autre, n'importe où, sauf au Canada.

Croyez-vous que les Français du Canada n'observaient pas les simagrées de La Fayette? L'enfant vendu colle son nez au carreau pour apercevoir son ancienne mère faire le tapin. Ça marque. La mère patrie : une mère qui a mis un de ses petits à l'Assistance publique; pire, qui s'est fait quelque argent avec. A la fin du xxᵉ siècle, lorsque quelque officiel de l'hexagone, la mine enfarinée, va s'adresser au « peuple frère », on lui répond toujours en saluant « les cousins de France ». On a gardé le goût de la politesse et de l'hospitalité familiale; mais aller au-delà de « cousins », ça leur brûlerait la gueule.

Ou bien est-ce que ça leur crèverait le cœur? Sous le blindage d'indifférence et de mépris dont il lui a fallu s'armer, l'enfant vendu enfouit le rêve idiot, irrépressible : et si la mère horrible — de toute façon, c'est celle-là ou le vide —, si la mère détestée était comme les autres, si l'enfant retrouvait droit à une mère ordinaire?

De-ci de-là, une stèle en plein champ, entretenant vaguement comme en Bretagne, la mémoire noyée d'un marin péri en mer : « A Médéric Blouin, qui s'établit d'abord sur cette terre en arrivant de France, tous les Blouin du Canada. »

On sait bien qu'on a vieilli, on sait bien qu'il s'agit d'un conte de fées, la France c'est fini, coupé, oublié; qu'elle se montre seulement et on lui dira son fait.

Et puis sa pointe dans l'estuaire du Saint-Laurent en 1855, quatre-vingt-deux ans après le reniement, la frégate *La Capricieuse*, battant pavillon tricolore.

Démangeaison des mollets, réflexe qu'on croyait annulé depuis trois générations : voici le bateau de France, on y court. Dégringolade effrénée le long de la falaise de Québec, jusqu'à la place Royale, jusqu'à l'Anse-aux-Foulons.

Le capitaine de vaisseau Belvèze n'en revient pas. Napoléon III l'envoyait « étudier les possibilités de commerce international ». Il a dit « international »... pour parler de nous Français du Canada? Eh oui, bien sûr de quoi allions-nous rêver, incorrigibles?

L'incompréhension de Napoléon III quand il lut le rapport bouleversé de Belvèze, eh bien c'est la tête des ministres quand de Gaulle leur raconte l'accueil des Québécois...

Jean Drapeau, maire de Montréal, au général de Gaulle, agressivement, en 1967 : — Est-ce que la France, est-ce que les Français, est-ce que les administrateurs publics de France savent bien que l'enseignement du français, chez nous, a pris un jour la forme du seul exemplaire de grammaire française qui restait en cette colonie, et qui était déposé sur un lutrin; et seule une religieuse était autorisée à en tourner les pages? »

Eux, les Français du Canada, en 1763, cernés, coiffés par l'administration occupante, voici que d'une seconde à l'autre leur souche qui était la plus brassée, la plus hybridée de France, la plus nationalisée, voici cette souche isolée, fixée, stabilisée. Du jour au lendemain, elle cesse de participer aux apports dont la France hexagonale continue à nourrir son propre corps. Encore un phénomène sans équivalent, cette stabilisation raciale.

Elle entraîne, deux siècles durant, une invraisemblable conservation de la langue française, saisie en sa pleine sève, en sa floraison la plus drue, à l'instant où tous ces paysans et tous ces artisans ont besoin de désigner l'outil et le geste par l'image la plus exacte, au moment aussi où le petit peuple français sait jouer des sons et des mots comme on s'amuse avec les cailloux. Ni greffe créole comme partout ailleurs, ni usure de veulerie comme à Paris : pure, et vivante, et pleine la langue française là-bas. Et là-bas seulement, au point que les imbéciles de l'hexagone, s'ils passent par Québec, ne peuvent plus s'y refaire aussi agiles; ils se réfugient dans la vengeance des incapables, la moquerie. Plaisir des mots dans la chanson à couplets. Celle-là, les Français du Canada l'ont toute emportée. Inutile d'essayer de faire comprendre à la France européenne qu'on chante de tête et de cœur, comme on parle et tel qu'on est, sans éprouver le besoin saugrenu de se déguiser en aïeul d'opérette. Confisquée et vivifiée aussi par eux là-bas, la gauloiserie, cette jovialité que les gens de l'hexagone, s'ils tentent de la reprendre, réduisent à la morosité d'un accessoire hygiénique. En même temps, c'est peut-être la plus forte barrière opposée à l'interpénétration avec les Anglais protestants, la gauloiserie : elle ne vit que sous la tyrannie des bénitiers.

Bon, mais cette souche que la France a plantée là — c'est hélas! le cas de le dire —, cette souche si peu nombreuse qu'elle paraît à peine atteindre le seuil de perpétuation des espèces, voici qu'elle va croître et multiplier par cent, depuis l'instant où elle s'est trouvée différenciée. Les soixante mille abandonnés de Louis XV sont six millions au milieu du xxᵉ siècle. A pareil train, la France d'Europe devrait être aujourd'hui recouverte de deux milliards de Français. Bien sûr, pareille comparaison est factice; son absurdité, précisément, souligne la troisième spécificité des Québécois.

Québécois? On oubliait de vous raconter : les autorités d'occupation leur ont confisqué l'état civil qu'il leur avait bien fallu prendre, quand ils s'étaient trouvés à l'Assistance publique. Ils étaient alors « les Canadiens », enveloppés par « les Anglais ». La domination de Londres se relâchant, les occupants anglais désireux de se mettre à leur compte se sont intitulés Canadiens faute de mieux, de même qu'ils tâtonnaient en quête d'un drapeau. On a alors essayé des traits d'union minorisants, Canadiens-anglais et Canadiens-français; puis quelques-unes des obscénités mises à la mode par les entomologistes de l'Unesco : « anglophones » et « francophones ». Ça prend racine encore moins chez les Anglais que chez leurs vaincus parce que ça donne l'image menteuse d'un bilinguisme ou d'un partage à deux. En fait de pâté, c'est un cheval une alouette. Pour concevoir le statut politique consenti aux descendants des Français qui font une moitié démographique et géographique du territoire canadien, il suffit de se rappeler ce qu'étaient et le peu que pouvaient les musulmans du « deuxième collège » dans l'Algérie française (à ceci près que la communauté québécoise est homogène, installée seule sur son territoire) : le Premier ministre du Québec a tous les mêmes droits que ses collègues des autres provinces; alors ces autres sont neuf contre un chaque fois qu'il s'agit de savoir quel sort faire aux Français par rapport aux Anglais.

Français ne puis, Canadien ne veux, Québécois je suis... Ils verront bien si l'étiquette tient mieux que les précédentes. A ce néologisme la France n'a plus part...

Seuls de leur espèce encore d'une façon : la défaillance d'un roi de France leur a valu d'être colonisés sans que leur technicité soit inférieure à celle du conquérant. C'est sans doute ce qui fait qu'on voit parfois en eux les colonisés les mieux traités du monde. Mais, comme dans les autres colonies, au xxᵉ siècle, la tutelle administrative qui s'attarde sur eux n'a pas empêché l'emprise économique d'un tiers, l'Américain : l'huître et les plaideurs... Finie la feinte du bilinguisme exigé en théorie d'un bout à l'autre du Canada : dans une firme américaine on travaille en anglais et on est payé pour ça. La ségrégation linguistique spontanée se double d'un abaissement social délibéré. Sournoise et subconsciente résistance des petites gens : si vous demandez la monnaie de vos dix « dollars » canadiens, le receveur du métro de Montréal vous la compte en « piastres »; même scène dans une épicerie de campagne. Depuis le Poitou, ils n'ont pas lâché leur mot.

Des Robinson Crusoé de l'Histoire de France...

*
* *

Tels sont les complexes qu'une mère contre nature peut laisser dans les glandes d'une progéniture. Tels sont les mythes contradictoires, les sentiments mêlés, foisonnants, que de Gaulle, ce sensitif, vient de toucher à chaque poignée de main québécoise, quand il débarque de son DC 8 à Orly, avant l'aube du 27 juillet 1967. A la fois bouleversé et exubérant, régénéré d'avoir bu à la fois aux deux coupes de deux fidélités françaises.

Conformes et fidèles à la France, eux aussi les ministres qui s'inquiètent de l'incongruité du Général : conformes à l'impossibilité congénitale de comprendre, fidèles au dos tourné. Plus conforme et plus fidèle que tout autre, Edgar Faure qui n'a même pas voulu venir écouter ça. Fidèle voltairien, et fidèle à Louis XV, Georges Gorse pour qui Porquerolles passe avant trente arpents de neige.

La communication improvisée par de Gaulle dans « l'isba » ne pouvait pas passer. Elle ne passe pas. Les ministres ont écouté le Général. Ils n'ont pas cherché à comprendre.

Lorsque Pompidou conduit le président de la République à sa voiture, les autres reforment le cercle autour de Couve de Murville.

Que maintenant il leur explique, dans leur propre vocabulaire mental!

Insignifiant épisode que ce petit groupe frileux qui s'attarde sept minutes à peine : rien n'en sort. Sinon qu'il marque le plus grand tournant depuis la fondation de la Ve République huit ans auparavant.

Les créatures viennent de douter du créateur.

II

UN DEVOIR PERDU

Dans un recueil de notes éphémérides publiées en 1977, Michel Droit raconte comment, le 5 juin 1970, en présence de Maurice Couve de Murville, il cherchait à s'expliquer le cri « Vive l'Algérie française! », lancé par le général de Gaulle douze ans plus tôt, à Mostaganem, seule et unique fois.

Michel Droit (1970) : — Au moment de la péroraison, quand le Général s'écria « Vive l'Algérie », sa voix resta une fraction de seconde suspendue, comme à la recherche d'un adjectif (...). Avoir eu, durant trois jours, les oreilles sans cesse martelées par les trois brèves et les deux longues d' « Algérie française », cela vous marque. Il fallait un qualificatif? Eh bien, ce serait celui-là. Dès qu'il eut jailli (...), il me parut bien voir sur le visage du Général qu'il n'était guère satisfait de son choix *. »

Couve de Murville, non seulement prend pour argent comptant l'interprétation de Michel Droit, mais encore il en propose une étonnante extension :

Maurice Couve de Murville (à Michel Droit, 5 juin 1970) : — On pourrait donner à peu près la même version pour « Vive le Québec libre » dont j'ai été témoin. Là aussi, le Général a réagi sous le coup d'une sorte d'intoxication, mais aussi d'une émotion... [9]. »

Donnait-il déjà pareille version à ses collègues du gouvernement, trois ans plus tôt, à Orly, dans le dos du Général?

Maurice Couve de Murville? On aura toujours dit de lui : « un grand commis ». Comme on dit avec componction « un bien digne homme ». Et digne, qui douterait qu'il l'ait été en tous points?

Mais sensible à la sensibilité d'un de Gaulle? Et, du coup, capable de

---

* Michel Droit ne tient peut-être pas suffisamment compte du fait que le général de Gaulle vient d'insister dans son discours de Mostaganem sur la part de la France dans la transformation économique de l'Algérie; cette part-là pouvait bien s'appeler « l'Algérie française ».

pénétrer ses mobiles? A force de cultiver le flegmatisme, il est muré dans l'insensibilité. A moins que ç'ait été le contraire.

Il fait point par point la politique du Général, et cela sans s'abaisser ni s'infléchir : il a pu écrire que sa conception diplomatique et celle du Général se superposaient d'elles-mêmes. Mettons, en langage pseudo-gaullien, que Couve et de Gaulle se sont rencontrés sur la France. Un gaulliste de coïncidence. Ceux qui appartiennent à l'espèce s'en flattent comme d'une garantie de solidité. Mais ni l'amour de tête ni l'inclination par estime n'épousent intimement la totalité de l'être auquel ils s'attachent. Couve demeure imperméable, hermétiquement, aux sources profondes de la démarche gaullienne. Nous l'entendrons proférer des erreurs diamétrales sur les mobiles du Général, avancer quant au cheminement de la passion gaullienne (à propos de la régionalisation par exemple) des explications bourgeoises. Le passé et les écrits publics de Charles de Gaulle les démentent. Ce passé, ces écrits, c'était le nez au milieu de la figure : Maurice Couve de Murville ne les a pas perçus.

Il se sera toujours arrêté, selon son adjectif favori, aux obligations du « convenable ». De Gaulle, dans les trois ou quatre épisodes majeurs de sa carrière, n'a gauchi le cours des destinées — l'Histoire — qu'en avançant un pied dans l'inconvenant.

Maurice Couve de Murville a toujours boudé à l'instant où Charles de Gaulle enjambait la haie des choses telles qu'elles sont et entrait par effraction dans le verger de l'Histoire telle qu'il va falloir qu'elle devienne. 1940-1943 : il ne rejoint le gaullisme que par le sinueux, long et piètre détour du général Giraud. Québec 67 : l'eau était froide. Référendum 68-69 : Couve dit « qu'il n'en a jamais été heureux ». Un émail que ne pénètre pas la ferveur.

Effet d'une « intoxication », croit Couve, le souhait de voir le Québec accéder à sa liberté. Il y a plus de trente ans que de Gaulle s'y préparait.

*
* *

En 1937, le collège Stanislas, de Paris, fonde une filiale à Montréal, pour ouverture à la rentrée d'automne 1938. Le bureau de l'Association des Anciens élèves de « Stan » s'associe à l'événement. Il consacre au Canada le sujet mis au concours du « prix académique inter-classes », réplique au Concours général des lycées et collèges où cet établissement privé n'est pas admis. Chaque classe de rhétorique — il y en a six à Stanislas en 1937 — met en ligne ses dix élèves les meilleurs en matière littéraire.

Le préfet Jean Vaudeville se souvient quarante ans plus tard avoir été parmi les concurrents *.

---

* Condisciples au collège Stanislas, et tous deux pensionnaires, Jean Vaudeville et Philippe de Gaulle étaient rapprochés par le commun projet d'une carrière dans la marine de guerre. Ils devaient se retrouver dès la fin de 1940 ensemble à l'Ecole navale de la France libre.

Jean Vaudeville (1977) : — Le sujet était à peu près : « Bien que le Canada soit devenu possession anglaise depuis cent cinquante ans, malgré tout la langue française est demeurée au Canada; les Canadiens français sont restés attachés à tout ce qui touche la France; décrivez et expliquez pourquoi il en est ainsi. »

A la cérémonie de distribution des prix, le président des Anciens élèves, M. Maillard, naguère major de polytechnique, lit traditionnellement la meilleure copie. L'auteur est appelé sur l'estrade, un adolescent dégingandé qui canalise son embarras en agitant parodiquement deux bras trop longs, face aux vivats de ses condisciples : « élève de Gaulle (Philippe) ». On ne lui ménage pas les applaudissements, à de Gaulle. Personnage très populaire dans son petit monde, il est sans doute plus connu et en tout cas plus souvent cité que son père. De celui-ci, on dit secondairement qu'il est colonel après avoir été professeur d'histoire à Saint-Cyr. Mais quel « parent », à « Stan », en 1937, n'est pas au moins cela?

Succès sans surprise pour l'auditoire : de Gaulle est connu pour se classer habituellement en tête, plume en main *. Mais une fois dans sa vie chaque bon élève, comme chaque écrivain, se surpasse; le président Maillard et son auditoire perçoivent confusément que ça vient d'arriver à de Gaulle (Philippe). La nacre de ces douze pages a des reflets qui viennent de plus profond.

Les auditeurs — du moins les cinquante-neuf autres candidats de 1937 — gardent dans leur souvenir l'impression que la copie couronnée dégageait une sorte de vibration, l'émotion d'un adolescent qui avait vécu son sujet autant qu'il l'avait appris.

Tout seul? La question lui a sans doute été posée le jour même de la distribution des prix. Il en garde, au bout de quarante ans, une susceptibilité de potache, forme prépubertaire de l'amour-propre d'auteur.

Vice-amiral d'escadre Philippe de Gaulle (1977) : — Nous avions eu, les « forts en rédaction », une journée ouvrable pour traiter le sujet, sans documentation, sur place au collège où j'étais interne. Mon Père ** était alors en Alsace-Lorraine. C'est dire que, sauf hérédité, il n'est en rien intervenu dans mon succès.

« Mais il est juste de dire que les questions relatives au Canada français étaient depuis longtemps dans le contexte culturel familial et scolaire : j'en avais donc évidemment entendu parler par mon Père, entre autres. »

Et son père avant lui, quand il était en congé de pension, à la table de son propre père. Professeur d'histoire, déjà celui-ci, mais était-ce essentiel? A toutes les tables bourgeoises, sous les premiers lustres de

---

* *Vice-amiral de Gaulle* (1977) : — Un prix spécial « hors concours » avait été également remis à mon condisciple et camarade David qui était québécois. »

** C'est l'amiral qui met la majuscule.

la IIIe République, il était naturel et convenable de mettre dans la conversation les grandes affaires avant les petites.

Sinon « hérédité », imprégnation.

Lieutenant-colonel Charles de Gaulle (1934) : — La véritable école du Commandement est la culture générale. »

Dans cette phrase qui fut sa règle de vie « générale » compte autant que « culture ».

Lieutenant-colonel de Gaulle (1934) : — Pas un illustre capitaine qui n'eût le goût et le sentiment du patrimoine de l'esprit humain. Au fond des victoires d'Alexandre, on retrouve toujours Aristote. »

Michel de Montaigne (1580) : — L'honnête homme est un homme mêlé. »

Gilbert Pérol : — Il y avait chez le Général (...) une curiosité immense, quoique très orientée. Il était peu intéressé par le pittoresque, l'aspect carte postale des pays qu'il visitait. Il passait vite dans les musées. Il avait, je crois, fait un choix — coûteux peut-être —, accepté de rayer de sa vie ces repos de l'âme et de l'esprit que sont l'art, le loisir, tout tendu qu'il était vers la méditation et l'action. (...)
« Le Général, comme tout le monde, avait envie de voir la Sibérie, de visiter Rio de Janeiro ou Ispahan. Il est mort sans avoir pu réaliser son rêve de voir la Chine. Et si Mao, bien sûr, était au bout du voyage, il y avait tout simplement la curiosité de voir sur place l'extraordinaire expérience chinoise, les villes, les campagnes, les peuples. »

Ainsi, le général de Gaulle, imprégné de sa philosophie de l'histoire et de la géographie telle qu'il la faisait partager avant-guerre à ses officiers stagiaires de l'Ecole militaire — et à ses enfants, autour de la table familiale — s'est-il préparé à voir et à sentir le Canada, dès qu'il lui est donné de le traverser pour la première fois en juillet 1944.

Dès ce premier contact physique, il consigne pour ses *Mémoires de guerre* le spectacle d'un pays « formé de deux peuples coexistants mais non confondus [10] ».

Phrase publiée en 1955. A l'époque, son contenu ne fut contesté par personne. Ce n'était pas une découverte. Dépêché là-bas par la reine Victoria comme gouverneur après l'insurrection des Canadiens français en 1837, Lord Durham mandait à sa souveraine :

— Je m'attendais à devoir régler un conflit entre le peuple et l'administration; je viens de trouver deux nations en guerre l'une contre l'autre sous une commune administration. »

Difficile de rendre le général de Gaulle responsable de cet état de choses, après un siècle et plus. Mais on ne pardonne pas au témoin son regard.

A ce premier voyage de 1944, le général de Gaulle, se baignant dans la population de Québec, ressent — physiquement dirait-on — la double vague qui le « submerge ».

Général de Gaulle :
— Une vague de fierté française
bientôt recouverte par celle d'une douleur inconsolée,
toutes les deux venues du lointain de l'Histoire [11]. »

Sensation douce-amère qu'éprouve tout Français de France en débarquant là-bas. Son expression mélancolique et tendre résonnait-elle dès 1937 dans la composition du jeune de Gaulle (Philippe) déjà baigné d'Histoire par son Père majuscule?

Le préfet Jean Vaudeville (1977) : — Sous réserve de la déformation du souvenir à travers ce qui s'est dit depuis lors, ce souvenir me fait croire que vous devriez retrouver, dans la copie de Philippe de Gaulle, des idées et même des phrases du Général, proférées publiquement des années plus tard. »

Les douze glorieux feuillets de la composition primée ont été brochés dans la reliure du volume offert par l'Association des anciens élèves au lauréat du « prix académique ». Il en fut de même l'année suivante, en juillet 1938, de Gaulle Philippe élève de philosophie ayant été derechef couronné. Deux ans plus tard, le père du lauréat a été condamné par un tribunal français à la confiscation de ses biens, en accessoire d'une condamnation à mort (le procureur du gouvernement de Vichy ayant fait appel d'une première condamnation à quatre ans de prison). Quand la famille de Gaulle se rassemble à Colombey après la Libération, la maison a été vidée de tout objet et de tout meuble par l'effet de la saisie-condamnation. Le zèle des fonctionnaires et hommes de loi — français — n'a négligé aucun des menus trésors dans les chambres d'enfants; pas un livre de prix n'a échappé à la vertu purificatrice de la « Révolution nationale ».
Un jouet volé laisse un creux dans une vie :

Vice-amiral d'escadre de Gaulle (1977) : — Si vous arriviez à obtenir le texte de ce travail de jeune homme, il m'importerait beaucoup d'en récupérer copie. »

*
* *

Tel dans cette famille se déployait un paysage intellectuel et sentimental au mot de Canada, de longue date. On est loin de « l'intoxication » que dit Couve de Murville. Or chez de Gaulle on n'a jamais vu idée demeurer à l'état nuageux. Il s'empare de l'impression, l'analyse, la nourrit et la confronte; puis il faut qu'il en tire un acte dès qu'il est en situation d'agir. Aussitôt que de Gaulle devient chef de l'Etat, le Canada devient dossier d'Etat.
Bien sûr, lors de la crise de Montréal, l'alpha et l'oméga des éditorialistes sera de reprocher au président de la République son « ignorance de la réalité canadienne ». Dans ce métier le ton de hauteur peinée est le signe le plus sûr qu'on est en panne d'informa-

tion. L'ignorance en 1967 est dans le camp des journalistes : ils omettent l'existence d'un dossier canadien à l'Elysée, depuis sept ans. A plus forte raison ils omettent que si de Gaulle a ouvert ce dossier c'est sur l'insistance quasi suppliante du gouvernement canadien anglais. En voici la substance.

La troisième visite officielle du général de Gaulle au Canada a lieu dès 1960, le 19 avril. Cette fois-ci, c'est une visite d'Etat. Il est président de la République depuis quinze mois, en charge des moyens d'influence de la France. C'est à ce titre qu'on va lui demander très formellement un coup de main.

Général de Gaulle : — Lors de mes précédents passages, en 1944 et en 1945, l'appareil de guerre couvrant tout, je n'avais pu qu'entrevoir les réalités profondes qui font de la Fédération canadienne un Etat perpétuellement mal à son aise, ambigu et artificiel [12]. »

Pareil malaise, en 1960, est devenu tel que le Premier ministre fédéral, John Diefenbaker ne se sent plus en mesure de le surmonter seul. Il en fait la confidence au président de la République française, « en s'exprimant par moments et à grand-peine en français », note de Gaulle, « afin de donner l'exemple du bilinguisme officiel ».

John Diefenbaker à de Gaulle (1960) : — Pour contenir la pénétration économique, technique et financière des Etats-Unis, il nous paraît souhaitable que l'Europe, et notamment la France, concourent le plus possible au développement du Canada. »

On le voit, c'est le Canadien anglais qui demande l'avis et l'aide éventuelle du général de Gaulle en vue de contenir la poussée des Etats-Unis. On est loin de la légende accréditée plus tard selon laquelle le discours du balcon de Montréal, en juillet 1967, aurait été inspiré par le désir de nuire aux Etats-Unis, en manœuvrant contre eux la population du Québec.

Pour Diefenbaker, l'indépendance du Canada considéré dans son ensemble est doublement entamée, par la pénétration financière américaine bien sûr, mais aussi plus secrètement par l'intérêt vital que les Etats-Unis portent au réseau de radars déployé dans le Grand Nord canadien. Le plus court chemin pour d'éventuelles fusées russes à destination de New York passe par là *.

De Gaulle, à Diefenbaker (1960) : — La France attache maintenant au Canada une importance considérable, par comparaison avec l'indiffé-rence relative qu'elle lui a si souvent montrée. D'abord son propre renouveau ramène son attention et ses sentiments vers le rameau

* Particularité stratégique à ne pas négliger, pour quiconque voudra dans les années suivantes prévoir les réflexes que déclencherait à Washington une velléité de libération de tout ou partie du Canada. Pour mesurer ces réflexes, il suffira de se rappeler comment, en 1962, le président Kennedy réagira à l'installation de fusées russes à Cuba. Quand un indépendantiste, René Lévesque, deviendra Premier ministre provincial du Québec en 1976, son soin principal et constant sera de prouver à Washington qu'on n'a pas à craindre une tiédeur de son zèle panaméricain.

d'elle-même qui s'y est maintenu et développé. Le sort du Québec et des populations françaises implantées dans d'autres provinces la touche désormais de très près.

« En outre tout en étant l'amie et l'alliée des Etats-Unis, elle ne se soumet pas à leur hégémonie qui risque d'entraîner pour le monde et pour eux-mêmes de graves inconvénients. Pendant qu'elle-même s'en affranchit en Europe, elle trouverait bon qu'existent en Amérique des éléments qui fassent contrepoids (...).

« Aussi la France serait-elle disposée à se rapprocher beaucoup du Canada. Mais pour qu'elle le fasse de grand cœur, et, d'ailleurs, pour que l'ensemble canadien ait le ressort et le poids voulu, il faudrait qu'il veuille et sache résoudre le problème posé par ses deux peuples dont l'un est un peuple français qui doit, comme tout autre, pouvoir disposer de lui-même [13]. »

A ce moment-là, de Gaulle a encore l'air de penser qu'on peut laisser le gouvernement fédéral d'Ottawa maître de pratiquer sur lui-même l'opération.

Quelle opération? En 1970, de Gaulle affirmera dans ses *Mémoires d'Espoir* qu'il la concevait dans la forme suivante :

— En quittant ce pays (en 1960), je me demande si ce n'est pas grâce à l'institution d'un Etat de souche française, à côté d'un autre de souche britannique, coopérant entre eux dans tous les domaines librement, et de préférence associant leurs deux indépendances afin de les sauvegarder, qu'un jour le Canada effacera l'injustice historique qui le marque, s'organisera conformément à ses propres réalités et pourra rester canadien. »

Il y a là-dedans tout ce que de Gaulle va dire directement à la population québécoise en juillet 1967 : la libre détermination d'un peuple, socle nécessaire pour qu'il contribue à l'harmonie d'un continent.

De Gaulle a mis l'idée en pratique chez lui : la France est entrée effectivement dans la Communauté européenne par ses soins, à mesure qu'elle se dégageait de ses servitudes et subordinations. De même fut-il suggéré aux Algériens, entre 1959 et 1962, que leur autodétermination, et elle seule, pouvait, à leur gré, ouvrir la voie pour un système communautaire.

* *
*

En 1960, ce qu'il a dit pour la communauté canadienne, il ne l'a dit qu'à huis clos, et seulement à l'homme qui tenait le Québec dans la tutelle fédérale, Diefenbaker. Deux raisons :

1° A l'époque, de Gaulle n'avait pas encore achevé de mener les Algériens à leur autodétermination. John Diefenbaker n'était pas le dernier à l'en presser, dans les instances du traité de l'Atlantique-Nord. Menace voilée : il retenait à grand-peine le Canada, disait-il, de saisir l'Organisation des Nations unies.

2° Si en 1960 de Gaulle voyait encore la question du Québec sous une « lumière tamisée », écrira-t-il, la principale raison en était au Québec même, plutôt qu'à Ottawa. C'est cette année-là seulement, en 1960, que le gouvernement provincial de Jean Lesage entame, au cri de « Maître chez soi ! » la Révolution Tranquille qui, en trois ans, va fracasser la chape d'obscurantisme sous laquelle Maurice Duplessis avait tenu son pays tout en cultivant la différenciation nationaliste.

Tout un système d'enseignement moderne va se créer, à commencer par un ministère de l'Education nationale dans ce pays où, jusqu'en 1961, l'enseignement était monopole de droit divin *. Dans le même temps, le Québec va reprendre dans ses propres mains la responsabilité de son propre développement : il renonce aux programmes d'entraide fédérale, pourvu qu'on lui laisse la part d'impôt afférente. Enfin, il esquisse une libération économique en rachetant au prix fort ses propres ressources énergétiques aux Anglais et aux Américains : ce sera la nationalisation de « l'Hydro-Québec ».

En 1960, ce n'est qu'un germe. Le peuple québécois n'a pas claire conscience de sa capacité à mener ses affaires temporelles. Seul le Premier ministre fédéral, Diefenbaker, est en situation de considérer la suite. Le voici prévenu par de Gaulle.

Passent quatre ans. Le Québec sort de son cocon. Le libéral Lester B. Pearson, qui a succédé au conservateur Diefenbaker comme chef du gouvernement fédéral canadien **, vient à Paris le 16 janvier 1964 ; de Gaulle lui prodigue égards et cordialité, et lui confirme ce qu'il a

---

* Après l'annexion par les Britanniques, le clergé français avait promis son loyalisme au vainqueur pourvu que celui-ci le laisse maître d'assurer son ascendant quasi total sur les Canadiens français.

La personnalité la plus marquante de l'Eglise québécoise au xixᵉ siècle, Mgr Laflèche, écrivait à son troupeau : « Les Canadiens français constituent une nation catholique ; ils ont une mission providentielle à remplir et doivent en conséquence faire preuve d'une soumission absolue à l'égard de leurs évêques, chefs de droit divin, tant sur le plan des affaires temporelles que dans le domaine spirituel. »

** Il est quasiment impossible, pour des Français accoutumés à l'uniformité de leurs clivages électoraux, quel que soit le niveau d'une élection — municipale, départementale, législative ou présidentielle — de concevoir qu'au Canada les élections provinciales qui aboutissent à la désignation d'un gouvernement provincial ne se superposent pas à l'élection d'un Parlement fédéral qui commande la composition du gouvernement fédéral.

Au plan de la « province » — qui serait un « Etat » aux Etats-Unis — comme au plan de la Fédération, le système électoral britannique (scrutin uninominal à un tour) a imprégné les mœurs de telle sorte qu'il ne peut exister dans la province que deux partis à vocation parlementaire, tout comme il y en a deux au niveau de la Fédération. Mais les partis provinciaux ne sont pas nécessairement une filiale ou un succédané des partis fédéraux. Exemple — paradoxal aux yeux d'un électeur français — : l'indépendantiste René Lévesque a été élu en 1976 Premier ministre du gouvernement *provincial* du Québec. En raison de l'indépendantisme, il a refusé de prendre en considération le Parlement *fédéral* : il n'a pas cherché à y envoyer des représentants de son propre « Parti Québécois », le P.Q. Les électeurs québécois, traditionnellement portés à gauche, ont donc voté « libéral » pour le Parlement fédéral. Ces suffrages québécois ont procuré au Premier ministre *fédéral* Pierre Elliott Trudeau une majorité dont il s'est servi pour combattre les revendications indépendantistes. Tous les intéressés, en 1977, semblaient d'accord sur de tels mécanismes.

déjà dit à l'autre. A huis clos cette fois encore, mais un ton plus haut.

Lester B. Pearson a fort bien entendu où voulait en venir de Gaulle, et il en a informé ses diplomates. Se présentant à l'Elysée le 1er juin 1964, le nouvel ambassadeur du Canada déclare à de Gaulle ce que Pearson l'a chargé de dire.

S. E. Jules Léger, ambassadeur du Canada : — Notre évolution a pris un rythme très accéléré. Ces développements ne peuvent se faire contre la France. Il s'agit de savoir s'ils auront lieu sans la France ou avec la France. Le Canada peut trouver ailleurs ce qu'il lui faut pour son confort matériel. Cette voie de la facilité, cependant, ne nous suffit pas. Elle ne répond pas à nos aspirations profondes. »

C'est reprendre le marché là où l'avait laissé Diefenbaker. Les idées n'ont pas progressé en quatre ans par les voies traditionnelles de la diplomatie feutrée. Alors, de Gaulle décide de montrer le bout de l'oreille sur la place publique. On change de registre. Ce jour-là s'enclenche le processus dont de Gaulle espérait voir le Canada faire l'économie. Un processus qui peut l'amener, lui de Gaulle, pour peu qu'on l'y force, au cri libérateur du balcon de Montréal. Levant l'audience accordée à l'ambassadeur Jules Léger, de Gaulle fait signe à son chargé de presse, Gilbert Pérol, de rester auprès de lui.

Gilbert Pérol (1976) : — Après la présentation des lettres de créance, il était d'usage que j'indique aux journalistes en quelques mots et sous ma responsabilité personnelle ce qu'avait été l'échange de discours. « En l'occurrence, le Général a tenu à rédiger de sa main et mot à mot, ce qu'il fallait dire aux journalistes. Autant que mes souvenirs sont fidèles, c'est le seul cas. »

Note manuscrite remise par le général de Gaulle à Gilbert Pérol le 1er juin 1964 :
— (...) Les préoccupations de l'Ambassadeur rejoignent celles que le Premier ministre du Canada avait lui-même exprimées au général de Gaulle il y a quelques mois. En réalité, SANS LA FRANCE, UN CERTAIN EQUILIBRE SERAIT A TOUS EGARDS DIFFICILE A MAINTENIR POUR LE CANADA.
« Le Général a dit à l'ambassadeur que la France tient beaucoup à ce que cet équilibre soit maintenu. IL LUI PARAIT DONC NECESSAIRE QUE LES RAPPORTS PRATIQUES, NOTAMMENT ECONOMIQUES, SE MULTIPLIENT DANS DES CONDITIONS TRES DIFFERENTES DE CE QUI EST.
« Quoi qu'il en soit, LA FRANCE EST PRESENTE AU CANADA, non seulement par ses représentants, mais aussi PARCE QUE DE NOM-BREUX CANADIENS SONT DE SANG FRANÇAIS, DE LANGUE FRANÇAISE, DE CULTURE FRANÇAISE, D'ESPRIT FRANÇAIS, bref, ils sont Français sauf en ce qui concerne le domaine de la souveraineté. »

Cette note a été diffusée en 1964 dans le monde entier par l'Agence France-Presse. Les journaux français ne l'ont pas remarquée. Mais dans chaque service du Quai d'Orsay, dans chaque ambassade de France, les téléscripteurs de l'AFP ont aussitôt reproduit le poulet du Général.

On ne fera pas à la compétence du ministre français des Affaires étrangères, Maurice Couve de Murville, l'outrage de supposer qu'il en ait ignoré la portée.

De Gaulle marquait que Lester B. Pearson l'obligeait un peu trop à se répéter : le texte diffusé par l'Elysée, on vient de le voir, portait curieusement à la connaissance du public que le Général avait déjà eu l'occasion de répondre aux mêmes « préoccupations » déjà exprimées par le Premier ministre canadien « il y a quelques mois ».

Ici, votre attention, s'il vous plaît. Jamais, dans aucun des épisodes ci-dessus rapportés, ce n'est le général de Gaulle qui a exprimé des « préoccupations ». Ce n'est jamais lui qui a pris l'initiative d'une question, encore moins d'une demande ou d'une revendication. Il a posé un diagnostic parce que le malade est venu le consulter. Il n'a pas dissimulé que la spécificité française des Québécois constituait une donnée hors de laquelle le problème n'aurait pas de solution.

Doutant que les gens tirent bon parti des conseils qu'ils sollicitaient, il prenait soin de n'être pas engagé dans l'engrenage de leurs crises, sans moyen de les résoudre.

A partir de 1964, il devenait pour lui vain et ennuyeux de laisser les Canadiens continuer à le tirer lui, de Gaulle, par la manche.

III

LE GENERAL ENLEVE

Le balcon de Montréal, s'il n'avait tenu qu'au général de Gaulle, il était bien décidé qu'il n'irait pas.

Général de Gaulle (octobre 1966) : — Vous ne me voyéz quand même pas faire ce déplacement pour aller à la foire! »

Il dit ça à Etienne Burin des Roziers, Secrétaire général de la Présidence et à René de Saint-Légier, conseiller technique, qui le questionnent sur la réponse à donner. Voici déjà six mois que le maire de Montréal, Jean Drapeau, reçu en audience à l'Elysée le 20 avril 1966, lui a demandé comment il agréerait une invitation à venir visiter l'Exposition universelle qui se prépare dans sa ville pour le printemps suivant. Aucune chaleur sentimentale, au demeurant, dans l'approche de Drapeau : rien de plus qu'à tout autre chef d'Etat susceptible de venir ajouter au retentissement de « l'Expo 67 ».

L'été a passé. A son retour de Pnom Penh, le général de Gaulle se trouve plus formellement pressenti. Et doublement. Le nouveau gouvernement provincial du Québec vient, à peine installé, de s'offrir à accueillir lui-même et directement le président de la République française : une façon parmi d'autres, pour le Premier ministre québécois, Daniel Johnson, malgré la consonance britannique de son patronyme, d'affirmer la spécificité nationale du Canada français. Coiffant le Québec avec vigilance, mais toujours avec un peu trop de retard, le gouvernement fédéral d'Ottawa accomplit la même exploration la semaine suivante pour son propre compte.

Burin des Roziers et Saint-Légier rapportent ces démarches au Général. C'est leur fonction. Mais il y a un an qu'ils savent à quoi s'en tenir.

Général de Gaulle (9 septembre 1965) : — Qui a jamais cru que le général de Gaulle, étant appelé à la barre, devrait se contenter d'inaugurer les chrysanthèmes [14]? »

*
* *

Ce programme anti-horticole n'a pas eu l'agrément général des Français. Avant sa réélection du 19 décembre 1965, de Gaulle a subi le ballottage. Il a balancé deux jours s'il ne resterait pas à Colombey au lieu d'accomplir le second mandat qu'une partie de sa majorité lui a marchandé.

Il a regagné l'Elysée après avoir soupesé en stratège démuni — il a l'habitude — la possibilité qui lui reste de déployer de grandes actions. C'est maintenant ou jamais sur terre; à l'expiration de son mandat, il aura quatre-vingt-deux ans.

Or il faut bien voir que son nouveau mandat n'est plus du type traditionnel. En 1958 il avait été élu président de la République par un collège restreint de notables. En décembre 1965, pour la première fois il a été mandaté directement par le peuple entier. C'est enfin l'intronisation trente ans différée... Elle fait de lui un des patriarches du globe terrestre. Avec cette formidable liberté d'action que leur donne l'âge. Pressé par l'âge, mais libéré par l'âge. L'approche de la mort le dispense désormais de réélection.

Le voici électoralement désintéressé, et, du coup, libre — oui, formidablement : ses partenaires sont atterrés de ne pas savoir par quel bout enrayer cette liberté de manœuvre *. Libre de lancer n'importe quelle entreprise hors des normes et des rites. Sous trois conditions : que l'entreprise soit parachevée dans le délai qui lui reste; qu'elle soit à la mesure de la force des peuples concernés et non pas à la mesure de son désir, à lui, de Gaulle; enfin donc, que les peuples le comprennent.

D'où la nécessité pour lui de s'adresser directement aux peuples. C'est ce qu'il vient de faire dans les huit mois qui ont suivi sa réélection, à un rythme significatif de l'angoisse du temps qui manque. Récapitulons :

En France même, le Premier ministre Pompidou ayant poussé sur la touche l'ancien ministre des Finances Valéry Giscard d'Estaing, de Gaulle lui fait engager Michel Debré à l'Economie nationale et Jean-Marcel Jeanneney aux Affaires sociales : deux diables dans le bénitier conservateur. La volonté d'une réforme globale de la société affleure; il y faudra un dialogue avec le peuple français, par référendum.

Communauté économique européenne : dès l'élection présidentielle, la France a proposé à ses partenaires de reprendre les conversations pour que le Marché commun fonctionne pleinement sans plus en exclure les produits agricoles. Depuis l'été précédent, les autres avaient préféré laisser la France se retirer sous

---

* Rappelons-nous l'irritation qu'exprimait le *Times* — cité au chapitre II — devant l'impuissance où se trouvait le gouvernement britannique d'enrayer les initiatives du général de Gaulle.

sa tente. Désormais, ils consentent à en passer par l'exigence de rigueur du général de Gaulle, puisque le voici en place pour long-temps.

Mars 1966 : dès qu'il s'est vu fort d'un pouvoir accordé directement par la nation française entière, de Gaulle a repris les armées françaises au commandement américain de l'OTAN. Pour établir un autre dispositif de coopération militaire, il faudra deux ans de conférences à tous les échelons. Dans ce domaine comme dans tous les autres, de Gaulle se repère sur son idée-pivot : la propre détermination des peuples est le seul bon moyen d'aboutir à un ensemble efficace. Il ne s'agit ni de saper le système américain de l'Atlantique ni de le remanier en vue de le perpétuer. Il s'agit de dégager l'énergie des nations pour faire tourner de plus vastes mécanismes conçus dans le dessein de servir leur commune survie. Ainsi faut-il que l'Europe soit « européenne » et non pas découpée dans l'intérêt de telle ou telle hégémonie.

L'ayant dit à la moitié d'Europe à laquelle la France se trouve associée par la géographie naturelle et par des traités qui ne sont pas tous naturels, de Gaulle va en dire autant aux peuples de l'autre moitié.

Juin 1966 : six mois après le sacre du suffrage universel, de Gaulle sur le sol de l'Union soviétique s'adresse au peuple russe, directement. L'étonnant est l'immunité dont ce sans-gêne bénéficie de la part des gouvernants soviétiques comme intimidés, ou pris à contre-pied. C'était sans précédent; ça restera sans équivalent. Les dirigeants de l'URSS lui demandent tout de même le prix fort : que de Gaulle reconnaisse l'Allemagne de l'Est. Refus : c'est une création artificielle de l'Union soviétique; sa reconnaissance ne serait d'aucun avantage pratique pour personne.

Voici du coup les Allemands de l'Ouest obligés de constater que de Gaulle n'est pas un allié changeant. Il en profite pour passer chez eux et pour leur faire observer qu'éviter d'officialiser la coupure de l'Allemagne est un résultat négatif : la reconstitution d'une « Allemagne entière » et celle d'une « Europe entière » vont de pair, quelque frayeur que les Russes, et les Américains, en aient contractée à Yalta.

« L'Europe de l'Atlantique à l'Oural » dont de Gaulle a parlé aux Russes et aux Allemands, il envoie son ministre des Affaires étrangè-res, Couve de Murville, en parler aux Bulgares et aux Roumains, sur les glacis interdits de la forteresse soviétique. Et déjà de Gaulle est en pourparlers en vue d'aller lui-même prendre contact avec les deux peuples de Pologne et de Roumanie.

30 août 1966, Pnom Penh : il y a huit mois que de Gaulle est réélu. Il interpelle les peuples du Sud-Est asiatique taraudés par la guerre du Vietnam. Il a accompli un vol de douze mille kilomètres pour lancer un appel à la conscience mondiale. Laissera-t-on enfin le peuple vietnamien déterminer son propre destin plutôt que de laisser les Américains dénouer leur complexe de frustration dans le psychodra-me d'une guerre mondiale?

*
* *

Alors, tout chaud encore de son discours planétaire de Pnom Penh, lorsqu'on vient lui parler d'une foire-exposition à Montréal...

Le général de Gaulle adresse donc ses remerciements à Ottawa en faisant observer que son compte d'amitié est en règle : le président de la République française a fait sa visite officielle au Canada dès 1960, une des toutes premières.

Navré Robert Bordaz qui monte à Montréal le futur pavillon de la France pour « l'Expo » : de Gaulle comme ours en foire, écrasés les autres Barnum! Et navré l'ambassadeur de France François Leduc qui voit ses collègues étrangers en poste à Ottawa fourbir leur argenterie pour la venue chacun de son chef d'Etat.

On ne lâchera pas le Général à son premier refus. Leduc et Bordaz reviennent à la charge en s'excusant derrière l'insistance du Canada fédéral. Selon Ottawa, rapportent-ils, il ne s'agit pas de doubler la visite de 1960; cette fois-ci, on viendra en extra. Ainsi veulent bien l'entendre les invités du monde entier; les chefs d'Etat acceptent déjà presque tous. Aguicheur, le gouvernement fédéral fait valoir qu'ils se succéderont dans Montréal à raison de trois par semaine.

Perspective d'avoir à prendre son tour dans une file de queues-de-pie? On peut douter que ce fut la bonne tartine pour mettre de Gaulle en appétit.

*
* *

Sur l'agenda que son âge lui dispute, de Gaulle n'a plus de place que pour des rendez-vous avec les nations.

Ce n'est pas ce que peut lui préparer le gouvernement fédéral du Canada, il le sait d'expérience. Lors de sa visite officielle de 1960, il ne lui a pas échappé que le Premier ministre fédéral, John Diefenbaker, évitait de le brancher directement sur la nation française du Canada.

Général de Gaulle : — ... fictions et précautions (...) Mon passage était organisé en vue de contacts avec les notabilités, de cérémonies militaires et de visites aux hauts lieux historiques, sans qu'il y eût place pour aucune manifestation populaire [15]. »

Les écrans n'ont pas empêché de Gaulle, dès 1960, d'enregistrer « un frémissement » des Québécois au seul mot de France. Et en même temps un malaise social autant que national, proche de l'insurrection, surtout à Montréal, où de Gaulle note qu'il est « accentué par le caractère massif et populeux de l'agglomération, par l'angoisse diffuse que répand l'emprise grandissante des Anglo-Saxons posses- seurs et directeurs ».

Or, ces deux pôles, de Gaulle et le Québec, que Diefenbaker redoutait déjà en 1960 de ne pas pouvoir mettre en présence l'un de l'autre sans déclencher l'étincelle, voici qu'ils sont tous les deux montés en charge, chacun pour sa part, au cours des six années qui ont suivi.

De Gaulle? En 1960, sa vertu détonante auprès des Québécois tenait au seul fait qu'il était Français de France... En 1966, il est le personnage qui a accommodé la France avec l'indépendance de l'Algérie; qui a parrainé devant les Nations unies douze nouveaux Etats nés de son opération de décolonisation; qui s'est dégagé des grands blocs militaires; et qui, maintenant, prétend possible de se faufiler hors du dollar sans quêter des roubles. Le voici devenu le héraut sur qui convergent les regards des peuples qu'on appelle « non-alignés ». Euphémisme masquant les nations le plus douloureusement condamnées à l'alignement de la misère ou de la force.

Symétriquement, la montée en tension du Québec, entre 1960 et 1966, eh bien voici qu'elle s'illustre, sur le bureau du président de la République française, dans cette lettre personnelle que vient de lui adresser le nouveau Premier ministre provincial Daniel Johnson. C'est sa seconde lettre personnelle.

André Patry, ancien conseiller diplomatique de Daniel Johnson, (1977) : — Dès son entrée en fonction, M. Johnson avait confidentiellement écrit au général de Gaulle pour lui indiquer ce qu'il projetait en matière d'institutions. C'est sous cet éclairage qu'il lui avait ensuite tout aussi personnellement écrit pour lui proposer de l'inviter. »

Invitation directe, qui n'a plus emprunté le détour de la diplomatie fédérale canadienne, qui n'a plus demandé la permission à Ottawa.

La montée en tension du Québec? Elle s'est traduite au printemps 1966, dans le succès électoral de Daniel Johnson, un nationaliste français du Canada. Nationaliste? Qualificatif intraduisible pour qui ne veut pas voir l'existence de la nation française du Canada. Et mot qui n'a pas besoin d'être traduit pour qui la voit ou pour qui la vit. Le nationalisme québécois n'a rien d'une revendication : plutôt une attitude défensive. Rien de nouveau non plus; Maurice Duplessis a gouverné la province de Québec pendant près de trente ans, avant et après la guerre, à l'enseigne de « l'Union nationale ». C'est la vieille Union nationale précisément, que Daniel Johnson vient de ramener au pouvoir, après six ans du gouvernement libéral de Jean Lesage.

L'ère Lesage, ce fut l'accession à l'autonomie interne; « Maître chez soi! » Lesage en a donné au Québec les moyens économiques, techniques, humains. Daniel Johnson, lui, réclame maintenant l'accession du Québec aux responsabilités de la souveraineté. Titre de son manifeste : « Egalité ou indépendance ». Alternative claire : ou bien les Anglais du Canada acceptent que la Constitution fédérale soit révisée de fond en comble pour que les Français y trouvent leur part de souveraineté, moitié-moitié, dans la définition des orientations communes, ou bien viendra l'heure des gens pour qui l'indépendance pure et simple du Québec doit précéder toute recherche de coopération avec les Anglais des autres provinces.

L'arrivée de Daniel Johnson au pouvoir n'a été pour de Gaulle ni une surprise ni une découverte. La maturation du Québec s'assortissait, depuis 1964, d'un foisonnement des contacts, des informations. Les obstacles légalistes qu'Ottawa opposait à ce va-et-vient croissant devenaient dérisoires. Après le Premier ministre Jean Lesage (qui avait ouvert à Paris une « délégation générale du Québec »), Daniel Johnson était venu lui-même deux fois, en tant que chef de l'opposition parlementaire. Une sorte de réseau de soutien, dont de Gaulle situait parfaitement les membres, faisait parvenir à l'Elysée des dossiers de plus en plus nombreux, de plus en plus nourris. Il ne dédaignait pas d'en faire la contre-épreuve par d'autres agents, pas plus officiels, mais non moins qualifiés. Tout ce petit monde nouait des liens avec les plus proches amis de Daniel Johnson, ceux qui allaient former son cabinet de Premier ministre, Jean Loiselle, Paul Gros d'Aillon, André Patry. Ceux-ci venaient à Paris plus souvent qu'à leur tour, pistés par les espions du gouvernement fédéral, guidés par les espions bénévoles ou professionnels du gouvernement français.

Autant dire que le Général sait bien de quoi il parle lorsqu'il dit à Burin des Roziers et à Saint-Légier, en novembre 1966 :

— Si j'y vais, ça risque d'être seulement pour y mettre le feu. »

En considération de quoi cet homme qu'on accusera, l'année suivante, de se conduire à Montréal en boute-feu, refuse l'invitation privée du Québec autant que l'invitation officielle du Canada.

Il voit bien qu'on attend de lui qu'il aille là-bas enflammer les résolutions. Et si ça donne un feu de paille? Ces gens à qui la France a confisqué pendant deux siècles la foi et l'espérance, un élan sans lendemain peut les replonger pour deux siècles dans le doute et la désespérance, adieu Canada français. Mieux vaut ne pas sortir de la tranchée si on n'a pas le souffle pour pousser jusqu'au sommet.

*
* *

Octobre 1966 : en concluant au refus, de Gaulle l'assortit devant Burin des Roziers et Saint-Légier d'une confidence elliptique :

Général de Gaulle : — Pour le moment, j'ai mieux à faire. »

Apparente banalité. Elle recouvre une idée nettement circonscrite, que de Gaulle met en balance avec « la dette de nos rois » à l'égard du Québec : le Général se prononce au vu d'un rapport qu'Alain Plantey lui a fait parvenir au début de l'été.

Alain Plantey : premier lieutenant de Jacques Foccart au Secrétariat général de la présidence de la République pour les Affaires africaines et malgaches (sans compter d'autres affaires sinon sombres, du moins tenues dans l'obscurité).

Que vient-il interférer dans l'éventualité d'une visite au Canada? C'est qu'une fois l'indépendance fournie aux anciennes colonies françaises, de Gaulle travaille, depuis quatre ans, à animer un édifice diplomatique nombreux et original où les nouveaux Etats africains ont la part belle. Tant que ça marche, c'est un pôle d'attraction pour des Etats autres que les anciennes possessions françaises. Autant de perdu en ce cas pour les anciens colonisateurs anglais ou pour les nouveaux apparus, américains, russes, chinois, israéliens. Inutile de dire que ceux-là guettent le faux pas; à leur tour, ils sont pistés par Jacques Foccart et Alain Plantey, promeneurs discrets autant qu'assidus.

De Gaulle, avec ses partenaires africains, est bien placé pour savoir quelle énergie peut dégager le thème de l'autodétermination. On ne promènera pas impunément cette idée radioactive à travers le Québec encore soumis au régime colonial. Inversement, pourquoi gâcher le potentiel franco-africain dans une étourderie au Québec?

Alain Plantey : — En mai 1966, j'étais aux Antilles. Je me suis rendu de Fort-de-France à New York, de là, dans la journée, à Montréal. Ensuite Québec. Mon but : rechercher quel impact un voyage éventuel du général de Gaulle au Canada aurait sur l'ensemble francophone. Un tel voyage apporterait-il à ces pays africains du plus ou du moins? On voyait que, de toute façon, ce voyage au Canada, s'il avait lieu, aurait un effet détonnant dans les « Affaires africaines » qui étaient de mon ressort à l'Elysée. »

Principe élémentaire du travail sub-officiel : Plantey n'est pas branché sur les réseaux qui acheminent vers de Gaulle leurs propres renseignements. N'importe, dès le seuil de son hôtel à Montréal, le missionnaire connaîtra les périls du fait canadien français :

Alain Plantey (1977) : — Au premier taxi, j'ai dit simplement : à la gare. A l'anglo-saxonne, on aurait dit : à la station. Le chauffeur lance aux taxis de derrière : un Français de France! Et il corne. Les autres cornent. Les passants s'arrêtent. Et mon taxi, toujours cornant, se lance sur l'avenue en décrivant de grands zigzags d'honneur, comme un aviso. J'étais terrorisé.
« J'ai vu, vous vous en doutez, d'autres Québécois. Ils étaient forcenés. Il y avait un grain de désespoir. Parmi les prêtres. Parmi les hommes d'affaires.
« En mai 66, les hommes d'affaires francophones étaient peu nombreux. On les sentait brimés. Ils étaient liés à des banques anglaises, ils recouraient à des techniciens anglophones. Ils avouaient leur impression de ne plus pouvoir tenir leur entreprise. Ils avaient plus peur des Etats-Unis que des Anglais, et ils se demandaient comment rester Français de cœur, de langue, et d'habitudes, eux, leurs femmes, leurs enfants, tout en se voyant contraints d'en passer par le capital américain. Il y avait un problème religieux. Et, de plus en plus, une crise dans la jeunesse. Les Américains regardaient les Québécois comme des Indiens, comme leurs Noirs du Sud. Comment concevoir que ces Québécois eussent le toupet de se sentir porteurs d'un message qui ne fût pas anglo-saxon? Quand on prêchait le bilinguisme comme

sédatif de la crise québécoise, allez essayer d'obtenir que les Anglais de l'Ontario croient à la réalité d'une langue qui ne soit pas la leur.

« En rentrant, j'ai mis dans mes notes à Burin des Roziers et à Foccart : Attention au Québec, il va bouillir. »

Général de Gaulle : — On me dit que ça bout... Qu'est-ce que ça entraînera si j'y vais? »

Alain Plantey : — Si le général de Gaulle n'est pas pleinement bien reçu, si son apparition au Canada reste sans conséquence, si, du coup, les Anglais du Canada parviennent à déconsidérer peu ou prou son prestige, cela aura des répercussions dans les pays francophones d'Afrique, confrontés eux aussi au voisinage de pays anglais *. Si le Général rate tant soit peu son voyage au Canada, il aura mis les Anglais en meilleure posture pour développer leurs tentatives d'implantation dans tous les autres pays francophones. Il s'agit de décider si le Québec constitue la priorité. »

De Gaulle : — Pour le moment, j'ai mieux à faire. »

*
* *

Pour le moment...

Bernard Tricot : — Sauf urgente nécessité, le Général refusait de s'engager trop tôt dans des affaires qui n'étaient pas « mûres », en face de situations « insaisissables [16]. »

Au Québec, début 1967, la politique est déglinguée. Le système de balance entre deux partis, à l'anglaise, ne marche plus parce qu'aucun des deux partis ne correspond plus à une réalité.

L'exposé de la vie politique québécoise aurait de quoi décourager par sa complexité n'importe quel lecteur. Disons rapidement que le Québec a été rodé aux institutions parlementaires britanniques, fondées sur le scrutin uninominal à un seul tour. Il n'en conçoit pas d'autre.

Encore y faut-il une adhésion spontanée, tacite, mais entière : qu'il soit entendu, à charge de revanche, que les responsabilités politiques sont confiées pour la durée d'une législature, à celui des deux partis dans lequel s'est reconnu le plus grand nombre de citoyens.

Or, c'est ça qui manque au Québec, les élections provinciales de 1966 l'ont confirmé à de Gaulle. En apparence, le mécanisme a joué comme d'habitude. L' « Union nationale » a repris en 1966 le dessus sur son adversaire traditionnel, le « parti libéral » provincial qui était parvenu

---

* Parmi les acquis de la Vᵉ République les plus fréquemment cités par de Gaulle dans ses allocutions télévisées, revenait depuis 1962 le fait suivant : la France et ses anciennes possessions d'Afrique et de Madagascar, devenues ses alliées souveraines constituaient un groupement international « exemplaire » de coopération constructive, d'initiative politique et de tranquillité pacifique ».

De Gaulle disait « exemplaire » par contraste (un constraste perçu de tout le monde à l'époque) avec les conflits qui ensanglantaient ou menaçaient les anciennes possessions britanniques (Kenya, Rhodésie, etc.), le Congo ex-belge, l'Angola portugais.

à la vaincre en 1960 après avoir subi une diète de seize ans dans l'opposition. Mais seules sont intactes ces vieilles étiquettes. Sous celles-ci, les deux partis se sont recroquevillés, fendillés, racornis dans leurs contradictions internes. Tous deux viennent de sortir minoritaires des élections de 1966; et encore savent-ils bien tous deux que, s'ils se sont partagé le gros des suffrages, c'est parce que les Québécois ne pouvaient voter que pour eux.

Largement majoritaire au Parlement de Québec, l'Union nationale de Daniel Johnson n'a recueilli que 40 % des voix.

Elle l'a emporté grâce à l'entrée en ligne de deux mouvements indépendantistes; ceux-ci n'ont eu aucun élu, et les observateurs superficiels d'en rire. Mais les candidats indépendantistes, là où il y en a eu, ont attiré des suffrages qui ont fait défaut aux sortants libéraux. Le mouvement indépendantiste vient de s'inscrire dans la vie politique du Canada français, en pointillé, mais irréversiblement.

Si, en 1966, Daniel Johnson a conduit l'Union nationale au succès en brandissant l'étendard de la différenciation nationale des Canadiens français — « égalité ou indépendance »! — il a joué aussi du réflexe réactionnaire des comtés ruraux.

Mais le conservatisme ne suffisait plus à répondre au soubresaut d'humiliation nationale des travailleurs des agglomérations urbaines, travailleurs amoindris, exclus parce qu'ils parlaient et pensaient français. Pas davantage le parti libéral ne satisfaisait ces travailleurs qui percevaient à toute heure de la journée qu'ils ne changeraient pas vraiment la vie sans modifier le système de subordination politique que ce parti libéral avait trop passivement supporté.

De Gaulle était informé depuis 1966 que la mutation accomplie par les deux grands partis politiques de la province de Québec ne suffirait à les sauver ni l'un ni l'autre.

En s'essayant tour à tour à l'exercice d'un pouvoir qui s'étiquetait « provincial » mais qui consistait à gérer une nation, les deux partis — les libéraux de 60 à 66, et l'Union nationale depuis 66 — s'y fracassaient et s'y désagrégeaient tour à tour parce que ni l'un ni l'autre n'était plus agencé pour répondre globalement aux aspirations et aux besoins de la nation française du Canada.

L'indépendantisme ne faisait encore figure que de virtualité. C'était déjà une virtualité de blocage.

Surface des choses au Québec en 1966 : l'embrouillamini croissant des tringleries politiques.

Fond des choses : les Canadiens français sont mal dans la peau du Canada anglicisé.

Tant qu'on ne s'en prendra pas au fond des choses, on ne restaurera plus la surface. Le déglingage de la province détériorera de proche en proche le système fédéral. Rien là-dedans qui soit pour surprendre le général de Gaulle. Il a senti la détérioration en 1944, il a mis en garde le Premier ministre canadien Diefenbaker dès 1960, il a publié par écrit son diagnostic.

De Gaulle, en 1966, voit la crise québécoise se développer. Il en avait d'avance la certitude, il est parvenu à cette conclusion plus vite que les autres, à force d'analyse. Mais il sait également — l'ayant souvent appris à ses dépens — qu'il ne suffit pas d'afficher sa certitude pour hâter le sursaut.

Daniel Johnson, après le court succès de son Union nationale, a dû former un gouvernement composite. Si Johnson s'avère résolu, le gouvernement québécois ne sera pas ferme derrière lui.

En 1966, le Québec est à peine mûr; et les fédéraux avec lesquels Johnson veut encore traiter ne sont pas mûrs du tout. De Gaulle voit qu'il est trop tôt pour trouver prise. A quoi bon y aller?

*
* *

Ainsi, à la fin de 1966, à propos d'un nouveau cas d'espèce, le Québec, nous retrouvons le général de Gaulle dans une posture intellectuelle qui lui est devenue par force familière au long de sa vie.

Avant guerre, il a dit et écrit la certitude à laquelle aboutissait son analyse : le système militaire de la IIIe République se déglinguait. Ça n'a pas empêché que les choses suivent leur pente jusqu'à la catastrophe.

Après guerre, il a signalé que le système institutionnel de la IVe République ne pouvait que se déglinguer : ça n'a pas empêché qu'on en fasse l'expérimentation désastreuse, étalée sur douze ans.

Sous la Ve République, il a pris le monde entier à témoin que le système monétaire était déglingué. Ça n'a pas empêché le monde de le vérifier à ses propres frais, de plus en plus dangereusement, pendant quinze ans, avant de se décider à envisager une issue.

Ce sont les exemples les plus connus. On en trouve d'autres à propos de chaque dossier. Celui qui analyse le plus vite et le plus serré passe d'abord pour devin; puis pour sorcier, bientôt pour jeteur de sort. A semblable jeu, sur une moindre échelle, Pierre Mendès France s'était fait maudire comme Cassandre. Pour de Gaulle, pire : les petites têtes traitèrent de démolisseur celui qui avertissait que les constructions ne tiendraient pas debout. Ainsi allait-il en advenir au sujet du Québec.

Une chose frappe, pourtant, dès qu'on se retourne sur ce passé : aucun des grands responsables des problèmes agités par de Gaulle n'a jamais cherché à se tirer d'affaire en disant que les propos de cet original étaient sans importance (du moins jusqu'à l'épisode du Québec, où les Anglais vont recommander d'attendre que vieillesse se passe). Les chefs de l'armée française, avant guerre, tout en écartant les notes rédigées par de Gaulle, n'en ont pas tiré argument pour briser sa carrière. Les dirigeants les plus résolus de la IVe République, Auriol, Ramadier, Queuille, Coty, Mendès France, Guy Mollet, ne se sont jamais risqués dans une tentative de justification des institutions dénoncées par de Gaulle. Les présidents américains successifs n'ont jamais dit que de Gaulle ne comprenait rien à l'eurodollar. Pas plus que les dirigeants soviétiques ne ricanaient quand le général de Gaulle prétendait extraire de sa gangue la réalité d'une « Europe de l'Atlantique à l'Oural ».

Pour la crise canadienne, pareil : Mackenzie King ou Diefenbaker n'ont pas contesté ce que de Gaulle écrivait publiquement dès 1956 de la crise canadienne.

On n'adhérait pas aux solutions proposées. On n'adhérait même pas à l'idée qu'il fallait se mettre en quête de solution. Mais, dans chaque cas, les gens qui connaissaient leur dossier se sont comportés comme s'il convenait de prendre au sérieux les analyses présentées par de Gaulle. Et cela même dans les temps où de Gaulle n'avait pas le pouvoir ou la notoriété. Littéralement, il tenait en respect les interpellés; il en imposait.

Etait-ce parce que de Gaulle — les spectateurs du monde entier s'en sont amusés un jour ou l'autre... — faisait montre d'un étonnant aplomb? Sans doute. Mais au sens étymologique : il tenait exceptionnellement solide sur ses jambes, parce qu'il s'appuyait sur une analyse inlassablement nourrie, sans cesse tenue à jour, sans parti pris ni tabou quant aux sources.

Attention, on touche probablement ici à l'une des recettes originales de la méthode gaullienne : le soin mis à ne laisser aucun tabou empêcher une information de parvenir jusqu'à lui. De Gaulle osait tenir compte des gens qui ne lui plaisaient pas. Plus rare : il osait enregistrer deux parts de vérité inconciliables, et plutôt que de s'écarter, comme on fait souvent, du point de croisement de ces inconciliables, c'est là qu'il s'obligeait à venir gratter pour en tirer l'insolite réalité. Non point qu'il eût de l'inclination pour l'inattendu ou le non-conformisme. Il se réservait de tout trier, de tout confronter, de retourner les affirmations contradictoires, de les frotter les unes contre les autres *.

La constance de l'analyse, la tenue à jour « générale » de la « culture » ont fait que ses hommes d'équipe ne l'ont pratiquement jamais vu s'abandonner au coup de tête. Il s'était équipé pour toutes les éventualités, des éventualités qu'il se gardait d'ailleurs de répertorier, afin de ne pas manquer celle qui se présenterait en réalité; il ne jouait jamais à envisager des cas de figure.

Louis Joxe (1978) : — Je ne l'ai jamais vu se livrer au kriegspiel. »

Pas d'hypothèses vaines, afin de n'avoir pas de déchet. C'est aussi qu'il n'imaginait pas que la méditation pût ne pas se transmuer en action. Cet analyste n'avait rien d'un contemplatif.

Sa méthode voulait que la décision découlât de l'éventualité et ne la précédât jamais. De Gaulle prenait soin de ne pas se laisser enfermer prématurément dans l'annonce d'une décision : mutisme systématiquement opposé à ceux qui lui criaient : « Parlez, mon Général! » à

---

* Dans son avant-propos pour *Trois Etudes* de Charles de Gaulle (Plon), son camarade, le colonel Nachin, a montré tout ce que de Gaulle, dès sa jeunesse, empruntait — méthodiquement — à Descartes.

propos d'Algérie, à « M. X. » qui le sommait, en 63, de déclarer ses
intentions quant à l'élection présidentielle de 65. On prétendait qu'il
dissimulait sa décision; de vrai il ne l'avait pas prise, exprès. La
décision qui précède les faits est une entrave; l'action en sera faussée.
Mais le moment venu l'action est soudaine, si peuvent se mobiliser en
bon ordre toutes les richesses de l'analyse. De Gaulle avait horreur de
l'improvisation, en matière de harangue comme ailleurs, ceux qui
l'ont servi en témoignent, ayant souvent essuyé ses humeurs à ce sujet.
(Particularité à cocher lorsqu'on s'interrogera sur la harangue de
Montréal...)

Mais fin 66, l'analyse du général de Gaulle c'est que les données ne
sont pas rassemblées au Québec et autour du Québec, pour que sa
visite à Montréal puisse servir à autre chose qu'à une fièvre stérile
chez les Canadiens français, ou à une banale satisfaction d'amour-propre pour les montreurs de chrysanthèmes.

*
* *

14 avril 1967, le printemps est là, l'ouverture de l'Exposition
imminente. Daniel Johnson relance le cochonnet deux fois plus loin : il
crée à Québec un « ministère des Affaires intergouvernementales ». Et
pour que nul ne s'y méprenne, il se l'attribue à lui-même.

Le Premier ministre se donne pouvoir de traiter lui-même avec des
pays étrangers certaines affaires qui concernent spécifiquement le
Québec. Le gouvernement québécois devient quelque chose de plus
que provincial; mettons qu'il se dote de la dimension nationale *.

Les fédéraux d'Ottawa tordent le nez. Daniel Johnson leur réplique
qu'il ne viole pas le pacte fédéral puisqu'il n'accrédite ni ambassadeur
ni consul **.

Jusque-là, au Québec — comme dans chaque province — un
« ministère des Affaires fédérales-provinciales » avait compétence
pour dépiauter les dossiers qui n'avaient d'effet qu'à l'intérieur du
Québec, mais qui résultaient d'une tractation soit avec une autre
province canadienne, soit avec les autorités fédérales.

Ces affaires particulières que le Québec, en tant que Québec, traite
déjà avec le Nouveau-Brunswick ou le Manitoba à l'intérieur de la
fiction fédérale, il peut arriver que des affaires du même type aient à
se traiter avec des collectivités qui ne gîtent pas sur le territoire fédéral

---

* En décembre 1968, lors de la suppression du « Conseil législatif » de la province du
Québec (ce qui mettait fin à un bicamérisme déjà disparu des autres provinces),
l'Assemblée législative saisit l'occasion pour s'emparer du titre d' « Assemblée
nationale ». C'est la première fois, nous semble-t-il, que l'adjectif national se trouvait
officiellement accolé à une institution.

** Les « Délégations générales » que le Québec entretient pour son compte à Paris, à
Londres et dans différentes villes des Etats-Unis, existaient déjà auparavant. Le Québec
n'en avait pas l'exclusivité. Si elles se sont étoffées davantage que celles des provinces
anglaises, c'est signe que les Canadiens français ne trouvaient pas dans les institutions
fédérales le même relais naturel que les Anglais.

canadien. Ces affaires-là, quand une province anglaise veut les traiter, Ottawa met automatiquement à sa disposition une mécanique zélée. Quand c'est le Québec, on lui cherche des poux.

S'agit-il d'enseignement par exemple, pas de problème pour jeter des ponts entre universités anglaises du Canada ou de Grande-Bretagne; elles sont tenues pour filles légitimes les unes des autres. S'il s'agit de correspondre avec un établissement de France, toutes les herses diplomatiques et administratives sont dressées, il faut cheminer parmi les fonctionnaires soupçonneux, les questionnaires tatillons.

Cent écrans pour les Français, aucun pour les Anglais, bien que les fédéraux d'Ottawa puissent prouver que, sur le papier, le régime est identique. Mais les fédéraux savent bien que c'est une argutie, puisqu'ils proposent sans cesse des palliatifs et des correctifs. Les inconvénients administratifs s'en trouvent sans cesse accrus, sans que s'efface cette réalité : toute initiative anglaise est tenue pour naturelle; toute initiative qui s'exprime en français sent le soufre.

A chaque geste, à chaque coup, pour arriver sur la même ligne que les provinces anglaises, les Québécois sont obligés de partir de plus loin. Pour accomplir le même progrès, les pertes en ligne leur imposent de dépenser plus d'énergie. En 1967, ils commencent à compenser en forgeant plus que les autres leur résolution et leur cadre administratif.

C'est d'ailleurs parmi les fonctionnaires — les « administrateurs publics », comme on dit au Québec — que l'ambition nationale a germé le plus vivement, peut-être parce que, les premiers, ils se sont sentis brimés par les anglophones, maîtres de l'économie et de la politique. Toujours est-il que ces « provinciaux » — on aurait dit en France ces fonctionnaires départementaux ou régionaux — acquièrent une capacité nationale. Ils deviennent plus forts que les fonctionnaires d'Ottawa, plus entreprenants, plus prompts aussi à la manœuvre.

Leur ambition a trouvé des encouragements — et qui sait, ses origines? — à Paris auprès d'une sorte de réseau de soutien.

A la clé, deux hauts fonctionnaires parisiens, Philippe Rossillon et Bernard Dorin, le premier toujours hors les marges, et le second jamais, Dorin à qui l'on donnerait la Légion d'honneur sans confession, Rossillon à qui on ne délivrerait pas un ordre de mission au coin d'un bois; sauf que c'est Dorin qui les lui procure. Le solaire et le lunaire, le jour et la nuit. Mais cul et chemise. Tous deux sortis de l'Ecole Nationale d'Administration, l'ENA, ils ont inventé que la France y admette comme stagiaires des fonctionnaires québécois. Plus tard, sur le modèle de l'ENA française, le Québec se dotera de l'ENAP (Ecole nationale d'Administration publique). Des Français de France à leur tour y seront moniteurs. Les liens subsisteront souterrainement.

Qui dira si c'est par hasard que Daniel Johnson, lorsqu'on lui sert cuite à point la recette de ce ministère des Affaires intergouvernementales, en nomme Claude Morin Secrétaire général (au Québec on dit « sous-ministre » mais c'est un fonctionnaire)? Claude Morin, c'est la

cheville québécoise du réseau franco-québécois des hauts fonctionnaires *.

Allez donc démêler là-dedans d'où est partie la formule tarabiscotée
de ce ministère des Affaires intergouvernementales! Fruit ambigu de
la roublardise à laquelle sont réduits les colonisés. Cet épisode sent
l'avocasserie. Le tort en fut aux ergotages des fédéraux; pour donner
consistance au sentiment d'un ensemble canadien, il leur aurait fallu
une autre allure que ce comportement de greffier de prison. Leur
malchance les a fait tomber sur Daniel Johnson qui était avocat de
campagne, en plus de patriote.

*
* *

Des liens spécifiques qui ne pouvaient à aucun titre concerner les
provinces anglaises, le Canada français et catholique en avait,
congénitalement, avec deux puissances: l'Eglise catholique et la
France.

La venue du Pape ou la venue du général de Gaulle à Montréal ne
pouvait pas concerner les anglophones anglicans de la même façon
que les Québécois. Aucune raison, si ce n'est gendarmique, pour que le
Québec ne traite pas par lui-même ces deux dossiers qui n'intéressent
que lui. Daniel Johnson avertit les autorités fédérales que le peuple
québécois prend ses dispositions pour adresser directement ses
propres invitations au Pape et au Général.

Au Vatican, il ne fut pas question de prendre en considération ce
projet de voyage de Paul VI: le gros client de la papauté, c'était les
Etats-Unis; sans doute a-t-on craint de les effaroucher.

Restait le cas de Gaulle.

*
* *

18 mai 1967, Daniel Johnson débarque à Paris, compère Guilleri.

Le grand jeu: Hervé Alphand, Secrétaire général du Quai d'Orsay
lui soumet-il le projet de coopération pour le satellite de télécommunications Harmonie, Daniel Johnson interpelle, dans le groupe des
experts, son ministre des Finances, Paul Dozois:

— Trouverons-nous vingt millions de dollars pour que le ciel parle
français? »

Dozois débourse.

Sûr qu'il y avait beaucoup de malice politicienne dans le personnage
de Daniel Johnson. Mais il faut aussi compter avec l'enthousiasme
dont son habileté était pétrie. Séduisant, entraînant, et jamais autant

---

* Neuf ans plus tard, Claude Morin, passé de l'administration à la politique, se
retrouvera ministre des Affaires intergouvernementales dans le premier gouvernement indépendantiste.

qu'à partir du moment où il oubliait de l'être. Une moustache qui
semblait taillée à Saint-Jean-d'Angély, raie sur le côté avec une houppe
redressée qu'on aurait crue sortie de chez le coiffeur de Ville-
dieu-les-Poëles, un complet comme on se les figure aux Dames de
France, toute la silhouette médiocre que des Parisiens peuvent
attribuer avec une supériorité attendrie à un Canadien tel qu'ils
l'imaginent. Pas les deux pieds dans le même sabot. Mais jamais tous
les œufs dans le même panier. Sans que ça aille jusqu'à courir deux
lièvres à la fois.

Daniel Johnson avait en réalité ses particularités qui le situaient
hors du courant, même dans sa province. Tenez, dans le Québec
traditionnellement et farouchement anti-interventionniste pendant
les guerres européennes — comme l'Irlande et pour le même motif, ne
pas reconnaître l'Angleterre comme mère patrie —, Daniel Johnson
avait appartenu en 1940 à une poignée de Canadiens qui faisaient des
pieds et des mains pour s'engager dans l'armée française; la
capitulation de la France avait coupé court *.

Le vieux parti à la tête duquel il s'était adroitement imposé, l'Union
nationale de feu Maurice Duplessis, se crispait depuis la guerre dans
un pétainisme posthume (tandis que les libéraux, plus proches du
pouvoir britannique, se montraient plus indulgents envers les gaullistes, en souvenir de leur passage à Londres). Ça n'avait pas empêché
Daniel Johnson, sitôt reconnu comme chef de son parti, de faire
immédiatement un saut à Paris, dès 1962, pour étudier — en sa qualité
de leader officiel de l'opposition — les moyens de réactiver les
relations avec la Vᵉ République du général de Gaulle. Alors que Daniel
Johnson n'était que le chef de l'opposition, déjà il dépêchait sans cesse
d'une rive à l'autre de l'Atlantique ses hommes de confiance — le
journaliste Paul Gros d'Aillon notamment — pour soutenir, en
connaissance de cause, l'ardeur des petits réseaux qui militaient en
vue des retrouvailles. Une semaine à peine après l'accession de
Johnson au poste de Premier ministre du Québec, Gros d'Aillon était
une fois de plus à Paris; et le premier soin de Johnson lui-même avait
été d'adresser une première lettre personnelle au président de la
République.

De tous les détails lointains ou récents du personnage, de Gaulle
était au courant. De son côté également, le grand jeu : tapis rouge, et,
en l'honneur de ce petit Premier ministre provincial, le protocole
réservé aux chefs d'Etat. Sous l'œil soupçonneux de l'ambassadeur
d'Ottawa.

Faste écrasant. Pas commode déjà, pour le provincial qui ne s'est
doté que depuis cinq semaines d'une compétence « intergouvernemen-
tale » de risquer ses premiers pas sur la scène internationale dans une

---

* Il convient de préciser qu'à cette minorité de volontaires appartenait également
Jean Drapeau, futur maire de Montréal, qui allait plus tard faire de cruelles réserves
sur la possibilité d'un resserrement franco-québécois.

rencontre avec le dernier des burgraves mondiaux, de Gaulle recru
d'honneurs et d'Histoire *.

Comment, en outre, ne serait-il pas abasourdi, le 18 mai 1967, sous
l'avalanche des conseils, recommandations, prescriptions et autres
leçons de maintien? Daniel Johnson s'avance vers l'Elysée porteur des
espérances interminablement réprimées des gens qui ont eu foi dans
le grand dessein du rapprochement des deux nations françaises,
malgré l'ironique scepticisme dont les écrasaient la quasi-totalité des
gens en place. Après les fins de non-recevoir du Général voici venu le
jour de l'occasion dernière.

N... (haut fonctionnaire français, membre du réseau pro-québécois) :
— Nous avions un peu le sentiment de jouer notre va-tout. Nous
pensions que de la confrontation de cet homme exceptionnel et de ce
peuple en mutation devait naître cette étincelle qui allait faire sauter
cette espèce d'évolution rampante qui était celle du Québec depuis pas
mal d'années, un nationalisme qui se cherchait, qui ne se trouvait pas,
encore complexé, honteux de lui-même. Le Québec sortait de sa
chrysalide; ça n'en finissait pas de finir. Nous pensions que, de cette
rencontre exceptionnelle, naîtrait véritablement le nationalisme québécois dans les masses. Et je dois dire que c'est exactement ce qui s'est
passé. »

Ils sont tous là, anxieux que Johnson ne néglige rien, ne commette
aucun faux pas. Chacun y va de sa recette magique, de son tuyau de
dernière minute. Le réseau français chapitre le réseau québécois qui
chapitre Johnson, nuée de soigneurs à agiter leur serviette-éponge
autour de leur petit champion, la tête lui en tourne.

Enfin, elle devrait lui tourner. Mais allons-y petit, Daniel Johnson
s'avance guillerettement vers l'Elysée, bardé du meilleur sourire sous
moustache dont il ait jamais séduit ses électeurs du Comté de Bagot.

Paul Gros d'Aillon se rappelle dix ans plus tard : — Nous logions dans
le cadre somptueux de l'hôtel Crillon. Nous avons fait avec Daniel
Johnson une ultime récapitulation, Jean Loiselle et moi (Loiselle,
André Patry et moi-même, il nous appelait « mes pompiers »). Nos
amis de France s'étaient renseignés : selon eux, le général de Gaulle
avait l'habitude d'aborder ses interlocuteurs par une question piège.
J'avais prévenu notre Premier ministre : « Tiens-toi sur tes gardes. »
Lorsqu'il est ressorti, je l'ai questionné dans la voiture : « Alors, le
piège? »

Daniel Johnson : — Oui, je l'ai eu. »

Paul Gros d'Aillon : — C'était quoi? »

D. Johnson : — Le Général a commencé gentiment : « J'aime beaucoup
le Canada — il a dit simplement le Canada —, j'y ai de grands amis,

* Daniel Johnson ne se défera jamais de sa timidité en face du Général. Cela
embrouillera leurs rapports dans les instants décisifs où il s'agira de faire avancer ce à
quoi Johnson, pourtant, mettait le plus de cœur.

entre autres le général Vanier; je ne sais pas ce que vous pensez du général Vanier, mais je le considère comme un grand ami de la France; il nous a été précieux pendant la guerre et précieux après la guerre. »

D. Johnson (à de Gaulle) : — J'éprouve moi aussi beaucoup d'admiration pour les vertus militaires du général Vanier, mais pas du tout pour ses idées politiques; c'est un fédéraliste et un impérialiste britannique. »

De Gaulle (à D. Johnson) : — Ah! Je le lui ai toujours reproché... »

Cette pratique des questions pièges n'était-elle pas une légende? La plupart des anciens membres du cabinet du Général y croient. Mais les mêmes témoins décrivent de Gaulle tellement avide d'informations, tellement attentif à ne pas se laisser enfermer dans les préventions, qu'on le voit mal fausser par excès de système un entretien important. Légende ou pas, Daniel Johnson, de bonne foi, a eu la sensation de franchir cette épreuve initiatique à son avantage : le voici libéré.

Général de Gaulle (à son gendre Alain de Boissieu le dimanche suivant) : — Quelle idée de s'appeler Johnson! Il méritait de s'appeler Lafleur, comme tout le monde! »

Ainsi affranchi Daniel Johnson jouera à sa main, pendant sa seconde conversation avec le général de Gaulle, le surlendemain 20 mai. Là, c'est la toute dernière fois où puisse être encore abordée la question d'une venue du Général au Québec en juillet.

Alors il se produit — incomparable talent tactique ou coup de cœur? — que le novice, le petit champion de province faraud et complexé, va tout droit régler son compte au vieux géant en deux phrases, pan! pan! le coup du roi, juste à la jointure, sans rond de jambe, les deux seules phrases au monde contre lesquelles le général de Gaulle n'avait aucune parade.

Un : — Mon Général, le Québec a besoin de vous. »
Deux : — C'est maintenant ou jamais. »

*
**

« Le Québec a besoin de vous... » Assis derrière son bureau trop doré de l'Elysée, il y a deux cent quatre ans que le Connétable de France attendait l'appel. Nos rois les avaient abandonnés.

*
**

« Maintenant ou jamais... » Daniel Johnson a une raison technique de le penser, très précise, et il va la dire. Mais de toute façon, lui, de Gaulle, soixante-dix-sept ans bientôt! Le grand âge entame son compte à rebours, entame la prise que de Gaulle pouvait avoir sur les problèmes. C'est l'âge qui commande et plus de Gaulle qui choisit.

Parmi les victoires qu'il a emportées sur lui-même, la plus difficile avait sans doute été de maîtriser l'impatience. La plus précaire aussi : à peine l'homme d'action s'est-il contraint à supporter qu'il faille parfois accorder des années aux problèmes, voici épuisée sa provision d'années.

Dos au mur de la mort ou de la sénilité, le général de Gaulle, président de la République française, peut compter sur ses doigts qu'il ne sera plus présent pour guider les évolutions longues, pour faciliter les accouchements lointains. Différence pathétique avec l'époque du règlement algérien. A cette époque-là, de Gaulle lançait une vague à grand souffle, trop loin; elle refluait d'abord sur celui qui l'avait lancée; mais lui, de Gaulle, laissait au temps le soin de faire constater que toutes les solutions autres que la sienne étaient fausses; et quand le reflux s'épuisait, de Gaulle lançait une nouvelle poussée en avant, recouvrant la précédente lame et allant au-delà. Il s'était donné, dans les reflux d'adversité, les moyens constitutionnels de durer, qui avaient manqué à Mendès France.

Mais la plus minutieuse Constitution ne peut rien contre l'état civil : « maintenant » est en train de rejoindre « jamais ».

De Gaulle sait bien qu'il n'est pas le seul à compter sur ses doigts l'heure de son départ. Tant de puissants, qui avaient dû compter avec sa présence, font maintenant entrer en ligne de compte sa future absence! Les solutions qu'on prépare en sont déjà modifiées, et déjà il n'y peut rien. Handicap de la précarité, disqualification avant terme.

L'action, à partir de cet instant — le réflexe d'action demeure irrépressible — l'action va revêtir une autre forme, pressante : car, du moins reste-t-il à faire toucher du doigt au plus grand nombre possible d'humains le fond des choses.

« Le fond des choses »... quatre mots qui vont réapparaître en toutes lettres, obsédants, dans chaque démarche du général de Gaulle, à partir de son voyage au Québec, et pendant les deux dernières années de sa présidence *.

Contribuer encore un peu, jusqu'au dernier jour, à aider ses contemporains à ne pas s'attarder aux faux-semblants, même si les solutions exactes cessent d'être dans sa main.

*
* *

C'est encore dans un faux-semblant que Daniel Johnson se débat, et de Gaulle lui dit — sans illusion — que c'est dommage qu'il s'y attarde.

Quand Daniel Johnson dit au général de Gaulle : maintenant ou jamais, il a très précisément en vue l'ultimatum qu'il a fixé aux Anglais du Canada; il exige que le gouvernement fédéral provoque avant la fin

---

* Cette besogne d'éclaireur se poursuivra d'ailleurs par-delà la retraite, jusqu'au tome II des *Mémoires d'espoir*, inachevées sur la table à Colombey, lorsqu'il a posé sa plume une demi-heure avant de mourir.

de la présente année 1967 une conférence des Provinces, pour définir les modalités de fabrication d'une nouvelle Constitution canadienne où les Canadiens français se trouveront à égalité avec les Anglais. Au-delà de 1967, Daniel Johnson ne sera plus garant que les Canadiens français joueront le jeu constitutionnel. Sens précis, à échéance proche, de son slogan : « Egalité ou indépendance. »

A quoi bon compter encore sur un tel légalisme, soupire de Gaulle; Daniel Johnson sait bien comment les gouvernements successifs d'Ottawa ont emberlificoté les Canadiens français en leur proposant périodiquement des mécanismes truqués de révision constitutionnelle. Tant que Daniel Johnson continue à jouer sa partie à l'intérieur des procédures fédérales, comment les fédéraux accorderaient-ils soudain ce qui ne leur a pas paru inéluctable jusqu'ici?

Eh bien, réplique Johnson, c'est toute la raison de sa requête. Ce que les Canadiens français n'arrivent pas à faire entendre lorsqu'ils sont seuls et ignorés, les Canadiens anglais n'oseront plus en faire fi si, avant la fin de 1967, l'attention du monde extérieur est attirée sur leur mauvais dossier. Le Québec a besoin de vous, mon Général, pour attirer le regard du monde. Maintenant ou jamais.

Jamais? Si on n'aide pas le Québec à imposer l'ultimatum de fin 67, les aspirations des Canadiens français ne seront plus prises au sérieux en temps utile.

Maintenant? Les fédéraux tendent la perche inespérée : l'Exposition de Montréal. Ils se flattent d'y attirer tous les grands de la terre. Ils auront du mal à faire comprendre à l'univers pourquoi de Gaulle, parmi les chefs d'Etat, serait seul interdit de séjour à Montréal. Ils sont condamnés, calcule l'astucieux Québécois, à garder leurs réflexions pour eux si le passage du général de Gaulle prend une tournure exceptionnelle, si le président de la République française trouve le peuple français du Canada sur le chemin de Montréal.

Daniel Johnson : — Notre peuple vous recevra, mon Général, avec tous les honneurs dus à votre rang et à votre personne. »

Il a dit « notre peuple ». Engagement précis, technique, dans la bouche d'un Premier ministre, qui prend sur lui l'invitation officielle. Cela va donner sa tonalité inhabituelle à l'organisation du voyage.

Mais un peuple, comment lui faire croire à lui-même qu'il se passionne et se soulève pour des procédures de révision constitutionnelle? Et s'il s'agit d'attirer le regard du monde entier, comment espérer que soudain l'univers va se passionner pour la quatrième joute juridique d'Ottawa davantage que pour les trois précédentes? Si de Gaulle en tout son lustre doit se porter devant la planète témoin du peuple français d'Amérique, comment compter qu'il reste à patauger dans des modalités superficielles? C'est le fond des choses qu'il devra faire monter à la lumière. Intervenir dans les modalités, ce serait s'ingérer dans le fonctionnement des Etats et il se l'interdit. Dire le fond des choses, c'est se faire l'intercesseur d'une nation, à elle seule ensuite d'intervenir sur son propre destin.

*
* *

Le juridisme, on y pataugeait depuis quatre ans, et cette glu commençait à se teinter de sang. Le terrorisme de la désespérance avait déjà causé quatre morts. Seuls tenus à l'écart du mouvement mondial de décolonisation, les Français d'Amérique ne supportaient plus la dépendance. Les chats fourrés d'Ottawa ont espéré les leurrer avec un geste symbolique : en grande pompe ils avaient fait « rapatrier » l'ancienne Constitution canadienne précédemment détenue en Grande-Bretagne à Westminster sous haute surveillance du Parlement britannique et de la reine d'Angleterre. Cette levée d'écrou ne changeait rien sur le sol du Canada où devaient voisiner deux nations *. Après comme avant, lorsqu'il s'agira de fixer un destin commun, la nation française du Canada pèsera d'une voix sur dix : la voix de la province de Québec contre les neuf voix des neuf provinces anglophones.

Pour apaiser les Canadiens français il faudrait réviser la Constitution. Les chats fourrés d'Ottawa croient les leurrer, en leur proposant, en 1964, non pas une révision constitutionnelle, mais un nouveau mécanisme pour une révision éventuelle : il suffira que trois provinces proposent un amendement à la Constitution pour que celui-ci soit mis en discussion.

Le Premier ministre québécois de l'époque, Jean Lesage, est sur le point de mordre à l'hameçon. Il ne voit pas que si le Québec doit s'associer à deux autres provinces pour lancer un amendement, il ne serait jamais possible à la nation française de faire entendre ses revendications spécifiques sans passer par des anglophones; en regard, le Québec ne disposant pas d'un droit de veto, rien n'empêche qu'il soit phagocyté par les anglophones pour peu que trois autres provinces mettent le mécanisme en branle.

L'Union nationale de Daniel Johnson (qui en 1964, était dans l'opposition) s'entend avec les premiers indépendantistes déclarés du RIN (Rassemblement pour l'Indépendance nationale) pour organiser une manifestation populaire de refus. Ce soulèvement s'annonce si massif et tellement fiévreux que Lesage prend les devants et retire son consentement. De ce jour le peuple français du Canada prend conscience qu'il n'est pas fatalement voué à un destin de mouton **.

On en est là lorsque Daniel Johnson arrive au pouvoir à Québec en

---

* Un lecteur « français de France » n'arrivera peut-être pas à croire que les fédéraux aient espéré ramener à eux les Québécois avec des arguments aussi grossièrement biseautés, aussi étriqués par contraste avec la dimension du débat. Essayons plutôt d'imaginer dans quels sentiments les populations algériennes ont dû écouter pendant vingt-six ans, de 1936 à 1962, les marchandages sur la représentation accordée aux deux collèges électoraux, « l'indigène » et « l'européen ». Au Canada, le Français c'était l'indigène colonisé.

** La vieille et traditionaliste « Société Saint-Jean-Baptiste », organisatrice chaque année des festivités nationales du 24 juin à Montréal, se sentira obligée de supprimer le mouton qui depuis près d'un siècle ouvrait symboliquement le cortège.

1966. Il se sent en bonne posture pour demander qu'on remette sur le marbre toute la mécanique fédérale. Il s'agit désormais d'établir une constitution franco-anglaise, moitié-moitié et non plus un sur dix. Mais il s'arrête au bord de ce Rubicon pour y pêcher à la ligne. Il ne menace pas les Anglais de leur imposer le contenu d'une constitution qui ouvrirait la liberté aux Français; il demande seulement qu'avant la fin de 1967 on accepte que le Québec devienne un négociateur de plein exercice dans une conférence fédérale.

De Gaulle ne croit plus que la création d'un ensemble canadien vivace soit encore justiciable d'une dernière parlote à l'intérieur du vieux système. Il est d'autant plus à l'aise pour le répéter à Daniel Johnson qu'il le dit depuis six ans à Ottawa, aux fédéraux. On avancera en porte à faux, et en pure perte pour tout le monde. Mais pas impunément.

* *

Les parlotes ne sont pas simplement stériles. A les prolonger on passe à côté de l'avenir. De Gaulle le sait d'expérience : ce que le Canada est en passe de perdre avec le Québec, c'est ce que la France a détruit avec l'Algérie. A trop souvent tirer sur la corde à trop petits coups, chacun son tour, chacun sa mesquinerie, chacun sa retouche aux projets de « statuts », chacun son tiraillement parlementaire, on laisse passer le temps de n'importe quelle réforme, alors qu'on tenait le succès automatique au bout d'une approche plus franche. Carotter dégrade.

L'Algérie, de Gaulle a dû se le demander souvent, l'Algérie, si on lui avait donné son indépendance tout de suite, là, un bon coup, elle serait venue, par pente naturelle, donner vie et vigueur à la Communauté francophone. Les chipotages sanglants n'ont pas empêché l'indépendance algérienne; en revanche, ils ont tué dans l'œuf la Communauté dont la France aurait pu être la clef de voûte.

De Gaulle à Robert Buron (en février 1958, avant de revenir aux affaires) : — Si j'avais été au pouvoir, l'Algérie aurait constitué en quelque sorte une expérience pilote d'application de la formule chère à Maritain : « distinguer pour unir. »

Pour de Gaulle, si on prenait à temps la vraie dimension, la prise en charge du Canada français par les Canadiens français devrait constituer tout le contraire d'une atteinte à l'avenir de la Communauté canadienne : ce serait son point de départ. Pourquoi en piétiner les chances en s'obstinant dans des procédures dépassées *?

« Il ne faut pas insulter l'avenir »... recommandait mélancoliquement de Gaulle au Tunisien Masmoudi, début 1958, faute, en ce

---

* Même conviction du général de Gaulle pour « l'Europe des patries ». D'où son refus de s'aventurer dans les procédures réclamées par les chats fourrés de l'intégration supranationale.

temps-là, d'avoir prise lui-même sur le problème algérien. Hélas! la plupart des hommes ont besoin de voir les affaires mûrir, même si c'est pourrir. Pas de sursaut sans un délai de latence; de Gaulle a passé une vie à l'apprendre à ses dépens. Les évidences militaires que personne ne voulait voir sous la IIIe République! Les évidences institutionnelles ignorées pendant douze ans sous la IVe! Et pour l'Algérie, cinq ans sans oser prononcer le mot d'autodétermination! Trois ans ensuite avant qu'il passe dans les faits!

En ce 20 mai 1967, il est manifeste que les Canadiens anglais ont encore devant eux du temps, des saccades, combien d'erreurs, avant que l'évidence du bon chemin s'impose à eux!

Mais de Gaulle n'a plus, comme pour l'Algérie, le temps d'attendre.

* *

Maintenant ou jamais. Daniel Johnson a assené l'idée au Général, en plein visage. De Gaulle y était préparé.

Ce 20 mai 1967, qui imaginait que Daniel Johnson quitterait la scène le premier des deux, mort subitement à son poste le 26 septembre 1968?

* *

C'est la première fois que de Gaulle consent à partir trop tôt dans une affaire, en connaissance de cause. A compter de ce jour-là, il s'aventurera dans chacun des grands desseins qu'il accumulait depuis cinquante ans, sans donner aux situations le temps de mûrir à point. Toutes ses tentatives des dix-huit mois suivants, jusqu'à sa démission, seront mises en vente trop vertes. C'est que, comme l'inscription « denrées périssables » sur les cageots, elles portent imprimé l'avertissement de leur pourriture : maintenant ou jamais. Le Canada où on le prie d'aller prendre le monde à témoin n'est que la première en date de ces affaires.

Il ira parce que Daniel Johnson vient de lui prouver que les Québécois prennent en charge leur problème.

De Gaulle, qu'on accusera d'être parti sur un croiseur pour une reconquête, part un peu à contrecœur amorcer une campagne de Libération, sachant qu'au terme de son âge, il ne verra pas le temps du Québec en fleurs.

IV

COLOMBEY L'OCEAN

On s'embarque donc à Brest le 15 juillet en fin de matinée à bord du *Colbert*.

Equipages alignés aux postes de bande des bâtiments, coups de sifflet, coups de canon, c'est la République qui se met en voyage sur son trente et un en la personne de son Président. C'est aussi l'Histoire de France, de Gaulle a revêtu son uniforme kaki. Pour gagner la vedette il descend l'escalier de pierre accroché au quai. Les dernières marches s'enfoncent dans l'eau. Pour embarquer il faut tourner à gauche. De Gaulle ne le voit pas et, majestueux, avance droit vers le flot. Depuis son opération de la cataracte, il n'accommodait plus. Un garde du corps bondit, le saisit derrière les épaules, le fait pivoter, et replace le général de Gaulle dans le sens de l'Histoire. De Gaulle ne s'est pas retourné pour regarder qui l'épaulait. Il sait qu'il a l'Etat derrière lui; c'est lui qui l'y a remis; il compte qu'il soit là où il faut et quand il faut. Le Président n'a pas à se détourner de l'essentiel : de Gaulle en majesté poursuit sa descente.

A quai sont restés les personnages officiels, et quelques-uns qui ne le sont pas, le député Xavier Deniau par exemple. Il n'est pas du coin. Pourtant, il a encore eu la faveur d'une conversation séparée avec le Général, au dernier moment. On se demande bien pourquoi; lui le sait.

La vedette transporte le général de Gaulle, président de la République, à bord du *Colbert*. Le capitaine de vaisseau Delahousse salue. Le chef de l'Etat répond, et passe en revue l'équipage.

Mᵐᵉ de Gaulle était à sa cabine. Comment y est-elle arrivée? Personne ne l'a remarquée. Elle n'est pas la légitimité républicaine en déplacement officiel; elle s'abstrait à l'instant du cérémonial. N'empêche qu'on la retrouve toujours à bord en temps voulu. Tel est le lot des femmes : sortie la dernière, arrivée première, toutes les facilités réservées à son mari, qu'elle se débrouille avec le reste, et quand les voici sur la passerelle c'est à lui qu'on en fait honneur.

*
* *

Car il a fallu prendre le bateau.

L'hiver dernier, lorsque le gouvernement canadien a voulu attirer le général de Gaulle à l'Expo comme les autres chefs d'Etat, le Premier ministre, Lester B. Pearson, a posé en principe que le Président français rendrait visite au Canada, globalement. Va pour Montréal puisque c'était le siège de l'Exposition universelle, mais pas question de partir de là pour une tournée privilégiée à travers le Québec; il fallait commencer par Ottawa, capitale fédérale.

D'ailleurs l'aéroport de Montréal serait trop encombré pour y organiser une arrivée protocolaire digne du président de la République française: il était nécessaire qu'il se pose sur l'aéroport militaire d'Ottawa.

Les fédéraux poussent la mesquinerie jusqu'à la muflerie. Pourquoi spécialement un détour par le Québec? fait demander Lester B. Pearson à l'Elysée par son ambassadeur, d'un air innocent; ce sera le déplacement le plus banal pour le tout-venant des invités; pourquoi une personnalité d'esprit ouvert comme le général de Gaulle ne choisirait-elle pas une province moins courue, la Saskatchewan par exemple?

Il n'y avait pas là de quoi guérir de Gaulle de son manque d'envie. Le député Xavier Deniau qui se promenait au Québec par goût de la francophonie — tiens donc? — en disait un soir son regret — mais pourquoi était-il au courant? — à l'envoyé permanent de la radio française à Montréal, Pierre-Louis Mallen.

Pierre-Louis Mallen : — L'aéroport est trop encombré? Eh bien! Que le Général arrive en bateau. Un gros bâtiment ne peut pas remonter le Saint-Laurent plus haut que Montréal; la visite commencera nécessairement par le Québec [17]! »

Peu à peu entre les deux hommes, l'idée devenait vision : « de Gaulle remontant le Saint-Laurent, comme Jacques Cartier, comme Champlain... »

La vision trouve son chemin jusqu'à l'Elysée, allez savoir à quel titre. Bien que le général de Gaulle n'ait toujours pas donné son acceptation à Ottawa — on est en mars — l'idée est mise à l'étude par son cabinet, parmi d'autres, à tout hasard : un bateau tel que celui qu'il faudrait, ça ne se trouve pas du jour au lendemain.

Mais ce bateau, pour en débarquer, il faut d'abord y monter. Eh bien! Il existe un marchepied français à quelques encablures de la baie du Saint-Laurent : le territoire de Saint-Pierre-et-Miquelon; jamais encore un président de la République n'y est passé; bonne occasion. On peut y arriver en avion, et prendre là le *Colbert* qu'on y aura dirigé par avance.

Quand de Gaulle accepte de Daniel Johnson et du Québec l'invitation qu'il refusait de Lester B. Pearson et du Canada, on avertit les fédéraux de ce programme. Bien entendu, une fois achevée la visite à la nation française du Québec, le général de Gaulle ne manquera pas à la vieille amitié qu'il entretient avec les autorités fédérales et il ira les saluer en leurs palais d'Ottawa.

Et bien sûr aussi, de Gaulle comprendra cordialement qu'un représentant fédéral vienne le saluer dès son arrivée à Montréal aux côtés des autorités québécoises. Quiconque en effet touche au sol canadien est d'abord sur sol fédéral : une bande large de cent pieds autour des aéroports de trafic international et tout le long des rivages maritimes est territoire fédéral. Les fédéraux gardent jalousement les clés juridiques de cette ceinture de chasteté autour du Québec. De Gaulle ne chipote pas là-dessus.

Lester B. Pearson ne trouve plus d'objection au programme, ainsi soit-il.

Paf! C'est de France que surgit l'impossibilité... Le terrain d'aviation de Saint-Pierre-et-Miquelon ne peut accueillir que de petits appareils, tout au plus un bi-réacteur comme la Caravelle française, qui ne peut pas venir de France d'un seul coup d'aile. Qu'à cela ne tienne! Le Général peut gagner Terre-Neuve à bord de son quadri-réacteur DC 8, et de là faire un saut de puce en Caravelle jusqu'à Saint-Pierre-et-Miquelon.

On demande donc l'accord du gouvernement canadien pour ce crochet. L'accord est donné avec empressement. Tout juste si on ne s'attendrait pas à voir Lester B. Pearson câbler : faites comme chez vous. Voire! Terre-Neuve, c'est chez lui... Le gouvernement d'Ottawa fait narquoisement observer que la grande île est territoire fédéral. Que le général de Gaulle ne se gêne pas pour autant : Lester B. Pearson et les membres les plus marquants de l'Etat fédéral canadien se transporteront là-bas avec joie pour procurer au président de la République l'accueil le plus éclatant. Ah! à propos, le gouvernement provincial du Québec n'a évidemment rien à faire à Terre-Neuve, mais qu'importe, le Général les verra quelques jours plus tard.

Chez les gens d'Ottawa, jubilation de garde-chiourme. Si de Gaulle ne veut pas passer par leur guichet pour s'entretenir avec la nation québécoise détenue, c'est lui, de Gaulle, qui devra prendre sur lui de renoncer au voyage, on ne pourra pas dire que le gouvernement fédéral l'a empêché, lui seul, de venir comme tout le monde. On est à sept semaines de la date choisie, plus le temps pour de Gaulle de trouver un autre biais.

Exact, admet de Gaulle, quand son directeur de cabinet vient, marri, lui rendre compte. Et d'ajouter : puisque c'est comme ça, le président de la République française partira de Brest à bord du *Colbert.*

Huit jours de navigation sous les tôles d'un croiseur anti-aérien pour un homme qui va sur ses soixante-dix-sept ans et qui est en charge de son pays, les Canadiens anglais n'avaient pas envisagé qu'il pût y penser.

Lui, de Gaulle, cependant, le voici éclairé : depuis l'hiver, la ligne diplomatique des gens d'Ottawa, Lester B. Pearson en tête, a été de saisir chaque occasion pour tenter de lui mettre leur pied au derrière sans que ça se voie trop. De Gaulle s'est trouvé plusieurs fois en posture humiliante. Il n'aimait guère, semble-t-il. Mais que n'aurait-il pas encaissé pour racheter la faute de la France envers ses enfants perdus du Québec!

*
* *

Moins de huit semaines entre la décision de partir — 20 mai — et le départ — 15 juillet. Soit moins de six semaines utiles. Jamais préparatifs pour un voyage officiel du chef de l'Etat n'avaient été aussi précipités. Jamais pourtant préparation n'a été aussi minutieuse. Les archives en témoignent, au poids.

Le général de Gaulle exige que tout son programme soit subordonné à un impératif : il s'agit d'une rencontre directe avec la nation française du Canada. Daniel Johnson lui a dit qu'il l'entendait ainsi :

— C'est notre peuple qui vous recevra, mon Général, avec honneur et affection. »

L'affaire est confiée à des gens qui connaissent la nation française d'Amérique. Daniel Johnson, pour sa part, délègue deux de ses quatre « pompiers », ainsi qu'il désigne les quatre conseillers personnels qu'il a l'habitude d'expédier sur les points chauds.

Paul Gros d'Aillon : — Muni d'un mandat du Premier ministre Johnson, j'ai fait sept ou huit voyages l'un derrière l'autre, en liaison avec Jean Loiselle, pour mettre au point ce voyage. Nous n'avions pas confiance dans le téléphone protocolaire. »

Le quatrième « pompier », André Patry, restait au Québec pour organiser l'accueil sur place : ce spécialiste du droit international était d'ailleurs chef du protocole « provincial » [*].

Paul Gros d'Aillon : — A chacune de nos arrivées à Paris pour ces préparatifs de voyage, notre point de chute était dans le bureau de Bernard Dorin ou de Philippe Rossillon. »

Rossillon et Dorin, signalés plus haut au lecteur comme deux animateurs de réseaux... Philippe Rossillon est fonctionnaire des Affaires économiques. Bernard Dorin, diplomate certes, est détaché au cabinet du ministre de l'Education nationale. Cela ne les qualifie pas pour se mêler de l'organisation d'un voyage présidentiel. N'empêche qu'on les voit recevoir communication des détails du projet, à mesure qu'il avance. Ils y mettent leur grain de sel sans timidité et

---

[*] A ce titre, André Patry se trouvait le seul fonctionnaire à exercer une fonction tant soit peu diplomatique auprès du gouvernement québécois, lequel n'avait pas permission de traiter les affaires étrangères. Daniel Johnson l'avait pris auprès de lui, avec Gros d'Aillon, Loiselle et Paul Chouinard dans une sorte de cabinet sans formalisme.

l'Elysée n'a pas l'air de s'en offusquer. Rossillon est pourtant bien mal noté par les conformistes. Quand une affaire presse, il pratique volontiers la fraternité francophone avec les gros bras de la rue Saint-Hubert, un quartier de Montréal que ne vous recommanderont pas les diplomates convenables. Que les protocolistes de bonne école se cachent les yeux! Rossillon n'exclut pas cette faune du service d'accueil qu'il met sur pied pour un président de la République française! Or, tout cela se passe le plus souvent — les en-têtes des papiers classés aux archives en font foi — dans le bureau de M. le directeur des Affaires d'Amérique au ministère des Affaires étrangères, Jean-Daniel Jurgensen; il est un peu le parrain de ces réseaux, tantôt indulgent, tantôt résolument complice, malgré la répugnance hautement marquée par la plupart des beaux messieurs du Quai d'Orsay.

Inévitable qu'inspirées par de tels galopins, les demandes formulées par l'Elysée finissent par étonner, puis par agacer les représentants diplomatiques de la France au Canada. Ils ont déjà suffisamment de mal entre eux, messieurs les représentants officiels, à se chiper l'un à l'autre le bénéfice mondain de la venue du général de Gaulle. C'est que là-bas, l'ambassadeur à Ottawa, François Leduc, se trouve doublé par le commissaire général du pavillon de France à « l'Expo » de Montréal, Robert Bordaz. C'est à qui des deux décrochera le plus fastueux cocktail du voyage présidentiel; jusqu'au bout l'essentiel de leur mission sera là. Leur numéro de duettistes égaie à distance la fièvre des préparatifs élyséens. Leduc le permanent défend âprement son terrain de chasse contre les empiétements sans façon de Bordaz l'éphémère. Il a l'arme la plus rapide : le télégramme diplomatique. Bordaz le rattrape en prenant l'avion pour traiter verbalement à Paris. Les chiffreurs du Quai d'Orsay passent une partie de leurs nuits à décoder le secret de ces règlements de comptes, flèches à la pointe sept fois tournée dans le sirop suave et vénéneux du style diplomatique :

Ministère Affaires étrangères — Déchiffrement — Télégramme n° 937/38 : Ottawa 6 juillet (reçu le 7 à 01 h 30). Réservé.
« 1) M. Bordaz m'indique à son retour de Paris que la réception de la colonie française de Montréal serait remise en cause afin d'éviter une journée trop fatigante pour le général de Gaulle (...) Il s'agissait avant tout dans son esprit d'avancer l'heure d'arrivée au pavillon français afin que le Général puisse y consacrer une bonne heure entière comme M. Bordaz l'a toujours souhaité (...)

« Je comprends son point de vue sans le partager et me permets d'insister pour que rien ne soit changé à la réception des représentants d'une des trois ou quatre colonies françaises les plus importantes du monde. Je puis garantir que la solution proposée au Ritz-Carlton durera au grand maximum une demi-heure et n'apportera qu'un strict minimum de dérangement au président de la République.

« 2) M. Bordaz m'a également dit qu'une réception spéciale pour les commissaires généraux serait prévue à 22 heures (...)

« Là aussi je comprends son point de vue sans le partager, car les personnalités montréalaises invitées après-dîner présentent autrement plus d'intérêt politique ou culturel que la plupart des commissaires généraux des petits pays.

« Signé : Leduc. »

C'est vouloir mettre le Général en demeure de choisir : les dames en capeline des garden-parties de l'ambassade; ou les chers collègues de foire-exposition en escarpins culturels. Leduc n'aperçoit pas que de Gaulle a déjà choisi le troisième larron : le peuple.

L'ambassadeur finit par se fâcher dans un autre télégramme quand l'Elysée lui fait répéter trois fois de suite des précisions aussi futiles que le tracé de l'itinéraire prévu pour le Général à l'intérieur de l'Hôtel de Ville de Montréal. C'est bien le signe, semble-t-il penser, d'un amateurisme brouillon.

Or, derrière chaque détail, il y a le général de Gaulle en personne, veillant sur chaque virgule pour préserver le sens de son voyage au Québec. Cas unique, de la part d'un personnage qui d'ordinaire se fait une règle de laisser l'exécution à l'appréciation des gens de métier sur le terrain.

Pour distinguer sa patte personnelle, il suffit de puiser au hasard des archives. Voici, dressés par l'ambassade et le protocole, comme d'habitude, la liste et même le texte de dédicaces que le Général doit transcrire de sa main sur les photos qu'il offrira au long de son parcours. Le protocole s'est délecté d'appellations honorifiques calquées sur l'anglais, « Son Honneur le Maire Drapeau », « l'Honorable Daniel Johnson »... On affectionne au Quai d'Orsay, ce parfum subtil de tabac anglais; on en oublie ce que cela comporte de reconnaissance du statut de colonisé. On en oublie surtout, au protocole, et à l'ambassade, combien ces formules vont sonner faux sous la plume sergent-major du général de Gaulle.

Général de Gaulle : — Parfois nos diplomates, et pas toujours les moindres, ont hérité de deux Républiques, une habitude d'alignement sur les Anglais et les Américains jusqu'au reniement de nos mœurs et coutumes françaises, voire de notre langue; il est de bon ton d'adopter le style de vie, les horaires, jusqu'aux manies de leurs collègues britanniques ou américains, de se mettre à ne plus parler qu'anglais. Oui! même entre eux, il y en a qui éprouvent le besoin de parler anglais [18]! »

Le Général rend au protocole sa copie avec un zéro. Sur les photos il a écrit, en anticipant les dates :

« Pour M. Jean Drapeau, en témoignage de mon exceptionnelle estime et en très sincère amitié. C. de Gaulle. »

« Pour M. Daniel Johnson, Premier ministre du Québec, en témoignage de notre amitié personnelle et de notre confiance française. 25 juillet 1967. C. de Gaulle *. »

Pour les notables de souche anglaise qu'il doit aller voir chez eux au Canada anglais après avoir parcouru le Québec, de Gaulle maintient courtoisement les titres britanniques.

*
* *

Qu'on n'imagine pourtant pas de Gaulle abîmé dans une idée fixe.

Tandis que le président de la République française d'Europe se prépare à sa visite aux Français du Québec, l'armée israélienne tire le coup de feu qui ramène la guerre ouverte au Proche-Orient. De Gaulle avait prévenu le gouvernement d'Israël qu'il ne laisserait pas impliquer la France malgré elle sur ce champ de bataille : conformément à son avertissement il suspend les livraisons d'armes et de munitions.

Le monde entier vibre de la guerre des Six Jours. Le général de Gaulle se tient personnellement aux manettes pour ce qui est de la France. Il va jusqu'à faire ajourner au dernier instant la visite qu'il était sur le point de rendre au peuple polonais; elle est renvoyée à la fin de l'été. En revanche, il maintient sa visite au peuple français d'Amérique.

Tout cela procède d'une même conception. Au Proche-Orient il veillait à ce qu'une action menée selon les nécessités d'un peuple étranger — ces nécessités fussent-elles dramatiques — n'oblitèrent pas les besoins propres de la nation française. Annuler le voyage au Québec, inversement, serait revenu à consentir à ce qu'un événement étranger bloque la progression d'une affaire française.

Il a tenu également à se rendre à Bonn pour les entretiens bisannuels prévus par le traité d'amitié franco-allemand. Depuis que Konrad Adenauer n'est plus là, le gouvernement ouest-allemand verse dans une conception atlantiste de l'Europe. Les conversations ont été rudes. De Gaulle rentre à Paris pour présider la fête nationale du 14 Juillet, et part dès le lendemain pour le Canada. Plutôt que de décaler ce déplacement, il veille à disposer durant son voyage outre-Atlantique d'une liaison constante et immédiate avec tous les moyens de l'exécutif français, arme nucléaire comprise; dans cette période tourmentée, il ne délègue pas les responsabilités suprêmes.

---

* En vue de ce voyage, le général de Gaulle a préparé de sa main la dédicace d'une dizaine de photos au total. Celle qu'il destine au Premier ministre du Québec — et qu'on vient de lire — est exceptionnelle dans sa tournure. Non content de parler d'amitié « personnelle », ce qui déjà est rare, réservé à quelques grands de la politique mondiale, de Gaulle en outre mentionne pour Daniel Johnson « notre amitié », là où d'habitude il se porte seulement garant de « mon amitié ». Enfin, l'invocation de « notre confiance française » demeurera unique dans ce genre littéraire qu'est la dédicace; elle est révélatrice d'une certaine idée que de Gaulle se fait du développement d'une conscience française, sans qu'il lui importe beaucoup que ce développement s'accomplisse davantage sur la branche américaine du peuple français ou sur la branche européenne.

*
* *

Six semaines, pas davantage, pour dérouter le *Colbert* qui croisait en Méditerranée, remanier l'escadre, faire venir le croiseur à Brest et l'aménager pour le transport d'un chef d'Etat représentant son pays en déplacement officiel. Là aussi, la brièveté inhabituelle du délai déclenche un foisonnement de notes de service entre l'état-major particulier du président de la République, les aides de camp, l'état-major de la marine, l'intendance, le caviste de l'Elysée, le commandant du bateau, l'arsenal, les charpentiers *. Par chance, c'est un marin à ce moment-là qui est à la tête de l'état-major particulier du général de Gaulle : le vice-amiral d'escadre Philippon. Parmi les aides de camp, un autre marin, le capitaine de vaisseau Flohic, se met au centre de la toile d'araignée télégraphique. Il tutoie tous les marins de sa génération, à commencer par le capitaine de vaisseau Delahousse, commandant du *Colbert*. Ça aide. Il poursuit de bizarres palabres, jusque dans les bureaux du Mobilier national; il conclut de rudes traités, du genre de celui-ci :

« — Ministère des Affaires culturelles — Direction générale des Arts et des Lettres.

« Aménagement et décoration des appartements du président de la République à bord du *Colbert*.

— Salle à manger. *Tableaux* : Braque, « Nature morte au compotier », « Les poires »; Dufy, « La soupière de Moustiers ». *Vases et coupe* : Hadju, réalisé par la Manufacture de Sèvres. *Lampadaires* : Giacometti.

— Salon. *Tableaux* : Bonnard, « Bords de Seine »; Matisse, « Les Deux Amis »; Villon, « Portrait »; Riopelle (peintre canadien de l'Ecole de Paris), Triptyque. *Mobilier* : réalisation de l'Atelier de Création du Mobilier national selon les dessins d'Olivier Mourgue. *Cendriers* : réalisation de la Manufacture nationale de Sèvres.

— Chambre du président de la République. *Tableaux* : Bissière, « Composition »; Rouault, « Conversation ». *Mobilier* : réalisation de l'Atelier de Création du Mobilier national selon les dessins d'Olivier Mourgue.

— Bureau. *Tableaux* : Dufy, « Le Poirier normand », « Vue de Venise ». *Mobilier* : Mobilier national. *Lampadaire* : Giacometti. *Vase et cendriers* : Manufacture nationale de Sèvres.

— Chambre de Madame de Gaulle. *Tableaux* : Corot, « Paysage »; Lajoue, « Paysage ». *Mobilier* : Mobilier national.

— Salle de bains de Madame de Gaulle. *Mosaïques* de Braque. »

---

* Depuis avril, le cabinet et l'état-major particulier du président de la République avaient mis à l'étude, à tout hasard, des plans de transport par différents moyens. Mais jusqu'au 20 mai ces hypothèses de travail n'avaient reçu aucun commencement d'exécution; aucune modification notamment n'avait encore été introduite sur le tableau de service du *Colbert*. Il ne fallait pas que le chef de l'Etat parût velléitaire.

Ne brodons pas sur ce luxe. Le *Colbert* est carapacé contre les attaques aériennes : on ne perce pas des hublots dans le blindage. La salle à manger improvisée contient au plus douze personnes serrées. Et si Mme de Gaulle contemple une céramique de Braque dans sa cabine de bains, il lui faudra se pencher à genoux sur le rebord de la baignoire pour se faire shampouiner par le matelot-coiffeur avant chaque mondanité.

Dans le même temps, des « notes-express » s'entrecroisent dans le cliquetis anonyme et multiple des télécommunications militaires, celle-ci par exemple :

— *Ministre des Armées à CIRAM* (écoutez IRAM-Prémar II-ALESC-MED-CAA *Colbert*-CIRAM Toulon-Santé Toulon-Santé Brest) Objet : période volontaire d'un officier supérieur de réserve du corps de santé de l'armée de mer.

« 1) Le médecin principal de réserve Lassnér (J.) effectuera une période volontaire de réserve de quinze jours sur le croiseur anti-aérien *Colbert* du 14 au 29 juillet 1967.

« 2) Cet officier supérieur de réserve sera convoqué par vos soins et mis à la disposition de Monsieur le vice-amiral d'escadre commandant l'escadre de la Méditerranée. Ce médecin de réserve embarquera sur le *Colbert* qu'il ralliera à Brest le 15 juillet avant tout mouvement. »

Voyez le hasard de la vie militaire. « Cet officier supérieur de réserve » que l'envie a pris d'accomplir une période « volontaire » avec l'escadre de Méditerranée va se trouver sous le pont du *Colbert*, dans l'Atlantique, en même temps que le chef de l'Etat. Et voyez comme on se rencontre : trois années auparavant le professeur Lassner, anesthésiologiste-réanimateur à qui on ne connaissait pas tant d'assiduité militaire, s'était déjà trouvé en même temps que le chef de l'Etat dans le bloc opératoire de l'hôpital Cochin alors que l'on confisquait sa prostate au général de Gaulle.

On ne promène pas sans inquiétude ni précaution entre ciel et eau, hors de portée d'hélicoptère, huit jours durant, un chef d'Etat de soixante-seize ans trois quarts, porteur des responsabilités suprêmes de sa nation. Avant les avions, les rois ne traversaient pas l'Océan. Félix Faure avait fait sensation en allant visiter le tsar de Russie par voie maritime; mais on longeait les côtes. Le seul vrai précédent ou presque est celui du président Wilson venant signer le traité de Versailles. Le gouvernement canadien a ramené de Gaulle à ces temps d'avant l'avion.

*
* *

Alors on a dit : un Elysée flottant...

Plus exact d'écrire : un Colombey flottant.

Si de Gaulle avait utilisé l'avion, il serait resté pris de bout en bout dans la gangue des ministres et des fonctionnaires. Le personnel politique est demeuré au bas de l'échelle de coupée du *Colbert* comme il était tenu en deçà de la grille de Colombey. Même par-delà la mort, approche interdite aux intermédiaires, accès direct aux nations :

Testament du général de Gaulle (16 janvier 1952) : — Je veux que mes obsèques aient lieu à Colombey (...) Ni présidents, ni ministres, ni bureaux d'assemblées, ni corps constitués (...) Les hommes et les femmes de France et d'autres pays du monde pourront, s'ils le désirent, faire à ma mémoire l'honneur d'accompagner mon corps... »

Colombey, sauvage sanctuaire pour le recueillement des veillées d'armes, où le général de Gaulle se décantait chaque fois qu'il avait à reprendre un contact personnel avec sa nation, tous intermédiaires écartés. Il s'est retrouvé dans le même dépouillement sur le *Colbert* pour se préparer à l'accolade avec la nation française d'Amérique.

Les mesquins d'Ottawa n'ont pas prévu qu'en le poussant de l'avion au bateau, ils le faisaient monter de la politique à l'Histoire.

Cinq journées dans sa cabine-bureau avant l'escale de Saint-Pierre, deux autres journées ensuite, pour se préparer plume en main à parler à la Nouvelle-France. Le Québec est sur la table de travail, dossiers de synthèse classés par rubrique. La plupart portent le sceau « Ministère des Affaires étrangères — Direction des affaires politiques — Amérique ». D'autres : « Secrétariat général de la présidence de la République »; sous-entendu Jacques Foccart; en fait, ceux-là viennent du SDECE *.

Les uns comme les autres sont l'aboutissement de réseaux qui ont leurs racines dans le peuple français d'Amérique. Réseau au Quai d'Orsay chez le directeur d'Amérique, Jean-Daniel Jurgensen, puisqu'il faut bien appeler réseau, comme du temps de Londres, une structure non reconnue qui ne s'identifie pas au dispositif hiérarchique officiel, une minorité militante non avouée dont l'action chemine à l'insu et contre le gré de la plupart des notables en place. Voie de pénétration directe du réseau Jurgensen jusqu'au Général, sans passer par le ministre Couve de Murville : René de Saint-Légier de la Saussaye, l'un des quatre « conseillers techniques » du président de la République. Les « synthèses » que lui adresse Jurgensen sont glissées en bonne place et plus souvent qu'à leur tour dans les « dossiers de fin de semaine » que le Général emporte à Colombey. Autre soupirail facilitant la pénétration jusqu'à l'Elysée d'une information non dénaturée par le conformisme : Gilbert Pérol. En même temps que des contacts avec la presse, Pérol, lui-même diplomate, est chargé de la préparation des voyages présidentiels. Dans les dernières semaines

---

* Initiales pour « Services de documentation, d'enquête et de contre-espionnage » Autrement dit, service secret de renseignement à l'étranger.

avant l'embarquement, il consultera plus volontiers la bande Jurgensen que le service du protocole.

A l'intérieur du cabinet du ministre des Affaires étrangères, le réseau pro-québécois compte aussi un sympathisant bien commode, Bertrand de Labrusse.

Chez le Premier ministre, le directeur du cabinet, Michel Jobert, procure des ordres de mission sans candeur excessive.

En conciliabule avec Jurgensen, nous avons déjà surpris deux personnages qui n'ont théoriquement rien à faire dans les locaux de la direction Amérique, le diplomate Bernard Dorin et l'économiste Philippe Rossillon, toujours disposés — quand ils ne se coulent pas eux-mêmes au Québec — à prêter l'oreille et une chambre aux Québécois qui débarquent à Paris, pas toujours en règle avec la police d'Ottawa. Ceux-là apportent les informations de première main, innombrables canaux d'irrigation depuis la vieille et prestigieuse Société Saint-Jean-Baptiste *, jusqu'aux noyaux plus radicalement nationalistes et séparatistes qui se cherchent, fusionnent, divorcent, tâtonnent et prolifèrent, autour des vétérans de l'indépendantisme, Raymond Barbeau, Pierre Bourgaut, Marcel Chaput, André d'Allemagne... De hauts fonctionnaires du gouvernement provincial québécois — nous les avons aperçus plus haut — apportent leur contribution en pleine connaissance de cause. Le plus gradé, Claude Morin, est le plus actif. Dans les journaux montréalais — dont les patrons sont réservés — on a de bonnes antennes, par exemple Jean-Marc Léger, au *Devoir*.

Faut-il citer d'autres filières moins avouables, où Rossillon nous a tout l'air de se frotter à des garçons et à des filles qui ne reculent pas toujours devant l'emploi du revolver et de l'explosif **. Non pas que Rossillon les arme, il les écoute et transmet leurs aspirations. Il lui arrivera d'aider en catastrophe à gagner le large une fille qui a poussé trop loin l'action directe. Par la suite, au cours d'un voyage parmi les Acadiens du Nouveau-Brunswick, Philippe Rossillon sera proprement reconduit à l'avion pour la France par la police fédérale sous l'accusation d'espionnage. Elle est fausse. Homme de talent et d'enthousiasme, riche par mariage, se sachant talonné par une maladie définitive, ce haut fonctionnaire a pris les devants de l'apostolat pour la francophonie à ses frais et sans attendre les régularisations administratives. Ce n'était pas pour se mettre sous la coupe d'autres bureaucrates, fussent-ils ceux des services secrets.

Ce qui est manifeste, en revanche, et ce qui était inévitable, c'est que

---

* Le président en est à l'époque François-Albert Angers.

** Son compère, Son Excellence Bernard Dorin, a-t-il, sous son irréprochable componction, été mêlé lui aussi à quelque frasque? A Dieu ne plaise, un si digne homme! C'est certainement à la suite d'un malentendu que dix ans après le voyage du général de Gaulle, et devenu chef du service de la francophonie au Quai d'Orsay, on hésitait à le laisser pousser jusqu'à Ottawa pour y accompagner un ministre français en déplacement officiel. Lorsqu'il y fut finalement, le Premier ministre fédéral Pierre Elliott Trudeau le salua au passage par ces mots énigmatiques : « Alors, monsieur l'ambassadeur, vous voici dans la gueule du loup? » Les choses en restèrent là.

des gens comme Rossillon se croisent souvent, dans les souterrains du Québec en quête de sa décolonisation, avec des gens du SDECE. Là-bas il y en a de la branche renseignement; on tombe parfois aussi sur ceux de la branche action, tel le colonel Flamant. Cet ancien officier parachutiste ne décourageait pas les garçons en peine de fabriquer une bombe sur le passage de la reine d'Angleterre. Il leur enseignait plutôt la manière — quitte ensuite et sans citer ses sources à faire savoir aux collègues britanniques de se méfier sur tel point du cortège. Quitte à avertir ses jeunes amis activistes québécois que le projet semble éventé. C'est ce qu'on appelle la non-intervention active. Ces officiers français ne voulaient aucun mal à la reine d'Angleterre. Leur travail était de faire savoir à Paris qu'au Québec des gens avaient telles et telles raisons de vouloir du mal à leurs colonisateurs anglais. Tout cela, mis dans une forme plus décente, s'incorporait à des notes que le SDECE condensait périodiquement pour le président de la République.

Il y avait aussi les conciliabules entre Québécois en résidence à Paris, des étudiants notamment. Le romantique de l'indépendantisme, Marcel Chaput, s'offrit un jour le luxe de nommer un de ces jeunes gens, Pierre Gravel, comme son délégué général en France. Un beau matin, Gravel est convoqué à la police judiciaire où un commissaire lui découvre que son projet de manifestation contre le Premier ministre fédéral de passage en France n'a plus de secret pour lui. Au choix du jeune Gravel; la promesse de se modérer ou le voyage payé en Corse. En compensation de ce pénible propos, le commissaire raconte à Gravel quel personnage de l'ambassade fédérale l'a dénoncé; sous couvert d'une mission diplomatique, c'était en fait un policier attaché aux pas des indépendantistes. De tels entretiens au quai des Orfèvres créent des liens; ils nourrissent également des rapports, qui remontent eux aussi, par un troisième canal, jusqu'au chef de l'Etat.

Mais si l'on parlait tout à l'heure des militaires, il ne faudrait pas oublier Martial de la Fournière. « Diplomate » d'après son passeport, il escorte Messmer depuis l'Indochine et l'Algérie. Présentement « conseiller technique » auprès du ministre des Armées, on l'aperçoit souvent grouillant lui aussi dans la francophonie d'Afrique et d'Amérique. On le voit parfois, au retour d'une « mission » au Canada, pousser la porte de Bernard Dorin ou de Jurgensen et prêter la main à la confection d'une note pour le Général. Ses relations québécoises croient surtout qu'il « travaille pour l'armée ».

On n'en finirait pas. Où commencent, où s'arrêtent les connivences? Aucun de ces volontaires n'a une vue d'ensemble du lacis.

Technique élémentaire des réseaux : mieux vaut qu'ils s'ignorent les uns les autres. Depuis 1940, le général de Gaulle a acquis la pratique. Avec dix ans de recul, en 1977, les divers agents ne seront pas encore d'accord sur leurs rôles respectifs :

Alain Plantey : — Le Général ne tenait pas aux missions de Dorin et de Rossillon. On connaissait les leaders québécois. On savait qui était qui.

Cette partie de la documentation n'était faite ni par Dorin, ni par Rossillon.
« A partir du moment où il va y avoir des relations d'Etat à Etat, finies les relations parallèles. On entre dans le processus officiel. »

René de Saint-Légier : — Le général de Gaulle a vu un grand nombre de notes que Rossillon et Dorin écrivaient sur le Québec : c'était par mes soins. »

Plantey et Saint-Légier étaient tous deux conseillers techniques à l'Elysée pendant l'affaire québécoise, mais chacun auprès d'un Secrétaire général différent : Saint-Légier chez Burin des Roziers, Plantey chez Foccart.

Bernard Tricot, futur secrétaire général (il n'était pas en poste à l'Elysée au moment des faits) fournit incidemment l'explication : — Le général de Gaulle avait le souci constant du recoupement ; peut-être doit-on l'attribuer à sa formation de militaire... »

C'est au niveau du Général et de lui seul, en tout cas, que le recoupement s'effectuait. La véritable tête des réseaux, ce fut lui et personne d'autre. Et pas uniquement en matière québécoise. En bon collectionneur de vérité, il laissait venir à lui l'information, sans la solliciter :

Bernard Dorin : — C'est notre groupe qui a pris sur lui de l'informer. Ce n'est pas de Gaulle qui avait demandé des informations. Nous sommes tombés dans un terrain particulièrement favorable. Le général de Gaulle souhaitait aller toujours au fond, dans le sens de deux ou trois idées auxquelles, me semble-t-il, il croyait fondamentalement, comme l'émancipation des hommes et des groupes.
« Mais alors que nous avons essayé de l'intéresser aussi au problème de la Belgique francophone, autant alors le général de Gaulle est resté, je ne dirai pas en arrière de la main, mais assez prudent sur les affaires européennes, autant il s'est lancé avec enthousiasme dans l'affaire du Québec à partir du moment où il a pu mesurer — en partie grâce à nous — que c'était bien l'affaire de toute une nation. »

Jean-Daniel Jurgensen : — Nous n'étions pas les seuls. Il y avait des gens qui l'informaient dans le sens contraire aussi. Au Quai d'Orsay, les fonctionnaires français n'étaient pas unanimes en faveur du Québec, loin de là! Moi, j'étais de ce bord, mais vous aviez beaucoup d'autres hauts fonctionnaires qui n'étaient pas du tout de cet avis, plus de cinquante pour cent des gens du Quai d'Orsay. »

Général de Gaulle : — Si je n'étais pas là, je crois que certains finiraient par nous adresser leurs dépêches rédigées en anglais [19]! »

Bernard Dorin : — Donner à croire que le Général a été malléable serait complètement faux, le général de Gaulle s'est servi de nos informations pour nourrir une pensée qu'il avait en lui-même probablement depuis longtemps. »

Tout ce que nous venons de voir — et qui n'est qu'un échantillon-nage — allait dans le sens Québec-Elysée. Dans le sens Elysée-Québec, il arrivait que de Gaulle ne se contentât pas de l'univers conventionnel des ambassades. Il envoyait des hommes à lui, lancer des coups de sonde, le député du Loiret, Xavier Deniau, par exemple *.

En règle générale, de tels envoyés se limitaient à des contacts avec le parti au pouvoir à Québec : le Général s'intéressait à ce qu'une majorité voulait, et non pas à enfiévrer des groupuscules allant à l'inverse de leurs concitoyens. On a vu pourtant des exceptions à cette règle, intermittentes mais non point hasardeuses.

Marcel Chaput par exemple en a vu. Chaput, c'est un des doyens de l'indépendantisme. Chimiste, il était employé du gouvernement fédéral. Parce qu'il n'avait pas fait ses études en anglais, les gens d'Ottawa en ont fait un martyr administratif. Seulement voilà, le bon gros Chaput, dévoué, cordial, n'a pas le physique du martyr. Même quand il fit la grève de la faim, il apitoyait mal.

Grand fabricant de partis éphémères, inspirateur du boycott totalement réussi contre la reine d'Angleterre à Québec en 1964 — suivi de la répression tristement célèbre du Samedi de la Matraque — ce pionnier ** s'était même mis en tête de détacher une mission à Manhattan afin de faire valoir dans les couloirs de l'ONU la cause de l'indépendance. La mission ayant épuisé les fonds que Chaput avait empruntés, il lança une collecte et, pour attirer les souscriptions, il se remit à la grève de la faim deux mois durant. Cherchant à intéresser l'étranger à cette cause, il avait écrit au général de Gaulle pour lui exposer son initiative. Ce n'était pas la première fois. Il lui écrivait à chaque étape de chaque entreprise. Il lui dédicaçait chacun de ses livres [20]. Jamais de réponse, jamais d'accusé de réception.

Or juste après l'épisode de l'ONU, gros Chaput reçoit un appel téléphonique de Xavier Deniau, qui le convoque au Ritz-Carlton de Montréal et qui lui tient à peu près ce langage : je vous ai demandé de venir parce qu'un envoyé du général de Gaulle ne doit pas cautionner un mouvement non sanctionné par le suffrage universel, en se rendant auprès de son animateur. Le général de Gaulle, chef d'Etat n'a à traiter qu'avec des dirigeants dûment élus et mandatés; toutefois, l'ayant vu récemment, je peux vous dire que le général de Gaulle désire que vous sachiez qu'il connaît votre action auprès de l'ONU et qu'il la suit du regard.

Fin de message. Chaput n'en aura plus d'autre. Minuscule clin d'œil après lequel l'Elysée retrouve son impassibilité muette. D'autres que

* Ne pas confondre avec son frère cadet, l'ambassadeur Jean-François Deniau, qui sera plus tard ministre de Valéry Giscard d'Estaing et secondairement député du Cher.
Xavier Deniau prenait pour couverture son titre de président du groupe parlemen-taire d'amitié franco-québécoise. Mais de semblables titres, concernant d'autres pays, ne donnaient pas à leurs titulaires les mêmes entrées à l'Elysée.
** En résumant ici la carrière d'un des pères de l'indépendantisme français d'Amérique, il n'est nullement dans notre intention de minimiser le rôle et le mérite de tant d'autres. Notre intention est encore moins de donner à croire que ce fut l'affaire de quelques individus seulement.

Chaput ont chacun son minuscule clin d'œil à rapporter, si nombreux que ça faisait bien près d'une nation.

Tous les fonctionnaires « provinciaux » du Québec finissaient par être dans le coup. Le chef du gouvernement provincial, Daniel Johnson, le savait parfaitement, laissait faire et, de temps à autre, utilisait le canal.

**

Ainsi se sont nourris de la réalité de tout un peuple et non pas de la lumière tamisée des bureaux officiels les dossiers que de Gaulle reprend maintenant un à un dans sa cabine du *Colbert*. Ce ne sont pas des brûlots, c'est une mise à jour. Entre les pages doit émerger l'actualité du peuple avec lequel de Gaulle prépare son dialogue.

Cinq journées de retraite et d'oraison. Une sortie le matin, une autre après le déjeuner. Les matelots aperçoivent le Général tournant en rond sur la plage arrière, quand ça ne penche pas trop. Le commandant Delahousse a interdit l'avant à cause du gros temps *. Déjeuner réglé en trois quarts d'heure. Douze personnes à table, à tour de rôle, fixé d'avance par l'aide de camp Flohic : un membre de la maison militaire du Général, un officier supérieur de l'équipage, un officier marinier, etc.

Le reste de la journée, de Gaulle, lunettes sur le nez, indifférent au « Poirier normand » de Raoul Dufy que sa mauvaise vue ne distingue pas, polit par écrit, relisant à voix haute, chaque idée, chaque formulation qu'il viendra à lancer aux Canadiens français. Dans quel ordre? Les occasions en décideront. Comme au bridge, on ne sait pas d'avance quelle carte on jettera à tel ou tel instant sur le tapis, selon ce que fera le partenaire.

Général de Gaulle (une semaine plus tard, à Jean-Daniel Jurgensen dans l'avion du retour): — J'avais fixé l'orientation; j'attendais l'événement, la foule pour doser ce que je dirais, à quel endroit, à quel instant. Mais je savais que j'allais faire quelque chose. Je me réservais seulement, sur place, de voir comment. »

Pour le moment, il approfondit chaque pensée, il nourrit chaque phrase, comme on aiguise une lame, mais une lame déjà dégainée, et dont on sait ce qu'on veut faire.

---

* Rien ne sera épargné au vieux ménage présidentiel. Le *Colbert* se présentera à Saint-Pierre-et-Miquelon avec des tôles tordues par une tempête. Des journalistes s'enquièrent de la façon dont Mme de Gaulle a supporté le gros temps. De jeunes matelots maîtres d'hôtel opinent d'abord qu'on ne l'a pas trop souvent vue à table et les journalistes croient comprendre que le service médical a délivré bon nombre de comprimés; puis survient le conseiller de presse de l'Elysée, Gilbert Pérol qui a rejoint par avion, et dès cet instant, il est établi que la bonne dame a émerveillé tout le bord par son pied marin.

*
* *

En disant au revoir à Xavier Deniau, sur le quai de Brest, le Général lui a grommelé :

— On va m'entendre là-bas, ça va faire des vagues. »

Le dimanche précédent, faisant le tour de la pelouse après le déjeuner de famille à l'Elysée, de Gaulle s'était planté devant son gendre :

— Je compte frapper un grand coup. Ça bardera. Mais il le faut. C'est la dernière occasion de réparer la lâcheté de la France. »

Avant d'embarquer il avait déjà en poche le texte du discours officiel qu'il doit adresser publiquement au gouvernement du Québec dans sa capitale. Il a montré le texte au Premier ministre Pompidou et au ministre des Affaires étrangères Couve de Murville. Là se trouve l'axe qu'il paraphrasera au fil des routes québécoises, sans s'en écarter. Or, ce discours d'Etat, il est bien vrai, ce n'est pas du pipi de chat diplomatique, on le verra bientôt. Ce n'est tout de même pas la faute à de Gaulle si Couve ne l'a pas cru; on est toujours confondu de constater combien les hommes politiques à mine grave ont d'incapacité à s'imaginer qu'on doive conformer le discours et l'acte.

C'est à quoi s'attelle de Gaulle, dans son Colombey flottant.

Ainsi pendant les voyages successifs du général de Gaulle à travers les départements français, les spectateurs l'ont-ils souvent entendu marteler, dévider ou pelotonner ses thèmes, sous plusieurs angles successifs. Ce fut particulièrement perceptible avant la fin de la crise algérienne, lorsqu'il s'agissait d'accoutumer les Français à regarder enfin bien en face les données qui étaient en leur possession. Cinq à dix allocutions en un jour, au bord d'une route ou sur un podium. Mais tout se recoupait, broderie autour d'un discours d'Etat, prononcé lui en un local officiel choisi et annoncé longtemps à l'avance, gouvernement prévenu.

Au sujet du Québec, les conditions de voyage qui lui ont été imposées ont fait que jamais de Gaulle — depuis son retour au pouvoir en 1958 — n'a consacré autant de temps, autant de solitude, à composer chaque formule, à la peser, la lancer, la rattraper. Ses convives successifs à la table du bord entendent en avant-première, comme une mosaïque non encore assemblée, les fragments de toutes les allocutions destinées aux Québécois.

Remarque au passage : qui imaginerait que les formulations qui allaient retentir du balcon de Montréal aient pu éclore comme bulles de savon, seules à ne pas avoir subi la genèse, exception unique de toute une existence?

Colonel d'Escrienne (aide de camp chargé de surveiller le secrétariat) :
— On a dit qu'il était doué d'une étonnante mémoire. Mais il

fournissait chaque jour le travail voulu pour la mériter. Que de fois, lorsqu'il avait prononcé un toast, même sur un ton familier, à l'issue d'un déjeuner qui n'avait pas un caractère de grande réception, j'ai trouvé le soir en classant ses papiers le texte raturé, corrigé, surchargé de ce toast. Il était évidemment tout à fait capable d'improviser (...) mais qu'il s'agisse de parler ou d'agir, il n'aimait pas l'improvisation [21]. »

Lieutenant-colonel Charles de Gaulle (en 1934) : — La culture générale est la base d'un bon commandement. »

Il ne s'agit pas d'une devise bien tournée. C'est une règle de vie, la mobilisation systématique des ressources de la personnalité : une « ascèse » comme diront plus tard les cuistres.

Il appartenait à une génération que la IIIe République avait éduquée à ne pas confondre patrimoine et culture, héritage et mise en exploitation. Quand il parle de sa culture, de Gaulle n'est pas seulement le champ qui subit, il est le laboureur qui se travaille lui-même. Il a poussé au plus haut degré la méthode que l'armée lui recommandait, à défaut de toujours l'appliquer. Eût-il débuté comme dessinateur industriel, sans doute sa trajectoire n'aurait-elle guère été différente. A ceci près que son analyse lui avait très tôt montré que, pour les hommes de son temps, le modelage de l'Histoire allait appartenir à ceux qui sauraient passer maîtres dans le maniement d'armes. Jusqu'à lui, il n'y avait pas d'officiers dans sa famille; en revanche, son premier maître, son père, l'avait tout de suite acclimaté aux plus vastes panoramas historiques, géographiques, politiques, comme d'autres naissent au cœur de la musique.

De Gaulle aura été un ascète de l'information. Que le renseignement se tarisse, c'était Antée détaché du sol : désemparé. Voir ses fureurs tâtonnantes lorsque Churchill et Roosevelt le mirent à l'écart des grandes phases de la guerre mondiale.

Bernard Tricot : — De Gaulle vivait une plume à la main. »

Cet homme a mis sa force d'âme dans l'analyse. Sa concentration est arrivée à d'étonnantes étincelles. Comment se fait-il par exemple qu'on ne relève jamais qu'il a avoué, écrit et publié dès 1934 la préméditation de son 18 Juin 40. On trouve ça préfiguré à la fin de son livre *Vers l'armée de métier*, avec une précision confondante; mais c'est comme l'Evangile, les cléricaux du gaullisme évitent de lire :

Lieutenant-colonel Charles de Gaulle : — Si les enseignements reçus et les quotidiennes occupations suffisent à façonner la plupart de nos semblables, les puissants se forment eux-mêmes (...) ILS BATISSENT DANS LE SECRET DE LA VIE INTERIEURE L'EDIFICE DE LEURS SENTIMENTS, DE LEURS CONCEPTS, DE LEUR VOLONTE. C'est pourquoi, DANS LES HEURES TRAGIQUES OU LA RAFALE BALAIE LES CONVENTIONS ET LES HABITUDES, ILS SE TROUVENT SEULS DEBOUT, et par là, NECESSAIRES. Rien n'importe plus à l'Etat que de ménager dans les cadres ces personnages d'exception qui seront son SUPREME RECOURS *. »

L'exploit n'est pas de hasard. On devine un panorama d'exercices intellectuels pour s'approcher de l'Histoire, comme d'autres avaient pratiqué des exercices spirituels pour s'approcher du Ciel.

Tous les gens, ministres ou membres du cabinet présidentiel, qui ont travaillé à ses côtés à l'Elysée, se retrouvent unanimes pour signaler l'énorme temps, l'énorme effort que de Gaulle consacrait à la tenue à jour de ses analyses.

Son tempérament s'était déclaré en classe de Seconde. On dirait que l'adolescent a fait vœu de méthode comme d'autres entrent dans les ordres : irréversiblement.

Il a décidé de « servir ». Rien de bien original, c'est la devise de sa génération. Mais il ne sait pas se payer de mots. Il entend : servir à quelque chose. Il se forme à être l'instrument le mieux approprié possible dans n'importe quelle conjoncture qui se nouera.

A compter de la classe de Seconde, ni fêtes, ni relâche. Et pas plus à bord du *Colbert* qu'ailleurs. Il n'a pas sacrifié sa vie personnelle et familiale à la morosité ou à l'austérité; il était gentil, et assez souvent drôle, disent ses proches. Simplement sa vie, il l'a polarisée, organisée dans la perspective de ses objectifs. Il s'est formé à ne les perdre de vue en aucune circonstance faste ou pénible. Sa recette fut de s'appliquer à lui-même la méthode, plutôt que de s'occuper à regarder si les autres prenaient la même peine.

Là où un soi-disant « spécialiste » trie sa nourriture intellectuelle selon le critère de l'utile et de l'inutile, lui ne se détermine qu'entre le stérile et le germe d'avenir.

Il ne s'exerce pas sur des cas de figure; ce ne sont jamais ceux-là qui se présentent. Il ne se propose pas de passer maître dans une carrière dont il ne sortira plus; il s'organise pour affronter toute éventualité. Quand l'événement évoluera à la vitesse de la foudre, l'intuition trouvera prise à la vitesse de la lumière. Le contraire de l'improvisation : l'intuition c'est la décharge électrique du condensateur longuement alimenté par toutes les ressources du raisonnement et de la mémoire; si la pile était à plat, pas de trait de lumière. Quand la mort tire l'épée, il n'est plus temps de se décider à prendre des leçons d'escrime.

Le génie, une longue patience? Une volonté jamais fléchie, à tout le moins, dans le cas de De Gaulle, une volonté d'information et d'analyse. Jeune, moins jeune, vieux, il se tenait l'esprit en état d'alerte; on pense aux connétables de jadis dont l'épée devait rester nue hors du fourreau, nuit comme jour, paix ou guerre. Rien d'un gourou de droit divin vous collant sous le nez le flambeau suspect de sa révélation. Un soldat sérieux.

---

* Ce reportage d'anticipation a été publié six ans avant le 18 Juin. Mais il faut compter que l'auteur relativement obscur de *Vers l'armée de métier* ne bénéficiait pas chez l'éditeur Berger-Levrault des tours de faveur que les éditions Plon prodigueront au général de Gaulle pour ses *Mémoires*. Il est donc probable que les phrases que nous citons ont été écrites vers 1932 sinon 1930.

*
* *

Sa nièce, Geneviève Anthonioz-de Gaulle l'a vu et l'a senti travailler à Metz, avant guerre, quand il menait de pair ses écrits, la préparation d'un régiment blindé à la bataille, et aussi la confection de notes politico-militaires régulières pour Paul Reynaud. Geneviève était l'aînée des nièces, la plus proche de l'Oncle Charles. Proche aussi de tempérament : une Marie plutôt qu'une Marthe. Grande déjà, suffisamment, pour sentir ce qu'est le travail de l'esprit, et fraîche encore assez pour ne pas s'en conter. Pensionnaire en Alsace, elle passait ses sorties auprès de tante Yvonne, écoutant le lieutenant-colonel à table, l'observant quand il rentrait de manœuvre ou qu'il gagnait son bureau.

Voici ce qu'elle nous en a dit un jour :

— Il fait très attention à sa mémoire comme à tout ce qu'il fait dans la vie. De ce que de Gaulle est devenu, de ce qu'il fait, rien n'est inné. Il n'a jamais rien attendu du hasard. Il a tiré de lui, à force, tout ce qu'il pouvait tirer. S'il lit très vite, il écrit lentement, difficilement. »

Mémoires d'espoir : — Chaque fois que cela est possible nous gagnons notre maison de la Boisserie (...) Là j'écris les discours qui me sont un pénible et perpétuel labeur [22]. »

Général de Gaulle (au journaliste André Passeron, un an avant le voyage au Québec) : — Les choses que je veux faire savoir, que je trouve importantes, j'y pense longtemps, je les écris toutes, je les apprends par cœur, je travaille beaucoup et longuement. Je me donne un mal de chien [23]. »

Geneviève de Gaulle (1967) : — Il a toujours été conscient de la valeur qu'il s'est donnée. Mais il ne s'est jamais vu comme le personnage prédestiné qu'on a prétendu chercher en lui *. »

De Gaulle, un Français moyen. Qu'on ne nous fasse pas dire médiocre. Le Français de modèle normal, et qui a concentré ses capacités jusqu'à la plénitude : du Français enrichi, au sens où on fabrique de l'uranium enrichi. Il n'est pas tombé tout armé d'une autre planète; rien du Siegfried de Giraudoux, venu on ne sait d'où pour aimer la France. Un tic de journaliste a donné l'habitude de le décrire « habité », une sorte de Luther ou de Pascal; on a parlé d'un « visionnaire ». Non; pas de visions, exactement le contraire : la lucidité, aiguisée à grand effort, l'habitude acquise, quand on lui parle du lendemain, de regarder jusqu'au surlendemain. On l'a voulu

---

* Comme il arrive à tout écrivain, on a appliqué abusivement à Charles de Gaulle le portrait du « Chef » qu'il a tracé dans *Au fil de l'épée*. La figure qu'il peignait était celle de Philippe Pétain, maréchal de France; son portrait ne correspondait pas en tout point à la figure que de Gaulle voulait être.

« obsédé ». Non; pas d'obsessions, exactement le contraire : le plus grand soin de ne rien rejeter avant examen.

Rien au départ dans cet homme ne faisait exception à l'espèce commune; ce n'était pas un phénomène, un être à part, ce que les biologistes appelleraient un monstre.

Disons avec plus d'exactitude : il a été un héros. Le héros, c'est l'homme ordinaire qui pousse l'aventure commune jusqu'à son extrême, plus loin que tous les autres, mais dans la direction où ils tendent tous. Plus loin vers l'avant, pas de côté; le contraire d'un marginal : un homme de pointe. Tous les autres reconnaissent en lui, accomplies, leurs diffuses virtualités.

Le héros, c'est le comble de l'homme normal. De Gaulle, c'est le comble héroïque du Français ordinaire.

*
* *

Sa détresse et son désordre fut Anne, l'enfant manquée. Il lui jouait tant bien que mal du piano, disant au visiteur d'occasion : « Voyez, quand elle entend de la musique, quelque chose s'éveille en elle. » Peut-être mendia-t-il qu'on lui réponde que c'était vrai. Le petit être rabougri venait passer sur le visage du père ses mains révulsées. Il la tenait sur ses genoux, une heure chaque soir, visite ou pas; Yvonne et lui disaient qu'elle savait se faire comprendre d'eux seuls; ils se déchiraient à se demander ce que deviendrait après eux l'enfant trop bien enclose dans le cocon familial. Banal écartèlement des parents de débiles; ils ne voulaient pas la placer.

Une pneumonie a emporté l'enfant en 1948. Elle avait vingt ans. De ces êtres-là, on dit toujours l'enfant. Au cimetière, il a dit à Yvonne : « Maintenant elle est devenue une enfant comme les autres. » On croit toujours que le monstrueux faux pli d'injustice va se gommer. Mais les parents sont revenus se pencher sur la tombe blanche d'Anne comme pendant vingt ans ils s'étaient penchés sur son visage à essayer d'y faire couler un peu de lumière. Elle les a aimantés jusque dans leur propre mort. C'est auprès de celle-là seule, comme il arrive toujours, qu'ils ont voulu être enterrés.

Il n'a pas été moins démuni qu'un autre père. Osait-il se demander ce qu'Yvonne pouvait se demander? Elle lui avait donné trois enfants en six ans. Après Anne, ils n'en ont plus voulu. C'était un couple catholique d'avant-guerre. On ne voit pas les cœurs, on ne sait pas les gens. Même quand la curiosité de plusieurs nations se braque quotidiennement sur leur image.

Savait-il seulement si Yvonne en souffrait encore, là de l'autre côté de la cloison du *Colbert*? A quatre pattes devant sa baignoire pour se faire rincer les cheveux elle affirmait au matelot-coiffeur que son mari ne supportait pas qu'on lui serve de la gibelotte sans lui montrer les pattes du lapin. Le mari en question poussait la porte, le déjeuner allait être en retard, le matelot tremblait, elle promettait qu'elle n'en avait plus pour cinq minutes; lorsque la porte s'était refermée, elle ajoutait qu'elle aurait dû dire cinq minutes de coiffeur et on pouffait.

Et le croiseur moulinait l'océan Atlantique *.

---

* Bien entendu, l'escale à Saint-Pierre-et-Miquelon avait été maintenue lorsqu'il fut décidé d'utiliser le bateau à partir de Brest.

V

CANTATE FRANÇAISE

A la tombée du soir, le *Colbert* remonte l'estuaire du Saint-Laurent. Une Gironde à l'échelle de l'Amérique : multipliée par dix. Rives monumentales où vient déferler la forêt primaire. A bâbord, les croupes de Gaspésie, à tribord les premiers contreforts des Laurentides, immensité à peine à portée de jumelle. De-ci de-là un radiotélégramme prie le général de Gaulle d'observer un point lumineux sur la côte : c'est un feu de joie allumé pour le cousin de France. Hélas! la brume est trop dense et le fleuve trop ample.

Dimanche matin à la première heure, on est à quai devant Québec, à l'Anse-aux-Foulons. Depuis qu'il a pénétré dans les eaux fédérales, le *Colbert* porteur du président de la République française salue de son pavois la Fédération canadienne. Il n'entre pas dans le genre du général de Gaulle, dépositaire sourcilleux de la souveraineté française, de marchander les égards envers les institutions étrangères *.

Capitaine de vaisseau Paul Delahousse, maître après Dieu à bord du *Colbert* en 1967 : — Le *Colbert*, lors de cette arrivée, n'a fait qu'appliquer les règlements très connus de toutes les marines :
« Le pavillon canadien (blanc, rouge, à feuille d'érable) était hissé pendant le salut à la terre à la place qui lui revient — de par les règlements — dans la mâture.
« Et le pavillon de la Province du Québec (blanc, bleu, à fleur de lys) flottait simultanément sur la drisse d'une vergue — comme le veut la coutume. »

Reste à franchir les cent pieds de zone fédérale qui ceinturent le Canada français. L'Anglais d'Ottawa y a déroulé le tapis rouge.

---

* On n'est pas forcé d'en dire autant du gouvernement fédéral canadien. Celui-ci avait dépêché au-devant du général de Gaulle un aide de camp, un officier de marine qu'un destroyer canadien transféra sur le *Colbert* en pleine mer, d'un bord à l'autre, dans une petite nacelle glissant le long d'un filin. Sitôt le personnage dépaqueté, on découvrit qu'il ne parlait pas un mot de français. On voit d'ici l'animation de tous les repas sans exception où le général et Mme de Gaulle se firent un devoir de le traiter à leur table.

N'ayant pas lancé l'invitation, mais tenant à ce qu'il soit dit que c'est lui qui reçoit, Lester B. Pearson a confié la corvée au très honorable et très incolore Roland Michener, gouverneur général du Canada pour le compte — tout théorique — of Her Majesty the Queen. On ne sait jamais, avec ces maudits Français.

L.B.P. n'a pas eu tort de se méfier. Quand, à l'apparition du brave Michener, feutre noir à bord roulé dans sa main gantée, la musique régimentaire sonne le God Save the Queen, un bourdonnement s'élève de la tribune officielle. On dirait bientôt que c'est un hou-hou. Pourtant ce n'est pas la populace dans cette tribune, ce sont les notables et leurs dames, sur invitation filtrée. Et quand de Gaulle s'encadre dans la coupée grande ouverte du *Colbert*, fini l'orchestre, c'est la tribune à pleins poumons qui entonne la Marseillaise. Les réseaux n'ont pas menti.

Sur le seuil du vestiaire, de Gaulle a entendu. Il a le stade pour lui. Alors pour ce championnat de coups de pied au cul où on a voulu à toute force l'inscrire, de Gaulle souverain s'avance sur le stade et d'entrée de jeu tire au but :

-- Monsieur le Gouverneur Général, je me félicite d'avance d'aller prochainement à Ottawa vous saluer, saluer le gouvernement canadien... »

On ne saurait plus gracieusement ne pas dire : pour l'instant je ne vous salue pas.

... « et je me félicite d'avance d'aller prochainement à Ottawa entretenir le gouvernement canadien au nom de mon pays des rapports qui concernent le vôtre et le nôtre... »

On ne saurait plus aimablement ne pas dire : les rapports qui s'expriment ici ne vous concernent pas.

On attendait Chateaubriand, c'est Beaumarchais. L'accent français sur liberté. Intraduisible. Seuls des Gaulois savourent. Dans la tribune ils s'épanouissent. Le cousinage se retrouve. La cérémonie d'emblée devient fête. Voici la noce partie pour trois jours. Mister Michener s'en retire après l'apéritif, en voisin bien élevé; il se replie sur sa Citadelle.

Voilà une chose que les ânes parisiens ne se mettront jamais en tête, cette retraite immédiate de Mister Michener, ce consentement fair-play à l'état de fait : un gentleman, fût-il citoyen canadien comme M. Michener, sait se retirer dès qu'il a reçu le compte qu'on l'envoyait recevoir, et laisser les *natives* s'ébattre entre eux dans leur enclos.

En bon garçon de noce, de Gaulle reconduit l'étranger sur le seuil : il monte dans la voiture du gouverneur général jusqu'à la Citadelle, où M. Michener prend pension lorsqu'il s'aventure au Québec. Cette enceinte militaire est domaine fédéral, retranché du sol québécois; le dominateur anglais n'a pas vergogne à perpétuer les attributs de l'occupation.

A force de finasser sur le protocole, les Anglais d'Ottawa ont réussi contre eux-mêmes ce tour de force : mettre de Gaulle en situation de reconduire le gouverneur général of Her gracious Majesty hors des limites du Canada français, au vu et au su de tous, avec le droit pour lui.

Ayant fait, le général de Gaulle rejoint la noce : il passe de l'auto de M. Michener dans celle de Daniel Johnson.

A celui-ci, il avait dit sur le quai, devant M. Michener, tout de suite après avoir promis d'aller saluer l'autre chez lui en terre anglaise :

— Monsieur le Premier ministre, c'est avec une immense joie que JE SUIS CHEZ VOUS au Québec. »

Il marquait deux choses d'un coup : d'abord qu'on savait bien qui l'avait invité, le Québec et pas le Canada; ensuite que le Québec avait son chez-soi.

Derrière lui son dévoué ministre des Affaires étrangères, Couve de Murville, comprenait promptement ce genre de langage; à sa mine on vit d'emblée que le pauvre venait danser à cette noce en escarpins trop étroits.

De la Citadelle, le cortège automobile se laisse couler vers le centre, de plus en plus coincé entre deux haies humaines. Avant la place de l'Hôtel-de-Ville, il finit par s'enliser et s'immobilise. Une place de guingois, inclinée de la gauche vers la droite, une sorte de rue qui va s'élargissant. A perte de vue du monde, qu'électrise la Marseillaise lancée par la fanfare des gendarmes municipaux, survoltés; du monde à ne pas pouvoir mettre un bébé de plus, agglutiné et colorié comme une toile d'André Hambourg, guirlandes de drapeaux tricolores jumelés au bleu-blanc-fleur de lys du Québec, vert cru des arbres de la place, blanc cru des banderoles que les activistes de l'indépendantisme commencent à déployer, cherchant l'axe des caméras de télévision plutôt que le champ de regard du visiteur. Adieu service d'ordre, adieu gardes du corps. Daniel Johnson non plus ne s'est pas vanté lorsqu'il avait dit :

— Mon Général, notre peuple vous accueillera »...

Seule la voiture du Général atteindra l'Hôtel de Ville, au pas ralenti, dans un froufroutement lisse de vêtements sur la carrosserie, une barque dans une forêt d'algues. Il y a des moments où elle tangue : ils essaient de la porter. La suite des officiels rejoindra comme on pourra, à pied, en jouant des coudes et du sourire. On s'engouffre en retard pour le vin d'honneur et la harangue du maire Lamontagne. La foule attend gentiment, premiers rangs plaqués nez contre la façade. De Gaulle s'arrache aux congratulations officielles et retourne sur le perron.

Le perron de l'Hôtel de Ville de Québec, c'est trois marches de briques enchâssées dans le macadam de la place, avec un peu de gazon autour, pas de grille et pas de surplomb, plus de gendarmes. De Gaulle — c'est sans doute la seule fois de sa vie, et la seule fois pour un chef d'Etat — est de plain-pied dans le peuple qui lui tape sur l'épaule, on lui laisse juste la place d'un micro.

Harangue aussi gaullienne qu'on l'espérait : de Gaulle en donne toujours pour son argent.
— Je remercie Québec de son magnifique accueil français; nous sommes liés de part et d'autre de l'Atlantique. »
Ici, un suspens. De Gaulle se penche vers l'avant, vers les copains, bras encorbelés, esquissant un pivotement comme s'il coulait un regard de droite et de gauche pour s'assurer que le surveillant ne peut pas entendre, et la voix soudain épaisse, vaguement canaille :

— Mais on est chez soi, ici, après tout! »

Et de repartir, redressé, dans l'exaltation du destin entrecroisé des deux peuples français. Le parterre trépigne sa joie. Ce n'est plus Figaro, c'est Scapin.

*
* *

Alors Tartufe se drape dans sa casuistique : pourquoi la reine d'Angleterre ne serait-elle pas allée tenir un propos symétrique devant l'Hôtel de Ville de Rennes? Eh! Tout bonnement parce que ça n'a rien à voir. Qui croirait que le préfet de région va s'éclipser poliment de Rennes au bout de cinq minutes pour y laisser Sa Gracieuse Majesté plus à l'aise en famille? C'est exactement ce que vient de faire Son Excellence Roland Michener; il sait depuis deux siècles qu'il n'a pas sa place dans ce peuple. L'autorité britannique de domination n'a jamais envisagé d'épouser cette nation dominée, elle s'est bornée à l'encercler. On se trompe et on ment en imaginant de Gaulle, ce dimanche matin, en train d'ameuter la partie française de la population de Québec, de la faire sortir des rangs canadiens. Il ne s'agit pas, comme on le tente parfois dans tel ou tel département français, de faire remonter au jour, à travers une population brassée et rebrassée, quelques caractères récessifs d'une ancienne ethnie. A Québec tous les Canadiens sont Français.
Evidence palpable, saisissante par quelque voie qu'un voyageur nouveau venu de France débarque dans la Belle Province. Vous franchissez cent pas sur un quai maritime ou dans un hall d'aérogare, cordon de douaniers et de gendarmes fédéraux. Au cent unième pas vous plongez dans l'Amérique du Nord : voitures américaines, gratte-ciel américains, faubourgs de la misère américaine, vous êtes accaparé à trouver le rythme pour prendre votre ticket dans le car de l'aéroport, vous vous débattez dans une monnaie inconnue pour acheter un premier paquet de cigarettes, vous refluez d'un passage pour piétons sous les injures d'un chauffeur de taxi et du coup vous voici comme Alice au pays des Merveilles qui se surprend à converser avec son lapin, vous entendez tout ce qui se dit, et aussi effarants que le lapin d'Alice, ils ont tous l'air de trouver naturel de parler comme ça. Tous, six millions.
Ils marchent sur leurs pattes de derrière, ils savent écrire et compter, on les fait travailler davantage et mieux que quiconque et ils

sont doués de parole. A la fin, on s'y laisserait prendre : vous jureriez que voilà une nation.

Une nation de même nombre et de même compétence technique et humaine que la Suisse, avec, en plus, l'unité de langue, en moins la certitude de son passé; mais des ressources d'avenir vertigineuses pour le Québec, quand la Suisse sent derrière elle son apogée.

Une population du même ordre de grandeur qu'en Belgique, et en plus, pour le Québec, le don inné qui manque si cruellement aux Belges : celui d'être une seule et vraie nation.

Bref, aux yeux de l'Européen, déjà un grand pays. Seuls les Canadiens français ne le voient pas, habitués qu'ils sont aux dimensions statistiques du continent américain. Statistiques martelées avec d'autant plus d'insistance qu'elles entretiennent le complexe de l'asservi.

Car il y a ça aussi — et Alice à nouveau se frotte les yeux mais maintenant c'est parce qu'elle se réveille —, il y a cette énorme bizarrerie : comme la ceinture à quoi se reconnaissaient les esclaves de Rome, il y a ce cordon large de cent pieds avec ses policiers nommés par l'étranger et ses douaniers qui détournent la recette. Et la bizarre privation de la possibilité accordée à toute autre nation d'Occident : celle de fixer soi-même sa propre orientation; là, on ne sait trop en vertu de quoi, les voisins anglais sont seuls qualifiés pour connaître ce qui est bon.

Par comparaison à une nation de plein exercice, les Canadiens français sont tenus dans le même état de dépendance qu'un « incapable majeur » par rapport à un citoyen. A cette différence près, au profit de l'infirme incapable, qu'on lui accorde des tribunaux où faire appel, s'il s'estime la proie d'une séquestration arbitraire, témoins à l'appui. Et si de Gaulle songeait à se porter témoin de la capacité du Québec, pour faire lever la tutelle?

Témoin où ça? A la face du monde, comme on dit. Mais c'est bien vague; le général de Gaulle est un chef d'Etat; il a une longue pratique de la réalité des relations entre les groupements humains; cet homme d'action a certainement une idée plus concrète.

*
* *

Sur cette même place de l'Hôtel-de-Ville de Québec, en 1964, s'était déroulé le Samedi de la Matraque, la police fédérale cabossant les journalistes faute d'attraper une ou deux centaines d'indépendantistes venus conspuer la Reine.

Sur ce même emplacement, mais vide affreusement. Rideaux de fer baissés, soulignant par contraste la profusion d'Union Jacks et d'Unifoliés fédéraux, là où cette fois-ci la Fleur-de-Lys du Québec et le tricolore du Vieux pays flamboient à la crête d'une foule. Les Anglais d'Ottawa avaient littéralement traîné la Reine à ce traquenard. La population, par une absence unanime, avait signifié à la pauvre

Elizabeth qu'on avait tort de lui raconter qu'elle était at home ici.

Quand maintenant de Gaulle dit en français qu'on est chez soi ici, la population, unanime encore une fois, hurle qu'il a raison.

Il avait retenu l'épisode de la Matraque, et l'endroit, aussi soigneusement qu'il avait appris chaque détail du dossier canadien. C'est en connaissance de cause qu'il a choisi ses mots pour faire constater combien les deux visites, celle du souverain anglais et celle du cousin de France, sont parallèles et de sens inverse. Mais le Samedi de la Matraque, on ne va tout de même pas dire que c'est lui qui l'avait voulu. On ne va tout de même pas raconter que c'est lui qui en 1964 a mis dans la tête des Québécois de dire que leur manifestation par le vide ressemblait à celle où la radio de Londres avait appelé la France occupée le 1ᵉʳ janvier 1941, « l'heure de l'espérance », volets fermés, rues vidées.

La venue du général de Gaulle à Québec fait exploser une réalité. On conçoit que les Anglais d'Ottawa n'en aient rien escompté de bon pour eux.

Retenons en tout cas la minutie avec laquelle de Gaulle, jusque dans les bousculades de la joie, suit son fil. Ceux qui le lui reprochent ne devraient pas ensuite prétendre qu'il ne savait rien du pays et qu'il se grisait d'improvisation.

*
* *

Sur le trottoir devant l'Hôtel de Ville de Québec, il dit au peuple québécois, de vous à moi :

— De tout mon cœur, je remercie Québec de son magnifique accueil, de son accueil français. J'apporte à votre ville le salut, la confiance et l'affection de la France... »

(Il dit la France, et non les Français. Sage tournure; combien de Français de France en cet instant ont-ils le Québec en tête? Mais ce n'est pas la première fois qu'il éprouve la certitude d'exprimer, même seul, le sentiment subconscient de la France.)

« ... Nous sommes liés de part et d'autre de l'Atlantique par un passé aussi grand que possible et que nous n'oublierons jamais. Nous sommes liés par le présent parce qu'ici nous nous sommes réveillés comme là-bas, nous avons épousé notre siècle... »

(Attention, ce parallélisme est tout frais dans la tête de chacun des deux interlocuteurs : le Québec qui entend ça en 1967 est le peuple qui vient d'accomplir depuis 1960 seulement son autonomie interne, son instruction publique, son formidable développement industriel et énergétique; de Gaulle qui dit ça en 1967 se considère comme celui qui a doté la France depuis 1959 seulement d'institutions à partir desquelles il l'a lancée dans son industrialisation.)

« ... Nous sommes liés par notre avenir... »

(C'est alors qu'il fait mine de regarder si l'étranger n'écoute pas cette espérance d'évasion vers la grandeur.)

« ... mais on est chez soi, ici après tout!... »

(Enthousiasme trépidant de la foule, consigne l'envoyé spécial du journal *Le Monde*.)

« ... Nous sommes liés par notre avenir parce que ce que vous faites en français de ce côté-ci de l'Atlantique et ce que fait en français le Vieux pays de l'autre côté, c'est une même œuvre humaine. Nous en avons des choses à faire ensemble en ce monde difficile et dangereux où ce qui est français a son rôle à jouer comme toujours!... »

(Si nous coupons ce texte de parenthèses, c'est pour laisser le temps que retombent les hourras entre chaque phrase du général de Gaulle.)

« ... Vive le Canada..., vive les Canadiens... français..., Vive Québec... Vive la Nouvelle-France, vive la France! »

La Nouvelle-France, appellation de la province de Québec avant les Anglais. Mais tous les présents l'ont senti — et d'ailleurs il venait de le dire —, c'est la France renouvelée tout entière qu'il rassemble soudain dans sa formule, de quelque côté de l'Atlantique qu'elle se renouvelle et grandisse. Et lorsqu'il ajoute tout court que « vive la France », cette espérance de vitalité nationale ne se limite plus à des frontières européennes.

Première phrase des *Mémoires de guerre* : — Toute ma vie je me suis fait une certaine idée de la France... »

Il vient de la rencontrer, resplendissante. Il serait sot de croire qu'en une telle minute il puisse importer à de Gaulle d'avoir ou pas juridiction administrative sur tout ou partie de cette France-là.

Il entreprend de regagner sa voiture dans la marée humaine, à la brasse. Le lecteur sera probablement d'accord pour qu'à partir d'ici nous cessions de mentionner les vivats : il y en a pour trois jours.

*
* *

A trente kilomètres de là, en redescendant le long du fleuve, on se rend à la basilique Sainte-Anne-de-Beaupré : Lourdes reconstituée à Hollywood.

Le général de Gaulle assiste à la grand-messe du dimanche; entend l'homélie du cardinal de l'endroit; puis communie. Ça, la reine d'Angleterre ne peut pas le faire. C'est en de tels moments qu'on reconnaît qui est de la paroisse... *

---

* Au cours d'un déplacement officiel, on avait précédemment vu le général de Gaulle communier à Leningrad, en l'église Notre-Dame-de-Lourdes.
A Leningrad, de Gaulle ne s'attendait pas à ce qu'on le fasse communier. A Sainte-Anne-de-Beaupré, il l'avait demandé. Chef d'un Etat laïc, le Général pratiquait sa religion à titre individuel et faisait ses pâques à l'église paroissiale de Colombey.

Là se situe le second faux pas du voyage, tandis que le président de la République française s'avance vers la Sainte Table. Ses yeux abîmés... : il n'a pas avisé la marche. On lui avait installé, seul dans le chœur, le fauteuil des chefs d'Etat. Pas de garde du corps pour bondir comme à Brest. Finalement, il se rattrape.

Le cardinal emmène le Général déjeuner à l'établissement religieux du Petit-Cap, dans un tournoiement de soutanes et de cornettes. Mme de Gaulle est aux anges.

*
* *

Enfin, l'après-midi, deux heures de conférence en tête à tête avec le Premier ministre du Québec. C'est le traitement que le président de la République française accorde aux chefs d'exécutif à part entière. Daniel Johnson explique où il en est de ses pourparlers avec les Anglais du gouvernement fédéral et des autres Provinces. De Gaulle dit de quelle façon le gouvernement français peut appuyer le gouvernement québécois, et fait observer que la tactique suivie par Daniel Johnson n'est pas celle où l'appui de la France serait le plus efficace.

En fin d'après-midi, réception offerte par le président de la République française sur la plage arrière du *Colbert*, c'est-à-dire en territoire de souveraineté française.

Puis on va passer les habits de soirée pour le dîner que le gouvernement du Québec offre au Château-Frontenac *. Les autres chefs d'Etat venus pour « l'Expo » ont été reçus en smoking : ils étaient les invités d'Ottawa. De Gaulle est l'invité du Québec : on a marqué la différence vestimentaire. On n'avait plus enfilé l'habit de soirée depuis le dîner de la reine d'Angleterre, invitée par Ottawa et imposée par lui au précédent gouvernement québécois, celui de Jean Lesage, plus complaisant. On sert d'ailleurs au président de la République française le menu qui avait été servi à la Reine.

On n'a pas refusé un couvert au représentant de Sa Gracieuse Majesté. Mais ce soir le gouverneur général Michener ne vient pas lui-même. Il a détaché là son lieutenant-gouverneur pour la Province de Québec **, parce que c'est le Québec qui invite, et non le Canada fédéral. Subtilités du protocole canadien, empreintes de la tradition anglaise d'acceptation des particularismes. Jusque dans ces détails

---

* Enorme ensemble hôtelier néo-gothique dominant de sa masse la vieille ville sur sa falaise. Depuis 1900 à peu près, les Américains de l'autre côté de la frontière se persuadent que Jeanne d'Arc y a peut-être pris cantonnement; ceux qui ne peuvent s'offrir la traversée de l'Atlantique viennent à travers le Saint-Laurent respirer ce qu'ils prennent pour l'air de France. Alentour, ils trouvent des calèches à crottin et dans les ruelles voisines, accrochées par des pinces à dessin, des croûtes d'aussi mauvais goût qu'à Montmartre. Il y a même — cela serre le cœur — de vrais soldats canadiens français payés par l'armée canadienne anglaise et constitués en compagnie franche pour faire l'exercice en perruque avec des mousquets du xviiie siècle. Sans supplément de prix, vous pouvez entendre les commandements; ils se crient en français.

** Il en existe un, choisi par Ottawa et nommé par la Reine, auprès du gouvernement de chaque Province canadienne.

superficiels elles aboutissent à souligner ce fait que les journalistes parisiens n'arrivent pas à se mettre dans la tête : de Gaulle est venu comme invité du gouvernement québécois.

De Gaulle lui aussi le souligne, sans doute pour donner à ses hôtes québécois une plus forte conscience de leur capacité politique. Il marque au lieutenant-gouverneur que si la noce le prend à table, c'est à titre de bon voisinage. Même façon que le matin pour Michener :
— Je salue Monsieur le Lieutenant-général et Madame Lapointe qui sont aimablement des nôtres, et je lève mon verre en l'honneur du gouvernement du Québec, en l'honneur du Canada français... »

The Right Honorable Hugues Lapointe est un Québécois de plein accent, né à Rivière-du-Loup. Libre à lui d'avoir pris du service chez la reine d'Angleterre. Mais si ce soir il veut bien être « des nôtres », c'est à titre étranger. De Gaulle, dans son discours le plus cérémonieux, glisse en termes on ne peut plus aimables, mais noir sur blanc, le constat de cette tutelle anachronique. N'allons pas dire que le général de Gaulle a traversé l'Atlantique pour se payer la tête des représentants de la Reine au jeu de massacre. Il se borne, au sens strict, à les remettre à leur place. Les gens d'Ottawa l'ont obligé à cette mise au point par d'incessantes manigances *.

De quelques chiquenaudes, de Gaulle nettoie le tapis pour y poser bien nettement le véritable objet de son voyage qui est de voir ce que les deux branches de la nation française peuvent faire l'une pour l'autre. C'est avec le peuple français du Canada qu'il est venu traiter. Que les autres écoutent si ça leur chante la discussion du pacte de famille. Mais de leur balcon.

Car ce soir c'est le dîner d'Etat. Cet instant du voyage est organisé en vue d'être le plus officiel, celui où sont lues des déclarations rédigées d'avance. Le président de la République française, lorsque son tour est venu de répondre à son hôte le Premier ministre du Québec, renonce donc à jouer de sa mémoire sous une apparence d'improvisation : il lit son papier. C'est le texte qu'il a composé à l'avance, de Paris, celui sur lequel il a, dans les formes constitutionnelles, demandé l'accord de son Premier ministre Pompidou et de son ministre des Affaires étrangères Couve de Murville. C'est la reprise en public des thèmes que de Gaulle a commentés tout à l'heure durant son tête-à-tête avec Daniel Johnson. C'est le document qui fera foi, le pivot duquel ne s'écarteront pas les

---

* La veille de l'arrivée du général de Gaulle encore, le service d'information du gouvernement fédéral avait brusquement annoncé une conférence de presse, dans la ville de Québec, pour exposer aux journalistes la façon dont Ottawa entendait prendre en main l'accueil du président de la République française. Daniel Johnson avait aussitôt fait connaître qu'il tiendrait une conférence de presse à la même heure pour rappeler que l'initiative de la réception appartenait aux Québécois. Bien que les propriétaires des principaux journaux francophones du Canada fussent acquis au gouvernement fédéral, tous les journalistes canadiens français avaient opté pour la réunion de Daniel Johnson et l'autre se tint devant des banquettes vides. Tous les intéressés avaient donné à cet incident valeur de manifestation. Encore bouillant de l'affaire, Daniel Johnson en avait informé de Gaulle. C'est à de tels coups d'épingle que le Général ripostait.

allocutions dont le Général jalonne ses arrêts parmi les populations.
    Dans ce document, il a écrit en premier lieu :

— *Il est de notre devoir d'agir ensemble (...) Car à la base se trouvent trois faits essentiels, que rend aujourd'hui éclatants l'occasion de ma visite.* »

    Voilà qui est net; la visite du président de la République française fournit seulement « l'occasion de rendre éclatants » des faits qui, de toute façon, « se trouvent » au Québec, sans que ça ait dépendu des Français d'Europe.
    Premier de ces faits :

— *Après qu'eut été arrachée de ce sol, voici deux cent quatre années, la souveraineté inconsolable de la France, 60 000 Français y restèrent. Ils sont maintenant plus de 6 000 000 (...) miracle de fécondité, de volonté et de fidélité.* »

    Seconde donnée :

— *Vous Canadiens français, votre résolution de survivre en tant qu'inébranlable et compacte collectivité, après avoir longtemps revêtu le caractère d'une sorte de résistance passive (...) a pris maintenant une vigueur active en devenant l'ambition de vous saisir de TOUS LES MOYENS D'AFFRANCHISSEMENT* et de développement que l'époque moderne offre à un peuple fort et entreprenant.* »

    Troisième fait :

— *Ce que l'on voit apparaître au Québec, ce n'est pas seulement une entité populaire et POLITIQUE de plus en plus affirmée, mais c'est aussi une réalité économique particulière et qui va grandissant.* »

    Résultante de ces trois faits, par la force des choses :

— *En somme, compte tenu des difficultés inévitables d'un tel changement, moyennant les accords et arrangements que peuvent raisonnablement comporter les circonstances qui vous environnent et sans empêcher aucunement votre coopération avec des éléments voisins, on assiste ici comme en maintes régions du monde à L'AVENEMENT D'UN PEUPLE QUI, DANS TOUS LES DOMAINES, VEUT DISPOSER DE LUI-MEME ET PRENDRE EN MAINS SES DESTINEES.* »

    Voilà la phrase clé, longue phrase parce que de Gaulle a voulu faire tenir en une seule phrase tout le processus d'autodétermination du Québec. Il ne dissimule pas « les difficultés inévitables », il est tristement payé pour en savoir quelque chose : l'homme qui parle ce soir à Québec est celui qui a eu sur les bras les difficultés de l'avènement du peuple algérien.
    Car il y a ça surtout : cette phrase, que de Gaulle a mis plusieurs semaines à composer, reproduit le plan de libre association que de

---

* Nous mettons en lettres capitales les propositions que l'auditoire québécois a ressenties comme capitales.

Gaulle avait offert à la nation algérienne le soir où il avait lancé par télévision le mot fracassant d'autodétermination, le 16 septembre 1959. Et à l'époque, le gouvernement fédéral d'Ottawa ne cessait pas de presser de Gaulle d'en finir. En 1960, recevant de Gaulle à Ottawa, le Premier ministre canadien Diefenbaker le menaçait d'un vote hostile du Canada à l'ONU, et lui disait que s'il était sincère dans sa volonté de décolonisation, il ne devait pas être difficile d'aboutir moyennant les accords et arrangements que peuvent raisonnablement comporter les circonstances et sans empêcher aucunement une coopération.

Au tour de De Gaulle de donner le même conseil aux gens d'Ottawa. Pourquoi de Gaulle serait-il moins sincère en 1967 qu'Ottawa en 1960 lorsqu'il dit que le Canada se trouvera mieux d'une association librement consentie que du refus de reconnaître la différenciation de la nation subordonnée? * D'où sa question lancée à la cantonade au monde entier (toujours dans son discours d'Etat à Québec):

— *Qui donc pourrait s'étonner ou s'alarmer d'un mouvement aussi conforme aux conditions modernes de l'équilibre de notre univers, et à l'esprit de notre temps?* »

De fait, le représentant de la Reine et d'Ottawa ne manifeste ce soir ni étonnement ni alarme. Il a certainement été muni d'instructions. Or, il ne quitte pas la table. Il applaudit. Il lève comme tout le monde son verre au projet libérateur que développe de Gaulle. Pour celui-ci, lorsque les Français s'élèvent à la grandeur, le monde entier ne peut que s'en trouver bien:

— *Ce que le peuple français a commencé de faire au Canada il y a quatre siècles, (...) ce qui y a été maintenu depuis lors par une fraction française grandissante (...), ce que les Français d'ici une fois devenus maîtres d'eux-mêmes auront à faire, (...) ce sont DES MERITES, DES PROGRES, DES ESPOIRS qui ne peuvent en fin de compte que SERVIR A TOUS LES HOMMES... »*

De Gaulle a hérité — les Français de France sont l'un des rares peuples du monde à ne pas le ressentir — de Gaulle a hérité la ferveur des Volontaires de l'An II déversant sur l'Europe l'universalité de la Révolution française.

Discours du général de Gaulle proposant l'autodétermination du Québec, 23 juillet 1967 : — *Ce sont des mérites, des progrès, des espoirs*

---

* Le pronostic du général de Gaulle selon lequel la nation algérienne viendrait par sa pente naturelle à une libre association avec la France ne s'est pas vérifié parce que l'indépendance n'a pas été accordée à l'Algérie en temps utile. On a assisté au Québec à l'amorce du même dérapage. Faute qu'Ottawa ait accordé l'indépendance en un temps où l'accumulation des tensions ne s'opposait pas encore à la libre association des deux peuples canadiens, on a vu le premier gouvernement indépendantiste de René Lévesque se tourner vers les Etats-Unis un peu comme l'Algérie s'était tournée vers Moscou. Faute qu'on ait voulu de lui comme l'un des deux piliers de la Communauté canadienne, préconisée par de Gaulle, le Québec sera peut-être un jour le 51ᵉ Etat des Etats-Unis. Les Canadiens anglais seraient alors aussi mal fondés à se plaindre d'un tel dérapage que les réactionnaires de l'OAS l'ont été à dénoncer le dérapage de l'Algérie.

qui ne peuvent en fin de compte que SERVIR A TOUS LES HOMMES,
mais n'est-ce pas dans l'ordre des choses, PUISQUE CE SONT DES
MERITES, DES PROGRES, DES ESPOIRS FRANÇAIS? »

Première allocution du général de Gaulle faisant prévoir l'autodétermination de l'Algérie le 4 juin 1958 : — *Je vous ai compris! (...) il faut*
ouvrir des voies qui, jusqu'à présent, étaient fermées devant beaucoup
(...), il faut reconnaître la dignité de ceux à qui on la contestait (...), il faut
assurer une patrie à ceux qui pouvaient douter d'en avoir une (...).
Jamais plus que ce soir, je n'ai compris COMBIEN C'EST BEAU,
COMBIEN C'EST GRAND, COMBIEN C'EST GENEREUX, LA
FRANCE *. »

*
* *

   Bon, mais ce soir à Québec, ce tableau de grandeur que présente de
Gaulle, c'est exclusivement ce qu'a réalisé la jeune branche américaine
de la France. Que peut y faire la vieille branche européenne? De Gaulle
y vient dans son discours. Par sa bouche le Vieux pays se donne
d'abord un rôle de témoin. Rien d'un provocateur : on ne provoque pas
ce qui existe, mais on peut l'attester. Un témoin qui a l'avantage de
pouvoir devenir le haut-parleur dont les Français du Canada manquent. De Gaulle ne met pas la sourdine :

— *CET AVENEMENT, C'EST DE TOUTE SON AME QUE LA FRANCE*
LE SALUE. »

   Si les mots dont vit et dont meurt le commun des hommes ont un
sens pour les professionnels de la politique et de la diplomatie, la
phrase ci-dessus équivaut à la reconnaissance par la France d'un
Québec libre et souverain. Il faut bien que quelqu'un commence et il
est fraternellement naturel que ce soit le Vieux pays, avant les
greffiers de l'ONU.

   A aucun moment dans la suite de son voyage, de Gaulle n'ira plus
loin. Le délégué de la Reine et d'Ottawa ne trouve toujours rien à
redire. Et Couve de Murville n'a pas l'air de trouver que de Gaulle
improvise trop étourdiment.

---

   * Un livre entier serait nécessaire pour inventorier toutes les similitudes d'idée et
même d'expression qu'on trouve dans les discours que de Gaulle a consacrés à la
solution des problèmes de l'Algérie puis du Québec :
   L'analogie avec l'Algérie était une idée familière aux Québécois. A peu près tous les
Canadiens que nous avons questionnés, quelles que soient leur souche ou leur opinion,
nous ont signalé un phénomène politique majeur, qui n'a pas été perçu en France (ni
d'ailleurs en Grande-Bretagne, aux Pays-Bas, et en Belgique, autres pays absorbés par
les contrecoups de la décolonisation) : entre 1958 et 1962, l'avènement successif des
anciennes possessions européennes d'Asie et d'Afrique à la souveraineté a quotidiennement agité dans l'esprit des Québécois les problèmes de l'affranchissement social et
politique. Les deux gouvernements de l'Amérique anglo-saxonne, celui de Washington
et celui d'Ottawa, menaient devant les Nations-Unies une campagne moralisatrice en
faveur du droit des peuples à se gouverner eux-mêmes. Cette campagne a pris un ton
aigu et obsédant à propos de l'Algérie. Ce n'est pas simple coïncidence si, en 1960, le
Québec est sorti de sa torpeur.

Le reste du discours n'est que la mise en action de cette reconnaissance de fait. A partir du moment où il est reconnu que les Canadiens français, « peuple fort et entreprenant » ont réalisé un Québec québécois, la branche française d'Europe a les moyens d'épauler fraternellement cet « avènement » dans tous les domaines, économique, culturel et aussi « politique » que de Gaulle a énumérés tout à l'heure :

— *Que le pays d'où vos pères sont venus (...) fournisse son concours à ce que vous entreprenez, rien n'est plus naturel.* »

C'est déjà commencé, rappelle le général de Gaulle, sans que les anciens dominateurs aient pu y faire obstacle :

— *Dans les domaines culturel, économique, technique, scientifique, COMME DANS L'ORDRE POLITIQUE (...) les contacts fréquents entre les gouvernants, mes entretiens avec vous-même, Monsieur le Premier ministre, organisent notre effort commun d'une manière chaque jour plus étroite et plus fraternelle.* »

Immense engagement moral apporté de la part de la République française par son magistrat suprême dans un discours public et officiel : la liberté que la France de Louis XV n'a pas su fournir au Québec, la France de De Gaulle la garantit désormais. Tel est l'engagement et il est pris en présence du ministre des Affaires étrangères responsable de la mise en œuvre. Maurice Couve de Murville, ce soir à Québec, ne fait pas la longue mine que ses collègues du gouvernement lui verront dans trois jours à Orly. Tous ceux qui l'ont vu ce dimanche soir en habit au Château-Frontenac sont d'accord : Couve a tout l'air de juger le discours du Général convenable. Et pour cause : ce discours, Couve l'a lu, il a formulé son accord, on n'a pas entendu dire qu'il ait été effleuré par l'idée de démissionner plutôt que d'exécuter le canevas ici tracé par le général de Gaulle. Il n'y a rien dans la préparation de ce plan qui ait échappé aux formes constitutionnelles. Le Premier ministre Pompidou lui aussi a lu ce discours, il en a retourné le texte au président de la République en lui manifestant son accord.

Alors, on ne comprend plus.

Lorsque de Gaulle paraphrasera ce discours d'Etat le lendemain au balcon de Montréal — en disant moins qu'au dîner de Québec — Couve tombera des nues et parlera « d'improvisation », Pompidou dira à son directeur de cabinet : « celui-là, de Gaulle ne me l'a pas montré ».

Le discours d'Etat lu par de Gaulle à Québec représentait un acte grave. Il engageait la France à couvrir de son prestige et de sa puissance une autre nation exposée dans une passe périlleuse. Aussi grave, par exemple, que l'engagement pris par la France avant guerre de soutenir la Tchécoslovaquie exposée à la tenaille Staline-Hitler. Pompidou et Couve de Murville ont été de ceux qui ont fait carrière sur la dénonciation de la politique de Munich et de la forfaiture de la IIIᵉ République qui n'a pas respecté la promesse faite à la Tchécoslovaquie.

Non décidément, on ne comprend plus. Ou alors faut-il supposer que la différence entre la IIIe et la Ve République n'y fait rien, et que la plupart des hommes politiques, à partir du moment où les voici calés sur leur coussin gouvernemental, prennent le pli de penser qu'un discours d'Etat, ce n'est jamais bien sérieux tant que le peuple, physiquement présent, ne demande pas compte.

Et peut-être est-ce pour cela, à cause de cette indifférence aux nations, que les gouvernants d'Ottawa ne se trémoussent pas plus que Couve de Murville au moment où le chef de l'Etat français, en bonne foi, en légitimité dûment établie et dans la forme diplomatique la plus officielle, prend au nom de son pays un engagement essentiel vis-à-vis du peuple français d'Amérique.

Il ne paraît pourtant pas imaginable que des hommes politiques qui s'intitulent eux-mêmes responsables soient assez aveugles pour croire que le programme affiché puisse à tout coup se délayer sans qu'il en reste dans les nations un scepticisme qui explosera un jour à la figure des régimes frelatés?

Effrayante complicité des politiciens en habit de cérémonie, et comme elle semble donner redoutablement raison à de Gaulle qui se persuadait qu'on ne faisait rien de solide si on n'en appelait pas directement au peuple!

*
* *

Il y a un peuple français qui a entendu le discours de Québec : c'est celui d'Amérique. Il y a un autre peuple français auquel ce discours n'est pas parvenu : celui du Vieux pays.

Dans tous les foyers québécois, le discours du Château-Frontenac a été écouté instantanément, par radio ou télévision. Et ce dimanche soir, un peuple en liesse vient danser sous les fenêtres de l'Etat : Daniel Johnson montre au général de Gaulle la population de Québec et des environs qui est accourue au pied du Château-Frontenac pour un immense bal sur l'esplanade recouverte de trottoirs en planches qui surplombe le Saint-Laurent. Instants rares où les Etats matérialisent leur raison d'être en de telles identifications avec leur peuple. Tous ensemble, le Premier ministre québécois et le Président français à la fenêtre, le peuple du Québec sur le somptueux balcon de la falaise, ils assistent au feu d'artifice tiré sur l'éperon d'en face. Eblouissante débauche de pyrotechnie. En guise de bouquet, un portrait du général de Gaulle se dessine en gerbes de feu sur le ciel de Québec *. Le bal

_____

* La politique intérieure ne perd pas ses droits : l'ancien Premier ministre Jean Lesage, devenu chef de l'opposition « libérale » et demeuré plus complaisant à l'égard des Anglais d'Ottawa, demandera combien ont pu coûter aux finances québécoises de si fastueuses réjouissances populaires pour la venue du général de Gaulle. Réponse : tout de même moins cher que le Samedi de la Matraque pour la venue de la reine d'Angleterre, sous le gouvernement Jean Lesage; et il y eut plus de monde à y prendre part.

reprend pour toute la nuit, tandis que les danseurs accoudés se montrent en contrebas les superstructures illuminées du *Colbert* où le Général et sa femme sont retournés dormir.

* *
*

Lundi matin à 9 heures Daniel Johnson vient chercher le général de Gaulle à son bateau. On part pour Montréal, deux cent soixante-dix kilomètres de route de Québec à Montréal, de la vieille capitale à la métropole futuriste.

On pourrait ajouter : de la gendarmerie provinciale à la police fédérale. C'est celle-ci que le maire de Montréal, Jean Drapeau, a choisi d'appeler au bout de la route, façon de dessaisir le gouvernement québécois. Pourtant c'est lui, le maire Drapeau qui a lancé l'idée de faire venir à lui le général de Gaulle par le chemin du Roy. Mais, en comptant bien le capter à la sortie pour le tourner à son profit. Deux cent soixante-dix kilomètres de Québec à Montréal, à peu près comme Bayeux-Paris, août 44.

Le chemin du Roy... en fait, c'est la « 2 », la vieille route, celle qui sinue à travers villages et bourgades. A la traversée des agglomérations seulement, on lui conserve l'ancienne appellation. Elle a été construite par le grand Voyer du roi de France pendant que les paroisses traçaient les chemins vicinaux. Ce nom, ce n'est ni plus ni moins que « route nationale », comme on dit là où le souverain, maintenant, c'est la nation. Mais que de sarcasmes et d'accusations s'affûtent à ce seul nom sous la plume des journalistes parisiens du cortège, comme si de Gaulle avait baptisé la route pour son sacre ! Et justement cette route, voici qu'elle est tapissée de fleurs de lys, imprimées de bout en bout par une machine ordinairement employée à tracer les bandes blanches. Ce sera bien sûr la faute à de Gaulle si le Québec s'est donné cet emblème en 1948 parce que c'était le drapeau de Montcalm jusqu'à ce que l'Anglais Wolfe l'arrache.

Ce n'est que le début d'une débauche de décorations, de Gaulle va passer sous des tours Eiffel et des arcs de triomphe en feuillage tandis que des chorales amenées par autocars chanteront « Alouette, gentille alouette... »

A grands frais... Un des « pompiers » de Daniel Johnson, André Patry, chef du protocole québécois, est bien placé pour faire ses comptes.

— L'accueil du général de Gaulle à lui seul nous a coûté autant que tous ceux réunis des innombrables chefs d'Etat invités à « l'Expo » de Montréal. C'est aussi que seul d'eux tous il était l'invité du Québec. »

Surplombant le cortège du haut de son hélicoptère, un autre des quatre « pompiers », Paul Gros d'Aillon, peut se réjouir de l'efficacité du Comité d'organisation mis spécialement sur pied depuis six semaines, un véritable réseau là encore, qui semble avoir, dans son ardeur décoratrice, consacré autant d'entrain à défier les Anglais qu'à recevoir, comme on dit là-bas, le Président de France. Une profusion mise au point des deux côtés de l'Atlantique : le lecteur a aperçu Gros d'Aillon venant chaque semaine à Paris mettre ses compères au courant de chaque détail, pour que ça s'emboîte avec les projets de discours du Général. Congratulations donc à Jean Loiselle qui fut, au nom de Daniel Johnson, le maître d'œuvre de l'opération, et à Roger Cyr qui a coordonné les administrations publiques, qui a fait charpenter les arcs de triomphe, qui a convaincu la Voirie de prêter ses appareils et l'Industrie de donner sa peinture, qui a trouvé la subvention des chorales; congratulations encore à Maurice Custeau qui a coordonné l'acheminement des fanfares requises et des autocars d'écoliers.

Seulement on peut bien accrocher des drapeaux, on ne déporte pas une nation entière pour lui montrer un président. Or voici qu'elle accourt, la nation, le long du chemin du Roy. Là où on a payé une fanfare, il en arrive vingt.

André Patry : — Nous nous disions : si ça a commencé comme ça à Québec où nous n'avons rien fait, que sera-ce vers Montréal où nous avons porté notre effort? »

Gros d'Aillon dans son hélicoptère se tracasse de voir le succès passer les espérances : le service d'ordre — ou plutôt l'absence de service d'ordre — n'est plus à la mesure des rassemblements que le cortège a de plus en plus de peine à percer. Pourtant c'est encore la campagne, ce matin.

Un choc sur l'épaule fait se retourner le général de Gaulle : un agile gaillard a sauté sans façon sur le coffre arrière et veut lui serrer la main. De Gaulle donne la poignée de main. Aucun policier ne fait écran.

André Patry (en 1977) : — Le gouvernement fédéral ne voulait pas d'une voiture découverte. Nous avons dit : le Général vient pour saluer le peuple, il le saluera. Aujourd'hui, dix ans après, nous ne pourrions pas. Le climat s'est tendu. Oh! je pense que pour Giscard, on prendrait encore ce risque : qui songerait à tirer sur Giscard? A vrai dire, pour de Gaulle, il n'y avait aucun risque : il était en famille. »

Trois minutes plus tard, un ronronnement fait de nouveau retourner de Gaulle : une toiture métallique sort du coffre aux premières gouttes de pluie. Nous sommes en Amérique, on n'a pas ça à l'Elysée.

Pluie battante sur Donnacona, premier arrêt officiellement prévu. Impossible à un voyageur de traverser la bourgade sans qu'on vous raconte qu'elle tient son nom du chef huron que Jacques Cartier avait entraîné à la cour de François Ier, où il est mort deux ans plus tard. Donnacona compte habituellement quatre mille cinq cents habitants, ils sont vingt mille ce matin; des curés comme s'il en pleuvait, c'est le cas de le dire, accourus en tête de leurs paroissiens : on est au cœur de la campagne canadienne, encore traditionaliste.

Les rafales ne dispersent pas l'assistance : signe que le public aujourd'hui sera bon teint. De Gaulle va à eux, foin des parapluies, le maire de Donnacona le harangue, le Général harangue le Québec. Du jeu préparé à bord du *Colbert*, il a vu qu'il pouvait sortir tout de suite les grosses cartes :

— Et puis maintenant, je vois le présent du Canada français, c'est-à-dire un pays vivant au possible, un pays qui est en train de prendre en mains ses destinées. »

Eh, ce n'est plus à des gens en habit de soirée qu'il parle, c'est à des paroissiens qui en oublient qu'il pleut; quelques journalistes commencent à noter que ça tourne au sérieux.

Et de Gaulle, face au Québec profond, appuie sur une promesse grave :

— Vous pouvez être sûrs que le Vieux pays, que la Vieille France, apporte et apportera à la Nouvelle-France tout son concours fraternel. »

Le Général dégoulinant entonne la Marseillaise comme chez lui et les gens de Donnacona la chantent avec lui : — Entendez-vous dans nos campagnes?... »

Son « concours fraternel » à « un pays qui prend en mains ses destinées », cela a un sens, que l'on sache, un sens politique et diplomatique.

S'arrachant aux dernières bourrades de Donnacona, le général de Gaulle va plus loin dans son exposé avec Daniel Johnson, au fond de la voiture. C'est un prolongement au tête-à-tête d'Etat, hier après-midi à Québec.

Bernard Tricot (à propos du voyage suivant, en Pologne) : — En auto, pas de repos... Tout trajet est l'occasion d'un entretien. Et le général de Gaulle faisait cela à fond en homme de métier, avec une connaissance parfaite des dossiers qu'il s'était fait préparer. »

Daniel Johnson sait donc — techniquement — en vue de quoi de Gaulle a proposé aux Donnaconiens le soutien de la France, lorsqu'on approche de Sainte-Anne-de-la-Pérade. Il semble qu'au plein de la campagne le cortège se soit arrêté le temps pour le Général d'enfiler une vareuse sèche. Dès qu'on aperçoit un attroupement plus dense sur la route, le toit de la voiture disparaît dans le coffre et le Général se dresse. Tel on l'apercevait des voitures suivantes, à chacun de ses voyages :

Gilbert Pérol : — La voiture décapotée, le Général se levait, d'un grand coup de reins maladroit que, de derrière, on le voyait donner, comme s'il eût dit au personnage qui se tenait à ses côtés et qui, d'un coup, en devenait tout petit : « Allons, il faut y aller! » Et il y allait. Soudain, c'était là, devant nous, saluant du geste à sa manière irremplaçable, d'un bras tantôt tendu tantôt semi-courbé, la main un peu creusée, offerte, comme pour expliquer et pour convaincre, silhouette énorme, droite, c'était l'Etat, « la République » comme disait le Général au sens latin, venant saluer la chair de sa chair [24]. »

Harangue intimidée et chaleureuse de M. le Maire de Sainte-Anne-de-la-Pérade, dont le papier se mouille et se brouille.

De Gaulle : — Vous serez ce que vous voulez être, c'est-à-dire maîtres de vous! »

Marseillaise, poignées de main à la ronde, toujours pas de policiers, on n'arrive plus à se quitter.

Chaque hameau veut son arrêt (au Canada, pays de neige, les villages sont construits en long sur les deux bords de la route). Lorsque de Gaulle cesse de parler au Premier ministre du Québec, c'est pour continuer avec un hameau.

La radio court devant lui sur le chemin du Roy; Henri Bergeron, Gilles Loiselle s'époumonent dans leur micro, modernes Chats bottés arrachant les derniers manants à leurs foins pour s'approcher saluer le marquis de Carabas. A entendre l'enthousiasme de ceux d'aval, les gens d'amont accourent faire mieux.

Radio-Québec vient de naître : d'autorité, l'Office d'Information et de Publicité du Québec a fait déconnecter pendant quatre heures les émissions de Radio-Canada pour leur substituer un reportage continu de la chevauchée *. Radio, baguette magique du général de Gaulle. Troisième percée par voie des ondes : Londres 40-44; transistors anti-putsch de 1961; maintenant l'enlèvement d'une nation. Du haut de son hélicoptère, Paul Gros d'Aillon voit une terre vidée :
— Sur cinquante kilomètres de part et d'autre du convoi, il n'y avait plus âme qui vive. Voitures et gens, tout était aggluliné le long de la route. »

Ce maître de cérémonie clandestin défait précipitamment la broderie qu'il avait tissée : à voir tant d'écoliers boucher le passage là où n'est pas prévu d'arrêt, il supplie, micro au poing, qu'on décommande le plus possible de fanfares. On n'arrivera jamais!

Journal *Le Monde*, de Paris : — Si, selon les titres des journaux québécois, la journée de dimanche a été pour le Général « un triomphe », c'est à des qualificatifs plus forts encore qu'il faut recourir pour décrire l'accueil qui lui a été réservé tout au long de la route de Québec à Montréal. L'enthousiasme populaire a atteint là des sommets... »

---

* Le soir de 1960 où le Premier ministre fédéral, Diefenbaker, promenait de Gaulle à travers le Québec, la télévision canadienne avait diffusé un film à la gloire posthume du régime de Vichy.

*
* *

Lors des arrêts forcés hors programme, le général de Gaulle tend la main par la portière et dit : « Merci, merci », ou il met pied à terre et interpelle individuellement un assistant ou une dame, il dit : « Bonjour, Madame ou Monsieur. » On n'entend pas ce que dit l'autre parce qu'il y a bousculade immédiate derrière la dame ou le monsieur pour en avoir autant. Sous cette poussée, de Gaulle se trouve mécaniquement replacé à l'intérieur du véhicule, et on redémarre au pas.

Le programme mis sur pied entre la présidence de la République française et le Comité d'organisation créé par Daniel Johnson dispose que le cortège doit s'arrêter sept fois : Donnacona, Sainte-Anne-de-la-Pérade, Cap de la Madeleine, Trois-Rivières, Louiseville, Berthierville, Repentigny. Le Maire et les échevins l'accueilleront chaque fois au milieu de la population. Il est prévu que sept fois le général de Gaulle répondra à la ville entière, en pleine rue. Aucun aparté avec les notables, c'est d'accord avec le gouvernement du Québec. L'Etat c'était hier dimanche à Québec; aujourd'hui la journée entière doit être au peuple. Le Général a revêtu l'uniforme de son image populaire.

Il a des idées fort arrêtées sur cette nuance vestimentaire. Pour ses harangues télévisées en France, il porte un complet sombre lorsqu'il s'agit d'affaires politiques ou financières ou diplomatiques parce qu'il est le chef de l'Etat. En revanche le 29 janvier 1960 pour faire front à l'insurrection algéroise de la Semaine des barricades, les téléspectateurs l'ont vu apparaître en tenue militaire :

Général de Gaulle : — Si j'ai revêtu l'uniforme pour parler aujourd'hui à la télévision, c'est afin de marquer que je le fais comme étant le général de Gaulle aussi bien que le chef de l'Etat...
« ...Eh bien, mon cher et Vieux pays, nous voici donc ensemble encore une fois, face à une lourde épreuve... »

Il jette dans la balance son poids historique en même temps que son pouvoir politique; il précise bien qu'il invoque à la fois « le mandat que le peuple m'a donné et la légitimité nationale que j'incarne depuis 1940 ». Avait-il besoin d'en dire tant? Les téléspectateurs avaient déjà la gorge qui grattait.

C'est pour donner sa dimension d'Histoire à sa rencontre avec le peuple français d'Amérique qu'il est aujourd'hui en kaki pour remonter le chemin du Roy. Heureusement on a prévu des vareuses de rechange dans les coffres du cortège.

Il était enroué, à la fin de sa Marseillaise à Sainte-Anne-de-la-Pérade. Ce n'était que la deuxième étape sur sept. Il avait encore beaucoup à dire. Sept discours au total pour le peuple le long de la route; chaque allocution reflétera l'une des sept couleurs dont l'arc-en-ciel fut hier soir le discours d'Etat. Il approprie chacun des sept aspects à l'environnement local sept fois différent. A la fin de la journée, il aura tout redit et rien de plus. C'est la procédure de tous ses voyages. Sous une allure d'improvisation, on ne l'a jamais entendu déraper hors des idées qu'il avait fixées dans un discours central.

Allocutions familières au bord du chemin du Roy, mais chaque mot en a été prémédité à bord du *Colbert* avec, sur le coin de la table, la notice de la bourgade correspondante. Lorsque le cortège pénètre dans Trois-Rivières, de Gaulle pourrait s'y avancer les yeux fermés tant sa mémoire tenacement méthodique lui restitue le dossier et fait défiler les phrases projetées. Il n'a qu'à choisir sur l'éventail minutieux, selon le degré de chaleur qu'il perçoit dans la foule pendant que le maire de l'endroit s'adresse à lui.

En de telles occasions, il ne savait pas dissimuler complètement le travail mental auquel il était en train de se livrer. Que ce fût à Dakar, à Tours ou à Trois-Rivières, tandis que le maire le haranguait feuillets tremblotants au bout des doigts, on voyait de Gaulle, l'œil tourné vers ailleurs, ouvrir et refermer la bouche à coups larges, grande cigogne muette articulant son bec à mesure qu'il choisissait des phrases sur l'écran de sa mémoire.

Par bonheur pour son gosier, le soleil s'est définitivement installé avant qu'on atteigne Trois-Rivières. Par bonheur aussi pour les serveurs du déjeuner. On va pouvoir manger en plein air, sur des longues tables sous de pimpants auvents de toile, la noce française s'est transportée en pique-nique. Atmosphère de tournée des popotes : le Général est en opérations.

Photographes professionnels et amateurs mitraillent de Gaulle à bout portant tandis qu'il choisit un verre de jus d'orange sur le plateau d'apéritifs. Il leur tourne le dos et porte le breuvage à Mme de Gaulle : c'est un homme d'anciennes manières. Il retourne au plateau et prend, pour lui-même cette fois, du champagne : le grand acteur est au régime du travailleur de force.

*
* *

Les autres n'ont pas bu leur café que déjà le général de Gaulle fait un pas vers les voitures, épaules en avant : un rugbyman impatient de rentrer en mêlée, sitôt sifflée la fin de la mi-temps. Mme de Gaulle tire par la manche Gilbert Pérol, coordonnateur du voyage :

— Allégez ce programme, je vous en conjure. Vous êtes jeune! Vous devez vous rendre compte que le Général n'a plus votre âge. »

De Gaulle (fonçant sur eux) : — Alors, qu'est-ce qu'on attend? Tout ça traîne! »

Trois-Rivières : la géographie en a fait à la fois la coupure et le joint à mi-route entre Québec et Montréal, à mi-route entre la vieille capitale et la métropole futuriste. C'est, loin derrière Montréal ou même Québec, la troisième grosse agglomération du parcours. Une ville? Une usine plutôt : chef-lieu mondial du papier-journal. Des montagnes de rondins la dominent comme autant de terrils en pays minier, roux au lieu d'être noirs.

Ici, à mi-chemin, bascule le sort des Français du Canada. Ils sont la main-d'œuvre, le dominateur a apporté l'encadrement : cinq pour cent à peine d'anglophones, qui ont bâti leur quartier résidentiel à l'écart de la population locale, comme à Hyderabad ou à Nairobi. Trois-Rivières, tout l'air encore d'une ville de province du Vieux pays, avec ses étroitesses et ses timidités; c'est pourtant cette population de Trois-Rivières qu'a citée le rapport de la Commission royale (sic) d'enquête sur le bilinguisme et le biculturalisme, une commission qui n'a rien de subversif : ce sont les Anglais du Canada qui l'ont inventée dans l'espoir de conjurer le malaise. Cette Commission royale s'est résolue à mentionner la façon dont les gens de Trois-Rivières ressentent le comportement de la petite minorité d'encadrement anglais « qui campe chez nous comme une armée impériale dans sa colonie ».

Pour ces humiliés de Gaulle a choisi de lancer, à Trois-Rivières :

— Vous, les Français canadiens, au fur et à mesure de votre avènement, vous aurez à concourir — et en particulier avec VOS élites, VOS savants, VOS ingénieurs, VOS cadres, VOS artistes, VOS techniciens — au progrès du Vieux pays, au progrès de la France. »

Avoir un jour quelque chose à donner, ambition la plus tenace du miséreux. De Gaulle ne leur annonce pas l'aumône mais la dignité.

L'une va-t-elle sans l'autre? Vieille controverse qui est en train de s'aigrir entre lui et son Premier ministre Pompidou, jusqu'à provoquer la rupture entre eux l'année prochaine.

Ce n'est pas sa faute, au général de Gaulle, si pour les Français du Canada, l'égalité des chances sociales passe par « l'avènement » politique de leur nation, et si sa phrase explose comme une grenade d'espérance dans une foule surchauffée.

Trois-Rivières à mi-route de Québec à Montréal, de la francité entêtée au labeur français opprimé; de la Résistance à la Révolution : à partir de Trois-Rivières, on est sur le deuxième versant. Sa faute, à de Gaulle?

Résistance et Révolution : deux versants de la même montagne de Sisyphe.

Discours du général de Gaulle hier matin en entrant au Québec que les Québécois s'échinent à sortir de sa gangue : — Ce que vous faites en français de ce côté de l'Atlantique et ce que fait en français le Vieux pays, c'est en somme une même œuvre humaine et cela nous le sentons tous autant que nous sommes. »

Discours du général de Gaulle vingt-deux ans plus tôt aux 50 000 mineurs de Béthune, qui s'échinent, depuis qu'il les a « nationalisés », à tirer la France de la fosse : — Nous sommes en train d'accomplir un extraordinaire redressement et je dis en toute fierté française que nous marchons à grands pas vers le moment où on dira de nous : Ils se sont tirés d'affaire. »

Béthune... Québec... Ne croyez pas à un rapprochement d'archives.

Le Premier ministre de la Nouvelle-France, Daniel Johnson l'a fait d'emblée. C'est à lui que nous empruntons la citation de Béthune. Il l'a mise dans son discours officiel hier au Château-Frontenac. Un discours prémédité, écrit d'avance; depuis deux mois que Daniel Johnson conversait avec de Gaulle, l'identité des deux libérations sautait aux yeux. Et elle explosait dans la même adhésion populaire sur le passage de De Gaulle qui, seul les deux fois, s'est obstiné à soutenir que le peuple français peut redevenir capable.

Deux rives de l'Atlantique, deux générations, même combat. On dira d'eux; ils se sont tirés d'affaire! Tirés eux-mêmes; de Gaulle n'y apporte que la galvanisation.

Tirés d'affaire eux-mêmes mais lorsque c'est selon une certaine idée de la France, ce n'est pas pour eux seuls. « Une même œuvre humaine », dit-il aux Québécois. Il n'y a qu'une querelle qui compte, c'est celle de l'homme. De la résistance à la révolution... Il y pensait déjà quand Hitler était à son zénith et la guerre à sa marée haute, disant aux étudiants d'Oxford le 25 novembre 1941 :

— La transformation des conditions de vie par la machine, l'agrégation croissante des masses et le gigantesque conformisme qui en sont les conséquences battent en brèche les libertés de chacun [25]. »

Battue en brèche, la liberté, de Trois-Rivières à Montréal. Il y faut la participation des individus et la libre détermination de la nation. D'ailleurs, Charles de Gaulle, on ne lui enlèvera pas de la tête que cette Libération de la France par la France, sur l'un ou l'autre rivage, c'est finalement meilleur pour tout le monde.

Et d'abord ici au Canada, « l'avènement » du Québec sera meilleur pour les Canadiens anglais parce que l'ensemble canadien librement négocié et conclu fera un meilleur contrepoids aux Etats-Unis. Or l'utilité de ce contrepoids, ce n'est pas de Gaulle qui l'invente, c'est le Premier ministre fédéral Diefenbaker, rappelons-nous, qui pleurnichait dès 1960 auprès de De Gaulle pour l'avoir, et Lester B. Pearson la quémandait après lui.

Meilleur alors, l'avènement du Québec pour les Etats-Unis eux-mêmes qui finiront par comprendre — comme de Gaulle le leur serine pour l'Europe, comme il le leur a seriné à Pnom Penh — que la restitution d'un équilibre naturel entre les nations est plus fertile que le maintien artificiel du déséquilibre.

*
* *

Telle est sa thèse. Pas sa faute à de Gaulle si cet après-midi, de Trois-Rivières à Montréal comme l'autre fois d'Avranches à Béthune, une nation française s'y reconnaît et lui hurle merci de le dire en son nom.

Sur la seconde moitié du parcours, les cités se font plus âprement industrielles, plus fréquentes aussi, jusqu'à former bientôt une agglomération continue avant les faubourgs de Montréal. A intervalles de plus en plus serrés, de Gaulle se dresse dans le véhicule en marche.

Sobre réponse du lieutenant-colonel Charles de Gaulle à son éditeur qui lui demandait avant guerre, pour le catalogue, de se définir en une phrase :

— Je passe généralement pour un homme qui remue des idées. »

Ça, pour les remuer il les remue, cet après-midi le long du chemin du Roy!

Il les remue parce que d'abord elles existent :

Edgar Faure : — Le général de Gaulle ne prétendait pas inventer la Résistance mais l'incarner. Il ne se proposait pas d'implanter dans l'âme populaire des opinions et des sentiments qui n'y auraient pas existé; mais bien au contraire, de cette âme populaire et de ses réactions simples et droites, il entendait se faire l'interprète et en quelque sorte le restituteur, en les délivrant des fraudes et des contraintes *. »

Pourtant il ne se sentait pas doué. A la Libération du Vieux pays, il avait abordé ses premiers brassages de foule avec embarras :

Mémoires de guerre : — Je n'ai pas le physique ni le goût des attitudes et des gestes qui peuvent flatter l'assistance [26]. »

Voyez d'ailleurs avec quelle amusante précision s'ajuste sur ce faiseur de référendums l'autoportrait vieux d'un siècle et plus où se peignait cet autre bonapartiste de gauche :

Stendhal : — Il faut l'avouer, malgré mes opinions alors parfaitement et foncièrement républicaines, mes parents m'avaient parfaitement communiqué leurs goûts aristocratiques et réservés. Ce défaut m'est resté. J'abhorre la canaille (pour avoir des communications avec) en même temps que sous le nom de *peuple* je désire passionnément son bonheur, et que je crois qu'on ne peut le procurer qu'en lui faisant des questions sur un objet important [27]. »

Seulement voilà, dès 1944, de Gaulle constate que s'il ne va pas en personne au charbon...

Mémoires de guerre : — Pour ce qui est des rapports humains, mon lot est donc la solitude; mais pour soulever le fardeau, quel levier est l'adhésion du pays [28]!... »

---

* Cette phrase fulgurante que nous tirons de l'oraison funèbre de Christian Fouchet devant l'Assemblée nationale éclaire la démarche gaullienne dans toutes les circonstances.

Elle en explique aussi les limites. Que de fois au début de la V° République des sectateurs se sont plaints : de Gaulle peut tout, pourquoi ne proclame-t-il pas l'Algérie française? Pourquoi ne fait-il pas l'Europe? La réponse simple, telle que la suggère M. Edgar Faure, était : même si le général de Gaulle semblait disposer momentanément d'une force suffisante pour implanter ces idées par fraude et par contrainte, elles n'existaient pas dans l'âme populaire. Il ne pouvait pas les faire monter au jour durablement et droitement. Au Québec, une réalité montait de la nation française; il s'agissait seulement de la délivrer des fraudes obstinées du soi-disant « biculturalisme » et des contraintes de la colonisation.

Alors il s'y est mis. Et comme il arrive trois fois par siècle pour un monstre sacré du music-hall, peu importe s'il chante la Marseillaise un peu faux et si son air contraint fait sourire les artistes de profession, c'est lui que le public adopte avec ses inaptitudes parce qu'on lui reconnaît le seul atout qui compte en finale : il y va de bon cœur. Il ne rechigne pas sur le bis. L'acteur pas plus que le chanteur ne marchande sa peine :

Compte rendu d'André Passeron dans Le Monde : — A quelque soixante kilomètres de Montréal, la foule borde la route sans interruption sur plusieurs rangs. Le Général demeure debout dans sa voiture durant toute cette partie du trajet... »

Essayez d'en faire autant une heure et demie d'affilée, bras tantôt tendu tantôt semi-courbé, avec les virages et les coups de frein; comptez que l'artiste va sur ses soixante-dix-sept ans et qu'après Repentigny, il avait déjà dans les bras plus de deux cents kilomètres, six discours, autant de Marseillaises, un costume détrempé, et deux enrouements.

Qu'est-ce qui le porte? La musique d'un autre après-midi, d'une autre nation française triomphale, la première rencontre et le premier accord, de Gaulle avait vingt-trois ans de moins, on montait vers Paris comme aujourd'hui vers Montréal :

Mémoires de guerre : — 23 août 1944. Passant entre deux haies de drapeaux claquant au vent et de gens criant « Vive de Gaulle », je me sentais entraîné par une espèce de fleuve de joie. A la Ferté-Bernard, à Nogent-le-Rotrou, à Chartres, ainsi que dans tous les bourgs et les villages traversés, il me fallait m'arrêter devant le déferlement des hommages populaires et parler au nom de la France retrouvée [29]. »

Les deux haies de drapeaux claquant au vent, elles sont ici aussi, depuis Québec, sur deux cent soixante-dix kilomètres, pas un poteau télégraphique qui ne porte jumelés les deux emblèmes des deux branches de la nation française. L'espèce de fleuve de joie... mettez tout pareil Louiseville Berthier Repentigny aussi bien que la Ferté Nogent Chartres, et derechef le général de Gaulle doit s'arrêter devant le déferlement des hommages populaires et parler au nom de la France retrouvée.

Rue Sherbrooke, une des plus longues rues du monde, épine dorsale de la colline, parallèlement au fleuve, quarante kilomètres de rue pour parvenir au cœur de Montréal, par le côté pauvre, le côté est, le côté français.

Journal La Presse (Montréal) : — Filant à vive allure à certains endroits afin de diminuer son retard, le cortège présidentiel a dû cependant ralentir et même arrêter à plusieurs intersections tant la foule s'y faisait dense. »

Montréal-Matin : — Des gens plus âgés criaient en pleurant à chaudes larmes... »

Le cortège tourne enfin de quatre-vingt-dix degrés sur sa gauche : le long de la colline, la rue Saint-Denis déverse amplement son dernier kilomètre vers l'Hôtel de Ville dressé sur le bourrelet côtier, grues du port en toile de fond.

A l'instant où l'on a tourné, les cloches! Toutes les cloches de Montréal! Paris le soir de sa Libération! Le comité d'organisation a bien coordonné les marguilliers. Et à Paris le 25 août 1944, le comité de Libération ne fut-il pour rien dans le concert subit de toute une métropole? Epoques bénies où se légitiment les comités. Pour s'extérioriser, l'élan national s'organise, il ne se remplace pas.

Du haut de la rue Saint-Denis, la pente est raidement progressive : à la seconde où s'ouvre le panorama, on éprouve la sensation que la voiture surplombe, va décoller, plonge.

Montréal-Matin : — Le Général était submergé par une mer de monde. »

Mémoires de guerre : — Devant moi les Champs-Elysées. Ah! C'est la mer! »

Il s'abîme à nouveau dans la nation française.

Libération II !

*
* *

Comme on reprend pied au flanc d'une plage, la limousine telle une barque qui aurait un Général pour mât laisse à bâbord le Champ-de-Mars, terrain vague du bourrelet côtier, fait lentement le tour d'un îlot d'immeubles et, dans une clameur, dépose de Gaulle sur le seuil de l'Hôtel de Ville de Montréal. Il est instantanément pris dans une muraille policière.

Ce n'est plus la scène bon enfant de Québec. La place de l'Hôtel-de-Ville, à peine si c'est une place, dix ou quinze mille personnes au plus y ont vue directe sur la façade de l'Hôtel de Ville. Pas de recul, sauf sur la droite où elle se prolonge par une avenue en forme de jardin public qui descend vers les installations portuaires, et cela contient déjà bien plus de monde. Ensuite, plus à droite encore, regardant tant bien que mal le côté ou l'arrière de la mairie, des espaces mal équarris, sensiblement plus vastes : la place Vauquelin. Tout cela, équipé pour la circonstance de haut-parleurs et pavoisé d'oriflammes — parmi lesquels on voit figurer en bonne place, pour la première fois du voyage et par la diligence du Maire, le drapeau « unifolié » fédéral. Tous ces terrains sont occupés par la foule.

La place proprement dite semble partagée en deux zones d'occupation, au sens guerrier. Une barrière métallique fait ligne de démarcation. Un service d'ordre occupe un tiers du territoire, adossé à l'Hôtel de Ville : sergents de ville casquetés, ceinturonnés et bottés comme on en voit dans tous les films américains, et derrière eux, couleur muraille, les inspecteurs en civil de la police fédérale. Le reste derrière les barrières, côté foule, est animé de remous qui portent peu à peu en première ligne les habitués des manifestations indépendantistes. Roulant des épaules sous des maillots de débardeurs, et vérifiant du coin de l'œil l'emplacement des caméras ils se mettent en devoir de déployer des pancartes et un ou deux calicots, « France libre = Québec libre », « RIN », « Indépendance », « Vive la liberté ». Leurs groupes peu à peu se différencient de la masse. Ils tâtent du regard les policiers ; les policiers tâtent leurs matraques. Il est perceptible que, de part et d'autre, on se reconnaît de longtemps.

Des extrémistes, comme on dit. C'est au sens où l'écume est l'extrême de la mer quand celle-ci vient battre des récifs. Entre la mer humaine que le général de Gaulle a traversée et cette frange plus remuée qui bat le môle policier, l'aspect n'est plus le même, mais pas de différence de nature, pas de rupture géographique. On dirait que la foule de haute mer engendre et pousse vers l'avant ses lames de manifestants. Et pas de coupure non plus entre la foule du fond de la place et ceux de la rue Saint-Denis, de la rue Sherbrooke, ainsi de suite en remontant jusqu'à Repentigny ; ils ont peine à se disperser, continuant à suivre le général de Gaulle sur leur transistor quand ils ont perdu de vue son sillage.

Mais à mesure qu'on pénètre dans les couches de l'avant, plus près de l'Hôtel de Ville, on les sent plus chargées d'électricité. Ces gens-là sont venus exprès. Ils ne sont pas du coin. Personne d'ailleurs, ou presque, ne réside dans ce quartier. Ils se sont concentrés longtemps à l'avance, comme pour un meeting, comme si là devait se produire une étincelle exceptionnelle.

Leur attente tendue modifie déjà, à elle seule, la résonance des choses.

N... (haut fonctionnaire français dont la présence n'était pas, semble-t-il, réglementaire) : — J'étais dans la foule, seul de notre noyau parisien, seul Français de France je crois bien à cet endroit. Les Québécois qui étaient venus là ne constituaient pas la moyenne de leur peuple. Ils étaient venus jusque-là parce qu'ils étaient plus consciemment motivés.

« L'attente était survoltée, au sens électrique, comme auprès des pylônes de haute tension. La foule bourdonnait, un peu à la façon des villes insurgées que j'avais connues au Maroc avant l'indépendance. Pas de you-you, mais presque. Un bourdonnement de ruche, mais de ruche en colère. Une colère, une impatience qui n'avaient rien à voir avec le retard du cortège, elles venaient d'infiniment plus loin.

« Cette masse parcourue de bourdonnements, de murmures, de tressaillements, jamais auparavant je n'avais perçu ça au Canada durant les années que j'y avais passées. Une masse canadienne en ébullition ! Jusque-là, ils avaient eu une mentalité de vaincus. Je les avais entendus dire : Nous sommes les vaincus de 1763. Les Anglais sont les vainqueurs. Autant vaut en passer par eux. Nous sommes trop faibles. Ce lundi-là, on avait l'impression — physique — que leur frustration était arrivée sur le bord de l'intolérable. »

Frustrations... frustrations..., on vit avec, on vote avec. Les extrémistes du séparatisme, le maire de Montréal, Jean Drapeau, n'en a pas trop cure; lorsqu'il s'agit d'affaires municipales, ces gens-là s'arrêtent de cogner sur ses policiers et votent pour lui comme tout le monde ici. Entre deux élections, ami de tous les autres. Ami d'abord des milieux d'affaires, c'est-à-dire du patronat américain et anglais, des principaux contribuables grâce auxquels il fait de sa ville une cité cosmopolite, moderne, d'une beauté asexuée, chromée, dénationalisée. L'Exposition universelle est son couronnement. Il y a fait venir le général de Gaulle. Pour l'heure, il l'accueille sur le seuil de sa mairie, il le prend en charge.

On aperçoit des poignées de main, des salamalecs. Quant à ce qu'ils se disent, eux-mêmes l'ignoreront, tant la clameur empoisse l'air. On aperçoit encore de Gaulle faisant quelques bonjours, une sorte d'à-tout-à-l'heure, par-dessus l'épaule des policiers plantés jambes écartées face au public.

Puis il disparaît avec le Maire dans la pénombre du porche. Les cérémonies doivent se poursuivre au premier étage, les programmes officiels offrent de ces imperceptibles hiatus. De Gaulle en profite pour aller faire pipi. Le maire Drapeau l'attend au pied de l'ascenseur, affairé, tendu, et en même temps content de soi : il a reçu et rangé là-haut sur une terrasse, à l'arrière de l'Hôtel de Ville, le plein de ses invités, tout ce qui compte ici par l'argent et par les titres; jaquettes et capelines, ils se nomment eux-mêmes l'establishment. Le gratin des anglophones, entrelardé de Français soucieux de prouver qu'ils savent se tenir dans une party english-fashioned. Les petits fours sont alignés, les bouquets sont dressés, les serveurs sont gantés, rien à envier à la tribune d'honneur des courses d'Ascott, et tout ça c'est l'œuvre de Jean Drapeau, il vient encore de passer tout son monde en revue, le Général peut entrer.

Le Maire guide le Général vers la porte de l'ascenseur, qui se referme et s'élève. Dans la nacelle ils sont quatre : le Général, le Maire, le directeur du protocole français Bernard Durand, et l'employé ganté qui appuie sur les boutons. La porte s'écarte.

L'ascenseur donne sur une vaste antichambre : à droite l'enfilade au bout de laquelle se tait respectueusement le caquètement des capelines pastel, à gauche l'embrasure d'un balcon, d'où on ne voit que du ciel et quelques flèches de grues, mais d'où s'engouffre, comme une chaleureuse haleine de four, la clameur populaire qui est loin de se taire. Mal élevée. Fraternelle. Copine. Sourires pincés là, gueules braillardes ici, on les soupèserait à l'oreille : la droite, la gauche, l'architecture a fait un involontaire clin d'œil à la politique. Ainsi de Gaulle, ce sensitif, le reçoit-il.

Général de Gaulle (dix semaines plus tard, à Bernard Dorin) : — Devant moi, une balance. Dans un des plateaux, les diplomates... *(un geste pour montrer leur caractère volatil),* les journalistes... *(même geste de nettoyage),* les Anglo-Saxons qui, de toute façon, ne m'aiment pas... bref, tous les notoires... *(il aimait bouffonner en disant notoires au lieu de notables).* Et dans l'autre plateau, le destin de tout un peuple! Il n'y avait pas à hésiter! »

Il n'hésite pas. Du geste le maire l'oriente à droite. De Gaulle opère un quart de tour à gauche. L'effet mécanique de cette double manœuvre est de les jeter l'un sur l'autre de sorte qu'ils coincent en sandwich M. le directeur du protocole, et tout ça se prend les pieds.

Son Excellence Bernard Durand, directeur du protocole, chien d'aveugle pour déplacements officiels, a fait d'avance le voyage, il s'est fait montrer les détours et les corridors, il a compté les pas que doit accomplir le Général. Il le pilote par d'invisibles pressions de l'index et du majeur sur l'arrière des coudes. Cette fois-ci, ça n'a pas marché. En rajustant sa mèche, il se résout à utiliser la signalisation sonore. Il dit à haute voix :

Bernard Durand : — Mon Général, ce n'est pas à ce balcon que vous devez prendre la parole [30]... »

Général de Gaulle : — Mais il faut bien que je leur dise quelque chose, à tous ces gens qui m'appellent.. »

Directeur du protocole : fonctionnaire chargé d'empêcher les histoires; à la limite, il peut arriver qu'il empêche l'Histoire. Ici, se situe la demi-seconde où de Gaulle, trois fois dans sa vie, s'est arraché à l'orbite, a quitté les routes goudronnées de la politique convention-nelle pour forcer tant bien que mal le passage en direction de l'Histoire. Demi-seconde où de Gaulle se hisse dans son avion, à Bordeaux-Mérignac, le 17 juin 1940.

Un mâle en rut qui casse sa longe. Et de l'autre côté de la baie, la foule qui brame. De Gaulle, version mâle de la France. Irrépressible élan vers l'étreinte. Une scène de possession.

De Gaulle : — Une sorte de choc, auquel ni vous, Monsieur le Maire, ni moi-même ne pouvions rien, c'était élémentaire, et nous avons tous été saisis *. »

Le Maire est là, comme une dame à toutou contemplant la laisse rompue au bout de ses doigts. L'échappé, en trois enjambées, atteint déjà la baie. Des dernières rangées de la foule, malgré le manque de profondeur de la place, on a déjà aperçu le képi; la clameur renaît, à partir du fond, roule vers les rangs de devant, un feu de broussailles. Dans le vestibule, cinq ou six témoins tout au plus, effacés dans l'embrasure. Un huissier, deux inspecteurs de police en embuscade, quelques employés sans doute. Tous les autres attendent de l'autre côté, là où la réception doit se passer.

---

* Phrase de consolation prononcée lors du déjeuner offert par le Maire de Montréal, le surlendemain.

Comme la dame appelle une dernière fois le toutou, en commençant à pressentir combien c'est dérisoire, le Maire sort son dernier biscuit :

Le maire Drapeau : — Mon Général! Il n'y a pas de micro! »

De Gaulle : — Et ça, alors, qu'est-ce que c'est? »

Le vieillard qui n'avait pas vu que l'escalier tournait à l'embarcadère de Brest, le vieux communiant qui n'avait pas vu la marche hier matin à Sainte-Anne-de-Beaupré, désigne par terre, dans l'angle de la balustrade, à contre-jour, un double micro.

— Et ça, alors, qu'est-ce que c'est? »

Plus rien de présidentiel. Expression triviale, l'accent d'un chef de section qui vient de bondir revolver au poing dans la redoute ennemie, et qui n'a pas une demi-seconde pour évaluer le choix des moyens.

Second crochet au menton pour le pauvre Jean Drapeau, qui, à moins de trente secondes d'intervalle, voit à nouveau son balcon à travers trente-six chandelles.

— Ça, concède le Maire, c'est un micro. »

C'en est même un gros, à deux branches, que de Gaulle, tout à l'heure, saisira puissamment à deux mains, s'y ancrant dans la posture où il est le plus à l'aise pour lancer son finale.

— C'est un micro, reconnaît le Maire, le temps de retrouver pied. Et comme la mémoire lui revient, il crie (comment ne pas crier dans l'épaisseur palpable de la clameur populaire), il crie d'une voix un peu trop aiguë, raisonneuse plus que triomphante :

— Il n'est pas branché!

Temps d'arrêt du général de Gaulle; le chef de section qui entend la porte blindée se rabattre dans son dos. Huit mètres d'altitude, le balcon; si le micro n'est pas branché, le tapage qui déferle empêchera le peuple de s'apercevoir que de Gaulle a commencé à parler. Alors, un grand bonjour à deux bras levés, puis sonnez la retraite? Un tel couac après le crescendo orchestré depuis le matin? Le repli vers les notoires?

De Gaulle a une hésitation dans la jambe, un vague geste de chef de section pour dire aux hommes derrière lui, sans quitter du regard les gens d'en face : « Eh quoi, il n'y en a pas un qui...? »

Le Maire, dans son dos, retrouve peut-être l'espérance du miracle in extremis, le toutou sollicitant oreille basse l'armistice avec le conformisme, retournant aux petits fours, faute d'Histoire?

De l'embrasure se détache un homme très ordinaire, qui se met avec obligeance entre le Maire et le Général :

— Ce n'est rien, Monsieur le Maire, je peux aussi bien le rebrancher. »

Il le prend, le redresse, visse un câble qui traînait.

De Gaulle, souverainement patient, fraternel, attend que l'homme de l'art ait accompli ses gestes. Quoi de plus évident? La Providence a toujours été au rendez-vous quand la France l'appelait en dernier recours. Surtout quand on a toute sa vie pris soin — n'est-ce pas, Jeanne d'Arc? — qu'un bon réseau veille à établir les communications avec la Providence.

Et quoi de plus naturel que cette scène à trois, entre ciel et foule : le Général, le Maire, et entre eux, l'archange accroupi, en veston d'agent technique? La scène qui ne pouvait pas exister, une scène que le protocole rendait mécaniquement impossible. Seulement le protocole, il était resté en haut de l'ascenseur, tournez à droite mon Général.

Le Maire n'ira pas jusqu'au rebord du balcon avec le Général. Il se replie d'un pas, puis encore d'un pas. Six mois plus tard, guidant pour la dixième fois un hôte sur les lieux de la comédie, les bras lui en tombaient encore :

Jean Drapeau : — Quand il est écrit qu'un accident doit arriver... »

*
* *

Obstiné micro : il y avait trois semaines qu'il se plantait au milieu de la scène, lutin résolu à s'emparer de la vedette dans la comédie; sans cesse et en vain le refoulait-on.

L'affaire a commencé avec une vingtaine de dirigeants de Radio-Canada, plus le délégué permanent de l'ORTF, Pierre-Louis Mallen, déjà connu du lecteur pour sa façon de mettre un peu plus de grains de sel que ne l'implique sa fonction officielle. On prépare la « couverture audio-visuelle » du voyage du Général. Trois semaines à l'avance, le groupe se transporte sur chaque point de passage, pour convenir des emplacements où l'on disposera les plus gros moyens de transmission.

Un Canadien du groupe : — A l'Elysée, on m'a dit que les paroles les plus importantes seront dites à l'Université. »

Le groupe passe tout de même par l'Hôtel de Ville; il se plante d'abord sur le perron, au ras de la place.

Pierre-Louis Mallen : — Ecoutez, si le Général arrive et qu'il soit acclamé, ne croyez-vous pas qu'il voudra remercier la foule? »

Ne chicanons pas Mallen sur l'intérêt soudain qu'il porte à la sonorisation des places publiques de Montréal, lui qui est là pour recueillir du son destiné à l'autre côté de l'Atlantique. Il a un solide alibi : le zèle (« on a travaillé pour faire tout ce qui pouvait être fait et le mieux possible, on ne lésinait pas »).

Pierre-Louis Mallen (modeste dans sa demande) : — Peut-être pourrait-on mettre un micro sur le perron? »

Quelqu'un de Radio-Canada : — En ce cas, ce n'est pas sur le perron qu'il faut le mettre, c'est au-dessus, sur le balcon. »

Pierre-Louis Mallen : — Va pour le balcon. »

Quelque autre de Radio-Canada : — Est-ce que, techniquement, c'est possible? Est-ce qu'on peut tirer une ligne jusque là-haut? »

Le groupe se tourne vers le technicien compétent. Celui-ci répond en anglais; seul de la bande, il est d'origine anglophone.

Pierre-Louis Mallen (neuf ans plus tard) : — Il s'est alors produit ce phénomène qui est la caractéristique des pays où il y a le bilinguisme comme au Canada : à savoir que même si les gens qui s'expriment dans la langue asservie sont plus importants en nombre et en qualité, tout le monde se met à parler l'autre langue dès que quelqu'un l'utilise. C'est donc en anglais qu'a été décidée la pose de ce micro [31]. »

Le matin du grand jour, le maire, Jean Drapeau, passe la revue de détail.

Drapeau se veut municipal, apolitique. Jamais pris sur le fait de contrecarrer le nationalisme québécois, d'ailleurs. Il aime mieux en jouer, en capter les braises, les éparpiller jusqu'à ce qu'il en reste cendres.

Tout est d'y tenir l'œil au bon moment; c'est-à-dire tout le temps.

— Le maire Drapeau, un empereur qui s'occupe des poignées de porte », résume Gilles Loiselle, diplomate québécois qui garde la patte du journaliste.

Ce matin, le maire Drapeau passe une dernière fois par toutes les portes où il mènera ce soir le général de Gaulle. Ce sera son chef-d'œuvre : de Gaulle agent électoral de la mairie de Montréal. Tout le chemin du Roy, cent quatre-vingts miles, déroulé sous les pas de De Gaulle pour terminer en courte échelle à Jean Drapeau. C'est Jean Drapeau qui en a eu l'idée, c'est lui qui a poussé à faire de ce chemin du Roy l'immense fête préparatoire à l'apothéose où sera Drapeau. Certes, depuis hier, on entend par radio que la fête prend des dimensions débordantes. Certes, la police fédérale, à qui le maire a délégué, pour la circonstance, le soin de l'ordre public dans la ville, lui rapporte-t-elle que les nationalistes s'enfièvrent *.

Un Français de passage (mais non fortuitement) : — Le Maire sentait, tout le monde sentait, qu'il allait se passer quelque chose. Mais, comme dans toute grande affaire, on le sent sans pouvoir mettre le doigt sur ce qui va se passer. »

Eh bien! c'est ici, Jean Drapeau, que la vigilance politicienne doit faire ses preuves, afin que toute cette charge d'énergie serve à te hisser encore un peu plus haut sur ton pavois. Rien ne remplacera l'œil du maître.

— Et d'abord, ça sur le balcon, qu'est-ce que c'est? »

---

* Il s'agit de la « gendarmerie royale du Canada », en anglais *Royal mounted police ». Depuis belle lurette, les cavaliers en tunique rouge et feutre kaki de boy-scouts ont cédé la place aux « détectives » en imperméable mastic.

— Ça, c'est un micro », dit — déjà — un électronicien de la mairie (en français, celui-ci).

L'électronicien s'est avancé poliment, détaché de l'escouade de mamelouks qui suit l'empereur. Il tient à la main le plan des installations de sonorisation.

Le Maire dit que le micro n'a rien à faire ici, que ce n'est pas ici que le Président de Gaulle a prévu de parler.

Le technicien : — Moi, Monsieur le Maire j'ai installé ce micro ici parce qu'il est indiqué ici par mon plan. »

Le maire : — Eh bien, enlevez-le donc. »

Le technicien : — C'est que je ne peux pas... »

Les mobiles du fonctionnaire municipal sont demeurés énigmatiques. On ignore encore s'il ne pouvait pas parce que ce n'était pas son emploi, sa catégorie. On est libre d'imaginer qu'il n'aimait pas transporter les objets pesants. Ou risquait-il de couper les circuits? De rendre muet tout l'Hôtel de Ville? Plus simplement, devait-il laisser ce micro à la place indiquée sur le plan pour que les gens de Radio-Canada l'y récupèrent le lendemain en ramassant leur matériel?

Le maire : — Au moins, vous pouvez le débrancher. »

Le technicien : — Ça, oui. »

Et de dévisser le branchement du câble, tout à fait consciencieusement.

L'empereur et ses mamelouks municipaux suivent à la trace tout le reste du câblage, constatent le bon fonctionnement des micros loyaux, ceux de la terrasse de l'establishment.

Par quel ultime hasard — et quelle enfilade de hasards étonnamment emboîtés! —, l'obligeant technicien qui devait normalement se tenir au pied des bons micros, prêt à pallier une défaillance, s'est-il trouvé le soir, hors protocole, dans l'embrasure du balcon?

Et de Gaulle, pour sa part, comme il a promptement senti tout le fracas qu'on pouvait tirer d'un micro éteint! Et comme il a marché droit sur ce balcon, sur ce micro, lui, demi-aveugle! Confiante inspiration, à la fin d'une journée où tout venait à sa main avant qu'il ait achevé d'en formuler le vœu?

Un vertueux diplomate, parmi les plus familiers de la réalité québécoise — y compris le dessous des cartes, les réseaux — atteste, yeux tournés vers le ciel :

— Les aveugles et les sourds voient et entendent ce qu'ils veulent voir et entendre. En tout cas, ne voyez sûrement pas l'effet d'un petit groupe de pression suprêmement bien organisé qui aurait tout manigancé. Ce serait de la fiction pure. Si vous aviez vécu dans ces eaux-là, vous sauriez qu'à l'époque, rien n'était organisé de cette sorte. D'ailleurs, ce voyage se heurtait, se bousculait. Il n'y avait rien. Il n'était pas possible d'organiser... Il aurait fallu une organisation supérieurement intelligente pour faire que tout colle comme ça a collé. Non! A mon avis, c'est une accumulation de hasards. »

Mais alors, s'il n'y a pas eu l'inimaginable mécanisme d'un réseau, force est de croire qu'il y a eu pendant cette journée la poussée d'une nation.

Trêve donc de sous-entendus ironiques. Nous n'avons pas de témoignage qui nous autorise à conclure au coup monté. Nous avons quelque raison pour créditer les témoignages inverses de leur compétence. Il s'agit de ne pas retomber dans l'engouement pour le sensationnel secret qui se forge en prenant le contrepied de la vérité visible. Force nous paraît de relâcher les comparses au bénéfice du doute.

Mais enfin, avant de prononcer le non-lieu général, que le lecteur veuille bien emprunter un instant la loupe de Sherlock Holmes, puis qu'il vienne fouiller dans une énorme liasse de télégrammes : ceux qui ont été échangés en vue de minuter le voyage présidentiel.

Gilbert Pérol : — Le Général mettait une attention extrême à la préparation de ses voyages. Ses discours bien sûr, mais aussi le protocole dans ses moindres détails. Lui présenter le dossier supposait que l'on fût solidement assuré de ses arrières [32]. »

Bernard Tricot : — Attitude d'un homme qui ne cherche pas à vous écraser, mais que la fonction militaire a rendu exigeant sur la précision d'une information : il ne faut pas se tromper de cent mètres sur l'emplacement d'une batterie adverse [33]. »

Curieux donc, que personne ne songe à mettre le nez dans les télégrammes préparatoires, plutôt que de phraser à perte de vue sur le degré d'improvisation à Montréal, dans la grande scène du balcon.

On déniche, par exemple, le télégramme n° 970, signé Leduc, du nom de l'ambassadeur de France à Ottawa. Précisément, on dirait qu'il commence à s'étonner, Leduc, que Paris lui demande de tant se répéter. Les notes auxquelles il s'active, ce n'est tout de même pas pour que les jeunes gens de l'Elysée en fassent des cornets de frites.

En clair. Adressé à Diplomatie. N° 970. Immédiat : — Je réponds à votre télégramme 591. Visite à l'Hôtel de Ville de Montréal.
« Le cérémonial détaillé vous a été envoyé une première fois sous pli spécial (Amérique) hors valise, le 7 juillet, confié au pilote d'Air France en même temps que le pli contenant l'ensemble du cérémonial et une deuxième fois (nouveau document reçu de M. Drapeau) par poste-avion le 11, au nom de M. Bernard Durand... ».

Ici pose ta loupe, ô rigoureux lecteur, le temps de cocher la précision fournie par l'actif Leduc : le cérémonial détaillé lui vient tout droit « de M. Drapeau ». Si tu veux bien encore, ô lecteur, noter en regard que le maire Drapeau connaît chaque placard de sa mairie, qu'il sait où est son « balcon », côté public, et sa « terrasse », côté masqué, alors maintenant, nous reprendrons avec plein profit la lecture du télégramme, sans sauter un mot.

Continuation du télégramme 970 : — ... je résume ci-dessous l'essentiel de ces indications :

« *24 juillet — 19 h 00* — Accueil du Général et de Mme de Gaulle à l'Hôtel de Ville par le Maire et Mme Drapeau, le président du Comité exécutif et Mme Saulnier, le Commissaire général fédéral aux visites d'état et Mme Chevrier.

« Marseillaise, puis le Général gagne le bureau du maire.

« *19 h 06* — Présentation du cardinal Léger, de l'évêque anglican de Montréal, des membres du comité exécutif, des membres présents des gouvernements fédéral et provincial, du juge en chef de la province de Québec, du commissaire général à l'exposition (M. Dupuy).

« *19 h 08* — Signature du Livre d'or, photographies.

« *19 h 15* — Le Général rencontre les autres invités, sur la terrasse adjacente ou, s'il pleut, dans le hall d'honneur.

« *19 h 35* — Mot de bienvenue du Maire. Réponse du Président.

« *19 h 40* — Le Président salue la foule de la terrasse.

« *19 h 42* — Vin d'honneur.

« *20 h 00* — Départ.

Leduc. »

Admirons : Le maire Drapeau connaît sa langue aussi bien que sa mairie; la césure est mobile, le truc marche dans tous les cas.

« 19 h 40 : Le Président salue / la foule de la terrasse. »

« 19 h 40 : Le Président salue la foule / de la terrasse. »

Premier cas : « la foule de la terrasse » n'est pas la foule. Second cas : si le Président salue « de la terrasse » son salut n'atteindra pas la vraie foule.

Et de toute façon, il n'est prévu que de « saluer ». La prise de parole aura eu lieu auparavant « sur la terrasse adjacente ou, s'il pleut, dans le hall d'honneur ».

Espérons-le pour le Maire malin, il a dû se taper les cuisses. Escamoté le Général! Sous le seing de l'ambassadeur Leduc et du chef du protocole Bernard Durand! Raflé de main de maître, en dernière seconde, au nez et à la barbe du Général, le risque redouté depuis sept ans : celui d'entendre ledit Général saisir publiquement la nation québécoise et l'opinion mondiale du mal du Québec et de ses remèdes. Raflé après avoir amusé le client toute une journée sur le Chemin du Roy. En dernière seconde, la montée en charge de l'émotion ne risquera pas de trouver son dénouement concret.

Plus de bavure à craindre : les gens du général de Gaulle se sont même fait expliquer trois fois, l'impatience de l'actif Leduc l'a confirmé.

Maintenant, braquons la loupe sur les archives de l'Elysée. On y pêchera, en une brochure de huit feuillets à en-tête gravée « Présidence de la République », ce qu'on appelle le « fil conducteur » du voyage présidentiel, tel qu'il est établi à mesure des conférences de cabinet pour être distribué à quiconque, Canadien ou Français de France, tiendra un rôle dans le déroulement du voyage. La partition d'orchestre, en somme.

Préférons, si vous voulez, l'exemplaire que l'aide de camp Flohic a gardé au bout de ses doigts tout au long du voyage, surchargé à l'avance de mentions manuscrites. Flohic a pointé chaque photo dédicacée, chaque étui à cigarettes « argent grand » ou « moyen », le nom du vice-recteur et l'heure de « faire rassembler le personnel, gratification ». Tout juste s'il n'a pas pointé l'instant où le Général pourra faire pipi; ah! si, pardon, feuillet 5, entre la ligne dactylographiée « 19 h 00 Arrivée à l'Hôtel de Ville de Montréal », et la ligne dactylographiée « Accueil par le maire M. Drapeau », avant de préciser de sa main « Marseillaise », Flohic a intercalé une paren-thèse : « coup de peigne... »

Déjà détaillées sans cela, on le voit, déjà chronométrées, les lignes dactylographiées qui figurent sur tout exemplaire. Examinées par de Gaulle qui ne s'est pas gêné pour réclamer deux fois des éclaircisse-ments supplémentaires.

Eh bien, sur ce même feuillet 5, deux lignes exactement plus loin, on lit, dactylographié d'avance afin que nul ne puisse en ignorer :

« Le président de la République s'adresse à la foule massée sur la place. »

Elémentaire, mon cher Watson, le maire Drapeau a tellement fixé ses yeux sur son plan pour rouler de Gaulle qu'il s'est roulé lui-même.

Il n'y a pas de crime parfait. Dans le projet de kidnapping fignolé durant trois semaines, l'infaillible politicien Jean Drapeau a négligé deux particularités et une hypothèse.

Première particularité : de Gaulle avait noté qu'à son précédent voyage, on l'avait chambré; donc il devait être sur ses gardes.

Seconde particularité : à son précédent voyage, il n'avait rien fait avancer en s'adressant aux notables. Donc, il ne transigerait plus sur la possibilité qu'on prétendait lui offrir de « s'adresser à la foule ».

L'hypothèse enfin : celle où l'imposant Général ne dédaignerait pas de savoir l'avis de quelques menus personnages qui, nageant dans Montréal comme poissons dans l'eau, avaient fini par connaître la topographie de l'Hôtel de ville encore mieux que le Maire.

Comme toujours, c'est de Gaulle, dans cette affaire, qu'on finira par taxer d'escroquerie! Dans chacun des actes de sa vie on aura prêté à cet homme de fausses intentions sans prendre note de ses vrais dires. Bientôt, on lui reprocherait que ses gestes s'écartent des intentions fabulées par d'autres. Voir Algérie. On fera un volume de citations où de Gaulle annonçait bonnement ses étapes. Et cent volumes des exégèses qui s'échinaient à convaincre ses contemporains qu'il allait dans l'autre sens. Ce n'est même pas Vichy qui a commencé. Ça n'a plus cessé. Pour faire commerce de commentaires, ses propres employés se prêteront étourdiment au jeu.

Or tenez, puisque nous en sommes à écouter ce que de Gaulle lui-même disait qu'il allait faire, tirons encore des archives du voyage canadien cet autre feuillet, bien antérieur au précédent; lui aussi a été ronéotypé et distribué à tous les fonctionnaires français concernés, longtemps à l'avance :

« Présidence de la République, Paris le 27 juin 1967
« Voyage du général de Gaulle au Canada.
« Liste des allocutions prononcées par le Général
« (...)
« Lundi 24 juillet :
« *Sur la route Québec-Montréal :*
« Allocutions de circonstance aux différents points d'arrêt (7 au total), notamment à Trois-Rivières.
« *Montréal*, vers 19 h 30 :
« Après l'accueil à l'Hôtel de Ville (il n'y a pas d'allocution à l'intérieur), le Général s'adresse à la foule du haut d'une terrasse dominant la place. »

On a bien lu : dès le 27 juin, un mois ou presque avant la grande scène du 24 juillet, le général de Gaulle, en conclusion d'une conférence d'état-major, a disposé qu'il n'y aurait « pas d'allocution à l'intérieur » de l'Hôtel de Ville de Montréal. Etonnante insistance dans la précision; on ne trouve pas d'annotation équivalente à propos des autres discours devant d'autres maires.

Un mois à l'avance, ou presque, le général de Gaulle faisait également spécifier qu'il parlerait d'un emplacement « dominant la place ». A cette date, à l'Elysée, on employait encore le mot de « terrasse ». Quel connaisseur des lieux a-t-il signalé l'ambiguïté du terme? Quelle méfiance ou quelle intention particulièrement affirmée par le général de Gaulle ont-elles fait que la présidence de la République a attaché si grande importance à la remarque? C'est dix jours après l'établissement de cette liste officielle des discours que l'ambassadeur Leduc a dû, le 7 juillet, commencer à répondre à des demandes d'explications dont l'insistance l'a fâché. Finalement, la présidence de la République a substitué au mot de « terrasse » celui de « balcon » qui figure sur le fil conducteur officiel du voyage.

Des chicaneurs en viendraient à se poser une question : le peu d'attention que S. E. le directeur du protocole et S.E. l'ambassadeur de France à Ottawa ont porté à la liste officielle des discours du général de Gaulle et, par contraste, la complaisance avec laquelle ils se sont prêtés à la tentative de détournement montée par le maire Drapeau, voilà qui n'est pas du tout loin de ressembler à une faute de service. Il s'en est fallu d'un cheveu que la faiblesse de ces gens ne dénature le voyage. De Gaulle le minutieux n'a pas pu manquer de la ressentir. Pourtant c'est un compte qu'il n'a pas réglé après coup.

Bernard Tricot : — Cela va peut-être vous étonner mais le général de Gaulle était un patron facile et indulgent (...). Il laissait glisser. Etait-ce indifférence? Ou indulgence? Ou l'idée : « Cela ne sert à rien de le mettre dans tous ses états; il n'en sera ni mieux informé ni plus intelligent? [34] »

Pessimisme sans illusion sur la nature et le comportement des hommes, hérité de son cher xviie siècle et de son cher Descartes. Lorsque le Général voyait Son Excellence Bernard Durand accumuler les titres de membre du Cercle de l'Union, du Cercle Interallié, du Saint-Cloud Country-Club, il devait bien se douter qu'il garderait le petit doigt en anse de tasse à thé et que les projets populaciers du président de la République française ne pèseraient pas lourd contre la perspective d'une cocktail-party. Il faut de tout et même un protocole pour faire une politique; il suffit de savoir le prendre en sandwich deux ou trois fois dans la vie. Et de tabler, pour revisser les micros, sur une improbable cascade d'interventions de la Providence. Quitte peut-être, en cas de malheur, à mettre la Providence sous surveillance de deux ou trois envoyés aussi spéciaux que discrets. Comment savoir? Ce ne sont pas des choses qu'on dit aux autres réseaux. Un sain principe veut qu'on cloisonne renseignement et action. Tant mieux d'ailleurs si ensuite ces autres réseaux clament en bonne foi l'impossibilité de trouver « une organisation supérieurement intelligente pour faire que tout colle comme ça a collé ».

Au terme de l'enquête, il n'a pas pu être établi si le sieur de Gaulle s'était ou non intentionnellement entouré de complices chargés de faire le guet contre la muflerie qui consistait à lui couper le micro sous le pied.

En revanche, l'enquête établit la préméditation : depuis trois semaines le sieur de Gaulle s'était déterminé, pour Montréal, à « s'adresser à la foule massée sur la place ».

A partir de cette certitude, on ne voit pas pourquoi ni comment, pendant la navigation de son Colombey flottant, de Gaulle aurait pu omettre d'étudier ses phrases pour ce discours et pour celui-là seulement, dont il savait qu'il couronnerait la journée, dans l'agglomération la plus nombreuse et la plus assoiffée d'un message.

Lorsque le général de Gaulle, laissant Drapeau pantois, reconquiert son micro sur le balcon de Montréal, on est loin de l'auto-intoxication qu'a cru diagnostiquer le témoin Couve de Murville. Et encore plus loin de l'improvisation.

*
* *

La plus courte allocution du voyage. Et plutôt maigre, si on s'en tient à la nudité des mots. (Nous allons les donner sans en retrancher un.)

Donnacona, ou Trois-Rivières, ou Louiseville ont eu, croirait-on d'abord, de plus profondes phrases, sans même compter le discours officiel de la veille.

Comment faire comprendre alors par des caractères d'imprimerie que ce soit cette allocution-là qui, de Montréal, va retentir jusqu'au bout du monde? L'écrivain aurait besoin des ressources du musicien, il lui faudrait porter des signes à la clé pour rendre compte que ce fut l'allégro final d'un concerto pour de Gaulle, chœurs et nation. La partition du soliste n'en représente que des fragments, inséparablement imbriqués avec le reste. Chaque phrase qu'on eût crue plate, à froid, relance en réalité les paragraphes qu'une nation développait depuis trente-six heures oreille contre le transistor.

On en est au point de communion musicale où l'ultime marche entre le talent et le génie, c'est le dépouillement. Un mot, un seul coup d'archet, ouvre des harmoniques qui vont vibrer jusqu'au fond de la place, s'enfler le long de la rue Saint-Denis, rouler jusqu'au bout du Québec et de là décoller, oui, jusqu'au fond du monde.

Il faudrait pouvoir aussi dire sur quelles cordes frappe l'archet, noter à la clé la sensibilité surtendue d'une population reléguée depuis deux cent quatre ans et qui découvre depuis la veille que le vivant le plus illustre du monde lui parle d'égal à égal comme à une nation debout.

Pas besoin de phrases tarabiscotées pour faire saillir, vibrante, la dignité. A peine besoin de mots, au fond tout est déjà dit, reste juste à amener l'unisson final.

Pour restituer le volume vrai, il faudrait encore, au lieu de privilégier le discours, pouvoir rendre compte globalement du contrepoint : une phrase au micro, quinze mille cris sur la place, cinq millions de battements de cœur par-delà.

Lui, séparé d'eux, serait néant. Mais la réalité de cet instant c'est leur soudure, leur fusion, eux plus lui. La moindre note qu'il lance porte juste et plein. Instant où le soliste s'élève au-dessus de lui-même. Dépouillement des mots, simplicité suprême du jeu. De Gaulle nu-tête a saisi les deux branches du micro à deux bras écartés, poumons dégagés. Il n'en bougera pas. Il se fait sur la place le silence des salles de concert.

— *C'est une immense émotion qui remplit mon cœur en voyant devant moi la ville de Montréal / française.* »

Premier coup de gong, première évidence qui part à travers la place en un ronflement de satisfaction.

« *Au nom du Vieux pays, au nom de la France, je vous salue de tout mon cœur...* »

C'est vrai. Se développe en harmonique un second ronflement de fraternité.

« *Je vais vous confier un secret que vous ne répéterez pas...* »

C'est vrai. Peu importe à personne si c'est la reprise du « on est chez soi, ici ». La plaisanterie — cordiale comme on en fait à la fin du déjeuner dominical — déclenche sur la foule une prise de conscience de cette intimité familiale : une prise en masse. La foule a une sorte de hoquet collectif. Puis des rires délivrés.

« *... ce soir ici et tout le long de ma route, je me trouvais dans une atmosphère du même genre que celle de la Libération.* »

Le mot est arrivé au bout d'une longue phrase d'un seul jet comme la libération au bout de son interminable route de Résistance. Mais ce mot ni plus ni moins appuyé que le reste de la période en cet instant à Montréal tombe vrai. Et les interminables acclamations du jour de la Libération, acclamations d'une nation qui s'acclamait elle-même de sa liberté autant qu'elle acclamait le chantre de sa résurgence, voici qu'elles repartent à vingt-trois ans de distance sur l'autre rive de l'Atlantique, les mêmes, elles roulent sur la place et sur le pays. Libération qui n'était pas l'achèvement mais le socle de la volonté nationale et...

« *... et tout le long de ma route, outre cela, j'ai constaté quel immense effort de progrès, de développement et par conséquent / d'affranchissement... »

Un mouvement appuyé de la tête dessine une barre transversale à l'entrée de certains mots.

Que le progrès passe par l'affranchisment, à Montréal, c'était dans l'air comme une odeur d'usine. Nouvelle prise en masse. On ne peut pas dire selon le cliché habituel que la foule éclate en applaudissements. C'est plus étrange, ça part progressivement, après un creux d'orage, un temps d'accoutumance peut-être, comme s'il fallait un temps pour se faire à l'idée que l'affranchissement est devenu à portée d'homme; puis on dirait que ça enfle, un roulement sans éclair. Au premier rang, au ras des barrières métalliques, quelques loustics commencent à faire signe aux policemen qu'ils devraient prendre de la graine de ce qui se dit sur le balcon du dessus. Les policemen rigolent avec eux.

« *... quel immense effort de progrès, de développement et par conséquent / d'affranchissement vous accomplissez ici. Et c'est à / Montréal qu'il faut que je le dise, parce que s'il y a au monde une ville exemplaire par ses réussites modernes, c'est la vôtre... »

Pour le Maire de cette ville exemplaire, la période est aussi aimable que les précédents discours l'ont été pour les échevins des précédentes bourgades. De Gaulle n'oublie pas qu'on doit lui faire visiter l'Expo, le métro, les chantiers de la place des Arts.

Banalité donc, dirait-on, même si elle est sincère. Mais voici que ce soir on en ressent l'épaisseur humaine. C'est à Montréal qu'il faut que je le dise, il y a des mots qu'on garde quatre ans sur le cœur, pendant quatre ans parce qu'il n'y a qu'à Paris qu'ils peuvent affleurer aux lèvres. Paris outragé! Paris brisé! Paris martyrisé! mais Paris libéré! libéré par lui-même, libéré par son peuple avec le concours des armées de la France. L'outrage et l'effort s'y sentaient encore sous la luxuriance de la délivrance. Et ce soir à Montréal, ce sont aussi les mots « d'immense effort » à la fois de progrès et d'affranchissement qui, plus que ceux des réussites exemplaires, font retentir les roulements d'orage.

« *... s'il y a au monde une ville exemplaire par ses réussites modernes c'est la vôtre. Je dis c'est la vôtre et je me permets d'ajouter c'est la nôtre...* »

C'est vrai. Prise en masse! La nôtre. Il n'y aura que des pisse-froid parisiens pour imaginer après coup on ne sait quelle annexion. Eux à Montréal ça leur dit sur-le-champ quelque chose de vrai, la nôtre, la ville de Montréal / française, à eux qu'on a dressés à n'être chez eux que les salariés des Anglo-Saxons, les subalternes révocables, main-d'œuvre étrangère dans son propre pays. Et voici qu'il a dit c'est la vôtre, c'est la nôtre.

« *Si vous saviez quelle confiance la France réveillée par d'immenses épreuves porte vers vous!...* »

Ronflement sur la place après le temps d'accoutumance; subalternes humiliés qui découvrent qu'on peut leur porter confiance.

« *Si vous saviez quelle affection elle recommence à ressentir pour les Français du Canada et si vous saviez à quel point elle se sent obligée à concourir à votre marche en avant, à votre progrès!* »

D'instinct, animalement, la foule laisse passer la phrase. Il fait ce qu'il peut, de Gaulle, et on l'aime de ramer ainsi pour faire pardonner à la France deux siècles de reniement. Mais on ne sait quelle antenne — sans doute l'inimaginable sincérité émotionnelle de cette journée — fait percevoir au peuple de Montréal que, là non! ce qui se passe sur la place de l'Hôtel-de-Ville peut bien être entendu du monde entier, la France demeurera imperméable. Français eux, oui. Mais Français du Québec. Ils ont en eux une certaine idée de leur France, la tradition du progrès. Ils ne sentent pas ce soir sur leur peau que les gens du Vieux pays puissent en dire autant.

« *C'est pourquoi elle a conclu avec le gouvernement du Québec...* »

Il essaie de dire que c'est « elle », la France, qui a conclu. Il ne dit plus « je », ce de Gaulle qu'on dit orgueilleux, il s'efface pour faire croire que c'est « elle », pour se le faire croire d'abord à lui-même. Comme il voudrait humblement que ce soit vrai, comme il disparaîtrait avec joie si cela effaçait la lèpre du visage de sa France : nos rois les avaient abandonnés...

« *... c'est pourquoi elle a conclu avec le gouvernement du Québec, avec celui de mon ami Johnson...* »

Daniel Johnson, qui entend ça par haut-parleur sur la terrasse des invités, se redresse comme un petit coq. « Mon ami », mot rare dans les discours officiels du Général. Il a dû y avoir Adenauer, Churchill, quelques autres grands. Après le maire de Montréal, de Gaulle prend soin de consolider le Premier ministre du Québec. Il est venu ici donner conscience d'une solidité déjà installée et non pas jeter le désordre..

« *... des accords pour que les Français de part et d'autre de l'Atlantique travaillent ensemble à une même œuvre française.* »

Ça leur va, le courant passe, travailler ne leur a jamais fait peur; et en attestant que des Français peuvent travailler à une œuvre française, ce que de Gaulle fait passer sur l'industrieuse Montréal, c'est le rêve d'une participation des Québécois à la conduite de leur propre entreprise nationale. Faut-il couper des cheveux en quatre, savoir si c'est social ou politique? Ces colonisés savent d'instinct et d'emblée que c'est global. Voici plus de deux siècles qu'ils sont interdits de participation à leur propre destin, à l'usine comme au gouvernement. Alors le tout petit coup d'archet de ces mots ressassés, vidés, « ensemble » ..., « œuvre française » ..., allume les harmoniques d'une onde sonore gigantesque, un énorme ballon qui s'aplatirait sur la place.

« *Et d'ailleurs le concours que la France va, tous les jours un peu plus, prêter ici...* »

Cause, cause. Mais ce n'est pas important. Ici à Montréal, c'est écrit en lettres anglaises sur toutes les façades, on sait bien d'où viennent les « concours »; et ils s'empressent tellement, ces investissements anglo-saxons, que les salariés ne ressentent pas dans leur chair l'utilité d'en trouver ailleurs... Le Québec n'est **pas** sous-développé, il est aliéné.

« *... le concours que la France va, tous les jours un peu plus, prêter ici, elle sait bien que vous le lui rendrez...* »

Là oui, clameur. La soif qui tenaille le déshérité, c'est de n'avoir plus l'espoir de donner. De Gaulle fait au Québec l'honneur de lui demander service. Evangile de la dignité! Physiquement, oui, la foule redresse le torse, le Québec entier à l'écoute se redresse.

« *... parce que vous êtes en train de / vous constituer des élites, des usines, des entreprises, des laboratoires, qui feront / l'étonnement de tous...* »

Quoi, des Français, des sous-Canadiens, faire un jour l'étonnement de tous par leurs réalisations propres? Un temps de décalage, pour l'accoutumance. Mais c'est le vivant le plus illustre du monde qui étant venu voir, en porte témoignage! Harmoniques énormes...

« *... qui feront / l'étonnement de tous... et qui un jour — j'en suis sûr! — vous permettront d'aider la France...* »

Si le mot paroxysme a un sens, on y est. La place ne pourrait pas contenir une once de plus de la joie grave d'un peuple redressé. Le restituteur de cette vigueur nationale n'a plus qu'à porter, bercer ce fleuve de bonheur par n'importe quelles phrases de son choix pourvu que leur rythme en prolonge les ondes. Mais lui, le vieux de Gaulle, il est bouleversé comme eux, transporté de joie comme eux, il faut bien parler à cet instant d'étreinte au paroxysme, de fusion des cœurs et ce vieil homme qui a vu tous les honneurs et toutes les misères va dire simplement « inouï », « inoubliable », et ça encore pour lui, pour eux, c'est strictement exact :

« Voilà ce que je suis venu vous dire ce soir, en ajoutant que j'emporte de cette réunion inouïe de Montréal un souvenir inoubliable. La France entière, sait, voit, entend ce qui s'est passé ici. Et je puis vous dire qu'elle en vaudra mieux... »

Rafales harmoniques. En attendant qu'elles retombent, on le voit remâcher l'air, à bouche ouverte, lentement, articulant les mots qu'il est en train de choisir sur l'écran minutieusement préparé de sa mémoire.

Derniers coups d'archet pour amener l'accord final en point d'orgue. Plus de phrases. Un cri en appel, une rafale en contrepoint.

« VIVE MONTRÉAL! »

Rafale. En attendant qu'elle ait roulé, le soliste encense du chef comme un cheval, lentement, deux fois, rythmant la formule qu'il est en train d'amener à sa bouche et pour laquelle il attend l'accalmie, deux balancements de la tête pour les deux balancements de la formule, deux points bas du menton aux deux accents toniques :

« VIVE LE / QUEBEC! »

Centuple rafale. La veille en débarquant il disait la Nouvelle-France. Il salue maintenant le Québec de son nom d'espérance. Remontée du passé vers son futur. C'est son système en voyage, pour illustrer la continuité historique de la nation qu'il visite, l'an passé en arrivant à Moscou sa première déclaration disait : « Vive la Russie »; en repartant c'était l'Union soviétique. A Montréal comme toujours, le choix des mots est méthodique.

De nouveau, il remue la mâchoire pour appeler une formule, derechef il rythme de la tête comme quelqu'un qui accompagnerait en pensée une musique, il a vaguement l'air de signifier attendez donc ce que vous allez entendre. En même temps, le rythme de sa tête, la formule en gestation, se moulent sur les ventres et les nœuds de l'onde sonore qui tourne sur la place. Il encense trois fois, pour trois accents toniques, et comme la foule en harmonie voit que la formule est mûre, elle lui rend le silence. Alors lui :

« VIVE LE / QUEBEC (une ponctuation volontariste du menton) */ LIBRE! »*

Sur la place, un suspens; l'ahan sourd de quelqu'un qui reçoit un coup sur la poitrine. Pas de surprise; le temps simplement d'une prise en masse. De Gaulle, accentué par le dispositif de sonorisation, a fait rouler les *r r* et le mot en est devenu plus âpre, « librre! » et ces *r r* tombés au ras de la place deviennent après une demi-seconde de latence un râle qui rampe et qui roule et rugit et déferle et s'amplifie démesurément, on ne peut pas dire un tumulte parce qu'il y a dedans un unisson, c'est un bruit d'une nature indicible, il ne ressemble pas à ceux qu'on a pu entendre à la fin des discours des thaumaturges les plus enfiévrants, rien d'une vénération, même pas un remerciement.

Est-ce le bruit d'un peuple qui soulève son tombeau? Et ce bruit dont de Gaulle a été l'accoucheur part sur le Canada, court sur les continents, s'enroule autour du globe.

Le lendemain matin, un journal chinois de Hong Kong a fabriqué un idéogramme nouveau : « Québec ».

*
* *

Paul Gros d'Aillon : — J'étais sur le côté de la place, sur un praticable qu'on avait monté pour les journalistes. L'un d'eux, un anglophone d'un journal d'Ottawa m'a crié dans l'oreille : What did he say? Qu'est-ce qu'il a dit? »

N... (déjà cité) : — Il y avait des scènes incroyables. A deux mètres de moi un homme lançait son garçonnet en l'air et le rattrapait dans ses bras. Moi-même qui n'étais pas québécois mais qui voyais là la cristallisation d'une chose dont nous avions souvent rêvé, cette prise de conscience, cette prise de dignité, je dois dire que j'étais aussi ému que les autres. Je ne suis pas sûr, quand je me rappelle, de ne pas avoir crié moi-même, oui, je crois bien que j'ai crié avec les autres, nous étions empoignés. »

Contre les barrières, les activistes montrent leurs pancartes aux policemen et par mimiques, ils leur signalent que c'est le gars du balcon qu'il faut aller matraquer. Les policemen en uniforme — qui pour la plupart sont des Montréalais — semblent bien près de fraterniser. On n'en dira pas autant des détectives en tenue civile.

Le gars du balcon attend que reviennent vers lui les creux de la houle; il y jette tour à tour ses deux derniers accords, dont chacun relance une vague :

« *VIVE LE CANADA FRANÇAIS...*
« *... ET VIVE LA FRANCE!* »

Il salue de ses deux bras tirés en V majuscule vers le ciel.

Quiconque n'a pas eu l'occasion de voir le général de Gaulle accomplir ce geste devrait en regarder les photos. Il mimait des bras, bien sûr, l'initiale de la Victoire (Winston Churchill gardant des droits d'auteur sur le même signe fait de l'index et du majeur). Mais ce n'était pas la Victoire finale, paumes plates et doigts ouverts dans le prolongement des bras, rentrez en paix mes frères. Au contraire, de Gaulle serrait les poings, ongles enfoncés dans le gras du pouce, et il tirait ses poignets, ses bras vers le ciel tant qu'il pouvait, le col de sa vareuse en était tiré vers le haut; toute la force montait dans les avant-bras. C'était le salut de Prométhée, de Sisyphe ou d'Icare, la France a gagné une Victoire, ne pensons qu'à tirer vers le progrès. Un geste d'effort et d'engagement, le départ des Volontaires bien plutôt que la dispersion des vainqueurs. V c'est aussi l'initiale de Volonté de Vivre.

Sur la place de l'Hôtel-de-Ville, les Volontaires ne songent pas du tout à se disperser quand de Gaulle disparaît à leur vue. Le voici de la meilleure composition pour tous les ronds de jambe que voudra le protocole. Bureau du Maire? mais bien sûr. Présentation du cardinal Léger? Mes devoirs. De l'évêque anglican? Mes respects. Des membres présents des gouvernements fédéral et provincial, du juge en chef de la Province, du Commissaire général à l'Exposition? Enchanté, enchanté, mes hommages Madame. Signature du Livre d'or? Mais comment donc! Photograhies? Ainsi soit-il. Les autres invités sur la terrasse adjacente? Allons-y vite. Le Maire lui présente les plus notoires, l'un après l'autre. De Gaulle prend l'air très intéressé pour chacun, très empressé pour leurs dames. Il accepte volontiers une coupe de champagne. Personne ne fait la remarque qu'il est 20 heures passées, qu'il n'a rien avalé depuis 14 heures, qu'il est sorti de son bateau à 9 heures du matin et qu'il a soutenu la journée que vous savez, à presque soixante-dix-sept ans.

Un micro reste planté au milieu du salon, l'air bête.

Ils ont entendu le discours au peuple. La sonorisation était parfaite, comme toujours tout ce que fait M. le Maire. Mais ils n'ont pas encore échangé leurs impressions. De la terrasse, peu d'entre eux ont flairé une distorsion du cérémonial. S'il y a de l'agacement, c'est plutôt à l'égard des vilains indépendantistes qui croient décidément qu'il n'y en a que pour eux, les cérémonies ne sont plus ce qu'elles étaient.

Jean-Daniel Jurgensen : — J'étais sur la terrasse, naturellement, avec les autres officiels. Il y en avait quelques-uns de furieux, des ministres et des fonctionnaires fédéraux. Mais attention, vous aviez là également des notables ravis! La majorité des Québécois présents sur cette terrasse étaient ravis. Je me rappelle aussi, entre parenthèses, qu'il y avait quelques nez qui s'allongeaient parmi les personnalités venues de France pour la circonstance; je ne citerai pas de noms. »

Les deux seuls personnages qui aient réagi dans l'heure sont le maire Drapeau et le représentant du ministère fédéral responsable de la police. Sans qu'on sache lequel des deux a pris l'initiative, il a été décidé qu'un impact de balle ayant été constaté sur la façade, un dispositif de sécurité serait mis en place autour de la voiture du président de Gaulle.

Lorsque le Général retrouve la place amie et remonte dans sa voiture (où Jean Drapeau remplace maintenant Daniel Johnson) douze détectives en civil le cernent, marchant accoudés aux portières, l'œil sur les maudits Français. On ne sait pas trop s'ils sont là pour le protéger ou pour l'isoler *. De Gaulle est de nouveau debout dans la limousine découverte. Le peuple ne s'est pas dispersé. Depuis que de Gaulle a crié « Vive le Québec libre », la place a réclamé sa réapparition, fait alterner son nom scandé avec « Alouette, gentille Alouette », et la Marseillaise, ainsi de suite.

Et quand le revoici, c'est une fois de plus l'acclamation, puis la Marseillaise, comme on ne sait plus la chanter en France. Une moiteur de Marseillaise couvre la place.

On aperçoit la voiture qui prend lentement le tournant, de Gaulle salue des deux bras tirés vers le ciel. Avec douze détectives autour, ce n'est plus pareil.

Le Maire l'accompagne à la résidence louée par Robert Bordaz. A mesure qu'on va vers le quartier chic, les gens sont plus clairsemés le long des trottoirs.

Le chauffeur dira plus tard à André Patry :

— Si vous pouviez savoir ce que Drapeau a dit au Général! »

On ne sait pas si c'était vantardise. Ce chauffeur était un caporal de la gendarmerie de Québec, d'origine irlandaise. Il n'en a pas confié plus long depuis lors.

Paul Gros d'Aillon (1977) : — Quand je suis rentré chez moi, tard cette nuit-là, après tout ce travail, ma femme venait de brûler le drapeau fédéral unifolié qu'on hissait au mât dans le jardin les jours fériés. Il paraît qu'il s'en est brûlé dans beaucoup de foyers, ce lundi soir-là. »

André Patry (1977) : — Mes impressions sur cette scène de la place de l'Hôtel-de-Ville? Aucune. J'avais trop à faire : outre l'organisation du cortège, je m'étais tout spécialement chargé de Mme de Gaulle.
« Dans cette journée de bousculade, on l'oubliait tout le temps... »

---

* A la requête de Daniel Johnson, Paul Gros d'Aillon, le lendemain, regarde de plus près. On lui fera voir effectivement la pierre éclatée sous un projectile. Mais les traces sont déjà patinées : quelque ivrogne, des mois ou des années auparavant... Il n'y avait eu ni plainte ni enquête à propos de cette vieille éraflure. Le Maire en avait certainement connaissance. La rumeur d'un attentat fut communiquée dans l'heure par la police fédérale aux journalistes anglophones.

REFLUX

En débarquant dans le salon d'honneur d'Orly, deux jours et trois nuits plus tard, le général de Gaulle en était encore irradié :

— Ah! Messieurs les ministres, c'était magnifique, magnifique! »

Ils avaient la mine de se demander s'il ne s'était pas trop longtemps exposé à ce soleil. Il débordait de ce qu'il avait vu de Québec à Montréal; ils se décomposaient qu'on ne l'ait pas vu à Ottawa. Il les dominait de si haut que pas un ne se fût enhardi à lui demander pourquoi. Cette interrogation rentrée allait suinter parmi les professionnels de la politique, parmi les journalistes; on se braqua si bien sur ce qui ne s'était pas passé qu'on ignora l'événement qui s'était produit.

Entre le moment où de Gaulle a parlé au balcon de Montréal et celui où il a repris son avion pour Paris, il s'est déroulé plus de temps qu'entre son débarquement sur la terre française du Canada et son apparition au balcon : quarante-trois heures contre trente-cinq.

Quarante-trois heures à visiter les chrysanthèmes... Que n'aura-t-il pas consenti aux Montréalais pour expier la désertion de Louis XV! Il s'était remis en costume sombre, veston croisé; on ne revêt pas tous les jours la tenue d'Histoire. A grand déploiement de policiers, dans un tourbillon de notables cosmopolites soucieux de poser au premier rang des photos, et qui faisaient écran plus encore que les policiers, on l'avait traîné de pavillon en pavillon, du matin au soir, tout le lendemain.

Des gens innombrables — mais c'étaient des gens et non plus la nation — l'applaudissaient — mais c'étaient des applaudissements et non plus la ferveur. De même qu'on adresse un peu nostalgiquement des signes complices au Robin des Bois qui passe entre quatre gendarmes, de même, derrière les barrières, ils lui brandissaient les journaux où dix-sept lettres énormes couvraient la page une : VIVE LE QUEBEC LIBRE. On était au plein d'une exposition universelle et non plus devant l'Hôtel de Ville, les visiteurs qui saluaient de Gaulle n'étaient pas tous montréalais, ni même québécois, ni même canadiens. Ils s'agglutinaient un moment autour du général de Gaulle comme pour un supplément de gala, mais ils étaient d'abord venus pour l'Expo. Leur cordialité sentait la chasse aux autographes plus que l'élan patriotique.

C'est douceâtre, une entière journée de foire-exposition, quand c'est le lendemain d'une pleine journée sur le Chemin du Roy. N'empêche, de Gaulle purge sa peine rubis sur l'ongle, s'extasiant à chaque coin de pavillon, saluant du haut commissaire à pleins rayons.

En fin de journée, le président de la République française rend, sous forme d'un dîner dans le pavillon de son pays, la politesse du déjeuner que l'Expo 67 lui a offert à midi. Emoi du commissaire français Robert Bordaz : il a dû recomposer en catastrophe son plan de table. Il fallait escamoter le couvert du ministre des Affaires étrangères d'Ottawa, Paul Martin. Celui-ci devait représenter le gouvernement fédéral à la table d'honneur du général de Gaulle. L'absence de Paul Martin alimente aussitôt les chuchotis. C'est le premier affleurement d'une onde en retour après le coup du balcon.

Paul Martin s'est décommandé à titre personnel sans engager son gouvernement. Il invoque une obligation matérielle : il a été retenu à Ottawa où, depuis le matin, les ministres de Lester B. Pearson pataugent. Ils ont d'abord annoncé un communiqué pour le début de l'après-midi. Mais un premier Conseil privé * n'a su que dire de l'événement de Montréal. Plus exactement, il n'a pas osé le dire, faute d'évaluer les conséquences de ce qu'il dirait. Pearson a réuni un second Conseil l'après-midi. Il sera plus de dix-huit heures quand il produira enfin sa déclaration.

Sept heures pour réagir à un événement de sept minutes : autant dire que les ministres fédéraux ne sont pas portés par un élan unanime. Peu leur chaut (quoi qu'on ait raconté par la suite à Paris) de donner tort ou raison au général de Gaulle. Leur embarras est de politique intérieure. D'abord, excusez le raisonnement d'épicier, il y a l'Expo. Le gouvernement fédéral canadien a bâti sur elle une opération publicitaire mondiale. Si on crache à la figure de l'hôte le plus illustre qu'on ait attiré à Montréal, ça ne donne pas une image impeccablement attrayante. Ils l'ont trop facile, calcule Lester B. Pearson, tous les étrangers qui lui cornent aux oreilles de se sacrifier à leur croisade antigaulliste. Les conseilleurs ne seront pas les payeurs.

Ensuite — toujours la politique intérieure — il y a le jeu parlementaire. Pearson voit bien que si son gouvernement s'en prend à de Gaulle, l'opposition conservatrice le prendra en fourchette : pourquoi n'avoir pas empêché ledit de Gaulle d'entrer, et pourquoi l'avoir si mal pris en charge? Le Premier ministre fédéral est piégé depuis trois jours dans un dilemme tactique : à quel titre commencerait-on à réagir après le discours de Montréal, alors qu'on a laissé

---

* Le Conseil privé (sous-entendu « de la Reine ») groupe les ministres qui ont part à la responsabilité politique du gouvernement. A la différence d'un « Conseil restreint » en France, il détient un pouvoir politique majeur.

passer comme normal et naturel tout ce que de Gaulle est venu dire plus officiellement et plus hardiment dans les trente-six heures précédentes. Si Pearson réagit maintenant, ses partisans retiendront qu'il cède aux injonctions de l'opposition : en politique intérieure, il est perdant sur deux tableaux.

Marcel Chaput (animateur indépendantiste qui connaît bien les saccades du pouvoir fédéral pour en avoir fait les frais) : — Les Anglais du Fédéral sentent que leur cause est mauvaise; ça les crispe de telle sorte qu'ils ne manquent jamais aucune maladresse... »

Mauvaise cause? le pauvre Lester B. Pearson est effectivement bien placé pour savoir que de Gaulle n'a rien dit de plus au Québec que ce qu'il répète depuis trois ans à l'ambassadeur canadien Jules Léger et à Lester B. Pearson lui-même. Il sait bien, par-dessus le marché, que si de Gaulle répète ça, c'est parce que les dirigeants successifs d'Ottawa l'ont prié de prendre part à leurs préoccupations.

Il y a quelqu'un d'aussi bien placé que le pauvre Premier ministre pour savoir tout ça, c'est son ministre des Affaires étrangères, Paul Martin. D'où vient alors que Paul Martin soit d'humeur à brûler de Gaulle comme les Anglais ont fait de Jeanne d'Arc, lui qui est de souche française? Ça vient précisément de ce qu'il est de souche française.

Marcel Chaput (suite) : — Un Anglais du Fédéral peut se crisper de bonne foi sur une mauvaise cause; il en devient maladroit; un Français ne peut pas se mettre au service de cette mauvaise cause sans mauvaise foi; la maladresse se double alors d'agressivité. »

Si les ministres francophones du Fédéral sont les seuls venimeux contre de Gaulle, c'est aussi que leurs arrières électoraux sont le plus directement ébranlés par le séisme de la veille. On ne vole toujours pas plus haut que la tactique de circonscription *.

Une objection de Lester B. Pearson fait chanceler ces boutefeux : comment prendre le contrepied des analyses du général de Gaulle sans annuler du même coup les promesses d'ouverture qu'Ottawa se sent obligé de multiplier sans cesse à l'adresse des Québécois pour éviter la sécession sans cesse menaçante. Disons, pour nous faire comprendre de quelques lecteurs du Vieux pays, que Lester B. Pearson n'a pas envie de se retrouver vis-à-vis des Québécois

---

* Considérons, à titre d'exemple, la circonscription électorale de Paul Martin. Il est député au Parlement fédéral pour le comté d'Essex, dans le sud de la Province anglophone de l'Ontario. Il y a là une minorité française disséminée, mais substantielle. Un politicien d'extraction francophone peut, en invoquant ses origines, attirer sur lui les suffrages de cette minorité. Il ne lui reste plus, pour obtenir la préférence de l'électorat anglais majoritaire, qu'à prouver plus de dévouement qu'on n'en demanderait à un Anglais, en faveur du système politique d'Ottawa. Les Anglais dominants trouvent en lui la meilleure garantie qu'il incitera la partie française de la population à se contenter de son état de subordination. C'est à peu près ce qu'on appelle en Afrique du Sud un « bon » nègre.

dans la posture fallacieuse de Guy Mollet vis-à-vis des Algériens *.

Il n'en a pas envie et il n'en a pas le temps. Car c'est lui qui déclencherait la fissuration de la Confédération canadienne, et ça sans plus de délai. Ce ne sont pas mots en l'air. Lester B. Pearson a les indices, étalés là sur la table du Conseil des ministres, ce sont même ces indices qui l'ont décidé à réunir le gouvernement fédéral. Ce sont tout simplement les journaux du matin, rangés comme à la bataille, rangés tout aussi net que le jour où Wolfe et Montcalm se sont entretués sur les plaines d'Abraham : presse anglophone contre presse francophone. Ou, plus précisément, personnel de presse francophone contre anglophone. Le clivage est national, les ambiguïtés patronales des journaux de Montréal n'ont rien empêché.

Or attention, quand un gouvernement canadien envisage la possibilité d'une bataille rangée, ce n'est pas une figure rhétorique à la parisienne; deux ou trois fois par siècle, depuis l'insurrection française de 1837 et sa rude répression par les troupes anglaises, cette bataille resurgit, et chaque fois elle laisse des morts. Si Lester B. Pearson s'y laisse acculer, c'est du sang et pas de la salive qu'il aura sur les mains, la semaine prochaine.

Que s'est-il donc passé pour précipiter si soudainement un clivage si belliqueux? Tout est parti du comportement des journaux imprimés, radiodiffusés et télévisés, d'Ottawa et de Toronto. Jusqu'à l'entrée du général de Gaulle dans Montréal, les journaux anglais se sont tenus au parti de cacher à leur public l'épanouissement du Québec. Ils lui ont accordé avec bienveillance la place ou la durée d'antenne qu'il est normal de consacrer au compte rendu d'une fête indigène (lorsqu'ils n'ont pas simplement menti comme le *Globe and Mail* de Toronto qui signale à ses lecteurs « l'accueil réservé » de la ville de Québec au Président français). Ration parcimonieuse dans les actualités télévisées et radiophoniques de langue anglaise. Les dirigeants anglophones de Radio-Canada ont prescrit à leurs annonceurs ** français de se mettre au même régime, et de considérer qu'après tant de visites officielles, le parcours du général de Gaulle risquait de lasser la clientèle. Malgré cette consigne, le service français de Radio-Canada, se rebaptisant pour la circonstance Radio-Québec, a rendu compte en continu, quatre heures durant, de l'allègre cavalcade du Chemin du Roy. Mais à l'instant du balcon, les téléspectateurs francophones ont été ramenés à la carte forcée d'une émission de variétés : même régime que les consommateurs anglophones. D'où scènes violentes dans la coulisse, les annonceurs français toujours aux postes subordonnés, les anglophones toujours en posture d'ordonner, mais les premiers en passe de s'insurger

* On ne peut pas cesser de répéter combien le précédent algérien et le cas de Guy Mollet sont demeurés précis dans l'esprit des Canadiens, les gouvernements successifs d'Ottawa ayant plus que tout autre, à l'époque, entretenu la campagne pour le droit des peuples.

** « Annonceur » : équivalent en langage québécois des expressions du patois parisien « speaker » et « reporter ».

En sept minutes, la résonance mondiale de l'ovation que les Français du Canada font à la Liberté rend intenable la dissimulation. On peut bien reléguer de Gaulle à la rubrique des mondanités de l'Expo, mais comment expliquer à la clientèle que le monde entier, content ou pas, réagit à un discours négligeable et au chant d'avènement d'une nation niée? Les journaux anglophones sont pris en défaut, à l'heure de boucler leurs éditions et leurs émissions. Réflexe du flagrant délit : démasqué, on ouvre le feu pour couvrir sa retraite. Le dédain fait place à la haine; d'une heure sur l'autre, la presse anglophone met le gouvernement fédéral en demeure d'expulser de Gaulle.

Paul Martin presse Lester B. Pearson d'obéir à cette injonction. Son gros argument pour préconiser la rupture : en évoquant la Libération, de Gaulle aurait assimilé le gouvernement fédéral canadien aux occupants nazis. La vérité n'est pas si simpliste. En fait, de Gaulle avait en tête une ressemblance — était-elle moins désobligeante? — avec l'autorité anglo-américaine de 1944. La force alliée avait prétendu soumettre Paris libéré à un « gouvernement militaire allié des territoires occupées », AMGOT. C'est le gouvernement américain et à sa suite le gouvernement anglais, et certes point de Gaulle, qui prenaient sur eux de substituer un statut d'occupation à un autre, et de chausser étourdiment en France la botte nazie.

Les gagnant à l'arraché, de Gaulle s'était rué dans l'Hôtel de Ville de Paris, le 25 août 1944, en clamant :

— La France rentre à Paris, chez elle [35] ! »

C'est le cri qu'il reprend à l'Hôtel de Ville de Québec le 23 juillet 1967 :

— On est chez soi, ici! ».

Les deux fois, il marque aux Anglo-Saxons que le système d'alliance concerné trouvera avantage à laisser les Français faire librement chez eux, à égalité avec les autres nations.

L'erreur d'interprétation de Paul Martin est excusable : les activistes de l'indépendantisme, imprégnés de la mythologie des maquis de la Résistance traitent volontiers les gens comme lui de « collabos ».

Lester B. Pearson se laisse moins emballer. Au bout de sept heures, il trouve, croit-il, la grosse ficelle : il va reprocher à de Gaulle de n'avoir pas été aussi aimable envers le Québec que le Québec a voulu l'être envers lui.

Déclaration de Lester B. Pearson, Premier ministre du gouvernement d'Ottawa : — Je suis sûr que les Canadiens dans toutes les parties de notre pays ont été heureux de ce que le Président français reçoive un accueil aussi chaleureux au Québec... ».

La lecture de la presse et des archives ne permet pas de dire où Lester B. Pearson a bien pu trouver qu'un seul des journaux anglais, des ministres fédéraux, ou des partis politiques fédéraux, ait donné le moindre signe d'avoir été « heureux ». C'est d'ailleurs lui qui doit venir en personne, et sans aucun de ses collègues, lire son papier devant les caméras de la télévision. Il le fait en français, ce qui, pour des oreilles québécoises, lui donne l'accent encore plus anglais. Maladresse de gens coincés dans leur mauvaise cause, disait l'autre... Après ce geste de bonne volonté, une concession précipitée aux ultras du Fédéral, tournée tout de même de façon à ne pas revenir trop nettement sur les promesses d'aménagement constitutionnel faites aux Français du Canada :

Suite de la déclaration de Lester B. Pearson : — Cependant certaines déclarations du Président tendent à encourager la petite minorité de notre population dont le but est de détruire le Canada, et comme telles elles sont inacceptables pour le peuple canadien et son gouvernement. « Le peuple canadien est libre, chaque Province du Canada est libre, les Canadiens n'ont pas besoin d'être libérés (...).
« Le Canada restera uni et regretterait toute tentative de détruire son unité. »

La troisième ficelle, la plus grosse, c'est au général de Gaulle qu'on va la tendre : on lui suggère qu'il peut venir au Canada anglais comme si de rien n'était. Ce n'est pas par amitié. Simplement le gouvernement d'Ottawa a besoin de ne pas placer les Canadiens français devant la nécessité immédiate de choisir entre leurs liens avec de Gaulle et le lien fédéral.

Fin de la déclaration télévisée de Lester B. Pearson : — Nous attachons la plus grande importance à l'amitié avec le peuple français. Le ferme propos du gouvernement du Canada a été et reste de développer cette amitié. J'espère que les discussions que j'aurai plus tard dans la semaine avec le général de Gaulle démontreront que ce désir est de ceux qu'il partage. »

Pas un mot dans tout cela sur la participation du gouvernement fédéral, en la personne de son ministre des Affaires étrangères, Paul Martin, au dîner que de Gaulle va offrir à l'Expo, dans les deux heures qui viennent. Paul Martin a encore le temps de faire en avion le saut de puce Ottawa-Montréal. S'il ne vient pas au dîner, il rompt le contact que Lester B. Pearson prétend maintenir. Il ne viendra pas.

Entre deux portes, avant qu'on passe à table, le ministre français des Affaires étrangères, Maurice Couve de Murville, se charge de prévenir le Général de l'absence du ministre fédéral; il lui rapporte la déclaration de Lester B. Pearson.

Général de Gaulle : — Nous verrons ça plus tard ».

Cette réponse redescend jusqu'aux journalistes par le double truchement de Couve et de l'ambassadeur de France à Ottawa, François Leduc. Elle arrive doublement amortie. On veut comprendre que de Gaulle est d'accord pour les « discussions plus tard dans la semaine » qu'a proposées Pearson. Couve et Leduc achèvent d'amollir

la présentation des positions du Général en argumentant que le
« chaque Province est libre », de Pearson va aussi loin que le « Vive le
Québec libre » de De Gaulle. Journalistes et diplomates en viennent à
croire que le président de la République française, vingt-quatre
heures après avoir fait du tapage au balcon, trouve naturel de subir en
amende l'avanie publique du ministre fédéral des Affaires étrangères.
Tant et si bien que tout le monde oubliera de faire entrer en ligne de
compte cet affront officiel, et que Lester B. Pearson ira se coucher en
croyant s'en tirer par sa dérobade personnelle.

En réalité, quand le général de Gaulle coupe court en disant qu'on
verra ça plus tard, c'est pour ne pas perdre une seule minute de son
programme québécois : tant qu'on est au Québec, on se consacre au
peuple français du Canada; les relations avec Ottawa, on s'en
occupera au moment prévu pour ça en accord avec les gens d'Ottawa.

C'est, rappelons-nous, ce que de Gaulle a dit d'entrée de jeu au
gouverneur-général Michener, dès l'instant où il a mis le pied sur le sol
canadien, avant-hier matin. Le gouverneur général Michener n'y a
mis nulle objection. De Gaulle ne va pas s'amuser maintenant à
commenter par la moindre réplique la déclaration du gouvernement
fédéral. Accuser le coup, ce serait réintroduire l'impression que le
Fédéral a prise sur « les affaires franco-françaises » qui se traitent en
ce moment au Québec *. Ce serait un comble au moment où l'absence
de Paul Martin souligne par contraste l'intimité du tête-à-tête entre les
deux nations françaises.

Tout pour les Québécois ce soir, donc, comme prévu et convenu. A la
fin du dîner, le président de la République française lève son verre
« au Québec et à la France »; on ne trinque pas avec des absents.
Auparavant, de Gaulle a remercié Daniel Johnson — et lui tout seul —
de lui « avoir donné l'occasion de cette visite au Québec ». C'est façon
de répéter qu'il a été invité par le gouvernement du Québec et non pas
par le gouvernement fédéral. Le Général décoche un grand sourire
complice à Daniel Johnson.

— Ni vous ni moi n'avons perdu nos heures. Peut-être quelque chose
se sera-t-il passé... »

De Gaulle ne met pas la sourdine comme ses employés :

— Si dans cette occasion, le président de la République française a pu
être utile aux Français du Québec, il s'en réjouira profondément. »

Daniel Johnson ne laisse pas tomber le ballon. Il s'est maintenant
déterminé, en moins de vingt-quatre heures. Tout le contraire des
tergiversations des fédéraux : il ne trouve qu'avantage à se jeter vite et
net dans la brèche ouverte par la secousse du balcon : il consolidera
son assise à l'intérieur du Québec, et il impressionnera davantage ses

* « Affaires franco-françaises » : le général de Gaulle a utilisé ce raccourci en
présence de Jean-Daniel Jurgensen dans l'avion du retour, puis, quelques semaines
plus tard, au cours d'un entretien avec Bernard Dorin.

interlocuteurs anglais de la conférence « inter-provinces » où il veut poser sa question : égalité ou indépendance?

Il n'y a pas cent vingt minutes que Lester B. Pearson a reproché à de Gaulle « d'encourager une petite minorité » quand le chef du gouvernement québécois, investi par la majorité légale et légitime de sa nation, lui réplique publiquement, en portant à son tour un toast au général de Gaulle :

— Notre affection pour la France s'est exprimée par l'accueil fervent et spontané de *TOUT UN PEUPLE*. La langue et la culture ne sont pas les seuls dons que nous ait légués la France. Il en est un autre auquel nous attachons le plus grand prix, c'est le *CULTE DE LA LIBERTÉ*. »

Daniel Johnson est le responsable politique en charge d'un peuple que le monde entier regarde en se demandant comment il prend le souhait que de Gaulle lui a fait hier soir de devenir « libre ». Comment croire qu'en un tel instant, cet avocat agile parle par mégarde et improvisation du culte de son peuple pour la liberté? Pour le cas où quelque tartufe de l'habeas corpus voudrait s'y tromper encore, il appuie :

— Nous ne serions plus Français si nous n'étions épris de libertés . pas seulement de libertés personnelles, mais aussi de *LIBERTÉS COLLECTIVES* (...). Nous croyons que, petites ou grandes, toutes les nations ont droit à la vie et à la *MAITRISE DE LEUR DESTIN* *. »

L'absence du représentant fédéral aidant, le dîner cosmopolite que de Gaulle offrait à l'Expo tourne ainsi à une embrassade franco-française supplémentaire sous l'invocation de la liberté.

Au terme de ces libations, chacun s'en retourne en sa chacunière, à l'exception de Couve de Murville à qui de Gaulle fait signe de le suivre. Maintenant que ça ne mange plus sur le programme québécois, il veut

---

* La propagande antigaulliste va gommer cette déclaration capitale que le chef du gouvernement québécois fait au nom de la majorité de son peuple, tout comme elle va gommer l'affront que le ministre fédéral des Affaires étrangères a fait au président de la République française. Il n'est donc peut-être pas superflu de signaler ici la réalité politique québécoise : la prise de position sans ambiguïté de Daniel Johnson a instantanément élargi son assise majoritaire au Québec. La « petite minorité » des indépendantistes déclarés a fait connaître qu'elle reconnaissait jusqu'aux prochaines élections son autorité comme « chef du gouvernement national ». Sur l'autre bord, l'opposition « libérale » et fédéraliste s'est fissurée. Le chef de l'opposition, Jean Lesage, a cru habile d'attaquer Daniel Johnson sur l'accueil qu'il a ménagé au général de Gaulle. Refusant de cautionner pareille attaque, un député libéral, Mᵉ François Aquin, quitte aussitôt son parti. Deux de ses collègues font connaître que cette attitude leur paraît inappropriée parce qu'ils pensent mieux soutenir la cause nationale a l'intérieur du parti. Parmi eux deux figure l'enfant terrible des « libéraux », René Lévesque. L'autre est Yves Michaud, qui sera plus tard délégué général du Québec à Paris. La présidence de Jean Lesage à la tête de l'opposition se trouve mise en cause. Le parti libéral ébranlé, fissuré, s'effondrera, laissant tout le champ libre devant Daniel Johnson. Mais celui-ci va mourir quelques mois plus tard. Son Union nationale retourne au conservatisme. C'est alors que René Lévesque, accentuant les positions progressistes qui lui avaient fait préférer le parti « libéral », s'annexe les nationalistes résolus et fonde le parti québécois — le P.Q. — qu'il conduira en 1976 à la victoire électorale et au gouvernement du Québec.

examiner à huis clos et à tête reposée l'affaire Paul Martin et la déclaration du gouvernement fédéral. A tête reposée? Il est bientôt minuit. Les autres participants de la journée en ont plein les jambes. De Gaulle va sur ses soixante-dix-sept ans. Mais il ne veut pas laisser courir les choses par lassitude et il lui faut bien les traiter au milieu de la nuit s'il ne veut pas qu'elles empiètent sur le temps vraiment important, celui qu'il consacre à ses hôtes les Français du Canada.

Minuit à Montréal, soit cinq heures du matin à Paris, quand Georges Pompidou est tiré de son lit par la sonnerie d'un téléphone dont il sait bien qui peut, seul, le déclencher. Le général de Gaulle à l'autre bout de la ligne et sur l'autre rive de l'Atlantique ne veut rien décider à l'étourdie et hors des formes constitutionnelles.

Le président de la République française considère que le but du voyage auquel le Québec l'a invité est pleinement atteint. Il est disposé à traiter par le dédain l'effacement du représentant fédéral au dîner qu'offrait la France : après tout, si ces gens-là veulent être absents du Québec... En revanche, le président de la République française ne peut pas laisser croire que la France excuse et légitime un affront en gagnant Ottawa sans rien dire. Gagner Ottawa pour y faire quoi? Une « discussion », comme a dit tout à l'heure Lester B. Pearson? Depuis sept ans, ces conversations d'Etat tournent en rond. Pour qu'on en sorte, il faudrait que le gouvernement fédéral accepte d'écouter l'analyse du général de Gaulle. Or il vient de dire qu'elle est « inacceptable ». Sans même s'attarder au caractère désobligeant du mot, il signifie que la rencontre n'avancera rien. Au contraire, la dernière phrase du communiqué de Pearson montre que les fédéraux s'apprêtent à exploiter la rencontre comme la preuve que de Gaulle ne tient pas pour définitive la nécessité que « vive le Québec libre ». Autrement dit, en allant faire ses salamalecs à Ottawa, le plus haut représentant de la France donnera une fois de plus à croire aux Français du Canada que le pays de Louis XV les laisse en plan.

Symétriquement, de Gaulle ne voit aucun inconvénient à laisser tomber son voyage au Canada anglais. Il lui a fait sa politesse dès 1960. Sa règle est de ne pas retourner deux fois en voyage officiel dans le même pays étranger * : les autres peuvent se blesser d'une entorse en faveur d'Ottawa. C'est bien pour acheter son entrevue avec les Français canadiens qu'il consentait à y retourner en 1967. Si les gens d'Ottawa rompent la politesse, de Gaulle ne prendra pas le deuil de rentrer plus tôt à Paris. Il y a tant à faire sentir aux Français quant à l'élan de leurs frères d'Amérique vers leur avenir national, ah! Pompidou, que n'avez-vous vu ça, c'est magnifique, magnifique...

Comment le général de Gaulle, à cet instant, manquerait-il de songer qu'il aimerait bien trouver chez lui le même levain d'enthousiasme que sur le Chemin du Roy? Il a fait annoncer une allocution télévisée à

---

* A l'exception, bien entendu, des pays avec lesquels un traité prévoit des rencontres périodiques. En 1967, c'est le cas de la République fédérale d'Allemagne; de Gaulle voudrait que cela devienne pareillement le cas du Québec.

l'adresse des Français pour le 10 août, c'est-à-dire dans quinze jours. Il veut — et il l'a confié à Pompidou — inciter ses concitoyens à un regain d'élan vers le progrès national. Il en est déjà à préparer les phrases de cette harangue-là. Inévitable — mais Pompidou et Couve le perçoivent-ils? — que la chaleur du Chemin du Roy cause à de Gaulle quelque envie nostalgique.

Bref, il y a de meilleures façons d'employer le temps qu'à aller tendre ses fesses à Ottawa.

Quoi que fasse croire l'heure insolite de cette délibération gouvernementale par-dessus l'Atlantique, le problème n'a rien d'inattendu pour le général de Gaulle. Avant le voyage, un des chargés de mission de l'Elysée, Gilbert Pérol, est venu au Canada en mission préparatoire. Quand il en a rendu compte au Général, il s'est enhardi à signaler l'impression qu'il en rapportait.

Gilbert Pérol (neuf ans après coup) : — Il y avait en réalité deux voyages en un : l'un au Québec, dont on percevait très fort là-bas la signification; et l'autre à Ottawa — la partie finale — dont on percevait non moins fort qu'il n'était pas désiré, presque subi. Ce double aspect ne pouvait pas, sur le terrain, manquer de produire des difficultés. Je m'en étais ouvert au Général. Celui-ci l'avait un peu considéré comme secondaire... »

Mais le moment venu, le général de Gaulle ne néglige pas les consultations dont il s'entoure avant tout acte diplomatique. Qu'en pense M. le Premier ministre? Pompidou dit amen. Et M. le ministre des Affaires étrangères? Qui ne dit mot consent. Cause entendue : on laissera tomber le chapitre Ottawa, si le gouvernement fédéral d'Ottawa ne se rattrape pas. La ligne que se fixe de Gaulle, manifestement, c'est de ne se prêter à rien qui affadisse son discours du balcon.

Pompidou retourne à son lit parisien. De Gaulle gagne son lit montréalais. Pour Couve, il n'en est pas encore temps.

* *
*

A minuit passé, le ministre des Affaires étrangères de la République française convoque l'ambassadeur du Canada, Jules Léger qui couche cette nuit-là à Montréal, lui aussi, dans le sillage du Général. Il le prie d'attirer l'attention du gouvernement canadien sur ce que peut avoir d'inacceptable le mot inacceptable, et sur la nécessité de faire rapidement en sorte que la visite projetée du président de la République française ne soit pas rendue impossible par le comportement des ministres fédéraux.

Il faut que cette scène se soit déroulée à minuit passé entre deux acteurs compassés pour que le monde entier n'ait pas sursauté devant son surréalisme politique.

Récapitulons. On est à Montréal. Le pouvoir fédéral n'y est plus,

Paul Martin ayant cessé de l'y représenter. Le président de la République française y est, fort à son aise. Quand ce Président veut communiquer avec le gouvernement d'Ottawa, reste à sa disposition une procédure et une seule : convoquer l'ambassadeur accrédité à Paris. Autrement dit, cette nuit-là, de Gaulle est obligé de se comporter souverainement comme chez lui à Montréal parce que les fédéraux ne veulent plus être chez eux.

C'est Paul Martin qui a créé cette invraisemblance : son agressivité doublant sa maladresse, c'est lui qui a retiré de Montréal et du Québec la souveraineté de Sa Gracieuse Majesté britannique et du gouvernement fédéral. Le général de Gaulle a été bien bon de ne pas étaler cette sottise à la face de l'univers. Bien bon surtout de ne pas en faire état devant les Québécois. Dans l'état d'exaspération où le blocage du système fédéral les avait mis, qui peut dire si les Français du Canada n'auraient pas instantanément cristallisé cette situation de fait, à tous risques?

Malheureusement pour de Gaulle, en diplomatie pas plus que sur les autoroutes, les sots ne voient leur sottise, et c'est eux qui continueront à se tapoter la tempe quand de Gaulle leur aura épargné la collision.

*
* *

Couve de Murville, à son tour, va se coucher. Il a passé le bébé à Jules l'Ambassadeur qui, dernier de cette partie de chat perché au clair de lune, est à son tour planté au téléphone. Comme s'il était en terre étrangère, il lui faut appeler à Ottawa son « sous-ministre » des Affaires étrangères (au Quai d'Orsay, on dirait le secrétaire général). Court-circuitant Paul Martin pour des motifs obscurs, le sous-ministre Marcel Cadieux appelle Mary Macdonald, chef de cabinet du Premier ministre Lester B. Pearson. Ici la chaîne se rompt : Mary refuse de réveiller le Premier ministre avant 6 heures du matin. Nuit blanche à Montréal pour l'ambassadeur canadien derrière son téléphone.

Puisque les gens d'Ottawa, par leur maladresse, mettent eux-mêmes en évidence le caractère artificiel de leur domination, de Gaulle n'est pas chargé de les remettre en selle. Il ne va pas prendre sur lui la responsabilité de la rupture. Si ça leur chante, ils peuvent encore s'excuser pour hier soir, dire qu'à la réflexion, les recommandations du président de la République redeviennent « acceptables », comme base de la « discussion » prévue. Ou alors qu'ils annoncent eux-mêmes que la suite du voyage ne peut plus avoir lieu.

Au petit matin Lester B. Pearson, de plus en plus embêté, décide... de convoquer un troisième conseil de gouvernement.

Voici donc les ministres fédéraux qui se mettent sous le boisseau à Ottawa pour ne pas parler avant le général de Gaulle, lequel, de son côté, descend visiter le métro neuf de Montréal. Pas une minute changée au programme québécois, pas un mot surtout — la consigne est donnée aux diplomates de la suite — pas la moindre allusion à la polémique d'Ottawa : cela équivaudrait, si peu que ce soit, à reconnaître aux Anglais le pouvoir d'interférer dans les affaires franco-françaises.

À Ottawa, les ministres fédéraux tirent la langue devant un transistor, espérant que le général de Gaulle sera bien forcé à la fin de dire publiquement quelque chose, lui le premier. Déjà, les journalistes l'encerclent, tous micros pointés. Alors, urbi et orbi, le président de la République française fait connaître :

— C'est, je crois bien, la première fois depuis 1936 que je prends le métro. »

Cependant un annonceur de Radio-Canada, Gilles Loiselle, s'avise de passer un coup de téléphone à l'aéroport de Montréal-Dorval. L'avion du général de Gaulle vient, comme il le soupçonnait, d'y être ramené au lieu d'attendre sur la base militaire d'Ottawa. Or, le programme officiel dispose que le général de Gaulle doit gagner Ottawa dans l'après-midi par le train. C'est donc que le Général compte parmi les choses possibles de ne pas aller à Ottawa. Gilles Loiselle bondit l'annoncer à ses auditeurs. Ses supérieurs anglophones tentent d'objecter que c'est prématuré; Loiselle et ses confrères francophones éprouvent la sensation qu'on cherche à retarder la nouvelle de telle sorte qu'elle n'ait pas l'air de partir d'une source canadienne. Cette censure feutrée accroît la mésentente entre les journalistes québécois et leurs tuteurs.

De Gaulle? Aussi longtemps qu'il est au Québec, il bâfre du Québec. Pas d'yeux ni d'oreilles pour quoi que ce soit d'autre. Après le métro, on l'entraîne dans les auditoriums de la place des Arts, avant ce qui lui importe le plus, l'Université.

À Ottawa, où il faut bien que le Conseil finisse par finir, le Premier ministre fédéral feint de prendre la révélation lancée par Radio-Canada pour une notification diplomatique. Lester B. Pearson lit un communiqué, encore un :

— Le gouvernement canadien a été avisé que le général de Gaulle a décidé de ne pas se rendre à Ottawa comme il était prévu et qu'il rentrera à Paris par avion dès que le programme organisé à Montréal à son intention sera terminé.
« La décision du général de Gaulle d'abréger sa visite au Canada est facile à comprendre dans ces circonstances. Toutefois ces circonstances qui ne sont pas le fait du gouvernement sont fort regrettables. »

De Gaulle ne relève pas. Couve de Murville n'a même pas la permission de corriger.

Situation diplomatique à peu près sans précédent : une séparation née de père inconnu, constatée sans avoir existé. Aucune origine formelle.

En de tels embarras, les conformistes du monde entier tiennent prête une explication tous terrains : c'est la faute à de Gaulle.

*
* *

L'annonce lancée par Radio-Canada tranquillise, pour ainsi dire, les étudiants de l'université de Montréal. Ils affectionnent de Gaulle de ne pas avoir transigé. Ils sont venus nombreux l'accueillir à l'Université. Les vacances d'été les avaient dispersés. Le programme officiel prévoyait que si de Gaulle ne pouvait pas s'adresser à eux, on se bornerait à « un bref passage au rectorat, sans allocution ». Ils sont plus d'un millier dans le grand amphithéâtre. De Gaulle sort son discours. Il l'a rédigé dès Paris, de la même façon que son discours d'Etat de dimanche soir au Château-Frontenac. Pompidou et Couve de Murville en ont eu connaissance dans sa forme définitive.

Depuis 1941 et son discours aux étudiants d'Oxford, dans chaque pays qu'il parcourt, il prévoit de s'adresser à l'ambition studieuse et il prépare avec un soin sans pareil des propos qui, depuis vingt-six ans, ramènent obstinément l'auditoire mondial aux finalités de la querelle de l'homme.

Le 25 novembre 1941, alors que la guerre mondiale n'en était qu'à son premier quart et l'espérance au plus creux, il avait posé son principe :

— Si complète que puisse être un jour la victoire des armées (...) rien ne sauvera l'ordre du monde si le parti de la libération (...) ne parvient pas à construire un ordre tel que la liberté, la sécurité, la dignité de chacun y soient exaltées et garanties au point de lui paraître plus désirables que n'importe quels avantages offerts par son effacement. »

C'est la définition de la participation. Il appliquera désormais son théorème d'Oxford à tous les cas particuliers qui feront problème pour les hommes de bonne volonté. Il ne propose pas autre chose au gouvernement fédéral d'Ottawa : rien ne sauvera l'ordre du Canada s'il ne parvient pas à exalter et garantir la liberté et la dignité de chaque nation vivant sur son territoire de telle sorte que les Canadiens français, pour les conserver, aient à s'attacher au succès d'un ensemble canadien plutôt qu'à son effacement. La cause du Canada ne sera servie que si d'abord la cause du Québec est mise entre les mains des Québécois.

Le général de Gaulle dit aux étudiants de Montréal :

— Dans ce pays si vaste et si neuf rempli de moyens en pleine action et de ressources encore inconnues, voisin d'un Etat colossal et dont les dimensions mêmes peuvent mettre en cause votre propre entité, se lève et grossit la vague d'un développement moderne dont vous voulez qu'il soit le vôtre. C'EST PAR VOUS, C'EST POUR VOUS QUE, CHEZ VOUS, DOIT ETRE FAIT CE QU'IL FAUT : capter et distribuer les sources de l'énergie, créer des industries nouvelles, rationaliser les cultures, bâtir d'innombrables maisons, barrer ou combler des fleuves, multiplier les autoroutes, faire circuler le métro, construire des palais pour les arts et les sciences! »

Les derniers mots, sur le métro et sur les palais pour les arts, font allusion aux deux visites qu'on lui a fait accomplir le matin même. Mais l'entreprise d'ensemble qu'il vient d'exalter, c'est celle-là même où il regrette sans doute de ne pas voir le gouvernement du Vieux pays lancer plus fermement les gens de Sorbonne. Qu'il y ait, derrière les phrases que nous venons de citer, sa politique pour l'enseignement français, de Gaulle le dit lui-même, et aussitôt, dans son discours aux étudiants québécois :

— Cette ambition et cette action sont pour les Français d'ici comme pour ceux de France, essentielles à leur destinée parce que celle-ci ne peut être en effet que le progrès ou bien le déclin. »

L'enthousiasme et l'entrain qui lui font écho dans le grand amphithéâtre de l'Université de Montréal diffèrent grandement du tapage qu'enseignants et étudiants mèneront neuf mois plus tard, en Mai 68, dans le grand amphithéâtre de la Sorbonne. Deux jeunesses françaises n'ont pas la même avidité devant la chance identique qui passe à leur portée.

Mais dans le dos du général de Gaulle, le cardinal Léger en toge doctorale (il est le chancelier de l'Université), le recteur Gaudry, les doyens, les professeurs, se chuchotent la nouvelle de son rembarquement direct pour la France.

N... (déjà cité) : — Sans reprendre rang officiellement dans le cortège, je m'étais naturellement mêlé à tous ces gens de l'Université qui étaient mes amis. Par comparaison avec l'avant-veille, avec le soir du balcon, il y avait un fléchissement très perceptible. On se sentait devant un univers fracturé : c'est comme quelqu'un qui s'émancipe, qui fait un grand pas en avant, qui boxe son gardien, puis qui se dit « Mon Dieu, qu'est-ce que j'ai fait! »
« C'était la réaction de tout le monde, j'étais à ce moment-là avec le chef des relations extérieures de l'Université qui se demandait — et tous les professeurs emballés l'avant-veille avaient l'air de se demander, et le doyen Lévesque avait l'air de se demander — : « Mais mon Dieu, qu'est-ce qu'on a fait, qu'est-ce qui va nous tomber sur la tête! » C'était la mentalité du gouvernement du Québec, c'était la mentalité de tout le monde. Même la foule, enfin les gens qu'on pouvait interroger dans la rue et je ne me faisais pas faute de le faire, les gens souffraient de vertige au bord du trou d'avenir qu'ils avaient ouvert. »

A chaque étape du programme, des détachements du « Rassemblement pour l'Indépendance nationale » déploient leur banderole et leurs vivats. Mais cela sent l'exploitation trop systématique. De toute façon, il n'est plus prévu de contact de plain-pied entre le général de Gaulle et le peuple français d'Amérique. Le maire Drapeau emmène son hôte en limousine pour admirer protocolairement le panorama de la ville depuis le sommet du Mont-Royal. De Gaulle n'est pas dispensé de contempler là-haut la manœuvre de la « compagnie franche de la marine » emperruquée à la Louis XV; le Général se garde de manifester qu'il porte un intérêt d'une tout autre sorte aux forces militaires françaises. Une musique joue la Marseillaise; les officiels se lèvent comme un seul homme mais personne ne songerait à la chanter là, pas plus de Gaulle que les autres. La musique enchaîne sur « O Canada » dont on n'arrivera jamais à savoir si cet air a valeur d'hymne gouvernemental faute d'être national. Chacun lorgne sur le voisin, comme des parpaillots à la messe et on se lève de nouveau, les uns après les autres. C'étaient les mêmes officiels qui, dimanche au débarcadère de Québec, couvraient le God Save the Queen de leur bourdonnement.

De là, on redescend le général de Gaulle vers l'Hôtel de Ville. Noyé sous les escadrons de policiers motocyclistes, on dirait un prisonnier de marque ramené sur les lieux de son péché. Il y a du monde sur la place, moins tout de même que l'avant-veille; on veut crier et chanter aussi chaleureusement que l'avant-veille, ça fait réchauffé. De Gaulle envoie de grands bonjours; ça sent la politesse. Le Maire, comme l'avant-veille, l'entraîne vers l'ascenseur; le Général, cette fois, ne lui fait pas de croche-pied. Le Maire a fait démonter la sonorisation de la place; le Général y a dit l'avant-veille ce qu'il avait prévu de dire. Aujourd'hui, c'est le déjeuner d'adieu. Plus de harangue d'Etat : un banquet d'officiels, président de la République française inclus.

Discours emberlificoté du Maire qui se garde d'être contre sans qu'on le prenne en flagrant délit d'être pour. Orateur illustre en sa cité, Jean Drapeau a su mettre là toute la tendre rancœur des frères séparés. Mais il lui a fallu recoudre en hâte son ouvrage pour l'adapter à l'éclairage nouveau qui tombait sur le Québec depuis l'avant-veille au soir. Le résultat, qui sent son rafistolage, est moins bon qu'à l'accoutumée.

C'est alors et à cela qu'on commence à entr'apercevoir la dimension de la fracture laissée dans le destin du Québec par le séisme de Montréal. Il s'est passé avec le discours du général de Gaulle à ce balcon, exactement comme pour son allocution télévisée du 16 septembre 1959, ouvrant la voie à l'autodétermination de la nation algérienne. Dès le lendemain, il s'avérait qu'aucun écho ne serait pleinement favorable, chaque clerc brandissait le bon motif qui lui interdisait d'adhérer. Mais à partir du surlendemain, personne ne pouvait plus aborder le problème sous l'angle ancien et avec le vocabulaire qui avait été rituel jusqu'à l'avant-veille.

Après n'a plus jamais pu redevenir comme avant.

Mais il faut le temps de décanter. Le Général répond au Maire Drapeau par le toast le plus cordial. Il parle d'une voix assourdie, d'un rythme mesuré. On voit qu'il a les cheveux blancs; un homme bien conservé pour ses soixante-dix-sept ans, somme toute. On se retrouve sur terre, pas désenchanté, dénoué plutôt de l'exceptionnelle tension, trop las de l'étreinte pour savoir si on est heureux.

*
* *

Sur la place, devant l'Hôtel de Ville où l'on déjeune, les indépendantistes entonnent Marseillaise sur Marseillaise dans l'espoir d'obtenir
du général de Gaulle une apparition hors programme. C'est mal le
connaître. L'exactitude systématique est sa force : elle lui permet
d'être lui-même redoutablement exigeant sur le respect de la chose
convenue, le Maire Drapeau en a fait l'expérience avant-hier soir au
balcon. On se tient donc au menu. Dessert. Café. Pousse-café. A l'heure
mentionnée au programme, on se lève de table, on se congratule à
loisir.

Et tout soudain Cendrillon file du bal sur le douzième coup de
minuit. A la seconde où le programme dispose que la visite officielle
du général de Gaulle doit prendre fin, en voiture pour l'aéroport de
Montréal-Dorval! Le carrosse devient citrouille, le train spécial pour
Ottawa se change en quadriréacteur vers Paris.

Jean-Daniel Jurgensen : — On a pris l'avion à toute vitesse : comme des
gens qui reçoivent la pluie sur la tête! On n'a pas eu le temps de faire
les valises! »

Le Général a fait circuler la consigne dans les rangs : on fera avec
les tenues enfilées pour les mondanités manquées d'Ottawa. Défense
de passer par les hôtels. Interdiction de désagréger le cortège. Rien qui
puisse donner le spectacle d'un flottement, rien qui donne à croire que
le comportement du gouvernement fédéral fait perdre contenance
aux invités du Québec.

Le voyage au Québec s'est excellemment accompli de bout en bout,
il prend fin le plus naturellement du monde. Souriez, Messieurs, pour
la dernière photo. Oui mais ma valise? Cohue au pied de la passerelle.
Des policiers de la suite présidentielle chuchotent des propos apai-
sants : ils ont fait porter d'office dans les soutes de l'avion les valises
qu'on avait bouclées pour la gare. L'officier principal de police
Chaulet reste intraitable sur un colis oblong. Pas le temps pour les
services de sécurité de l'ausculter. C'est un cadeau pour le Président
français, insistent les porteurs de l'aéroport, c'est sans doute une
tapisserie. Offerte par qui? Allez donc savoir dans cette galopade. Eh
bien! Que le consul général s'en débrouille *. Oui, mais ma femme?

---

* L'inspecteur de police principal E. Chaulet était le dernier maillon de la chaîne le
long de laquelle, durant les voyages officiels, on se fait la passe des cadeaux hétéroclites
déposés entre les mains du président de la République et de son épouse. Le colis refusé
était le trente-huitième présent du voyage. Les trente-sept que l'inspecteur de police
principal E. Chaulet avait radiographiés, enregistrés, emmaillotés et embarqués
allaient du chapelet offert à Mme de Gaulle par le clergé de Sainte-Anne-de-Beaupré au
phoque empaillé offert par le Conseil général de Saint-Pierre-et-Miquelon. Mesure-t-on
bien le rôle essentiel de cette chaîne d'évacuation dans le fonctionnement de la
République? Il suffit d'imaginer à quelles difficultés protocolaires se heurterait un
chef d'Etat, contraint d'accomplir son parcours un phoque empaillé dans les bras!

L'amiral Philippon, chef de l'état-major particulier du président de la République, obtient que son épouse échappe au destin des colis en souffrance; c'est une compensation pour le grand uniforme d'apparat blanc et or qu'il va friper toute la nuit. Mais dégagez la plate-forme, je vous en prie, voici le Général, il doit être le dernier avant que la porte se rabatte.

Ultime poignée à Daniel Johnson. Le Général a l'air ému. Il l'est encore lorsque sur la passerelle il se retourne, bras tendu en V, vers le bâtiment de l'aérogare. Une foule garnit les galeries de la façade et les terrasses. Les gens ont afflué depuis qu'ils ont appris que de Gaulle allait prendre l'avion. On les entend chanter comme seuls savent encore chanter en chœur les Français du Québec : « Ce n'est qu'un au revoir... » Il fait signe que oui. La porte l'avale.

A l'instant où l'avion franchit la frontière du Québec pour s'engager sur l'Atlantique, il émet un radiotélégramme :

— A Son Excellence M. Daniel Johnson, Premier ministre du Québec. Stop. Je vous remercie, M. le Premier ministre, pour la magnifique réception que vous m'avez réservée et à travers vous j'exprime ma gratitude à la population du Québec pour son inoubliable accueil. Ma femme se joint à moi, etc. Signé : Charles de Gaulle. »

Un tel télégramme est dans les obligations de l'usage. La tradition veut qu'un chef d'Etat l'adresse à l'autorité souveraine qui l'a accueilli. Le fait est que le Premier ministre du Québec a pleinement accueilli le président de la République française. Un autre fait est que le gouvernement fédéral ne l'a pas accueilli; rien ne justifie qu'on lui adresse un signe pour quelque chose qui ne s'est pas produit. L'obstinée maladresse d'Ottawa oblige de Gaulle à saluer par exclusivité la souveraineté du peuple québécois.

*
* *

Mais de Gaulle maintenant, le voilà reparti. Le Québec reste en Amérique, nez à nez avec ses Anglais.

Dans son tout dernier discours au général de Gaulle, le Maire Drapeau a visé le talon d'Achille. Imparablement :

— Nous avons appris à survivre seuls pendant deux siècles (...), jusqu'à vous, Monsieur le Président (...) Ces présidents qui vous ont précédé (...) n'ont jamais témoigné l'intérêt que vous avez attaché, vous, à l'existence d'un Canada français (...) gratitude à la France? Poser la question, c'est exprimer un doute (...)
« Nous ne voudrions pas revivre ce qui a été vécu. L'espoir que votre visite a fait manifester de façon grandiose, nous ne voudrions pas qu'il débouchât sur une déception. C'est pourquoi il s'accompagne d'un vœu : que les autres présidents vous ressemblent. »

Défi narquois, mais défi majeur.

Il n'y a que les Français de France pour en parler académiquement. Quand les Français du Canada en discutent — et ils en discutent depuis deux siècles — c'est tout de suite en poids de sang, en termes de corps expéditionnaire, chiffrés. Exemple, cet article paru en pleine guerre mondiale, le 29 mars 1918, dans le plus respectable journal québécois de l'époque, *Le Devoir*, sous la signature du plus respectable journaliste en haut-de-forme, Henri Bourassa, quand l'armée anglaise tirait sur les conscrits canadiens-français pour les expédier sur le front de France. Ce n'est pas un extrémiste minoritaire, Henri Bourassa, il aura son grand boulevard à Montréal, et même sa station de métro. Or, voici ce que le digne homme écrit tout cru :

— Si nous avons fourni 14 000 hommes à la France dans la guerre actuelle, la France devrait, pour nous rendre la mesure, envoyer 275 000 Français. Mais nous n'aurions pas le droit de demander à la France de venir nous défendre, la France n'aurait pas le droit de le faire car elle risquerait de déchaîner des guerres en Europe [36]. »

Des guerres, s'entend bien, entre la France et l'Angleterre. Or ça, ils savent à quoi s'en tenir, les lecteurs d'Henri Bourassa, depuis le soulèvement de 1837; quand l'armée anglaise a fusillé les chefs de la révolte, qu'a-t-elle dit à l'Angleterre, la France? Pas une ligne de mise en garde avant le massacre, pas un mot de protestation après. Alors, la conscription pour voler au secours de la mère patrie...

C'est aussi qu'on les fait changer un peu trop de mère patrie, les Français du Canada. En 1917, quand on a voulu les enrôler par conscription dans l'armée de Sa Majesté, ils étaient « sujets britanniques ». Difficile tout de même de leur chanter le devoir de mourir pour la terre des aïeux anglais. Le gouvernement d'Ottawa se reprend à leur parler de l'autre mère patrie. Cette propagande a pour effet d'accentuer parmi les francophones la conscience que le Canada englobe deux nationalités distinctes. Mais ça ne fait que creuser la divergence entre elles, face au problème de la guerre : les Canadiens français se disent que les anglophones peuvent se sentir engagés à la guerre par une dette envers leur mère patrie britannique; mais en revanche, le comportement de la France fait qu'eux-mêmes ne doivent rien.

Ainsi posé, le débat ne se dénoue pas comme à Paris par d'élégants manifestes contre la conscription : on descend dans la rue. En 1917, à Montréal, des manifestations se déroulent au cri de « Vive la Révolution ». Voilà le mot lâché : le refus du service militaire conduit à rejeter la souveraineté britannique. Comme en Irlande, et pour le même motif. A partir de là, si le Québec ne secoue pas le joug anglais, comme vont faire les Irlandais, c'est qu'il n'est pas comme eux entouré d'eau : peur du gendarme américain. Là non plus, rien de subconscient, rien de théorique; c'est encore Henri Bourassa qui, pour prêcher la passivité, a écrit depuis un an, le 6 juin 1916, toujours dans *Le Devoir* :

— La France ne sera certainement pas en mesure d'encourir les risques d'une guerre avec les Etats-Unis et le Japon, à seule fin de protéger le Canada, pas plus le Canada français que le Canada anglais [37]. »

Québec va se montrer plus réfractaire encore que Montréal : le 29 mars 1918, alors que la guerre dure, la troupe britannique, qui réprime une nouvelle émeute contre la conscription, tue quatre protestataires. Poids de sang...

Finie une guerre mondiale, en arrive une seconde. En 1939, le gouvernement fédéral canadien de Mackenzie King attend huit jours avant de déclarer la guerre à l'Allemagne comme viennent de le faire la France et la Grande-Bretagne : le temps que le ministre francophone de la justice, Ernest Lapointe, convainque ses compatriotes. Et encore promet-on d'éviter la conscription. Au bout de deux ans, en 1942, on estime pourtant nécessaire d'en passer par là, ne serait-ce que parce que les Américains l'ont fait dans l'intervalle. Pour être délié de l'engagement contraire, Mackenzie King procède à un référendum (à l'anglaise, c'est-à-dire sans que la réponse ait force de loi) : quatre-vingts pour cent de oui au service militaire obligatoire dans les provinces anglophones; vingt-deux pour cent seulement au Québec.

Or, au Québec, il y a vingt pour cent d'électeurs anglophones. Ceci revient à dire qu'il y a eu l'unanimité ou presque des Canadiens français pour voter contre la participation à la guerre d'Europe.

Ici, noter la date : 1942. Il ne s'agit plus d'héritage atavique; c'est fait par les contemporains du général de Gaulle, c'est fait en présence des hommes mêmes à qui le général de Gaulle, en 1967, revient parler de solidarité retrouvée.

* *

La « dette de Louis XV » dans la mémoire du Québec, c'est les fonds russes dans le tiroir des familles françaises : à quoi bon se raconter, après tant de dérobades, qu'un successeur des banqueroutiers persuadera ses concitoyens de l'honorer à retardement?

Le Maire Drapeau a beau jeu pour jeter le doute. A peu près autant qu'en juin 40 ceux qui énuméraient les raisons de douter des possibilités de redressement que de Gaulle annonçait.

Tout ce que le général de Gaulle peut faire, sur le point de quitter Montréal, c'est de répéter que le Québec préservera sa personnalité seulement en se cramponnant aux altitudes où il s'est élevé le long du Chemin du Roy.

Réponse du général de Gaulle au Maire Drapeau (à la fin du dernier banquet à l'Hôtel de Ville) : — (...) *Au cours de ce voyage; je crois avoir pu aller en ce qui vous concerne au fond des choses et QUAND IL S'AGIT DU DESTIN D'UN PEUPLE, ALLER AU FOND DES CHOSES, y aller sans arrière-pensée, c'est en réalité non seulement la meilleure politique, mais C'EST LA SEULE POLITIQUE QUI VAILLE EN FIN DE COMPTE. »*

Aller au fond des choses... Voici quinze jours à peine, l'avant-veille de son embarquement pour le Québec, les mêmes mots lui sont venus aux lèvres pour presser les Allemands de l'Ouest et leur chancelier Karl Kiesinger de ne pas perdre de vue les options historiques.

De Gaulle, au chancelier Kiesinger, Bonn, 13 juillet 1967 : — Dans nos conversations, nous avons été au fond des choses. Pour préserver la personnalité nationale des Européens, il y a des conditions indispensables. La première est que Français et Allemands ne se séparent pas; la deuxième, c'est qu'on ne laisse pas se disloquer ce que nous avons bâti à six dans le domaine économique. »

Et dans moins de quinze jours, ce sont les Français eux-mêmes pour finir, qu'il va adjurer de regarder au fond des choses, afin de demeurer partie prenante de leur propre destin : la présidence de la République a fait annoncer son allocution télévisée pour le 10 août.

Quelle intime alarme le presse-t-elle de se mettre soudain en règle avec l'Histoire des nations? Quelle urgence soudain le hante, comme s'il redoutait qu'après lui personne ne poursuive son effort pédagogique, pour ramener les nations à exercer leur libre arbitre? Il les adjure de ne plus se laisser distraire du fond des choses, de ne pas se laisser tirer vers le bas, vers la vase :

Suite de la réponse de De Gaulle, au Maire Drapeau : — *Ensemble, nous sommes allés au fond des choses (...) N'ayons pas peur de le dire, de le voir, et de le faire (...)*
« *Et quant au reste, TOUT CE QUI GROUILLE, GRENOUILLE ET SCRIBOUILLE N'A PAS DE CONSEQUENCE HISTORIQUE dans ces grandes circonstances, pas plus qu'il n'en eut jamais dans d'autres (...).* »

DE LA SCRIBOUILLE
A LA GRENOUILLE

Ce qui grouille, grenouille et scribouille n'a pas, paraît-il, de conséquence historique. Mais ça a une existence immédiate.

De Gaulle à Jean-Daniel Jurgensen, dans l'avion du retour : — Je ne suis pas un gamin. Je sais bien que je vais au-devant de difficultés considérables, au Canada et en France, avec cette phrase. Mais il fallait que je le fasse. »

Pas un gamin? Il a l'expérience. Le 19 juin 40 tout ce qui grouillait, grenouillait, scribouillait s'était abattu sur lui. Une curée. Pas un dignitaire, pas un prébendier de la République qui n'ait fiévreusement cherché à se prouver que les motifs de cet homme-là n'étaient pas bons. Ils s'y affairaient tant que pas un seul personnage de l'Etat n'avait pris le temps de se demander s'il n'était pas plausible aussi de le rejoindre. N'empêche, il aurait pu dire déjà : « Mais il fallait que je le fasse. »

En 40, du plus grand naturel, ils l'avaient laissé condamner à mort; ce coup-ci ils le promettaient à l'asile psychiatrique. Dans l'avion du retour, il le sait déjà. Couve de Murville lui a signalé l'article du *Times* de Londres : « déclin erratique »... Tout honnête lecteur britannique comprend. C'est le vieux roi Lear courant la lande sous l'orage en quête de sa grandeur d'autrefois avec des fleurs dans les cheveux, et qu'on pousse dans une porcherie. Convoquant dans le confessionnal de la cabine-avant Jean-Daniel Jurgensen puis René de Saint-Légier, le Général martèle en termes significativement identiques :

— Je vais être traîné dans la boue. Vous voyez la presse étrangère; vous allez voir la presse française! Ils vont se livrer à des manifestations indécentes à mon égard et à l'égard de la France. Je m'en accommoderai. Ce que j'ai fait, vous m'entendez bien, je devais le faire. »

Il se balance d'arrière en avant pour ponctuer. Il est assis à la table de droite, sens de la marche. M⁽ᵐᵉ⁾ de Gaulle est à la table de gauche.

René de Saint-Légier : — Elle lisait. Sans s'occuper du visiteur. »

Elle non plus n'est pas une gamine. Quand son mari parle comme ça, ça annonce en 40 qu'on va se retrouver sur un cargo pour l'Angleterre, en 62 qu'on va se retrouver dans une auto transformée en passoire par les balles du Petit-Clamart. Ça ne vaut pas la peine de lever les yeux de son livre.

*
* *

Son paquet de boue, il n'aura pas vingt-quatre heures à l'attendre. La grosse mesure. Et du plus prestigieux fournisseur. Aussi généreusement qu'en 40. La chose est déversée de la blanche main de la plus haute Excellence de l'establishment parisien, André François-Poncet *. Le mainteneur le plus prestigieux de la moustache au petit fer, la respectabilité à la puissance trois : numéro un de la diplomatie honoraire sous trois Républiques, ce qui implique qu'on est de l'Académie française, ce qui implique qu'on est du conseil d'administration du *Figaro*.

En première page de ce réceptacle des bonnes manières (lequel voisine avec le sucrier d'argent dans tout ce qui reste à la France de chancelleries convenables) Son Excellence inflige un zéro de conduite et de tenue au général libertaire. Epoustouflant numéro de diplomatie-fiction en gants blancs : l'Histoire rappelée aux convenances; fi des vulgaires scrupules de la vérité, là où elle est impudique. Le titre déjà fait le dégoûté :

UN FAUX PAS

« Sans vouloir accabler le pécheur, il est permis de s'étonner et de s'affliger de l'extraordinaire et humiliante mésaventure survenue par sa faute au chef de l'Etat français, au cours de sa visite au Canada... »

(D'entrée de jeu, on le voit, Son Excellence aménage la vérité à son goût : pour les abonnés du *Figaro* il doit être entendu, « humiliante mésaventure » que le général de Gaulle s'est fait expulser et non pas que le président de la République française a pu préférer l'annulation à l'affront.)

« ... C'est trop peu dire que de parler d'un simple malentendu. Dans les discours et les toasts prononcés par le général, on trouve, il est vrai, l'affirmation d'une volonté de respecter l'unité canadienne... »

(Le lecteur remarquera ci-dessus que M. l'Administrateur du *Figaro* a typographiquement condamné « le Général » à la dégradation : contrairement à la tradition d'imprimerie, il lui a fait retirer sa majuscule pour un g bas de casse.)

---

* André François-Poncet est le père de Jean François-Poncet qui, sous la présidence de Valéry Giscard d'Estaing sera nommé ministre des Affaires étrangères en 1978.

« Mais plus insistante, plus véhémente, plus pressante est l'exhortation à s'émanciper, à s'affranchir, à se libérer adressée aux habitants du Québec, aux Français du Canada. »

(Oui, « libérer »! Alors ici frémissez, lecteurs du *Figaro* :)

« Ces passages ont incontestablement l'accent, l'élan d'une incitation à une action de caractère révolutionnaire. »

(Il va de soi, pour un personnage couvert de tous ses honneurs et de tous ses bénéfices par une République qui célèbre sa fête nationale le 14 juillet que ce « caractère révolutionnaire » ne peut qu'être porteur d'épouvante. Le régicide obstiné est allé semer l'ivraie parmi les seuls Français qui ne s'étaient pas encore livrés à la révolution et voilà, frémissez derechef, qu'il a refusé de s'en repentir.)

« C'est ce que ne pouvait accepter le gouvernement du Canada. C'est ce qui devait être expliqué, précisé et mis au point, pendant le séjour du général à Ottawa, capitale de l'Etat.
« Le général a préféré couper court et rentrer en France. »

(Maintenant, c'est le Général qui rentre de lui-même. Où est passée « l'humiliation »?)

« Il s'est jugé offensé. Il était, il est l'offenseur.
« Dès l'origine, d'ailleurs, une faute majeure a été commise dans l'organisation de cette visite officielle. Il convenait d'aller d'abord à Ottawa, siège du gouvernement invitant, et de descendre seulement ensuite le Saint-Laurent, et non l'inverse. »

(Ici Son Excellence sort résolument de la vérité : le gouvernement d'Ottawa n'était pas « l'invitant ». M. l'Administrateur du *Figaro* ne pouvait manquer de le savoir : dans son propre journal, un article préliminaire signé Pierre Thibon avait exposé minutieusement l'objet et les circonstances du voyage présidentiel; puis deux envoyés spéciaux, Nicolas Chatelain et Louis Périer-Daville rendaient compte de ce voyage à chaque étape.
En lisant le paragraphe qui suit, il faut se pincer pour croire que le personnage qui parle ici du président de la République française a été le plus haut fonctionnaire de cette République :)

« La courtoisie, l'usage, l'exigeaient. Il aurait fallu aussi se souvenir qu'un chef d'Etat, en voyage officiel à l'étranger, doit emporter dans ses bagages une ample provision de prudence, de réserve et de tact. (...)
« Il y avait, pour un visiteur étranger, mille raisons de s'entourer de précautions. Encore eût-il été nécessaire de se rappeler que le Canada est un dominion, dont la souveraine est la reine d'Angleterre. »

(Courbe la tête devant ta suzeraine à qui nous t'avons vendu, Québec, au lieu d'ovationner grossièrement le Libérateur.)

« Du temps où la diplomatie française existait... »

(Et vlan! pour ce petit parvenu de Couve de Murville qui, non content de succéder à François-Poncet comme ambassadeur en Allemagne, a eu l'impertinence de se laisser nommer ministre des Affaires étrangères.)

... « du temps où la diplomatie française existait, le chef de l'Etat, avant de partir en voyage officiel au-dehors, soumettait le texte des allocutions, toasts et discours qu'il aurait à prononcer, au chef de son gouvernement et à son ministre des Affaires étrangères. Toute surprise était d'avance éliminée. »

(Il est exact que du temps où Son Excellence André François-Poncet était accréditée auprès de Hitler puis de Mussolini, « toute surprise était d'avance éliminée » : ni lors de la remilitarisation de la rive gauche du Rhin par les nazis ni lors de la capitulation franco-britannique à Munich, le gouvernement français ne se permit de déranger par aucun sursaut les pensées de ses conseillers diplomatiques.)

« Le régime personnel a bouleversé ces coutumes ».

(Nouvelle manipulation de la vérité. On a vu que le général de Gaulle avait comme d'habitude communiqué d'avance le texte de ses discours canadiens au chef de son gouvernement et à son ministre des Affaires étrangères.)

« ... le régime personnel a bouleversé ces coutumes. Nous avons maintes fois signalé les dangers d'un tel régime. On en voit, aujourd'hui en pleine lumière, les inconvénients. Le général n'avait certainement pas préparé ses interventions oratoires. Il s'est abandonné à sa verve; il s'est laissé guider par l'ambiance.
« Il s'est fourvoyé. Malheureusement, il n'est pas assez modeste pour reconnaître son erreur. Il s'y enfoncera, plutôt, et dénoncera l'erreur des autres (...) »

Vingt mois plus tard, de Gaulle n'en revenait pas encore :

Général de Gaulle (en 1970 dans sa retraite de Colombey) : — Cette rage des bourgeois français à vouloir effacer la France à tout prix!... Des Français qui tendaient les mains vers la France... Et on a été jusqu'à penser que je ne tournais plus rond [38]! »

Réflexe du président de la République, dès qu'il lit cet article : pourvu que les Québécois trompés par les clinquantes chamarrures de S.E. André François-Poncet n'aillent pas croire que ça représente la France! Il faut rompre toute équivoque; si le personnage est libre de parler, du moins doit-on marquer qu'il n'a aucun titre à parler au nom de l'Etat.

L'occasion s'en présente bizarrement au premier Conseil des ministres qui suivra le retour de Montréal. Entre autres honoris causa et jetons de présence, Son Excellence est président de la Croix-Rouge française; pour se faire élire il lui a fallu être préalablement désigné par le gouvernement comme « représentant de l'Etat » au Conseil

d'administration de cette maison. Or parmi les « mesures individuelles » énumérées au bas de l'ordre du jour du prochain Conseil des
ministres figure le renouvellement des représentants de l'Etat. Pour
rendre un sens aux mots, de Gaulle fait biffer le nom de François-
Poncet sur la liste. L'étonnant est que l'intéressé s'en étonne.

L'affaire passe inaperçue du grand public. Dans les salons des
dames ambulancières et sur les moquettes du Quai d'Orsay elle fait
jacasser bien plus que n'a jamais pu le faire la lointaine doléance des
Québécois.

Stendhal : — Excellent juge des circonstances piquantes d'une
intrigue et des petites choses en général, dès que le sujet dont on
s'occupe prend des proportions héroïques la société de Paris n'y est
plus. L'instrument de son jugement ne peut s'appliquer à ce qui est
grand : on dirait d'un compas qui ne peut pas s'ouvrir passé un certain
angle. »

Le Tout-Paris se consacre à dauber sur la mesquinerie rancunière
du Général. Nul ne se demande si une telle caractéristique n'a pas
plutôt inspiré l'article du *Figaro*. Personne ne se risque à rappeler que
sous la IVᵉ République les amis atlantistes de François-Poncet ont
inauguré le procédé, à plus grande échelle : en avril 1954, le
gouvernement Laniel-Bidault-Pleven a dépouillé le maréchal Juin de
toutes ses prérogatives et fonctions nationales, pour marquer qu'il ne
saurait parler au nom de la France lorsqu'il formulait sa réticence
devant le projet de communauté militaire supranationale, la CED *.
Dieu sait pourtant si le soudard y avait mis plus de circonlocutions que
François-Poncet.

Indéracinable ultramontanisme des employés de la diplomatie
française. Vous pouvez le laïciser, le rebaptiser ultramanchisme ou
ultratlantisme, le pli demeure. A priori, le gallicanisme est impudique,
l'étranger seul d'office est respectable. On a lu tout à l'heure l'éditorial
du *Figaro*, crème de ce lait-là : « C'est ce que ne pouvait accepter le
gouvernement canadien... » « Encore eût-il été nécessaire de se
rappeler la souveraineté de la reine Elisabeth d'Angleterre... » etc. A
aucun moment il n'est dit qu'on peut aussi se rappeler la France.

Jean-Daniel Jurgensen : — Dans les ministères, parmi les diplomates,
les hauts fonctionnaires, on insinuait très clairement l'accusation
psychiatrique. La plupart de mes collègues étaient malades de
l'entorse que le général de Gaulle avait faite au protocole. Le
protocole! Si de Gaulle l'avait observé le 18 juin 1940 il serait allé se
présenter au bureau démobilisateur. Dans le parti gaulliste **, il n'y
avait pas un homme politique sur huit en faveur de la cause indiquée
par de Gaulle. Nous qui avions vu ce qui s'était passé au Québec, nous

---

* Le maréchal Juin a été rétabli dans ses prérogatives par Pierre Mendès France,
trois mois plus tard.
** Jean-Daniel Jurgensen a été député socialiste à l'Assemblée Constituante de
1945-1946.

tentions de remettre les choses au point. Nos collègues, et les hommes politiques, des ministres en fonction même, nous répondaient que les gens du voyage avaient été pris de délire... »

Tels sont les thèmes qui ayant même le retour du Général imprègnent tous les sous-entendus, tous les sourires ironiques, jusqu'au service de presse des Affaires étrangères. Rien d'étonnant si la radio d'Etat, la télévision d'Etat les reflètent d'instinct. Leur ton de fronde n'est qu'une forme nouvelle du conformisme. Les journalistes d'Etat, d'ailleurs, ne font là que leur métier : les commentaires désobligeants affluent du monde entier, on manquerait à l'objectivité en les passant sous silence. Objectivité semi-perméable : autant elle est sensible à l'ampleur des ronds dans la mare, autant elle avait ignoré le météorite qui les a provoqués. Volontaire ou pas, on a créé un énorme blanc dans l'information due aux Français.

Jean-Daniel Jurgensen : — Les journalistes de la radio télévision officielle y allaient à fond. On aurait dit qu'ils s'attendaient à voir le Général enfermé à l'asile. Si de Gaulle avait été le dictateur que certains prétendaient, il avait là de quoi flanquer des gens en prison, ou en tout cas à la porte.
« En tant ·que directeur d'Amérique, il me semblait nécessaire d'envisager des mises au point, des rappels à l'ordre qui n'auraient été que des rappels à la vérité. Mais on semblait — une fois n'est pas coutume — se faire un plaisir de laisser la bride sur le cou de ces commentateurs. Je me souviens, Ch... mon gentil collègue du service de presse du Quai d'Orsay, je lui ai téléphoné pour lui dire qu'il fallait redresser ça. Il m'a ri aimablement au nez; c'en est resté là. »

A la Direction de l'information et de la presse du ministère des Affaires étrangères, la défiance existait de longue date à l'égard des aspirations du Québec. Lorsque le voyage du général de Gaulle a été annoncé, le directeur de la télévision Claude Contamine a jugé nécessaire une seconde diffusion d'une série de trois films que Jean-Marie Drot avait réalisée au Québec, trois ans auparavant. Le représentant du service de presse du Quai d'Orsay a mis son veto. Drot avait découvert et filmé là-bas une réalité qui tranchait sur les clichés mondains. Le diplomate y voyait une provocation propre à peiner le dominateur anglais au moment où le général de Gaulle ne pouvait avoir d'autre but que de faire le beau devant les gens d'Ottawa. Le personnage parlait au nom du ministre supposé détenteur des desseins présidentiels. Contamine rengaina ses trois émissions.
Les journaux imprimés s'en donnent à cœur joie. André François-Poncet a fourni la caution de respectabilité. Les journalistes qui n'étaient pas du voyage veulent être les mieux renseignés, la province ne veut pas avoir l'air en retard sur l'incrédulité parisienne. Du nord au sud, d'est en ouest, on reprend deux contrevérités d'Evangile : primo le général de Gaulle a montré une déplorable ignorance de la

réalité canadienne; secundo ce ne sont pas des manières envers ceux qui vous ont invité.

Dix ans plus tard seuls ces deux points surnageront dans l'esprit des Français. Qui leur a jamais dit que de Gaulle méditait depuis quarante ans sur le dossier Québec et qu'avant de lui donner la publicité du balcon il travaillait dessus déjà depuis six ans, d'Etat à Etat, avec le gouvernement d'Ottawa, sur la prière de celui-ci? Qui leur a jamais dit que le général de Gaulle était l'invité du Québec et non pas du Canada fédéral?

***

Pour enraciner de telles erreurs, André François-Poncet apportait la caution la plus bourgeoise. Mais la panique ne l'avait pas attendu. C'était un sauve-qui-peut :

Ouest-France (28 juillet 1967) : — Qu'on ne s'y trompe pas! Le Canada, ce n'est pas la France! »

Ils avaient si vite crié : l'Algérie c'est la France. Ils étaient encore dans la hantise de s'y laisser reprendre. Les choses se passent cinq ans à peine après la fin de la guerre d'Algérie; aucun journal français ne peut s'empêcher d'y ramener ses raisonnements :

Le Monde (dès le lendemain du balcon) : — La personnalité française du Québec comme naguère la personnalité algérienne? (...) Comment ne pas s'interroger et s'inquiéter de cette brutale irruption dans les affaires intérieures d'un Etat? Toute la doctrine gaulliste de la non-ingérence ne serait donc qu'affaire de circonstances? »

Nous n'avons pas la réponse du général de Gaulle. Voici ce qu'il nous en semble, en recoupant les conceptions qu'il a eu l'occasion d'exprimer de-ci de-là. Un Etat à ses yeux se justifie dans la mesure où il est l'ossature qui permet à une nation de vivre sainement. Un système qui coiffe plusieurs nations est congénitalement inviable parce qu'il en sert une seule et tient les autres exilées dans leur propre patrie. Ce ne peut pas être un Etat avec le respect qu'on lui doit.

Général de Gaulle (27 novembre 1967) : — Il faut un changement complet de l'actuelle structure canadienne telle qu'elle résulte de l'acte octroyé il y a cent ans par la reine d'Angleterre. »

Par le même motif, il avait été d'accord en son for intérieur lorsque des gouvernements étrangers — au premier rang desquels il y avait celui d'Ottawa — soutenaient que la Constitution de la nation française ne pouvait pas enfermer la nation algérienne. Il n'avait pas pu le crier tout de suite sur les toits :

Général de Gaulle (en confidence au journaliste André Passeron, 6 mai 1966) : — J'ai toujours su et décidé qu'il faudrait donner à l'Algérie son indépendance. Mais imaginez qu'en 1958, quand je suis revenu au pouvoir, je dise sur le Forum d'Alger qu'il fallait que les Algériens prennent eux-mêmes leur gouvernement, il n'y aurait plus eu de De Gaulle, immédiatement. »

Pourtant, ce n'est pas à cause de cela qu'il a hargneusement écarté ceux qui voulaient trancher l'affaire de l'extérieur, les gens de l'ONU, les messieurs-bons-offices comme la mode voulait qu'on dise, ceux de Washington, ceux d'Ottawa. Simplement il estimait qu'il était mieux placé que des étrangers indifférents pour conduire la transition. Or c'est strictement à cette attitude-là qu'il s'est tenu dans l'affaire canadienne.

A l'écoute de la doléance québécoise comme on l'avait été à Ottawa du malaise des Algériens (et de Gaulle avait des motifs plus directs d'être à cette écoute) à partir de 1960 il a recommandé au gouvernement canadien de s'y prendre à temps pour conduire cette transition. Il l'a dit au Premier ministre Diefenbaker en 1960 à Montréal, il l'a dit au Premier ministre Lester B. Pearson à Paris, il le lui a fait redire très formellement par l'ambassadeur Jules Léger en 1964.

Mieux, il les a aidés à conserver la maîtrise de l'opération comme personne ne l'y avait aidé. Il n'a pas cessé d'insister auprès des Québécois pour qu'ils prennent la transition du bon côté :

De Gaulle (dans son discours d'Etat au Château-Frontenac) : — Compte tenu des difficultés inévitables de tels changements, moyennant des accords et arrangements que peuvent raisonnablement comporter les circonstances qui vous environnent et sans empêcher aucunement votre coopération avec les éléments voisins et différents, on assiste ici comme en maintes régions du monde à l'avènement d'un peuple. »

Les autres, comme Guy Mollet, ont choisi de profiter du délai pour ne rien faire. Entre le moment où de Gaulle (parce qu'on lui demandait un coup de main) avait conseillé en 1960 un changement hardi et le moment de 1967 où il porte l'affaire sur la place publique de Montréal, les choses ont traîné deux fois plus de temps qu'entre le commencement de la guerre d'Algérie (octobre 1954) et le recours à de Gaulle pour arrêter cette guerre (mai 1958) : sept ans contre trois et demi.

Et sept ans contre cinq si l'on aime mieux compter le moment (16 septembre 1959) où de Gaulle a solennellement promis l'autodétermination des Algériens aux grands applaudissements du gouvernement fédéral canadien.

Autodétermination... C'est là que les Français du Vieux pays cessent de comprendre. Bizarrement ils veulent que cela présuppose un statut futur. A leurs yeux c'est un aboutissement — ou une échappatoire déguisée en aboutissement. Pour de Gaulle, il s'agit d'un moyen de procédure, donc d'un point de départ. Au-delà? On s'interdit par principe de préfigurer le statut : il faut au contraire qu'il émane des intéressés. Inévitablement, l'aboutissement varie selon la façon dont une nation obtient enfin la faculté de déterminer elle-même son sort. Plus elle doit se battre pour arracher ce droit, plus son indépendance sera ombrageuse et solitaire. D'où l'évolution apparente des conceptions du général de Gaulle pour l'Algérie, à mesure qu'on marchandait l'autodétermination à coups de fusil : l'intégration qu'il espérait en 1945, l'interdépendance à laquelle il essayait de croire en 1959 n'étaient plus imaginables en 1962. Semblable glissade des données pour le Québec, à chacun de ses trois passages au Canada, en 1944, en 1960, en 1967. Pas davantage n'était à ses yeux immuable l'avenir du Québec en la forme qu'il évoquait dans ses *Mémoires d'espoir* au moment de sa mort.

L'autodétermination au fond pour de Gaulle ce n'est que la variété constitutionnelle de la participation : rien de solide ne se légitime tant que tous les intéressés n'y prennent pas toute leur part. C'est le seul moyen de se mouler sur la réalité des hommes. Cette plasticité contraste avec la société bloquée, qui finit par se fracturer. La forme juridique de l'autodétermination n'est pas pour lui l'essentiel, quoi que s'imaginent les faiseurs de règlement. Alors ils le soupçonnent d'opposer la légitimité à la légalité. En fait il ne les situe pas au même étage. La légalité, une nation la consent ou la subit; la légitimité, une nation participe à sa création. La légitimité, c'est la légalité vitalisée par la participation de tous. Que la loi se fasse en dehors d'eux, elle apparaîtra tôt ou tard lettre morte.

Quant à la procédure selon laquelle on fait apparaître la légitimité, elle vient en second et peut varier *.

La question essentielle est de savoir si une nation a droit ou n'a pas droit à la liberté de déterminer elle-même son destin. C'est cette question qu'il est allé poser au balcon de Montréal pour le compte de ceux qui n'arrivaient pas à se faire entendre.

*
* *

Il n'y a pas qu'à Montréal ou à Pnom Penh. Entre Pnom Penh et Montréal, il devait aller en Pologne. La guerre du Proche-Orient l'a obligé à renvoyer son voyage de quelques mois. Lorsqu'il y va du 6 au 12 septembre, l'affluence sur sa route est aussi chaleureuse ou presque que le long du Chemin du Roy, et pour la même raison : on reconnaît en lui l'homme qui peut parler mieux que quiconque du droit des peuples à disposer d'eux-mêmes parce que d'abord il s'est battu contre toute vraisemblance de 40 à 44 pour que ce droit soit restitué à sa propre nation.

Au terme de ce parcours polonais en forme d'apothéose, à Gdansk (ci-devant Dantzig) il va exactement aussi loin qu'au balcon de Montréal.

---

* De Gaulle par exemple a pu considérer que l'Histoire l'avait suffisamment légitime pour un temps : il a attendu 1958 pour faire dépendre son pouvoir d'un référendum. Le premier référendum de 1945 ne mettait pas en jeu sa présence aux affaires.

De Gaulle à la nation polonaise, 10 septembre 1967 : — Vous êtes faits pour être un grand pays. La France n'a pas de conseils à vous donner. Mais (...) elle espère que vous verrez un peu plus loin, un peu plus grand peut-être que ce que vous avez été obligés de faire jusqu'à présent.

« Les obstacles qui vous paraissent aujourd'hui insurmontables, sans aucun doute vous les surmonterez. Vous comprenez tous ce que je veux dire... »

Il y a effectivement quelqu'un qui comprend tout de suite, c'est l'homme qui à cette époque tient la Pologne sous la suzeraineté de Moscou comme Pearson tient le Canada sous la suzeraineté de S.M. Elisabeth. C'est Wladyslaw Gomulka, secrétaire général du parti communiste polonais. Il réagit comme son homologue canadien : il mijote une réplique non prévue au programme. Du haut de la tribune de la Diète, il lance à de Gaulle :

— La Pologne renaissante a tiré toutes les conclusions qui découlent de ses expériences historiques. L'alliance avec l'Union soviétique, jointe aux traités conclus avec les Etats socialistes de l'Europe Orientale, est la pierre angulaire de la politique de la République populaire de Pologne. »

On croirait entendre le communiqué de Lester B. Pearson « Les Canadiens n'ont pas besoin d'être libérés... » Sauf que Gomulka est plus mesuré : il évite de dire que le propos du Général est inacceptable. Sa retenue relative permet au moins ce que l'outrance de Lester B. Pearson n'a pas permis : de Gaulle et Gomulka s'enferment dans un salon voisin. Ils y restent plus de deux heures. Le président de la République française sort en hochant la tête :

— Je peux dire sans trahir de secret que ces conversations ont été franches... »

Deux jours plus tard, de Gaulle allait raconter à ses ministres que Gomulka avait insisté sur « les conditions et positions particulières de la Pologne ».

Là encore, on croit entendre son discours aux Québécois, « les difficultés inévitables de tels changements, les accords et arrangements que peuvent raisonnablement comporter les circonstances qui vous environnent... »

Pourquoi *Le Figaro* n'a-t-il pas publié une seconde fois l'éditorial d'André François-Poncet? C'est à peine si on a mentionné en France cet incroyable voyage polonais, et l'espérance d'avènement qu'il révélait dans une nation pourtant six fois plus nombreuse que les Québécois. Il allait de soi pour les bourgeois parisiens que de Gaulle prît ses risques en Pologne : la tutelle qui était en cause n'était pas atlantique. On a même négligé de croire que de Gaulle était fou.

Il avait prévu de parler à Gdansk d'abord, à Montréal ensuite. Si la guerre éclatée entre Israéliens et Arabes ne l'avait pas obligé à intervertir, le monde aurait-il mieux saisi sa pédagogie? On aurait sans doute eu plus de mal à forger le gigantesque malentendu entre les Français et lui à propos de son appel de Montréal.

*
* *

Dès le lendemain de cet appel pour le droit du Québec à disposer de lui-même, les gens qui se posaient en confidents du pouvoir ont enfoncé de Gaulle. Au lieu d'expliquer l'événement, ils ont prétendu le faire pardonner, en le minimisant.

Pierre Charpy, dans *Paris-Presse :* — Le général de Gaulle à aucun moment n'a pensé ni voulu encourager le séparatisme québécois. Et parlant du « Québec, maître de son destin » il ne faisait aucune allusion à une dissidence quelconque des Canadiens français. »

Le Général va bientôt réaffirmer qu'il a pensé et voulu le contraire :

De Gaulle (première conférence de presse après son voyage au Québec) : — Cela aboutira forcément, à mon avis, à l'avènement du Québec au rang d'un Etat souverain. »

Il lui faut ramer contre ses faux dévots plus encore que contre ses dénigreurs systématiques. Il dépense là une bonne part de l'énergie qu'il comptait mettre à propulser l'avènement de la Nouvelle-France d'Amérique.

Gilbert Pérol (chargé à l'époque des questions d'Information à l'Elysée) : — Lui le Général, qui était blindé sur les réactions de la presse même s'il en a toujours souffert, c'est à peu près le seul cas, je crois bien, où il n'a pas pu se retenir de lui dire son chagrin. »

Général de Gaulle (première conférence de presse après son retour du Québec) : — Nous tous Français, que nous soyons du Canada ou bien de France, pouvons dire comme Paul Valéry l'écrivait quelques jours avant de mourir : "Il ne faut pas que périsse ce qui s'est fait en tant de siècles de recherches, de malheurs et de grandeurs et qui court de si grands risques dans une époque où domine la loi du plus grand nombre. Le fait qu'il existe un Canada français nous est un réconfort, un élément d'espoir inappréciable. Ce Canada français affirme notre présence sur le continent américain. Il démontre ce que peuvent notre vitalité, notre endurance, notre valeur de travail. C'est à lui que nous devons transmettre ce que nous avons de plus précieux, notre richesse spirituelle. Malheureusement trop de Français n'ont sur le Canada que des idées bien vagues et sommaires... "
« Et Paul Valéry concluait : "Ici s'insérerait trop facilement une critique de notre enseignement... "
« Ah! qu'eût-il dit de notre presse, s'il avait vécu assez pour lire tout ce que tant et tant de nos journaux ont pu publier — n'est-ce pas... —

à l'occasion de la visite que le général de Gaulle a rendue aux Français du Canada! »

Finalement, journalistes et politiciens, majorité gouvernementale autant qu'opposition, tout le monde aura renvoyé le Québec aux limbes. Et tout le monde sera passé à côté du problème que de Gaulle essayait de ramener.

Le ministre de l'Information, Georges Gorse, reçoit l'ordre de remettre les choses au point. Campagne d'explication, en public et en privé. Trop tardive et trop théorique : Gorse, qui n'avait pas vu à temps l'importance du voyage du Général, ne sent pas son sujet assez sincèrement pour inverser le courant qui déferle. Il affecte un « étonnement » dédaigneux devant l'incompréhension de ses compatriotes. C'est s'attirer une volée de bois vert du journaliste le plus lucide de Paris :

Pierre Viansson-Ponté, dès le 29 juillet dans *Le Monde* : — Peut-être faut-il chercher la clef de l'étonnement officiel et de l'incompréhension de l'opinion ailleurs que dans le seul épisode canadien. La procédure et le contenu des ordonnances, les vicissitudes de l'économie, les perspectives budgétaires, l'inquiétude sur l'emploi, la sourde effervescence des milieux agricoles, les grandes incertitudes politiques et parlementaires, et surtout les divisions provoquées par la politique de l'Elysée dans l'affaire du Proche-Orient, ont engendré ce qu'un dirigeant du régime nommait récemment ‹‹un climat de morosité politique et économique ''. »

Observation prémonitoire! Neuf mois séparent cette fin juillet 1967 et le début de Mai 68. Pierre Viansson-Ponté décortique neuf mois à l'avance toutes les charges qu'accumule Georges Pompidou avec sa façon de mener les affaires depuis l'élection présidentielle de fin 65.

Si on regarde les choses de cette façon, l'ignorance et l'aveuglement, le préjugé, c'est dans l'exécutif qu'on commence à s'étonner de les apercevoir, gigantesques.

C'est vrai qu'avec le recul du temps, la relecture de la presse de ces jours-là devient insupportable. Mais plus effarante demeure l'insolente, l'insultante insensibilité des ministres, des fonctionnaires, des parlementaires gaullistes face à l'anomalie de l'opinion publique. Trop facile à ces gens d'incriminer les journalistes. Mettons plutôt que les journalistes, avec les limites de leur entendement, avec les préventions de leur sensibilité, constituent un assez fidèle reflet de la moyenne de leurs concitoyens : disons reflet trouble, plus souvent que déformé.

En juillet 1967 les vizirs engraissés à l'ombre trop rassurante du général de Gaulle ne savent plus déchiffrer ce reflet. Ils ne savent même plus s'inquiéter de la vitre invisible et déjà incassable qui les sépare de la réalité française. Pas un, dirait-on, qui se soit tracassé de la bizarre incapacité où les Français se sont trouvés de rien avaler de l'affaire québécoise.

De cette insensibilité replète et fatale, un seul personnage reste exempt : de Gaulle. Le trait est aisément vérifiable : le Général va exposer presque aussitôt, par télévision, l'immensité du malaise et l'urgence de le corriger. Et notre livre va trouver là sa suite.

Mais de Gaulle ne cessera plus de rencontrer le même accueil: l'opinion ne sera plus en état de l'écouter, et encore moins les ministres en mesure de le comprendre. Et la carrière du Général va trouver là sa fin.

*
* *

Grouiller. Grenouiller. Scribouiller. Verbes techniques. De Gaulle recourt volontiers au vocabulaire des corps de métier. Ici il distingue trois fonctions, qui ont d'ailleurs prise l'une sur l'autre : trois pignons d'un engrenage.

Grouiller : métier de l'agent étranger. Grenouiller est le fait de l'intermédiaire politicien. Scribouiller, facile à deviner, est le gagne-pain du journaliste, académicien ou besogneux; la mouture qu'il livre au public sort au bout de l'engrenage.

Cet engrenage, comme toutes les formules ternaires de la rhétorique gaullienne, doit se lire en remontant : le journaliste est sous l'influence du politicien lequel se laisse impressionner par l'agent étranger. Le général de Gaulle n'a jamais indiqué qu'à ses yeux un tel schéma s'appliquât exclusivement aux opposants déclarés. Il a eu entre les mains la preuve que des gens qui s'inscrivaient dans sa majorité ne s'en exemptaient pas. Car disons tout de suite qu'il parlait sur pièces : elles lui étaient fournies par la DST *, via le service de Jacques Foccart.

Jean-Daniel Jurgensen (directeur d'Amérique au Quai d'Orsay, au moment des faits): — Ce qui démolissait l'action entamée par le général de Gaulle en faveur des Français du Canada, c'était le comportement de la politique intérieure. Les attaques de l'extérieur étaient de toute façon prévues. Mais le Général pouvait craindre que l'incompréhension étalée dans la presse française, même dans celle qui se donnait les airs les plus officieux, ne décourage les Français du Canada et ne leur donne à croire qu'eux et de Gaulle, ils avaient trop rêvé. »

En juillet 1967, deux services étrangers ont besoin que de Gaulle soit fou. Cette fois il n'y a pas les Etats-Unis.

Les grenouilleurs (pour la clarté du schéma nous conservons le vocabulaire gaullien), les grenouilleurs atlantistes de Paris se sont en vain époumonés à démontrer au gouvernement américain qu'il devait découpler ses grouilleurs. A l'instar des académiciens du *Figaro*, le socialiste Guy Mollet, le chrétien-démocrate Jean Lecanuet et surtout

---

* *DST* : Direction de la surveillance du territoire, service de police chargé de surveiller les agissements étrangers ou non, dirigés contre la sécurité de l'Etat à l'intérieur des frontières françaises.

ses acolytes Pierre Abelin et Charles Bozon ont dénoncé à la vindicte de Washington « l'obsession antiaméricaine » du général de Gaulle. Une coïncidence les a ulcérés : à mesure que la fête québécoise s'illuminait autour du général de Gaulle, tout près de là à Chicago une émeute de séparatistes noirs se faisait maîtresse de l'énorme cité. Plusieurs jours de mort, de pillages, d'incendies, de paralysie et de frousse. L'image du paradis américain, déjà ternie par la guerre du Vietnam, était cruellement cabossée par la révélation de la condition matérielle, morale et mentale où les Noirs des Etats-Unis étouffaient. Les bons esprits de Paris auraient aimé que de Gaulle sache s'abstenir de parler dignité et liberté à quelques encablures de là. Tout juste si on ne le soupçonna pas de quelque connivence. Une homonymie embrouillait le public dans les explications des radios. Le président des Etats-Unis aux prises avec le soulèvement noir s'appelait Lyndon Johnson; quand ensuite on annonçait que de Gaulle soulevait l'agitation aux côtés d'un nommé Daniel Johnson, on ne savait plus si celui-là était assailli ou appuyé par le Général.

On n'a pas eu d'indice, à notre connaissance, que le gouvernement des Etats-Unis ait déclenché une effervescence exceptionnelle de ses grouilleurs dans Paris. Bien sûr parmi les membres de l'ambassade américaine, ceux qui étaient des affidés de la CIA * ont été signalés pour leurs commentaires malsonnants dans les dîners en ville. C'était monnaie courante. Il n'y a pas eu, semble-t-il, ordre de leurs supérieurs de Washington. D'abord, ç'aurait été superflu.

Jacques Foccart (dix ans plus tard) : — Il n'y avait vraiment pas besoin d'un geste venu de Washington pour déchaîner les adversaires du Général, dans le climat de 1967! »

Jean-Daniel Jurgensen : — Il faut voir également que les Etats-Unis ne se sentaient pas visés de plein fouet. C'est Ottawa qui se trouvait en cause. Alors bien sûr les Etats-Unis avaient un penchant de solidarité avec les autres peuples de langue anglaise. Ils n'aiment guère le Québec à cause de ça. Mais leur deuxième réflexe, c'est l'indifférence : qu'ils aient affaire à Ottawa ou à Québec, ça leur est à peu près égal. Certes si on avait consulté les Etats-Unis ils auraient répondu de laisser les choses en l'état.
« Mais disons que ça n'est pas un obstacle absolu, central. C'est un obstacle relatif, latéral. Les Américains n'aiment pas beaucoup les gens qui veulent être indépendants, mais ils s'y font. Ça vaut pour de Gaulle, ça peut valoir pour les Québécois. On a vu les Américains faire flèche de tout bois pour barrer la route du pouvoir devant de Gaulle; ensuite ils se sont accommodés de lui. »

Ils se sont même accommodés avec lui. Les dirigeants de la CIA et le président des Etats-Unis avaient un motif précis et important pour ne pas croire à « l'obsession anti-américaine » du général de Gaulle.

En 1962, un agent français qui grouillait dans les parages de Cuba a

* Central Intelligence Agency.

eu vent qu'on se préparait à assembler chez Fidel Castro des dispositifs de lancement pour des fusées nucléaires soviétiques. Le SDECE en a saisi le général de Gaulle. La découverte était vitale pour les États-Unis. De Gaulle entendait que la France dont il faisait l'alliée des États-Unis non plus par soumission mais de propos délibéré, se comportât en alliée de plein exercice. Il a prescrit au SDECE de communiquer sa découverte au président américain John Kennedy. L'attaché militaire adjoint de l'ambassade de France à Washington, le lieutenant-colonel Bertrand Féral, a fait la commission (sur toutes les grandes places diplomatiques de la planète, une ambassade ne serait pas prise au sérieux si son attaché militaire adjoint n'assurait pas la correspondance avec les services secrets de son pays).

John Kennedy a envoyé des gens de la CIA surveiller la progression des préparatifs cubains. Lorsque les rampes sont devenues suffisamment visibles et les fusées suffisamment menaçantes, la CIA les a fait photographier par un avion stratosphérique U2. John Kennedy a brandi la pièce à conviction sous le nez des Russes : avant qu'il soit trop tard pour lui et pour eux, il leur a fait sommation de s'éloigner, faute de quoi les Américains en posture de légitime défense allaient tirer les premiers. Kennedy s'avançait au ras du gouffre nucléaire, mais grâce au renseignement français, il le faisait à temps pour éviter au monde d'y basculer.

Le président américain n'éprouva aucune surprise, et pour cause, lorsque le général de Gaulle fit connaître publiquement que les États-Unis n'étant coupables d'aucune faute contre la paix, la France appliquerait à leur côté tous ses engagements d'alliance. La France fut le premier pays à le dire, et le plus clair.

La suite de cette crise mondiale s'est déroulée au grand jour. Quant à son début secret, les grenouilleurs parisiens l'ignoraient. D'où l'inappropriation de leurs premières clameurs. En juillet 1967, quoi qu'on lui chantât, le gouvernement américain savait que de Gaulle, allié ferme, n'était pas homme à faire des crocs en jambe pour le plaisir et réciproquement il n'a pas trop cherché à lui faire un croche-pied au moment de l'affaire québécoise.

*
* *

Les deux gouvernements qui en juillet 1967 avaient besoin que de Gaulle cesse d'insuffler sa fermeté et sa continuité politique étrangère de la France, c'était celui d'Israël et celui de la Grande-Bretagne. Leurs agents à Paris y ont travaillé simultanément, sans coopérer. Les mobiles étaient distincts, le terrain se trouvait le même.

Le gouvernement travailliste britannique de Harold Wilson a décidé de lancer un nouveau coup de boutoir contre le blocus continental que constitue à ses yeux le Marché commun des Six. De Gaulle a repoussé en 1963 une première tentative du conservateur Harold Macmillan.

Le président de la République française considère qu'un septième pays peut participer au Marché commun sous deux conditions préalables : que ce Marché commun fonctionne intégralement dans tous les aspects industriels, commerciaux et agricoles prévus par le traité de Rome; et que le pays candidat à l'adhésion s'engage à respecter ce fonctionnement, et donc à mettre sa propre économie dans le cas de le respecter.

La Grande-Bretagne, elle, entend que l'élargissement du Marché commun doit s'accompagner d'un changement de sa physionomie et d'un relâchement des règles communautaires. Elle veut que le Marché commun qui a été construit dans l'intérêt mutuel des six fondateurs se remodèle au gré de ses intérêts à elle, des intérêts qui restent liés à différentes puissances autres qu'européennes. Dans la forteresse douanière, elle entend ouvrir une brèche qui en ferait une zone de libre-échange. De Gaulle, fort du traité, s'oppose à ce démantèlement. La Grande-Bretagne a besoin en 1967 d'établir aux yeux des associés de la France que de Gaulle n'a plus sa raison, et aux yeux des Français qu'il est temps de changer ce président de la République hors d'usage.

C'est le temps où des membres de l'ambassade britannique à Paris multiplient les invitations individuelles à l'adresse des intermédiaires politiques et des journalistes, à proportion de la froideur qu'ils affichent envers l'Elysée. Ces gentlemen ont été triés en fonction de la situation particulière. Vis-à-vis de leurs hôtes, ils adoptent l'attitude du juste outragé; loin de plaider ils se font altiers, voire, par soudains éclairs quand le client semble cuit à point, impérieux. L'ambassadeur lui-même prend les choses de haut. Le gouvernement travailliste a choisi d'accréditer pour cette mission un homme politique au lieu d'un fonctionnaire diplomatique, et même une personnalité conservatrice : Christopher Soames, ancien ministre de Macmillan, paré par surcroît des plumes de feu de Winston Churchill dont il est le gendre. Avec une courtoisie sobre et entière, Christopher Soames attend ostensiblement que de Gaulle se passe.

Le général de Gaulle connaît pour l'avoir subie cette technique de propagande. Envie-t-il à part lui les Anglais d'avoir des agents aussi stylés, aussi efficaces, et — ce qui lui manque si souvent en France — loyalistes? En tout cas il sait apprécier :

Général de Gaulle (recevant des députés français en 1963 après sa rupture d'avec Macmillan) : — Les Anglais disposent d'un capital de respectabilité tel et si unanimement convenu qu'ils convainquent n'importe qui de n'importe quoi dans la presse étrangère, et jusque chez nous.
« Tenez, moi, M. Macmillan que j'aime bien m'a ainsi fait comparer par la presse anglaise à Hitler et même, pire à ses yeux, à Napoléon. Il me connaît pourtant... [39] »

Les journalistes britanniques font une analyse voisine avec l'humour qui leur est particulier; à les entendre, un chef de gouvernement britannique disait naguère :

— Je n'ai jamais trouvé un journaliste londonien qu'on puisse songer à acheter. Mais si vous saviez tout ce qu'on arrive à leur faire faire gratuitement! »

Pas question non plus pour les grouilleurs diplomatiques anglais à Paris de parler argent. Grenouilleurs et scribouilleurs mondains se sentent bien assez payés d'être bien vus. On se traîne amoureusement chez les serviteurs de Sa Gracieuse Majesté dans l'espoir qu'il en déteindra sur vous un peu de leur respectabilité. Après l'épisode de Montréal, on s'extasie sur le réflexe national qui amène le gouvernement de Sa Gracieuse Majesté à prendre fait et cause pour les Anglais du Canada. Quant à ce malappris de président de la République française qui va exhumer on ne sait quelle solidarité de la France avec les Français du Canada, on se demande où il a bien pu aller chercher ça! Deux ou trois ans avant la Seconde Guerre mondiale, Otto Abetz avait déjà suscité un engouement raffiné pour de tels jeux de salon.

Le gouvernement d'Israël, qui est plus pauvre, ne bénéficie pas de la même gratuité. Mais Israël est en guerre : tous les coups sont bons. L'urgence immédiate est d'empêcher la France de prendre du champ devant les problèmes du Proche-Orient, comme de Gaulle en a esquissé le geste six semaines avant de s'embarquer pour le Québec. Un pays en guerre, au début de sa guerre, au faîte d'un succès initial, ne saurait nuancer sans s'effondrer. Israël va pousser les Français à changer de Gaulle plutôt qu'à changer leur habitude d'alignement.

La chose est difficile à expliquer à dix ou quinze années de distance, tant le passage du général de Gaulle au pouvoir a modifié les conformismes antérieurs : personne n'imagine plus ce que pouvait être l'emprise israélienne sur la pensée courante en France, pas plus qu'on n'arrivera à croire ce qu'a pu être l'emprise de l'OTAN et du Plan Marshall sur la IVe République si on n'a pas vu le faste impérieux du général Eisenhower puis du général Ridgway.

Si le lecteur veut prendre la mesure des positions intellectuelles et sentimentales que les Israéliens tiennent à Paris en cet été 1967, le mieux sera pour lui de feuilleter une collection de journaux, celle de *Paris-Match* par exemple : huit pages de photos dont deux en couleurs sur le voyage au Québec, en un seul numéro une fois pour toutes; dans chaque numéro tout au long de l'été, autant de photos et un nouveau reportage — souvent « à suivre » — sur Israël, sur le général Dayan, sur les femmes-soldats d'Israël, etc. Toutes facilités offertes, toutes portes ouvertes; durant le même été, sur l'Egypte, un filet en bas de page après le suicide du maréchal Akim Amer. Cet hebdomadaire ne constitue pas un cas extrême : on le prend au contraire comme échelle du sentiment de l'époque parce qu'il est mesuré, par comparaison aux autres. Avec une sorte de soulagement des lecteurs, le front du conformisme journalistique s'est ressoudé, plus unanime encore qu'aux temps atlantistes de la Guerre froide : *Le Nouvel Observateur* lui-même en est cette fois *. Seul l'organe officiel du Parti communiste

_____
* Temporairement.

français, *L'Humanité*, ne suit pas; par contraste on dirait qu'il ménage un peu de Gaulle; beaucoup de gaullistes sont atterrés que de Gaulle ne s'en tracasse pas. A l'Assemblée nationale, les députés dits gaullistes qui siègent au groupe d'amitié France-Israël désavouent publiquement le Général; beaucoup de leurs collègues expliquent que sur ce terrain ils ne se sentent pas obligés de suivre leur grand homme. Le trouble gagne l'Armée de l'Air qui entraîne le personnel israélien sur le matériel que la France vend à Israël.

Depuis 1956 et la préparation conjointe de l'opération de Suez, le ministre français de la Défense nationale, Maurice Bourgès-Maunoury, a organisé entre les deux armées (avec l'accord du président du Conseil, Guy Mollet, seul dans le secret, et à l'insu des autres ministres) une coopération qui va jusqu'à l'osmose. Bourgès-Maunoury sera accueilli peu après en Israël comme un héros national. La déconfiture diplomatique de Suez ne met pas de terme à l'application des accords. La guerre d'Algérie continue, le service secret israélien profite de son privilège pour y prendre pied : un peuple qui se bat doit se battre sur tous les fronts qui se présentent. La nomination de Jacques Soustelle comme gouverneur général de l'Algérie est une fête pour les agents israéliens : son retournement, comme on dit dans leur métier, sera une de leurs fiertés.

Ainsi déployés à Alger, ils se sont opposés par tous les moyens en leur pouvoir à ce qu'on ferme le front d'Algérie : c'était leur devoir de soldats en guerre; il s'agissait de fixer le plus loin possible d'Israël le plus grand nombre possible d'ennemis arabes. Leur aide est allée logiquement aux ultras, quand ceux-ci se sont insurgés contre de Gaulle; quelques épisodes dramatiques ont été montés par eux. Quand de Gaulle eut remis la France et l'Algérie en paix, les grouilleurs d'Israël n'ont pas lâché les grenouilleurs en peine; Jacques Soustelle à son tour était devenu une sorte de citoyen d'honneur d'Israël. La subsistance et la circulation des rescapés clandestins de l'OAS s'expliquent en partie par cette amitié.

La France ayant trouvé la paix, Israël n'avait pas la sienne : ses agents — secrets mais militaires — aménagent alors le front de Paris. L'héroïque patriote Asher Ben Nathan, ambassadeur israélien auprès du général de Gaulle, est aux diplomates traditionnels ce que frère Jehan des Entomeures fut aux moines de chœur. Dix ans après Suez, jusqu'en 1966, les agents israéliens se sentaient encore chez eux au ministère français des Armées, les ingénieurs israéliens étaient de la famille dans les fabrications d'armement.

En 1967, un mois avant de rouvrir le feu sur l'Egypte dans le Sinaï, le ministre israélien des Affaires étrangères Abba Eban se présente donc tout naturellement au général de Gaulle pour lui notifier le projet d'attaque préventive. Ici, novation inattendue : le président de la République française rompt l'alignement automatique. Il revendique pour la France la libre détermination de ses intérêts militaires. Ainsi a-t-il déjà fait vis-à-vis des Etats-Unis. Ça lui paraît aller de soi. Il prévient donc Abba Eban qu'il ne se laissera pas impliquer dans une guerre décidée sans considération du point de vue français. Il insiste pour qu'Israël ne se mette pas en posture d'agresseur. Le gouvernement israélien estime, du point de vue de son propre pays, qu'il est vital d'écarter l'armée égyptienne tant qu'il en est temps. C'est la divergence. De Gaulle en prend acte et refuse, le moment venu, de réparer les dégâts que la guerre des Six Jours a creusés dans l'armement israélien : plus de pièces détachées, plus de munitions. Le public français sursaute : on l'a dressé au comportement contraire pendant dix ans.

Les agents israéliens qui tiennent le front parisien ont le devoir patriotique de redresser leur position ébranlée. Leur pays croit impossible, à cette époque, une conduite moins belliqueuse. Le devoir patriotique est d'obtenir que soient restitués tout l'appoint d'armement et tout le consentement diplomatique que la France accordait jusqu'alors. Israël a besoin que le changement que de Gaulle amorce dans la politique française soit nul et non avenu. Il faut que celui par la tête de qui est passé ce changement soit dénoncé comme fou. Le temps presse. A point nommé survient l'étonnement provoqué par la scène du balcon de Montréal. S'il est établi que le général de Gaulle est fou dans sa diplomatie canadienne, preuve est donnée que son comportement vis-à-vis d'Israël n'est pas plus solide. Les grouilleurs israéliens se saignent aux quatre veines pour mettre grenouilleurs et scribouilleurs en campagne dans les salons et dans les journaux; au Parlement, l'aile Algérie française du parti gaulliste UNR est réquisitionnée. La DST prend notes sur notes (cette police n'a pas été contaminée comme les services militaires de renseignement et d'action souterraine).

De Gaulle, qui en est saisi, passe oûtre. Le 27 novembre 1967, dans la plus fracassante de ses conférences de presse, il développe de pair son dossier du Québec et son dossier du Proche-Orient. Ce qu'il dit alors du Québec glisse sur la sensibilité de l'opinion française comme pluie sur vitre. Tout le tapage est autour d'Israël. Non pas qu'on discute l'exposé du président de la République; les grenouilleurs n'en ont entendu qu'un mot et c'est assez pour vouer le Général à la flamme éternelle. Il a dit au passage :

— Les Juifs étaient restés ce qu'ils avaient été de tout temps, c'est-à-dire un PEUPLE D'ELITE, SUR DE LUI-MEME ET DOMINATEUR »...

Les représentants politiques du milieu catholique français se voilent la face. Depuis vingt-cinq ans ils ont peur de voir le diable raciste. Quand les enfants juifs étaient pourchassés en France, quand la soi-disant France de Vichy arrachait la nationalité française à certains Français parce qu'ils étaient juifs, pas un cardinal ne s'était ému * et

---

* L'admirable Mᵍʳ Saliège, archevêque de Toulouse, n'était pas cardinal, et si Pie XII lui donna le chapeau après la guerre, ce fut en grande partie parce que l'Eglise avait beaucoup à se pardonner elle-même.

il n'y avait guère de notables catholiques pour regretter ce monstrueux conformisme.

En 1967, ils n'en finissaient pas de se rattraper. Les pères avaient
sucé des raisins trop sucrés, les fils gardaient les dents agacées.
Pendant vingt-cinq années, dans le milieu catholique français, on n'a
jamais été capable d'aborder les affaires de l'Etat juif comme on eût
fait d'un autre, sans se faire la mine d'une sœur garde-malade.

De Gaulle était sans complexe. Aux persécuteurs de juifs il avait tout
de suite parlé à coups de canon et à Londres il ne s'était pas donné
l'esprit malsain de savoir si des Français résolus comme René Cassin
ou Pierre Mendès France étaient passés par le catéchisme ou par la
circoncision. Là où Vichy le pieux avait mis la ségrégation, lui
rétablissait l'homogénéité française : rentrant à Alger, il avait naturellement remis en vigueur le décret Crémieux, ce que Giraud n'avait pas
fait.

Il parlait à Israël en adulte. La divergence n'exclut pas l'estime.
L'absence de ménagements exceptionnels est une forme de respect.
Les bourgeois catholiques en étaient tellement mal à l'aise qu'ils
comprenaient tout de travers. Les reproches qu'ils n'avaient pas
adressés à Pétain et Laval, il fallait qu'ils les déversassent sur l'autre :
le danger physique était moindre pour eux.

Aux narines allergisées des grenouilleurs chrétiens, ces mots « sûr
de lui et dominateur » ont un relent de racisme : effet sternutatoire
immédiat et sonore.

Dans la bouche du général de Gaulle, la tournure est familière; elle
salue une nation dans la plénitude de ses capacités : le lecteur se
rappelle peut-être qu'il y a trois mois, le 23 juillet, dans son discours le
plus officiel du Château-Frontenac, de Gaulle a dit, en hommage à la
nation française du Canada :

— Un peuple fort et entreprenant. »

Les grenouilleurs n'ont pas clamé pour autant qu'il voulait du mal
aux Québécois. Il paraît qu'il n'en voulait pas davantage à la France.
Or, on se le rappelle probablement, c'est à la France elle-même qu'en
1960 il appliquait la même tournure exaltante. Il voulait ce jour-là
montrer qu'après deux années de redressement constitutionnel et
économique, les Français enfin adultes devenaient capables de
résoudre la question de leurs rapports avec l'Algérie, qui traînait
depuis cent trente ans :

*Début de l'allocution télévisée du général de Gaulle avant le référendum
sur l'autodétermination des Algériens :* — La France apparaît comme
une nation moderne, sûre d'elle-même et entreprenante. »

Le sentiment qui l'anime sept ans plus tard, en 1967 quand il
applique coup sur coup sa formule aux Québécois puis aux Israéliens
au lieu des Français, c'est probablement de l'envie. Qu'on juge
raisonnable ou qu'on déplore l'action des Israéliens, quelle force pour

la réussite quand la nation tout entière devient ou redevient un corps de volontaires.

Le drôle de cette fausse querelle est que la formule avait déjà été infligée au peuple d'Abraham par un personnage de plus haute volée que le général de Gaulle. Dépêché par le Tout-Puissant en mission secrète, un archange qui s'était colleté toute une nuit avec Jacob, la Bible en témoigne, déclara à cet entêté, dans le petit matin, avec le même agacement que de Gaulle après la guerre des Six Jours :

— Je te surnommerai sûr de toi et dominateur face à Dieu, bref je te surnommerai Israël, car tu as lutté avec Dieu et avec les hommes et tu as vaincu [40] ».

Qu'en très haut lieu, on ait qualifié également le peuple d'Abraham de « peuple d'élite », c'est ce que confirme maint passage du même document, le plus ancien document écrit que l'on détienne. Et que de Gaulle ait eu conscience de s'appuyer sur ce document, c'est ce qu'il a lui-même indiqué — relisez sa phrase — en déclarant que la définition qu'il donnait du peuple juif s'appliquait « de tout temps ». On a tort de ne jamais se tenir assez près du mot à mot, dans une phrase du général de Gaulle.

On conçoit que David Ben Gourion, chef du gouvernement d'Israël en 1967 et bon connaisseur de la Bible, ait pris en bonne part le pastiche du général de Gaulle; les grenouilleurs et les scribouilleurs parisiens, gaullistes ou pas, n'ayant pas la même culture que le président de la République, sont un peu décontenancés par cette sérénité. Mais les grouilleurs israéliens ne vont pas, par scrupule étymologique, interrompre le coassement qui sert leurs besoins immédiats.

La DST a tenu le général de Gaulle au courant des actions souterraines qui se mènent sur le front parisien. Le devoir patriotique des grouilleurs israéliens ne fait probablement pas de doute à ses yeux. Que des Français se mettent à leur solde l'agace davantage. Qu'ils trahissent l'ordre des priorités nationales au point de contredire la France lui devient insupportable.

Or la DST va lui montrer, au long de l'année suivante 1968, que la gangrène qui tient depuis dix ans quelques militaires français gagne des fonctionnaires de l'Etat, puis des ingénieurs de l'armement. Israël pour eux, ce n'est pas un Etat étranger comme les autres; classique histoire de la drogue douce, on croit qu'on pourra s'en défaire à tout moment, et on s'enfonce.

Peu importe au Général ce que dit l'opposition. Mais les gens qui se couvrent de son étiquette sont les plus empressés à défaire sa politique. Lorsque de Gaulle, tout à la fin de 1968, ordonne l'embargo sur toutes les fabrications militaires françaises à destination d'Israël *, la campagne prend une dimension telle que le président de

---

* L'occasion de l'embargo fut un raid de représailles de l'armée israélienne sur l'aéroport de Beyrouth et l'anéantissement de la flotte aérienne commerciale du Liban. De Gaulle décida de ne plus fournir d'armes pour de tels « actes de violence exagérée ».

la République décide de faire savoir à tout bon entendeur qu'il est au courant des dessous mercantiles.

Au détour d'une déclaration solennelle par laquelle le Conseil des ministres va exposer le 8 janvier 1969 son plan de règlement pour le Proche-Orient — déclaration qu'il a mûrie et rédigée entièrement de sa main — le général de Gaulle a écrit :

— La position française a été très discutée à l'intérieur de notre pays. Mais il est remarquable et il a été remarqué que les influences israéliennes se font sentir dans les milieux proches de l'information. »

De candides protestations s'élèvent à tout hasard dans le petit monde des journalistes, sans prendre suffisamment à la lettre ce « il a été remarqué »... Elles retombent vite, quand des ministres rapportent discrètement à deux éditorialistes concernés que le Général avait des noms propres sur un feuillet, durant le Conseil.

Seuls des journalistes se trouvent désignés à la curiosité publique par le communiqué. Ils font de bons boucs émissaires parce que dans ce métier il y a toujours quelqu'un qui ne sait pas se retenir de prêter le flanc. Mais le bruit court dans les directions de ministères et jusque dans le groupe parlementaire gaulliste que sur le feuillet dressé avec l'aide de la DST, il y a des noms qui ne sont pas ceux de simples journalistes. Quand de Gaulle a remué cette vase en Conseil, les ministres évitaient de regarder autour d'eux : chacun se sentait sûr de sa propre vertu, mais les propos entendus quand le Général avait le dos tourné ne permettaient plus à aucun d'être sûr de la vertu de tous les autres.

Le coup de semonce à gros calibre a porté : on se tiendra à carreau pendant les quatre mois et demi qu'il faudra encore vivre sous de Gaulle. Lui parti, Pompidou constatera, avec les vedettes de Cherbourg, que les souris grouillent et grenouillent de plus belle.

L'enchaînement des compromissions nous a conduits à une escapade dans l'anticipation. Il s'agissait d'avoir un aperçu du grouillement et du grenouillage qui, le général de Gaulle l'a dit dès Montréal, allaient contrarier l'appui qu'il tâchait de prêter à la libération des Français du Canada.

Ayant situé de Gaulle et son Québec dans ce contexte débilitant, reprenons-les maintenant au lendemain du retour brusqué à Paris.

*
* *

Les plus malheureux sont ceux qui restent, toutes les figures d'enterrement l'assurent. Dans la bousculade du rembarquement de Montréal, l'avion présidentiel a planté là François Leduc, ambassadeur de France à Ottawa. Retourné bras ballants à ses salons déserts où se fanent les petits fours, il télégraphie au ministère des Affaires étrangères quelques « moyens de panser les plaies ».

La dépêche remonte au général de Gaulle. Celui-ci écrit dans la marge :

— Il ne s'agit pas de panser. »

***

Le samedi 29 juillet — soit le surlendemain de son retour à l'Elysée — de Gaulle reçoit confirmation officielle que le Québec a monté grâce à lui une marche nouvelle vers son avènement. Le gouvernement du Québec réuni par Daniel Johnson publie une déclaration solennelle qui dément point par point la manœuvre de Lester B. Pearson. Faut-il rappeler que Daniel Johnson et son gouvernement parlent démocratiquement au nom de la majorité des Français du Canada? Ils déclarent :

— Le président de la République française, le général Charles de Gaulle, a reçu de notre population un accueil triomphal, sans précédent et sans équivoque. Le gouvernement du Québec est heureux de L'AVOIR INVITE (...) et son passage chez nous restera inoubliable. (...)

« (...) Percevant comme peu l'ont fait avant lui l'esprit qui anime notre renouvellement, il a parlé d'affranchissement, de prise en main par le Québec de ses destinées, de Québec libre. Il reprenait ainsi, en des termes qui lui sont propres, des idées maintes fois exprimées par les récents gouvernements du Québec. Il a salué CETTE CONVICTION, QUI EST DE PLUS EN PLUS CELLE DU PEUPLE QUEBECOIS, qu'il est libre de choisir sa destinée et que, COMME TOUS LES PEUPLES DU MONDE, IL POSSEDE LE DROIT INCONTESTABLE DE DISPOSER DE LUI-MEME, en déterminant librement son statut politique et en assurant librement son développement économique, social et culturel. »

(Les représentants de la majorité des Français du Canada attestent ici, on le voit, que ce n'est pas de Gaulle qui a mis dans la tête de ce peuple la liberté; de Gaulle a simplement osé voir et osé dire ce que ce peuple avait sur le cœur.)

« LE QUEBEC S'EST REJOUI de voir le président de la République française s'appuyer sur les liens naturels qui l'unissent à la France pour (...) L'ASSURER DE SON APPUI ».

(Le gouvernement du Québec prend acte de la promesse d'appui faite par le président de la République française; l'engagement pris au nom de la France est désormais scellé, comme était censé l'être en 1938 le pacte de défense mutuelle entre la Tchécoslovaquie et la France; à la France de voir si elle honore ses engagements.)

« Courageux et lucide, le président de Gaulle a été avec nous au fond des choses. Le Québec n'en a pas été choqué.

« Aussi, il nous faut déplorer amèrement que, PRIS SOUS LA

PASSION D'ELEMENTS EXTREMISTES, le gouvernement du Canada se soit, pour sa part, cru obligé de faire une déclaration qui FORÇAIT NOTRE INVITE A RENTRER EN FRANCE sans passer par Ottawa. »

(Lester B. Pearson — suivi par S. E. André François-Poncet — avait soutenu que de Gaulle en tenait pour « la petite minorité de la population »; les représentants élus de la majorité des Français du Canada rétorquent narquoisement que c'est Lester B. Pearson qui se laisse entraîner par des « éléments extrémistes ». Dans un second communiqué, Lester B. Pearson avait déclaré que « les circonstances » qui provoquaient l'annulation de la visite du Général aux Canadiens anglais « n'étaient pas le fait du gouvernement d'Ottawa »; le Québec officiel atteste au contraire ici que c'est Ottawa qui a « forcé » de Gaulle à rentrer directement.)

« Quant à nous, nous n'oublierons jamais qu'en des mots qui touchent le cœur de tous les Québécois, le président de la République française a évoqué le problème de L'IDENTITE DISTINCTE DU QUEBEC et son immense effort d'affirmation (...)
« Bien sûr, de telles réformes ne peuvent venir du jour au lendemain. Elles exigent beaucoup de réflexion et de nombreux échanges de vues. C'est dans cet esprit que, dès janvier dernier, le gouvernement du Québec a accueilli avec empressement l'annonce, par le Premier ministre de l'Ontario, D'UNE CONFERENCE QUI PERMETTRA D'ENGAGER LES DISCUSSIONS NECESSAIRES. (...) »

Ces derniers mots sont significatifs. Le gouvernement du Québec entend battre le fer tant qu'il est chaud. Il choisit de passer par la conférence inter-provinces, fort à la fois de l'appui intérieur que vient de lui donner la manifestation nationale du Chemin du Roy et de l'appui extérieur enfin reçu de la France.
Cette déclaration sanctionne le succès diplomatique le plus concret qu'ait jamais rencontré de Gaulle, si l'on entend que la diplomatie est l'art de faire évoluer les rapports entre les nations. Mais comme les journaux du monde entier veulent que de Gaulle ait subi un désastre diplomatique, tant pis pour le Québec, on fera la sourde oreille à la revendication du droit de libre détermination de ce seul peuple-là.
Le général de Gaulle cependant ne laisse pas retomber le chaleureux dialogue. Rentré jeudi à l'aube, il lit samedi la déclaration du gouvernement du Québec et s'enferme dimanche pour enchaîner. Ce sera lundi l'objet d'un communiqué, à la fin du Conseil des ministres où il va préciser « les impressions et conclusions » qu'il tire de son voyage.
C'est à ce communiqué qu'il consacre son dimanche. Raturant, surchargeant, il ne retient enfin un mot que lorsqu'il y reconnaît sa part juste de réalité et d'émotion. Ça lui donne :

« (...) *Le général de Gaulle a constaté l'immense ferveur française manifestée partout à son passage. Il a noté chez les Français canadiens la conviction unanime, qu'après le siècle d'oppression qui suivit pour eux la conquête anglaise un second siècle écoulé sous le système défini par l' « Acte de l'Amérique du Nord britannique » de 1867 ne leur avait pas assuré, dans leur propre pays, LA LIBERTE, L'EGALITE ET LA FRATERNITE... »*

Il informe la République française qu'il a reconnu de l'autre côté de l'Atlantique les Volontaires va-nu-pieds de l'An II. Nos rois les avaient abandonnés; la République les appelle... Il faut se précipiter pour mettre à leur disposition l'encadrement et l'organisation sans lesquels leur volonté révolutionnaire avortera. C'est la hantise de toute sa vie : pas de résistance sans révolution, pas de révolution sans cohésion.

Quand il est revenu de la Première Guerre où il avait appris à sa petite place l'ardente efficacité de la troupe républicaine dès qu'on l'encadre avec justesse et sincérité, un de ses premiers écrits a été un dialogue imaginaire sur le besoin de commandement, ressenti par quatre volontaires patriotes de quatre générations différentes. Il l'avait publié timidement dans la *Revue militaire* en 1927 [41]. Il était seul à prendre à la lettre le formidable bon vouloir révolutionnaire du peuple. Dès cette première publication, il commençait à faire rigoler les parvenus de la République. Pourtant il n'en a jamais démordu :

Général de Gaulle, aux téléspectateurs encore sous le coup de Mai 68 : — Je ne suis pas gêné d'être un révolutionnaire comme je l'ai été si souvent, en déclenchant la résistance; en chassant Vichy; en donnant le droit de vote aux femmes et aux Africains; en créant à la Libération — par les comités d'entreprise, par les nationalisations, par la Sécurité sociale — des conditions sociales toutes nouvelles; en invitant le peuple et en obtenant de lui qu'il nous donne des institutions valables; en lui constituant une monnaie qui lui soit, à la fin des fins, solide; en réalisant la décolonisation, en changeant un système militaire périmé en un système de dissuasion et de défense moderne; en obtenant le commencement de la libération des Français du Canada... »

Il savait d'emblée que c'était autant de griefs que les peureux de tout futur ne lui pardonneraient pas. Ce qu'il n'a jamais pu comprendre, en revanche, c'est que les animateurs professionnels des partis de gauche ne reconnaissent pas la nécessité de donner à l'aspiration progressiste des Français le socle de la rigueur. Il s'est souvent considéré comme le seul révolutionnaire conséquent (en quoi il oubliait que Pierre Mendès France disait comme lui).

Cet officier de tradition aura passé sa vie à jeter sa vareuse aux orties pour courir proposer ses services aux sans-culottes : résistants en France, nationalistes en Algérie, va-nu-pieds de l'Inde et du Mexique. Valmy le tentait plus qu'Austerlitz. De Gaulle se dit sans doute — et depuis toujours — qu'il risque de mourir sans jamais avoir été en mesure de guider vers une vraie victoire — celle qui fait progresser —

« l'armée de ceux qui de toute façon détiennent l'avenir de la patrie * ». Pétrir en pleine pâte au lieu de ramasser les miettes, être Carnot, Bonaparte ou Mao, à droite ou à gauche qui on voudra, mais emmener des hommes vers leur progrès au lieu de figurer « le recours », cet espoir à rebours des timorés! Il est prêt, ce vieux, à prendre la tête de n'importe quelle cohorte française où qu'elle se forme, si elle veut enfin aller de l'avant.

Toute sa vie a été l'exercice préparatoire pour devenir digne d'être le chef d'une armée neuve, et la France n'a fait de lui qu'un interrupteur de débandades. Il se donnait l'étoffe pour forger « l'armée de métier », gloire infaillible d'une République rayonnante; le seul commandement militaire que la France lui a donné d'exercer, « faisant fonction de général de brigade à titre temporaire », ce fut un bric-à-brac de chars dépareillés et désemparés, du côté de Montcornet, quand le désastre était déjà inéluctablement déployé.

Travailler avec des bouts de ficelle quand les plus puissantes amarres ont lâché : seules missions que la République lui ait jamais concédées.

Londres, juin 40 : il plante de justesse l'ultime piton où se raccrochent les débris de la conscience nationale. On l'en glorifiera, on l'en statufiera. Mais lui il n'a jamais supporté d'être réduit à l'état d' « Homme du 18 juin ** ». Ce qu'il a vu c'est qu'à partir du 19 juin aucun grand corps de l'Etat ne s'est porté à ses côtés pour réinstaller la République française au niveau des véritables puissances.

Londres, puis Alger : quatre années de bouts de ficelle tandis que la France croupit :

Général de Gaulle, à son aide de camp Jean d'Escrienne : — On m'obéissait dans le but de chasser l'envahisseur. Mais au-delà de la victoire je voyais une société nouvelle à édifier [42]... »

Quatorze années à se morfondre. 1958 : déjà un Mai de la trouille en présence des désordres qu'ont causés les malformations de la République. Il range des décombres; il fait « la paix ». Puis il reconstitue des réserves : il assure à la France « l'indépendance ». En 1967 voici enfin la France à pied d'œuvre pour « le progrès ». Les gens en place, quoi qu'il leur serine, ne s'y décident pas plus vite que ceux de la IVe République ne s'étaient résolus à la révision constitutionnelle.

Or les voilà là-bas les Volontaires français, il était sûr qu'ils se trouvaient quelque part, c'est sur l'autre rive de l'Atlantique, qu'importe, il les a rejoints de justesse avant de quitter le monde, il vient de

---

* Formule utilisée par le général de Gaulle dans sa dernière adresse à la nation française, le 25 avril 1969, l'avant-veille de sa démission de la Présidence de la République.

** Il n'a pas voulu de pension pour ses blessures de guerre, estimant que c'était compris dans le salaire du métier des armes. Il a refusé également sa retraite de président de la République : l'épisode politique exceptionnel auquel la France lui avait fait l'honneur de le mêler se trouvant clos, de Gaulle a repris l'existence d'un général de brigade en retraite, et la pension correspondante.

les voir se masser le long du Chemin du Roy, il faut que la belle nouvelle gonfle le cœur de tous les républicains du Vieux pays, de Gaulle inscrit dans son communiqué, comme le cri de triomphe de l'essoufflé de Marathon, le flamboyant triangle de l'espérance révolutionnaire française : « *Liberté, égalité, fraternité.* »

Ce méthodique pressé par l'âge en déduit dès la phrase suivante de son communiqué un plan d'action :

« *...Prenant acte de cette vague indescriptible d'émotion et de résolution, le général de Gaulle a marqué sans équivoque aux Canadiens français et à leur gouvernement que* LA FRANCE ENTENDAIT LES AIDER A ATTEINDRE LES BUTS LIBERATEURS QU'EUX-MEMES SE SONT FIXES... »

Ce n'est plus un communiqué sur les événements passés. C'est un ordre du jour pour lancer l'offensive suivante, à l'escalade d'une nouvelle colline. Dans ces matins-là, le chef d'opérations ne détourne pas le regard de l'objectif pour aller visiter les blessés de la phase précédente : il ne s'agit pas de panser.

Un : les Québécois se sont fixé leurs buts libérateurs.

Deux : ils ont prié de Gaulle de venir en être témoin.

Maintenant trois : de Gaulle l'ayant vérifié va appuyer les Québécois dans l'accomplissement de leur projet.

Pourquoi les appuyer, de quel droit et à quel titre? Il va le préciser du ton de quelqu'un qui se voit passer sans délai à l'action concrète, et qui ne juge pas prématuré de bousculer les objections :

« *Il va de soi que* LA FRANCE N'A AUCUNE VISEE *de direction, ni a fortiori de souveraineté, sur tout ou partie du Canada d'aujourd'hui. Mais, étant donné qu'elle a fondé le Canada, qu'elle l'a, seule, pendant deux siècles et demi, administré, peuplé, mis en valeur, qu'elle y constate l'existence et l'ardente personnalité d'une communauté française comprenant six millions et demi d'habitants, dont quatre millions et demi dans le Québec, elle ne saurait à coup sûr,* NI SE DESINTERESSER DU SORT PRESENT ET FUTUR *d'une population venue de son propre peuple et admirablement fidèle à sa patrie d'origine,* NI CONSIDERER LE CANADA COMME UN PAYS QUI LUI SERAIT ETRANGER *au même titre que tout autre.* »

Sous la plume d'un président de la République française une promesse d'aide n'est pas du flou rhétorique. Il devient de plus en plus difficile de croire que Maurice Couve de Murville, un professionnel, ne distingue pas à quoi cela va conduire.

Le lundi 31 juillet, le Conseil des ministres entérine et publie la déclaration que de Gaulle a rédigée la veille et qu'on vient de lire. Conseil exceptionnellement long. Pourtant aucun des ministres n'a posé à de Gaulle, yeux dans les yeux, aucune des questions qu'ils chuchotaient dans son dos l'autre nuit à Orly. Le Général a dressé le tableau de la réalité française d'Amérique et il en a repris chaque aspect dès l'origine, ainsi qu'on fait pour des ignorants. Les voici maintenant armés pour l'action à venir, sinon résolus. Aucun ne renonce à son portefeuille.

*
* *

A sept semaines de là, le ministre de l'Education nationale, Alain Peyrefitte, part pour Québec signer les accords culturels qui découlent des conversations de Gaulle-Daniel Johnson.

Le 8 septembre 1967, le Général confie à ce ministre un message personnel et manuscrit pour être remis à Daniel Johnson de la main à la main. C'est la procédure d'une correspondance directe de chef d'exécutif à chef d'exécutif, souverain et indépendant. C'est, comme disent les diplomates, l'affirmation de facto de la souveraineté québécoise : pour de Gaulle elle est chose acquise. De facto mais in petto : pour le moment la lettre reste privée. Si le gouvernement fédéral apprend cet envoi, il en prendra ombrage. A Daniel Johnson d'apprécier si le moment est venu de le lui apprendre. De Gaulle ne force pas la main aux Québécois.

Daniel Johnson prend la lettre. C'est une façon d'accepter, irréversiblement la reconnaissance secrète par la France de l'avènement du Québec à l'état de nation adulte. Mais il choisit de la tenir secrète. Il ne mentionnera pas publiquement l'échange de lettres.

Message personnel du général de Gaulle à Daniel Johnson, — 8 septembre 1967 : — (...) Il semble bien que la grande opération nationale de l'avènement du Québec telle que vous la poursuivez soit maintenant en bonne voie.

« L'apparition en pleine lumière du fait français au Canada est nettement accompli et dans des conditions telles que — tout le monde le sent — il faut des solutions.

« On ne peut plus guère douter que l'évolution va conduire à un Québec disposant de lui-même à tous égards. (...) »

Il faut des solutions, voilà le mot lâché.

La solution, le dénouement, c'est que la France parraine l'avènement du Québec à l'instant où le Québec proclamera qu'il dispose désormais de lui-même à tous égards : reconnaissance officielle par la France, échange de représentants diplomatiques et parrainage immédiat de la France pour la demande d'admission que l'Etat libre du Québec ne manquera pas d'adresser sur-le-champ à l'Organisation des Nations Unies. Là était le gros secret du général de Gaulle.

La procédure — ou la simagrée — a servi quand on a feint de laisser à la France l'initiative et le mérite de demander aux Nations Unies l'admission du nouvel Etat formé par les ci-devant départements français d'Algérie : à nation distincte, souveraineté séparée; on n'en demande pas plus pour la nation française d'Amérique.

Auparavant et plus spontanément, la France guidée par le général de Gaulle s'était mise en situation de présenter en 1960 les candidatures simultanées de onze jeunes Etats, ses anciennes colonies d'Afrique et de Madagascar. Aucune autre puissance au monde n'a eu l'initiative ou l'occasion d'un aussi spectaculaire parrainage. Les choses se sont si bien passées que la marraine et les filleuls ont constitué, comme on dit à l'ONU, un bloc de la francophonie, dont l'attirance s'exerce sur d'autres Etats démunis. (Là, les pays nantis quelle que soit leur philosophie politique commencent à trouver la France trop entreprenante.) Or dans cet ensemble, le Québec a sa place prête d'avance. Depuis 1960, grâce à ses origines françaises il a tissé des liens économiques particuliers avec les pays francophones d'Afrique en dépit d'Ottawa; les Anglais du Canada ne souffrent pas plus aisément que ceux de Londres de voir des Français prendre pied sans eux sur de nouveaux marchés; ils comprennent mal que les Québécois ne soient pas retardataires.

Il n'est donc pas défendu à Daniel Johnson de supposer que de Gaulle pourrait obtenir de ses jeunes partenaires africains que le Québec soit parrainé collectivement par les douze Etats du bloc. Reconnu d'entrée de jeu par douze Etats (sans compter tous ceux qui auraient chacun sa raison d'emboîter le pas, telle l'Irlande catholique qui sait ce que c'est qu'arracher son indépendance aux Anglais), le Québec disposerait d'un atout irrésistible.

Général de Gaulle (conférence de presse du 27 novembre 1967) : — Tant et tant d'autres Etats par le monde sont souverains qui ne sont pourtant pas si valables ni même si peuplés. »

Tenir le Québec sur les fonts baptismaux, comment la France et de Gaulle ne s'en rengorgeraient-ils pas mieux qu'avec le Dahomey malingre?

Maurice Couve de Murville : — J'ai eu moi-même, comme ministre des Affaires étrangères, à présenter à l'Organisation des Nations Unies ces candidatures des anciennes colonies. Une opération simple et quasi automatique, mais combien émouvante pour un Français... »

Seulement, pour le Québec ce ne sera plus une « opération simple et quasi automatique ».

La solidarité entre Anglo-Saxons risque d'être plus résistante que la vertu décolonisatrice dont ils se paraient quand elle ne coûtait qu'à la France. La secousse renversera probablement quelques tasses de thé. Adieu diplomatie de salon, voici que le Général veut aller au fond des choses. Aussi longtemps qu'il ne l'a pas crié sur les balcons, Maurice Couve de Murville par souci des convenances et Georges Pompidou pour le confort de sa politique intérieure ont fait comme s'ils n'imaginaient pas du tout que de Gaulle pût un jour se mettre pareille idée en tête.

Il l'avait en tête depuis longtemps. C'est ici le moment de rappeler une anomalie à peine perceptible : l'unique petit signe de politesse que Xavier Deniau a fait naguère de la part du général de Gaulle à l'indépendantiste Marcel Chaput qui menait sa grève de la faim. Cela ne s'est pas passé par hasard au moment où les extrémistes minoritaires du Rassemblement pour l'Indépendance Nationale cherchaient à se donner une existence auprès de l'Organisation des Nations Unies. La France selon de Gaulle ne devait appuyer que la volonté d'une nation exprimée par la majorité de la population; ça n'avait rien de manifeste avec le bon Chaput. Tout au plus la France faisait-elle signe qu'elle pensait à être prête si le jour venait.

Il est venu le 24 juillet 1967 le long du Chemin du Roy. Une immense majorité de la population a consacré l'avènement du Québec. Quant à savoir si la légitimité peut exister sans un rite électoral plus formaliste, allez plutôt demander à de Gaulle si en 1944 il avait besoin de perdre son temps à un référendum pour faire éclater la légitimité qui sourdait des foules de la Libération. En cette matière aussi, l'identification qu'il a faite entre Chemin du Roy et Libération a son sens : de Gaulle considère depuis le 24 juillet 1967 que Daniel Johnson a sa légitimation derrière lui. Il ne reste qu'à l'exploiter, « il faut des solutions ».

C'est un bien gros morceau que tend au Premier ministre du Québec la lettre personnelle du général de Gaulle. Daniel Johnson n'a pas la carapace ni l'entraînement du général de Gaulle.

Lui de Gaulle, le grand saut dans l'avenir, en court-circuitant les formalités, il a appris à considérer ça sans sourciller depuis le 18 Juin 1940, et il a eu ensuite quelques autres occasions de se tenir en forme. Il a même codifié ce sport dans l'article 16 de sa Constitution.

En plus de cette expérience, de Gaulle a maintenant à sa disposition tout un appareil d'Etat pour affirmer ses actions, pour ajuster ses objectifs. Sans compter, Dieu sait s'il s'en flatte! le socle économique dont il a préalablement doté la France avant que la politique gaullienne d'indépendance nationale trouve son entier déploiement.

Lui Daniel Johnson, pour tout appareil diplomatique il a un homme et qui n'est même pas du métier, qui n'a pas les contacts, l'accès aux moyens d'évaluation : André Patry. Il était chef du protocole de la Province. En jouant sur les mots on lui a mis une casquette de conseiller diplomatique. Entre goûter les vins la veille du banquet de la Reine et évaluer la portée d'une proclamation unilatérale d'indépendance, il persiste une distance. Non point que Patry soit moins capable que Johnson de la franchir un jour. Simplement, le saut du 18 Juin, de Gaulle l'a calculé pendant dix ans.

Daniel Johnson est un avocat que la domination anglaise a cantonné dans la pratique de la politique intérieure, où il est devenu exceptionnellement agile. André Patry a un diplôme de droit international, mais c'est au commerce qu'il l'applique. On lui voit une prédilection florentine pour les cheminements subtils et dérobés; c'est aussi quelquefois l'allure de gens qui n'ont pas de but évident. Les voici en tête à tête avec entre eux la lettre portée par Alain Peyrefitte. Deux voies s'offrent pour assurer la personnalité française du Québec. D'un côté la directissime conseillée par de Gaulle à deux vaillants qui n'ont jamais tâté de l'alpinisme; et de l'autre côté la montagne à vaches, les sentiers déjà cent fois parcourus de la conférence interprovinciale.

De Gaulle, tout en laissant les Québécois maîtres de leur choix, a dit à Johnson, dans la limousine du Chemin du Roy, son sentiment sur le projet de conférence interprovinciale : rien à espérer, sinon l'éteignoir; un régime vicieux ne se réforme pas de l'intérieur. D'ailleurs de Gaulle lui-même a essayé de s'entremettre pendant sept ans, avec une bonne volonté aussi obstinée que vaine.

Mais Daniel Johnson, qui ne se sent pas prêt pour autre chose, décide d'essayer quand même une fois encore. Sur ce vieux terrain de Gaulle l'a armé d'une force nouvelle. Après le fracas du balcon de Montréal, le Québec ne se sent plus seul et inconnu, un contre neuf, dans une conférence interprovinciale; les Anglais se savent observés, les coups trop bas ne leur sont plus permis. Surtout de Gaulle leur a causé tant de frayeur que si Daniel Johnson leur remet en main son marché « égalité ou indépendance », ils tiendront peut-être pour un moindre mal de lui accorder l'égalité. Sous quelle forme? Et l'égalité peut-elle se séparer de la liberté contre laquelle les Anglais offrent de la monnayer, l'égalité existe-t-elle en dehors de la fraternité dont les Anglais n'ont pas été capables? C'est ce qu'on verra si la conférence promise accepte de convoquer... d'autres conférences.

André Patry (1977) : — M. Johnson m'a dit : « Préparez-moi la lettre de réponse. » Le connaissant et connaissant le contexte, c'est moi qui ai écrit la lettre à un mot près que le Premier ministre a changé. Je ne sais plus lequel. En substance la réponse se ramenait à ceci : « On est d'accord, mais vous devez être conscient, Monsieur le Président, que nous sommes dans un contexte économique qui ne nous permet pas des gestes prématurés. Il faut savoir que j'ai une responsabilité comme chef de gouvernement. Il faut d'abord que je m'assure que les gens continuent de vivre convenablement, de ne pas les exposer à des déboires sur le plan de l'économie, de la finance, donc il faut que je tienne compte de tout ça. » Ça voulait dire à peu près : nous ne sommes pas encore assez riches pour sauter tout de suite au bout de ce que vous semblez proposer.

« C'était ça le sens de la réponse. »

*
* *

Alain Peyrefitte a laissé derrière lui à Québec son conseiller diplomatique Bernard Dorin, déjà connu du lecteur. A charge pour Bernard Dorin de parachever avec les ministères québécois quelque vingt-cinq accords de coopération universitaire et culturelle. Rien de plus normal que de lui laisser ce soin : connaissant mieux que quiconque le terrain, Dorin est l'auteur des vingt-cinq projets; il les a fabriqués enfermé dans une chambre d'hôtel au Touquet.

Puisqu'il se trouve à Québec aux lieu et place de son ministre, c'est à lui que Daniel Johnson confie sa réponse au message personnel du général de Gaulle.

Cette lettre devant être remise en mains propres, Bernard Dorin est reçu à l'audience du président de la République française dès son retour à Paris.

C'est ici l'unique entretien que de Gaulle ait accordé à l'un des deux personnages qui ont fait le plus pour la francophonie. Il lui livre un exposé de ses vues sur la question québécoise : en plus développé, c'est l'exposé qu'il a déjà esquissé pour ceux qui étaient dans son avion au retour de Montréal.

Le Général a-t-il en tête la part exceptionnelle que son visiteur a prise dans les actions et dans les dossiers qui lui ont permis de provoquer la prise de conscience de la nation française d'Amérique? Il ne le marque en rien à Bernard Dorin. Comportement spontané d'un patron de réseau : ce serait trahir ses hommes que de les reconnaître. Le compliment est interdit : ce serait leur donner sur les affaires une prise qui appartient au seul patron.

Bernard Dorin rentre chez lui. On sonne à sa porte. C'est un officier de l'état-major particulier du président de la République française. Il délivre un paquet et s'en va.

Bernard Dorin déficelle. C'est un képi kaki à deux étoiles. On voit qu'il a déjà été porté.

Où ça? Le long du Chemin du Roy?

Bernard Dorin n'a jamais posé la question. L'objet est sur sa console.

*
* *

Si Daniel Johnson, comme il le dit dans sa réponse, choisit d'explorer les chances d'obtenir l'égalité pour sa nation à travers la conférence interprovinciale que lui ont proposée les Provinces anglaises, le général de Gaulle n'y voit rien à reprendre. A la nation québécoise de déterminer librement sa démarche, la France la soutient d'office.

Que la procédure lui semble inutilement contournée, il l'a déjà confié à Daniel Johnson. Il a trop vu les Anglais d'Ottawa noyer le poisson. Aussi veut-il éviter que ne s'estompe l'objectif québécois, qu'il a aidé à préciser. Ce sera la conclusion d'un admirable tableau, au cours de sa conférence de presse du 27 novembre 1967, pleine de plusieurs admirables tableaux (sur le développement de la guerre au Proche-Orient notamment). C'est la conférence de presse où il a voulu aller au fond des choses dans tous les domaines qui s'offraient alors à la sensibilité française. Diffusée par télévision dans tous les foyers de France, c'est la conférence-testament; pourquoi le général de Gaulle l'a-t-il prononcée à ce moment-là? Réponse incertaine. De multiples mobiles ont probablement convergé. En tout cas on sent de Gaulle engagé, yeux ouverts, dans la dernière grimpée.

Conférence de presse du général de Gaulle, 27 novembre 1967 : — Que le Québec soit libre, c'est en effet ce dont il s'agit. Au point où en sont les choses (...) tout exige que la question soit résolue. Cela aboutira forcément, à mon avis, à l'avènement du Québec au rang d'un Etat souverain. »

On retrouve là la teneur de son message personnel à Daniel Johnson, mot pour mot ou presque. Compte tenu du décalage horaire, ça tombe à Toronto juste au moment où va s'ouvrir la conférence interprovinciale. Ça fait le ronflement d'un bâton dans un nid de guêpes.

Les Canadiens de tout poil sont convaincus que de Gaulle a prononcé exprès sa conférence de presse au moment où la réunion interprovinciale allait s'installer dans une douillette palabre sur une éventuelle procédure. Toute nation se persuade constamment que les autres se déterminent en considération d'elle seule. De Gaulle avait indiqué sa date longtemps à l'avance. Le jour de la semaine était choisi dans le désir de la meilleure diffusion à l'intérieur de la France. Le moment importait autant pour parler du Proche-Orient, de l'Angleterre et du Marché commun, ou encore des projets d'intéressement et de participation, que pour parler du Québec.

Ce qui est sûr, c'est que de Gaulle savait que ses propos tomberaient à l'ouverture de la conférence de Toronto. Sûr aussi qu'il a toujours modelé ses propos en fonction de l'effet qu'il en escomptait dans une conjoncture particulière.

En proclamant, devant le monde qu'il a mis aux aguets depuis son coup du balcon, que l'aboutissement des minauderies de Toronto s'inscrit d'ores et déjà dans le ciel, c'est comme s'il racontait la fin du film. Adieu le plaisir de l'intrigue.

La conférence interprovinciale suspend sa séance. Les délégations de chaque Province font le bilan de la bombe, chacune pour soi. Pour le Québec, il y a tous les ministres ou presque. Ce sont les plus fiévreux. Les uns se plaignent que de Gaulle ait l'air de leur forcer la main; sans préjuger leur position à la conférence interprovinciale ils veulent que le gouvernement québécois désavoue sur-le-champ les propos du Général, afin d'affirmer sa liberté de manœuvre; faute de quoi ils parlent de démissionner. Démissionner, c'est ce que d'autres menacent de faire aussitôt si, en s'en prenant à de Gaulle, le gouvernement québécois affiche devant les Anglais qu'il renonce à l'alternative : « égalité ou indépendance »; c'est là pour le coup qu'on perdrait la liberté de manœuvre.

Paul Gros d'Aillon : — Ils se sont tous tournés vers M. Johnson. Il leur a déclaré qu'il ferait exactement ce qu'ils allaient décider. Après quoi il s'est tu. Il les écoutait en souriant. Ce sourire contrastait avec la nervosité générale. Au bout d'une heure ils se sont aperçus qu'il n'y avait rien de nouveau à faire. »

Daniel Johnson regagne, toujours souriant, la conférence interprovinciale. Les Anglais s'en inquiètent

Le Premier ministre du Québec le constate : à chaque fracas du Général, une fois passés les éboulis, la situation lui vient dans la main, à lui Daniel Johnson, chaque fois mieux consolidée. Parlementaires ou ministres du Québec, ils sont chaque fois un peu plus nombreux à venir dans sa ligne, lui qui n'avait disposé au départ que d'une majorité de coalition et presque de rencontre. La politique nationale du Québec se reconnaît mieux en Daniel Johnson à mesure que de Gaulle, sans façons, corne au monde ce qu'il en est du fond des choses.

Ainsi s'achève 1967. Le dernier soir, le général de Gaulle adresse ses vœux aux Français :

— Quand la France réussit, tous ses enfants voient grandir leur chance, oui tous! c'est-à-dire ceux de notre métropole, ceux de nos départements et territoires d'outre-mer et enfin, cas très émouvant et qui nous est d'autant plus cher, ceux de la nation française au Canada. »

Il se tient, on le voit, à la déclaration publique qu'il a faite au nom du gouvernement français le 31 juillet à son retour de Montréal : la France ne saurait considérer le Canada comme un pays qui lui serait étranger au même titre que tout autre...

Décidément ce n'était pas le feu de paille que ses ministres voulaient faire oublier.

L'hiver s'ouvre morose en France, sur le printemps s'apposera l'étiquette Mai 68. Six mois où le Québec n'est pas en première ligne de l'ordre du jour à Paris. Le 7 juin, au sortir de l'énorme gargouillis qui se solde par une campagne électorale, de Gaulle enregistre pour la télévision la phrase déjà citée plus haut :

« Je ne suis pas gêné d'être un révolutionnaire comme je l'ai été (...) en obtenant le commencement de la libération des Français du Canada. »

En présence des techniciens de la télévision, les membres de son cabinet l'encerclent aussitôt : cette mention du Québec ne risque-t-elle pas de heurter la clientèle électorale qu'on espère dérober au clan atlantiste? Cette mention trouve-t-elle bien sa place dans une déclaration axée sur un but de politique intérieure? Un coup de ciseau dans la bande allégerait sans doute...

Pour le Général, pas question. Tant pis si Couve et Pompidou s'en chagrinent, l'un pour ses statistiques électorales et l'autre pour les récriminations qui pleuvent d'Ottawa plus dru à mesure que la France semble s'affaiblir. Pourquoi le Québec seul leur a-t-il donné le mal de mer? Allergie psychosomatique d'un remords national mal digéré... Le Général pour sa part trouve que le tollé de tout ce qui grouille, grenouille et scribouille est ce qu'il a été, ni plus ni moins, chaque fois que de Gaulle a fait accomplir à la France un pas dans l'avenir.

Phrase suivante de la déclaration télévisée du 7 juin : — Oui, tout cela c'était révolutionnaire, et chaque fois que j'agissais dans ces différents domaines, je voyais se lever autour de moi une marée d'incompréhensions, de griefs et quelquefois de fureurs. C'est le destin... »

Va bien tant qu'on était sûr qu'il concentrerait sur lui les griefs et les fureurs. C'est l'homme des tempêtes, il est fait pour ça. Les ministres sont moins crânes maintenant que ce paratonnerre peut disparaître du jour au lendemain. Le nouveau, dans cette histoire du Québec, c'est que le révolutionnaire est vieux.

* * *

Bon mais Daniel Johnson derrière ce tohu-bohu du Vieux pays, où est-il passé, quand vient-il à Paris, conformément à l'accord qui prévoit des rencontres au sommet deux fois l'an, une fois en France, l'autre au Québec? Accord calqué sur celui que de Gaulle a passé en 1963 avec Konrad Adenauer : c'est dire de quelle manière éclatante de Gaulle veut distinguer le Québec, nation princesse en qui les autres ne voient que Peau d'âne. Le gouvernement fédéral d'Ottawa fait des mines de fée Carabosse et parle de rompre ses relations diplomatiques avec Paris si de Gaulle reçoit Daniel Johnson au même rang qu'un chef d'Etat indépendant. Certes il est dit que ces tête-à-tête périodiques s'inscrivent parmi les échanges culturels qu'une Province peut négocier séparément. Mais quelle dimension leur donnera la présence d'un de Gaulle!

Daniel Johnson fait dire qu'il viendra, mais qu'il ne se sent pas bien. Malaise diplomatique? Ainsi le prend peut-être de Gaulle. S'étant doté d'une surhumaine capacité à surmonter les traverses, il ne comprenait plus que d'autres ne passent pas outre à la maladie. On le verra pareillement s'impatienter des premiers symptômes de la maladie de Pompidou comme d'un mauvais vouloir. Or voilà qu'on emporte catastrophiquement Daniel Johnson à l'hôpital : crise cardiaque. Il y reste plusieurs semaines, entre vie et mort, sans visite. Il en sort un peu chancelant, et toujours malicieux. Il réunit les journalistes pour leur exposer qu'après l'inauguration du grand barrage de Manic V, ses médecins exigent qu'il observe trois mois de convalescence. Mais il leur chipera, dit-il, la dernière semaine pour aller en France.

Et ensuite, le général de Gaulle à son tour va-t-il alors réapparaître au Québec? Tous les Canadiens ont cette question derrière la tête. Les ministres fédéraux parlent d'interdire ce nouveau débarquement. Mais que feront-ils si l'avion du président de la République se présente au droit de l'aéroport de Montréal pour honorer le pacte passé avec le Québec? Mitrailler de Gaulle comme un pirate de l'air? Le cueillir à l'atterrissage entre quatre gendarmes? Ce vieillard hors gabarit devient un défi permanent. Il échappe aux règles de la banalité. Et il met insolemment son immunité à la disposition des nations démunies. Les Américains n'ont pas osé l'empêcher de lancer son appel de Pnom Penh, les Russes n'ont pas su l'empêcher de parler liberté aux Polonais. Les gens d'Ottawa ne sont pas de force à ce jeu.

On presse Daniel Johnson de questions : que fera-t-il quand ce sera au tour du Général de revenir? Lui, juriste malin : si le Général est au

Québec, bien sûr il l'accueillera avec respect et affection; quant à vouloir venir au Québec et à en évaluer les conséquences, c'est à celui qui fait le voyage d'en décider; qu'on interroge donc le Général...

La dernière chance des gens d'Ottawa, au fond, ce serait d'empêcher d'abord le voyage de Daniel Johnson à Paris. Le gouvernement fédéral fait courir le bruit qu'il pourrait rompre les relations diplomatiques avec la France si celle-ci recevait officiellement Daniel Johnson.

Là, fini de sourire : l'agilité juridique, chez Daniel Johnson, se révèle au service d'un combat national sans complaisance. Il joue sur le fait que sa visite au général de Gaulle va découler d'un accord déjà en vigueur :

Daniel Johnson aux journalistes, le 25 septembre 1968 : — Si nous en étions rendus là; si Ottawa ne voulait pas admettre les relations du Québec avec la France dans le domaine de la culture et de l'éducation, eh bien! ne serait-ce pas la meilleure preuve qu'il n'y a pas de place dans une structure canadienne. »

Coup de tonnerre. Tout le monde a traduit : si le gouvernement d'Ottawa rompt les relations diplomatiques avec Paris, le gouvernement du Québec considérera que le lien fédéral se trouve rompu.

Le soir du même jour, un avion emporte Daniel Johnson aux abords du barrage qu'il doit inaugurer le lendemain, gigantesque symbole de l'accession du Québec à la maîtrise de son destin économique. Le Premier ministre couche à l'hôtel le plus proche.

Le 26 septembre à l'heure de l'éveiller, on le trouve mort dans son lit.

Sept mois plus tard, le général de Gaulle quitte la direction des Affaires françaises.

*   *
*

Le président suivant de la République française, Georges Pompidou, attendra que de Gaulle meure physiquement avant d'envoyer son ministre des Affaires étrangères, Maurice Schumann, en visite de « réconciliation » à Ottawa : accomplir le premier pas, en diplomatie, c'est admettre qu'on avait eu tort auparavant.

Pompidou mort à son tour, la diplomatie giscardienne n'attend pas six mois pour recevoir à Paris le nouveau Premier ministre fédéral d'Ottawa, le successeur de Lester B. Pearson, Pierre Elliott Trudeau. En cadeau de bienvenue, le nouveau ministre français des Affaires étrangères, Jean Sauvagnargues, diplomate professionnel, charge le service d'information et de presse du Quai d'Orsay — enfin content — de faire précéder cette arrivée par une longue dépêche officielle de l'Agence France-Presse. L'homme d'Ottawa y est averti qu'en ce qui concerne le Québec, désormais, « du point de vue de Paris, il s'agit plutôt d'une affaire intérieure canadienne [43] ».

Quant à ce qui s'est passé sous de Gaulle, la même dépêche signale à l'étranger que « dans les milieux gouvernementaux français » on en parle comme « d'années difficiles [44]. »

Le 24 juillet 1977, dixième anniversaire de l'appel de Montréal, des représentants du gouvernement québécois ont porté une gerbe sur la tombe du général de Gaulle dans le cimetière de Colombey. Pas un ancien ministre du Général n'a osé se joindre à eux.

Dès l'élection de Valéry Giscard d'Estaing à la présidence de la République en 1974, ses obligés, pensant flatter ses coquetteries généalogiques, s'étaient affairés à une fastueuse exposition : « le siècle de Louis XV * ».

*
* *

Collège Stanislas, filiale Montréal : qui dans cet établissement canadien pourrait savoir que dans la maison mère, de l'autre côté de l'Atlantique et avant la Seconde Guerre mondiale — autant dire aux antipodes et avant le déluge... — le fils de Gaulle a rédigé la meilleure dissertation scolaire sur le Canada?

Plus direct et plus récent, le souvenir que gardent certains anciens élèves, membres cossus de l'establishment anglicisé ou américanisé, c'est celui de Valéry Giscard d'Estaing. Ils ont joué au tennis avec lui. Ses parents l'envoyaient parfaire son éducation en courant le Nouveau Monde : il s'est fait engager pour trois mois comme répétiteur d'histoire par les bons Pères du collège Stanislas de Montréal. Giscard s'est frotté là à des Canadiens parlant français et qui n'avaient guère à souffrir de l'emprise anglaise.

C'est encore ce milieu et sa façon de sentir ou de ne pas sentir qu'exprime quelques années plus tard la belle-sœur de Valéry Giscard d'Estaing, Mme de Brantes, montréalaise de la jet-society (elle lancera un restaurant de luxe à New York).

Après l'affaire du balcon, ce n'est pas son bon camarade Jean François-Poncet qui apportera à Giscard un éclairage plus favorable sur la démarche québécoise du général de Gaulle. On a vu ce qui s'en disait dans la famille François-Poncet; on a vu aussi que cette famille avait des raisons toutes fraîches et très personnelles de ne pas devenir plus indulgente pour les procédés du Général.

L'émoi offusqué des notoires sur les deux rives de l'Atlantique convainc Valéry Giscard d'Estaing que le moment est venu d'afficher publiquement ses distances par rapport aux actes du général de Gaulle et du gouvernement Pompidou. Il va marquer qu'il ne peut pas être tenu pour solidaire de ces actes : il déplore au contraire « l'exercice solitaire du pouvoir ». C'est la formule centrale d'une déclaration que

---

* On sortirait du cadre du présent récit en étudiant comment Valéry Giscard d'Estaing, une fois installé à la Présidence de la République, s'est élevé à la dimension de l'institution de sorte que ses vues se sont progressivement accommodées à celles du général de Gaulle. Le fondateur de l'institution présidentielle avait prévu un tel modelage.

Giscard fait en tant que président de la Fédération des Républicains Indépendants, second parti de la majorité gouvernementale.

Il rend publique cette déclaration le 17 août, soit vingt-quatre jours après l'éclat du « Québec libre ». Les ambassades étrangères à Paris lui procurent gratis un retentissement mondial : on découvre un jeune homme politique susceptible d'occuper l'Elysée après de Gaulle et qui pense bien.

Le coup a été tiré au moment juste : Giscard vient de se donner ce que les politiciens appellent la dimension internationale.

En France même, la formule fait mouche. Elle cristallise le doute populaire que les parlementaires gaullistes, travaillés par les grouilleurs anglais et israéliens paraissent cultiver à plaisir. Les ministres eux-mêmes, quelque effort qu'ait tenté de Gaulle pour les chapitrer sur les Français du Canada, sont ébranlés.

Que l'épisode québécois ait été choisi par mûre délibération comme la bonne « occasion », c'est ce dont témoignera par écrit le poisson-pilote qui a conseillé le coup :

Michel Poniatowski : — En août 1967 (...) première critique ouverte du général de Gaulle à l'occasion de son voyage au Québec et de son appel à l'indépendance de cette région canadienne [45]. »

Ainsi présentée par les giscardiens les plus sûrs, l'attaque n'est pas ressentie autrement à l'Elysée. Les trois ministres républicains indépendants (c'est-à-dire inscrits au parti que Giscard préside) peuvent bien attester vertueusement qu'ils participent dans la plénitude de leurs attributions à l'exercice du pouvoir, n'empêche que Valéry Giscard d'Estaing vient d'ébranler la majorité.

Seul le Premier ministre Georges Pompidou paraît s'apercevoir tout de suite que le défi de Giscard est pour lui, bien plus que pour de Gaulle. Regardons-y de près : prétendre que de Gaulle exerce solitairement le pouvoir, cela revient à dire que le gouvernement Pompidou ne remplit pas son rôle. L'épisode du Québec n'ajoute qu'une présomption de plus en ce sens. En fait l'attaque de Giscard n'est qu'un pas nouveau dans la polémique qu'il poursuit contre le Premier ministre Georges Pompidou plutôt que contre le général de Gaulle, depuis que l'Assemblée nationale nouvellement élue a pris séance voici quatre mois.

Sans le suffrage de Giscard, il n'y aurait pas de majorité dans cette Chambre. Pour ne pas passer par les exigences d'un personnage qui peut lui porter ombrage, Pompidou se dérobe par divers artifices au dialogue avec le Parlement. Il vient notamment, sous menace d'une crise de régime, d'arracher aux Chambres l'autorisation· d'opérer solitairement, par voie d'ordonnances, une réforme de la Sécurité sociale, des aménagements fiscaux, quelques modifications au droit social dans les entreprises et notamment une timide amorce d'intéressement des salariés, etc. Autant de problèmes dont il avait ajourné l'examen l'année précédente, en prétextant qu'il fallait des députés frais élus pour élaborer à loisir des mesures aussi graves. C'est cette

tricherie de l'exercice du pouvoir gouvernemental sans dialogue avec
le Parlement que Giscard juge pernicieux pour le régime. C'est contre
cela qu'il s'élève et contre rien d'autre, si on prend sa protestation à la
lettre :

Déclaration de Valéry Giscard d'Estaing, président de la Fédération des
Républicains Indépendants, le 17 août 1967 : — (...) L'angoisse est de
craindre que l'exercice solitaire du pouvoir, s'il devenait une règle, ne
prépare pas la France à assumer elle-même l'orientation de son avenir
dans le calme, l'ouverture des idées et le consentement national. »
    Huit mois avant Mai, ce n'est pas mal écrit...

    Pompidou a raison de se sentir visé. Le reproche de Giscard se situe
au niveau parlementaire. C'est le Premier ministre, non le président de
la République, qui est responsable devant l'Assemblée nationale.
Giscard, en fait, dénonce à de Gaulle les risques de dérapage que lui
fait courir Pompidou.
    Pour disqualifier son accusateur, Pompidou s'en prend aussitôt à
l'ambition présidentielle de Giscard :

Georges Pompidou, à l'hebdomadaire *L'Express* : — Je dirai, si vous me
passez l'expression, qu'il scie la branche sur laquelle il désire
monter... »

    Valéry Giscard d'Estaing ne s'en cache pas. C'est cet été-là, au
contraire, qu'il déclare au journaliste Michel Bassi, pour publication
préméditée dans un livre qui sortira l'hiver suivant :

— Le jour où nous sommes entrés dans la majorité ce n'est pas pour
en sortir, c'est pour succéder au général de Gaulle [46]. »

    Le jour où Giscard a fait entrer son parti dans la majorité, c'était en
1962 lors de la grande secousse du référendum sur l'élection
présidentielle au suffrage universel direct. Ce n'était pas gagné
d'avance. Giscard pense qu'il s'est donné là des titres inattaquables de
loyalisme et de légitimité. Autrement dit un titre à la succession. Mais
la perspective de la succession, c'est un peu le saint ciboire, le haut
clergé du gaullisme invite les fidèles à baisser les yeux quand on la
brandit. Les pompidoliens font mine d'être choqués quand Giscard
regarde le problème en face. Lui ne voit pas pourquoi Pompidou serait
seul assez méritant.

Valéry Giscard d'Estaing, à Michel Bassi dès 1967 : — Je me
présenterai à la Présidence de la République. »

Bassi : Contre Pompidou?

Giscard : Contre Pompidou [47]. »

    Quand Giscard tire sa torpille contre l'exercice solitaire du pouvoir,
Georges Pompidou a un réflexe qu'on ne lui avait jamais vu
auparavant. Au lieu d'appeler les gaullistes, selon le rituel, à faire
corps autour du général de Gaulle, Pompidou les incite à envisager la
suite autour de lui-même. Dans les huit jours qui suivent l'attaque de

Giscard, il commande un sondage à un institut spécialisé, aux frais du gouvernement. Deux semaines plus tard, le journaliste Raymond Tournoux en fait état dans *Paris-Match* :

— L'une des raisons essentielles de la confiance qui habite les dirigeants de l'UNR tient en quelques lignes.

« Selon un sondage secret ordonné par le gouvernement, dans l'hypothèse où des élections présidentielles se dérouleraient demain, le scrutin donnerait les résultats suivants :

« Au premier tour, en tête M. François Mitterrand; en deuxième position M. Georges Pompidou, en troisième position M. Giscard d'Estaing.

« Au second tour s'affronteraient M. François Mitterrand et M. Georges Pompidou. M. Georges Pompidou l'emporterait [48]. »

Virage imperceptible mais décisif : il est dit là — pour la première fois — que les dirigeants UNR peuvent garder « confiance » en l'avenir de Pompidou plutôt qu'en la continuation du président de la République en fonction.

Ce genre de document ne se sème pas dans les corbeilles à papiers; et Tournoux n'est pas journaliste à chercher là sa provende. C'est d'une conversation avec Pompidou qu'il a tiré son secret. Pompidou ne confiait pas tout indifféremment, et rien par mégarde. En l'occurrence il a manœuvré pour que nul n'en ignore, et sans délai.

Pour respecter le loyalisme à l'égard du président de la République qui l'avait nommé, on aurait plutôt imaginé qu'il consacre la dépense du sondage à une question posée différemment : le mandat présidentiel du général de Gaulle que Giscard semble contester se trouverait-il confirmé « dans l'hypothèse où un référendum se déroulerait demain »? Là aurait été la seule question appropriée, si Giscard s'en prenait vraiment à de Gaulle plutôt qu'à Pompidou.

Cet incident est le premier où Georges Pompidou se laisse surprendre en train d'organiser ses étapes futures plutôt que de remplir sa mission présente de Premier ministre, qui devrait être de servir l'action du président de la République en place.

Dans les deux ou trois années suivantes, une mode politico-littéraire voudra qu'on évoque tantôt le défi Giscard-de Gaulle, tantôt le duel Pompidou-Giscard. La seule vraie compétition a été Pompidou-Giscard. De Gaulle? Ils savaient bien tous les deux que l'âge allait se charger de lui. Valéry Giscard d'Estaing cependant, dans son souci de programmation, avait exprimé une franchise de trop :

Giscard à Bassi : — Je me suis fixé une date avant laquelle je ne serai pas candidat. »

Ainsi prévenu, Georges Pompidou a intérêt à ce que de Gaulle soit déboulonné avant cette date-là, au lieu d'attendre 1972 et la fin du septennat. Valéry Giscard d'Estaing au contraire aura intérêt à coller à de Gaulle jusqu'au bout, le temps de mûrir. Le paroxysme politique du 30 Mai 1968 va bientôt les obliger à mettre chacun ce jeu-là sur la table plus crûment qu'ils ne l'avaient prévu.

*
* *

Pour en finir avec la programmation de Valéry Giscard d'Estaing, esquissons quatre pas dans le futur. Giscard a inscrit sur son échéancier : « Il y a un moment avant lequel je ne serai pas candidat. » Le 25 avril 1969, le général de Gaulle a quitté la Présidence de la République avant le terme légal. Et avant le moment que s'était fixé Giscard.

Celui-ci, dès le surlendemain, va trouver Alain Poher, président du Sénat, qui assure l'intérim de l'Elysée. Lequel Poher, encore tout saisi d'avoir déquillé de Gaulle, se sent pousser des ailes pour devenir le candidat de l'opposition centriste.

En vue de recevoir Giscard, Poher s'est fait encadrer par les deux dirigeants du parti chrétien-démocrate, Jean Lecanuet et Pierre Abelin. En leur présence Giscard offre de fournir l'appoint de suffrage qui fera élire Poher contre Pompidou, à une condition : Poher se déclarera candidat à la Présidence de la République pour la durée seulement qui reste à courir jusqu'au terme normal du septennat que de Gaulle abandonne en cours de route. Soit décembre 1972. En somme, une prolongation sur deux ans et demi de la présidence intérimaire que la Constitution confie à Poher pour quarante jours. En échange de ce voyage d'agrément dans les honneurs suprêmes, Poher devra prendre l'engagement de se retirer fin 1972 en recommandant à l'électorat centriste la candidature de Valéry Giscard d'Estaing.

Lecanuet et Abelin conseillent à Poher de refuser. Peut-être voient-ils que la combinaison impliquerait la désignation de Giscard comme Premier ministre; c'est une tâche qu'ils préfèrent se réserver.

Deux heures après le refus de Poher, la Fédération des Républicains Indépendants que préside Giscard donne son appui officiel à la candidature Pompidou. Faute de mieux, Giscard se ménage ainsi la possibilité de profiter lui-même plus tard de la majorité qu'il reconstitue dans un premier temps au profit de Pompidou.

Il ne pouvait pas prévoir que le jeu lui reviendrait si tôt dans la main : Pompidou est mort en 1974 avant d'achever son septennat.

En revanche, en décembre 1976, date à laquelle on aurait dû normalement attendre l'élection présidentielle, Alain Poher en parfaite santé présidait toujours son Sénat. Depuis quelques mois, depuis l'été 1976 qui avait vu Jacques Chirac, ci-devant Premier ministre de Giscard s'insurger contre son président de la République, on voyait Poher, ancien adversaire de Pompidou, fleureter avec le pompidolien Chirac en proie à l'antigiscardisme; les coulissiers cherchaient le secret de ce ballet paradoxal; il est là.

*
* *

Que Giscard ambitionnât de se roder pour devenir un président de la
République à la hauteur des missions que lui attribuait la Constitution
de la Ve République, le général de Gaulle s'en était aperçu bien avant
1967. Il le voyait d'un bon œil. Il aurait bien voulu que des hommes
capables fussent plus nombreux à en faire autant.

De Gaulle a forgé une institution présidentielle d'un type nouveau; il
y faut une préparation d'un type nouveau. Le tracas du Général était
que, lui parti, la République risquait de ne pas trouver un président
convenablement trempé. Dès qu'un personnage lui semblait en
situation appropriée, suffisamment connu et pas trop prisonnier d'un
parti, il l'incitait à se mettre sur les rangs.

Mais à eux le travail, s'ils voulaient que le peuple les distingue le jour
venu. Certains ne sont pas arrivés à fruit. Lorsque de Gaulle constatait
qu'on ne faisait pas le poids, il n'insistait plus. Le comte de Paris a
candidement raconté l'amertume que lui causa semblable refroidissement du Général [49].

S'agissant d'ambitieux de la dimension de Giscard ou de Pompidou,
de Gaulle ne leur a jamais retiré ses encouragements pour l'avenir,
même lorsqu'ils se sont mis en conflit avec lui pour le présent. Voir
plus loin sa lettre à Pompidou lors de leur rupture en juillet 1968. En
janvier 1966, quand le Général retire les Finances à Giscard, il lui offre
de choisir un autre portefeuille, lui disant qu'un garçon comme lui a
besoin de se former dans plusieurs postes pour atteindre le sommet
que visiblement il vise. Giscard réplique qu'en ce cas ce sera pour lui
les Affaires étrangères; seule cette promotion, par comparaison avec
les Finances, lui semble compenser le mauvais effet d'un déplacement
d'office. De Gaulle répond qu'on ne peut pas sauter si directement
dans la case des Affaires étrangères; c'est pour la toute dernière étape
de la tournée initiatique. Giscard estime alors que mieux vaut, pour
lui, être mis à l'écart du gouvernement par fidélité à la politique qu'il
a symbolisée, heureusement ou pas. Mendès France avait dit pareil en
1945 *!

Anne-Aymone Giscard d'Estaing, épouse du ministre remercié, va
donc faire sa visite de départ à Mme de Gaulle à l'Elysée. Puisqu'on est
entre dames, Mme de Gaulle propose de montrer l'appartement privé.
Il paraît que ce n'était pas habituel. Anne-Aymone n'écarta pas
l'impression qu'autour du Général on considérait comme normale
l'éventualité de la voir un jour ou l'autre s'installer en ces lieux aux
côtés de Valéry.

---

* Pompidou, président de la République, ayant restitué à Valéry Giscard d'Estaing
les Finances que Pompidou, Premier ministre, lui avait fait retirer, Giscard se
rencontra en 1971 avec l'amiral Philippe de Gaulle, fils du Général, au déjeuner d'une
chasse présidentielle. L'amiral lui raconta à travers la table : « Mon père m'a dit un
jour à Colombey : le seul vrai ministre des Finances que j'ai eu, au fond, c'était ce
Giscard. »

*
* *

Mais pour l'heure, en cet été 1967 secoué par l'affaire du Québec, c'est de Gaulle qui est détenteur du pouvoir confié par la nation, et non point Giscard ou Pompidou. Pour prouver qu'il ne l'exerce pas solitairement comme Giscard a l'air de le prétendre, l'élection présidentielle à laquelle Pompidou pense n'apporterait évidemment pas du tout la réponse appropriée.

S'il s'agit de vérifier que l'action présidentielle en cours est conforme à la volonté du peuple, il n'y a que le référendum. En dépit de Pompidou autant qu'en dépit de Giscard. Si de Gaulle n'y pensait pas déjà, ils auront été deux qui le lui auront forcément mis dans la tête à partir de cet été-là.

Les voici tous deux, Pompidou et Giscard, absorbés désormais dans leur tactique antagoniste, occupés à chercher la jointure l'un de l'autre comme lutteurs en foire. Si durant ce temps de Gaulle sentait le besoin de vérifier sur quelque altimètre politique qu'il a mis encore une fois un pied dans l'Histoire, voici le repère bien simple : il est seul.

VIII

AU RENDEZ-VOUS DES VOLONTAIRES

> Une politique qui se borne à brasser les rêves les
> trompe tous; une politique qui les ignore se trompe sur
> la nature de ceux qu'elle prétend conduire.
>
> FRANÇOIS MITTERRAND.

1er août 1967 : comme en chaque fin d'après-midi depuis cinq jours que le Général est revenu du Québec, Bernard Tricot entre dans le bureau du président de la République. Frais nommé Secrétaire général de la Présidence, il vient soumettre au général de Gaulle la façon dont il entend conduire sa nouvelle fonction, avec une nouvelle équipe de « conseillers techniques » et de « chargés de mission ». C'est aussi façon d'apporter matière au président de la République qui, depuis son retour de Montréal, consacre tous ses instants disponibles à bûcher l'allocution qu'il prononcera à la télévision le 10.

Le Général écoute la façon dont Tricot conçoit sa tâche. Il approuve d'un mouvement de tête ou de trois mots les thèmes successifs. Un temps de silence. De Gaulle a posé, peut-être machinalement, la main gauche sur un exemplaire du journal *Le Monde*, qu'il a plié, après l'avoir épluché selon son ordinaire.

Général de Gaulle, visage neutre, voix administrative : — Il entrerait également dans les attributions de votre charge, si un jour vous observez une hésitation dans une démarche du chef de l'Etat, une confusion dans un propos, de me... »

Bernard Tricot (dix ans plus tard) : — J'avais l'impression qu'il n'était pas très à l'aise; je l'étais encore moins. Ce n'est pas confortable, vous savez, quand on est devant un vieux monsieur de cette dimension, de le sentir se forcer presque humblement devant vous à énoncer ce genre d'exigence, même si je le voyais dans la plénitude de ses exceptionnelles facultés. J'ai tout de suite compris, à demi-phrase, bien entendu. J'ai dit très vite, mais très catégoriquement, quelque chose du genre : vous pouvez compter sur moi, mon Général. Et je suis passé au sujet suivant. »

Le jour venu, n'aurait-il pas été moins confortable encore de pousser la porte du vieux monsieur pour prononcer l'avertissement? Bernard Tricot aurait-il pu prendre sur lui?

Bernard Tricot (dix ans après coup) : — Catégoriquement, oui. La conduite de l'Etat pouvait en dépendre; le général de Gaulle nous avait montré à la mettre plus haut que tout. Mais le cas ne s'est pas présenté. »

En première page du numéro du *Monde* trône, encadré comme aux grands jours, justifié sur deux colonnes pour une plus percutante solennité, un éditorial signé Sirius du directeur-fondateur, Hubert Beuve-Méry. L'homme que de Gaulle, malgré qu'il en ait, ne peut pas s'empêcher d'écouter depuis le temps où Hitler a pris Prague. A son tour, Beuve-Méry y va d'un couplet sur le balcon de Montréal; plus d'un couplet, longue chanson. Plaintive.

Editorial de Sirius dans *Le Monde :* — (...) S'il fut un temps où il paraissait utile de crier casse-cou, n'en sommes-nous pas parvenus au point où l'événement parle plus haut à lui seul que les commentaires? On peut comprendre certes et partager la peine, l'angoisse des fidèles du Général. Avertis comme ils le sont que « la vieillesse est un naufrage », vers quels nouveaux récifs accepteront-ils d'échouer un navire dont ils paraissent oublier qu'ils ont, eux aussi, la direction et la garde? »

Au Québec, lui y était, de Gaulle. Ce qu'il y a vécu, il ne l'a pas rêvé. Et l'invraisemblable épreuve d'endurance et de maîtrise du discours, il l'a dominée d'aussi haut que jamais. Pour l'instant, le général de Gaulle est sûr de lui.

Mais quand on va sur ses soixante-dix-sept ans, qu'on est de Gaulle et qu'on est sur le point de convier par télévision les Français à une nouvelle ambition, on prend pour la France les garanties nécessaires auprès de son nouveau Secrétaire général. Sans Sirius, de Gaulle eût probablement fait pareil à la même date.

Bernard Tricot : — J'avais cessé de travailler directement pour le général de Gaulle à l'Elysée en 1962; j'y revenais en cet été 1967. Jamais en 1962 on n'avait l'indice ni l'impression que le Général pensât à sa propre mort (sauf accident du travail, cas pour lequel il avait pris ses dispositions). Au bout de cet intervalle de cinq ans, le contraste était saisissant. »

De Gaulle vient de voir mourir les hommes de sa génération, ceux avec lesquels il a construit, partagé, vécu une espérance.

Rémy Roure — celui précisément qui s'est entremis en 1944 pour que de Gaulle permette à Beuve-Méry de lancer *Le Monde* — camarade de captivité à Ingolstadt en 1916, compagnon d'esprit ensuite dans le refus de l'abaissement devant Hitler, compagnon de la Libération, mort le 8 novembre 1966. De Gaulle s'est rendu aussitôt à son domicile. On a vu ses lèvres former une prière au chevet de la dépouille. Qui saura ce que pouvait contenir une prière du général de Gaulle?

Colonel de Lastour, mort à l'hôpital militaire du Val-de-Grâce début 1967, secrétaire de l'amicale de promotion des saints-cyriens qu'ils étaient tous à dix-neuf ans. Comme l'était aussi Alphonse Juin, joyeux drille et bûcheur, fils de gendarme et maréchal de France, dont il avait fallu retourner saluer la dépouille au Val-de-Grâce le 27 janvier 1967, avant de lui décerner des obsèques nationales.

Il était allé déjà lui rendre visite le 16 novembre précédent.

Du creux de l'oreiller, Juin l'a peut-être reconnu.

De Gaulle : — Il faut que tu viennes me voir dès que ça ira mieux. Tu viendras déjeuner. Pour les camarades, la maison est toujours ouverte, tu entends, mon vieux, tu entends. »

Il remet son képi et va se retirer. En franchissant la porte de la chambre, il se retourne, se raidit au garde-à-vous et montant l'avant-bras droit jusqu'à la hauteur de la visière dans le plan du corps, le saint-cyrien dégingandé salue lentement, longuement, un destin en train de se refermer, inachevé comme tous les destins humains, décevant et déçu comme toutes les existences emplies par l'action, il salue cette vie dont à vingt ans il croyait que ce serait la sienne et dont vient la fin.

Quand le général de Gaulle faisait le salut militaire, on voyait luire son alliance à l'annulaire droit. Lorsqu'il s'était marié, après la première guerre, sa blessure à la main gauche le gênait encore. Il ne faisait jamais état de ses blessures *; il avait la phobie de devenir un pensionné.

La dernière fois qu'il avait fallu retourner au Val-de-Grâce, en passant devant la gare Montparnasse, il avait raconté à l'aide de camp (ce jour-là, c'était d'Escrienne) comment tout bambin, la main dans la main de son père, il était venu voir la locomotive qui avait crevé la façade et pendait en surplomb, roues toutes bêtes [50]. La famille habitait à cinq cents mètres de là; la voiture présidentielle avait d'ailleurs longé la place du Président-Mithouard. Mais de cela il ne parlait pas.

Presque à la suite, le 19 avril 1967, il faut courir de Bonn à Cologne pour enterrer Konrad Adenauer, paradoxal compagnon d'Histoire devenu vieux, bien vieux. Une sorte de beau-frère devant l'Histoire : le général de Gaulle l'avait fait de sa famille en l'accueillant à la Boisserie en 1963 où il lui avait fait préparer un lit. Personne n'a été admis à

---

* Le 15 août 1914 (treize jours après la déclaration de guerre), le lieutenant Charles de Gaulle a été blessé par balle au péroné droit, dans un combat à Dinant (Belgique). Paralysie temporaire de la jambe. Un mois et demi d'hôpital.
Le 10 mars 1915, une balle transperce la main gauche du capitaine Ch. de Gaulle. Trois mois d'hôpital.
Le 2 mars 1916, pendant que, gazé et hors d'haleine, il se livre au dernier corps à corps du fort de Douaumont, un adversaire, accouru dégager ses camarades, enfonce sa baïonnette dans la « face postérieure de la cuisse gauche, tiers moyen » de ce forcené qui enfin tombe inanimé. Sa disparition est annoncée à ses parents. Il sera identifié par la suite dans un hôpital allemand.

franchir ce seuil privé en tant qu'homme politique; seuls y pouvaient entrer de plain-pied « les peuples ». Adenauer ne fut pas une exception : c'est le peuple allemand qui, à travers lui, était réadmis à la table de famille.

Deux mois avant de mourir, Konrad Adenauer était passé par Paris, au retour d'un séjour en Espagne (qu'est-ce qui les attirait vers l'Espagne interdite, ces forgerons retraités d'une Europe tant bien que mal démocratique *?) De Gaulle lui a ménagé une réception glorieuse, et affectueuse; mais il ne l'a pas vu flambard. On peut bien se dire qu'il y a entre eux quatorze ans d'écart; n'empêche qu'ils ont fait œuvre commune, le destin de leurs deux nations les a forcés à travailler en contemporains. De Gaulle voit trottiner vers lui cet associé désormais poussé à l'honorariat, et en dehors duquel le peuple allemand poursuit son chemin. Quand on a d'abord côtoyé Churchill tenant à bout de bras la liberté du monde et quand ensuite il a fallu, tout le temps d'un déjeuner, l'écouter téter sa langue; quand on a ouvert les bras au peuple allemand en la personne de Konrad Adenauer et qu'on voit maintenant sa fille le tenir à bout de bras, quand on a vénéré le maréchal Pétain et qu'ensuite on a été torturé de le voir s'oublier dans sa culotte de chef d'Etat fantoche; ça donne à penser la nuit.

Mémoires de guerre : — La vieillesse est un naufrage. »

Qui sait si l'homme d'action peut distinguer l'approche du récif? Adenauer l'a pu; Pétain non; Churchill non plus. La chevauchée du Chemin du Roy vient de donner au général de Gaulle la mesure de sa propre résistance, de sa vitalité mentale. Hier lundi, encore, aisé, altier, il a mené à sa main tous les ministres assemblés en Conseil pour les convertir au Québec et pas un n'était à sa hauteur, pas un ne tenait le coup en face de lui. Mais vigilance!

Colonel d'Escrienne, aide de camp (onze ans plus tard) : — Y aurait-il quelqu'un, dans son entourage, peut-être même dans sa famille, pour le lui dire? Charles de Gaulle s'est posé cette question. Et comme il a douté de la réponse, il a préféré s'observer lui-même. Je suis certain, durant les dernières années de vie publique pendant lesquelles je me suis trouvé à ses côtés, que les tâches et les résultats qu'il s'imposait étaient en même temps pour lui des tests [51]. »

Quelqu'un au moins à l'Elysée évoquait sans détour le jour où on devrait se replier définitivement sur la Boisserie : Mme de Gaulle. Pompidou l'entendait, quand elle l'invitait à déjeuner pour parler de la Fondation Anne-de-Gaulle; il trouvait même qu'elle caressait cette

---

* Un an après sa démission de la présidence de la République, le général de Gaulle a entraîné sa femme dans une traversée de l'Espagne à fond de train, en juin 1970. Il a exprimé la curiosité de rencontrer au passage le général Franco, putschiste et dictateur, « régent à vie ». Momie vivante qu'une camarilla vissait sur son trône, Franco avait huit ans de plus que de Gaulle. Aussi longtemps que ce dernier avait exercé des fonctions officielles, de Londres à l'Elysée, il n'avait eu aucun contact physique avec le protégé de Hitler.

perspective avec un brin de complaisance. Aux autres, elle disait parfois qu'on faisait mener au Général une vie qui n'était pas pour des gens de son âge; elle ne disait pas — pour le moment — que cette vie n'était plus pour lui. Elle tenait ces propos en sa présence, sur le ton technique des ménagères d'antan; il ne haussait pas les épaules.

Regard technique aussi que celui du général de Gaulle sur lui-même, Bernard Tricot l'a bien senti à la consigne que le président de la République lui donnait le 1er août.

Pourquoi de Gaulle a-t-il décidé de formuler la question catégoriquement ce jour-là? Parce qu'il prépare pour le 10 août l'appel aux Français qui est sans doute le plus important de sa vie. On est souvent tenté d'écrire « le plus important ». Si on se risque à le dire de celui-là, c'est parce que de Gaulle veut ouvrir grâce à lui la dernière phase du gaullisme. Dernière, ça pas de risque à l'écrire : il suffit de voir son âge. Dernière, mais essentielle encore : celle qui bouclera la boucle des réalisations gaulliennes, dernière phase sans laquelle toutes les autres resteraient éparpillées comme les matériaux d'un chantier dont la mort emporte le patron.

Phase non moins nécessaire que les précédentes, et non moins ambitieuse. Avant de lancer les Français à l'escalade de la dernière cime, de Gaulle, dirait-on, a voulu s'assurer qu'il demeurait qualifié comme premier de cordée.

*
* *

Mais dès l'instant qu'il demeure en état de marche, il est sûr que ce qu'il veut proposer à la France n'est pas démesuré et qu'il n'y a pas de vrai motif pour y renoncer.

Les objections, il n'en entendra jamais autant que le 18 juin 1940; il n'avait pas tout à fait cinquante ans, et déjà on l'a taxé de mégalomanie déformante parce qu'il établissait que si les Français parvenaient à se constituer en corps de volontaires, leur destin reviendrait entre leurs mains. Dieu sait si ce jour-là les bons apôtres clamaient qu'il surestimait les possibilités de la France.

Editorial de Sirius le 1er août (déjà cité) : — (...) Le président de la République est atteint d'une hypertrophie maladive du moi; ses intuitions politiques, souvent justes à l'origine, apparaissent vite dénaturées par une large surestimation du rôle et des possibilités de la France (...). »

Lorsqu'on a distingué, le 18 juin 1940, qu'il n'y avait pas d'issue dans le renoncement, et qu'on a eu raison, on garde raison pour longtemps sur le compte de la France. La faiblesse d'esprit qui menace de fourvoyer ce pays, elle est chez ceux qui le voient petit.

Réplique du général de Gaulle à Sirius, le 10 août (allocution télévisée) : — Il va de soi que notre action d'ensemble est réprouvée par ce qu'il faut bien appeler l'école du renoncement national (...) Étrange passion de l'abaissement! (...) Dans le drame célèbre de Goethe, Méphisto se présente ainsi : « Je suis l'esprit qui nie tout! » Or, en écoutant les conseils de Méphisto, l'infortuné docteur Faust va de malheur en malheur jusqu'à la damnation finale. Françaises, Français, nous n'en ferons pas autant. Repoussant le doute, ce démon de toutes les décadences, poursuivons notre route, celle d'une France qui croit en elle-même et qui, par là, s'ouvre l'avenir. »

Il y avait plus d'un an qu'il s'impatientait de sentir Hubert Beuve-Méry, pseudo-Sirius, en proie à « l'étrange passion de l'abaissement ». Il aurait voulu le secouer, il confiait la commission aux rédacteurs du *Monde* qu'il rencontrait :

De Gaulle à André Passeron (mai 1966) : — Je vais vous dire encore une chose : pour les gens qui, comme vous, vivent sur la critique, il faut que vous sachiez que nous sommes faits pour être un pays énorme. Nous avons été jadis un pays énorme; les Français vivaient en sécurité, alors ils étaient de perpétuels mécontents; ils se disputaient et s'égratignaient parce qu'ils ne risquaient rien. Aujourd'hui, nous ne sommes plus un pays énorme, mais les Français continuent à être mécontents et à se critiquer; c'est pour ça que tout est en porte à faux. Encore une fois, nous sommes faits pour être un pays énorme, et c'est ce qu'il faut que nous cherchions à réaliser [52]. »

Août 1967 : la Nouvelle-France, maintenant, ça peut d'abord être en France. Le remodelage industriel s'achève, les institutions politiques sont en place, le nouveau franc est solide. Les Québécois n'ont pas tant d'atouts, mais quel élan national! Les Français formeront-ils pareil corps de volontaires?

Jusqu'ici, les Gaulois se sont éparpillés dès que les périls vitaux étaient conjurés; si cela se reproduit une fois de Gaulle parti, son passage au pouvoir n'aura rien avancé. Avant qu'il ne soit plus là, il lui reste à faire en sorte que les Français soient enfin et définitivement intéressés à la France. Si cet « intéressement », comme il dit, si cette participation permanente et universelle des Français à la France sous toutes ses formes restent un discours pour inauguration de chrysanthèmes, le gaullisme aura été un leurre.

Allocution télévisée du 10 août 1967 : — Où irait la France si les Français s'en désintéressaient? »

Pour qu'ils ne s'en désintéressent pas, le moment vient d'institutionnaliser l'intéressement. Pour que les Français aient part à la France, le moment vient d'organiser la participation.

Jusqu'ici, les Français n'ont eu permission d'exercer le droit des peuples à disposer d'eux-mêmes que dans l'organisation de leur vie politique. Dès qu'ils mettent le pied dans leur usine, leur bureau, c'est l'Ancien régime; en matière d'économie, de travail, ils sont des sujets.

Allocution télévisée du 10 août 1967 : — Le progrès, l'indépendance, la paix tels sont donc les buts conjugués. »

L'un ne tient pas sans l'autre. Tant qu'il en manque un, le gaullisme est un trépied à deux pattes. De Gaulle, avant de disparaître, appelle les Français à faire en sorte d'être définitivement intéressés à la France. Voilà la révolution par laquelle les Français peuvent, conclut de Gaulle, « s'ouvrir l'avenir ». Telle est l'entreprise nationale qu'inaugure l'allocution télévisée du 10 août 1967.

Discours-testament? Pas encore! Discours-phare plutôt, et discours-charnière : aux deux tiers du chemin.

Allocution télévisée du 10 août : — A l'ordinaire, chacun — c'est bien normal — est absorbé par l'existence et les circonstances quotidiennes et ne prend que de temps en temps une vue d'ensemble sur ce qu'il peut advenir de notre pays. Et pourtant tout en dépend. »

Les spécialistes parisiens du billard parlementaire n'apprécient pas ce désir d'élargir les vues :

Guy Mollet, secrétaire général de la SFIO : — Pourquoi cette allocution, pourquoi alerter l'opinion publique, annoncer plusieurs mois à l'avance l'événement, le situer en pleines vacances, en faire une montagne si c'était pour accoucher d'une aussi maigre souris? »

Stendhal tout à l'heure disait que le compas de la société parisienne ne s'ouvre plus passé un certain angle. Ces gens-là annonçaient toujours que le général de Gaulle montait un coup tordu. Il a invité les Français à regarder au fond des choses.

Ce discours phare balaie sur ses trois cent soixante degrés l'horizon du destin national; au long des deux mandats présidentiels du général de Gaulle, il restera seul de son genre. Pourquoi à cet instant-là plutôt qu'à un autre? D'abord pour faire comprendre la charnière, et la conversion politique qui en résulte.

« Le progrès, l'indépendance et la paix »... Dans les slogans ternaires du général de Gaulle, l'ordre chronologique se lit de droite à gauche. La paix, c'est fait. L'indépendance, c'est fait, une indépendance qui doit autant à l'industrialisation qu'à la restructuration diplomatique et militaire. Reste le progrès.

A chaque phrase sa priorité :

François Goguel * : — Le thème du *capitalisme* n'a pas été évoqué par Charles de Gaulle avec la même fréquence au cours des diverses périodes de son action. Il apparaît dès la période 1940-1946, il est fréquemment repris de 1946 à 1958, mais il disparaît complètement de 1958 à 1962, au moment où la grande affaire, c'est la mise sur pied des institutions nouvelles de la République, et où les problèmes de la décolonisation et de la guerre d'Algérie sont tout à fait prioritaires. Puis le thème revint de 1962 à 1969, avec une fréquence particulière dans les dernières années [53] ».

A chaque phase, son personnel, renouvelé en fonction du nouvel objectif. C'est ce qui s'est fait deux fois déjà.

* Ancien secrétaire général du Sénat.

Phase de la paix : en gros, première législature de la République gaullienne, 1958-1962; Premier ministre à Matignon — ce chantier de réalisation — Michel Debré; au Secrétariat général de la Présidence — ce bureau d'études — Geoffroy de Courcel.

Phase de l'indépendance : seconde législature, 1962-1967; à Matignon, Georges Pompidou; au Secrétariat général, Etienne Burin des Roziers. Avec, sous chacun des deux, une équipe nouvelle, redéployée en vue d'objectifs nouveaux *

Phase du progrès : une nouvelle législature commence en 1967 tant bien que mal et plutôt mal que bien; au Secrétariat général : **Bernard Tricot**. A Matignon : qui?

Pompidou a été bon pour la seconde phase. De Gaulle ne lui sent pas de dispositions pour la troisième.

Bernard Tricot (1978) : — La tendance de Georges Pompidou était qu'il fallait occuper le pouvoir, il inclinait à penser que l'essentiel était que la vie économique se déroule favorablement, que la France s'industrialise. Ce sur quoi le Général avait été totalement d'accord.
« Mais il y avait en même temps chez Pompidou l'idée qu'il ne fallait pas perturber le secteur avec ce qu'il estimait être des fantaisies. Il s'exprimait parfois sur le sujet avec beaucoup de verdeur. Là on n'était plus sur la même longueur d'onde, c'est certain... »

Raymond Barre ** (17 avril 1979) : — C'est aussi que la politique d'industrialisation laissait la France vulnérable parce que Pompidou — qui se tenait trop exclusivement à des considérations intérieures — la fondait sur trois idées fausses.
« Primo, il pensait — et il a dit au général de Gaulle — que les Français préféraient l'inflation à la récession.
« Secundo, il pensait que pour industrialiser la France il fallait faire du crédit à tout va.
« Tertio, il pensait que s'en prendre au dollar, c'était vouloir se faire démolir comme Don Quichotte contre les moulins.
« Sur ces trois points le général de Gaulle avait une position différente.
« Primo l'inflation : il pensait que quand on a goûté à la drogue ça s'accélère. D'où la cure de stabilisation de 1963 : c'est de Gaulle, pas Pompidou, qui a bloqué lui-même les ressources.
« Secundo l'industrialisation. Le Général, comme on vous l'a dit, jugeait nécessaire d'industrialiser la France, mais il ne perdait pas de vue qu'il fallait l'industrialiser solidement, alors que les industries se

---

* A l'Elysée, se trouvaient changés le Secrétaire général de la Présidence, le directeur de cabinet et le chef de l'Etat-Major particulier. Chacun des trois changeait ses collaborateurs. Cette mue des services présidentiels s'étendait sur plusieurs mois, à la différence du changement de gouvernement qui, constitutionnellement, devait s'accomplir d'un seul coup; pour être moins soudainement visible, elle n'en était pas moins profonde.

** Raymond Barre, après avoir été, dit-il, « un très modeste contributeur » au plan de redressement de 1959 s'est trouvé un spectateur bien placé de la politique d'industrialisation, à partir de 1959 comme directeur de Cabinet du ministre de l'Industrie, puis à partir de 1967 comme vice-président de la Commission des Communautés européennes, nommé par le général de Gaulle.

sont développées à grands coups de crédit, sans fonds propres, grâce à la détérioration du franc (et nous avons vu plus tard à nos dépens la vulnérabilité de la sidérurgie par exemple, installée dans ces conditions, sans fondations solides).

« Tertio : le général de Gaulle avait vu que l'effondrement du dollar nous entraînerait dans la catastrophe monétaire mondiale si la France n'obtenait pas à temps que la Communauté européenne se dégage de cette emprise monétaire américaine. »

En 1967 on arrive au carrefour entre l'inflation et la stabilité monétaire qui conditionne un « progrès » durable; on arrive au carrefour de l'indépendance vis-à-vis du dollar, indépendance sans laquelle les Français — ni d'ailleurs les autres Européens — ne seront pas maîtres de déterminer leur progrès. La dépendance que Pompidou croit fatale est antinomique de la participation que de Gaulle croit nécessaire. Comme dit Tricot ils ne sont plus sur la même longueur d'onde.

Pompidou en somme se trouve maintenu sous les drapeaux au-delà de la durée légale du service. C'est une maigre raison d'être, au moment où le général de Gaulle veut relancer la France vers son avenir.

Bernard Tricot (suite) : — ... Tant que ça allait, le Général a un peu trop laissé les choses traîner en longueur... »

Cela sent le flottement. C'est peut-être une des raisons qui ont poussé de Gaulle à s'interroger sur son âge. Mais on peut encore croire à des causes mécaniques. Depuis quatre mois seulement a commencé l'expérience d'un fonctionnement complet des bielles de la Constitution gaullienne. L'Assemblée nationale qui a pris session en avril 1967 était la première à s'installer en pendant à un président de la République fort de sa propre élection au suffrage universel direct : de Gaulle avait pris ses fonctions à ce titre le 8 janvier 1966. Période de rodage durant laquelle les axes cherchaient leur logement. De Gaulle lui-même ne pouvait pas prévoir par le menu ce que ça donnerait à la longue. Il est possible qu'il ait préféré se donner quelques mois pour observer les tassements plutôt que d'installer trop vite — et irréversiblement — le gouvernement de la troisième phase.

Les résultats de cette première expérience constitutionnelle en régime ordinaire n'étaient pas d'emblée aussi clairs que les essais qui avaient été faits — durant la guerre d'Algérie — des mécanismes de secours pour temps d'exception. L'élection présidentielle de fin 1965 n'a pas été éclatante, les élections législatives du printemps 67 ont été ambiguës. Dans la nouvelle Assemblée nationale, il n'y a de majorité pour un Premier ministre se réclamant du général de Gaulle que dans la mesure où elle englobe les giscardiens, bien décidés à ne pas se réclamer automatiquement dudit. De Gaulle examine ça du bout des pincettes :

Conférence de presse du 16 mai 1967 : — Le fait est que la nouvelle Assemblée semble comporter une majorité positive; le fait est surtout qu'il ne pourrait s'y en former aucune autre qui le soit. »

Cette Assemblée est congénitalement vouée à la dissolution; mais ce serait un prélude peu tonique pour la troisième phase. Puisqu'on ne voit poindre aucune majorité nouvelle, Pompidou bénéficie du sursis; au fond, il reste parce qu'il a raté les élections. Pas tonique non plus. La transition s'éternise là où de Gaulle voulait marquer net le changement de phase.

Du moins le Général avait-il demandé à Pompidou de mettre à l'affiche de la campagne pour l'élection de la nouvelle Assemblée l'intéressement des travailleurs aux bénéfices de leur entreprise. Pompidou n'y est pas allé de grand cœur : à peine assez pour que le patronat conservateur s'inquiète et organise la résistance. Les giscardiens s'en chargent dans la nouvelle Assemblée. Pompidou pense se dégager de leur emprise en demandant au Parlement les pouvoirs spéciaux qui lui permettent de légiférer par ordonnances en quelques matières litigieuses, dont l'intéressement.

Voici le nouveau Parlement mis d'entrée de jeu hors circuit dans la phase qui devait voir la généralisation de la participation. Giscard dénonce ce dévoiement. Pompidou ferraille avec Giscard. Les journaux sont envahis par cette escrime. Le Premier ministre n'aide pas à regarder au fond des choses.

Bernard Tricot : — En cet été 1967, quand je suis revenu à l'Elysée, le général de Gaulle avait la conscience de l'âge sous un autre aspect encore : celui du temps qui, de toute façon, était mesuré, et de la nécessité d'accélérer l'action.
« J'avais été en service à l'Elysée une première fois pendant l'affaire algérienne; elle créait de graves divisions dans le pays mais elle donnait en même temps au Général une occasion de garder des contacts avec un certain nombre de personnalités, de partis, qui n'appartenaient pas à la majorité. Cinq ans plus tard, à mon retour, j'étais frappé par le nombre des gens desquels de Gaulle, l'Elysée, s'étaient laissé couper. »

L'intéressement, la participation que de Gaulle met à l'ordre du jour par son allocution du 10 août ne peuvent pas — par définition — être l'affaire d'un seul clan parlementaire, de la seule majorité gouvernementale.

Bernard Tricot : — J'avais surtout à ce moment-là le désir de faire en sorte que l'Elysée reprenne contact avec les milieux politiques les moins systématiquement hostiles, parmi ceux qui n'étaient pas de la majorité. Je me rappelle avoir vu à cette époque de vieux amis comme Eugène Claudius-Petit, Joseph Fontanet, Jacques Duhamel. Bien entendu, j'en informais le général de Gaulle. J'avais également des contacts avec des dirigeants de la CFDT, Jeanson, Eugène Descamps, etc. *. Mon idée était qu'il ne fallait pas rester dans un cercle trop étroit. »

Le nouveau Secrétaire général ne faisait là que répondre au besoin exprimé publiquement par de Gaulle dès l'entrée en fonction des nouveaux députés :

Conférence de presse du 16 mai 1967 : — On ne voit pas pourquoi parmi les opposants d'hier certains de ceux qui ont le souci du bien national ne tourneraient pas la page de la vaine querelle faite au régime. Dans ce cas, les raisons qu'ils croyaient avoir de combattre l'action de la V⁰ République se réduiraient à peu de chose, et, au contraire, se feraient jour les raisons qu'ils auraient d'y participer. »

Phrase sibylline pour les téléspectateurs, mais les parlementaires ne peuvent pas s'y tromper : de Gaulle annonce que ceux qui l'aideront à sortir du clan parlementaire que Pompidou maîtrise tant bien que mal, ceux-là verront qu'avec une assise nationale élargie s'amorcera une action plus large que celle de Pompidou.

L'élection toute récente d'une nouvelle Assemblée nationale n'a pas fait l'affaire. Elle a fait apparaître une majorité pompidolienne recroquevillée, crispée sur elle-même. S'il s'agit de saisir le peuple français d'un plus généreux projet, inévitable que de Gaulle pense bientôt à une procédure autre que les prochaines élections législatives. A son âge, il n'a plus le temps de les attendre.

Il y a du référendum dans l'air.

*
* *

Le 17 août, Pompidou fait adopter en Conseil des ministres trois ordonnances tendant à faire « participer les salariés aux fruits de l'expansion de leur entreprise ».

Le même jour, Valéry Giscard d'Estaing tire à lui l'actualité en s'en prenant à « l'exercice solitaire du pouvoir ». Le retentissement des mesures d' « intéressement des travailleurs » est affaibli d'autant.

Giscard se fût-il tu, ces mesures ne risquaient guère de bouleverser la France et les Français. Pompidou a pensé complaire suffisamment au général de Gaulle en faisant passer en tête « l'intéressement », une semaine avant d'autres paquets d'ordonnances. Quant au fond, c'est maigre, et lointain. Les salariés ne verront pas leurs premiers sous de bénéfice avant cinq ans. Et encore faudra-t-il, primo que leur entreprise ait réalisé une expansion, secundo que cette expansion se soit soldée par un bénéfice immédiat, supérieur à cinq pour cent.

Les intéressés, si l'on ose dire, retiennent surtout qu'il ne s'agit pas d'un nouveau partage entre le capital et le travail; les syndicats ont beau jeu à souligner que c'est en réalité l'Etat qui prendra à sa charge

* Il est curieux d'observer que les cinq personnages nommés ici sont ceux sur lesquels Jacques Chaban-Delmas appuiera sa tentative d'ouverture vers la « nouvelle société » deux ans plus tard.

les sommes promises aux salariés, puisqu'il accordera aux entreprises des avantages fiscaux équivalents.

Offensif, pourtant, de Gaulle lorsqu'après les élections il avait dit aux téléspectateurs ce qu'il comptait voir le gouvernement mettre dans les ordonnances :

Général de Gaulle (conférence de presse télévisée du 16 mai 1967) : — Il est nécessaire que, pour adhérer franchement, ardemment à la transformation de la France, les travailleurs français participent, non plus seulement au gré des contrats relatifs à leurs salaires, mais d'une manière organique et en vertu de la loi, aux progrès de l'expansion. »

Mais inoffensif, Pompidou, et délibérément, lorsqu'il commente les ordonnances à la télévision, trois semaines après leur parution, quêtant moins « l'adhésion » des travailleurs, dont avait parlé de Gaulle, que celle des actionnaires financiers :

Georges Pompidou (à la télévision le 8 septembre 1967) : — Ce n'est pas une révolution immédiate! Je suis pour ma part profondément persuadé que c'était le meilleur moyen de faire échouer la réforme que d'avoir dès le départ des ambitions démesurées. Je crois qu'il faut voir comment les choses vont fonctionner, qu'il faut que chacun puisse trouver dans ce nouveau système ce qu'il souhaite. »

« Pour ma part »... dit machinalement Pompidou. Affleurement sans doute involontaire de la divergence qui l'opposait à de Gaulle, et à laquelle la publication des ordonnances n'a pas mis fin.

Restent témoins de la divergence les deux personnages qui avaient collaboré du plus près à la fabrication des textes : Bernard Ducamin du côté de l'Elysée, et Jean-Marcel Jeanneney du côté du gouvernement.

Bernard Ducamin (à l'époque conseiller technique à la Présidence de la République) : — Le texte qui est sorti laborieusement des travaux du gouvernement ne correspondait pas totalement à l'ambition du général de Gaulle, c'est manifeste [54]! »

Pour le Général, l'intéressement aux bénéfices ne peut être qu'un succédané, et même un artifice douteux; il y a dix-sept ans qu'il s'en méfie et qu'il le dit :

Général de Gaulle (25 juin 1950) : — C'est l'Association réelle et contractuelle que nous voulons établir et non pas ces succédanés — primes à la productivité, actionnariat ouvrier, intéressement aux bénéfices — par quoi certains qui se croient habiles essaient de la détourner [55]. »

On voit là ce qu'il pense de l'intéressement... *

Pourquoi, alors, s'y tenir? Parce que Pompidou ayant la charge de

---

* Parmi les autres « habiletés » dénoncées par de Gaulle figure, on le voit, « l'action-nariat ouvrier » que Georges Pompidou devenu président de la République se flattera d'institutionnaliser, en commençant par l'imposer à la Régie nationale Renault.

conduire l'exécution d'une politique économique s'est déclaré obligé de « tenir compte du risque qu'on faisait prendre à l'économie à un moment qui n'était pas le bon ».

Soupir du général de Gaulle : le moment n'est jamais le bon...

De Gaulle s'incline... pour le moment. Il n'a jamais trouvé qu'il soit de bonne guerre de reprendre sur chaque détail l'homme à qui on a confié le commandement d'un théâtre d'opérations. Mais il se tracasse déjà de sentir que la tactique de Pompidou ne sert plus sa stratégie à lui de Gaulle.

Encore consentant, de Gaulle, mais toujours pas convaincu. Comment se fait-il, s'exclame-t-il (avec « une certaine irritation », note pudiquement Jean-Marcel Jeanneney, à l'époque ministre des Affaires sociales) qu'on ne soit jamais foutu de lui proposer des projets qui correspondent à ce qu'il a souhaité?

Jean-Marcel Jeanneney : — Je me souviens lui avoir répondu que d'abord ce n'était pas facile, mais qu'en plus cela s'insérait dans une conception politique d'ensemble, et qu'on ne pouvait pas réformer l'entreprise en soi, indépendamment du reste; je lui ai fait remarquer que l'ensemble de la politique qu'on menait à ce moment ne me paraissait pas favorable à cela [56]... »

Encore un qui met en cause le maintien de Pompidou à la tête du gouvernement! Pourquoi l'y avoir laissé au-delà du temps pour lequel on l'y avait mis?

Général de Gaulle : — Tel que je suis et tel qu'il est, j'ai mis Pompidou en fonction afin qu'il m'assiste au cours d'une phase déterminée. Les circonstances pèseront assez lourd pour que je l'y maintienne plus longtemps qu'aucun chef de gouvernement ne l'est resté depuis un siècle [57]. »

Il dit bien que ce fut en raison des « circonstances », non pas en conformité des objectifs qu'il se fixait. Et il dit même, ce vieux Sisyphe de l'association capital-travail, qu'il commençait à trouver que ça pesait « lourd ». Or, à la fin de l'été 67, il demeure résolu à pousser son rocher :

Bernard Ducamin : — J'ai été témoin direct de l'attitude du général de Gaulle quant au texte sur la participation. Il avait le désir de le reprendre sous une autre forme. »

Ce témoignage vaut la peine qu'on l'examine au microscope : on y aperçoit le tout premier germe, en septembre 67, de ce qui va devenir le référendum sur la participation, avorté en juin 68, dévoyé en avril 69.

La maussaderie du Général tient à ce que Pompidou ne l'aide pas à dégager l'idée pratique. L'an passé, déjà, de Gaulle admettait qu'il restait du flou :

— Depuis toujours je cherche, un peu à tâtons, la façon pratique de déterminer le changement non point du niveau de vie, mais bien de la condition de l'ouvrier [58]. »

Comme toujours, de Gaulle voit en premier ce qu'il ne faut pas faire; il creuse alors dans la direction opposée, certain que là seulement des germes d'avenir prendront consistance, même s'il est impossible de distinguer d'avance chaque détail du projet.

D'autant plus impossible que ce projet n'est pas la propriété du général de Gaulle : il mûrit quelque part à l'intérieur du peuple.

Général de Gaulle (dès 1952) : — Où peut-on, où veut-on trouver la source, le ressort de cette rénovation? Où donc sinon là où ils sont : dans le peuple! »

De Gaulle ne peut être que l'accoucheur. A lui seulement de poser la question juste par référendum pour que le peuple dise oui que c'est bien là sa propre aspiration, mais enfin épurée.

Le vieil accoucheur presse son monde. Accouchement avant terme? La question n'est visiblement pas mûre pour un référendum. Jadis, ce doctrinaire de la guerre de mouvement a appris la nécessité de plier sous le flux des circonstances, il a appris à attendre de se faire porter par leur reflux. Mais tinte la cloche de brume du grand âge : maintenant, ou jamais. Le choix se rétrécit : laisser flotter l'avenir au caprice des circonstances, ou intervenir au mépris des circonstances. Dans les deux cas, on se condamne à une mauvaise technique de navigation : essayer de garder son cap flanc sous la vague, c'est aller au naufrage; laisser Pompidou dériver hors du tracé c'est perdre le cap.

Voici deux ans qu'elles donnent raison à Pompidou, les circonstances, et sur toute la ligne, au niveau de la tactique. Beaucoup plus proche que de Gaulle de la réalité tactique, Pompidou. Force a été à de Gaulle non seulement de le constater, mais de le reconnaître. Alors, de plus en plus, Pompidou se sent en droit d'estimer que c'est lui qui voit juste; seul est bon pour le Général ce qui sera bon pour Pompidou.

L'ascendant de Pompidou date de l'élection présidentielle de décembre 1965. Le Premier ministre peut se targuer de l'avoir rattrapée aux cheveux, alors que de Gaulle lâchait :

Général de Gaulle : — Le soir du premier tour, une vague de tristesse a failli m'entraîner au loin [59]... »

Pompidou est allé lui dire le lendemain que s'il s'était agi d'un référendum, le résultat effectivement aurait été piteux; mais pour une élection au scrutin uninominal à deux tours, quel habitué n'envierait pas le candidat qui, au premier tour, approche les quarante-cinq pour cent face à tous les autres?

Georges Pompidou : — Si nous nous plaçons dans l'optique d'une élection politique (je dirais quasiment d'une élection législative), il apparaît évident que les résultats de ce scrutin ne sont pas mauvais. Ils sont même excellents. Jamais depuis cinquante ans, aucun mouvement, aucun groupement, n'a rassemblé sur son nom dès le premier tour quarante-quatre ou quarante-cinq pour cent des voix. Nous avons maintenant une base de départ qui est bonne [60]. »

Alors, soudain, Pompidou s'est senti en mesure de dicter ses conditions :

— Nous avons une bonne base de départ, mais sous réserve que la campagne soit excellente. »

A partir de là, Pompidou a obtenu d'orchestrer à son idée une campagne axée sur la réalité d'une élection et non plus embrumée par la nostalgie d'un tête-à-tête entre le Général et la France.

Pompidou a eu raison. L'élection a été gagnée. Mais c'était une élection. Ça ne supprimait pas la préférence du Général pour l'ancien cœur-à-cœur avec les Français.

Sitôt reconnu docteur ès arts électoraux, Pompidou diagnostique que le mal de langueur dont le Général a constaté les atteintes venait du jeune ministre des Finances, Valéry Giscard d'Estaing : si on extirpe celui-ci, on éliminera les rancœurs laissées par le plan de stabilisation de 1963. Sur la liste des membres du nouveau gouvernement que Georges Pompidou « propose » à la signature du Général, plus de Giscard. S'agissait-il de dénoncer Giscard à l'opinion publique pour arranger les affaires de De Gaulle, ou de le dénoncer à de Gaulle pour consolider la position de Pompidou ? En tout cas s'éloigne la possibilité d'une alternance de Premiers ministres à l'intérieur de la majorité respectueuse des institutions gaulliennes. Or, cette possibilité d'alternance avait représenté jusque-là, sur la trajectoire de Pompidou, un risque, voire une menace.

Conséquence pratique : de Gaulle ne pourra plus rendre sensible une alternance au niveau de l'action gouvernementale — par exemple si les électeurs réclament que cette action soit gauchie — si ce n'est en allant chercher un Premier ministre parmi les gens qui contestent les institutions et donc la présence du général de Gaulle à leur tête.

Du coup, le président de la République se trouvera désormais ficelé dans les aléas d'élections législatives qui ne devraient atteindre que le Premier ministre.

L'assemblage institutionnel de la République gaullienne était constitué d'une pièce fixe, le chef de l'Etat, et d'une pièce mobile, interchangeable, le chef du gouvernement. Pompidou, en s'arrangeant pour demeurer seul sur le marché, cesse d'être mobile. L'articulation se soude *.

Dans les quinze mois qui suivent, Pompidou monte à son idée la campagne des élections législatives de mars 1967 : « Un candidat de la majorité dans chaque circonscription et un seul. » Pompidou s'oppose à des consultations « primaires » qui offriraient un choix entre plusieurs tendances également désireuses de maintenir les institutions. Giscard se débat un peu, mais pas au point de rendre tangible

---

* Le 25 août 1976, en nommant M. Raymond Barre Premier ministre, le président de la République, Giscard d'Estaing, s'efforcera de rétablir l'alternance à l'intérieur de la majorité soi-disant respectueuse des institutions. Les héritiers de la tactique pompidoliste, regroupés autour de M. Chirac, s'appliqueront à jeter le doute sur le bien-fondé de l'opération.

pour le grand public l'idée qu'à l'intérieur du gaullisme diverses orientations gouvernementales sont concevables.

Pompidou gagne les élections législatives de justesse. Paradoxalement, la fragilité de sa majorité le consolide :

Général de Gaulle (16 mai 1967) : — Le fait est que la nouvelle Assemblée nationale semble comporter une majorité positive; le fait est surtout qu'il ne pourrait s'y former aucune autre qui le soit. »

Là résident les « circonstances » qui font qu'on va garder Pompidou.

*
* *

Tellement maigre, la majorité électorale apparue en mars 1967 qu'il ne peut plus être question, selon Pompidou, d'effaroucher le moindre électeur par des innovations révolutionnaires. Avec la moitié plus un des électeurs, on gagne une élection; qu'on en effraie deux, on perd un référendum.

Une situation est ainsi créée où

a/ les idées du Premier ministre peuvent encore être mises en application par la voie parlementaire

b/ les réformes préméditées par de Gaulle ne doivent plus figurer.

Ces réformes, Pompidou va se fonder sur le constat de l'élection législative pour soutenir qu'il serait chimérique de vouloir y insuffler un supplément d'âme; s'est-il aperçu dès 1967 que sa tactique électorale supprimait ce supplément d'âme et flétrissait la frange d'électeurs réformistes grâce auxquels de Gaulle avait pu faire des référendums? Où est la cause? Où est l'effet?

Trêve de supputations : les résultats de 1967 sont là; le conservatisme de Pompidou reste viable; le réformisme du Général ne l'est plus.

*
* *

A partir du moment où Pompidou est devenu Premier ministre en 1962 et aussi longtemps qu'il l'est resté, le mécanisme référendaire a cessé d'être de mise. Pourtant, dira-t-on, il y a eu dans les débuts de Pompidou le spectaculaire référendum sur l'élection du président de la République au suffrage universel direct? Quelle y fut la part de Pompidou? Il a transmis à de Gaulle les objections du Conseil d'Etat, en opinant qu'il fallait s'incliner. Il n'aimait pas plonger l'orteil dans l'eau froide.

Général de Gaulle : — Tout en révérant l'éclat dans l'action, le risque dans l'entreprise, l'audace dans l'autorité, il incline vers les attitudes prudentes et les démarches réservées [61]. »

Pompidou, de 1940 à 1944, n'a jamais vu pourquoi il s'engagerait dans la Résistance, ce réformisme chimérique de l'Histoire. Vingt-cinq ans plus tard, il continuait à trouver aussi chimérique que l'on voulût anticiper par référendum sur l'évolution de la société.

Pompidou n'était pas homme à engendrer un supplément d'âme. Ceci s'étend aux interprétations les plus concrètes : il ne pouvait pas se projeter vers l'avenir. Tranchons le mot — il faudra bien finir par le trancher, parce que c'est la clé de tous les faits et gestes de Georges Pompidou dans n'importe quel domaine, s'ils importent encore à quelque historien — il nous a paru que ce personnage était impuissant à féconder l'avenir.

Peut-être s'en vengeait-il inconsciemment en doutant que personne pût être réellement porteur d'une semence d'avenir.

*
* *

Refaire de la France un corps de volontaires...

C'est le pivot de toutes les propositions que Charles de Gaulle a émises, d'un bout à l'autre de sa vie. Passons, tant c'est banal, sur les applications militaires. Aussitôt que de Gaulle a vu son champ d'action s'étendre par force à la politique, il s'est demandé comment rendre aux Français les moyens de redevenir les conducteurs de leur avenir. En 1941, l'officier exilé pose l'équation de la civilisation occidentale :

— La transformation des conditions de la vie par la machine, l'agrégation croissante des masses et le gigantesque conformisme collectif qui en sont les conséquences battent en brèche les libertés de chacun. »

Quel apprenti sociologue, badigeonnant pareil slogan sur les murs de la Sorbonne en mai 68, se doutera qu'il avait été formulé le 25 novembre 1941 devant les étudiants d'Oxford, entre deux bombardements allemands?

Seize mois de méditation guerrière et, le 20 avril 1943, de Gaulle tient l'amorce d'une solution :

— ... un régime économique et social tel qu'aucun monopole et aucune coalition ne puisse peser sur l'Etat ni régir le sort des individus... »

Autodétermination tous azimuts et tous niveaux, droit des peuples et droit des gens, tout y est, Algérie algérienne, Québec libre, enseignement dépouillé de ses bandelettes, et salarié maître de soi-même. C'est le souffle humaniste de la Renaissance. Notons que ce général en guerre, pour atteindre l'objectif, préconise moins la refonte de l'armée que celle de la société.

En foi de quoi, le 20 avril 1943, dans la même phrase de la même allocution, il propose aux Français qui écoutent en cachette la BBC :

— ... un régime où les libres groupements de travailleurs et de techniciens soient associés organiquement à la marche des entreprises. »

Ce système, sans plus y rien changer durant les vingt-sept années suivantes, c'est celui qu'il s'attachera à acclimater en France, tantôt par un bout, tantôt par un autre, jusqu'au référendum final de 1969 inclusivement.

Approche en spirale, coutumière du Général (voir l'Algérie...). Et pas plus que le Premier ministre Michel Debré n'a senti le contenu vivant que pouvait receler l'autodétermination des Algériens, pas davantage le Premier ministre Georges Pompidou ne voudra croire que les travailleurs puissent un jour faire passer la maîtrise de leur propre sort avant leur confort. Mai 68 ne l'en fera pas démordre :

Georges Pompidou (5 juin 1968 — en privé, à Michel Droit) : — Avec sa participation, le Général rêve complètement (...) Il n'a jamais été dans les affaires. Tandis que moi, j'ai eu l'occasion d'apprendre sur le tas ce qu'était un comité d'entreprise, et j'y ai vu se comporter les représentants du personnel. En dehors des salaires et de l'emploi, rien ne les intéresse. »

A l'impertinence près, c'est le raisonnement que le Premier ministre sort au Général, tout au long de l'automne 1968, chaque fois que de Gaulle remet la participation sur le tapis.

Et lui, Pompidou, qui a été « dans les affaires », il abat comme son argument définitif, comme l'objectif terminal de la politique telle qu'il la conçoit, un compte d'épicier :

Pompidou (toujours dans la conversation avec Michel Droit) : — Je crains fort que les histoires de participation du Général ne nous fassent pas gagner une voix et nous en ôtent beaucoup [62]... »

Réplique étrangement directe, la dernière phrase du dernier chapitre que de Gaulle ait écrit sur le point de mourir a reçu du hasard une résonance d'éternité :

Général de Gaulle : — Comment n'aurais-je pas appris que ce qui est salutaire à la nation ne va pas sans blâmes dans l'opinion, ni sans pertes dans l'élection [63] ? »

Pompidou a peut-être trouvé que le Général l'avait facile en 1967, vu son âge, de considérer avec tant de détachement les « pertes dans l'élection ». De Gaulle ne serait plus candidat. Pompidou comptait l'être. La force d'âme est-elle donnée à grand monde d'affronter l'élection sans remiser jusqu'au scrutin « ce qui est salutaire à la nation » ?

*
* *

Qui ne le sent dès l'automne 67? Les ordonnances sur « l'intéressement » n'ont pas comblé l'attente.

Du coup, la procédure qu'avait choisie Pompidou a cumulé les inconvénients : le soupçon politique s'est ajouté à l'insatisfaction sociale. Le malaise français va suppurer de plus belle. De Gaulle remâche son tracas.

Jean-Marcel Jeanneney : — En janvier 1968, le Général m'a reçu. Je me souviens lui avoir dit combien j'étais heureux de voir que la France était un pays où il n'y avait aucun trouble alors qu'il s'en produisait beaucoup dans ce moment-là ailleurs; j'ajoutai que c'était à lui qu'on le devait. Il m'a répondu :

Général de Gaulle : — Pour l'instant, mais soyez sûr que ça ne durera pas... »

Jean-Marcel Jeanneney : — C'était en janvier 68! »

Ce pessimisme du général de Gaulle, quatre mois avant Mai, n'avait rien de vague.

Jean-Marcel Jeanneney : — Au premier Conseil des ministres de l'année 68, le général de Gaulle, comme il lui arrivait parfois, avait fait un tour de table. J'avais attiré l'attention sur les dangers que pouvait représenter l'exaspération qu'éprouvaient un certain nombre de Français face à une emprise bureaucratique de plus en plus forte. Lorsque le Général m'a reçu quelques jours après, il a mis la conversation précisément sur cette bureaucratie, marquant qu'il était bien d'accord avec moi quant au danger politique qu'elle représentait [64]. »

De Gaulle, ce jour-là, recourait au vocabulaire de son visiteur *. Mais la « bureaucratie », qu'était-ce sinon la croûte du « gigantesque conformisme collectif » contre lequel il s'insurgeait dès 1941 comme contre le principal tueur des libertés humaines?

Déjà, quelques jours plus tôt, le soir de la Saint-Sylvestre, une étrange fêlure avait brouillé la fin de l'allocution de vœux que le président de la République adressait à ses concitoyens. Le Général avait d'abord inventorié les chances que la Vᵉ République, à l'entendre, procurait à la France. Mais n'était-ce qu'apparence? Le doute était dans le dernier paragraphe :

— Françaises, Français, voilà le cadre humain, actif et pacifique que 1968 PARAIT offrir à la nation... »

Le futur était au conditionnel :

— ...ce cadre-là, vous toutes, vous tous et moi-même puissions-nous le remplir de telle façon que l'année soit bonne! »

---

* De Gaulle, avec une souplesse remarquable, s'installait dans l'univers mental de ses vis-à-vis successifs. De là, les différences d'accent qu'on lui trouve selon les divers livres qui ont rapporté des entretiens avec lui. Le document le plus curieux à cet égard demeure *Les chênes qu'on abat*. Malraux croit être allé faire du de Gaulle à Colombey; le livre s'éclaire à partir du moment où on s'aperçoit que, ce jour-là, c'est de Gaulle qui s'était mis à faire du Malraux.

Georges Pompidou, formé à la grammaire, professait que chaque mot introduit par de Gaulle dans une allocution portait son poids d'intention concrète, et qu'on déchiffrait tout de Gaulle pour peu qu'on se forçât à le prendre au pied de la lettre. Si le lecteur veut bien adopter la méthode, nous le prierons de retenir la petite bizarrerie de la dernière citation ci-dessus. Le cadre offert, dit de Gaulle, il reste à faire qu'il soit rempli par « vous toutes, vous tous et moi-même ».

Le gouvernement? Tiens, il n'a pas sa place dans ce grand avant-projet politique.

On dirait que de Gaulle, au dernier jour de 1967, s'oriente vers une action qui le mette lui-même en prise directe avec l'ensemble du peuple français. Sans passer par le gouvernement. En ce cas, la « façon » comme dit de Gaulle, de « remplir le cadre », c'est un référendum au lieu d'élections.

La façon n'est pas tout. Quoi mettre dans le cadre? La réponse était en filigrane, mais en toutes lettres dans cette même allocution de la Saint-Sylvestre, et Pompidou ne l'avait certainement pas laissé échapper : elle le touchait là où le bât le blessait sans cesse. Au passage, de Gaulle avait lancé :

— L'année 1968, je la salue avec satisfaction, parce que, grâce à l'intéressement du personnel aux bénéfices (...) elle va marquer une importante ETAPE vers un ordre social nouveau, je veux dire vers la participation directe des travailleurs aux résultats, au capital et aux responsabilités de nos entreprises françaises. »

Si le lecteur garde la patience de décortiquer encore cette phrase, nous lui proposerons deux remarques. D'abord, en ce 31 décembre 1967, si « l'intéressement du personnel aux bénéfices » était acquis depuis les ordonnances Pompidou de l'été précédent, en revanche « la participation directe aux résultats », et même « au capital », et surtout « AUX RESPONSABILITES », rien de cela n'existait. De Gaulle annonçait que ça allait pouvoir exister. En vertu de quoi, cet « ordre social nouveau », si ce n'était l'objet d'un référendum?

Or, de Gaulle — et c'est le second point — précisait bien que c'était l'année 1968 qui allait « marquer » cette importante étape.

Lire : le référendum sur la participation devait avoir lieu dès 1968.

Maurice Couve de Murville (en 1977) : — Il est évident que l'idée d'un référendum est née des événements de Mai 1968 [64]! »

Erreur de Couve. Encore une fois, insensibilité des racines, chez ce technicien dévoué. On vient de voir que de Gaulle, quatre mois avant « les événements de Mai 1968 » et dans l'espoir de devancer ces événements, avait livré aux Français le thème et la date approximative du référendum qu'il allait officialiser en pleine crise, le 24 mai, avec l'intention de l'accomplir dès juin.

Pourtant, l'annonce officielle, venant du Général, le 24 mai, sera accueillie comme un coup de théâtre, et piteux. C'est que le public qui avait écouté l'allocution de la Saint-Sylvestre n'en a rien retenu, faute qu'aucun journal imprimé ou radiodiffusé l'ait alerté là-dessus.

Encore un raté de l'information, et de plus en plus grave, après celui du Québec! Selon la loi de ce temps-là, le ministre Georges Gorse exerçait une emprise directe sur la totalité des journaux radiodiffusés et télévisés de l'ORTF. Ne discutons pas si c'était mal ou bien. Le fait étant là, de Gaulle était en droit de compter qu'à travers ce dispositif l'information passait entre le président de la République et la nation. A voir l'ignorance où les Français sont restés tenus, pendant quatre mois, des intentions que de Gaulle croyait afficher, on mesure le délabrement du circuit gouvernemental de l'information. On mesure aussi la vertigineuse absence de sensibilité des ministres à l'égard des orientations que de Gaulle croyait fixer.

A moins que — s'agissant de référendum et, qui plus est, de participation — l'étranglement fût intentionnel?

Pompidou, lui, avait vu dès janvier 1968 que de Gaulle allait à un référendum avant l'été. Des membres de son cabinet l'ont tenu de lui et nous l'avons tenu de son cabinet, dans la seconde quinzaine de janvier 1968 : « l'été ne s'achèverait pas sans que le Général se soit mis en scène beaucoup plus personnellement ».

Une consultation nationale semblant improbable durant les vacances d'été, restait le mois de juin. Or c'est bien juin que de Gaulle proposera finalement aux Français pour son référendum, à contre-temps, pendant les tumultes de Mai.

Deux quotidiens de province publièrent l'hypothèse au début de février 68 sous un titre particulièrement large. Cette trace matérielle n'est pas de trop pour vérifier que les tourbillons de Mai n'ont pas brouillé la mémoire. Les articles parus ne suscitèrent aucune réaction à l'Hôtel de Matignon. L'absence de démenti ne vaut pas confirmation. Mais onze mois plus tard, Georges Pompidou eut sous les yeux l'anecdote que nous venons de rapporter. Elle figurait dans les épreuves d'un livre qui lui était consacré. Il a remis à l'auteur un feuillet aide-mémoire sur lequel il a inscrit de sa main les pages qui lui paraissaient devoir être davantage rapprochées de la réalité telle qu'il la voyait de son côté. Il n'a pas trouvé à redire dans le passage selon lequel il avait en janvier 1968 ses raisons pour s'attendre à un référendum.

Ses raisons? Nous ne les avions pas démêlées en temps voulu. Dans les recoins de la petite histoire s'incrustent ainsi d'agaçants bancs de brume :

Stendhal : — On frémit quand on songe à ce qu'il faut de recherches pour arriver à la vérité sur le détail le plus futile. »

Son directeur de cabinet, Michel Jobert, a su en tout cas que le Premier ministre savait, et il croit qu'il le tenait du Général :

Michel Jobert (1977) : — Le général de Gaulle avait parlé de référendum à M. Pompidou avant la fin de 1977. »

De toute façon des témoins ont entendu la chose de la bouche même du Général :

Roger Frey (1978) : — Le général de Gaulle m'a parlé de référendum juste après les élections législatives du printemps 1967. A ce moment-là, il ne savait pas encore, me disait-il, sous quelle forme le présenter. »

Après tout c'est peut-être par ce dernier canal que la chose est revenue au Premier ministre. Reste qu'en ébruitant prématurément l'éventualité d'un référendum, Pompidou pouvait en contrarier l'accomplissement. Il était ordinairement maître de ses propos — voire avare — même avec les plus proches membres de son cabinet. Inconsciemment, ou délibérément, a-t-il voulu, par l'indiscrétion de janvier 1968, tuer dans l'œuf l'idée de participation?

*
* *

Lorsqu'on se retourne sur le passé, on voit bien qu'à l'Elysée, chez de Gaulle la lente maturation d'un projet référendaire s'était d'abord traduite — longtemps avant qu'un référendum fût annoncé en Conseil des ministres — par des études techniques. Après coup, on voit bien que telle ou telle idée ne pouvait prendre corps qu'à travers un référendum. Mais, sur le moment, de Gaulle ne le savait pas. Plus exactement ce militaire a toujours évité de s'enfermer dans une tactique avant l'heure. N'empêche que le contenu du projet était en fermentation.

Ainsi arrivait-il que le général de Gaulle fît défiler longtemps d'avance ses armes secrètes sous le nez des observateurs. Eux n'avaient pas la prescience suffisamment rigoureuse pour en déduire que de Gaulle mitonnait un référendum. Lui-même n'en était pas là. Mais c'est à tort qu'il était après coup taxé d'un prétendu goût du secret par des observateurs penauds.

Un exemple. Alors que les politiciens étaient encore obsédés par les séquelles de la guerre d'Algérie, le 15 mai 1962, au cours d'une conférence de presse, le général de Gaulle s'est entendu demander s'il comptait mettre à l'ordre du jour l'idée d'élire le président de la République au suffrage universel.

Général de Gaulle : — En pensant à ce qui arrivera quand de Gaulle aura disparu, je vous dis ceci, qui peut-être vous expliquera dans quelle direction nous allons marcher : ce qui est à redouter, à mon sens, ce n'est pas le vide politique, c'est plutôt le trop-plein! »

Rires vaguement serviles, et titres sur « le trop-plein » le lendemain dans tous les journaux. Sur mille journalistes vrais ou faux qui ont entendu la phrase, aucun ne la prend pour ce qu'elle disait. En réalité, cinq mois à l'avance, le général de Gaulle vient d'esquisser sous leur nez la disposition essentielle de l'article constitutionnel sur l'élection du chef de l'Etat par l'ensemble du peuple français : la clause qui limite à deux le nombre des candidats admis à se présenter au second tour. Il leur a précisé que c'était « la direction dans laquelle nous allons marcher ». Autant dire qu'il orientait dans ce sens les études de ses conseillers techniques.

Il l'avait dit un 15 mai. Le référendum tumultueux sur l'élection présidentielle a eu lieu le 28 octobre 1962. Le détonateur qui décida de Gaulle fut — c'est le cas d'employer l'expression — l'attentat du Petit-Clamart : 22 août 1962. Le Général avait poussé les études avant de savoir par quel bout il les exploiterait. La véritable école du commandement est la culture générale...

Ce qui le caractérise, c'est que le moment venu, il passait au commandement.

Démosthène : — Toute grandeur humaine comporte d'abord du discernement, ensuite de l'énergie. La première de ces qualités juge du devoir, la seconde l'accomplit. »

Le rare est de cumuler les deux. De Gaulle, à la différence d'un Léon Blum, n'en avait pas fini lorsqu'il s'était consacré au discernement. L'accomplissement, pour lui, était indissociable. Mais tout le temps qu'il avait fallu, il avait consacré au discernement des capacités farouchement exercées, comme un Blum ou un Descartes. De Gaulle, homme d'action s'il en fut, ne paraît pas avoir été de ceux qui bondissent en se disant qu'ils trouveront bien une explication mirobolante après coup.

*
* *

Eh bien! la genèse du référendum mort-né de juin 68 n'a pas été si différente des précédents que le trouble gouvernemental de Mai a pu le faire paraître. Nous avons vu plus haut Bernard Ducamin, conseiller technique chargé des études sur la participation, se porter « témoin direct » que, sitôt sortie l'ordonnance Pompidou — autrement dit dès l'automne 1967 — le général de Gaulle se mettait en quête des façons de « la reprendre SOUS UNE AUTRE FORME ».

Le bureau d'études de l'Elysée a travaillé tout l'hiver sur les contenus possibles, au moins aussi longtemps et aussi minutieusement que les fois précédentes. Et sans davantage savoir ce qu'on en ferait. Parallèlement de Gaulle partait en esprit à la recherche d'une procédure. Il y réfléchissait en présence du responsable politique de la mise en œuvre des procédures, le Premier ministre. Normal donc que Pompidou en ait eu vent tandis que Bernard Tricot était au fait des recherches administratives et juridiques.

S'il y a eu différence entre le référendum avorté de juin 68 et les précédents, c'est dans les délais d'accomplissement. D'habitude, une fois la procédure annoncée les choses vont vite, plus vite même que de Gaulle ne l'avait d'abord estimé. Pour le référendum de juin 68, au contraire, les choses vont traîner jusqu'au mois d'avril 69, et l'on sait qu'elles finiront en eau de boudin, un *nouveau* Premier ministre, Couve de Murville, ne mettant pas plus d'adresse à les faire aboutir que Pompidou n'aura mis de bonne volonté à les amorcer.

Sans que de Gaulle parvienne à remobiliser les intermédiaires, on tâtonnera neuf mois à la recherche de la date propice... qui sera alors irréversiblement passée.

De 62 à 68, il n'y a pas eu de référendum. Dans l'intervalle, de Gaulle a vieilli, Pompidou a grandi. Vieilli lui aussi. D'une autre façon.

*
* *

Janvier 68, de Gaulle presse son monde. Après coup, il condensera dans ses *Mémoires* les propos qu'il tient (de façon plus diffuse) à ses visiteurs successifs :

— La population s'accoutume assez malaisément aux conditions d'une activité industrielle généralisée (...) Il s'agit d'une force des choses pesante à notre peuple (...) et je sens que par une addition soudaine d'irritation, elle risque de le jeter un jour dans quelque crise irraisonnée (...) »

Le gouvernement conserve pourtant un moyen d'éviter que Mai 68 n'ait lieu :

— Sans doute le malaise des âmes qui résulte d'une civilisation dominée par la matière ne saurait-il être guéri par quelque régime que ce soit. Tout au moins pourrait-il être un jour adouci par un changement de condition morale qui fasse de l'Homme un responsable au lieu d'être un instrument. »

Jean-Marcel Jeanneney n'est pas seul à s'entendre dire que le calme ne durera pas tout seul.

Bernard Tricot : — A la fin de 1967, le Général faisait reproche à Georges Pompidou d'avoir trop traîné. Il en voulait aussi à Alain Peyrefitte de n'avoir pas su maîtriser l'appareil du ministère de l'Education nationale. Depuis deux ans il lui avait prescrit de s'orienter vers un système dé sélection à l'entrée des universités. On se retrouvait dans la situation inverse, et on commençait à voir quel désarroi il en résultait parmi les jeunes gens inscrits à tort et à travers dans ces universités. »

Ces préoccupations du Général, le Premier ministre les entend plus souvent que quiconque, puisque c'est à travers lui que de Gaulle, une fois la semaine, envoie ses impulsions au gouvernement et à l'administration. Pompidou ne manque aucune occasion de souligner cette position hors de pair où le tient le président de la République, et il s'applique à la conserver.

Mais voici que le Général sent du mou dans la corde : à la tension qu'il imprime répond un fléchissement de Pompidou. Pour se rendre à leur tête-à-tête, le Premier ministre traîne les pieds.

Georges Pompidou (à Michel Droit, le 5 juin 1968 [65]) : — Figurez-vous qu'il y a quelques mois, j'avais été très fatigué, sans rien comprendre à ce que j'éprouvais ni aux traitements que les médecins m'infligeaient et qui, d'ailleurs, ne m'avaient pas fait beaucoup de bien. Il est possible que l'effet des drogues bizarres qu'on m'administrait ait mis un certain temps à se manifester. »

Premier affleurement du mal pernicieux qui allait l'emporter le 2 avril 1974.

Qui démêlera si Pompidou en avait déjà conscience *? Mais au tréfonds du corps malade se tapit une angoisse. En Georges Pompidou, sans probablement qu'il le devine, l'animal amoindri ressent l'humiliation lorsque le Général le houspille. Le germe d'une haine s'installe entre eux, non pas au niveau de la conscience, mais dans les hormones.

Ce corps miné se replie sur un réflexe conservateur, au moment où le vieux dégingandé en face de lui fait des moulinets avec ses grands bras pour qu'on coure plus vite à la nouveauté.

De Gaulle, dirait-on, se déconcerte que Pompidou ne sache pas prendre sur soi. Lui-même, de Gaulle, il a payé pour savoir qu'on tient le mors à la souffrance tant qu'il s'agit de régler une affaire pour la France. Croyez-vous que c'était une partie de plaisir que de courir le Mexique avec une sonde dans le zizi, en plein soleil, par trente-cinq degrés centigrades. Quand ça commençait à tourner, on le voyait se frotter le front et les joues. Et en avant, mano en la mano dans la moiteur des bains de foule, bains de vapeur. Le devoir voulait qu'il rassemblât ses esprits et il les rassemblait pour retrouver par cœur les discours qu'il venait réciter au nom de la France.

Les chefs d'hommes ont en commun ce trait d'accepter plus spontanément que la moyenne de leurs congénères la condition animale. (C'est probablement pour cela que courtisans et hagiographes s'extasient toujours sur leur simplicité.) Un de leurs secrets est qu'ils ne font pas de façons pour utiliser en eux-mêmes les sens de la bête. Comme on dit, ils « sentent » plus vite que d'autres, tout bonnement parce qu'ils ne se rebellent pas contre l'avertissement de

---

* On ne peut même pas se baser sur l'idée que Pompidou aurait offert de céder son poste s'il avait été averti qu'il ne pourrait pas le tenir pleinement durant la période tendue que de Gaulle ne cessait pas de prévoir.

En effet, en février 1974, Georges Pompidou a été prévenu par ses médecins que le moment était arrivé où il ne lui fallait plus compter maîtriser forcément son comportement. Il a alors choisi de rester président de la République à tous risques pour son pays.

On ne sait pas non plus s'il connaissait la dimension de son mal le 28 avril 1969, à l'instant où il a choisi de confirmer le but qu'il contemplait depuis longtemps, et son entourage avec lui : prendre la direction de la France.

leur peau. Maquillez ça si vous voulez sous le nom d'intuition. Mais elle n'a rien de métaphysique; encore moins de magique.

De Gaulle n'est pas en état de sentir dans sa propre viande la différence entre Pompidou et lui : la maladie recroqueville Pompidou sur lui-même; l'infirmité de l'âge met de Gaulle hors de lui.

Ce malentendu viscéral s'ajoute aux contrariétés politiques que Pompidou oppose au développement d'un régime de participation en France.

D'où, premier élément d'un théorème qui va se bâtir peu à peu dans la tête du général de Gaulle : entre la nation incertaine d'elle-même et l'animateur qu'elle s'est choisi par suffrage direct, le courant ne s'établit plus à travers l'instrument gouvernemental.

*
* *

La base de Toulon a perdu le contact avec le sous-marin *Minerve* dans la nuit du 26 au 27 janvier 1968. Trois nuits et deux jours de recherches vaines avant qu'on se résolve à considérer le bateau comme perdu.

En fait, les choses ont dû se passer vite. On croit savoir que la *Minerve* naviguait en plongée dans le secteur 65; là, les fonds s'étagent entre 1 000 à 1 500 mètres. Si un sous-marin du type *Daphné* — comme la *Minerve* — s'enfonce au-dessous de 500 mètres, voie d'eau ou pas, il s'écrase sur lui-même.

Entassés au coude à coude, il y avait à bord cinquante-deux hommes, officiers, officiers-mariniers et matelots. Pendant trois jours, les Français ont tourné leur cœur vers le large de Toulon. Cette façon de mourir empoigne.

Le général de Gaulle, président de la République, chef des Armées, se rend à Toulon le 8 février pour la cérémonie nationale d'hommage aux disparus. Messe des morts en plein vent sur la Place d'Armes.

Puis, on gagne la base sous-marine. Une petite estrade au bord d'un quai. Derrière de Gaulle, escorte restreinte : quelques généraux, beaucoup d'amiraux, un seul ministre, celui des Armées, Pierre Messmer. Face à de Gaulle, tête-à-tête du chagrin, les familles des disparus, tache noire sur le gris des navires. Alentour, alignés sous les armes, des marins; en fond de décor, les bâtiments de la flotte avec, pour ceux qui sont de service à la mer, les hommes d'équipage au garde à vous, chacun à son poste. Petit tourbillon de photographes et de preneurs de son; leur effectif a été limité. La cérémonie — le recueillement plutôt — est maintenant d'ordre intime : militaire. Toute fioriture bannie.

Le chef de l'Etat, chef des Armées, dit la reconnaissance de la nation envers les marins disparus en service commandé. Lecture de la citation. Le clairon sonne Aux morts. Le président de la République serre la main aux proches des disparus. Il est onze heures. « L'instruction n° 10 E.M. Cab. » qui détaille le déroulement des cérémonies mentionne : « 11 h. Fin des cérémonies militaires. » Les piquets d'honneur regagnent leurs cantonnements. Les officiers de la suite présidentielle repèrent du regard leurs voitures.

Sans un mot pour eux, le Général traverse le quai et franchit la passerelle du bateau le plus proche : le sous-marin *Eurydice*, jumeau de la *Minerve* disparue. Le ministre des Armées ne peut faire moins que de suivre. Le jeune commandant du bord, lieutenant de vaisseau Moulineaud, a précédé le Général.

Les matelots de l'*Eurydice* défont les amarres : pantalon de toile et maillot de corps, ils étaient en alerte d'appareillage. Tout aussi sobrement que le foulard surgit au bout des doigts du prestidigitateur, la marque à Croix de Lorraine du président de la République monte au frêle mât du kiosque. Vogue l'*Eurydice*.

Le bâtiment cule pour se dégager de la darse. Le Général et sa suite sont alignés sur le pont. Sans doute le Président de la République va-t-il faire quelques ronds sur l'eau dans le port. Seuls quelques connaisseurs s'étonnent in petto que le commandant de bord laisse le panneau-avant entrebâillé pendant cette petite navigation. Pour des raisons élémentaires de sécurité, tous les règlements l'interdisent.

Soudain, le bâtiment évite de cent quatre-vingts degrés et fait mine de se diriger vers les passes. Et tout à coup — il est 11 h 22 — de Gaulle pénètre à l'intérieur du sous-marin. Comme une gueule de caïman, le panneau-avant d'embarquement des torpilles avale le grand corps voûté du président de la République, qui a du mal à faire passer son képi.

Sur le pont des autres bâtiments, les équipages un peu rigolards, épatés, attendris. Lui, de Gaulle, n'en fait pourtant pas un exploit. Dans toutes les circonstances de sa vie et de sa carrière, il a toujours l'allure mal faite pour ce qu'on attend de lui, l'air vaguement inadapté, un peu forcé, mais en même temps appliqué à montrer qu'il peut faire comme tout le monde. Et, au fond, gourmand, ravi d'avoir à vivre chaque nouvel épisode avec le plus de monde possible. Résultat : toujours un peu différent de tout le monde, il est toujours pareil à ce qu'on attend de lui, avec naturel, un garçon d'honneur pour épousailles de campagne avec la France. M. le ministre des Armées ne peut faire mieux que de continuer à suivre. L'émotion rigolarde au coin de l'œil comme les autres marins, l'amiral Patou, chef d'état-major de la Marine, s'enfonce à son tour dans les entrailles de l'*Eurydice*.

Sans doute est-il le seul à remarquer que si le panneau-avant d'embarquement des torpilles est demeuré ouvert, il y a fallu l'intervention secrète et très hautement autorisée de quelque bon diable de marin, soucieux d'épargner au vieux l'épreuve de la descente par l'échelle de fer verticale. Le bon diable en question, c'est un aide de camp du Général, le capitaine de vaisseau François Flohic, sur qui maintenant le panneau se rabat.

Comme chacun des autres figurants de l'équipée, Flohic avait été mis dans le secret seulement pour la part qui concernait sa fonction. Ancien sous-marinier, il eut tôt fait d'imaginer ce que représenterait

l'épreuve pour la bedaine d'un Président de soixante-dix-sept ans. Il a
obtenu au dernier moment qu'un ordre particulier de « l'Amiral
sous-marins » à propos du panneau des torpilles, s'ajoute à l'ordre
général qui a été remis cacheté à Moulineaud. De Gaulle n'avait pas
envisagé la dérogation. S'était-il demandé comment il se tirerait
d'affaire sur l'échelle verticale? Ou se remettait-il aux subordonnés du
bon choix des modalités? Ou bien encore avait-il voulu s'imposer un
exercice presque surhumain en manière de deuil sauvage?

Sur le quai, un reporter de radio cherche des mots, des officiels
cherchent leur programme. Après « fin des cérémonies », l'instruction
n° 10 E.M. Cab. mentionne sobrement : « le programme ultérieur du
Chef de l'Etat sera fixé par un ordre particulier ».

Ledit ordre particulier était parvenu en mains propres au lieutenant
de vaisseau Moulineaud dès la veille. Ordre d'opérations militaires
qui, venant du chef des Armées, n'avait pas à transiter par le
gouvernement. Il était prescrit que l'*Eurydice* aurait à opérer sous la
seule responsabilité de son commandant, sans avoir à répondre aux
interrogations des radios et des radars. Aucune expression particulière de connivence de la part du chef de l'Etat quand, à onze heures,
Moulineaud s'est assuré par-dessus son épaule que de Gaulle le suivait
vers la passerelle. Ce sont deux officiers en opérations. A chacun son
travail; rien que de normal à l'accomplir. Même et surtout si c'est à
bord d'un sous-marin identique à la *Minerve* disparue.

A Paris, les ministres sursautent plus que les marins de l'*Eurydice*
lorsque l'Agence France-Presse, annonce que le président de la
République a pris la mer.

Tout a été manigancé de militaire à militaire. Rien n'agace
davantage Pompidou que de voir le Général dédaigner périodiquement les voies gouvernementales pour retrouver sa caste, comme la
petite Sirène quitte son Prince pour rejoindre ses sœurs ondines. On
dirait parfois que de Gaulle met un sombre plaisir à marquer la
distance, en faisant jouer les prérogatives militaires qu'il a fait donner
à tout président de la République, mais que lui seul sait manipuler à
plein, par instinct de race militaire.

Rien n'inquiète davantage le dévoué ministre de l'Intérieur, Christian Fouchet, responsable de la sécurité du chef de l'Etat, que de sentir
l'anguille filer périodiquement sous la protection exclusive — et peu
communicative avec aucun civil — de la Sécurité militaire.

Lorsque de Gaulle se met en tête d'être officier, peu lui chaut de
ménager les susceptibilités ministérielles. Tout, dans les préparatifs
du voyage militaire à Toulon, s'est accompli en dehors du gouvernement. C'est juste si dans l'avion le Général s'est assuré d'une phrase
que le ministre des Armées Pierre Messmer avait compris où on
l'emmenait.

Amiral Flohic (dix ans après) : — L'ordre a été élaboré par le troisième
bureau (opérations) de la Marine en liaison avec l'état-major particu
lier de la Présidence. Je pense que l'ordre général a dû être signé du

sous-chef d'état-major plans-opérations de la Marine, et acheminé par courrier. Il était nécessaire qu'il fût précisé par un ordre d'Amiral sous-marins, le contre-amiral Storelly : c'est probablement cet ordre qui a été remis au commandant.

« Je ne le possédais pas. Mais cela importait peu, la plongée à bord d'un sous-marin m'étant familière et presque de routine. »

De Gaulle avait passé commande, la veille, en une phrase, à son état-major particulier :

Général André Lalande (chef de l'état-major particulier) : — Etant donné l'objet militaire du déplacement, c'était dans nos attributions, sans qu'il y eût lieu de saisir le ministre ou le Secrétariat général de l'Elysée. Au cas particulier, vu le caractère naval de l'affaire ce n'est même pas moi qui ai été saisi par le général de Gaulle; c'est le marin de l'état-major. Le Général ne nous faisait pas de commentaires sur ses mobiles *. »

Avec ou sans président de la République à son bord, le commandant Moulineaud commande la navigation en surface. L'*Eurydice* sort du bassin, franchit la passe, roulant sur l'eau, comme bouchon, faute de quille.

Un sous-marin, c'est un couloir étranglé dans des kilomètres de tuyauteries et de câbles; des cadrans partout, où on se cogne. Tous les marins de l'escadre du Levant sentent à cet instant qu'ils se cramponnent et se cognent, en la chair du Général. Facile d'imaginer l'intérieur du sous-marin, pas de fantaisie possible. Le commandant en second se coule à reculons, pour faire visiter le boyau au président de la République. Le président de la République dit, comme il se doit : « Tiens! Ah oui? Et ça? » Les matelots, qui rentrent le ventre pour laisser avancer le général de Gaulle, se nomment, disent leur fonction, et gardent les mains sur leur volant. Il y a une demi-heure que le petit bâtiment ballotte. Le commandant en second dit au Général, parvenu au poste central, que l'on est au sud-sud-est du Cap Cepet, ici sur la carte. Le Général acquiesce. Un klaxon ébranle le bateau. Ordre de plongée. Les pieds du lieutenant de vaisseau Moulineaud apparaissent. Il s'assied sur une selle pivotante, pour diriger l'immersion. Le Général serre un peu son encombrante stature. Chacun son travail.

A Paris, nouveau sursaut ministériel, aggravé, quand la radio croit savoir que l'*Eurydice* s'est enfoncée sous la mer. A Toulon, sur le quai, la brochette des officiels est figée comme une devanture garnie de mannequins lorsque le rideau de fer est baissé pour la nuit. On ne peut tout de même pas retourner déjeuner en ville les mains vides, sans président de la République. Et cette sacrée instruction n° 10 E.M. cab. qui ne dit même pas si le Général reprendra terre à Toulon! Dans l'assistance il y en a qui savent et qui ne le disent pas.

---

* Le « marin » de l'état-major particulier était le capitaine de vaisseau Henri Labrousse.
Quant au laconisme du général de Gaulle lorsqu'il déclenchait de telles procédures le lecteur verra plus loin en quoi il est intéressant de s'habituer à l'observer.

Lui, il déjeune dans le sous-marin, à cinquante mètres sous le niveau de la mer, puisque c'est l'heure. La nourriture, luxe et vanité — surfaite — des sous-mariniers... Bouillon chaud, escalope panée, omelette aux champignons, fromage, tarte. L'amiral Patou qui n'aime pas le bouillon, se fait ouvrir une boîte de cœurs de palmier. Tout ça dans moins de deux mètres carrés, avec les matelots qui s'excusent furtivement d'avoir à circuler entre votre dos et la paroi, par nécessité de service.

Il est treize heures. La France apprend par radio que le vieux de Gaulle a accompli une plongée. L'annonce n'en dit pas plus, faute d'en savoir plus. De toute la vie du général de Gaulle, c'est l'unique geste qui n'aura fait fleurir aucun commentaire. Les auditeurs sentent, physiquement, que le reporter est bouche bée, que les officiels, sur le quai, sont bras ballants, et bouche bée et bras ballants le gouvernement. La France s'amuse et s'attendrit. Comme les marins. Au sens concret, le général de Gaulle vient de la toucher.

Un instant, une heure ou deux, pendant lesquelles la République, en la personne de chaque citoyen attablé à déjeuner avec son transistor, retrouve dans sa propre chair son Armée. Une heure ou deux durant, l'Armée est avec de Gaulle, et la République vit avec son Armée, avec ses soldats et ses marins vivants ou disparus; la France, le temps d'une illumination, perçoit la condition militaire, par l'intercession de ce vieux qui complimente le cuistot du sous-marin.

Personne à bord ne signale que l'*Eurydice* navigue en ce moment dans le secteur 65; ça va de soi. Quelque part, le long des flancs de l'*Eurydice*, ou dessous, la carcasse de la *Minerve* rapetissée sur elle-même comme un papier d'aluminium sous l'étreinte démesurée du destin.

Le Général n'y fait aucune allusion et nul à bord n'attend qu'il en parle. Un fait. Il est là, en opération, comme tout le monde. Sur les lieux où la France avait envoyé ceux de la *Minerve*. Il ne fait pas semblant de ne pas être président de la République. Il dédicace sa photo, ça fait partie de l'emploi.

— 8-2-68. Au Sous-Marin Eurydice en témoignage! Et à la mémoire du « Minerve »! C. de Gaulle ».

Klaxon derechef, écrasant les tapages assourdissants d'un sous-marin en plongée. Ordre de remonter. Le chef de l'Etat, chef des Armées, regarde la manœuvre comme un bleu. Le chef de bord regarde ses cadrans et pas le chef de l'Etat. Surface. Dôme rouvert. L'aide de camp, Flohic, remonte l'échelle de fer. On lui passe une gerbe de fleurs tricolores; un ruban, des lettres de fer doré, « Le Président de la République Française », vaguement étriquées sur la mer vide. Flohic jette la couronne à la mer, à la verticale de l'emplacement supposé.

Le vieux avait compté y monter lui-même.

Amiral Flohic (1978) : — Si j'avais eu connaissance de l'ordre général j'aurais fait changer la cérémonie du jeter de la gerbe. Il était hors de question que le Général gagne le sommet du kiosque par l'échelle verticale de quelque dix mètres, aux barreaux glissants de gaz-oil! C'est une performance que les plus jeunes accomplissent à la force du poignet dans l'étroit puits soumis au roulis et au tangage.

« Sur place j'ai obtenu de faire l'escalade et de jeter la gerbe à la mer. Simultanément, je demandai une minute de silence. »

Le Général est resté en bas. On aime bien qu'il ne s'en excuse pas.

Il s'extirpe du panneau-avant d'embarquement des torpilles lorsque l'*Eurydice* touche à quai. On a préparé une passerelle. Il trébuche en la franchissant. Le quai-au-bois-dormant se reprend à frétiller d'officiels. Sans un mot d'explication, d'excuse ou de compte rendu, le général de Gaulle regagne sa voiture.

Pas un mot non plus aux ministres réunis en Conseil le lendemain. Il n'essaie plus de leur faire comprendre, comme il l'avait tenté en débarquant du Québec.

En se retrouvant parmi eux, de l'autre côté de la surface de l'eau, de la mer, de la mort, de la vie, de la France, de Gaulle n'a-t-il pas été frôlé par un songe? Et s'il n'était pas remonté?... S'éloigner à jamais sans qu'on sache, nouveau capitaine Nemo... Cet homme-là était imbibé de Jules Verne.

En tout cas — pudeur? orgueil? calcul? sensibilité? —, le général de Gaulle s'est comporté de sorte que sa façon de participer au deuil de la *Minerve* n'a permis à la propagande gouvernementale aucune exploitation. La France a partagé ce silence. Tout, ce jour-là, aura sonné juste. La France a accompagné de Gaulle. Ou l'inverse? Il se retrouvait chez lui au sein de l'Armée qui se retrouvait au sein de la France, et sentant que la République française en cet instant ne pouvait que sentir de Gaulle et l'Armée en son sein. Tout se retrouvait en ordre : lui chez lui avec son potage de sous-marinier sur l'étroite tablette, ayant reconnu les siens, soldat serré avec des soldats, vieux volontaire parmi ses cadets, un corps de volontaires qui dans cette coque d'acier était pour un instant toute la France.

Toute la France redevenue un corps de volontaires? Disposée en tout cas, pendant une heure, à se surpasser?

Pour la France pendant cette silencieuse plongée en sous-marin même délivrance de la respiration que le 4 juin 1958 où de Gaulle lui avait rappelé en pleine figure, par télévision, « combien c'est beau, combien c'est grand, combien c'est généreux la France »; et quoi qu'on pensât, comment qu'on votât, toutes les mauvaises haleines de la mauvaise conscience accumulée par cinq ans de guerre d'Algérie s'étaient trouvées balayées par un vent de dignité nationale.

Simpliste et gigantesque leçon de Commandement militaire. La France confusément l'espérait depuis la débandade de Mai 40. Etincellement du contact, comme à la Libération. Instants rares. Contact fugace. Deux jours plus tard, chacun était reparti à sa solitude.

*
* *

Le sous-marin *Eurydice* a sombré deux ans plus tard, le 10 mars 1970, avec son équipage, dans les mêmes parages que la *Minerve*, au large du cap Camarat.

Le général de Gaulle était retiré à Colombey. Autant qu'on sache, il s'est tu.

*
* *

La chronique n'a guère retenu l'épisode de la *Minerve*. Artificiel maintenant de se retourner pour constater que ce 8 février 1968, entre de Gaulle et les Français, au fond, ç'avait été la dernière fois.

Reste de cette journée le second élément du théorème : entre la nation incertaine d'elle-même et l'animateur qu'elle s'est choisi par suffrage direct, si le courant s'est rétabli un instant, c'est à travers le corps militaire, et sous condition de mettre hors circuit l'instrument gouvernemental.

*
* *

Le lecteur voudra bien cocher que cette escapade silencieuse au sein des forces navales s'est déroulée trois mois et demi à peine avant l'équipée du général de Gaulle auprès de ses légions de Germanie, 29 mai 1968, à la recherche d'un contact avec la France, au nez et à la barbe des ministres et du plus ministre de tous, Pompidou.

IX

LA NATION DESINTEGREE

Mme de Gaulle : — Il ne faudra pas tarder à référer. »

Craïova, Roumanie, vendredi 17 mai 1968. La brave dame a dit ça devant l'aide de camp Flohic. Du ton dont on prévient que mieux vaut prendre le parapluie. Ayant dit, elle se laisse dissoudre dans la troisième limousine noire du cortège, oubliée jusqu'à la prochaine étape.

Ainsi chronologiquement, elle a été la première à énoncer l'idée du référendum, à lui faire enjamber le cadre du secret?

Etait-elle l'interlocutrice prioritaire et privilégiée des confidences d'Etat? On imagine plutôt — mais peut-être à tort — de Gaulle soliloquant en passant ses bretelles, et elle à compter ses sous dans son aumônière pour les bonnes œuvres de messieurs les communistes roumains, n'écoutant guère et entendant fort bien.

Général André Lalande : — Souvent à la fin d'un entretien où le Général avait convoqué l'un de nous et au cours duquel il nous avait questionnés sur un dossier, on le voyait poser ses deux mains à plat sur le bureau et se lancer dans un exposé solitaire, regardant droit devant lui, comme s'il ramassait pour lui-même la conclusion de l'entretien. Peu importait, semble-t-il, que l'interlocuteur fût encore là. »

Sans doute Mme de Gaulle était-elle le miroir devant lequel, le temps de se raser, on réfléchit et on se réfléchit. Mais à ce miroir il n'a rien caché. Plus : il lui a tout confié. D'un bout à l'autre de son aventure, on dirait même qu'il lui était nécessaire de tout lui confier, ou de tout essayer sur elle. Brave dame ou fine mouche, elle devait bien savoir que lorsque son homme croyait essayer une idée devant elle, il l'avait déjà adoptée à son insu. Son soliloque, c'était le passage de l'idée à l'acte.

Dans le cas du projet de référendum, à Craïova le 17 mai, une fois de plus c'est en présence de Mme de Gaulle et en présence d'elle seule que de Gaulle a cristallisé en acte une intention longtemps retournée.

La veille, il se croyait encore à discuter le principe.

Maurice Couve de Murville : — Le Général m'a exprimé pour la première fois son idée lors du voyage en Roumanie [66]. »

Dès la Roumanie, également, de Gaulle a dit à Couve de Murville qu'il envisageait de lui confier le gouvernement qui mettrait en œuvre les réformes consécutives au référendum.

Le jeudi, devant Couve, le Général n'en était pas aux dates, encore moins à l'imminence. Le vendredi matin , Mme de Gaulle voyait qu'on n'allait « pas tarder ».

*
* *

Le 14 mai, alors que le Quartier latin sentait encore les voitures brûlées et les gaz lacrymogènes (mais point la poudre) le président de la République française a tout de même pris l'avion pour sa visite officielle à la Roumanie. Onze mois auparavant, il avait décommandé son voyage en Pologne à cause de la guerre au Proche-Orient. Les cabotins de Mai ne digéreront jamais pareille différence de traitement (le mot de cabotinage ne saurait ici blesser personne : simple traduction en français courant du terme austro-héllénistique « psycho-drame » par lequel les acteurs ont été les premiers à désigner le spectacle qu'ils se donnaient).

Reste que la bagarre du Proche-Orient en 1967 pouvait à tout instant faire basculer n'importe quelle nation du monde dans la guerre; il fallait veiller à ne pas s'y laisser entraîner par distraction. Les barricades du Quartier latin? On ne voit aucun biais par lequel des heurts où personne ne comptait mettre sa mort en jeu auraient fait courir un péril à l'existence des nations. Le voyage en Roumanie, qui désankylosait les relations entre l'Est et l'Ouest, comptait davantage pour la paix du monde.

Général de Gaulle (un mois plus tard) : — Remarquez, je communiquais avec Paris jour par jour, heure par heure... [67] »

Il a ainsi appris qu'entre le 14 et le 18 mai, le problème intérieur français a changé de nature. La défense élastique dont Pompidou s'était chargé face à des activistes étudiants n'a rien eu d'approprié face au déferlement d'une nausée sociale.

Lorsque Pompidou a conduit de Gaulle à la coupée de l'avion pour la Roumanie, le Premier ministre se faisait fort d'obtenir seul l'apaisement. Il trouvait même souhaitable de s'en occuper tout seul.

Pompidou avait débarqué le 11 d'un autre avion qui le ramenait d'une absence d'une semaine en Afghanistan. La rive gauche de Paris résonnait encore des tumultes d'une nuit de barricades. Pendant que le ministre de l'Intérieur Christian Fouchet et le préfet de police Maurice Grimaud faisaient déblayer trois avenues obstruées, le ministre de l'Education nationale Alain Peyrefitte cherchait une négociation pour rouvrir progressivement la Sorbonne dont la fermeture avait donné occasion aux violences. Peyrefitte (ainsi que

Louis Joxe qui assurait l'intérim du Premier ministre) avait soumis ses raisons et sa tactique au général de Gaulle, qui, faute de mieux, les avait avalisées.

Le problème politique immédiat c'est que Joxe, Fouchet, Peyrefitte condensent sur leur tête la foudre de l'invective nationale. Même si la répression de l'émeute universitaire — sa contention plutôt — n'a pas fait de morts, elle a paru démesurée. Une protestation s'organise un peu partout pour le surlendemain, à l'instant où Pompidou remet le pied sur le sol parisien. De cette foudre il a le bonheur d'être indemne.

Jacques Chirac : — Dans l'avion il a rédigé quelques notes — plus exactement une dizaine d'arguments — qu'il a déjà décidé d'aller exposer, aussitôt arrivé, au général de Gaulle [68]. »

Au passage, Pompidou voit en hâte Fouchet et Peyrefitte. Il leur dit son intention de faire rouvrir la Sorbonne sans conditions. Fouchet et Peyrefitte lèvent les bras au ciel. Pompidou les quitte pour aller lire ses dix points au général de Gaulle. Lorsqu'il sort de l'Elysée c'est pour apparaître à la télévision : il y annonce que la police va quitter la Sorbonne; pour faire bonne mesure le Premier ministre promet la libération immédiate des brise-tout pris en flagrant délit et que l'on devait juger le surlendemain.

Tactiquement, Pompidou a fait valoir à de Gaulle qu'il n'était plus temps d'empêcher la grande manifestation syndicale de solidarité avec les étudiants contre la brutalité policière; du moins escomptait-il, en retirant les prétextes à de nouveaux assauts des étudiants, que la protestation populaire se bornerait à cette démonstration du lundi; à partir de là, la casserole commencerait à refroidir, Mai allait cesser d'avoir lieu. On a raconté à tort que ce fut là l'essentiel de l'entretien. Pompidou n'allait pas soumettre au Général un plan contraire à celui de Peyrefitte; il est allé demander au Général de ne plus se laisser saisir d'aucun plan.

Là est la clef du retournement.

Stratégiquement, Pompidou a fait valoir à de Gaulle que le président de la République ne devait plus être impliqué dans les saccades de la gestion gouvernementale, si l'on voulait que les institutions ne soient pas compromises dans l'agitation.

L'ordre public incombait au gouvernement et, selon l'article 20 de la Constitution, il appartenait au Premier ministre de diriger l'action. Pompidou a tenu en substance au chef de l'Etat le raisonnement suivant : vous m'avez fait Premier ministre; si vous me gardez, c'est que vous me faites confiance pour exercer pleinement mes attributions; il ne faut plus qu'en se référant directement à vous, les ministres créent l'impression que le président de la République est le responsable réel de la gestion gouvernementale avec les risques de péripétie qu'elle comporte.

De Gaulle était, jusqu'à la caricature, respectueux des pouvoirs qu'il avait lui-même créés. Il n'a pas accordé ce soir-là pleins pouvoirs à Pompidou, mais il a reconnu la nécessité de laisser au Premier

ministre la plénitude de ses pouvoirs : carte blanche pour la manœuvre, si l'on entend par là que de Gaulle ne blâmera en aucun cas le sens
dans lequel Pompidou aura exercé ses pouvoirs. Et il est bien entendu
— Pompidou le fait préciser — que d'éventuelles criailleries de
Peyrefitte ou de Fouchet ne seront pas entendues à l'Elysée.

Pour bien montrer que la responsabilité du règlement dans l'affaire
du Quartier latin appartenait au gouvernement et qu'elle n'atteignait
absolument pas le chef de l'Etat, Pompidou propose de parler
lui-même et tout de suite à la télévision. Telle est la raison —
strictement limitative — de son apparition sur les écrans ce samedi
soir 11 mai. Mais on ne dissipe pas si vite les habitudes que deux
Républiques ont données aux téléspectateurs. Ce que les téléspectateurs retiennent, c'est que Pompidou vient de tenir devant la caméra
le rôle dévolu jusqu'ici au général de Gaulle.

De Gaulle avait été d'accord pour montrer que le président de la
République ne devait pas se saisir des turbulences universitaires; les
téléspectateurs commencèrent à se demander s'il ne s'était pas
dessaisi de tout. Les journalistes ont aussitôt poussé en ce sens.

Pompidou a-t-il dès ce soir du 11 mai songé à se poser en recours
contre la défaillance supposée du général de Gaulle? Sinon lui déjà, du
moins quelques-uns de ses chevau-légers préférés. A les entendre,
ceux-ci ont estimé tout de suite que Pompidou ferait mieux l'affaire
que de Gaulle. Révélatrice est l'interprétation exaltée que Jacques
Chirac donnera dans le journal *Le Monde*, dix ans plus tard, de la
prestation télévisuelle de son patron :

— ... Il apparaît à la télévision. Pas de phrases inutiles. Un visage et un
ton graves et déterminés. Ceux de l'homme qui, dès ce moment même,
prend tout à bras-le-corps : impopularité, risques, destin politique et,
peut-être jusqu'au tragique, responsabilité personnelle. Les Français
ne s'y trompent guère : ils viennent de *reconnaître* * un homme d'Etat
s'exposant lui-même [69]. »

Et d'appuyer :

— ... L'homme d'Etat que les Français ont vu se camper devant eux la
nuit du 11 mai à la télévision portait en lui la certitude que son analyse
était la bonne et c'est en cela sans doute qu'ils l'ont *reconnu* avant de
commencer à *le suivre.* »

Un Huron s'extasierait qu'un personnage politique puisse produire si gros effet en annonçant qu'il abandonne la Sorbonne et la
suite au gré des étudiants; un sociologue lui exposerait qu'en Mai la
subjectivité ambiante et débordante voulait que tout le jeu fût dans le
masque; un politologue d'ancien style lui signalerait qu'on voit
souvent une certaine partie de la France s'extasier sur l'homme qui
parle, divine surprise, de lâcher; voir Vichy 40.

* Souligné par M. Chirac dans son article.

On a bien lu; dans le souvenir de Jacques Chirac, Pompidou « prend tout à bras-le-corps ». Toutefois ni de Gaulle ni Pompidou ne l'entendaient ainsi, sur l'instant.

Est-ce à dire, d'ailleurs, que Pompidou était seul à assumer « peut-être jusqu'au tragique, une responsabilité personnelle » tandis que de Gaulle...? Nous n'avons jamais entendu Pompidou, jusqu'à sa mort, suggérer clairement pareille chose, au moins au sujet de l'instant précis qui nous occupe ici. (Il sera plus malveillant envers de Gaulle — et plus complaisant envers lui-même — à propos des mobiles qu'il attribuera à l'escapade du Général vers Baden-Baden, le 29 du même mois.)

Le 14 mai, lorsqu'il conduit le président de la République à l'avion pour la Roumanie, après lui avoir démontré, primo qu'il était inutile de décommander le voyage à cause du Quartier latin, et, secundo, que moins il suivrait l'affaire universitaire mieux ça vaudrait, le public — de quelque côté qu'il penche — se dit que décidément Pompidou est là et que de Gaulle n'y est plus.

A ce moment-là, Pompidou ne fait rien pour dissiper cette impression. Et encore moins pour empêcher que des partisans frais déclarés ne la développent dans le public. En réalité de Gaulle partant pour la Roumanie n'a pas estimé que la situation justifiât qu'il délègue au Premier ministre la moindre parcelle de l'autorité présidentielle suprême : il n'avait même pas été prévu de réunion du Conseil des ministres sous une présidence occasionnelle de Pompidou.

Général de Gaulle : — En France, la situation était encore pour moi insaisissable. »

Pareille constatation, livrée trois semaines plus tard aux téléspectateurs français, est passée en forme de proverbe historique. On a voulu, les zélateurs du pompidolisme aidant, qu'elle éclaire globalement la démarche — ou l'absence de démarche — du général de Gaulle devant les énigmes de Mai. Or que les curieux veuillent bien se reporter à la sténographie de l'entretien télévisé du 7 juin 1968 [70] : il s'agit — restrictivement — de la situation telle qu'elle existait à l'instant où de Gaulle devait choisir de décommander ou de confirmer son projet de départ pour le 14 mai.

L'enjeu sur lequel Fouchet, Peyrefitte, Pompidou avaient discutaillé était de dimension universitaire ou policière. « Insaisissable » au niveau du président de la République? Le qualificatif est à prendre au pied de la lettre. Pompidou l'a soufflé au Général le 11 mai en démontrant que le chef de l'Etat ne devait surtout plus se saisir de ce bâton poisseux.

*
* *

Général de Gaulle (un mois plus tard, et avec un soupir) : — Enfin, il est vrai que je n'étais pas à l'Elysée [71]. »

Ce qu'on va lui rapporter lorsqu'il « communique, comme il dit, avec Paris jour par jour, heure par heure », n'est pas de nature à le convaincre que les recettes de Pompidou livré à lui-même soient miraculeuses, ni même appropriées à la nature du malaise français.

Pendant les trois heures où de Gaulle volait vers la Roumanie, les ouvriers de la firme nationalisée Sud Aviation ont occupé leur usine de Nantes sans prendre l'avis de leurs syndicats, et ils ont séquestré leur directeur.

Au premier compte rendu « jour par jour et heure par heure » dont le général de Gaulle prend connaissance en terre roumaine, il peut voir qu'on est passé d'un chahut d'étudiants à une crise sociale. Ce n'est pas du tout en ce sens que Pompidou a tendu son dispositif.

Certes dès la veille du départ du Général, un très gros défilé populaire s'est déroulé du nord au sud de Paris. Les confédérations syndicales l'annonçaient dès le 11 à l'instant où Pompidou, débarquant tambour battant de Kaboul, se portait fort pour changer le jeu brutal que d'autres — Joxe, Fouchet, Peyrefitte — avaient laissé s'instaurer. Le défilé était prévu pour protester contre les manières gouvernementales à l'égard de la jeunesse. Pompidou se gardait d'y contredire : la manifestation, à son sens, serait l'exutoire d'un moment d'indignation, la braise avant que le feu retombe, inutile de s'y brûler les doigts.

Ce que Pompidou n'a pas aperçu, c'est qu'après la protestation populaire, l'agitation des étudiants avait cessé d'être réversible. En désavouant les brutalités, il confirmait seulement les Français dans le bien-fondé de leur réprobation. Et là où Pompidou comptait que les Français lui tiendraient compte des nuances qui le séparaient de Peyrefitte, les Français ont vu un flou gouvernemental.

De Gaulle, de son côté, n'a probablement pas aperçu qu'après la rupture d'amarre les Français allaient dériver si vite au loin des côtes gouvernementales.

La manifestation populaire du 13 mai s'était assortie d'une anomalie dont de Gaulle — soit qu'il fût accaparé par ses préparatifs roumains, soit qu'on lui ait mal fait rapport — n'a pas mesuré la dimension, lui si sensible en 1963 à l'échec de la réquisition des mineurs. Pour se joindre au cortège, les salariés des services publics ont quitté leur travail sans préavis légal de grève. On ne jette pas devant les tribunaux deux cent mille grévistes : le gouvernement a fermé les yeux.

La France, à son insu, vient de découvrir que l'école buissonnière de la loi offrait des plaisirs inoffensifs. Voici la France de Mai partie pour marcher quatre pas à côté de ses souliers, dans une délicieuse inquiétude.

Le coup de tête de Nantes se répercute à la vitesse d'une boule de billard aux six coins de l'hexagone français. Jour par jour, heure par heure, le nombre des usines occupées se multiplie puis celui des dépôts de carburants, d'aliments. Les chemins de fer, les transports parisiens à leur tour s'interrompent. Foudroyante désintégration. Aucun rapport avec le pronostic de Pompidou lorsqu'il se portait garant que de Gaulle pourrait partir tranquille.

*
.

Cependant le phénomène spécifique de Mai, celui qui s'est étalé sur la France en moins de cinq jours, du 14 au 18 mai, entre le départ du général de Gaulle pour la Roumanie et son retour, c'est la vertigineuse désaffection des Français à l'égard des pouvoirs établis. Bras ballants, les Français regardent la France s'arrêter et il n'y en a pas un qui s'offre à accomplir un geste pour remettre les affaires en route selon l'ordre antérieur. Pas un parmi les fonctionnaires d'autorité, pas un dans l'administration publique. Et pas un homme de la rue. Indifférence d'autant plus saisissante que la plupart des Français sont tantôt scandalisés par les scènes de désordre que leur montre la télévision — et plus encore par le désordre de la télévision — et tantôt furieux de la grève que leur inflige la désorganisation du pays. Mais si c'est ce château de sable que le gouvernement avait bâti en dix ans de Ve République, qui se donnerait le ridicule d'aller le défendre contre les vaguelettes? On regarde faire le gouvernement, on est décontenancé de son impuissance face à des événements qui persistent à présenter les aspects et les proportions d'un enfantillage; mais personne n'imagine que ce gouvernement doive être épaulé et encorc moins qu'il puisse être épaulé.

La teneur des condensés que de Gaulle reçoit de l'Elysée se transforme du soir au matin. Peut-être cette schématisation lui rend-elle l'effondrement plus sensible de loin que de près.

Général de Gaulle : — La stupeur passive de l'opinion et la conjuration des complicités ont été telles qu'on s'est demandé, à un certain moment, si notre pays n'allait pas, sans réagir, glisser au néant. Vous savez, comme dans la légende allemande où l'enfant au bras de son père s'abandonne au roi des Aulnes et à la mort [72] *... »

Attention! On parvient ici au noyau central des préoccupations du général de Gaulle en Mai 1968. C'est là-dessus qu'il reviendra constamment, après coup. Et c'est uniquement contre ce risque — mortel selon lui — qu'il va chercher des remèdes, au grand agacement de Pompidou.

La troisième semaine de Mai 68, celle pendant laquelle de Gaulle est en Roumanie, fait apparaître que les Français sont détachés de la

---

* Si un jour on entreprend une recherche des influences littéraires qui ont pu compter dans la formation intellectuelle du jeune Charles de Gaulle, on tiendra compte que le Général, plus tard, puisait volontiers dans les symboles de la littérature allemande : roi des Aulnes ici, Méphisto dans son allocution télévisée du 10 août 1967. A première vue, on ne trouve pas chez lui de semblables références à Shakespeare, Cervantès ou Dante. Rappelons qu'à l'école militaire de Saint-Cyr, au temps où de Gaulle y était élève, l'acquisition de la culture allemande faisait l'objet d'un enseignement particulier. Les bulletins de notes consacraient une ligne spéciale à « langue allemande », et une autre, distincte, à « langue étrangère ».

France. Détachement actif — au moins superficiellement — des insurgés; détachement passif des badauds (et les cadres de la nation se comportent en badauds).

La France est en débâcle. Comme en mai 1940, très exactement.

Comme en 40, aucun Français, dans quelque posture qu'il se trouve, n'imagine plus qu'on puisse se porter volontaire, ni que ça infléchirait le cours des choses. Pire : une bonne volonté, si une seule cherchait à se faire jour, où trouverait-elle prise, qui l'accueillerait?

On va voir toute la démarche du général de Gaulle s'axer sur ce besoin : mettre en place tant bien que mal des systèmes où la bonne volonté puisse s'exercer. A long ou moyen terme, ce sera la recherche de structures pour la participation. Dans l'immédiat, ce sera l'organisation de l'action civique.

Comme d'habitude, de Gaulle voit ce qu'il ne faut plus faire, avant de distinguer en détail les nouveaux cheminements. Il n'aimait pas préfabriquer sur le papier des solutions si fignolées qu'elles ne pourraient pas coller aux réalités. Il n'aimait pas? Disons plus exactement qu'il n'en était pas capable : question de tempérament congénital. Il retouchait sans fausse honte, à mesure des plis de terrain.

Dans cette progression — qui fut la sienne à propos de l'Algérie, et aussi des institutions, et même déjà pour l'organisation de la France libre — deux traits le séparent des autres hommes de gouvernement :

1° lorsqu'il constate que la voie traditionnelle mène inéluctablement à l'impasse, tout de suite et une fois pour toutes il tourne les talons, alors que les autres croient nécessaire de faire semblant de continuer un peu (comparer les comportements de Mendès France, Guy Mollet et de Gaulle devant les conceptions anciennes de l'Algérie).

2° le fait qu'une nouvelle direction soit encore encombrée des brouillards de l'aube ne lui semble pas une excuse pour se dispenser de recommander cette direction, en gros, aux Français qui l'ont mandaté (ici encore, se rappeler comment de Gaulle tâtait le terrain pour l'Algérie); de toute façon, ce qui lui semblait le plus inutilement périlleux, c'était de tourner en rond; le primordial était de tenir le nouveau cap.

Ces deux principes cartésiens sous-tendront à nouveau sa méthode pendant la seconde quinzaine de Mai 68. Seulement cette fois-ci personne ne se décidera à le suivre dans le brouillard; personne dans les équipes dont il s'est entouré ne se mettra en devoir d'explorer pour lui les détails du projet qu'il esquisse. Etait-il trop vieux? Ou bien l'Etat gaullien s'est-il en dix ans usé jusqu'à la corde?

*
* *

La nation n'est plus intéressée à sa marche vers l'avenir ou le néant il y faut l'intéressement.

La nation ne prend plus part; il y faut la participation.

Le reste sera dérobade et temps perdu.

De Gaulle retrouve les évidences logiques dont il pressait Pompidou, en vain, l'hiver précédent.

C'est avec la nation, oui, qu'il faut faire cette affaire. La nation et non pas simplement les groupuscules avec qui se collette Pompidou, la nation et non pas des syndicats ou des partis parmi ceux qui tentent dérisoirement de happer quelques miettes du délabrement.

Le problème est d'offrir à la nation une ossature d'institutions sociales autour desquelles elle se sente à l'aise, tout comme dix ans plus tôt, de Gaulle lui a proposé des institutions politiques autour desquelles la République française s'est sentie mieux dans sa peau.

De Gaulle sent que cette affaire, c'est entre de Gaulle et la nation qu'elle va se faire, une fois de plus, et pas à un autre niveau. Il le sent avec l'intuition cartésienne qu'il aiguise méthodiquement en lui-même, qu'il travaille depuis l'âge de douze ans.

A cette pratique-là, il faut la concentration, à l'abri des importunités. Quand il voulait embrasser un problème à la dimension nationale, il s'isolait à Colombey. Le jeudi 14 mai, une sorte de pause a été prévue dans les six jours de Roumanie du général de Gaulle : horaires allégés, on doit rester à Craïova, métropole industrielle de la province d'Olténie. Va pour Craïova, on prend les Colombey qui se présentent.

A Craïova, ce jeudi 16, de Gaulle trouve le temps d'essayer sur Maurice Couve de Murville sa conception d'une France participante dans tous les domaines où les institutions n'ont pas encore été dépoussiérées : université, relations sociales, gestion des destinées économiques. Son exposé a l'ampleur et la minutie d'un plan de bataille. C'est presque un ordre d'opérations dicté à Couve.

Lui, Couve, prend-il exacte conscience que le projet est d'ores et déjà si avancé dans l'esprit du Général, plus : que c'est devenu pour de Gaulle la grande, l'irréversible nécessité de la fin de sa vie?

Un autre aspect sans doute absorbe Couve : il est venu en Roumanie derrière de Gaulle comme ministre des Affaires étrangères; de Gaulle vient de lui signifier qu'il repartirait de Roumanie comme futur Premier ministre. Point de refus. A cheval donné on ne compte pas les dents? Maurice Couve de Murville n'avait peut-être pas la tête à regarder à deux fois les projets de participation qu'il se mettait du même coup sur les bras. Il ne dit pas qu'il y ait vu objection sur l'instant.

Pour de Gaulle c'est affaire faite ce jeudi soir. Le Général se retire en son privé. Dîner tête à tête avec sa femme. Puis, dans son lit spécial de 2,20 m de long, le vieil entrepreneur, yeux au plafond, bâtit sa France à voix haute. Le vendredi matin, tandis qu'il renfile ses bretelles, Mme de Gaulle sait et déclare devant l'aide de camp Flohic qu'il ne faut pas tarder à référer.

Amiral Flohic : — Pour moi cette remarque impliquait que le Général s'interrogeait déjà sur l'opportunité d'un référendum [73]. »

En fait il venait de cesser de s'interroger.

*
* *

Car il va donner un déconcertant spectacle à sa suite, de Gaulle, ce vendredi 17, sur les routes de l'Olténie, saluts par-ci, poignées de main par-là, pour un peu ce jeune homme de soixante-dix-sept ans enverrait des baisers par-dessus les barrières. Le cortège prend trois heures de retard. Michel Tatu, envoyé spécial du *Monde*, dicte à son journal : « De Gaulle est content de ses vacances forcées. » Contraste déconcertant avec la rogne qu'il réprimait à peine les trois premiers jours du voyage. Dans le cortège, les mines s'allongent à mesure que le vieux s'épanouit. Guère de quoi rire avec les nouvelles de France. Les journalistes français en quête de couleur locale se passent un proverbe roumain, authentique ou pas : tout le village est en feu et la grand-mère veut achever de se peigner!

Il le savait bien, que tout le village était en feu! Mais content comme un pompier qui boucle son ceinturon. Depuis la nuit précédente, il avait vu la voie par laquelle il allait saisir l'incendie. De Gaulle, ce vendredi 17, se retrouve en accord avec lui-même, à l'aise enfin dans sa peau, dans la peau de sa logique. Chassées les brumes de l'insaisissable, adieu « l'esprit qui nie tout », dépassé « le doute, ce démon de toutes les décadences ». Délivré, de Gaulle, du doute sarcastique de Pompidou sur les vertus de la grande Réforme.

Qui dira si en un tel instant de ressaisissement, le général de Gaulle n'a pas pris conscience que les sourires sceptiques de Pompidou se superposaient étrangement à celui du Méphisto qu'il avait dénoncé aux téléspectateurs neuf mois auparavant, le 10 août 1967? Sans aller si loin, constatons : son air de délivrance apparaît douze heures après qu'il eut pressenti Couve de Murville, autrement dit douze heures après qu'il eut tranché son divorce d'avec Pompidou.

Alors il y a cette foule cordiale sur son passage, tant de gens de bonne volonté le long des routes du monde pour peu qu'on leur montre en quel sens pétrir leur destin, avant-hier des Algériens, hier des Cambodgiens ou des Québécois, des Roumains cet après-midi, pourquoi moins les Français?

Ce sont des Roumains ici qui se pressent et on dirait qu'il se laisse prendre, on dirait que goulu de son bain de foule peu lui importe si c'est à Pitesti, à Ploiesti. Peu lui importait, racontera-t-on, si c'étaient des Roumains seulement qui l'abreuvaient cet après-midi-là à la potion magique de leur vénération pendant que les Français pissaient du vinaigre? Voire. S'ils sont là ces Roumains à crier leur affection à la France qu'ils reconnaissent en de Gaulle, il faut bien qu'elle ait de quelque façon justifié tant d'amour lointain, la France, il faut bien qu'elle existe quelque part pour s'être ainsi fait aimer, la France. Quelque part aujourd'hui sous ses décombres d'avalanche. Une fois encore, courir l'aider à s'en tirer.

*
* *

Depuis le matin, de Gaulle était démangé par l'idée de rentrer en mêlée. Le soir il ne se tient plus.

Comme chaque fois, sitôt cristallisée l'action à mener, il va agir plus tôt qu'il ne se l'était annoncé à lui-même.

Vendredi soir 17 mai, à peine revenu à Bucarest il fait demander à ses hôtes roumains la permission de retourner en France le samedi soir au lieu du dimanche.

*
* *

Vendredi soir 17 mai vers les onze heures moins le quart, les étudiants activistes, trouvant longuette la Sorbonne dont Pompidou les avait gratifiés, traversent le boulevard Saint-Michel et prennent possession du théâtre national de l'Odéon nonobstant la contrariété de Mme Madeleine Renaud qui les adjure d'aller plutôt s'en prendre à une salle capitaliste.

Même dans ce petit domaine — désormais secondaire en considération du trouble général, social et civique — les procédures d'apaisement de Pompidou ont fait cataplasme sur jambe de bois.

De Gaulle l'apprend le samedi matin en Roumanie. En même temps que les Français apprennent le retour anticipé du général de Gaulle. Inévitable que l'on établisse un faux rapport de cause à effet entre deux événements qui, chronologiquement, ne pouvaient en avoir aucun.

De Gaulle qui comptait faire sensation positive en rouvrant le dialogue avec son cher et Vieux pays, voici qu'il aura simplement l'air de concéder un recul de plus.

L'image qu'il donne — que son gouvernement lui fait donner, pense-t-il — n'est même plus celle d'un dirigeant à la petite semaine, non on va croire qu'il en est à regarder l'avenir à la demi-journée, talonné par l'épisode, sans cesse pris à contre-pied, grattant cinq heures de plus ou de moins en Roumanie, comme si ça pouvait changer quelque chose à l'immensité du problème de l'avenir français, tel qu'il s'apprêtait à le prendre à bras-le-corps, par télévision.

La charge irradiante du message télévisé, il lui faudra d'abord, il le sent, en gaspiller une bonne partie pour remettre dans la tête des Français le sens réel de son action.

*
* *

La télévision? Une autre dépêche, ce samedi matin à Bucarest, lui rend compte que les journalistes de l'ORTF, de la radio et de la télévision ont, dans la nuit précédente, créé un « Comité pour le respect de l'objectivité de l'information ».

Ces journalistes restent seuls en mesure de faire parvenir un message aux quatre coins d'une France décontenancée. Et voilà qu'ils entachent d'un énorme soupçon tout ce que le gouvernement et le président de la République lui-même voudront faire savoir aux Français sur l'état de la France et sur les moyens de s'en sortir.

Le dernier levier flotte à vide entre les mains du Général.

*
* *

Preuve que l'importance de la communication entre lui et la nation passait en premier, c'est qu'il commence par l'ORTF le lendemain matin.

Général de Gaulle : — Foutez-moi les trublions à la porte, Gorse! Reprenez votre affaire en main! »

En fait de trublions, Georges Gorse ne sacrifiera que le journaliste le plus dévoué à de Gaulle, Edouard Sablier, directeur de l'Information de l'ORTF.

Gorse n'a probablement jamais pris conscience de son comportement : content de lui et de sa place, chaque fois que le Général commençait à s'interroger sur son efficacité, loin d'envisager sa propre démission selon l'usage et la morale, il mettait les frais à la charge d'un fidèle subordonné. On l'a vu avec Claude Contamine, après le malentendu du Québec.

Gauchistes et gaullistes se sont paradoxalement rejoints pour trouver que les velléités d'autonomie des journalistes ne couraient-ils survenaient bien tard. Sans doute ces journalistes ne couraient-ils pas après l'opportunité; comme bien des gens en Mai, ils s'étaient pris à courir après leur jeunesse. Ils voulaient leur psychodrame eux aussi. Le psychodrame est au drame ce que le somnifère est au suicide : on le prend avec la conviction d'en réchapper. Les subjectifs de l'ORTF n'étaient pas prêts à aller jusqu'au bout. Pompidou et le préfet de police Maurice Grimaud n'eurent pas grand mal à reprendre aux occupants les services essentiels de la télévision avant même d'avoir revu le Général et sans y mêler Gorse. C'est le seul secteur en Mai qui ait cédé devant une contre-attaque gouvernementale.

Le général de Gaulle a toujours considéré la presse comme un service de transmission, pas comme un pouvoir. A tort ou à raison mais pleinement, il considérait que le verbe dans la bouche de l'exécutif n'était pas de la même nature que dans la bouche des hommes de parti : quand l'exécutif se prononce, cela devient un acte, et qui modifie l'existence du citoyen; si l'opposition se prononce, ça n'est qu'une parole. La recherche d'un équilibre entre les pouvoirs publics et leurs contradicteurs lui semblait une coquetterie artificielle au détriment des citoyens qui étaient en droit d'attendre que les intentions gouvernementales leur soient communiquées sans prisme interposé. A ses yeux, les journalistes n'avaient aucun mandat légitime qui les autorisât à substituer leur façon de voir à celle du gouvernement ou des citoyens. Qu'ils missent leur grain de sel lui a toujours paru une usurpation.

Dans l'été 1958 alors qu'il avait tout pouvoir pour légiférer par ordonnance, et que tous les journaux imprimés et télévisés déroulaient pourtant leur conformisme sous ses pas (à trois exceptions et demie pour tout le territoire français), il avait vaguement caressé avec son directeur de cabinet Pompidou l'idée de réquisitionner les deux premières colonnes de gauche en première page de tous les quotidiens. Dans ce placard, le gouvernement aurait exposé ses raisons. Dans tout le reste du journal, les journalistes auraient raconté ce qui leur passait par la tête : c'était sans importance pourvu que le message de l'exécutif, à l'état brut, fût assuré de parvenir sous les yeux du citoyen.

Cependant en 1958, de Gaulle ne s'était pas attardé aux problèmes de la presse imprimée : la IVᵉ République lui servait toute cuite une télévision pliée au service public. Cette télévision — sans compter la radio, vieil et cher instrument de la carrière gaullienne — était en passe d'envahir tous les foyers français; le tout était de s'y mettre, et foin alors de l'humeur des journaux imprimés.

De Gaulle s'y mit. Méthodiquement, opiniâtrement. En septembre 1958, pendant la campagne pour la Constitution, on le voyait encore lire un papier, avec de grosses lunettes. Quinze mois plus tard, « cher et Vieux pays nous voici une fois de plus face à face », il montrait l'absolue maîtrise d'un talent bouleversant. Ce n'était pas un don. S'il avait un don, c'était celui de la volonté : il se posait un problème, il discernait un objectif et il se donnait la peine et les moyens de l'atteindre. Il avait l'humilité de demander des leçons particulières, mais pas plus haut que la cheville, cordonnier! des leçons sur les moyens, jamais sur l'objectif. Quant au choix du maître à danser, il s'en tenait à la recette rustique des militaires : le plus ancien dans le grade le plus élevé, ce n'était pas forcément le plus fin, mais c'était le moins risqué. Lorsqu'il avait besoin de leçons d'économie politique, il appelait Jacques Rueff. En matière de spectacle, le plus ancien dans le grade le plus élevé, c'était le doyen de la Comédie-Française, Jean Yonnel. Va pour Jean Yonnel. De Gaulle a travaillé durement devant son miroir, sans faire tant de façons qu'un élève du Conservatoire. Mais pas pour faire du Yonnel; pour faire du de Gaulle. Pas pour les bravos; pour l'efficacité.

Et maintenant, ce 19 mai 1968, ce maître du message se débat, privé de communication. Avec de l'autre côté de la vitre qui se ternit d'heure en heure, les Français qui le regardent gesticuler sans qu'il puisse se faire entendre. Alors, Gorse, reprenez votre domaine en main!

*
* *

Ayant invité Gorse à ne pas laisser la Maison de l'ORTF se transformer en Sorbonne (ce qui n'est pas un bon point pour la tactique antérieurement appliquée par Pompidou), le Général demande des comptes sur l'affaire de l'Odéon. Il est rentré de Roumanie le soir précédent.

Ce dimanche matin, à 11 h 30 il a fait venir ensemble dans son cabinet, outre Gorse, le Premier ministre Pompidou, le ministre de l'Intérieur Christian Fouchet et aussi — fait sans précédent — le préfet de police Maurice Grimaud (sans compter le ministre des Armées, Pierre Messmer qui dans cette phase n'est jamais invité à intervenir).

Depuis trois jours, Pompidou avait donné l'habitude de réunir tous ces personnages dans son propre bureau, à l'Hôtel de Matignon.

Maurice Grimaud : — Quand nous entrons dans le bureau du Général il n'est pas d'humeur aimable. Il nous fait asseoir : Georges Pompidou est en face de lui, et le fauteuil bas dans lequel il prend place le fait paraître plus petit [74]. »

Général de Gaulle : — Le désordre a assez duré. Ça devient de l'anarchie. J'ai pris mes décisions. Mais il me faut d'abord qu'on évacue aujourd'hui l'Odéon, demain la Sorbonne; et que vous, Gorse, vous retrouviez la maîtrise de l'ORTF. »

L'auditoire ne remarque guère ce « j'ai pris mes décisions ». De Gaulle ne l'explicite pas encore. Les autres gardent le nez collé sur leur problème immédiat, l'ordre public. Et baissent le nez sous l'algarade du Général.

Maurice Grimaud : — Un ton colérique, le visage un peu rouge, le pied impatient sous la table. Son autorité était certaine. Georges Pompidou et les autres marquaient bien leur attitude respectueuse. Cependant je notais que les uns et les autres avaient dit ce qu'ils avaient à dire avec une certaine fermeté, surtout Georges Pompidou qui garda un ton calme tout au long de cette scène. »

Le Premier ministre marchande sur la Sorbonne, il obtient que le Général se contente de l'Odéon. Pour l'Odéon, le préfet de police demande qu'on lui laisse le choix du moment, selon les effectifs qu'il pourra trouver. De Gaulle laisse au Préfet la responsabilité d'apprécier les modalités d'exécution; mais il va notifier par écrit ses instructions. Là encore, aucun des participants ne paraît se demander pourquoi le Général a besoin que l'horizon soit dégagé dans un délai déterminé. De Gaulle n'est pas l'homme des ultimatums par caprice ou vanité.

Pas plus ce matin-là qu'à aucun autre moment, le général de Gaulle ne se laisse entraîner dans la technique du maintien de l'ordre :

chacun doit rester maître à son bord... Ce qu'il veut c'est qu'on lève les préalables qui l'empêchent de mettre à exécution « ses intentions » de Réforme. La chienlit, si elle continue, gâchera les chances de la Réforme. La chienlit ce n'est pas la fille exaspérée de la Réforme, c'est son ennemie.

Général de Gaulle : — La Réforme oui! la chienlit non! Voilà ce qu'il faut dire aux journalistes, Gorse! Dites-le exactement, et dites que c'est moi qui vous l'ai dit. Moi, j'annoncerai mes intentions au pays vendredi prochain 24. Prévoyez la télévision. »

*
* *

Les journalistes qui piétinent devant le perron de l'Elysée font un maigre sort à l'annonce de l'allocution télévisée du chef de l'Etat. Ils s'imaginent que la condamnation de la chienlit en sera le principal. Alors on regrette que le Général tarde cinq jours à parler. Bien sûr on se doute qu'il avancera quelque grosse mise, on s'interroge déjà sur les pleins pouvoirs de l'article 16, un peu aussi sur un référendum. Mais on veut à tout prix que ce soit un palliatif du désordre du Vᵉ arrondissement de Paris, sans se demander en quoi ça changerait le désarroi de la France.

Ils n'en ont que pour le Quartier latin, les reporters des radios. Seulement, à travers ce prisme, ils orientent les informations qui seules continuent à atteindre tous les Français. La radio est le dernier dénominateur commun de la nation; or il est faussé. Ce dimanche matin, les reporters avaient escompté que le général de Gaulle leur fournirait une sensation d'un autre genre. Ils sont déçus; ils font partager au pays leur déception.

A partir de cette erreur initiale d'interprétation, ils se persuadent que de Gaulle n'a toujours pas arrêté ses intentions. Lui de Gaulle a notifié à Gorse qu'il se donnait cinq jours de délai; c'est pour qu'il n'y ait pas de confusion, pour qu'on l'écoute parler de Réforme sans se laisser absorber par la chienlit. Le pays comprend que le président de la République ne sait pas trop quoi dire. Ce n'est pas comme Pompidou, qui parle à peu près chaque soir à la télévision : on aime ou on n'aime pas; mais il est sur le coup, Pompidou, et il parle comme quelqu'un qui sait ce qu'il veut.

*
* *

A supposer que Georges Gorse n'ait pas fait la confusion, il n'a pas fait assez pour l'éviter.

Ni Pompidou non plus, lorsque, une heure plus tard, il sort à son tour de l'Elysée, où le général de Gaulle l'a retenu pour parler en tête à tête du principal.

Georges Gorse : — Le général de Gaulle, président de la République résume son analyse dans cette formule : la Réforme oui, la chienlit, non. »

Petit rire de gorge du collégien qui a de la scatologie dans la bouche. Lorsque Pompidou répétera le slogan, une heure plus tard, devant les caméras, il aura le même air de mauvaise haleine.

Tous deux un sourire forcé, un peu sournois, vaguement canaille.

Pourtant devant de Gaulle, ils ne s'étaient pas conduits en collégiens. C'est devant les reporters qu'ils n'ont pas trouvé bonne contenance. Ils ne se sont pas aperçus qu'on s'était mis en tête de les considérer, de les questionner, de les filmer sous un angle préconçu : des collégiens qui viennent d'être convoqués chez le censeur pour paresse et laisser-aller. Les caméras quêtent sur leur mine la forfanterie des cancres qui essaient de faire croire aux condisciples que le censeur ne les a pas impressionnés. Ce qu'on appelle : l'air faux.

Et le ton faux.

L'accent gras a été mis sur le mot sale.

Chienlit! dans chaque téléspectateur ce jour-là — et tout Français est à son récepteur — il y a un homme d'ordre, troublé, et un homme de progrès, impatient. Chienlit! les hommes de progrès en sont éclaboussés, les hommes d'ordre gênés.

On avait attendu que le Général enfin revenu fît passer un souffle; passe sur la France une odeur souillée. Elle flétrit l'idée de Réforme *.

Seuls à faire fête à la formule gaullienne : les animateurs de la contestation. Ils ont mis la dérision à la mode, mais ils manquent souvent de souffle gaulois pour atteindre aux plénitudes rabelai-siennes : de Gaulle vient de leur faire la courte échelle. Chienlit? Ils confisquent l'oripeau nauséabond, ils s'en drapent. Le public éprouve l'impression d'une vague connivence entre le Général et les galopins.

En regard, « la Réforme oui! » ça ressemble à une sorte de concession, une variété de chienlit atténuée, comme il y a des bacilles atténués, pour vacciner. Passée la chienlit à quoi bon le vaccin?

Dans l'accent faux de Pompidou et de Gorse, on croit retrouver, à quinze ans de distance, la voix tricheuse de Guy Mollet : pour l'Algérie, rétablissement de l'ordre d'abord, réformes après, on verra bien. La France y avait perdu la confiance des Algériens, puis sa propre croyance en la République.

Alors quoi, de nouveau un truc? De nouveau l'avenir de la France sous le coude d'un escamoteur de fête foraine? La France — et surtout, sans jamais se l'avouer, la France qui manifeste en cette mi-Mai, et pas seulement au Quartier latin — la face généreuse de la France avait été naguère reconnaissante à de Gaulle de la hisser hors de ces médiocrités. Et voici qu'il en est à chercher un truc, ce grand-là aussi? Vieilli.

---

* Le journal *Le Monde* a publié ce jour-là un encadré sur les acceptions de « chienlit »; il n'a pas jugé utile d'en faire autant pour répertorier ce que recouvrait la notion de réforme, dans les dires antérieurs du général de Gaulle.

*
* *

Parmi les Français qui, dix ans plus tard, se rappellent avoir entendu le slogan lancé de la part du général de Gaulle ce dimanche 19 mai 1968, nous n'en avons pas trouvé un qui conserve le souvenir d'avoir été rasséréné, rassuré, dénoué.

Faut-il incriminer Gorse et Pompidou d'avoir mal joué leur rôle? De Gaulle a eu tort de leur fournir un texte qui n'allait pas avec leur physique. Le compositeur ne doit pas espérer de ses interprètes qu'ils chanteront avec succès ailleurs que dans leur registre.

Le climat l'eût-il permis, de Gaulle ne pouvait pas lancer lui-même sa harangue, ce jour-là. Le jeu de cartes de son discours n'était pas encore classé. A peine commençaient à éclore des phrases, les formulations montaient en bulle. Il a jugé nécessaire d'en livrer une.

Ce n'était pas la première fois. Simplement d'habitude il n'y avait pas le Préfet de police, ni le ministre de l'Intérieur, ni Messmer ni même Pompidou pour regarder de Gaulle prendre un papier devant lui et dicter au ministre de l'Information les phrases entre guillemets qui devaient, fausse confidence, s'ajouter au communiqué.

La seule minuscule différence, désastreuse, fut que ce dimanche matin, il n'y avait pas de communiqué pour habiller austèrement la fleurette gaullienne.

*
* *

— La Réforme, oui! »

Et tout de suite. Et globale. Fini de chipoter. Tel est l'essentiel, celui qu'entend Pompidou, sitôt que les autres se sont retirés. Les autres avaient rendu compte des modalités. Le Premier ministre est informé de l'objectif. Pompidou doit se repérer sur cet objectif, il n'a plus à le choisir. Les événements, et par-delà les événements la crise d'identité dont la nation est en train de périr, touchent à l'essentiel. C'est le domaine du président de la République. Le Premier ministre Pompidou a toujours admis pareille analyse. Ce dimanche vers 13 heures, il n'a plus qu'à prendre note pour exécution. Le Général édicte le calendrier qu'il a définitivement arrêté la nuit précédente, dans l'avion du retour. Scène inverse de celle du 11 mai lorsque Pompidou débarquait de l'avion de Kaboul avec son plan en dix points pour la Sorbonne. Le plan du Général, lui, tient en trois temps :

— Primo, le général de Gaulle, président de la République, annoncera au pays vendredi prochain son intention de procéder à un référendum.
— Secundo, la Constitution veut que ce soit « sur proposition du gouvernement »; ce sera donc l'affaire d'un Conseil des ministres, d'ici à vendredi.
— Tertio, le référendum aura lieu au jour le plus rapproché qu'autorise la Constitution : le 16 juin.

Le fait nouveau survenu en Roumanie, c'est qu'ayant pesé les objections antérieures de Pompidou, de Gaulle a décidé de passer outre. La délibération est close.

Conséquence implicite : Pompidou ne peut pas être l'homme qui conduira la Réforme. Ça n'empêche pas de lui confier une mission technique : la mise en œuvre du référendum. Mais il n'est guère imaginable que de Gaulle et Pompidou n'aient pas eu la même pensée : cette mission, inéluctablement, serait la dernière.

On pense à l'hiver 62, lorsque de Gaulle avait passé outre aux réticences du Premier ministre Michel Debré quant à l'urgence du référendum final sur l'indépendance de l'Algérie : ça n'avait pas empêché le Général de confier à Debré la responsabilité matérielle de ce référendum. Ensuite, dans la situation nouvelle qui allait en découler, il n'était pas possible que Debré demeurât chef du gouvernement.

Pompidou pas davantage.

Que Pompidou ne soit pas l'homme adéquat pour la phase suivante, ça n'enlève rien de ses autres qualités aux yeux du Général. Elles ont été appropriées à la précédente phase. Elles restent irremplaçables dans les agitations de ce mois-ci. La limite de Pompidou, c'est de n'avoir pas pressenti qu'on pût prévenir ces agitations, canaliser les pressions encore souterraines et les faire servir à pousser en avant la Réforme. Mais de Gaulle qui a eu conscience de cette insuffisance a cru tout de même bon de garder Pompidou : c'est lui, de Gaulle, qui a pris cette responsabilité. Il n'est pas homme à l'éluder. On ne trouve aucun indice que le général de Gaulle ait envisagé à quelque moment que ce soit de relever Pompidou de son commandement sur le front de Mai.

Bernard Tricot : — Il n'était pas de ces supérieurs qui aiment vous mettre en difficulté, qui prennent plaisir à marquer le coup quand vous avez commis une erreur, à retourner le fer dans la plaie. Le général de Gaulle pouvait être mécontent. Il le disait et c'était terminé. (...) Il faisait naturellement plus facilement confiance à quelqu'un qui avait fait ses preuves. Mais le principe était bien : il y a quelqu'un en charge de cette affaire, laissons-le faire! Ce qui ne veut pas dire : laissons-le faire n'importe quoi. C'est sans doute la formation militaire : j'ai arrêté un plan, un objectif à atteindre, je ne vais pas être en permanence derrière le dos du colonel Untel pour savoir comment il va arriver sur la crête [75]. »

Et puis au fond, avez-vous remarqué? Ce de Gaulle qui n'avait jamais trouvé convenable aucun supérieur aussi longtemps qu'il en eut, il a poussé ensuite jusqu'à l'entêtement, jusqu'à l'aveuglement, son estime universelle pour tous les subordonnés qu'il s'est donnés. Pygmalion n'imaginerait pas qu'il a pu modeler de médiocres silhouettes.

Déjeuner rapide de Pompidou à Matignon, sitôt fini son tête-à-tête avec le Général.

Puis le Premier ministre examine devant son directeur de cabinet,

Michel Jobert, la façon dont il va lui falloir « conduire et déterminer l'action du gouvernement » : c'est l'article 20 de la Constitution qui l'en charge. Il doit conduire cette action dans la direction indiquée par « l'arbitrage » que le président de la République vient de prononcer en vue « d'assurer le fonctionnement régulier des pouvoirs publics ainsi que la continuité de l'Etat » : c'est l'article 5 qui le veut.

Il en coûte peu au Premier ministre de prendre les premières dispositions administratives avec le Secrétaire général du gouvernement, Jean Donnedieu de Vabres; il faut prévoir quel jour et sous quelle forme le prochain Conseil des ministres « proposera » le référendum.

Mais sur le fond, Georges Pompidou, déjà, se désolidarise. Il ne le dissimule plus à son entourage :

Georges Pompidou à Michel Jobert : — Le référendum, ce n'est pas une solution. Le Général a tort. Mais il a ça en tête. Qu'on essaie donc de le faire changer d'avis *! »

Le Premier ministre va prendre une étonnante précaution :

Jacques Foccart (1977) : — Georges Pompidou m'a dit : « Je vous demande de dire au Général ceci : Pompidou désapprouve l'idée du référendum. » Il m'a demandé de consigner le témoignage de cet épisode par écrit. »

Jacques Foccart a, nous dit-il, déposé toutes ses notes aux Archives nationales.

Pompidou n'a-t-il pas été effleuré dès ce dimanche soir 20 mai par le regret des six jours pendant lesquels, le Général absent, le Premier ministre menait la tactique à sa seule guise.

Exemple du changement créé par le retour du chef de l'Etat : la conduite des affaires policières au Quartier latin. Le Général a prescrit d'en finir sur-le-champ avec les occupants de l'Odéon. Pompidou n'en est pas d'accord et il est plein de la certitude d'avoir raison. En fin de soirée son parti est pris. Il charge son directeur de cabinet, Michel Jobert, de téléphoner au préfet de police Maurice Grimaud : que celui-ci à son tour appelle le Secrétariat général de l'Elysée, afin qu'on expose au Général l'impossibilité d'en finir dès cette nuit.

Le ministre de l'Intérieur, Christian Fouchet, là-dedans? Par-dessous la jambe...

Or c'est le Premier ministre en personne qui a prescrit à Jobert et à Grimaud la procédure qui court-circuite Christian Fouchet.

---

* En 1968, on le voit, Georges Pompidou faisait parfois part à son entourage de ses entretiens avec de Gaulle, et même des divergences. Or en 1967 encore, Pompidou et les membres de son cabinet se flattaient que rien n'ait jamais transpiré des entretiens entre le président de la République et le Premier ministre, et qu'on ne pût jamais savoir la part de l'un et de l'autre dans une décision (voir à ce sujet *Pompidou* de Pierre Rouanet, composé principalement sur une enquête menée en 1967).

Après Peyrefitte le dimanche précédent, ça fait le deuxième ministre évincé.

*
* *

A peine le Général a-t-il passé commande à Pompidou de l'organisation matérielle du référendum, il s'occupe de faire mettre en forme le contenu du projet référendaire. Ce sera fait à l'Elysée même. Dimanche ou pas, tout l'équipage est sur le pont, pour le retour du Général. En début d'après-midi, de Gaulle appelle le Secrétaire général, Bernard Tricot, et lui demande un avant-projet. Tricot répercute aussitôt sur le conseiller technique qui est à ses côtés, spécialement chargé des « affaires constitutionnelles, juridiques et administratives » : Bernard Ducamin. Sujet familier pour Ducamin, routine presque. C'est lui qui depuis trois ans prépare pour le Général les dossiers sur l'intéressement et la participation.

Pourtant, au lieu de s'atteler à son texte, Bernard Ducamin pousse la porte de ses collègues les trois autres conseillers techniques : Marcel Pinet, Alain Prate, René de Saint-Légier.

Référendum? Ils lèvent les bras au ciel. Décidément, pendant les six jours du voyage en Roumanie, leurs dépêches n'ont pas dû suffisamment éclairer le Général sur l'évolution des esprits.

A cette forme de crise, le référendum sur la participation « n'est pas la réponse adéquate », ils emploient l'expression. Leur devoir est de prévenir le Général que ce serait « un suicide », ils emploient le mot dans une note que Ducamin s'offre à rédiger. Il va lui donner la forme — sans précédent — d'une lettre au Secrétaire général M. Bernard Tricot, avec respectueuse prière d'attirer l'attention du Général.

Les trois autres contresignent la lettre le lendemain matin lundi. Elle est aussitôt déposée sur le bureau de M. Tricot, avant que celui-ci entre dans le bureau du Général pour faire le point.

Bernard Ducamin (1979) : — Une telle démarche avait un caractère exceptionnel, mais nous étions les uns et les autres habitués à formuler de notre propre mouvement toutes suggestions nous paraissant opportunes. »

N'empêche que les acteurs de l'épisode vont garder le secret pendant dix ans, tant ils ont senti qu'une affaire si insolite risquait d'être interprétée de travers, au détriment du Général qu'ils pensaient servir.

Bernard Ducamin : — Notre démarche n'avait aucun caractère insurrectionnel. Au contraire elle était marquée, comme je l'espère toutes nos interventions, du sceau de la mesure et de la courtoisie. »

Voilà jusqu'où avait pénétré l'esprit de remise en question. Voilà surtout comment, d'emblée, on a considéré la volonté que manifestait de Gaulle de faire son référendum en un tel moment. Et ça au cœur de l'Elysée, à l'avant-dernier échelon supérieur

Au moment où les quatre conseillers techniques recommandent de surseoir jusqu'à des temps mieux appropriés, de Gaulle a quatre jours devant lui avant de jeter les dés : on est lundi matin, l'allocution est pour vendredi soir. Les notes de synthèse de son Secrétariat général, le Général ne les prend pas à la légère. Rappelons-nous le cas qu'il en a fait pour le Québec. Et venant des quatre conseillers techniques, il ne peut pas y avoir les calculs personnels qui entachent peut-être, par exemple, la réticence de Pompidou.

Tout pesé, de Gaulle se confirme dans la certitude que la mise en branle de la participation, ce sera maintenant ou jamais. C'est qu'il a été le seul à ne pas y voir une affaire d'opportunité. Tous les autres, y compris ceux qui croyaient le servir, ont voulu y voir un truc.

Maurice Couve de Murville n'en démordait pas, avec neuf ans de recul :

— Le Général avait eu cette idée pour sortir de la crise [76]. »

Présenté de cette façon, le grand projet était torpillé d'avance. Comment espérer que la France hors d'haleine retrouve sa respiration pour s'intéresser à un expédient? Pareille version va être répandue par les oppositions de gauche et de droite. Elle prévaudra parce que les gaullistes, en leur for intérieur, la cautionnaient. Cramponnés à leurs situations ébranlées, il ne leur est pas venu à l'idée que de Gaulle voyait large. Ils l'ont ratatiné.

Pas le bon moment? Eh! il le savait bien, de Gaulle. Mais il voyait surtout qu'à tout autre moment, ce serait encore moins le bon moment. Dieu sait si Pompidou le lui démontrait depuis un an. Bien sûr, s'il s'agissait d'un tour de bonneteau pour esquiver la crise politique, le moment était malvenu. Mais lui voulait convaincre les Français qu'ils ne sortiraient un bon coup du malaise qu'en changeant toute la règle du jeu. C'est l'adhésion des Français au changement qui lui semblait nécessaire, et non pas la dérobade des gens en place devant le trouble national. Et pour décider les Français à passer ailleurs que par les ornières anciennes, il fallait qu'un séisme eût ouvert des brèches.

Bon ou mauvais, le moment c'était Mai. De Gaulle s'en est expliqué vingt mois plus tard. Autant s'en remettre à son explication qu'à celle de Couve.

Voici comment il avait, dit-il, vu venir les choses.

Mémoires d'espoir (tome II, page 124) : — Le consentement qui rend les lois fécondes n'apparaît souvent, je le sais, qu'à la lueur du tonnerre. Sans désirer que l'orage se lève, je devrai donc en tirer parti s'il vient un jour à éclater *. »

* Clin d'œil ironique, cette référence aux « orages désirés » illustre jusqu'à la caricature la dette de l'écrivain Charles de Gaulle envers Chateaubriand. Dette souvent signalée, et trop exclusivement. La phrase qui vient directement à la suite, dans le même passage, pour développer la même idée, sort d'un moule dont on aurait cru Stendhal unique propriétaire :
Mémoires d'espoir (t. II, p. 124) : — En politique, comme en stratégie, en affaires ou en amour, il faut assurément le don. Il y faut aussi l'occasion. »

La Réforme exigeait un élan trop ample pour passer par les temps ordinaires qui avaient suivi les secousses d'Algérie :

Mémoires d'espoir (tome II, page 123) : — A froid dans l'atmosphère d'immobilisme qui suit la fin des drames et l'éloignement des périls et où se raidissent les routines, les égoïsmes et les sectarismes la révolution pacifique de la participation ne saurait être déclenchée avec l'ampleur qu'elle exige. »

Toujours facile dans des Mémoires, dira-t-on, de s'attribuer à soi-même une clairvoyance rétroactive. Reste que sur le moment, « dans l'atmosphère d'immobilisme », de Gaulle avait tenu au feu le fer de la participation. Concrètement. Il entretenait la petite troupe des gaullistes de gauche, René Capitant, Louis Vallon. Comme on entretient une danseuse, maugréait Pompidou. Le Général exigeait qu'on leur tînt le menton hors de l'eau; Pompidou s'exaspérait d'avoir à renflouer sur ses fonds secrets le petit hebdomadaire *Notre République* qui le harcelait insolemment. Le Premier ministre faisait valoir que ces gens-là ne parvenaient pas à s'assurer la moindre assise électorale. Pareille objection, pour de Gaulle, était circonstancielle : les gaullistes de gauche ne trouvaient pas « le consentement qui rend les lois fécondes » parce que « l'atmosphère d'immobilisme » ne s'y prêtait pas. Ça ne dispensait pas de préparer les semences. C'est comme si lui, de Gaulle, avait cessé en 1951 de préméditer la réforme des institutions de la IVᵉ République parce qu'il n'avait pas rencontré le « consentement » électoral suffisant. Toute germination est d'abord minoritaire. De Gaulle ne se disait probablement pas qu'elle deviendrait automatiquement majoritaire. Mais il trouvait dommage de l'étouffer. Voir l'attention prêtée au groupuscule des premiers indépendantistes québécois, ou au Tunisien Masmoudi venu l'informer dès 1957 sur les indépendantistes algériens : « Il ne faut pas insulter l'avenir... »

Si le vent semblait un peu souffler dans le sens des gaullistes de gauche, si l'un d'eux décrochait tant bien que mal un mandat de député, aussitôt le cabinet du chef de l'Etat le poussait vers un poste d'où il pût faire avancer le projet de l'intéressement. Ainsi Louis Vallon fut-il propulsé rapporteur général du budget en 1962, et René

Pour ce qui est du style, la parenté entre de Gaulle et Chateaubriand est un « caractère acquis », un mariage arrangé par les professeurs du jeune de Gaulle selon la mode du temps. Pour ce qui est du regard humaniste — caractère inné — a-t-on assez examiné combien celui de De Gaulle a été proche de Stendhal? Tous deux appartiennent à la minorité littéraire qui a pour particularité la sincérité maîtrisée : ils réussissent à maintenir leur impression ou leur sensation dans la dimension où elles sont écloses, au lieu de les abandonner à l'amplification rhétorique. (En ceci de Gaulle est aux antipodes de Chateaubriand.)

Un tel talent de conservation de l'idée à l'état naturel — talent qui exige qu'on s'exerce à la fois à se regarder et à se surveiller — procure au comportement une fraîcheur, une apparence de justesse, saisissantes. Les personnes qui ont connu de Gaulle causeur se déclarent toutes frappées par l'allégresse juvénile du verbe. On n'a guère entendu de Gaulle faire du Chateaubriand de vive voix en privé. Et qui imaginerait que la boutade citée ci-dessus ait été écrite par un retraité dans sa quatre-vingtième année?

Capitant président de la Commission des lois en 1967. Pompidou jugeait pareille faveur disproportionnée.

René Capitant hargneux, Louis Vallon sarcastique, ils usaient et abusaient de l'immunité que leur assurait le Général, et faisaient littéralement enrager Pompidou. Celui-ci se laisse prendre aux aspects superficiels de la polémique. Il voyait rouge au seul mot de participation, et devenait incapable de réfléchir à ce qu'il pouvait recouvrir. A force de traiter Capitant de rêveur et Vallon de pitre il ne pouvait plus s'empêcher de mettre le général de Gaulle dans le même sac.

Mais à l'Elysée, le conseiller technique, Bernard Ducamin, ne négligeait pas d'incorporer à ses dossiers les observations de ces deux non-conformistes, parmi d'autres sons de cloche. Le Général persistait à leur donner audience plus souvent qu'à leur tour. Pompidou donna des signes caractérisés non plus de contestation doctrinale, mais de jalousie.

Se demande-t-on à qui de Gaulle a bien pu garder rancune de Mai? Dans la phrase citée plus haut des *Mémoires d'espoir*, il regrette que la « révolution pacifique » ait été trop longtemps bloquée par le raidissement « des routines, des égoïsmes et des sectarismes ». Les « routines », ce sont les gouvernants qui font toujours valoir que le temps n'est pas propice à la novation; les « égoïsmes » ce sont les parties prenantes à l'ordre ancien, le patronat omnipotent; les « sectarismes », ce sont les états-majors de partis et de syndicats qui se butaient à ne pas lire son projet parce que c'est lui qui le présentait.

Tout le monde a son paquet? Non. Sous la plume du retraité de Colombey, pas un mot contre ceux qui ont explosé en Mai, manifestants ou grévistes. Depuis 1943, le général de Gaulle signalait qu'ils allaient se trouver coincés.

Grandeur, splendeur, on dit tout le temps que de Gaulle rêvait Renaissance pour sa nation; dit-on assez que la Réforme lui sembla nécessaire pour débloquer les voies de la Renaissance?

Réforme, Renaissance, on ne retombe pas par hasard dans les majuscules du vocabulaire médiéval. La même pulsation reprend : droit de regard des travailleurs, résurgence de la perpétuelle querelle pour le droit à « l'examen personnel ». Et les clercs aussitôt d'invoquer leur privilège d'experts : il y a toujours un Sorbonicole pour dire que lui seul a droit d'interpréter la Bible et d'énoncer ce qui est bon pour le troupeau; il y a toujours un Pompidou pour dire qu'il sait ce que sont les affaires, il y a toujours un La Trémoille pour hausser les épaules au nom du réalisme lorsque Jeanne d'Arc enthousiasme les péquenots avec son examen personnel des destinées nationales; et ça finit à tout coup dans les autodafés, la proscription ou sur le bûcher; et c'est encore au napalm si de Gaulle se mêle à Pnom Penh de réveiller le droit du tiers monde à l'examen personnel.

Elle n'a pas fait long feu, Jeanne d'Arc, si l'on ose dire : moins d'un an. Comme aurait dit Pompidou, ce général-là aussi rêvait complètement. Et en regard cent ans de guerre soutenus par une nation seulement pour cette petite chose sans gros sous, le droit des Français à l'autodétermination.

Et bientôt après, tout à refaire, quarante ans de guerres de Religion entre la revendication de participation des chrétiens et le compromis national de Henri IV; puis le temps à peine d'une génération, à peine une seconde de respiration à l'échelle de l'Histoire, et déjà, toujours la bedaine triomphante de la tyrannie mentale révoque l'édit de Nantes et il faut cent cinquante ans pour que les contestataires coincés fassent la Révolution. Nuit du 4 Août : la Réforme oui, la chienlit non? On ne s'en est plus tiré à si petits frais.

Alors après Mai 68, quarante ans à s'étriper en guerres de Religion?

*
* *

Le général de Gaulle a pris note de la mise en garde que lui ont fait parvenir ses quatre conseillers techniques. Apparemment il a conclu qu'aucun argument d'opportunité ne le dispense de lancer — maintenant ou jamais — le projet global de participation. Sans plus de commentaires, il maintient la commande qu'il a passée à son Secrétariat général, lequel se met en devoir de rassembler les éléments demandés. Dès ce lundi 20 mai, le Général lui-même s'attelle à préciser par quel bord il présentera l'affaire aux Français, à la télévision, le vendredi 24.

En ce début de semaine, il doit bien y avoir huit millions de travailleurs, d'étudiants et de lycéens à ne plus accomplir leur travail.

En grève? Mieux vaut dire qu'ils se sont décrochés de toute habitude et de toute consigne. A la différence de la semaine précédente les états-majors syndicaux lancent des ordres de grève : c'est généralement là où, de toute façon, l'activité s'arrête déjà. Les manifestants font volontiers sentir aux cadres locaux des syndicats que ça ne compte plus. Tout au plus, là où la CGT a tissé de solides structures, parvient-elle encore à convaincre les militants d'éconduire les « spontanéistes » qui viennent offrir d'improviser des embryons de pouvoir ouvrier.

Dans ces conditions comment essayer, pour un gouvernement, de remettre le pays en marche? A travers les rapports des préfets — de plus en plus mous — il transparaît que les gens qui ont cessé le travail n'inclinent pas du tout à le reprendre.

En revanche, les ci-devant « dirigeants » syndicaux doivent être tentés de reprendre leur autorité. Le Premier ministre calcule qu'il y a peut-être un parti à tirer de cette situation.

Comment, pour les « dirigeants » d'une confédération syndicale, établir leur autorité sur des grévistes si ce n'est en se montrant capables de les remettre au travail? Encore faut-il qu'ils puissent faire état d'une victoire. Cette victoire, elle ne s'acquiert qu'au cours d'une négociation. Mais les dirigeants syndicaux n'ont pas envie de se compromettre davantage et de se faire traiter de complices du patronat ou du gouvernement : ils n'accepteront pas de venir à une négociation s'ils ne sont pas d'avance assurés d'en sortir avec des résultats substantiels, éclatants, conformes aux revendications qu'ils alignent. Des revendications qui sont désormais en surenchère quotidienne.

Pompidou voit qu'il faudra tailler large. Démesurément plus large que lui-même, Pompidou, ne le déclarait pas supportable pour l'économie française voici moins d'un mois. Le Premier ministre décide que mieux vaut en passer par là, et le plus tôt sera le meilleur.

Vis-à-vis de la CGT il dispose de deux atouts particuliers. D'abord c'est elle qu'inquiète le plus le succès des improvisations de Mai; c'est donc elle, espère Pompidou, qui devrait avoir le plus envie de considération. Or, second atout, la CGT s'est trouvée exclue depuis plusieurs années des grandes négociations sociales, et le gouvernement a même fini par lui confisquer les subventions accordées aux autres confédérations pour la formation de leurs cadres syndicaux. Si on la réintègre d'un coup dans toutes ses prérogatives, quel regain de prestige pour elle au moment où sa principale concurrente, la CFDT, paraît la supplanter auprès des contestataires de Mai.

Bon, mais Pompidou, réciproquement, ne peut pas lui non plus se montrer prêt à lâcher tant de lest s'il n'est pas d'avance certain de trouver du répondant.

C'est son autorité à lui, et le crédit du régime, qui seront irrémédiablement dilapidés si les dirigeants centraux de la CGT haussent les épaules et tournent les talons. Impossible de rien lancer à la cantonade.

Impossible aussi de rien écrire : on se mettrait à la merci de l'adversaire. Il faut envoyer un émissaire secret, mais un émissaire dont on sache d'emblée, sans lui demander ses papiers, que sa parole vaut engagement du Premier ministre.

Jacques Chirac (secrétaire d'Etat à l'Emploi) : — Je nouai pour le compte du Premier ministre certains des contacts qui permirent la négociation (...) Il m'est arrivé d'effectuer à sa demande, et sous l'impératif absolu de la discrétion, certaines missions comme il en existe toujours lorsque l'Histoire s'accélère au point de tout faire craquer [77]. »

Jacques Chirac a déjà raconté ailleurs l'aspect rocambolesque d'une de ses « missions », pistolet sous l'aisselle, en haut d'un immeuble louche.

Il devait y retrouver Henri Krasucki, second personnage dans la hiérarchie de la CGT. Celui-ci a peut-être été surpris lorsqu'il a appris par la suite le harnachement de son jeune interlocuteur. Chirac était l'actif disciple de Georges Pompidou. Sans doute a-t-il cru revivre une aventure volontiers contée par son modèle : la mission secrète accomplie en Suisse par Georges Pompidou auprès des représentants du Front algérien de libération nationale. Ceux-là en 1960 parlaient à coups de fusil. Tel n'était pas en 1968 le procédé habituel de M. Krasucki.

En la personne de Jacques Chirac, c'était un membre du gouvernement qui venait parler, et celui-là précisément qui jusque-là n'avait pas admis les représentants de la CGT dans les conversations sociales. Mais plus qu'un récent secrétaire d'Etat, on voyait en lui un des collaborateurs personnels de Pompidou. Moins de deux ans auparavant il était conseiller technique au cabinet du Premier ministre, et Pompidou lui avait en fait laissé ce rôle en le faisant secrétaire d'Etat du Travail (pour contrebalancer le trop autonome, ministre des Affaires sociales, Jean-Marcel Jeanneney).

Plus que membre du gouvernement, Chirac restait à la disposition personnelle de son patron.

*Christian Chavanon** : — Pompidou avait une prédilection pour le jeune Jacques Chirac qui l'avait séduit dès la première rencontre par la rapidité avec laquelle il survolait les dossiers. Je dis : survolait. »

Chirac bondit sur ses objectifs ponctuels plus promptement que quiconque; ensuite seulement il tâche de compléter les bonnes raisons qu'il pouvait avoir d'agir. Il lui arrive de s'étonner avec une fraîcheur juvénile s'il découvre alors que d'autres ont pensé que des voies différentes auraient mérité qu'on les examinât. Il a une réserve de bonne foi déconcertante, il ne l'utilise jamais à temps. Ses coups de boutoir peuvent paraître désordonnés. Ils se polarisent selon un axe simple : une ambition dont la franchise intégralement candide plaisait à Pompidou, lui-même empêtré dans d'anciennes timidités provinciales. Elle fait ménage, c'est comme ça, avec de soudains désintéressements, qui n'ont certes rien à voir avec la naïveté. Ça donne un boy-scout qui a pris goût à manier le couteau. Des dons de commando, non de stratège; une méthode et des buts à l'opposé d'un de Gaulle.

C'est bien ainsi que Pompidou l'emploie, vers le 21 mai 68, pour ses coups de sonde auprès de la CGT. Chirac lui-même insistera par la suite sur le fait qu'il ne participait pas à la définition d'une conduite d'ensemble. Le stratège, en l'affaire, c'était Pompidou; son chef d'état-major, c'était Edouard Balladur **.

Second personnage de l'hôtel de Matignon selon la préséance, juste

---

* Ami personnel de Georges Pompidou, M. Chavanon avait en 1968 ses entrées permanentes dans le cabinet du Premier ministre, où il faisait figure de conseiller officieux, ayant accepté une table mais point de titre. En 1978 il a été nommé vice-président du Conseil d'Etat (qui n'a pas de président).

** Maître des requêtes au Conseil d'Etat, Edouard Balladur suivra Pompidou qui en fera le Secrétaire général de la Présidence quand Michel Jobert deviendra ministre des Affaires étrangères. A la mort de Pompidou six mois plus tard, Balladur, toujours sobrement, quittera toute activité politique et administrative pour les affaires privées.

après le directeur de cabinet Michel Jobert, Balladur avait pour lui une extrême sobriété de propos, et sa placidité. Une rondeur de l'enveloppe empêchait sa fermeté de paraître agressive. Une contrepèterie eut sa vogue à l'hôtel de Matignon dans cette période agitée : Pompidur et Balladou. Le Premier ministre fut flatté de la signification que son entourage y mettait.

*
* *

Pompidou et Balladur voyaient bien que les hauts dirigeants syndicaux ne prendraient pas le risque d'un contact trop visible avec le gouvernement tant que persisterait parmi leurs troupes l'antipathie qu'avait fait naître la répression des manifestations du Quartier latin. Les CRS prenaient une dimension mythologique.

Un des préalables était de désamorcer ce sentiment populaire. A l'instant d'esquisser ses premières avances en direction de la CGT, Pompidou a fait annoncer un projet d'amnistie « des infractions commises à l'occasion des manifestations liées aux questions de l'enseignement ».

Un Conseil des ministres a été convoqué à cette fin le mardi 21. Il est expéditif. Les membres du gouvernement n'y entendent aucune indication sur le sens de la harangue que le général de Gaulle doit prononcer vendredi 24.

Pour tourner plus ostensiblement la page des querelles universitaires, Pompidou rend publique la démission que Peyrefitte ministre de l'Education nationale avait adressée au général de Gaulle le 12, lorsqu'il s'était vu évincé. Le Premier ministre annonce qu'il annexe ce ministère à ses autres charges personnelles.

Tout cela doit aussi l'aider à passer le cap d'une motion de censure que la gauche a déposée sans décider de ses conséquences : les socialistes plus ou moins suivis par des centristes parlent d'élections anticipées, les communistes s'en défient. On vote mercredi; la censure recueille 233 voix; il en aurait fallu 244 au moins pour que Pompidou tombe.

Il a esquivé : il ne s'est pas consolidé. Un épisode a mis en évidence sa précarité. Son vieil ennemi gaulliste René Capitant, président de la Commission des lois, a clamé qu'il allait voter la censure. C'était s'associer aux socialistes et aux communistes? Eh! pensait Capitant, ce n'était pas ceux-là qui avaient sucé le sang du Général et de la Ve République. Or juste avant de déposer le suffrage fatal, Capitant démissionne de son mandat de député : il ne peut plus voter. Pompidou n'a aucun mal à reconstituer le scénario. De l'Elysée on a téléphoné à Capitant : le Général lui intime de ne pas insulter l'avenir. Capitant ne doit pas s'exclure inconsidérément d'un reclassement ultérieur. C'est le signe qu'aux yeux du Général, la formule gouvernementale actuelle n'est plus viable longtemps.

Quelqu'un d'autre ne cesse de le répéter : Valéry Giscard d'Estaing.

L'animateur des Républicains indépendants lance au Premier ministre :

— Ce débat est faussé : nous ne pouvons nous prononcer ni sur l'équipe gouvernementale ni sur sa politique parce que nous ne voulons pas, en votant la censure, ajouter l'aventure au désordre. »

C'est dire que lui non plus ne tiendra pas Pompidou quitte du désordre. Et puisqu'il s'agit en principe de proposer des moyens pour se dépêtrer de Mai :

Valéry Giscard d'Estaing : — Première réforme à faire, changer la manière dont la France est gouvernée! »

La seule parade des pompidoliens était de persuader les gaullistes que Giscard visait de Gaulle et non pas le chef du gouvernement. En fait les giscardiens étaient nécessaires à la majorité numérique du gouvernement. Mais ils s'interdisaient d'utiliser une telle arme, précisément parce qu'ils poussaient à un changement de gouvernement qui n'ébranlât pas l'Elysée.

Giscard se bornait à marquer des points, mais avec une rigidité logique qui révulsait Pompidou.

Il se donnait insupportablement raison. Le « désordre » consécutif à des « débats faussés », par exemple, il ne le découvrait pas après coup. Il l'avait annoncé avant qu'il s'étale.

Les historiens de Mai rappellent-ils suffisamment que la grande nausée de la France devant la société de consommation a été déclenchée très précisément par l'annonce que le gouvernement allait imposer la publicité commerciale à la télévision d'Etat. On ne sait trop pourquoi Pompidou voulait que ce fût à la sauvette par simple arrêté ministériel. La gauche réclamait que la représentation nationale eût son mot à dire. Faute de l'obtenir elle provoqua un débat sur la censure. Giscard ne voulait pas voter cette censure. Mais on n'arriverait pas à lui faire dire que le gouvernement avait raison de faire passer la publicité par une entrée dérobée : Giscard pensait que la défiance des Français en serait inévitablement aggravée.

Le gouvernement a donné mauvaise odeur à cette affaire de publicité commerciale. Giscard en prend occasion pour seriner qu'il fallait changer la façon de gouverner. Pompidou croit se dégager en abaissant la querelle : il veut mettre Giscard dans le bain. A la tribune du Palais-Bourbon il déclare qu'après tout, Giscard ne faisait pas tant de façons quand, ministre des Finances, il avait participé deux ans plus tôt, le 11 mars 1965, à un Conseil restreint où le principe de l'introduction de la publicité télévisée avait été admis.

Surpris, Giscard consulte un calepin : à la date que dit Pompidou, il n'a participé à aucun Conseil. Si ce n'est le 11 c'était sans doute le 16, réplique le Premier ministre, toujours à la tribune.

Giscard se lève alors à son banc. Il se fait dans l'hémicycle un silence comme au moment de l'estocade dans les arènes.

Valéry Giscard d'Estaing (très pâle) à Pompidou (très pâle) : — J'affirme de façon catégorique que le problème n'a jamais été évoqué en ma présence dans les Conseils du gouvernement.

« Monsieur le Premier ministre, depuis que j'ai quitté le gouvernement il y a deux ans, j'ai respecté scrupuleusement la règle selon laquelle il ne doit être fait allusion ni aux discussions ni aux délibérations des différentes instances gouvernementales auxquelles j'ai participé pendant sept ans, ni même aux décisions prises.

« En ce qui me concerne je resterai fidèle à l'observation de cette règle quoi qu'il arrive. Je demande seulement à Monsieur le Premier ministre que des allusions inutiles ne me rendent pas le respect de cette règle trop méritoire. »

La leçon est infligée sur le ton du dédain glacé. Les regards se portent sur Pompidou qui, toujours à la tribune, attend la fin de l'algarade. Un temps de silence. On dirait qu'il cherche les ripostes possibles. Finalement, il préfère encaisser la leçon, plutôt que s'enferrer. Il reprend le fil de son argumentation juridique sur la publicité télévisée. L'effort qu'il a fait pour se contenir l'a fait pâlir davantage.

Raymond Barrillon dans *Le Monde* : — On sentit, on vit presque passer un courant de haine. »

Pierre Viansson-Ponté, même numéro du *Monde* : — Incident chargé d'un contenu passionnel (...) La rupture est maintenant patente. »

Ceci se passe neuf jours avant la première manisfestation de la Sorbonne, dix-neuf jours avant la grève générale du 13 mai, où va éclater le refus global de tout ce qui vient du gouvernement. Valéry Giscard d'Estaing a senti venir Mai. Pompidou en était encore à ferrailler.

Louis Vallon (dès 1967) : — Pompidou aime se colleter, le Général n'apprécie pas ça. »

Le bilan des quatre semaines suivantes n'est pas fait pour rétablir la confiance de la majorité dans la façon dont Pompidou conduit le gouvernement. Le Premier ministre doit se contenter d'astuces procédurières pour dissimuler sa fragilité parlementaire. Il sait qu'il ne peut pas la réduire. Cette hantise va — trop exclusivement — dicter son comportement personnel dans les heures où la dramatisation atteindra au paroxysme.

*
* *

Quatre semaines sont donc passées. La France est arrêtée, disloquée. Le mercredi 22 mai, Pompidou sent, à quelques signaux à peine perceptibles, que la CGT peut répondre à ses avances. Il a fait voter précipitamment l'amnistie des brutaux du Quartier latin; ainsi épargne-t-il aux syndicats ouvriers de passer pour complices d'une répression.

Le Premier ministre se sent assez assuré de l'acceptation des états-majors syndicaux pour se déclarer publiquement — du haut de la tribune de l'Assemblée nationale — prêt à négocier avec « toutes » les organisations syndicales. Autrement dit, avec la CGT aussi, c'est le nouveau. Autrement dit, avec la CGT surtout.

Le même soir, la CGT rompt publiquement avec l'Union nationale des Etudiants de France, en prenant occasion d'une manifestation jugée intempestive contre l'interdiction de séjour infligée à la star des échauffourées, Daniel Cohn-Bendit.

Le lendemain jeudi — jour férié de l'Ascension —, la CGT et sa nouvelle concurrente la CFDT « réclament », « exigent » que le gouvernement et le patronat... se prêtent à une négociation sur l'ensemble de leurs revendications. Pompidou saisit la balle au bond : il invite officiellement syndicats et patronat à se rencontrer au ministère du Travail, rue de Grenelle. Il propose de commencer samedi après-midi; dans l'intervalle, le général de Gaulle aura parlé vendredi soir.

Approcher la CGT, ça a été de la varappe spectaculaire. Mais pas l'essentiel. Quoi promettre qu'on eût chance de tenir, si le patronat n'était pas mûr?

Paul Huvelin, président du Conseil national du Patronat français, François Ceyrac, président de la Commission sociale de ce même CNPF, voilà les gens auprès de qui Pompidou et Balladur ont dû plaider, plus intensément qu'auprès de Georges Séguy, Secrétaire général de la CGT. Le grand patronat, la grande finance — à laquelle Pompidou se frotte depuis son passage à la banque Rothschild — sont-ils prêts à payer large pour la remise en route des usines? Et surtout pour s'en faire restituer la direction? Sur les murs des usines occupées apparaissent les slogans de l'autogestion, de la participation.

Théoriquement les animateurs du club patronal ne peuvent pas encore savoir que le général de Gaulle lui-même se prépare à prendre la tête du courant en faveur de la participation, c'est-à-dire de la redistribution des prérogatives patronales. Nous n'avons pas pu établir si dès ce moment-là, Pompidou a laissé filtrer chez Huvelin les intentions du Général. Il y avait là de quoi décider le patronat à consentir de gros sacrifices en faveur de la méthode Pompidou. Et à rendre sans objet, du même coup, le dessein du Général.

Les petites entreprises restent en arrière de la main. Là où les gros financiers peuvent raisonner en termes de « découvert », de « porte-à-faux », de « déséquilibre momentané de trésorerie », les petits patrons commencent à apercevoir la faillite toute nue. Ayant cessé de vendre, ils voient venir avec terreur l'échéance de fin Mai. Pas question de les décider à offrir, en plus, une augmentation soudaine et massive des salaires à leurs employés. Pompidou ne s'attarde guère à eux; le torrent aura tôt fait de les porter.

Le grand saut dont il s'agit, pas d'illusion, c'est dans l'inflation. Depuis neuf ans et trois mois les Français en ont perdu l'habitude. Mais les banquiers n'en ont pas perdu l'envie. Le grand patronat prend aisément son parti d'y revenir. Pompidou? « Il est inflationniste comme tous les banquiers » a dit souvent de Gaulle. Les thèses académiques du Premier ministre ne tracassaient pas trop le Général tant que Pompidou se pliait à la règle d'or de la Vᵉ République : un franc c'était redevenu un franc et il devait continuer à rester un franc pour que chaque Français puisse baser là-dessus ses propres perspectives d'avenir.

Tout de même arrive le moment où il faut bien que Pompidou soumette au Général la possibilité de tractations sociales qu'il vient de ménager. Il s'agit bien, n'est-ce pas mon Général, que le gouvernement remette le pays en route; n'importe quelle politique, n'importe quelle intention de réforme ultérieure passe par ce préalable?

De Gaulle en est d'accord.

Cette nécessité devient vitale, question de jours? Le Général a été le premier à le seriner au Premier ministre.

Une fois choisi l'objectif prioritaire, on doit tailler large, à proportion des circonstances? Ce n'est pas au doctrinaire guerrier qu'on va l'enseigner.

Alors, pour l'exécution, « que chacun soit maître à son bord ». De Gaulle a mis cette maxime dans ses écrits. Il l'a scrupuleusement mise en pratique. Lorsqu'il avait pris la responsabilité d'un choix risqué il n'était pas homme à scier les chances de réussite en jouant à la fois, pour se couvrir, de la carpe et du lapin.

*
* *

La carpe, c'est Michel Debré, ministre de l'Economie nationale et des Finances.

Edouard Balladur : — Pompidou a demandé une totale liberté d'action à de Gaulle, qui lui a donné carte blanche. »

Georges Pompidou (devant Jobert et Balladur, à son retour de l'Elysée) : — J'ai dit au Général : je prends tout sur moi; en retour je ne demande qu'une chose, que me soient épargnées les criailleries de Debré! »

Michel Jobert : — En nous le racontant, M. Pompidou refaisait le geste de se boucher les oreilles, de frayeur. »

Le Général a répondu soit. Voici Pompidou assuré de ses arrières, de ce côté-là. C'est d'un calculateur subtil.

Il ne s'agit plus de voir si le ministre de l'Economie nationale et des Finances va bouder. Il est évincé avant de dire son avis. Comme l'a été Alain Peyrefitte. Comme l'a été Christian Fouchet.

Pompidou peut tranquillement pousser Michel Debré dans la nasse. Il le convoque le jeudi après-midi, et il lui dévoile bille en tête son intention de céder beaucoup pour retourner la situation.

Michel Debré : — Au lendemain de grandes concessions, il y aura comme toujours un certain boom d'activités; mais au-delà, on va se trouver devant des difficultés économiques aggravées, et notamment devant des difficultés monétaires. J'estime donc normale et nécessaire la participation du ministre des Finances aux négociations que vous voulez ouvrir. »

Georges Pompidou : — Et moi je ne la trouve pas opportune. »

Debré fait demander au Général de le recevoir. Le Général s'y attendait. Accordé sans délai. Que Debré vienne dès la première demi-heure libre, demain matin vendredi.

Michel Debré (au général de Gaulle) : — Puisque je ne suis pas admis à participer à la définition d'une orientation capitale de notre économie, il ne serait digne de personne que je conserve un instant de plus mes fonctions de ministre de l'Economie. »

Général de Gaulle (à Michel Debré) : — Je vous comprends. »

Et d'empocher la lettre de démission.

Le démissionnaire a de lui-même offert au Général de rester muet en vertu de la solidarité gouvernementale. On a souvent dit de Michel Debré qu'il aimait se faire souffrir en silence, pourvu que quelqu'un le voie.

Le général de Gaulle se fait affectueux. Il demande à Michel Debré, service supplémentaire rendu au pays, de rester à portée de téléphone. On aura besoin de lui sans délai, à un poste qui ne sera pas moindre que celui qu'il quitte. Michel Debré, sa différence avec Mendès France c'est qu'on peut toujours le rattraper par la manche lorsqu'on l'a contrarié.

Car ne nous y trompons pas, le général de Gaulle franchit là le même carrefour historique que le jour de 1945 où, toutes réflexions faites sur les voies du redressement d'après-guerre, il a empoché la démission de Pierre Mendès France et cautionné la mollesse monétaire de René Pleven.

Michel Debré (onze ans plus tard) : — A Grenelle * j'aurais proposé de diminuer la durée des congés payés au mois d'août suivant. J'aurais remis tout le monde au travail, l'administration comme tout le reste. La France venait de se mettre en vacances pendant un mois, très bien... très bien..., il fallait donc une politique globale pour juillet. Il n'était pas nécessaire de beaucoup concéder, car nous étions désormais sur l'autre versant. Dès lors il me paraissait indispensable d'opposer un front très réservé à l'ensemble des revendications, dont j'estimais qu'elles mettaient en péril la continuité de notre redressement économique. Je n'ai pas été suivi... »

A Grenelle, Michel Debré aurait...? Il aurait parlé tout seul dans une salle vide. Pas un représentant syndical n'aurait osé écouter ça vingt

---

* « Grenelle » : les hommes politiques désigneront sous ce vocable d'ensemble les conférences simultanées entre syndicats, patronat et gouvernement que Pompidou était en train d'organiser. L'essentiel allait se dérouler dans les locaux du ministère du Travail, rue de Grenelle.

secondes, persuadé qu'au cas contraire ses troupes débandées le jetteraient allégrement à la rivière, avant de reprendre le carnaval. C'est du moins ce qu'a soutenu Pompidou. Rien n'indique que de Gaulle eût une analyse différente.

Mémoires de guerre (tome III, page 119) : — En économie, non plus qu'en politique ou en stratégie, il n'existe, à mon sens, de vérité absolue. Mais il y a les circonstances. C'est l'idée que je m'en fais qui emporte ma décision. »

Si l'enjeu était libre, on devine bien de quel côté de Gaulle inclinerait. C'est aux conceptions de Debré en 68, comme au plan Mendès France de 45 qu'il accorde tous les mérites. Sauf un : on ne dispose d'aucun moyen d'y faire adhérer les Français.

La logique veut donc, cher Debré, qu'on fasse avec ce qu'on a, pour l'immédiat; et elle veut pareillement, cher Pompidou, qu'on se mette sur-le-champ en devoir de redistribuer cette donne insoluble.

En cette matinée, l'Histoire se fait schématique : pour passer du baume à Debré-des-douleurs, le général de Gaulle a suspendu durant une demi-heure la préparation de la harangue qu'il va adresser aux Français le soir même, sur le dessein primordial de la participation. Primordial au sens étymologique : il faut le faire passer en premier pour dépanner le reste. Le jour où la participation de chaque Français à l'orientation de son destin aura refait de la France un corps de volontaires, alors il deviendra possible de décider chaque citoyen à reprendre son poste sur une ligne de défense. L'inflation, par exemple, cessera d'être accueillie comme l'invasion de la Wehrmacht en 40, un déferlement fatal face auquel personne n'imagine de s'exposer.

A partir de ce soir la Réforme va permettre de poser en termes renouvelés — avec enfin une chance de s'en sortir — le problème autour duquel Pompidou et Debré tournent en rond comme s'il ne devait jamais avancer.

Ce vendredi, pour de Gaulle, la Réforme exige une priorité tout à fait concrète.

Il est bien le seul.

*
* *

Hier matin, le Général a réuni en Conseil les membres du gouvernement. Jeudi férié de l'Ascension : ça se sent quand même, en ce Mai où c'est tous les jours congé. Mais jusqu'à la nuit précédente le gouvernement était pris par les formalités parlementaires du débat de censure.

Hier matin donc le général de Gaulle, président de la République, a exposé aux ministres « les grandes lignes » de son allocution télévisée. Catégoriquement cette fois, il a prononcé le mot de référendum. Il a demandé aux ministres de le lui « proposer ». Ainsi le veut la Constitution. Le Général se tient à la lettre des textes sans ironie ni paradoxe, quoi qu'on raconte. C'est au contraire qu'il porte une confiance quasi enfantine aux vertus des articles constitutionnels qu'il a inventés : l'expérience du putsch des généraux a confirmé leur robustesse et leur bon agencement.

Le Général offre la parole à qui trouverait mauvais que le gouvernement propose le référendum.

Bernard Tricot : — Je n'ai gardé aucun souvenir d'une opposition exprimée ce jour-là au projet de consultation. »

Le Général conclut que c'est approuvé. Mornes, les ministres regagnent chacun sa chacunière. Douze d'entre eux y reçoivent une invitation à dîner avec le Premier ministre, le soir même : ce sont tous ceux qui de près ou de loin auront à faire leur affaire des conséquences de la tractation sociale que Pompidou veut nouer. Michel Debré ne sera pas du dîner : le lecteur sait déjà pourquoi. En revanche, il y a là un secrétaire d'Etat, Jacques Chirac, qui n'est pas le moins volubile. Il est vrai que le Premier ministre a fait venir aussi ses collaborateurs concernés, Edouard Balladur en tête.

Alors Pompidou à son tour dévoile devant les membres du gouvernement les grandes lignes de son propre dessein. Tout est prêt pour nouer, avec les notables du syndicalisme ouvrier et du patronat, les contacts propres à faciliter la remise en marche. Ça c'est du tangible.

Jacques Chirac (dix ans plus tard) : — La revendication ouvrière — parce que c'était, elle, une revendication et non pas un mal de l'âme — permettrait enfin d'atteindre à quelque chose de négociable et de revenir, ainsi, aux réalités politiques. »

Revenir aux réalités politiques... parce qu'entre nous, avec le Général et son référendum, ce matin...

Les ministres retrouvent la prolixité qui leur manquait au Conseil du matin, quand le Général sollicitait leur réaction. Quand le Premier ministre leur demande d'exprimer un avis chacun à son tour, alors oui c'est un vrai tour de table. Dans la démarche que Pompidou s'offre à entreprendre, il pourra compter sur une approbation catégoriquement exprimée, positive. Franche.

Il devient clair, dans l'esprit de chaque intervenant, que la démarche de Pompidou peut dispenser de la démarche esquissée par le Général. Le dîner s'achève dans le soulagement.

Pour la seconde fois — comme la nuit où de Gaulle vaticinait sur le Québec — les ministres se sont concertés dans le dos du Général.

Pour la seconde fois, les créatures viennent de douter de leur créateur.

*
* *

Pour de Gaulle, pas d'alternative entre la négociation sociale traditionnelle et la Réforme. Pour lui il n'a jamais été question que la première dispense de la seconde. C'est précisé dans l'allocution qu'il adresse aux Français, par télévision et radio, le vendredi soir 24 mai.

De toutes les harangues que le général de Gaulle a lancées, celle-ci a en commun avec l'appel du 18 juin d'avoir été la plus interprétée et la moins lue. Tant surabondèrent les gloses, sa simple lecture procure aujourd'hui la surprise de l'inédit. Livrons-la donc au lecteur entière et nue.

Le vendredi soir 24 mai 1968, le général de Gaulle a dit :

Tout le monde comprend, évidemment, quelle est la portée des actuels événements universitaires, puis sociaux. On y voit tous les signes qui démontrent la nécessité d'une mutation de notre société, et tout indique que cette mutation doit comporter une participation plus étendue de chacun à la marche et aux résultats de l'activité qui le concerne directement.

Certes, dans la situation bouleversée d'aujourd'hui, le premier devoir de l'Etat, c'est d'assurer, en dépit de tout, l'existence élémentaire du pays, ainsi que l'ordre public. Il le fait. C'est aussi d'aider à la remise en marche, notamment en prenant les contacts qui pourraient la faciliter. Il y est prêt. Voilà pour l'immédiat. Mais ensuite il y a, sans nul doute, à modifier des structures, c'est-à-dire à réformer. Car si, dans l'immense transformation politique, économique et sociale qu'accomplit la France en notre temps, beaucoup d'obstacles intérieurs et extérieurs ont déjà été franchis, d'autres s'opposent encore au progrès. De là, des troubles profonds, surtout dans la jeunesse, qui est soucieuse de son propre rôle et que l'avenir inquiète trop souvent.

C'est pourquoi la crise de l'Université, crise provoquée par l'impuissance de ce grand corps à s'adapter aux nécessités modernes de la nation en même temps qu'au rôle et à l'emploi des jeunes, a, par contagion, déclenché dans beaucoup d'autres milieux une marée de désordres, ou d'abandons, ou d'arrêts du travail. Il en résulte que notre pays se trouve au bord de la paralysie. Devant nous-mêmes et devant le monde, il s'agit pour nous, Français, de régler un problème essentiel que nous pose notre époque, à moins que nous ne roulions, à travers la guerre civile, aux aventures et aux usurpations les plus odieuses et les plus ruineuses.

Depuis bientôt trente ans, les événements m'ont imposé, en plusieurs graves occasions, le devoir d'amener notre pays à assumer son propre destin, afin d'empêcher que certains ne s'en chargent malgré lui. J'y suis prêt, cette fois encore.

Mais, cette fois encore, cette fois surtout, j'ai besoin — oui, j'ai besoin — que le peuple français dise qu'il le veut.

Or, notre Constitution prévoit justement par quelle voie il peut le faire. C'est la voie la plus directe et la plus démocratique possible : celle du référendum. Compte tenu de la situation tout à fait exceptionnelle où nous sommes, j'ai donc, sur la proposition du gouvernement, décidé de soumettre aux suffrages de la nation un projet de loi par lequel je lui demande de donner à l'Etat, et d'abord à son chef, un mandat pour la rénovation.

Reconstruire l'Université en fonction non pas de ses séculaires habitudes, mais des besoins réels de l'évolution du pays et des débouchés effectifs de la jeunesse étudiante dans la société moderne.

Adapter notre économie non pas à telles ou telles catégories d'intérêt particuliers, mais aux nécessités nationales et internationales du présent, en améliorant les conditions de vie et de travail du personnel des services publics et des entreprises, en organisant sa participation aux responsabilités professionnelles, en développant la formation des jeunes, en assurant leur emploi, en mettant en œuvre les activités industrielles et agricoles dans le cadre de nos régions.

Tel est le but que la nation tout entière doit se fixer à elle-même.

Françaises, Français, au mois de juin vous vous prononcerez par un vote. Au cas où votre réponse serait « non », il va de soi que je n'assumerais pas plus longtemps ma fonction; si, par un « oui » massif, vous m'exprimez votre confiance, j'entreprendrai, avec les Pouvoirs publics et, je l'espère, le concours de tous ceux qui veulent servir l'intérêt commun, de faire changer, partout où il le faut, des structures étroites et périmées, et ouvrir plus largement la route au sang nouveau de la France.

Vive la République!

Vive la France!

L'analogie avec l'appel du 18 juin 40 n'est pas superficielle. Dans les deux cas le problème était d'ébaucher l'esquisse des moyens pour retisser une nation effilochée. Dans les deux cas de Gaulle signalait, quoi qu'en racontassent les pusillanimes, les possibilités qui s'offriraient d'ouvrir plus largement la route au sang nouveau de la France pour peu qu'on en finisse avec les structures étroites et périmées. C'était trop déranger.

Dans les deux cas le succès d'audience sera le même : néant.

*   *
*

A Paris, une nuit de saccage fait suite à l'allocution du chef de l'Etat. On ne peut pas dire qu'elle lui répond. Pour la première fois, c'est la Rive droite qui est le lieu des déchaînements. Des barricades s'élèvent près de la gare de Lyon, de la place de la Bastille, et plus à l'est dans le quartier de la Nation; plus à l'ouest on met un peu le feu à la Bourse, place Vendôme on jette des boulons au lance-pierres dans les vitres du ministère de la Justice. Les vandales de banlieue, sans doute appelés par des groupes anarchistes, prennent la tête des opérations. Les dirigeants nominaux de l'Union nationale des Etudiants de France et les jeunes responsables du Syndicat national de l'Enseignement supérieur ont l'air embêté : ils se révèlent impuissants à canaliser la violence lorsqu'elle reflue vers le Quartier latin. De toutes les nuits de ce mois, ce sera la plus brutale, cinq cents blessés; ce sera celle aussi que la mythologie de Mai retiendra le moins volontiers.

Il n'a pas dû y avoir plus de cinquante mille individus impliqués dans les brutalités, ou spectateurs complaisants. Même si on y amalgame deux cent mille personnes qui ont manifesté dans diverses villes, généralement à l'appel de la CGT (la plupart du temps avant le discours du général de Gaulle et non pas pour lui riposter), ces troubles ne fournissent aucun indice significatif, statistiquement, sur la réaction moyenne des Français à l'impulsion gaullienne.

Seulement, les troubles ont déferlé à Paris à l'heure où se font les journaux et — pour la première fois — dans le quartier où se font les journaux. Les journalistes sont en train d'élaborer la présentation du discours du Général. Dans la hâte et la fièvre (voire dans une chatouillante frayeur) la presse établit une relation de cause à effet. Les radios également durant ce Mai n'ont d'yeux que pour Paris. Elles aussi, dans un premier temps croient voir dans les barricades de la gare de Lyon la réplique instantanée de la France. C'est ainsi enrobée que le lendemain l'allocution présidentielle sera soumise à la réflexion des lecteurs et des auditeurs de toute la France. Sans contrepoids.

Autour du général de Gaulle on prend davantage au sérieux les rapports des préfets, dont le ministère de l'Intérieur fait passer une synthèse à l'Elysée et à l'hôtel de Matignon. Ils sont péniblement unanimes : la majorité silencieuse * est demeurée imperméable à la proposition du Général.

Ceux qui ont toujours peur de progresser, qui se replient à tout coup sous un Pétain, dans le confort des renoncements, passe encore. Le général de Gaulle ne pouvait pas en attendre plus que d'habitude. Ils étaient faits pour suivre, un jour ou l'autre, tant bien que mal.

Comprenne qui voudra, lui son chagrin ce fut la couardise de gauche et d'outre gauche.

Général de Gaulle (à son aide de camp, colonel Jean d'Escrienne) : — Moi il me semblait que ces événements étaient l'occasion ou jamais [78]... »

L'erreur de calcul du général de Gaulle, le péché par excès d'espérance, c'est probablement d'avoir pris les grandes gueules de Mai pour des Québécois : en quatre mots on les aide à voir plus clair dans le chemin et crac, une nation s'y engouffre. Ouais! volée de moineaux! Les chantres de Mai se donnaient un concert. Ce vieux est venu signaler l'urgence d'aller au charbon? Personne n'a pris le seau.

S'il y a eu faute de tactique, c'était le 19, mai de faire ébruiter le projet de Réforme, cinq jours avant l'entrée en scène personnelle du Général à la télévision. Pompidou et Gorse s'en sont chargés. Mais la faute est à de Gaulle qui ne les a pas empêchés, au contraire. Le temps qu'il affûtait son allocution, elle s'émoussait.

---

* La formule « majorité silencieuse » a été inventée l'avant-veille par M. Valéry Giscard d'Estaing devant l'Assemblée nationale. Elle ne recouvre pas exclusivement les gens qui ont voté pour un député de la majorité parlementaire. Au contraire M. Giscard d'Estaing soutient qu'en regard des minorités tumultueuses qui s'arrachent les micros il existe, d'un bout à l'autre de l'éventail politique, une majorité silencieuse dont le sentiment est unanime. Aussi demande-t-il qu'on permette à ce sentiment de se dégager par-delà les clivages entretenus par Pompidou. La formule a fait mouche comme si on sentait l'analyse juste.

Qu'on se rappelle, par contraste, le matin du 16 septembre 1959 : aucun journal n'était en mesure d'annoncer que, le soir, de Gaulle allait mettre en branle l'autodétermination de l'Algérie. Tout au plus chuchotait-on, dans un scepticisme croissant, que le Général allait essayer de modifier la donne : l'appétit, le besoin d'une solution à l'attente en étaient aiguisés. Le 24 mai 1968, pour l'autodétermination des étudiants, des salariés et des citoyens tout le monde en était arrivé à savoir que de Gaulle allait proposer en bloc ce dont chaque Français revendiquait un fragment. Il a proposé tout. On a retenu qu'il ne proposait rien de plus.

Le projet de révolution civique et sociale devant la hardiesse duquel allaient reculer tous les gens en place, les autres ont cru y voir un en-cas mal réchauffé.

Aux Français qui se sentaient mal dans leur peau, il ne demandait pas de s'aligner derrière lui, ce vendredi 24 mai. Qu'on relise sa harangue : il offre ses compétences, pour dégager avec les autres le nouvel ordre des choses, plus pratique.

Pour pareil rôle d'expert, il a ses références : le schéma qu'il propose a déjà été appliqué en 1958, à la satisfaction quasi générale si l'on en juge par le référendum qui suivit.

En 1958, il avait reçu mandat de reforger les mécanismes politiques, après consultation des partis et sous réserve de l'approbation populaire. En 68, il s'agira de changer la mécanique des relations sociales.

En 58, il s'était entouré des avis du « comité consultatif constitutionnel » où une place était offerte à tous les partis qui voudraient. C'est ce qu'il propose de refaire, avec les organisations socio-professionnelles cette fois, lorsqu'il envisage dans son allocution « le concours de tous ceux qui veulent servir l'intérêt commun ».

S'il recommande qu'on lui donne un mandat inhabituel, c'est dit-il, « compte tenu de la situation tout à fait exceptionnelle ». Elle ne l'était pas moins en 58, pour qu'on se décide à lui passer la main. Elle semblait même tellement embrouillée qu'il avait souhaité un mandat d'un an. On lui avait accordé six mois.

Elle n'avait pas été superficielle pour autant, la refonte des institutions politiques, à en juger par les clameurs des politiciens de gauche ! De Gaulle pouvait penser que ce précédent lui valait un crédit de sérieux, maintenant qu'il préconisait le même canevas pour refondre les institutions sociales.

Il n'arrivait pas à comprendre que les politiciens de gauche décrètent d'avance que ce coup-ci, forcément, la Réforme serait superficielle. Ils ne constituaient pas un obstacle majeur : dans la désagrégation sociale de 68 ils ne se faisaient pas respecter mieux que dans l'effondrement institutionnel de 58.

*
* *

Quand Pierre Mendès France en avril 1945 n'obtient pas mandat de conduire l'économie nationale dans le sens qu'il juge indispensable, il estimerait malhonnête de garder les apparences et les commodités de la fonction ministérielle sans en remplir les responsabilités.

De Gaulle adhère à cette façon de voir. Mieux : il est bon pour la France que des hommes de cette trempe se placent en recours.

Général de Gaulle : — ... Si je n'adopte pas la politique qu'il préconise, je n'exclus nullement de la faire mienne un jour. (...) Mais pour que Mendès France soit éventuellement en mesure de l'appliquer, il faut qu'il sache rester fidèle à sa doctrine. (...) Le départ peut être un service rendu à l'Etat. »

Il précise donc de manière éclatante qu'il cautionne le procédé du démissionnaire :

Général de Gaulle : — Comme il est naturel, Pierre Mendès France quitte le gouvernement, sur sa demande. (...) Il le fait avec dignité. Aussi lui gardais-je mon estime [79]. »

Naturel? Le général de Gaulle a dit naturel? Pour Mendès France c'est tout naturel.

Bon, à la télévision, le 24 mai 1968, le général de Gaulle dit naturellement que s'il n'obtient pas mandat de conduire la Réforme dans le sens qu'il juge indispensable, « il va de soi qu'il n'assumera pas plus longtemps sa fonction ». Pierre Mendès France crie au plébiscite et au chantage.

Mais c'est dans le camp gouvernemental qu'il y a panique. Si le Général s'en va, adieu les bonnes places qu'on a prises, toutes, sous son hautain bouclier. Pensez donc, s'il y a élection, Mitterrand va se porter candidat, quelle lessive!

Le général de Gaulle ne va tout de même pas compter que tous les bigots du gaullisme vont chanter avec lui que « le départ peut être un service rendu à l'Etat »!

Qu'est-ce que c'est que cette histoire de « rester fidèle à sa doctrine »? La priorité viscérale, c'est que le Général reste là et surtout nous y laisse; que se mêle-t-il de préférer telle ou telle pratique sous prétexte qu'elle seule peut conjurer la débâcle?

On ne choisit pas son poste de combat au gré de sa fantaisie, que diable! Voyez plutôt ce Pompidou.

Lui, de Gaulle, avait toujours professé qu'on doit choisir son combat avant de considérer la place. On s'était extasié après coup qu'il l'ait préconisé — et fait — à propos de la révision des institutions en mai 58; il ne prônait — et ne faisait — rien d'autre en mai 68 à propos de la Réforme de la société : il ne s'incrusterait pas pour n'importe quoi.

Général de Gaulle (conférence de presse du 19 mai 1958) : — Si la tâche devait m'incomber de tirer de la crise l'Etat et la Nation, je l'aborderais sans outrecuidance, car elle serait dure et redoutable. Comme j'aurais alors besoin des Françaises et des Français! J'ai dit ce que j'avais à dire. A présent, je vais rentrer dans mon village et m'y tiendrai à la disposition du pays. »

Et, au bout de dix jours dans son village, comme on jetait interminablement le doute sur ce comportement :

Général de Gaulle (le 28 mai 1958, dans une lettre publique à Vincent Auriol) : — Ceux qui par un sectarisme qui m'est incompréhensible m'auront empêché de tirer encore une fois la République d'affaire quand il en était encore temps porteront une lourde responsabilité. Quant à moi je n'aurais plus jusqu'à la mort, qu'à rester dans mon chagrin. »

Gorge serrée, quatre-vingts pour cent des Français lui donnèrent raison.

Dix ans plus tard, rien de changé chez de Gaulle. Mais pour ses chanoines prébendiers, ça change tout : en 58, il mettait en balance leur entrée, en 68 leur sortie.

De toute leur frayeur, de toute la pesanteur de l'Etat, les gens en place vont accréditer dans leur public l'idée que le grave ce serait le départ du Général et non pas l'abandon de sa politique.

Il voulait faire admettre l'inverse.

D'entrée de jeu, les soi-disant gaullistes ont scié l'initiative du Général, au lieu de relayer son appel. Cet appel était, au sens propre, exorbitant. Le corps de l'Etat reste ainsi fait. Congénitalement, il ne peut pas concevoir de s'arracher à son orbite, de prendre la tangente vers quelque Londres.

Juillet 40 ou Mai 68 : le réflexe prioritaire des gens installés, débâcle ou pas, est de cautionner, contre ce Général qui appelle les Français à l'aventure, un procès pour refus d'obéissance en présence de l'ennemi *.

*
* *

Contemplant le piètre retentissement de son appel du 24 mai, le général de Gaulle selon certains aurait grommelé qu'il a mis à côté de la plaque. Le propos lui est prêté de seconde main.

D'autres lui font déclarer tout bonnement qu'il a fait une connerie. C'est la version que Georges Pompidou a laissé accréditer. Elle paraît plus proche du style parlé de notre personnage — hors de la présence des dames, s'entend. Le samedi matin Pompidou n'était pas présent; abstenons-nous des guillemets.

---

* La décision d'ouvrir ce procès devant le tribunal militaire de Toulouse a été prise le 27 juin 1940 (c'est-à-dire avant la création de l'Etat de Vichy) par le ministère Pétain, dernier gouvernement de la IIIe République. Aucun dignitaire encore en place n'a formulé d'objection. Le « colonel en retraite de Gaulle » a été condamné à quatre ans de détention, puis à mort.

Reste un embarras chez l'enquêteur : l'épisode s'emboîte mal. Le général de Gaulle n'était pas homme à revenir sur le coup joué; ceux qui l'ont vu travailler sont unanimes. Qui mettra sa main au feu qu'en cette unique circonstance il ait tourné le dos à l'action de toute façon enclenchée pour retourner à des calculs de rendement sur le papier?

Il y a plus : le rendement ne pouvait pas être son objectif prioritaire.

Attendre le meilleur moment? Alibi pour ceux qui en aucun cas ne se résolvent à prendre la tête du mouvement.

Dans les grands gestes du général de Gaulle, on ne voit pas interférer la question de choisir la certitude d'une réussite instantanée. Il s'occupe surtout de ne pas s'enfermer dans l'impossibilité de réussir un jour. Pour ça, pas de bon ou de mauvais moment. Il y a le moment, voilà tout, de reprendre prise sur le destin, ou de se laisser couler. C'est le destin qui fixe la date du démarrage : la date la plus mauvaise par définition.

Pour décider la France à gagner la guerre, quel jour plus con trouver que le 18 juin 1940!

*
* *

Des joueurs de tennis diraient : de Gaulle vient de perdre un jeu sur son service. Le service passe à Pompidou : à lui d'ouvrir tout à l'heure les conférences tripartites — syndicats, patronat, gouvernement —, au ministère du Travail, rue de Grenelle.

Ce matin le bureau confédéral de la CGT a maugréé. « Les travailleurs ne revendiquent pas un référendum sur la participation mais de meilleures conditions de vie et de travail. »

C'est catégorique : feu rouge devant la voie de Gaulle; feu vert à Pompidou.

Même la nuit d'émeute où vient de s'enliser la tentative du Général peut être tournée au profit de la tactique Pompidou. Le Premier ministre y a sans doute songé tout de suite, puisqu'il en a surveillé en personne le déroulement, jusqu'à l'aube, entouré de ses collaborateurs.

Edouard Balladur : — Cette fois, les manifestants étaient allés trop loin. »

Le public n'aurait plus l'impression qu'on a affaire aux chers petits étudiants. La différence aurait été marquée davantage encore si le service d'ordre avait empêché les casseurs de la Rive droite de se rabattre sur le Quartier latin. Est-ce dans cette pensée que Pompidou, debout derrière le téléphone de son conseiller pour les affaires de police Pierre Somveille, avait donné l'ordre de leur barrer les ponts? Il n'a pas été obéi; son contentieux avec le ministre de l'Intérieur Christian Fouchet et le préfet de police Maurice Grimaud en sera alourdi *.

* Il y a même eu des commentateurs pour se demander si des provocateurs n'avaient pas été dépêchés sur la Rive droite, à l'insu de Fouchet et de Grimaud, afin d'accentuer la valeur pédagogique des destructions. On ne semble en avoir aucune preuve. Retenons tout au plus la discrétion dont les autorités ont fait montre au sujet de l'incendie de la Bourse, au lieu de l'exploiter.

Ayant pris trois heures de sommeil, Pompidou convoque des journalistes pour annoncer que désormais tout attroupement sera dispersé dès son éclosion, sans ménagements. Les syndicats les plus traditionnels ne doivent pas être trop contrariés, en leur for intérieur, qu'on élimine la race nouvelle des concurrents échevelés.

Dans la même foulée, un communiqué du Premier ministre révèle au public l'ouverture imminente des conversations de Grenelle. C'est faire sentir aux bonnes gens que Pompidou, tout en fermant le robinet de la violence, ouvre celui de la négociation.

Un concerto pompidolien, Grenelle, un festival! Dix délégations, une quarantaine d'hommes autour d'une table en fer à cheval; face à l'orchestre, le soliste virtuose, Pompidou, transporté, faisait passer par où il voulait, au doigt et à l'œil, cet attelage hétéroclite et consentant. Edouard Balladur, qui se tenait à la gauche du Premier ministre, en reste pantois comme les autres, à dix ans de distance :

Edouard Balladur : — Lorsque Georges Pompidou entra tout le monde se leva. C'est un détail, mais il donne le ton [80]. »

Pompidou pousse tout de suite son avantage. Il pose en principe qu'on est réuni ici pour trouver des solutions « permettant la reprise du travail ». Aucune délégation ouvrière ne disconvient que ce soit le but à rechercher.

Edouard Balladur : — Il était clair que, mis à part les réserves de la CFDT, tout le monde voulait conclure. De son côté Pompidou voulait, comme il le dit, que les états d'âme des uns et des autres lui fussent épargnés. »

On les lui épargne; la verbosité lyrique du Quartier latin ne passe pas le seuil de Grenelle, le rythme y gagne.

Il n'est même pas cassé par la fiction à laquelle tient Pompidou et sur laquelle Georges Séguy, Secrétaire général joufflu de la CGT veut bien fermer les yeux : il s'agit de plusieurs conférences simultanées, par secteurs d'activité (les fonctionnaires n'en sont pas, mais le Premier ministre a promis d'entrée de jeu qu'ils auront leur tour et que leur sort sera aligné sur celui qu'on va faire aux autres travailleurs).

Plusieurs conférences, un seul meneur de jeu. Pompidou va d'une salle à l'autre : un as du jeu d'échecs disputant un championnat en parties multiples.

Edouard Balladur : — Le Premier ministre désirait être seul à conduire toute l'affaire devant les syndicats. Il connaissait tous les dossiers. Il jouait tour à tour de l'autorité, de l'ironie, de la bonne humeur. Il s'engageait, parlant seul au nom de tout le gouvernement [81]. »

Pompidou va soutenir le train deux nuits consécutives, de 5 heures du soir à 6 heures du matin.

Edouard Balladur : — A la fin de la première nuit, l'atmosphère était détendue. Il avait été convenu d'augmenter le salaire minimum de trente-trois pour cent : le patronat l'avait accepté sans hésitation. »

Les tennismen pointeraient : Pompidou-de Gaulle, quarante à zéro. « Sans hésitation » l'accord du patronat. Mais pas sans compensation. Ça les pompidolistes éviteront de le mentionner. Pompidou a pris à part les représentants du patronat. Il s'engage à les dispenser de la taxe forfaitaire sur les salaires. C'était déjà l'astuce l'année précédente pour leur faire admettre les ordonnances sur l'intéressement : la charge supplémentaire dont on semblait accabler le patronat, on la mettait pour une bonne part au compte des contribuables.

Marché conclu, on s'en retourne vers les syndicats ouvriers. Avant les conversations de la seconde nuit, le Premier ministre passe l'après-midi en tête à tête avec Georges Séguy au vu et au su de tous les participants autres. Finie la fiction des conférences distinctes et multiples. C'est maintenant l'homme de la CGT qui mène l'autre au bout de sa ligne. Séguy, par ce tête-à-tête, parvient à ce que le gouvernement ait l'air de faire plus spécialement l'hommage des présents accordés par le patronat : sept, puis dix pour cent d'augmentation des salaires, réduction progressive de la durée hebdomadaire du travail, extension des activités syndicales à l'intérieur des entreprises, etc.

Pour faire bon poids, Pompidou rétablit la CGT dans toutes les subventions et autres prérogatives que le gouvernement accorde aux confédérations dont il reconnaît la représentativité nationale. Ces avantages avaient été retirés à la CGT à mesure que ses relations avec le Premier ministre s'aigrissaient.

Séguy demande que les représentants de la CGT soient de nouveau admis dans les comités du Marché commun? Accordé.

Séguy a besoin que ses représentants soient de nouveau nommés au conseil d'administration de la SNCF? Promis.

Ces cadeaux-là sont pour la CGT toute seule. Ce n'est pas tant pour l'argent, c'est pour la considération : les militants qui ont tendance à se débander devraient y être sensibles.

Ainsi consolidé, Séguy retourne à la séance collective. Ce n'est plus une négociation, plutôt un inventaire — vétilleux et long — des revendications à satisfaire dans chaque recoin. A l'aube on voit que les chiffres dans la colonne des promesses coïncident avec ceux de la colonne des demandes.

Eh bien, si on concluait?

Eugène Descamps, au nom de la CFDT, demande une suspension de la conférence et propose de reprendre demain mardi.

Pompidou n'a pas le temps d'insister pour qu'on en finisse tout de suite : Georges Séguy l'a devancé dans ce sens.

Edouard Balladur : — Georges Séguy voulait un accord et s'il était pressé de l'obtenir c'est parce qu'il avait appris la manifestation que les étudiants et le PSU devaient organiser lundi après-midi au stade Charléty avec la participation de la CFDT. A ce moment-là, la rupture entre la CGT et la CFDT plus sensible aux thèmes des étudiants et des gauchistes était évidente. Séguy insista pour qu'on conclue tout de suite, ce que le Premier ministre souhaitait aussi, bien entendu... [82] »

Alors puisque dans la colonne des promesses patronales les chiffres coïncident avec ceux de la colonne des revendications syndicales, autant considérer que la conférence est terminée.

Sur le papier, rien ne s'oppose plus à ce que les grévistes satisfaits reprennent le chemin des ateliers, des bureaux ou des locomotives. C'est ce que Pompidou annonce à la France lundi matin dès 7 h 30, devant les journalistes entassés. Il a pris l'habitude puis le goût de telles apparitions télévisées, quotidiennes, ou presque.

Micros et caméras diffusent une image étincelante du Premier ministre; celle du président de la République est délavée.

Les tennismen diraient : avantage à Pompidou; au challenge du réalisme, il semble sur le point de gagner le set.

Les journalistes : — Doit-on comprendre qu'il y a accord pour la reprise du travail? »

Les dirigeants de syndicats (mal assurés de leur autorité sur les grévistes) : — Nous avons abouti à un constat sur les objectifs chiffrés que doivent maintenant atteindre les conversations dans les entreprises. »

Pompidou (pressé de cristalliser l'acquis) : — Il s'agit d'un ensemble de conclusions positives; on peut dire qu'elles constituent un accord. »

Il est 8 heures : le Premier ministre va s'allonger quelques instants. Georges Séguy est parti tout droit pour les usines Renault de Billancourt; à l'intérieur de cette entreprise vedette, un meeting de tout le personnel va, pense-t-on, ratifier instantanément les succès « arrachés » au gouvernement. Pour donner plus de lustre à cette réintronisation des dirigeants de la CGT, le Secrétaire général se fait accompagner par un retraité dont le prestige sentimental est sans égal : Benoît Frachon, président de la Confédération (ailleurs on dirait président d'honneur).

Stupéfaction : c'est tout juste si le personnel de la Régie nationale Renault, bastion de la CGT, ne fait pas une conduite de Grenoble à Benoît Frachon et à Georges Séguy.

Le « protocole de Grenelle » qu'on croyait faire acclamer pour la simple beauté de la chose est désavoué par un vote en bonne et due forme.

Ce que Séguy n'a pas obtenu dans cet endroit privilégié, il ne va pas se risquer à le quémander devant d'autres auditoires.

C'est suffisamment grave pour que Balladur réveille tout de suite le Premier ministre par téléphone. Il n'est pas 10 heures du matin.

A l'énoncé de la nouvelle, Pompidou demeure silencieux derrière l'appareil.

Balladur (sans conviction) : — Peut-être tout n'est-il pas perdu... »

Pompidou : — C'est perdu, n'en doutez pas. »

Avantage détruit.

*
* *

La méthode que Pompidou préconisait pour reprendre prise sur le pays ne s'est pas montrée plus efficace que celle du Général. Il restera pourtant persuadé que pour résorber la crise de Mai il suffisait que les notables manipulent l'opinion. A preuve, la rancune qu'il gardera aux maladresses de Séguy.

Georges Pompidou (à Claude Mauriac, six mois après l'affaire) : — Ces idiots de communistes une fois de plus s'étaient laissé avoir. On fait sa salle, voyons! N'importe qui était là. Des ouvriers qui n'étaient même pas de chez Renault. Les tracts distribués avaient été imprimés la veille... »

Des astuces du niveau de celles que Guy Mollet, treize ans plus tôt, tentait d'appliquer à la crise algérienne. Les issues que le général de Gaulle recherchait pour les problèmes de la France et des Français étaient d'une autre dimension.

Imagine-t-on les jugements agacés que le président de la République et le Premier ministre peuvent porter l'un sur l'autre, chacun dans le secret de sa pensée, durant le Conseil des ministres qui se tient le lundi après-midi, sept heures à peine après la désillusion de Billancourt? Les ministres portent leurs regards de l'un à l'autre personnage et taisent leurs pensées.

Morne Conseil. Point de bilan, point de débat; la situation politique n'est effleurée que par ses côtés techniques. Le Premier ministre se charge de faire garder les établissements publics essentiels par des unités militaires. Il doit être muni pour cela d'un décret gouvernemental mettant en vigueur les dispositions d'une vieille ordonnance sur l'organisation de la Défense nationale. C'est la première fois que les ministres entendent mentionner cette ordonnance. Ou plutôt qu'ils commencent à la remarquer.

*
* *

A l'instant où on découvre l'avortement de Grenelle, le panorama politique français bascule d'un coup, et se fracasse.

Ce lundi en fin de matinée, lorsqu'ils apprennent que la rencontre

de Grenelle n'est pas suivie d'effet, tous les notables de la V°
République, opposants et gouvernementaux mêlés, prennent conscience tous à la fois qu'on vient de sortir irréversiblement des schémas de
la vie habituelle. Aucune recette politique familière ne ramènera plus
à l'ordre ancien.

Un fantastique reclassement va s'opérer en quelques heures. Le
gouvernement abandonne ses micmacs parlementaires et ses ronds de
jambe syndicaux pour s'interroger sur les moyens militaires. Les
dirigeants des partis de gauche renoncent au légalisme pour s'interroger sur les moyens de la rue. Les soi-disant gaullistes n'ont plus le
temps de faire semblant de soutenir de Gaulle. Les giscardiens
découvrent qu'il n'y a plus lieu de marchander leur soutien au Général.

Pour faire comprendre à quel rythme les événements tapent sur les
nerfs de la France, autant vaut récapituler le calendrier :

Jeudi 24 au soir : De Gaulle a proposé la Participation globale par
référendum.

Vendredi 25 : Les Français ont montré qu'ils n'ont pas entendu;
Pompidou propose sa propre méthode, Grenelle.

Samedi : Conférences de Grenelle.

Dimanche : Entente entre états-majors sociaux à Grenelle; euphorie.

Lundi matin : Grenelle se révèle un palliatif périmé. Giscard va
écrire à de Gaulle pour se mettre à sa disposition. Des gaullistes vont
demander à Pompidou de neutraliser de Gaulle.

*
* *

Le plus prompt à prendre la mesure du bouleversement a été Valéry
Giscard d'Estaing.

Il est à peine midi, ce lundi, lorsqu'il fait porter une lettre au général
de Gaulle. Sa démarche demeurera secrète, la teneur de son message
également. En voici la substance.

Le jeune président de la Fédération nationale des Républicains
indépendants observe d'abord dans sa lettre que les événements
présents peuvent mettre en cause l'essentiel des institutions. Ces
institutions, Giscard a contribué à leur mise en place, dès le début et
sans défaillance. Il se tient à cette ligne en dépit des agitations. Dans
les circonstances graves le devoir est de soutenir le Président de la
République qui incarne la légitimité. Aussi le chef de l'Etat peut-il
compter sur l'entière fidélité de Giscard et de ses amis politiques, en
cet instant où on peut se demander si tout le reste ne va pas se défaire.
Giscard rappelle dans sa lettre qu'il a pu naguère exprimer des
réserves sur les méthodes gouvernementales (allusion à « l'exercice
solitaire du pouvoir »...) Mais cela n'était pas au niveau où se situent
maintenant les problèmes de la République. A ce niveau-ci, Giscard se
tient à l'entière disposition du chef légitime de l'Etat républicain. Si le
général de Gaulle le trouve bon, Giscard est prêt à tout entretien au
cours duquel le Président de la République lui fixerait une tâche.

Au début de l'après-midi, tout aussi secrètement, le Secrétaire général de l'Elysée, Bernard Tricot, appelle Giscard au téléphone. Le Général, dit-il, vient de prendre connaissance de la lettre. Il y est particulièrement sensible aujourd'hui. Tricot est chargé d'exprimer ses remerciements. Il va de soi qu'une conversation sera souhaitable, dès que des circonstances plus normales l'autoriseront. Dans l'immédiat, une rencontre donnerait lieu à des interprétations politiques trop déformantes.

Sur le moment, Giscard ne démêle pas si le principe de cette rencontre est acquis, si la table élyséenne se prépare pour le retour de l'enfant prodigue.

Nous ne démêlons pas, quant à nous, si le renvoi à des jours meilleurs a été dans l'idée du général de Gaulle, ou si c'est Bernard Tricot qui a pris sur lui d'organiser à son idée l'agenda politique du Président de la République.

*
* *

Tandis que Valéry Giscard d'Estaing se rabat brusquement et totalement vers de Gaulle, d'autres décident que le temps n'est plus à la fiction d'une double fidélité à de Gaulle et à son Premier ministre. Ils choisissent Pompidou contre de Gaulle. Ce lundi 27 mai est le jour de naissance d'un pompidolisme désormais distinct du gaullisme. Et désormais inconciliable.

Quand Pompidou regagne l'hôtel de Matignon ce lundi après-midi après le Conseil consacré au maintien de l'ordre, il tombe dans une ruche en effervescence. Depuis le début de l'après-midi, Michel Jobert reçoit pour le compte du Premier ministre des coups de téléphone, des demandes d'audience immédiate. Ils émanent de ministres, de parlementaires très notables du parti gaulliste, qui ont réellement leurs entrées.

L'un de ces derniers, Jean Taittinger s'est déjà déplacé en personne. Jobert, qui se trouve avec Christian Chavanon, va le faire patienter dans l'antichambre.

Jean Taittinger : — Je viens dire à Pompidou qu'il est grand temps : il faut mettre tout de suite le Vieux dans le placard ! »

Albin Chalandon qui a été Secrétaire général du parti gaulliste UNR dans les premiers mois de la Vᵉ République, tient des propos de même venue.

Aucun collaborateur du Premier ministre ne sursaute. La formulation est nouvelle. Mais l'idée qui l'inspire n'est guère éloignée du sentiment moyen des députés dits gaullistes. Ils se voient au bord de l'abîme révolutionnaire. Ils incriminent de Gaulle de les y avoir poussés. Ce lundi après-midi, au stade Charléty les gauchistes entreprennent de se constituer en force politique. Le PSU et la CFDT sont présents au meeting offrant leur moule politique ou syndical à cette nébuleuse en fusion. Les dirigeants du Parti communiste et de la GCT voient germer cette double concurrence au moment où ils mesurent l'impopularité de leur propre comportement. Ils ne se font pas répéter deux fois la leçon de Billancourt. Ils ne s'obstineront pas à naviguer dans la fiction d'un légalisme conventionnel, puisque d'ailleurs le gouvernement se révèle hors d'état de faire admettre cette fiction par le public. Que leur importent les mignardises du gouvernement auxquelles Séguy était sensible hier soir, par comparaison avec la nécessité de retrouver le contact avec leurs propres adhérents.

D'un bond, le bureau politique du Parti communiste et le bureau confédéral de la CGT s'affairent à reprendre la tête des gens qui réclament un changement de régime. Aucune chance qu'ils tentent un rapprochement avec le pouvoir, aucune raison désormais pour que s'endigue le déferlement des grèves.

Les perspectives politiques basculent et ça provoque des vertiges dans le camp gouvernemental, chez tous les Taittinger qui ont l'estomac barbouillé depuis l'allocution télévisée du général de Gaulle. C'est lui, le Vieux, qui a fait entrevoir la grande déstabilisation des gens en place. Ils en sont à se dire que tout le mal est venu de là, de lui, qu'il faut l'empêcher de continuer.

Ils en sont même à le dire tout haut devant Pompidou. Pompidou écoute tout, ne s'offusque de rien *. Après tout il n'a jamais caché qu'il n'augurait rien de bon de l'entreprise référendaire du Général.

Autour du Premier ministre ses collaborateurs, ses familiers délibèrent sur les gestes qu'on peut encore accomplir. Christian Chavanon (avec la liberté de ton que donne à cet ami personnel de Pompidou le fait de n'avoir pas accepté de fonction dans le cabinet) est précisément passé par Matignon, ce lundi soir pour jeter une idée dans ce débat tactique :

Christian Chavanon : — Pourquoi laisser à la gauche le monopole des manifestations? Pourquoi ne pas monter la manifestation de ceux qui veulent apporter leur soutien au Général? »

Haussement d'épaules dans ce qu'on pourrait appeler l'atelier Juillet :

— Nous réunirions tout au plus trois mille personnes... »

Pierre Juillet est le conseiller privé — mais officiel — de Georges Pompidou pour les tactiques électorales et politiques. A cette époque il encourage une nouvelle venue, Marie-France Garaud, entrée au cabinet par raccroc, à élargir ses interventions et son influence. Un jeune familier du Premier ministre, Jacques Chirac, admire en eux la maîtrise, la rouerie pimentée s'il le faut de brutalité, voire de cynisme, un réalisme qui passe pour infaillible. Il est attiré par les réussites expéditives. Bien que Jacques Chirac se tienne à des missions

---

* Pompidou devenu président de la République fera de Jean Taittinger un ministre d'Etat.

techniques il passe par ce bureau d'études tactiques de plus en plus fréquemment; il en épouse les manières et les principes de plus en plus dévotement.

Ces experts tacticiens sont là pour faire avancer Pompidou. Regrouper du monde autour du Général comme le propose Chavanon, ce n'est pas leur affaire. Il ne leur a pas demandé leur avis avant de commettre son pas de clerc.

L'idée de soutenir le Général n'est pas d'actualité, ce lundi soir, à Matignon *.

Telle est l'atmosphère, tels sont les éléments du calcul tactique, au moment où le Premier ministre s'enferme avec son chef d'état-major particulier, le général Deguil, et avec son conseiller de police, Pierre Somveille. Il s'agit de ramener à portée de Paris des unités militaires susceptibles d'assurer la protection des établissements publics importants. Tant mieux si ce remue-ménage nocturne fait un peu de bruit dans les journaux. Le public concluera que le Premier ministre quant à lui garde de la fermeté.

Pompidou se fait expliquer le mode d'emploi; il écoute Deguil échanger des coups de téléphone avec le ministère des Armées. Il éprouve un plaisir de plus en plus allègre à ce nouveau genre de manipulation. Il ne laisse ni ses collaborateurs ni Pierre Messmer trancher de rien.

Jacques Chirac (dix ans après) : — Il prendra sur lui, et sur lui seul, de faire regrouper aux portes de Paris des éléments blindés [83]. »

C'était dans ses attributions constitutionnelles. Mais les pompidolistes mettaient une complaisance croissante — on la voit dans la phrase de Jacques Chirac — à souligner qu'il maîtrisait « lui et lui seul » les responsabilités de l'Etat.

A l'exclusion du Vieux?

* *

A cet exercice de manipulation nouveau pour lui, le Premier ministre prend un plaisir de plus en plus vif. Il y consacre finalement sa troisième nuit consécutive de veille.

Les nuits blanches de Pompidou... chacun en a son souvenir.

Pour Jacques Chirac c'est celle du 24 au 25 mai, quand l'émeute répondait à l'offre de référendum :

Chirac : — Marqué par la fatigue — il ne dormit pas une seconde cette nuit-là — il ne se laissa pas atteindre par la fièvre qui gagne tout état-major cerné de mauvaises nouvelles [84]. »

* La même idée était étudiée ailleurs ce soir-là, notamment par un spécialiste du soutien souterrain au général de Gaulle, Roger Frey : il en résultera la manifestation de masse du 30 mai. Ce n'est là qu'un indice de plus des oppositions chroniques entre M. Roger Frey et M. Pierre Juillet. Sous la présidence de Pompidou, M. Juillet se proposera de « casser les barons » et y parviendra. Son disciple Jacques Chirac, proclamera en 1978 qu'il « n'a aucun respect » pour M. Frey, devenu président du Conseil constitutionnel.

Pour Edouard Balladur ce sont les deux suivantes, du samedi au dimanche et du dimanche au lundi, meublées par le jeu d'échecs en partie multiple de la rue de Grenelle, et par les tête-à-tête avec Georges Séguy :

Balladur : — Une sorte d'allégresse soutenait le Premier ministre [85]... »

A *Claude Mauriac*, Pompidou lui-même a cité la nuit suivante :

— ... celle qu'il passa à diriger, à lancer les chars qui auraient tiré si... »

Et c'est alors Georges Pompidou en personne qui observe à l'intérieur de son organisme la progression de l'impérieuse euphorie que Balladur a remarquée depuis trois jours et qui le pousse à vouloir tout mener et tout seul :

— Cela m'a passionné de diriger cette mise en place. »

Moins d'une semaine après, Michel Droit complimente le Premier ministre sur cet exploit d'endurance :

Georges Pompidou : — Il est possible que l'effet des drogues bizarres qu'on m'administrait il y a quelques mois ait mis un certain temps à se manifester. Si oui il faut dire que c'est bien tombé. Evidemment j'ai pris tous ces jours-ci un peu plus de vitamines C que d'ordinaire. Et même un petit whisky supplémentaire pour me remonter par-ci, par-là. Mais pas le moindre doping [86]. »

Aux médecins de dire la part des corticoïdes dans le comportement de Pompidou, et s'il est habituel que celui qui en est imbibé veuille doubler tout le monde et de Gaulle.

Depuis la fin de l'automne précédent, les médecins ne perdaient plus de vue le Premier ministre :

Mme Claude Pompidou : — Il a eu après ces événements une grave crise d'anémie... »

Georges Pompidou : — Je n'y avais guère songé. Et puis on vérifia ma formule sanguine. Elle était mauvaise [87]. »

*
* *

Après les nuits blanches, la journée noire. Mardi 28, accélération de l'effondrement. Pompidou la mesure lorsqu'il se rend au ministère de la Fonction publique pour négocier avec les syndicats de fonctionnaires. Il en avait pris l'engagement rue de Grenelle.

Grenelle? Trente-six heures à peine? Trente-six années-lumière!

A Grenelle, patronat ou syndicats, tout le monde se levait révérencieusement à l'entrée du Premier ministre. Ici, rue Oudinot, on reste assis; on continue des échanges de propos. Déjà des gens entassés dans le hall, assis dans l'escalier ont livré passage du bout des fesses. On ne sait pas ce qu'ils font là, ni qui est qui, ni délégué par qui.

Pompidou entame tout de même un exposé sur les buts de la séance, comme à Grenelle. La porte à double battant est demeurée béante. Les spectateurs s'entassent dans l'embrasure et ne se gênent pas pour commenter, désapprobateurs. Les gens qui se sont assis à la table en fer à cheval, vrais délégués apparemment, se font petits.

Georges Pompidou : — Voulez-vous fermer les portes, s'il vous plaît? »

Personne n'a entendu.

Georges Pompidou : — Voulez-vous, je vous prie, faire fermer les portes? »

Même indifférence. Embêté, M. le directeur général de la Fonction publique y va lui-même.

Georges Pompidou : — Ainsi, dans ce ministère, ce sont les directeurs généraux qui ferment les portes! »

Ça tombe à plat.

Georges Pompidou (à Balladur sur sa gauche, en chuchotis) : — Faites vérifier que les clefs ne sont pas sur les serrures; je n'ai pas envie qu'on nous enferme ici... »

Edouard Balladur : (dix ans après) : — Je l'ai fait vérifier par le seul inspecteur qui nous accompagnait [88]... »

Or ceci se passait au siège central de la Fonction publique, au cœur de l'appareil civil de l'Etat.

*
*
* *

Pour faire sentir son existence là où elle a subsisté, la CGT organise de-ci de-là des coupures intermittentes de courant. Dans les villes, les carrefours privés de signalisation s'engorgent. Sensation croissante de désorganisation. Le gouvernement ne maîtrise plus la vie économique, ni l'administration, la rue ne dépend plus que d'elle-même. Personne ne peut plus voir si ce gouvernement existe.

Le moment vient, pour les dirigeants nominaux des partis de gauche d'appeler le public à se tourner vers autre chose. François Mitterrand annonce qu'il sera candidat à la présidence de la République dès que le titulaire actuel, battu au prochain référendum, aura démissionné. Et puisque de Gaulle n'assurera pas la passation des pouvoirs (« ... je n'assumerai pas plus longtemps ma fonction... »), Mitterrand comblera le vide sans même attendre son élection formelle. Il prendra sur lui, dit-il, de désigner un gouvernement provisoire de dix membres; il suggère que Pierre Mendès France en soit Premier ministre. Waldeck Rochet, Secrétaire général du Parti communiste n'est pas d'accord : « Il n'est pas sérieux de prétendre aller au socialisme sans les communistes et encore moins en faisant de l'anticommunisme comme au stade Charléty! » Sortant de la défensive, le Parti communiste prépare la mobilisation générale de ses fédérations et de ses cellules sur le thème d'un « gouvernement populaire ».

Chez Pompidou on ne voit pas que du négatif là-dedans. On croit voir poindre deux éléments nouveaux.

Jacques Chirac : — L'opinion, après les accords de Grenelle, avait basculé. »

Edouard Balladur : — Elle avait espéré la réussite des négociations, maintenant elle a peur de ce qui peut se passer, c'est la première fois depuis le début du mois. »

Mais ce n'est pas un affrontement entre deux camps : le débat est à l'intérieur de chaque Français. L'abus radiophonique d'un slogan, « on a souvent besoin de petits pois chez soi » fait déborder le dégoût contre la société de consommation. Cependant ce mardi, début de panique, chez les mêmes gens, quand l'épicier répond qu'il n'a plus de boîtes de petits pois. Cette panique a-t-elle été cultivée? Mais par qui? Des pompistes ont raconté que de jeunes contestataires venaient les menacer s'ils n'interrompaient pas la vente des carburants? Allez savoir la différence avec des inspecteurs en espadrilles...

Seconde donnée politique retenue ce mardi par Pompidou : le raz de marée de la gauche, qui terrorise les gouvernementaux, est constitué en réalité par deux vagues qui prennent l'air de se jeter l'une contre l'autre.

Edouard Balladur : — La rupture entre la CGT d'une part, la CFDT et les gauchistes de l'autre, a été consommée lundi soir. Rupture également entre les communistes et le reste de la gauche socialiste compris... »

A travers ces brèches encore imperceptibles, les gouvernementaux ont un espoir de s'infiltrer.

L'atelier Pompidou décide : les conditions sont réunies pour des élections générales immédiates. La gauche s'y dévorera elle-même en candidatures antagonistes; les gouvernementaux rafleront la mise des électeurs apeurés.

Le Premier ministre et son équipe ne sont pas seuls à faire pareille analyse. Des ministres téléphonent à Matignon. Le président de l'Assemblée nationale, Jacques Chaban-Delmas, va plus vite et plus haut. Il fait porter directement au général de Gaulle une lettre sur papier à en-tête; il exprime au chef de l'Etat les sentiments très dévoués qui le portent à lui démontrer par le menu l'avantage qu'il trouverait à prononcer tout de suite la dissolution de l'Assemblée. Avis non secondaire : la Constitution veut que les présidents des deux Chambres soient consultés par le président de la République avant de se prononcer sur l'éventualité d'une dissolution. Secret comme à son ordinaire, Chaban ne fera jamais état de sa démarche en public; mais il en a fait part à Pompidou sur-le-champ.

Elections générales ou référendum? On ne peut pas faire les deux.

S'il y a référendum perdu, il sera question d'élire un président de la République nouveau et plus de sauver la mise aux députés anciens.

Symétriquement, le président de la République ne peut procéder à un référendum que lorsque le Parlement est en session : demander à de Gaulle la dissolution, c'est l'inviter à s'interdire du même coup son référendum.

Le plan Pompidou devient exclusif du plan de Gaulle.

Pour décider de Gaulle à reculer, restent douze heures : demain matin mercredi, le Conseil des ministres doit arrêter les termes du projet de loi référendaire. C'est la date ultime si le président de la République doit consulter le peuple français le 16 juin.

L'atelier de Gaulle a poussé les feux. Bernard Tricot et Bernard Ducamin, qui connaissent le sérail du Conseil d'Etat, ont bien pu multiplier devant le Général les mises en garde juridiques. En son article 11 la Constitution n'autorise le référendum que sur « l'organisation des pouvoirs publics ». Impossible d'assimiler à ça la refonte des universités ou des entreprises industrielles. L'article 34 les classe très formellement dans le domaine de la loi et « la loi est votée par le Parlement », par personne d'autre.

Eh bien, rétorque en substance le Général, mettez dans le texte référendaire que le gouvernement et le Parlement devront réaliser chacun la part qui lui revient, dans le cadre que leur aura tracé le peuple français. On peut même préciser qui ils auront à consulter. C'est bien « organiser les pouvoirs publics » ça, non?

Et puis baste! c'est de Gaulle pour le coup qui pourrait avoir sur les lèvres le proverbe de Roumanie : tout le pays est en feu et les juristes voudraient parachever leur chignon. Il n'a jamais conçu que le juridisme puisse se nourrir de lui-même. Pendant la crise de mai 1958, il a écarté d'un revers de main les journalistes qui doutaient qu'on puisse transgresser la règle du jeu d'échecs où la IVᵉ République se mettait voluptueusement mat :

Général de Gaulle (19 mai 1958) : — Vous le savez, quand les événements parlent très fort et qu'on est d'accord sur le fond, les procédures comportent une flexibilité considérable... »

A Londres en 40, il fallait sans cesse ajuster le droit et des faits « qui parlaient très fort »; ce bon René Cassin passait ses jours et ses nuits à lui arranger ça, comme le chirurgien rapproche les lèvres de la plaie. Et on a bien vu que ça se cicatrisait...

Eux aussi, Tricot et Ducamin vont faire de leur mieux.

Sous leur plume, ça donne ceci : *

---

* Nous publions le document entier, parce que le Conseil des ministres convoqué pour le lendemain n'en prendra finalement pas connaissance; le lecteur va trouver la raison un peu plus loin.

PROJET DE LOI POUR LA RENOVATION UNIVERSITAIRE,
SOCIALE ET ECONOMIQUE

Article unique — *En vue d'étendre la participation des citoyens aux décisions qui les concernent directement, toutes mesures seront prises, avant le 1ᵉʳ juin 1969, par le président de la République, le gouvernement et le Parlement, dans le cadre des compétences respectives des pouvoirs publics, et avec le concours de toutes les organisations représentatives, pour :*

1° réformer l'Education nationale en adaptant à l'évolution et aux besoins du pays l'enseignement et la formation des jeunes et faire participer l'ensemble des intéressés à la transformation et à la marche des universités et des établissements;

2° adapter les structures économiques et administratives et promouvoir le progrès social conformément aux nécessités nationales ou internationales par :

— la répartition des fruits de l'expansion, en vue de l'amélioration continue des conditions de vie et de travail dans les entreprises, dans l'agriculture et dans les services publics, principalement en ce qui concerne les catégories les moins favorisées,

— la participation des travailleurs aux responsabilités professionnelles à tous les échelons de l'économie,

— l'action pour le plein emploi et la formation professionnelle,

— l'organisation de l'activité économique dans le cadre régional avec la participation accrue des corps élus locaux et des organismes syndicaux et professionnels ainsi que la décentralisation et la déconcentration administratives.

Tricot et Ducamin ont cherché à reprendre du plus près qu'on pouvait les termes de la loi par laquelle le Parlement de la IVᵉ République, dix ans plus tôt, confiait des pouvoirs exceptionnels au général de Gaulle pour une rénovation — déjà — des institutions. Après tout, de Gaulle avait là une solide référence quant à sa capacité de créer des moules où les Français se sentiraient plus à l'aise.

En 1958 déjà, de Gaulle préconisait qu'on se donnât un an pour rénover. On ne lui avait accordé que six mois. N'ayant pas le temps de tout faire entrer dans les mœurs, il avait remis à une autre occasion des réformes aussi essentielles que l'élection du président de la République par la nation entière. Même comme cela, la révision constitutionnelle dont la IVᵉ République agonisante lui avait passé commande n'était pas superficielle, si l'on en juge par les commentaires des opposants. Pourquoi alors en 1968 l'opposition posait-elle en principe que la Réforme préconisée par de Gaulle serait forcément superficielle cette fois?

En 1958, le gouvernement de Gaulle s'était entouré des avis d'un « comité consultatif constitutionnel » où chaque parti politique disposant d'une représentation parlementaire s'était vu offrir une chaise.

En 1968, Tricot et Ducamin reprennent le procédé lorsqu'ils prévoient « le concours de toutes les organisations représentatives ».

Il n'est pas certain qu'ils se soient convaincus de l'absolue orthodoxie de leur prose. Mais est-ce que, plus sensiblement qu'en 1958, les événements ne parlent pas « très fort »?

*
* *

Ils risquent de parler tellement fort, et tellement vite, les événements qu'ils ne laissent pas à Pompidou le temps de placer bien impérativement son projet d'élections générales.

Lorsque le Premier ministre se présente devant le chef de l'Etat, mardi 28 en fin d'après-midi, le Parti communiste et la CGT ont commencé la mobilisation massive de leurs adhérents pour un cortège gigantesque qui se déroulera, dès demain mercredi après-midi, à Paris, de la Bastille à Saint-Lazare. Le plus long itinéraire qu'ils aient emprunté depuis 1936. Un itinéraire qui mène à portée des sites révolutionnaires de la capitale. Et qui sait, sur le papier au moins, à portée de l'Elysée?

Plusieurs façons sont imaginables pour parvenir au « gouvernement populaire » dont le cortège doit réclamer la formation immédiate. Les indicateurs de police ne démêlent pas ce qu'il en est d'une possible distribution d'armes aux manifestants, sur laquelle le ministre de l'Intérieur et le Premier ministre lui-même voudraient des précisions.

En tout état de cause, la dimension sans précédent de la manifestation pose un problème totalement nouveau d'utilisation de la force armée. Jusqu'ici l'emploi de la troupe n'a été envisagé — et pas réalisé — que de façon passive et statique : elle devait s'installer à l'intérieur des bâtiments publics; aux manifestants éventuels de voir s'il fallait se jeter sur cette troupe immobile.

Maintenant il s'agit d'un emploi actif de la troupe, il s'agit de la lancer au contact des manifestants, elle et ses armes.

La décision appartient au Premier ministre. La nuit précédente il s'est « passionné », c'est lui qui le dit, pour ses responsabilités dans ce jeu de soldats de plomb grandeur nature. Ses responsabilités, il les a prises bien de face, dans tous les autres secteurs. Les siennes et celles des autres, de plus en plus expansionniste, de plus en plus impérieux, de plus en plus dominateur. Ce n'est pas pour se dérober devant une responsabilité de plus, militaire. Il a préparé les mesures qui sont de son ressort, il vient en informer le Général, pas les étudier avec lui.

*
* *

De Gaulle (d'un air qui inquiète Pompidou, à qui il laisse juste le temps de s'asseoir) : — Vous dormez? »

Les deux mots se suffisent. Du 11 au 28 mai les gestes de Pompidou pour trouver une réponse à l'aggravation de la situation ont été d'effet nul; nul dans chaque secteur successivement, de la Sorbonne à Grenelle. Et en politique pas mieux, maintenant qu'il ne s'agit plus simplement de surnager en eaux parlementaires : la question du régime va être posée dans la rue, et même pas par référendum à l'initiative du général de Gaulle.

Pompidou est à cent lieues de considérer, en cet instant, que ce bilan zéro lui ôte tout titre particulier à expérimenter son savoir-faire dans l'emploi de la troupe contre des civils. Mais comment douter que le général de Gaulle incorpore cette considération à ses arrière-pensées? Pour l'heure il les emmagasine. Ce n'est pas encore tout à fait le temps de regarder ce qu'il va faire, on en est à voir ce que fait le gouvernement.

De Gaulle ne gâche pas de temps à morigéner un exécutant en cours d'action. Il a condensé dans un grognement de deux mots sa manière de voir, à Pompidou d'exposer la sienne.

Georges Pompidou (à Pierre Rouanet, dix mois après) : — J'ai informé le Général des dispositions que j'avais prises. (Rengorgé :) C'est moi qui les avais prises, l'article 20 de la Constitution me donnait la disposition de la force armée.

« J'ai dit au Général que si les communistes tentaient un coup de force, ce serait à l'Hôtel de Ville plutôt que de s'attaquer au Palais de l'Elysée. Il fallait compter avec la tradition historique de la révolution à Paris. D'Etienne Marcel à Août 1944, le mot d'ordre des grandes journées de l'imagerie révolutionnaire, ce fut toujours : à l'Hôtel de Ville! Je prenais les précautions nécessaires. S'il fallait se battre, je me battrai. Ces précautions faisaient l'objet précis de mon entretien avec le général de Gaulle. Nous n'avons pas échangé de considérations d'ensemble, ce mardi soir.

« Toutefois j'ai ajouté que l'autre éventualité, celle où les communistes se contenteraient d'une démonstration de force, continuait à me paraître vraisemblable; sans doute voulaient-ils montrer leur force aux gauchistes surtout.

« Alors j'ai dit au Général que s'il ne se passait rien d'irréparable le lendemain mercredi, nous allions voir la situation politique nous revenir dans la main. Depuis la veille nous avions des indices que l'opinion publique basculait du côté du gouvernement. Il nous suffisait alors d'abattre la carte appropriée. Sous réserve que les communistes ne provoquent pas l'irréparable, le lendemain nous avions gagné. Le Général s'est contenté de soupirer... »

Le général de Gaulle (se levant) : — Vous êtes trop optimiste, comme toujours... »

L'entretien a été court; borné surtout. Etrangement éteint. Le Général a mené la conversation de telle sorte qu'il n'a fait aucune allusion à ses propres intentions. Il lui est souvent arrivé — en Conseil des ministres par exemple — de laisser dire, au point qu'on comprenait qu'il laissait faire. C'était souvent lorsqu'il se préparait lui-même à un geste essentiel. Mais on se l'est toujours dit après coup. Sur l'instant, Pompidou n'a pas senti que de Gaulle est en train de s'arracher à l'orbite de l'ordinaire.

Georges Pompidou (dix mois plus tard) : — Je m'étais remis au travail à Matignon — ça devait faire une heure — quand le ministre de l'Intérieur, Christian Fouchet, m'a appelé par téléphone. Il venait de voir le Général à son tour. Il m'a demandé si je ne lui avais pas trouvé un air bizarre. Il trouvait que le Général semblait avoir quelque chose derrière la tête.

« Peut-être Fouchet a-t-il eu cc soir là plus de flair que moi *(petit rire des sourcils)*. Ou alors le Général lui avait-il tenu des propos très différents? *(nouvel appel des sourcils)*. J'étais absorbé dans la tâche concrète du maintien de l'ordre, accaparé par l'organisation. Ce n'est pas facile d'avoir à examiner quand et comment il faudra faire tirer. Peut-être n'avais-je pas de sensibilité de reste pour des réflexions. »

Le Général avait entrepris le ministre de l'Intérieur sur un ton plus las que grondeur :

— Alors, Fouchet, cette fois c'est l'inondation... »

Langage de pompier : devant le feu on se bat, devant l'inondation on évacue.

De Gaulle n'a jamais su parler banalement. Fouchet le savait d'instinct. En dépit d'une méchante légende, il était sensible à tout frémissement. Ajoutons-y un dévouement de dogue attentif à la moindre respiration de son maître. A-t-il perçu une vibration inhabituelle?

Il n'est pas exclu qu'à l'égard de Christian Fouchet et de lui seul parmi tous les ministres, de Gaulle ait éprouvé on ne sait quel remords, un vague élan de regret. Leurs relations étaient à part.

De Gaulle sentait ce mardi soir, après avoir vu Pompidou, que lui-même ne retrouverait plus les profondeurs de la France sans une plongée sous-marine. Déjà d'instinct il rabattait les écoutilles. La nécessité du secret solitaire devenait une règle élémentaire; plus, un réflexe. De Gaulle n'a pas pu être effleuré par là tentation d'y manquer avec quiconque. Devant Christian Fouchet seul il est possible que ça l'ait embêté. Pour celui-là seul montent peut-être entre cœur et lèvres les consignes d'embarquement que le général de Gaulle va distribuer à sa famille *.

---

* Christian Fouchet a vécu le reste de son âge — cinq années — navré, au sens le plus fort, de n'être pas parvenu en tant que ministre de l'Intérieur à éviter que le général de Gaulle ne soit poussé dans la seringue de Mai. Il est possible qu'il soit mort persuadé que la dissimulation du Général à son égard tenait à un reproche. Le fait d'être par la suite invité à Colombey — comme les autres gaullistes qui avaient renoncé au pouvoir en même temps que de Gaulle — n'a pas atténué sa hantise.

*
* *

Vous êtes trop optimiste, comme toujours...

L'hiver suivant, rapportant l'appréciation du général de Gaulle, Georges Pompidou y mettait une ironie triomphante. La tournure des événements semblait lui avoir donné raison, dans l'immédiat. C'était une saison aussi où Pompidou, prétendant à demi déclaré, ne manquait aucune occasion de suggérer qu'il avait la vue plus claire que le vieux président de la République.

Ce que le général de Gaulle a voulu dire, le 28 mai, c'est que Pompidou se contentait trop aisément de la surface des choses.

On pense à la petite phrase qui ponctua la première étape de la « tournée des popotes » le matin du 4 mars 1960, et qui se perdit dans le vent glacé des Aurès. On venait de passer par la Semaine des barricades d'Alger. Le général de Gaulle s'était porté sur les champs d'opérations pour redonner aux gens qui se battaient, aux capitaines, aux adjudants, conscience de ce que la France attendait d'eux. Dès son arrivée à Constantine, le président de la République se rend en hélicoptère à Hadjer Mafrouch, au PC du 5ᵉ régiment de la Légion étrangère où il avait réuni sous la tente tous les officiers du secteur et leur avait déclaré :

— Il n'y aura pas de Diên Biên Phu en Algérie; l'insurrection ne nous mettra pas à la porte. »

Emoi en métropole : renonçant à l'ouverture politique, de Gaulle revenait-il à la simple recherche d'une issue militaire?

Avant de tenir sa harangue, il s'était fait exposer le déroulement de « l'opération Pierres précieuses ». Bambou en main devant la carte empunaisée sur son traditionnel tableau noir, un capitaine lançait ses patrouilles, coiffait les djebels, encerclait des rebelles, rétablissait l'autorité française sur les douars. De Gaulle approuvait du chef; le capitaine faisait son travail au mieux. Lorsque, ayant reconduit dans leur caserne les fantassins victorieux et ramené la situation dans la main du gouvernement, le jeune conférencier s'était interrompu, le général de Gaulle, président de la République, lui avait serré fraternellement le main, ajoutant tout juste, regard par-delà les crêtes :

— Et ensuite? »

Le mardi soir 28 mai 1968, le général de Gaulle ne contredit pas aux dispositions militaires, dont Pompidou assume la responsabilité immédiate. Il ne conteste même pas que la situation puisse ainsi lui revenir dans la main, à lui ou à Pompidou. « Et ensuite?... »

A chaque jour ne suffit pas sa peine. Si on se borne à rétablir l'ancienne conjoncture, on doit s'attendre aux mêmes effets. Cela ne veut pas dire que de Gaulle, ce soir-là, néglige l'utilité de remettre les choses en ordre de fonctionnement. Mais pas pour la satisfaction de contempler leur bon alignement le temps d'un répit. Ce serait rester à la surface des choses de la France.

L'ultime essai de dialogue entre de Gaulle et son Premier ministre, ce dernier mardi de Mai a été tronqué par la rancune que le Général porte à Pompidou pour avoir éludé la participation.

Il ne s'est pas élevé au-dessus de la technique. Mais cette technique même, faute de se subordonner à un dessein assez ample, il ne faut pas qu'elle obstrue l'avenir.

N'allons pas jusqu'à prétendre que de Gaulle s'est clairement défié du petit projet belliqueux de Pompidou. Limitons-nous à constater, en y regardant de plus près, que le général de Gaulle ne pouvait pas y adhérer durablement. Par le travail de toute sa vie, de Gaulle s'est donné le réflexe de considérer les après-demain de chaque chose, de la chose militaire d'abord, et de l'ensemble par la suite. On ne sait pas s'il a examiné consciemment l'après-demain de l'opération Pompidou; mais il est impossible que dans son inconscient au moins ce travail ne se soit pas accompli.

Et alors, dès qu'on regarde cette soirée sous l'angle du général de Gaulle on conçoit qu'aucun chapitre de ce que prépare Pompidou ne peut plus concerner de Gaulle. Au point où Mai parvient, si de Gaulle n'est pas concerné, il est, sur chaque chapitre, poussé vers ailleurs, hors de l'orbite.

*
* *

Pompidou, sans s'attarder au coup de téléphone de Christian Fouchet, parachève son dispositif avant d'aller se coucher.

Edouard Balladur : — Les unités de blindés furent sur son ordre rapprochées de Paris et stationnées dans la banlieue [89]. »

En fait de blindés lourds, ceux qui furent mis en alerte étaient ceux de la « réserve gouvernementale » de la gendarmerie, habituellement stationnés à Satory. Leurs équipages sont des gendarmes, leur allure imposante est celle des régiments de chars. Cette unité n'a à peu près rien de commun avec les gendarmes mobiles que l'on voit parfois en renfort des polices urbaines; son arme, le canon, n'a pas le même emploi que la mitraillette.

La « réserve gouvernementale » de gendarmerie était depuis le début de Mai en manœuvres au camp de Mailly avec d'autres unités blindées. La grève des chemins de fer obligea les chars à regagner leurs bases — à la date normale — par leurs propres moyens, sur route. Leurs trente-cinq tonnes grondantes ne passaient pas inaperçues. A la traversée de Romilly, agglomération industrieuse où l'on votait communiste, la population applaudit : les Renseignements généraux l'inscrivirent parmi les indices que retenait Pompidou.

Par ailleurs le général Meltz, commandant la 1re région militaire, avait à portée de main, en fait d'infanterie tant soit peu préparée à des opérations de rétablissement de l'ordre public, une vingtaine de compagnies : pour l'essentiel des parachutistes basés au camp de

Frileuse; pour le reste des troupes stationnées au nord-ouest, à l'ouest ou au sud-ouest à trente ou quarante kilomètres de la capitale. Si Edouard Balladur rapporte qu'elles furent rapprochées en banlieue, c'est qu'au-delà, pour être à proprement parler engagées au contact d'insurgés il fallait la décision du responsable immédiat, le préfet de police, Maurice Grimaud.

Y avait-il possibilité vraie que les manifestants de la CGT se transforment ce jour-là en combattants communistes à force ouverte? Le préfet de police de l'époque reste convaincu que non.

Maurice Grimaud : — Cela ne correspondait ni à mes propres renseignements ni surtout à l'analyse que j'avais faite depuis longtemps et que je maintenais, sur le caractère pacifique des démonstrations de la centrale syndicale [90]. »

Le ministre de l'Intérieur, Christian Fouchet, croyait détenir les renseignements contraires. Dès le mardi, il répétait au préfet de police qu'il « pouvait toujours faire appel au régiment de parachutistes ». Six heures avant la manifestation, son directeur de cabinet, Jean-Pierre Dannaud, téléphone au préfet.

Maurice Grimaud : — Dannaud a fait allusion à des bruits mystérieux d'après lesquels il était possible que des armes aient été distribuées aux militants cégétistes [91]. »

Pompidou pense-t-il avoir une troisième source d'information? Son appréciation paraît plus mesurée que celle de Fouchet. Il est vrai qu'elle est communiquée au préfet de police par Pierre Somveille, chargé de mission du Premier ministre, mieux rompu que Dannaud à la pondération du langage policier et préfectoral.

Pierre Somveille (à Maurice Grimaud, par téléphone interministériel) : — Des bruits circulent dans des milieux souvent bien informés : il n'est pas exclu qu'à la faveur de la manifestation on cherche à investir quelque grand bâtiment public du genre de l'Hôtel de Ville. Le Premier ministre attache une certaine importance à cette information, et vous demande de prendre des précautions en conséquence [92]. »

Maurice Grimaud : — Après tout, les uns et les autres pouvaient avoir des renseignements auxquels je n'avais pas accès... »

Déjà, pour tâter le terrain avant de lancer publiquement les invitations en vue des conférences de la rue de Grenelle, les proches collaborateurs de Pompidou s'étaient avérés capables de trouver tout seuls quelques portes secrètes en direction de la CGT : Balladur, Jacques Chirac surtout. Ce dernier avait jugé de mise de s'armer pour aller au conciliabule; sans doute était-il prédisposé à soupçonner que cet appareil martial était de mode chez ses interlocuteurs *.

---

* Les dirigeants de la CGT n'ont jamais dit par la suite leur point de vue sur le bien-fondé du harnachement de M. Chirac. Ils n'ont jamais prétendu de toute façon qu'il s'était pris pour Tartarin; ils mettent l'une de leurs coquetteries dans leur réputation de solide rigueur : ils s'étaient engagés comme M. Chirac à ne pas desserrer les dents sur le rocambolesque épisode; eux s'en sont tenus là.

*
* *

Georges Pompidou (cinq mois et demi après) : — Tout était possible
(...). Et puis le communisme, c'est l'ennemi. La politique, c'est la
guerre. Je faisais la guerre... Il faut penser que j'ai été au moment
d'être obligé de faire tirer [93]. »

Le mardi soir 28 mai, le Premier ministre posait, devant le président
de la République, le problème de l'entrée de l'Armée sur la scène de
Mai. A échéance de dix-huit heures.

Pour de Gaulle il y a plus sinistre encore qu'une nation sans armée,
c'est une armée sans nation.

Une armée pour servir les intérêts d'une moitié de peuple — la plus
petite moitié, celle qui sans la force abusive ne se suffirait pas —, ça
donne Vichy, pas de Gaulle.

Nulle part dans l'œuvre écrit de Charles de Gaulle on ne trouve trace
de la moindre éventualité d'un tel recours à l'armée, valant consentement à la guerre civile.

Guerre civile? Bizarre expression pour désigner la seule forme
d'action que des militaires aiment mener sans recourir aux civils.
Pareille perspective qui a été mentionnée avec une fréquence
croissante par des soi-disant gaullistes depuis la mort du général de
Gaulle était absente de son univers mental. De Gaulle visait le
resserrement de l'unité nationale et, comme il disait, « le Rassemblement du Peuple Français ». « En accusant les communistes de
« séparatisme », il ne les retranchait pas : il leur reprochait de se
retrancher.

*
* *

Pendant la phase étudiante des événements de Mai, Pompidou est
venu dire au Général : il faut tailler large, je ne demande qu'une chose,
ma responsabilité, qu'on m'épargne les subtilités de Joxe et de
Peyrefitte. Il a ouvert les vannes de la Sorbonne. Sa digue a lâché.

Pendant la phase sociale de Mai, Pompidou a demandé carte
blanche : qu'on m'épargne les criailleries de Debré. Il a ouvert les
vannes de Grenelle. Sa digue n'a pas tenu.

Voici ouverte la phase politique. Pompidou vient parler à de Gaulle
d'un troisième barrage, militaire désormais. Une troisième fois,
lorsqu'il entre dans le bureau du Général, il a déjà le dispositif prêt. Il
revendique sa responsabilité. Il suffira qu'on lui épargne...

Qu'on lui épargne qui? Le ministre des Armées, Messmer? C'est une
devanture... Non : de Gaulle.

Pompidou vient d'atteindre le sanctuaire de la France gaullienne. Il
y pénètre avec courte vue. Il parle d'employer l'armée dans Paris
comme on irait chez le garagiste.

Georges Pompidou (cinq mois et demi plus tard) : — Cela m'a passionné de diriger cette mise en place [94]. »

Il envisage cet emploi en termes de nécessité tactique. Sans avoir posé préalablement l'interrogation globale stratégique. Comme si le lendemain du jour où une armée a tiré sur son peuple le gouvernement pouvait reprendre le cours de ses affaires sans que rien y soit irrémédiablement changé.

Pompidou, ce mardi soir, s'épargne les criailleries du président de la République : de Gaulle se tait.

Nul désaveu. Simplement Pompidou s'oriente vers un dénouement qui pour de Gaulle ne peut pas exister.

Si Pompidou en conduisant à sa façon les affaires de Mai — une façon que de Gaulle n'a jamais désavouée, sinon il lui suffisait de changer de Premier ministre — si Pompidou débouche sur ça, ils sont d'un monde différent.

L'univers de Pompidou et l'univers des manifestants s'équilibrent, se complètent et se suffisent mutuellement jusqu'à la catastrophe, incluse. De Gaulle n'a de rôle et de mission qu'ailleurs. Il va s'écarter de l'univers de Pompidou et de l'univers des manifestants. S'écarter autant de Pompidou que des manifestants.

*
* *

La manifestation de la CGT allait amener sur le pavé de Paris une masse de manœuvre qui se tenait sur la réserve depuis un mois, cent ou deux cent mille personnes. C'est-à-dire beaucoup plus que les troubles du Quartier latin en avaient jamais rassemblé. Du jour au lendemain le nombre de personnes que la police aurait à contenir se trouvait plus que doublé.

De la République à Saint-Lazare, la manifestation de la CGT allait couvrir, sur la Rive droite, un territoire nouveau, demeuré jusque-là hors de portée des troubles du Quartier latin, qui n'avaient à peu près jamais débordé deux arrondissements et demi de la Rive gauche. La surface d'évolution de la police allait se trouver plus que doublée.

En somme un problème multiplié par quatre.

Or déjà sans cela les moyens de police que le gouvernement pouvait concentrer sur Paris (police urbaine, CRS, gendarmerie mobile) étaient employés à plein. Telle était la raison pour laquelle le préfet de police avait demandé que de Gaulle ne l'oblige pas à reprendre l'Odéon. C'était faisable en un tournemain, mais cela risquait, comme l'évacuation de la Sorbonne au début de Mai, de déclencher une agitation généralisée sur toute la Rive gauche : policiers et gendarmes qui couraient d'un point à un autre n'auraient pas pu être partout à la fois [*].

---

[*] Les dirigeants de la CGT et ceux du Parti communiste français ne pouvaient pas ignorer cette situation limite qui existait depuis le 17 mai. Pendant onze jours donc ils avaient évité en connaissance de cause de mettre les pouvoirs publics en porte-à-faux.

Pompidou, le nez sur son problème qui est de rester maître dans Paris, déduit : s'il n'y a plus de forces suffisantes dans la police, on les puise dans l'armée.

Pour de Gaulle, l'armée ce n'est pas une police multipliée par quatre. L'armée qu'il a reforgée n'était pas destinée à ça. Il était d'ailleurs payé pour savoir qu'aucune armée, même destinée à ça, n'y était bonne. La IVᵉ République avait rétrogradé toutes les armées françaises dans des tâches de maintien de l'ordre en Algérie, on avait troqué les engins nucléaires contre des mulets (facturés plus cher à la France). Pour nommer à la fin de Gaulle syndic de faillite.

Cet emploi accessoire de l'armée dans des opérations de maintien de l'ordre, il n'est pas possible que de Gaulle — qui n'était ni angélique ni abstrait — n'y ait pas constamment réfléchi avec les hommes choisis par lui pour piloter l'instrument planétaire qu'il rendait à la France : les chefs d'état-major général, Ailleret d'abord, Fourquet après la mort bizarre d'Ailleret.

En Mai 68, le général Fourquet épousait le point de vue du général de Gaulle et de Gaulle prenait compte de l'appréciation de Fourquet.

Or que dit le chef d'état-major général des Armées françaises lorsque le préfet de police Maurice Grimaud, sur ordre de Pompidou, lui demande de mettre en alerte des unités militaires?

Maurice Grimaud : — Il n'est pas d'avis d'engager ces unités, en ce moment, dans les opérations de maintien de l'ordre dans Paris. »

Général Fourquet : — Psychologiquement, cela risque de cristalliser les choses très méchamment [95]. »

Si on porte des militaires du contingent « au contact » des manifestants ils risquent de mettre crosse en l'air d'abord, et qui sait? de mettre ensuite leurs armes aux mains des manifestants. Alors des troupes spéciales, des parachutistes? Ils ne sont pas rodés à former la muraille, à amortir les coups sans les rendre, à attendre l'ordre de riposter ou à mourir sans riposter tant qu'ils n'ont pas l'ordre, comme les vingt gendarmes sur le plateau des Glières à Alger en 1960 qui moururent en avançant sous les balles des tireurs embusqués, sans glisser une cartouche dans leurs mousquetons, parce qu'un colonel agitateur paralysait les ordres. Les parachutistes sont dressés à la contre-attaque automatique, sans dosage. Sans même compter avec la mauvaise image que leurs devanciers d'Algérie leur ont collée au béret, leur entrée en lice inévitablement immodérée aura de quoi « cristalliser très méchamment » toutes les populations de France. Contre eux et contre le pouvoir politique qui les aura lancés.

Affaire de matériel, également. Les chars blindés, ça fait effet à la télévision. Mais si vous n'êtes pas prêt à leur faire tirer le canon, qui est leur raison d'être, ça vous donne dans la rue des diplodocus godiches. Le préfet de police de Mai a eu la sinistre occasion de contempler avec quatre mois de recul l'expérimentation que Pompidou lui offrait d'accomplir :

Maurice Grimaud : — On a vu, peu de temps d'ailleurs après les événements de Mai, à Prague, comment les unités de blindés de l'armée soviétique se sont trouvées plusieurs fois en difficulté devant de jeunes manifestants très audacieux qui n'hésitaient pas à grimper sur les chars, à les obliger à se détourner, bref à leur faire perdre rapidement leur impact psychologique. »

Grimaud signale que, sur ce point, la circonspection du directeur de la gendarmerie, Jean-Claude Périer, rejoignait celle du numéro un de l'Armée, le général Fourquet. Autrement dit : les blindés de la « réserve gouvernementale » de gendarmerie n'étaient pas plus appropriés que les autres *.

Que le lecteur veuille bien pardonner cet abrégé martial. Il tend à énumérer ce que de Gaulle, le 28 mai 1968, ne peut pas songer à faire.

Le contraire, dès lors, devient simple. Que peut vouloir de Gaulle? Tuer des Français, pour le sport? Pas son genre. Et pas besoin de lui pour ça, il serait plutôt gêneur, s'étant ramené toute sa vie en empêcheur de guerres civiles. Le cheminement contraire, dès lors, devient simple, s'il n'est pas aisé.

L'objectif que le chef de l'Etat se propose, c'est de remettre la France en marche. Soit — si l'on préfère le langage du droit constitutionnel — : rétablir le fonctionnement des pouvoirs publics.

Bon, alors, si on est parvenu à un tel cas qu'il faille recourir à des moyens militaires pour reprendre en sous-œuvre le fonctionnement des pouvoirs publics, eh bien, le général Fourquet et M. de La Palice vous le diront : Paris n'est pas l'endroit d'où le président de la République, chef des Armées, puisse y veiller sainement. Etonnant, à la réflexion, que Pompidou n'ait pas aperçu la lapalissade au bout de l'analyse. Elle va éclairer quelques événements ultérieurs.

*
* *

Par la suite, les dirigeants de l'opposition de gauche ont prêté au Général un mot qu'aucun d'entre eux ne pouvait avoir entendu : de Gaulle, selon eux, aurait dit autour de lui qu'il ne voulait pas se laisser faire aux pattes. Evitons les guillemets présomptifs. Il semble qu'on lui ait ainsi attribué, à propos de Mai 68, une expression qu'il a peut-être employée, à peu près, en avril 1961 lorsque les généraux du « quarteron » parlaient d'envoyer sur Paris des troupes aéroportées. Là, il risquait pour de bon d'être fait aux pattes.

D'emblée les assaillants éventuels d'avril 61 auraient disposé d'un matériel de conquête, et aussi des moyens aériens de capturer un

* Lors du putsch des généraux retraités d'Alger les chars de trente-cinq tonnes des gendarmes de Satory avaient pris position aux abords du palais de l'Elysée. Mais là, il ne s'agissait pas de canonner des cortèges civils. C'était pour contrer d'autres canons éventuellement importés par des officiers rebelles en vue de faire des trous dans la République.

hélicoptère. Au pire les manifestants communistes de Mai 68 n'auraient disposé, eux, que d'armes légères, aussi longtemps qu'une unité
militaire ne se serait pas ralliée à eux avec armes et bagages : de Gaulle
conservait tout le temps de quitter l'Elysée par hélicoptère et tout le
temps, d'abord, de regarder comment la manifestation tournait. Nul
besoin de décamper à titre préventif, sur une rumeur.

Et puis, qu'on regarde un plan du huitième arrondissement de
Paris. Une masse humaine qui aurait voulu déferler vers l'Elysée à
partir de la gare Saint-Lazare, ou se détourner à partir de l'Opéra, via
la Madeleine devait, pour finir, progresser dans un lacis de rues en
seringue. Appuyés sur le fort que constitue le ministère de l'Intérieur
les gendarmes n'avaient qu'à mettre un camion en travers de la voie :
à la différence de ce qu'on voyait au Quartier latin, c'étaient alors les
forces de police qui tenaient la barricade et des manifestants moins
lourdement équipés qui auraient dû livrer des assauts successifs.
Raison de plus pour croire que ces manifestants auraient préféré
l'Hôtel de Ville, avec la commodité de manœuvrer sur leurs lignes
intérieures.

En outre, et surtout, répétons qu'en fait on n'a pas vu d'armes aux
mains des militants de la CGT et du Parti communiste, ce mercredi-là.
Répétons aussi que les indications contradictoires de la Préfecture de
police, du ministre de l'Intérieur et du Premier ministre ne permettaient pas au général de Gaulle de supposer avec beaucoup de
vraisemblance que la manifestation communiste fût le prélude
immédiat de l'insurrection.

La situation de Mai 68 n'a rien de comparable techniquement à la
tentative de putsch d'avril 61. Si l'on cherche une analogie, c'est bien
plutôt avec la « Semaine des barricades » d'Alger, en janvier 1960 : là,
comme à Paris en Mai, le problème était initialement posé par des
groupes de manifestants retranchés dans un quartier de la ville.

Si de Gaulle a décidé de s'éclipser au moment de son choix, c'est
pour d'autres mobiles. On en voit deux. D'un côté le besoin, pour le
président d'une République jusque-là unie par ses soins, de ne plus
attendre jusqu'à laisser se former une situation d'affrontements
armés entre des Français. D'autre part, si l'on attendait qu'une émeute
maîtresse de la capitale vînt secouer les portes de l'Elysée, la fuite du
président de la République équivaudrait à une renonciation. Irréversible.

Deux mobiles qui se rejoignaient : si de Gaulle voulait prendre du
champ, ce devait être de son propre chef, à son heure, et en tout cas
avant le début du compte à rebours de la manifestation. C'est ce qu'il
a fait. Le reste n'est que spéculation sur des hypothèses qui n'ont pas
été réalisées et qui, si on y regarde bien, ne pouvaient pas l'être.
Spéculation obstinée pourtant, parce qu'intéressée. Pompidou allait la
cultiver jusqu'à sa propre élection à la présidence de la République.

* *
*

Maurice Couve de Murville (à huit ans de distance) : — Je dois dire — c'est un aveu, parce que je considère que je me suis trompé, mais il est toujours facile de refaire l'Histoire — qu'à ce moment tout le monde au gouvernement était d'accord avec M. Pompidou : des élections plutôt qu'un référendum! »

Pompidou, un connaisseur qui ne s'en laisse pas conter, a dégonflé, d'une chiquenaude, le projet gaullien de refonte sociale : séduisant sur le papier, d'application pratique nulle.

Pompidou emploie les mêmes mots de dédain qu'employaient avant guerre les grands patrons de l'armée française pour écarter le projet de refonte militaire.

Dans l'intervalle, l'officier obscur est devenu président révéré. Entre 1940 et 1968, deux générations d'hommes politiques ont chanté chaque dimanche à la face de la France et du monde la clairvoyance et la pénétration du général de Gaulle. Ils ont fait carrière et fortune là-dessus.

Eh bien, au bout de ces vingt-huit années de révérences intéressées, il suffit qu'une bourrasque se lève et pftt!... Vous ne trouvez pas un seul ministre de plus qu'avant guerre qui se dise que, venant du général de Gaulle, un projet de refonte mérite d'être pris au sérieux.

Exactement pas un, vous venez d'entendre Couve...

Dans la débâcle de Mai 68 l'Etat laisse de Gaulle exactement aussi seul, exactement aussi démuni, que dans la débâcle de mai 40.

Et pas un n'a été effleuré par l'idée que placé dans la même solitude, de Gaulle allait avoir le même comportement.

* *
*

Mardi soir 28 mai 1968 après dîner, le général de Gaulle — s'étant assuré par quelques interrogations indirectes auprès du ministre de l'Intérieur, Christian Fouchet, que certains dispositifs sont en état de fonctionnement — le général de Gaulle fait venir son fils, le capitaine de vaisseau Philippe de Gaulle. En présence de sa femme, ça va de soi, le Général prévient son garçon qu'on va quitter Paris, probablement demain. Tous. C'est-à-dire la famille.

L'avant-veille du 18 juin 40 à Bordeaux il avait retiré l'argent nécessaire et veillé à ce qu'on expédiât des passeports à sa femme et à ses trois enfants. Il ne sait pas s'écheveler.

Le général de Gaulle confie à son fils Philippe deux messages sous enveloppe. Le contenu, nous l'ignorons. Ces documents qui sont la clé de ce qui va suivre, Philippe de Gaulle les a gardés par-devers lui. Puisqu'ils n'étaient plus dans le lot des papiers d'Etat qui restaient à l'Elysée, ils n'ont pas rejoint les Archives nationales comme le reste. Le fils du Général les publiera probablement.

D'une façon ou d'une autre, il s'agissait pour le général de Gaulle d'assurer ce qui arriverait à la France après lui. C'est à son fils, et pas au Premier ministre Pompidou, qu'il a confié le soin d'acheminer éventuellement les deux documents. Pompidou, c'était la politique, or on entrait là dans l'Histoire.

Retenons en tout cas que de Gaulle, dès le mardi soir, très délibérément, a voulu faire en sorte que la continuité de la France ne passe pas par Pompidou.

Les choses se sont passées aussi peu théâtralement que possible : un père de famille qui confie à son fils un papier important.

Le même soir, Mme de Gaulle a téléphoné à son frère Jacques Vendroux pour lui demander d'aider Jeanne, la jeune soubrette, à rejoindre sa famille dans le Nord dès le lendemain, malgré la grève des chemins de fer. On accordait vacances à Jeanne, sans fixer la date pour son retour. Jacques Vendroux n'a pas demandé à sa sœur si la soubrette n'allait pas lui manquer. Il n'a pas non plus posé de question sur les projets d'Yvonne ou de son mari.

Ayant raccroché, Mme de Gaulle a prié la petite Jeanne de l'aider à faire les valises. La petite Jeanne a raconté par la suite que les bagages étaient sensiblement plus gros que pour les départs habituels vers Colombey.

De son côté le général de Gaulle, qui utilisait rarement le téléphone, a appelé son gendre le général Alain de Boissieu qui était à Mulhouse. Il a pris des nouvelles d'Alain, d'Elisabeth, de leur fille Anne. Il a simplement ajouté qu'il aimerait beaucoup, beaucoup, voir le général de Boissieu ici à l'Elysée le lendemain dès la première heure.

Alain a dit que c'était entendu, à demain matin, Père.

*
* *

Puis le Général et Mme de Gaulle vont se coucher.

Partir pour où?

De Gaulle, c'est constant chez lui, est d'abord certain des choses dont il faut s'éloigner. A partir de là et à mesure, il explore les directions encore possibles.

Général de Gaulle (neuf jours à peine après cette nuit de tâtonnements) : — Oui, j'ai eu la tentation de me retirer [96]. »

Ce n'était pas la première fois cette nuit-là.

— ... Depuis quelque chose comme trente ans que j'ai affaire à l'Histoire il m'est arrivé quelques fois de me demander si je ne devais pas la quitter... »

La première fois, c'était en septembre 1940, au large de Dakar où sa tentative de débarquement avait échoué. Il n'y avait pas trois mois que, soupirant encore malhabile, il songeait à se mettre en ménage avec l'Histoire. Alliés et ennemis se relayaient à le faire douter d'être fait pour ça, à le persuader qu'il n'avait pas le physique pour jouer l'Homme du 18 Juin :

— ... J'avais essuyé le feu des forces françaises qui tiraient sur les Français libres alors que l'ennemi était à Paris, j'ai douté qu'on pourrait jamais les retourner contre l'envahisseur de la France. »

Les « retourner » pour mettre enfin tout son monde dans la lutte commune, l'idée fixe de toute sa vie, la participation.

S'il ne sert à rien comme rassembleur, à quoi bon? Prendre la tête d'un tronçon de la France pour mater l'autre moitié, comme Pompidou en est venu à l'envisager tout à l'heure? Ce n'est pas son affaire. Il a toujours répugné à prendre la tête d'un parti. Lui il s'est appliqué à se faire le truchement de la vocation de la France. Il a la phobie d'être diviseur; plutôt s'effacer!

Général de Gaulle : — ... Ça a été le cas à Londres en mars 1942 devant une dissidence à l'intérieur de la France libre...
« ... Ce fut le cas en 1946 quand submergé par le torrent stérile des partis, sur lequel je n'avais pas de prise, et ne pouvant plus agir à la place où j'étais, je l'ai quittée. »

Le torrent qui submerge... Tiens, c'est la sensation qu'il exprimait tout à l'heure devant Christian Fouchet, l'inondation. Or, 1946, c'est la seule fois où il ait finalement cédé à la tentation de la retraite.

Général de Gaulle : — Ce fut le cas en 1954 quand je voyais le rassemblement que j'avais formé et qui était en train de se disloquer; alors je l'ai laissé et je suis rentré chez moi.
« Ça a été le cas le soir du premier tour de l'élection présidentielle de 1965 où une vague de tristesse a failli m'entraîner au loin. »

Les résultats de ce premier tour lui montraient la France coupée en deux. Ce ne pouvait pas être la sienne, pour le plaisir du pouvoir.

Ainsi le vieux général de Gaulle bouclait-il l'inventaire de ses tristesses. Il en a omis une. Il ne s'agissait pas pour lui cette fois-là de quitter le pouvoir, il est vrai, mais d'hésiter devant celui qu'on le suppliait de prendre. C'était le 29 mai 1958, au bout de l'agonie de la IVᵉ République. Deux sectes — celle des activistes d'Alger et celle des byzantins du Palais-Bourbon — s'affrontaient pour être chacune seule à oindre de Gaulle. De son village de Gaulle fit connaître l'impossibilité où il était de se faire complice de la vivisection nationale :

Général de Gaulle (29 mai 1958) : — Ceux qui par un sectarisme qui m'est incompréhensible m'auront empêché de tirer encore une fois la République d'affaire porteront une lourde responsabilité. Quant à moi, je n'aurais plus jusqu'à la mort qu'à rester dans mon chagrin. »

29 mai 58, 29 mai 68... ce village et ce chagrin, l'heure sonne-t-elle d'y retourner? La famille est avertie, les bagages en ordre; un mot

à dire au chauffeur sur la destination du voyage déjà commandé..

Général de Gaulle : — ... En même temps j'ai pensé que si je partais, la subversion menaçante allait déferler et emporter la République... »

Il témoigne, on le voit, que ce fut « en même temps », et avant l'heure du départ...

— ... Alors, une fois de plus je me suis résolu... »

Résolu à quoi? Il n'allait falloir aux Français que trente et une heures avant d'apprendre par télévision à quel programme de voyage de Gaulle s'était finalement arrêté :

Général de Gaulle (30 mai 1968, 16 h 31) : — Françaises, Français, étant le détenteur de la légitimité nationale et républicaine, j'ai envisagé depuis vingt-quatre heures toutes les éventualités, sans exception, qui me permettraient de la maintenir. »

Il va partir voir s'il subsiste d'ultimes moyens pour maintenir l'unité contre vents et marées affrontés; en quête des ultimes moyens qui donneront le temps qu'ils « se retournent », les Français, et qu'on revienne à la participation.

Avant de voir clair dans les moyens, d'abord se tirer de l'impasse. Le 29 mai 1968 au matin, autant que de l'insurrection menaçante le général de Gaulle va s'évader du système Pompidou.

X

LE RESSORT

Mercredi 29 mai. Jour habituel du Conseil des ministres. Pompidou s'apprête à y partir. Le Secrétaire général de l'Elysée lui téléphone : Conseil remis au lendemain.

Les autres membres du gouvernement pénétreront dans la cour de l'Elysée avant d'apprendre qu'ils sont décommandés.

Il est dix heures moins le quart du matin. Pompidou voit qu'on est entré dans l'anormal. Ce n'est pas la première fois depuis qu'il est aux côtés du Général. Le nouveau — le grave pour lui — : cette fois, le Général ne l'a pas mis dans le coup.

Pompidou veut rétablir aussitôt le branchement. Va pour annuler le Conseil des ministres, mais que le Général au moins continue à coopérer avec le Premier ministre. Par le téléphone interministériel, il demande à Tricot de lui ménager une audience immédiate auprès du Général.

Un quart d'heure : vaine attente.

Nouvel appel à Tricot. Nouveau quart d'heure : vaine attente.

Là — colère de l'homme qui tape dans le vide, ou premier poinçon de l'angoisse? —, Georges Pompidou, ordinairement si soigneux de se montrer maître de soi, sort de ses gonds :

Georges Pompidou (toujours par téléphone direct) : — Ecoutez, Tricot! Il FAUT que je voie tout de suite le Général! Vous entendez [97]? »

Il ne le verra pas. A dix heures et demie, son téléphone ronfle : touche lumineuse de l'Elysée. En ligne, la voix du Général. Ce n'est pas signe que les choses rentrent dans l'ordre. Pompidou a calculé que, durant le temps qu'il fut Premier ministre, de Gaulle ne l'avait pas appelé plus d'une fois par an, en moyenne.

Le Général — ton séducteur, courtois de la fausse excuse; bref, nullement complice — justifie sa décision d'ajourner le Conseil : il éprouve, dit-il, le besoin de « prendre du recul » pour retrouver « une vue d'ensemble ». Pompidou racontera plus tard que de Gaulle lui a parlé d'aller « dormir au calme ».

Ce n'est pas une demande d'avis. C'est une notification :

Général de Gaulle : — Je pars, je reviens demain, prévoyez le Conseil. »

Pompidou a vécu le 20 janvier 1946, de Gaulle quittant le Conseil des ministres pour se retirer dans sa villa de Marly. Il n'était revenu qu'au bout de douze ans.

Pompidou, ce 20 mai 1968, ne note pas une différence, essentielle cependant pour qui connaît le formalisme scrupuleux du général de Gaulle : en 1946, sur le point de s'éclipser, la seule phrase qu'il prononça en Conseil fut pour prendre soin de déléguer l'intérim à quelqu'un, Vincent Auriol, vice-président du Gouvernement provisoire; ce matin, 29 mai 1968, rien de semblable. Pompidou, l'eût-il noté, il aurait moins spéculé sur l'éventualité d'un départ sans retour.

Il s'est aveuglé sur une fausse piste : il cherchait la femme.

Georges Pompidou : — Je pensais surtout à ce que Mme de Gaulle disait souvent à son mari, qu'il était trop bon de s'occuper de tant d'ingrats, qu'il était trop vieux pour se laisser fatiguer comme ça par la politique. Depuis qu'elle était entrée à l'Elysée en 1959, elle ne rêvait que du jour où ils se réinstalleraient tous deux à Colombey, définitivement. »

Pompidou dit au Général qu'il doute de le voir revenir.

Général de Gaulle : — De toute façon, vous êtes là, vous, en recours. »

Georges Pompidou : — Oh! Je ne donnerais plus cher de mon titre. »

Général de Gaulle : — Eh bien! Je vous répète à demain. Allez! Je vous embrasse. »

Commentaire rétrospectif de Pompidou (cinq mois et demi plus tard) :

— M'embrasser! Ce n'était pas son genre. Je me dis : ça va mal! Il ne reviendra pas [98]. »

***

Pompidou ressassera ce « je vous embrasse » avec une complaisance et une inquiétude équivoques, le retournant au fil des mois sous toutes les coutures pour y découvrir tantôt la preuve d'un désarroi du Général (et donc la justification de ceux qui allaient envisager de le déposer), et tantôt le Baiser du Christ à saint Pierre, tu bâtiras mon Eglise, la sainte onction dont le candidat successeur pourra se prévaloir.

Il n'avait pas découvert que le général de Gaulle faisait de cette formule une application très précise, technique et, en quelque sorte, militaire.

Le 23 août 1944, le général Leclerc fait porter un billet au général de Gaulle

— Les FFI ont peut-être libéré l'intérieur de Paris à l'heure actuelle, mais la périphérie est encore solidement tenue (...) J'engagerai donc l'opération demain matin au petit jour. Respectueusement. »

Leclerc vient d'atteindre Rambouillet « avec un petit détachement précurseur ». On ne sait pas encore quand le gros de sa division pourra passer, ni si son chef pourra être rejoint par le président du Gouvernement provisoire de la République.

De Gaulle griffonne une réponse qu'il remet à l'agent de liaison :

— Je voudrais vous voir aujourd'hui. Je compte être à Rambouillet ce soir et vous y voir. Je vous embrasse. »

Il n'avait jamais été plus familier avec Leclerc qu'il ne le devint avec Pompidou.

Le soir, il est à Rambouillet. Des envoyés du préfet de police Charles Luizet, clandestinement installé dans la capitale encore ceinturée par l'armée allemande, le rejoignent. Nouveau billet :

— Monsieur le Préfet et cher ami (...) la journée de demain sera décisive dans le sens que nous voulons. Quand j'arriverai, j'irai tout de suite « au centre * ». Nous organiserons aussitôt le reste avec Quartus ** et avec vous (...) Je vous embrasse. Dites mes sentiments à Quartus et aux autres. »

Ce « Monsieur le Préfet » du début situe l'accolade terminale. Comme pour Leclerc c'était le message envoyé à un instant caractéristique : un chef d'opérations était aux prises avec une situation où le responsable d'ensemble l'avait engagé; le chef d'opérations allait y être seul; de Gaulle ne retrouverait plus le contact avec lui qu'à la sortie de l'épisode, après que les dés auront cessé de rouler; dans l'intervalle, lui, de Gaulle, aurait mené de son côté la grande affaire d'ensemble.

Tel allait être le cas de Pompidou : seul pour traverser l'épisode de la manifestation communiste; de Gaulle lui donnait rendez-vous pour le lendemain, à la sortie, comme au préfet Luizet.

C'est l'unique acception de « je vous embrasse » sous la plume du général de Gaulle. Elle a été constante. La première fois que de Gaulle a usé de la tournure, le 6 novembre 1940, dans le dénuement de la France libre nouvelle-née, ce fut à l'adresse d'un quasi-inconnu, dont un continent le séparait, le lieutenant-colonel Parant qui venait de noyauter avec une poignée de soldats l'inaccessible Gabon. Il fallait qu'il fût dans la capitale gabonaise pour que de Gaulle pût l'y joindre. Le général de Gaulle fit transmettre en morse sur le télégraphe de campagne cet insolite brevet de nomination :

— Je vous embrasse et je vous félicite, lieutenant-colonel Parant gouverneur du Gabon... »

---

* Ministère de la Guerre, rue Saint-Dominique.
** Alexandre Parodi, délégué général du gouvernement provisoire.

Ça ne donnait pas qualité à Parant pour se substituer à de Gaulle. Pareil pour Pompidou.

*
* *

Jacques Chaban-Delmas : — Il vous embrasse et c'est vous qui êtes baisé. »

Chaban n'a pas pu s'empêcher. Il se retrouve dans la fraternité virile d'un petit groupe aux abois. Défoulement par la gouaille. Ils sont accourus s'épauler les uns les autres dans le bureau du Premier ministre, le directeur du cabinet Michel Jobert et son adjoint Edouard Balladur, bien sûr, plus, tour à tour, Maurice Schumann, Olivier Guichard, Jacques Chirac, Raymond Marcellin, Louis Joxe, Roger Frey.

Pompidou ne supportera jamais la supériorité d'ancien combattant que Jacques Chaban-Delmas se donne par rapport à lui.

Confirmant la scène, l'automne suivant [99], à Claude Mauriac, il dit aigrement :

— Chaban est là, je ne sais pas pourquoi *... »

Pourtant, non moins aigrement, vers la même époque, Pompidou faisait observer devant Pierre Rouanet « qu'ils n'avaient pas été nombreux, ceux qui avaient osé se montrer à Matignon ce mercredi en fin de matinée ».

Michel Jobert a révélé plus tard — dans ses *Mémoires d'avenir*, à propos de l'affaire Markovitch — avec quelle minutie Pompidou faisait de tels pointages; il allait jusqu'à porter constamment dans son portefeuille la liste des gens qui lui avaient manqué.

Ce mercredi 29 mai 1968, en fait, Jacques Chaban-Delmas est à l'hôtel de Matignon en vertu du même réflexe très précisément qui l'avait poussé auprès du général de Gaulle, sur le palier de l'Elysée, le soir du 23 avril 1961, lorsqu'on attendait l'assaut des parachutistes de Salan. S'il doit y avoir un dernier bastion où périr pour l'exemple, Chaban veut en être; c'est son faible. Chez lui bouillonne, inassouvi, un saint-cyrien d'avant-guerre, vocabulaire mental désuet, mais indéracinable. Ce prétendu politicien sera sous deux Républiques le dernier à se pâmer au seul mot de « servir ». Pompidou s'en interloque.

*
* *

Le commentaire gaillard que Chaban s'est permis sur l'embrassade gaullienne a été colporté en novembre 68, à la table des écrivains Mauriac père et fils, par Mme Claude Pompidou. Petits glougloute-

---

* Jacques Chaban-Delmas était président de l'Assemblée nationale. Il ne participait pas à l'exécutif. Mais, depuis 1947, il s'était toujours mêlé — de son propre chef — de la tactique des gaullistes.

ments, gourmands et faussement confus, dont François Mauriac avait le secret. Mme Pompidou atteste :

Mme Claude Pompidou : — Les voix me parvenaient. J'ai entendu Chaban [100]. »

C'est elle qui le raconte, on se force à la croire. On mettrait sa main au feu que Mme de Gaulle n'a jamais de sa vie écouté aux portes, fût-ce un quart d'heure après l'attentat du Petit-Clamart; ce n'était pas de son monde, ni de celui de l'Etat.

De 1962 à 1968, Georges Pompidou étant Premier ministre, sa femme ne résidait pas à l'hôtel de Matignon. Elle a dû s'y replier en temps de crise, puisqu'elle le dit, sans doute dans les rares nuits où son mari n'en sortit pas. Selon l'expression à la mode, les familiers la dépeignaient comme « une femme très protégée * ». Des mines de longue biche inquiète. Elle n'aimait pas, paraît-il, se sentir seule. Sa sœur, Mme Castex, était presque constamment appelée en compagnie et en confidente. Il serait étonnant que, pour une fois, Mme Castex n'ait pas été aux côtés de Mme Pompidou, ce 29 mai, dans la pièce où parvenait le secret d'Etat.

Vingt-cinq minutes après l'énigmatique et ultime coup de téléphone du Général à son Premier ministre, Georges Pompidou était en ligne avec Valéry Giscard d'Estaing. Toute haine rengainée, il le mettait au courant.

Promptitude tactique remarquable. Pompidou a instantanément mesuré que le départ du Général modifiait la totalité du jeu. Il ne s'est pas passé une demi-heure avant que Pompidou remanie et déclenche le dispositif de son propre destin national.

A partir d'ici, il jouera exclusivement pour son compte. Les rancœurs conçues dans d'autres circonstances sont périmées; il ne s'en encombre pas.

Giscard a reçu la communication de Pompidou au Palais-Bourbon, dans son bureau de président de la Commission des Finances. Il a rendez-vous là, quelques minutes plus tard, à midi, en grand secret, avec Pierre Mendès France. Celui-ci est lancé dans des conciliabules complexes pour examiner s'il y a lieu pour lui de constituer un cabinet de transition à la demande des partis de gauche. Giscard a longtemps

---

* Le 28 février 1970, à Chicago, Georges Pompidou parla d'interrompre sa visite officielle de président de la République française aux Etats-Unis parce que des manifestants pro-israéliens avaient impressionné sa femme. Le général de Gaulle et sa femme, retirés à Colombey, suivaient attentivement les comptes rendus de la télévision sur ce voyage.

considéré Mendès France comme un modèle politique. Il l'appelle à ne pas sous-estimer l'ampleur de ce qui est en train de se passer, non pas tant dans les états-majors des partis de gauche qu'à la tête même de la République. Il insiste sur le fait que chacun doit aujourd'hui agir en pleine responsabilité et en pleine conscience des réalités d'ensemble.

L'ayant entendu, Pierre Mendès France retourne néanmoins aux parlotes de Mitterrand. Elles l'occuperont tellement qu'à neuf heures du soir il se portera officiellement candidat à la direction d'un gouvernement improvisé, sans se dire que dans l'intervalle la réapparition du général de Gaulle a changé les perspectives. Fin de la carrière politique de Mendès France.

Giscard, lui, se retrouve en posture de poursuivre la sienne.

*
* *

Quand M. le président de l'Assemblée nationale constate que M. le Premier ministre est baisé, il va, sauf le respect de la Constitution, droit au cœur du problème constitutionnel.

A la formulation près, mais tout aussi promptement, le Premier ministre fait la même analyse :

Georges Pompidou : — Si l'Assemblée n'était pas dissoute et qu'Il ne revienne pas, je serais renversé dans les quarante-huit heures [101]. »

Pourquoi calcule-t-il d'emblée quarante-huit heures? Parce que la Constitution dispose que « le vote d'une motion de censure ne peut avoir lieu que quarante-huit heures après son dépôt ».

Pompidou voit tout de suite que de Gaulle le laisse à la merci de Valéry Giscard d'Estaing. Il y a tout juste une semaine, le 22 mai, Pompidou a échappé à une motion de censure parce que Giscard n'a pas fourni aux opposants la poignée de suffrages qui manquaient : il en fallait 244, la gauche n'en a rassemblé que 233.

Mais Giscard a bien dit que c'était pour rester dans la majorité présidentielle, derrière le président de la République (« nous ne voulons pas ajouter l'aventure au désordre ») et qu'il regrettait que ça l'empêchât de montrer le mal qu'il pensait du gouvernement :

— Nous ne pouvons nous prononcer ni sur l'équipe, ni sur sa politique; le débat est faussé dans son dénouement. »

Et puisque tout le monde parlait de réformes, Giscard n'y est pas allé avec le dos de la cuillère :

— Première réforme à faire : changer la manière dont la France est gouvernée. »

Bon alors, si sept jours plus tard, de Gaulle en personne montre au pays, spectaculairement, que lui-même n'est plus solidaire de « la manière dont la France est gouvernée », Giscard ne sera pas infidèle à de Gaulle en délogeant Pompidou. Et il a bien prévenu que ce devait être « la première réforme ».

Pompidou sait bien que les giscardiens ne seront pas seuls dans la majorité à le pousser dehors. L'autre jour, le Général a retenu mollement l'aile progressiste du groupe gaulliste, persuadée que tout le mal vient des obstacles que Pompidou a opposés à l'intéressement et à la participation. Le Général a seulement demandé qu'on préserve l'avenir parlementaire de la participation et pas celui de Pompidou. Les quelques gaullistes de gauche sont plus pressés que Giscard d'en découdre.

Seule parade pour Pompidou : il faut que dans moins de quarante-huit heures l'Assemblée nationale ait cessé d'exister.

Il est un peu plus d'une heure de l'après-midi. Le Général est parti depuis quatre-vingt-dix minutes. Pompidou demande au greffier du gouvernement, le Secrétaire général Jean Donnedieu de Vabres, de lui fournir le texte d'un décret de dissolution. Affaire de trois minutes.

Chaban appuie chaleureusement l'idée de Pompidou : lui-même a écrit au Général, voici deux jours, pour préconiser la dissolution. A ce moment-là, il y voyait plus d'avantages pour le Général que pour le Premier ministre. Des élections étaient à ses yeux un plus sûr moyen que le référendum de faire avancer la Réforme.

Pompidou va écrire sur-le-champ au Général une lettre pour lui exposer la nécessité de signer aujourd'hui même le décret de dissolution. Et cela, que le Général revienne ou pas. On va lui faire porter à Colombey, sur-le-champ, lettre et projet de décret, tout cuit. Le messager doit avoir haute qualité pour recevoir à Colombey la signature salvatrice et cautionner l'authenticité du décret, cette potion magique qui rendra consistance à Pompidou. Pareille mission revient à Donnedieu ou à son second, Jacques Larché.

En contrepoint de ces préparatifs juridiques, Pierre Somveille apporte de cinq minutes en cinq minutes les nouvelles que lui fournit la Préfecture de police sur le rassemblement de la manifestation de la CGT à la Bastille. Il y a aussi cette donnée, lancinante. Pompidou a toujours aimé ces situations, où il lui était donné de conduire à plusieurs rênes.

Chaban ramène l'intérêt sur le projet de dissolution, en fournissant un atout supplémentaire pour précipiter l'opération de Pompidou : puisque, dit-il, le président de la République, avant de prononcer la dissolution, doit prendre l'avis des présidents des deux Chambres, on peut lui faire parvenir l'avis de Chaban en même temps que le projet de décret. Bernard Tricot n'aura qu'à prévenir le Général que Chaban donne à sa lettre d'avant-hier valeur de consultation officielle. Que deux ministres ici présents, Joxe et Frey en soient témoins avec Jacques Foccart.

Voici justement Bernard Tricot.

Bernard Tricot (encore plus blême qu'à l'état naturel) : — Le Général n'est pas à Colombey. »

*
* *

Tandis que Mme Claude Pompidou s'effarouche et s'émoustille derrière sa porte, Mme Yvonne de Gaulle, toque en tête et sac à main sur les genoux, regarde la pointe des sapins des Vosges frôler le ventre de l'hélicoptère. Quoi de plus normal pour une bonne dame de soixante-huit ans que d'être ainsi assise, tout à fait dignement, à faire du saute-mouton avec la cime des forêts dans cette bulle vitrée et bourdonnante qui file vers l'Allemagne en jouant à cache-cache avec les radars du gouvernement français!

Vous savez, ça ou le caboteur qui vous emporte de Bretagne en Angleterre avec trois enfants dont une infirme sur une Manche grouillante de sous-marins, ça ou le bombardier surchauffé et cahoteux qui vous entraîne de Londres à Brazzaville en contournant l'Europe nazie, ça ou la traction avant 15 CV qui ne va jamais assez vite pour le goût du Général en traversant de temps à autre la flamme de Pont-sur-Seine et les balles du Petit-Clamart... que voulez-vous, ma chère amie, c'est la rançon d'avoir épousé un militaire, on n'a pas fini de déballer les cantines qu'on part pour la garnison suivante. Va pour l'Allemagne.

Tout à l'heure, sur l'aéroport de Saint-Dizier, le Général a dit au pilote : « Cap sur Baden-Baden. » Mme de Gaulle est dans l'hélicoptère, ainsi que les valises. Elle en a fait préparer plus que d'habitude.

Comme on ne tricote pas en hélicoptère, elle a posé ses deux mains jointes sur son sac. On ne sait pas si, lors de tels départs, elle faisait une prière. Encore moins à l'intention de qui. On sait seulement qu'elle avait la pratique des intentions de prière et qu'elle disait sa prière chaque soir pendant que le Général se mettait au lit. On gagera que, si elle a prononcé avant d'embarquer une prière spéciale à l'intention de son Général de mari, ce fut peut-être pour son salut, certainement pas pour sa tranquillité.

Depuis le jour de son mariage en 1921, elle s'attendait à ce qu'il prît deux maîtresses, la France et l'Histoire. Elle y mit de la résignation, non dénuée d'une complaisance. Alors voici que son vieux grand homme se prend une fois encore à courir le guilledou de la République. On ne sait pas si elle estime que ce n'est plus de son âge. Elle ne commente pas. Elle accompagne.

Si Georges Pompidou, tout à l'heure, était sincère en imaginant cette vieille dame ramenant par la peau du cou son vieux pendard désemparé à la Boisserie, eh bien, ça montre que Pompidou ne connaissait pas Mme de Gaulle aussi bien qu'il s'en flattait. Tout s'est passé à l'inverse de ce qu'il a dit.

A commencer par ceci que c'est le Général, comme d'habitude, qui a dit qu'on partait; sans même dire pour où; et aussi décidé que d'habitude à choisir où.

Tandis que les deux Alouettes refaisaient les pleins de kérosène sur le terrain militaire de Saint-Dizier (les passagers demeurant à bord en dépit du plus strict règlement...) le Général a donc dit Baden-Baden. On a laissé la Boisserie à quarante kilomètres sur la droite. Les deux capitaines de gendarmerie qui pilotent — si peu gendarmes à vrai dire, hormis l'insigne — n'ont peut-être pas su la provenance du message qui a déterminé le Général : « Il faudra aller jusqu'au bout »; de toute façon, ils sont exercés à ne pas savoir.

Mme de Gaulle, elle, se doute bien que c'était ce bon Alain.

⁎⁎

Hier soir, mardi, le général de Gaulle, ayant averti son fils Philippe, a téléphoné à son gendre, le général Alain de Boissieu Déan de Luigné, commandant la 7ᵉ division à Mulhouse. Il lui a demandé d'être à l'Elysée le lendemain matin mercredi, dès la première heure.

Boissieu quitte Mulhouse peu après 6 heures. Son hélicoptère remonte d'abord vers le nord, jusqu'aux approches de Strasbourg, à cause du mauvais temps sur les Vosges. Puis direction Paris. Il est à l'Elysée à 9 h 30. Dans le palais, il suit l'itinéraire de l'incognito. Au lieu du bureau des aides de camp, il passe par celui de Jacques Foccart, et le croise :

Jacques Foccart : — Le Général a tort de vouloir partir. Je trouve qu'il ferait mieux de rester ici. »

Boissieu apprend ainsi, avant de voir son beau-père, que celui-ci vient de décommander le Conseil des ministres, afin d'avoir sa journée libre. Il en est moins surpris et moins marri que Foccart.

C'est une situation qu'il appelait de ses vœux depuis plusieurs jours. Et pas seulement de ses vœux. Il en a parlé à ses pairs. N'excluons pas qu'il ait déjà exprimé quelques réflexions au Général et qu'il ait — à l'insu de lui-même et du Général — contribué à la formation de la décision.

Des trois officiers de la famille, Boissieu est le plus conforme à l'image traditionnelle en culotte de peau. On en oublierait qu'il est Compagnon de la Libération, qu'il a commencé par l'aventure. Silhouette ramassée, l'air un peu roquet. Le genre à douter des civils, à dire du mal des politiciens. Il en a toujours dit. En mai 1958, par exemple, au mess de son régiment en Oranie, il souhaitait volontiers qu'on clarifiât la République en basculant les députés dans la Seine. De tels propos — dont il n'a jamais esquissé la mise en pratique — n'ont pas maigrement contribué à l'idée fausse qu'on s'est faite dans l'armée d'Algérie sur la façon dont de Gaulle allait reprendre le pouvoir. Au demeurant, prêt à mourir pour la République. Et comme les antisémites ont leur juif, Boissieu a son politicien : de toute la famille de Gaulle, il est et demeurera le plus lié à Pompidou, d'amitié.

La famille de Gaulle, il en est à part entière, depuis qu'il a épousé Elisabeth, le 3 janvier 1946. Le général de Gaulle l'intègre à ses autres enfants dans une affection distante, mais absolue, et absolument

confiante. Boissieu appelle le Général « mon Père » comme fait
Philippe. Ça ne l'empêche pas d'avoir ses idées sur la politique et de les
exprimer à l'heure du café, le dimanche après déjeuner. Il n'a jamais
complètement digéré, dirait-on, que le beau-père dont il est si
profondément fier, se soit si aisément installé, étalé dans l'univers
politique.

Boissieu n'a donc besoin d'aucun effort d'accommodation mentale
pour entendre le Général lui dire le mal qu'il faut penser de ses
« tartempions de ministres ».

Le beau-père a d'abord accueilli le gendre sans abréger aucun des
préalables de l'affection attentive. Il est allé au-devant de lui, lui a
tendu la main, a demandé des nouvelles d'Elisabeth, puis de la petite
Anne — qui grandit bien. Il a désigné un fauteuil — celui où s'assied
tout visiteur principal, Pompidou quand c'est son tour — et il est
retourné s'asseoir derrière son bureau. Ses mains posées à plat devant
lui se soulèvent alternativement pour accompagner l'énoncé, à
l'horizontale, une fois vers la gauche, une fois vers la droite.

Un énoncé calme : la récapitulation qui prélude à la conférence
d'état-major. Calme dans la formulation, apocalyptique dans le
contenu.

Général de Boissieu (1978) : — Il ne m'a pas mentionné tous les
ministres chacun par son nom, sans doute. Mais pas un de ceux qu'il
nommait ne trouvait grâce. »

De Gaulle ne leur en veut pas de la façon dont ils ont mis en œuvre
leurs moyens ordinaires. Il s'impatiente qu'ils continuent à faire
comme si la situation était justiciable des moyens ordinaires. Qu'ils ne
soient pas de taille à voir la dimension exceptionnelle de la crise.

Général de Gaulle : — C'est l'inondation... »

Plusieurs minutes sur ce ton, sur ce thème. Prélude nécessaire à de
Gaulle pour justifier que les ministres soient renvoyés aux limbes. La
France est entrée dans l'exceptionnel; les ministres de l'ordinaire
restent en deçà, adieu pour eux. L'exceptionnel, c'est l'ordinaire d'un
vrai militaire; salut à lui. Superflu et dangereux d'embarquer des
civils dans l'étroite nacelle, plus le temps d'instruire des recrues. De
Gaulle, dès cet instant, a déjà fermé ses écoutilles au gouvernement, il
est tout entier redevenu militaire.

Au terme du prélude — qui lui paraît trop long — Boissieu se lève,
claque des talons, va parler, au garde à vous :

Général de Boissieu : — Mon général... »

Il ne dit plus « mon Père », il ne lui viendrait pas à l'idée de dire
« Monsieur le président de la République ».

Général de Boissieu : — Mon général, je suis porteur de deux messages
de fidélité du général Beauvallet, commandant la 6ᵉ région, et du
général Hublot, commandant le 1ᵉʳ corps d'armée. »

*
* *

Beauvallet de Metz, Hublot de Nancy, à eux deux ils tiennent le quart nord-est de la France. Quatre étoiles chacun. Ils sont les supérieurs du général de Boissieu. Celui-ci agit en officier de liaison; l'initiative est venue d'eux.

Michel Jobert (1969) : — Pour l'Armée, en Mai, il ne s'agissait pas de défendre de Gaulle; elle défendait la République. »

Elle envisageait ce qui était de son domaine : la défense de la République par des moyens militaires. Cela ne signifiait pas le projet de sortir des lois. Ils pensaient au contraire qu'on allait devoir mettre en œuvre les moyens militaires propres à faire fonctionner la République selon la loi. Plus précisément selon l'ordonnance n° 59-147 portant organisation générale de la Défense. (Le lecteur va la retrouver bientôt.)

Alors que tous les mécanismes de l'Etat tombaient en poussière, Beauvallet et Hublot ont fait savoir au président de la République que les mécanismes de remplacement restaient en état de fonctionner. Ils ne se sont, à aucun moment, substitués au chef de l'Etat pour décider de mettre en branle le dispositif de dépannage prévu par les lois.

Le général de Gaulle, de l'autre côté du bureau, s'est levé lorsque Boissieu s'est mis au garde à vous. Il a écouté debout, les bras le long du corps. Pas de théâtre, nulle brusquerie de surprise. Le rituel d'allégeance est venu à l'heure; de Gaulle y participe avec naturel, ou plutôt de toute sa nature, oui réinvesti entièrement de son naturel militaire. Replongé, dirions-nous? Remonté plutôt à son ionosphère, l'Armée. Il n'abrège pas plus le cérémonial de chevalerie qu'il n'a expédié tout à l'heure la démonstration d'affection.

Qu'on n'objecte pas que les deux acteurs sont en civil et que le messager des généraux à quatre étoiles est au garde à vous devant un retraité qui n'en a jamais reçu plus de deux, et à titre temporaire. En cet instant, le divisionnaire s'adresse au Connétable.

Le Connétable n'a pas à remercier. Il encaisse le dû pour le compte de la France, et enchaîne :

Général de Gaulle : — Bon. Et Massu? »

A croire que c'est à Massu seulement qu'il importe de parler.

Massu, cinq étoiles, est à Baden-Baden, commandant en chef des Forces françaises d'Allemagne. Certes, c'est le gros des moyens militaires. Mais le dévouement de Massu, ça ne fait pas un pli. Et l'état de ses troupes, de Gaulle le connaît. Ses renseignements sont frais : le propre chef de l'état-major particulier du chef de l'Etat, le général Lalande, a vu Massu pas plus tard qu'avant-hier, par ordre de De Gaulle.

De Gaulle avait autre chose en tête pour avoir besoin de parler à

Massu, à celui-là et pas aux autres, dont on venait de lui dire l'impatient loyalisme, ces autres qui, pourtant, offraient un avantage : à la différence de Massu, ils tenaient d'ores et déjà une portion du territoire national.

Ce n'est pas ça qui semble intéresser de Gaulle, pour le moment. Alors quoi? Boissieu ne saurait le demander; ça ne concerne pas la mission pour laquelle de Gaulle l'a convoqué. De Gaulle ne saurait le lui dire : l'heure n'est pas à la philosophie; le chef militaire livre à l'exécutant seulement la part nécessaire pour que ledit exécutant ait une bonne vue de sa mission précise.

Reste que c'est de Massu, ce matin, que de Gaulle attend on ne sait quoi de plus.

Boissieu : — Téléphonez-lui... »

De Gaulle : — Non. Ici tout est surveillé, écouté. Je ne veux pas qu'un seul membre du gouvernement — pas un seul, vous m'entendez — soit au courant de ce que je peux être amené à faire aujourd'hui. »

Oui, dès cet instant, de Gaulle navigue en plongée, résolument. On est loin du flottement désemparé que croit Pompidou. De Gaulle ne sait pas encore ce qu'il va faire; il voit ce qu'il ne fera pas.

De Gaulle : — Alors, général de Boissieu, vous allez vous porter immédiatement sur Colombey. On supposera que vous nous y précédez, votre Mère et moi. »

Extrait de *Vers l'Armée de métier :* — La ruse doit être utilisée pour faire croire que l'on est où l'on n'est pas, que l'on veut ce que l'on ne veut pas. »

La ruse, arme de qui n'en a plus. Quel adversaire le vieux Général démuni esquive-t-il, ce mercredi matin? Ceux qui préparent la manifestation contre lui? Ou Pompidou?

Tous à la fois sans doute, la chienlit de ces gens agrippés qui roulent ensemble dans l'impasse et la France avec eux, l'inondation sur laquelle l'Armée seule peut revenir à longues rames, Connétable sur le pont, non pas pour entrer elle aussi dans la mêlée, vulgairement, comme proposait Pompidou, non pas pour tirer dans le tas, mais pour rattraper les débris partis en dérive, pour les rabouter, pour faire survivre des fragments de population, rétablir des circulations, faire sauter des engorgements jusqu'à ce que le flot, peu à peu réorienté, ait retrouvé son lit, en direction, à nouveau, enfin! du Progrès.

Voilà la vision. Enigmatiquement, les possibilités de la concrétiser semblent subordonnées à une condition dont de Gaulle croit pouvoir trouver la clef auprès de Massu. Tant qu'il n'a pas cette clef, bonne ou fatale, il n'a pas l'air de savoir s'il reste une issue; ce n'est même pas l'heure d'envisager ce qu'on ferait.

De Gaulle : — Dès votre arrivée à la Boisserie — il sera midi —, vous appellerez le général Massu par le téléphone du réseau public. De là-bas, les communications internationales sont établies par Nancy. »

Minutie futile? Non. Simplement, de Gaulle est pleinement dans sa peau militaire. Un plan de bataille, dans la tête d'un commandant en chef, c'est avant tout la hantise d'un réseau de communications; il le voit, il le vit, jusque dans les artérioles les plus démultipliées. Qu'on regarde donc un PC d'opérations : une pelote d'antennes entrecroisées, un crépitement de morse, des nasillements toutes ondes. Un contact perdu, c'est une escouade ou un corps d'armée en moins; il faut tout de suite rattraper la maille par un autre biais. De Gaulle avait son réseau en tête, d'emblée, la demoiselle des postes de Bar-sur-Aube y comptait pour autant que le faisceau hertzien Paris-Baden *.

De Gaulle toujours à Boissieu : — Vous direz à Massu que je veux le voir aujourd'hui, dans les quatre heures qui viennent. Je serai là-bas, qu'il vienne me voir au mont Sainte-Odile. »

*
* *

Le couvent Sainte-Odile, il a dit Sainte-Odile? L'hostellerie qu'y tiennent les Sœurs pouvait, c'est vrai, abriter d'une heure à l'autre le siège d'un gouvernement provisoire ou d'un quartier général (désormais, c'était pareil). Bonne idée, mais pourquoi l'idée? Pourquoi Sainte-Odile plutôt que la préfecture de Colmar? Quelle symbolique inconsciente — ou soufflée par qui? — faisait venir l'idée de ce site sur les lèvres du général de Gaulle, celui-là bien précis et pas un autre, dans un moment qui n'était pas à la rêverie? On dirait que, plus ou moins confusément, de Gaulle se voyait là depuis toujours, qu'il en avait de tout temps envie. Ou besoin? tentation ou vocation?

Alors, bien sûr, on peut rappeler l'imagerie revancharde de l'avant-guerre, parler de ce balcon surplombant la plaine d'Alsace. Il faut rendre cette justice à de Gaulle qu'il était au-delà de ce genre de cartes postales. Le balcon, d'ailleurs, tourne le dos à la France, qu'il allait s'agir d'interpeller. L'ancien saint-cyrien ne partait certainement pas là-bas ce jour-là pour faire des moulinets à l'adresse de l'Allemand.

Action psychologique? Que de Gaulle ait songé à utiliser l'impact pour ainsi dire touristique que ce nom pouvait avoir sur la sensibilité française, on l'a dit également. Méfions-nous tout de même de lui prêter des calculs tactiques trop courts. La banalité n'est jamais la bonne explication. Lorsqu'on veut comprendre un homme de l'inté-

---

* Dans la capsule d'acier qui sert de poste de tir aux fusées nucléaires françaises, cocon de ressorts antisismiques dans les entrailles d'une montagne, au bout de plusieurs kilomètres de galerie, les deux officiers prêts à enclencher la clef tenaient sous leur regard, vers 1970, toutes les inventions de l'électronique et des téléscripteurs et des téléphones et des ampoules de toutes couleurs, et un système d'ondes propagées par le sol, avec une antenne kilométrique, et des écrans sur lesquels pouvait apparaître l'ordre autographe du chef de l'Etat; quoi d'autre encore? Ah oui! Sur un coin de ce tableau de bord futuriste et somptuaire, un transistor soldé au Prisunic. Lorsque toutes les perfections auraient été simultanément volatilisées, le message pouvait pareillement arriver entre deux chansons de Radio Monte Carlo.

rieur, mieux vaut démêler les mobiles les plus difficiles, ceux qui ne s'appliquent qu'à lui.

Sans doute faudrait-il aussi se souvenir que de Gaulle s'était constamment et en vain cherché un foyer politique. A peine élu à la présidence de la République, il s'était rendu en personne au château de Vincennes pour en examiner les possibilités d'aménagement. Nostalgie royale? On s'était empressé de le soutenir. Plus probablement ce militaire voyait en Vincennes le rôle que ce château avait joué, tout récemment encore, comme centre nerveux de la gestion militaire.

De Gaulle s'était même fait montrer le musée Rodin avec, au fond du parc, pour les services, les immeubles dont on a fait le ministère de la Coopération, et, de l'autre côté de l'avenue, les dépendances des Invalides.

Le tout était de s'épargner le palais de l'Elysée. Ce ne fut jamais son chez-lui.

— L'Histoire ne se fait pas dans le huitième arrondissement [102] ».

Il avait dû songer parfois aussi aux bois sacrés de la province d'où partiraient plus retentissantes les décharges de l'Histoire si devaient réapparaître les temps d'exception.

Il faudrait encore s'interroger sur l'attirance de certaines abbayes, inventorier celles où il fit retraite avant plusieurs grandes décisions, se demander à quels ordres elles appartenaient. Il reste à étudier la vie religieuse du général de Gaulle, l'influence qu'ont pu exercer certains ordres mendiants, ces réseaux; pourquoi, par exemple, a-t-on vu surgir belliqueusement à ses côtés, en 1940, Thierry d'Argenlieu, arrachant son froc de général des Carmes pour enfoncer sur ses oreilles une casquette d'amiral?

Pour un de Gaulle, Sainte-Odile, ça remonte probablement plus haut, une irradiation magique venue du fond des âges, les guerriers gaulois et leurs druides y avaient leur donjon, un millénaire avant qu'Adalric greffe un couvent de nonnes sur le Mur païen. Et qui, des millénaires avant les Gaulois, avait dressé là les pierres cyclopéennes? Pulsation nationale autant que présence chrétienne. De Gaulle était peut-être homme à les éprouver ensemble, jusqu'à les confondre. Enigmatique syncrétisme du personnage. Il reste beaucoup à creuser.

*
* *

Boissieu règle le compte de Sainte-Odile :

— Hors de question! J'y suis passé de justesse tout à l'heure, peu après l'aube, à cause du brouillard qui gagnait. Après-midi, ce sera inaccessible aux hélicoptères. »

(Aparté du général Alain de Boissieu, plusieurs années après. « Imaginez le président de la République française perdu dans la Forêt-Noire! »)

Même objection pour Rosheim, dans la plaine au pied de Sainte-Odile, dont le Général lance le nom comme pis-aller, signe que son projet est précis.

Tant pis. De Gaulle ne s'attarde pas. Il a toujours fait avec ce qu'il avait, jamais il n'a pu faire ce qu'il voulait. Habitude... Il a gagné la guerre sans armée, et il s'est contenté de l'Elysée depuis neuf ans et demi. Le principal est de voir Massu.

Général de Gaulle : — De là, nous nous débrouillerons toujours pour aller coucher chez vous, à Mulhouse. »

Nouvelle objection de Boissieu : les Français auraient l'impression que le président de la République a filé se réfugier chez son gendre. Mulhouse est politiquement impossible.

Haussement d'épaules du général de Gaulle :

— L'Etat sera là où je serai... »

Phrase tombée sans grandiloquence : une observation technique. Il faut quand même la noter. Pompidou, en effet, va faire comme si de Gaulle avait omis par inadvertance de laisser en bonne et due forme l'Etat dans Paris, aux bons soins du Premier ministre. Non, de Gaulle emporte intentionnellement l'Etat dans sa valise; aucune bribe de pouvoir, aucune délégation partielle ou générale ne traînera en son absence à la portée de qui que ce soit.

Il écarte le problème du coucher.

Général de Gaulle : — En tout cas, Massu peut venir à Strasbourg... Comment est le préfet, ces jours-ci? »

Boissieu juge le préfet convenable. Il insiste sur la fidélité de la garnison. Les cadres piaffent, le contingent est discipliné, à Strasbourg comme dans tout l'Est, y compris les appelés tenus pour communistes. Soldats communistes et sous-officiers poujadistes, ils ont la même bête noire : « les anarchistes », ou « les étudiants »; on dit les deux, indifféremment.

Des sous-officiers ont escaladé la flèche de la cathédrale pour décrocher le drapeau noir que « les étudiants » venaient d'y hisser à la place du tricolore : autour du bâtiment, d'autres militaires roulaient des épaules; ils ont découragé la contre-offensive; c'est significatif. La tension des esprits, rapporte encore Boissieu, est liée à une particularité topographique : l'école de sous-officiers de Strasbourg est en bordure du campus universitaire.

On convient que Massu rejoindra le Général sur le terrain d'aviation de Strasbourg-Entzheim. On avisera ensuite pour le cantonnement. De Gaulle en revient constamment au principal : il lui faut s'entretenir avec Massu. Son choix politique, pour le moment, ne va pas au-delà.

Boissieu va se retirer; il esquisse un pas vers le bureau de Foccart. Son beau-père l'arrête :

De Gaulle : — Non, pas par là! Personne, pas même Foccart, ne doit savoir que vous repartez. Je veux laisser tout mon gouvernement dans l'incertitude sur tout ce que je vais faire. Sur tout. vous m'entendez! Vous sortirez par les appartements... »

Il lui ouvre la porte de l'ancienne salle de bains qui sépare les bureaux des appartements. Passé chez lui, le général de Gaulle prévient sa femme de faire descendre les valises à la voiture. Elles étaient prêtes depuis la nuit précédente. En fait, elles étaient prêtes de toute éternité. Ah! une dernière consigne pour le petit Boissieu : qu'on lui fasse préparer un en-cas à la cuisine.

De Gaulle : — Mangez. Vous êtes parti à six heures. La journée s'annonce chargée. »

La régularité du ravitaillement importe autant que la solidité des communications. Décidément, la mécanique mentale du général de Gaulle, ce matin, est toute au militaire.

Tandis que Boissieu attend son en-cas, de Gaulle retourne à son bureau pour achever deux lettres. Il remettra les deux plis à son gendre, en lui souhaitant bon parcours.

Dès qu'il a vu que la voie militaire était en bon état il a téléphoné au Premier ministre, sans intermédiaire. Il l'informe qu'il va prendre du champ. L'autre croit encore possible d'engager la discussion. Je vous embrasse; et cloc.

* *

Le Secrétaire général Bernard Tricot et le directeur de cabinet, Xavier de La Chevalerie, sont avisés que le Général va s'absenter. C'est, leur dit de Gaulle, en vue de prendre « les ultimes mesures » qu'appelle la situation. Telle est la version officielle que Tricot et La Chevalerie répercuteront auprès des membres du personnel interloqués par le départ du Général. Telle est la formule que le commissaire Ducret, chef de la Sécurité présidentielle répétera au préfet de police, Maurice Grimaud, qui aime, c'est tout naturel, savoir promptement le pourquoi et le comment de ce qui se passe dans le privé des palais nationaux.

Formule laconique, évasive si l'on veut; mais on verra un peu plus loin que c'était bien en vue de ça que de Gaulle partait.

Le soin que le général de Gaulle prend de fermer les portes derrière lui, de dire à Pompidou et à Tricot ce qu'il veut bien leur dire, montre qu'il ne s'agit pas d'une fuite désordonnée. S'il ne laisse pas de délégation de pouvoir, ce n'est pas un oubli.

* *

Le Général a déclenché le même mécanisme que le jour où il avait plongé à bord de l'*Eurydice*, à l'insu du gouvernement. Il a donné deux ou trois ordres à des membres de son état-major particulier, un autre à Foccart et fait appeler son aide de camp le capitaine de vaisseau Flohic qui n'était pas de service ce matin-là.

Des ordres, pas des explications. Des ordres différents et séparés, limités à la compétence de chacun.

Deux voitures se mettent en place dans la cour de l'Elysée, trois pilotes d'hélicoptères font chauffer leurs réacteurs à cinq kilomètres de là.

De Gaulle, dirait-on, appuie sur des touches. Un clavier familier à ses doigts, huilé de longue main. Cet homme n'a jamais cessé de se comporter en chef de réseau.

Lui seul — et peut-être Mme de Gaulle — détient une vue panoramique sur les événements qu'il met en branle.

*
* *

Une autre touche : le général André Lalande, chef de l'état-major particulier.

Général de Gaulle : — Il faut que vous vous rendiez cet après-midi, successivement à Baden-Baden auprès du général Massu, à Metz auprès du général Beauvallet, et à Nancy auprès du général Hublot. »

> (Ici, un blanc dans le récit :
> nous ignorons la substance
> du message; peut-être une
> convocation à Strasbourg?)

Lalande a déjà fait la même tournée l'avant-veille.

Général de Gaulle : — Puisque vous irez en avion, vous en profiterez pour rendre un petit service à mon fils. Il est en permission. Il avait projeté de prendre cette permission en Forêt-Noire, en famille. La grève des trains lui fiche ses vacances par terre. Ayez la gentillesse de le prendre dans votre avion, avec sa femme et ses enfants jusqu'à Baden. »

Quoi de plus naturel que cette envie de tourisme! La famille de Gaulle, c'est bien connu, est peu concernée par les événements français.

Lalande ne sourcille pas. Il est du clan.

Il téléphone au terrain militaire de Villacoublay. Son avion décollera à 13 heures. Il avance un peu son déjeuner.

*
* *

A 11 h 22, le Général dans son bureau serre la main de Bernard Tricot, de Xavier de La Chevalerie, du général Lalande. Il porte de la main gauche une épaisse serviette. Sourire un peu cérémonieux. Il parle à nouveau, très brièvement, des « ultimes mesures » qu'il doit étudier en paix.

Il gagne l'ascenseur privé qui dessert le logement présidentiel; Mme de Gaulle est là; Flohic appuie sur le bouton. Dans une cour latérale, deux voitures attendent, l'une déjà garnie de ses occupants.

Le porche le moins fréquenté, celui qui donne sur la petite rue de l'Elysée, s'ouvre. Les deux véhicules contournent le parc, se coulent avenue Gabriel. Fuyant les espaces trop voyants du Rond-Point et de l'avenue Montaigne, elles remontent la rue La Boétie, traversent l'avenue des Champs-Elysées et ses montagnes d'ordures non déblayées, filent vers l'Alma.

Quais de la Seine, pont du Garigliano, héliport d'Issy-les-Moulineaux : le Général a demandé à Flohic qu'on évite le trajet direct qui longeait les usines Citroën en effervescence. Transbordement de quatre valises, sensiblement plus volumineuses que pour les fins de semaine habituelles à Colombey.

Deux hélicoptères « Alouette III ». Quatre personnes à bord de chacun. Dans l'un, ceinturés sur les deux sièges arrière, Mme de Gaulle, le Général; à l'avant le pilote (trois galons); à côté du pilote l'aide de camp Flohic; il recevra par-dessus son épaule les brèves instructions de navigation du général de Gaulle.

Dans l'autre appareil un pilote (trois galons aussi) plus les passagers qu'on avait empilés à l'Elysée dans la seconde voiture : Roger Teissier, garde du corps (un gorille, comme on dit), le commissaire Henri Puissant, adjoint du chef de la Sécurité présidentielle, et l'interne en médecine qui accomplit son service militaire auprès du Chef de l'Etat le docteur Jean-Marie Saudubray *.

Seul l'interne transporte sa trousse. Ni le commissaire ni le gorille n'ont eu le loisir de passer chez eux prendre un bagage. Venus ce matin à leur tour de permanence, ils se retrouvent de l'équipée. Flohic lui, n'était pas de service. Il rentrait chez lui après avoir fait ses courses pour le dîner auquel il avait convié quelques amis lorsque son collègue d'Escrienne lui téléphone de venir en uniforme pour la campagne. Sans doute supposent-ils, chacun pour soi, qu'il s'agit d'un convoi vers Colombey. Ils n'échangent pas de commentaires. Lorsqu'ils sont entrés en fonction à l'Elysée un officier — encore une

---

* Les fonctions d'interne à l'Elysée étaient systématiquement attribuées à un médecin accomplissant son service militaire après avoir été interne des Hôpitaux de Paris. Le docteur J. M. Saudubray avait été reçu 10ᵉ à l'internat en 1962.
Le commissaire de police Henri Puissant a été foudroyé par une crise cardiaque le 26 septembre 1975 alors qu'il contenait une manifestation du personnel du *Parisien libéré*.

touche du clavier... — leur a demandé une fois pour toutes et en des termes qui n'appelaient aucune réticence l'engagement de ne jamais dire un mot sur le déroulement du service.

Les deux hélicoptères s'élèvent. L'instruction codée — le clavier... — veut qu'ils naviguent « en silence radio », à leur seule initiative, sans répondre aux interrogations et interpellations des tours de contrôle ou des appareils de l'Armée. Un troisième appareil saute dans leur sillage : celui de la Sécurité militaire.

Le pilote du second hélicoptère se contente de suivre le premier. Au pilote du premier, le général de Gaulle dit de se porter au terrain militaire de Saint-Dizier. La tour de contrôle d'Issy-les-Moulineaux suit au radar les gros hannetons qui disparaissent vers l'est. Tout le monde savait bien, voyons, qu'ils ne pouvaient pas se diriger ailleurs que sur Colombey-les-deux-Eglises.

Les gardes mobiles de Colombey sont alertés en conséquence; ils troquent leur blouson kaki contre la vareuse bleue à galons d'or.

*
* *

Un hélicoptère s'est posé dans le parc de la Boisserie. La femme de chambre et la cuisinière étaient sûres que le Général et Madame finiraient bien par arriver, vu les événements.

C'est Boissieu qui met pied à terre. Il a eu, au départ, quarante minutes d'avance sur le Général. Plus qu'il n'en faudra à Massu pour sauter de Baden à Entzheim. Le général de Boissieu franchit le perron de la maison familiale, bonjour, Honorine, bonjour, Charlotte; il va droit sur le téléphone, demande l'interurbain international pour avoir Baden. La demoiselle des postes s'affaire, allô! Nancy, allô! Nancy.

Le central de Nancy est en grève. Pour les communications automatiques intérieures, aucune importance, on peut avoir Paris, autant qu'on veut et même la présidence de la République si ça vous chante. Mais l'international est manuel. Le grain de sable... Les Réclamations ne répondent pas plus que lorsqu'il n'y a pas grève. Boissieu secoue le combiné pendant une demi-heure. Il n'aura pas Massu.

Une demi-heure? L'appareil du général de Gaulle doit être en vue du terrain de Saint-Dizier, pour escale technique.

Boissieu court à son propre hélicoptère — militaire celui-ci — et fait établir une liaison radio avec la tour de contrôle de Saint-Dizier. Là, le mur va être presque aussi dur à percer qu'au central de Nancy, mais pour une autre raison. Boissieu ne sait pas à bord de quel appareil voyagent beau-père et belle-mère. Et pas question, inversement, de livrer un indice sur l'identité des passagers.

En invoquant son autorité hiérarchique, et sans faire sonner sa parenté présidentielle, il obtient de se faire confirmer qu'il y a deux Alouettes en train de faire le plein de kérosène. Quel signal codé leur a fait ouvrir le terrain, le ravitaillement, tout en prévenant qu'ils ne diraient rien de plus? Face cachée de la gendarmerie; clavier...

Le général de Boissieu demande qu'on fasse savoir aux occupants que... il n'a pas leur indicatif!

De toute façon, la tour de contrôle a ses ordres; les deux appareils sont en silence radio, impossible de leur demander s'ils reçoivent : deux clients muets suçant leur kérosène. En ce Mai, voici belle lurette que les contrôleurs aériens ne s'étonnent plus de pareil trafic.

Général de Boissieu : — Eux vous entendent, je le sais. Alors répétez-leur plusieurs fois ce message : « Il vous faudra poursuivre votre mission jusqu'au bout. »

La tour de contrôle perçoit seulement que les deux équipages communiquent entre eux. Elle répète plusieurs fois, sans les indicatifs réglementaires : « Il vous faudra poursuivre votre mission jusqu'au bout. »

Les deux hannetons muets battent des élytres, se soulèvent du sol. Au lieu de prendre sa sécurité en altitude, le premier incline tout de suite ses rotors vers l'est, au ras de la colline sur l'autre rive de l'Ornel. Le second, aveuglément, bascule au même risque. Le troisième, celui de la Sécurité, reçoit l'ordre formel de ne plus suivre.

Mme de Gaulle n'a pas descendu les rapides du Colorado en canot pneumatique, ça ne se faisait pas de son temps; elle n'a pas pratiqué les montagnes russes à Luna-Park, ce n'était pas de son monde. Additionnez les deux sensations, vous aurez l'avant-goût de l'exercice que son mari lui fait pratiquer, l'estomac entre les dents. Et vous tournerez désormais sept fois votre langue avant de parler de son étroitesse bourgeoise.

A Metz, lorsqu'il avait reçu son premier régiment, elle lui lavait ses gants (ils étaient d'accord, l'homme d'ordonnance était au service de l'officier, pas de la famille; l'ordonnance cirait les bottes, Mme de Gaulle les parquets). Ils étaient moins à l'aise que d'autres, le gros de la solde passait dans les soins pour l'enfant infirme, sans parler de la Boisserie qu'on avait achetée surtout pour elle. Le lieutenant-colonel se devait de salir trois paires de gants blancs par jour, sa femme les mettait à sécher sur des mains de bois, l'article était de vente courante dans les villes de garnison. Trente doigts blancs écarquillés sur la paillasse de l'évier; ni plus ni moins surréaliste que de se retrouver, quand on est l'épouse de M. le président de la République, dans un hélicoptère de contrebande.

Si quelque chose la contrarie dans une telle équipée, c'est que son vieux grand homme se mette dans le cas de ne pas prendre son déjeuner à l'heure normale.

A bord de l'autre appareil, le commissaire Puissant, le docteur Saudubray, et le gorille doivent être plus barbouillés que la brave dame. Ils n'ont pas, comme elle, de sac à main où cramponner leur dignité. Flohic s'applique à se souvenir du temps où il fut sous-marinier. De Gaulle? De Gaulle commence à se sentir dans son élément.

*
* *

A partir de Saint-Dizier, il s'agissait de se glisser sous le rideau des radars, dans cette frange de quelques mètres au-dessus des arbres, où leur écho s'éparpille *. C'est ce qu'à l'Ecole de guerre, le capitaine de Gaulle appelait : se dérober aux vues de l'adversaire.

Un tel tapecul aéronautique n'a pu être ordonné que par le Général. Fallait-il que fût exclusive sa volonté de se couper du gouvernement!

Quant à traduire le message reçu à Saint-Dizier, « jusqu'au bout! », en « cap sur Baden-Baden! », de Gaulle était seul en mesure de le faire. Jamais, sauf le jour où il a volé de Bordeaux à Londres, le 17 juin 1940, cet homme n'a été si totalement livré à son initiative solitaire pour le moindre détail de chaque décision **

*
* *

Boissieu, ayant fait ce qui dépendait de lui, décolle sans au revoir pour Charlotte ni Honorine. Il retourne à Mulhouse, à la tête de sa division.

Honorine et Charlotte savent par RTL, sur leur transistor, que le Général et Madame sont partis pour Colombey avec leurs valises; elles commencent à trouver le temps long.

Elles vont à la grille. Elles parlent aux factionnaires. Les gendarmes mobiles se sont aperçus eux aussi que le délai normal est dépassé. Leurs chefs n'ont plus d'ordres; fébrilité mal contenue. Les factionnaires commencent à discuter si la panne est vraisemblable. Ou l'accident? Ou la capture, l'attentat, le mitraillage? Thème de conversation fréquent à la grille de la Boisserie, depuis le Petit-Clamart.

Charlotte et Honorine — selon ce que le général de Boissieu entendit des gendarmes par la suite — étaient livides.

*
* *

Georges Pompidou : — Tricot, livide, entra dans mon bureau [103]. »

Le Premier ministre ne s'est pas vu :

Michel Jobert (1979) : — M. Pompidou est devenu blême, je l'ai regardé, blanc *(le doigt de Jobert désigne une feuille de papier)*, blanc comme ça. »

Adieu dissolution.

* La chevauchée se déroule en 1968. Depuis, les électroniciens se sont flattés d'avoir corrigé cette insuffisance (sur laquelle, d'ailleurs, se fondait l'espoir de faire passer quelques Mirages de la force nucléaire stratégique à travers les mailles de la défense soviétique).
** Dans son livre *Souvenirs d'Outre-Gaulle* (Plon 1979) l'amiral François Flohic raconte que le général de Gaulle l'a envoyé en dernière minute acheter une carte routière de l'est de la France. C'est sur cette carte que Flohic s'est efforcé de guider la navigation. De Gaulle lui passait par-dessus son épaule une enveloppe blanche sur laquelle il griffonnait ses instructions.

*
* *

Le Premier ministre, pour la seconde fois de la journée, perd contenance :

Pompidou : — Alors, où est-Il? »

Tricot : — Il aurait dû arriver à midi et demi, une heure. A deux heures moins le quart, il n'était pas à Colombey. Là-bas, ils ne savent rien. »

Pompidou (hors de lui) : — Mais vous, vous savez, Tricot! Ça suffit! Vous allez me dire tout de suite où Il est, vous entendez! Allez-vous me dire enfin ce qu'Il fait, ce qu'Il veut! »

Le Premier ministre s'est toujours impatienté de ne pas avoir part aux relations entre le Secrétaire général de l'Elysée et le Général. Le même agacement existait déjà du temps où le Secrétaire général était Etienne Burin des Roziers. En fait, qui a jamais surpris Bernard Tricot en flagrant délit de comportement retors? Pompidou sent peut-être que cette scène de jalousie est déplacée.

Depuis le matin, il cogne vainement à un blindage. C'est le Général que Pompidou tente de saisir à la cravate par Tricot interposé.

Le Secrétaire général de la Présidence, pâle — mais mesuré et courtois autant qu'à l'ordinaire, lui — met les choses au point. Pompidou commence à concevoir que le Général s'est caché de son plus proche entourage. Ça ne fait qu'agrandir la dimension du malaise, de la menace diffuse. Il ne peut plus s'agir d'un hasard, d'un accident. D'abord, il est parti comment, le Général? En hélicoptère? Combien d'hélicoptères? Deux, autant qu'on sache. Ça ne s'écrase pas comme ça, deux hélicoptères, ça s'entend; et ça s'entend aussi quand ça vole, ça se voit sur des radars! Nouvelle vibration de colère impuissante du Premier ministre. Contre le ministre des Armées cette fois :

Georges Pompidou, à Pierre Messmer : — C'est tout de même incroyable! Vous avez la responsabilité du président de la République, et vous ne savez même pas où il est! Qui me prouve même qu'il est parti de son plein gré, qui [104]? »

Attention, ce n'est pas une discussion de café du Commerce. C'est le chef du gouvernement qui, dans l'exercice de ses responsabilités, envisage une si grave éventualité. Il doit avoir en tête le quatrième alinéa de l'article 7 de la Constitution où se trouve traité « *le cas de vacance de la présidence de la République pour quelque cause que ce soit, ou d'empêchement constaté par le Conseil constitutionnel saisi par le gouvernement* ». Il appartient au gouvernement d'apprécier s'il faut déclencher le mécanisme constitutionnel. Pompidou, d'emblée, y pensait.

Messmer ne peut que bredouiller l'étonnante et piteuse évidence : le réseau entier des radars militaires, qui se flatte de déceler toute fusée ennemie, n'est pas capable, dirait-on, de capter l'image de deux hélicoptères se déplaçant à moins de deux cents à l'heure. Et si lesdits hélicoptères ne sont plus en l'air, le réseau entier de la gendarmerie n'est pas capable, dirait-on, de les situer au sol, en bon ou en mauvais état. Tout ce que Messmer pourra découvrir — sans empressement excessif de la part des services de renseignement — c'est que le Général, enfin les deux appareils, sont allés au moins jusqu'au terrain de Saint-Dizier, à quarante kilomètres de Colombey.

Le Premier ministre parle à Tricot, à Messmer, impérieusement, sur le ton de l'homme chargé de suppléer l'absence du chef de l'Etat. Suppléant, précisément, il ne l'est pas. Il le sait; Tricot le sait; Messmer, s'il y pense, doit aussi le savoir. Le monde entier va s'en apercevoir; Mitterrand, qui, depuis hier, s'annonce candidat à la présidence de la République en cas de vacance, ne va pas manquer de s'en apercevoir; et pire que Mitterrand, Giscard...

Le Premier ministre flotte dans un non-être institutionnel.

*
* *

Aéroport militaire français de Baden-Oos, Allemagne Fédérale. Il est à peu près 14 heures. Précédées du petit signal qui avertit qu'elles ne seront pas bavardes, deux Alouettes se posent près du bâtiment. Elles n'arrêtent pas leurs réacteurs. Un seul personnage saute à terre, uniforme bleu marine, cinq galons : Flohic court au bâtiment, se fait indiquer un poste téléphonique et demande qu'on lui passe la résidence du Commandant en chef des Forces françaises, en Allemagne.

Un planton de la Résidence répond qu'il ne peut pas déranger le Commandant en chef. Flohic insistant, la générale Massu vient au téléphone.

C'est elle qui a raconté la suite, en l'enjolivant un peu, dans quelques-uns des dîners en ville où elle déployait un remarquable entregent.

Générale Suzanne Massu * : — L'aide de camp du président de la République? Je lui ai fait la réponse classique : et vous avez à l'appareil la femme du Pape... Non, en réalité, je savais qui il était, je l'avais vu à une réception à l'Elysée, je crois. Seulement, vous vous rendez compte de ce qu'il demandait : qu'on interrompe la sieste de Jacques! Jacques, il avait fait sa sieste au Tchad, au Fezzan, à Port-Saïd, à Alger, ça lui restait de l'Armée d'Afrique. Sacro-sainte, la sieste! L'autre, au téléphone, clamait que c'était une question de secondes, qu'il ne pouvait pas rester derrière son téléphone. Il ne voulait pas me dire sa commission. J'ai tenu bon. Nous avons transigé sur le nom de l'adjoint

---

* Si on ne disait jamais « la Générale » en parlant de Mᵐᵉ de Gaulle, en revanche ce titre de courtoisie était courant dans l'entourage de Mᵐᵉ Massu. Celle-ci avait personnellement le grade militaire de commandant, acquis dans un corps d'ambulanciers.

de Jacques, le général Mathon. Par chance, Mathon était à la Résidence. Quand je lui eus passé l'appareil, le menton lui est tombé. Il m'a regardée : « Le général de Gaulle arrive au fond de la pelouse. » Il a mal pris la plaisanterie; Flohic a encore plus mal pris son incrédulité. On avait raccroché *. Mathon a dit : « Je vais quand même y aller voir ». Il a pris son képi et il a couru vers la pelouse qui servait d'héliport pour la Résidence. A ce moment-là, j'ai commencé à entendre des vrombissements d'hélicoptères derrière la maison. Pour la première fois de ma vie, je suis allée secouer Jacques; une chance, il avait desserré sa cravate sans l'ôter. Je lui ai crié : Jacques, ton béret! Il courait en boutonnant sa vareuse. Lorsque le pilote a placé l'espèce d'escabeau sous les pieds du président de la République, Jacques saluait au garde à vous comme s'il attendait là depuis le matin. Mathon était un peu en retrait, réglementairement; et voilà que les voyageurs qui nous tombaient du ciel avaient des valises pour passer l'été! »

Le général de Gaulle fait sa bouche en cul de poule des débarquements officiels et s'avance, main tendue, vers le commandant en chef. Ses cheveux, sur le devant, sont un peu dépeignés.

Massu a de naissance le visage inexpressif. Il y a des moments où c'est précieux. Par exemple, lorsqu'on voit, derrière le Général, Mme de Gaulle s'appuyer sur la main du pilote pour prendre terre à son tour.

On remonte vers la Résidence, gazons au carré, arbustes frais taillés, premiers géraniums, drapeau tricolore au mât devant le manoir XVIIIe siècle rhénan. La générale Massu vient au-devant des hôtes très mondainement, et s'établit dame d'honneur de Mme de Gaulle, qui dit oui, merci, excellent voyage et sans histoires (on chuchotait, en de tels cas, que Mme de Gaulle avait la conversation un peu courte; compte tenu de ce que son mari venait de lui faire traverser, bien beau déjà qu'elle demeurât en état de prononcer des banalités!).

Flohic (tiens, il était remonté dans l'hélicoptère celui-là!), Flohic continue à remplir sa mission; il glisse à l'aide de camp de Massu que les visiteurs n'ont pas déjeuné. Qu'à cela ne tienne, Suzanne Massu a tout ce qu'il faut, personnel et provisions, un signe à faire au passage, avant de mener Mme de Gaulle à sa chambre.

Le président de la République, sous le regard préoccupé de l'interne en médecine, va faire pipi, puis Massu le guide vers le bureau: fenêtres sur le parc, fanions; dosage sans doute involontaire des photos sur le mur : ici Massu sur le forum d'Alger, là, plus grand, de Gaulle à Brazzaville en 40. De Gaulle s'assied, soupire, et parle.

Même prélude, même récapitulation que ce matin à l'Elysée devant Boissieu (on croirait que c'était la semaine dernière; il y a cinq heures à peine) : les leviers de l'Etat ne répondent plus, la vie de la population n'est plus assurée, les ministres continuent à appliquer leurs petits

_____

* Dans ses *Souvenirs d'Outre-Gaulle* l'amiral François Flohic explique qu'en fait il a fini par obtenir le général Massu lui-même au téléphone.

systèmes sans voir que ça n'a plus de commune mesure avec la dimension de la crise; les ministres, les fonctionnaires, il n'y a plus rien à faire de ce côté; mieux vaut tout laisser tomber que de continuer dans ce sens-là.

Sketch du désarroi? On l'a dit. C'est possible. Cependant, si on se tient aux faits, on constate que le général de Gaulle vient d'énoncer pour Massu les données d'un problème. Il a écarté toutes les solutions normales; on regardera tout à l'heure si on peut encore en dénicher d'autres. Pour l'immédiat on lui sert un déjeuner sur le bureau de Massu.

Deux couverts pour Mme de Gaulle et Flohic dans la grande salle à manger; les quatre messieurs de la suite dans la pièce voisine. Somptueux service; la générale Massu soutient sa réputation. Devant ces voyageurs auxquels elle était à cent lieues de penser voici un quart d'heure, défile un menu plus sophistiqué que ceux de l'Elysée.

La générale Massu (trois ans plus tard) : — Il est vrai que, dans ce fourbi, j'ai eu la chance avec moi : tout mon menu était cuit d'avance. La veille, Massu avait reçu son vis-à-vis russe, le commandant en chef des Forces soviétiques en Allemagne de l'Est... »

*
* *

Là-dessus, s'annonce, du terrain de Baden-Oos, le général Lalande. Il apporte sa petite surprise : de Gaulle fils et sa famille.

Général Massu (1973) : — Et voilà qu'ils sortaient des valises, eux aussi! »

Toutefois, eux avaient déjà déjeuné, merci.

Général Lalande (1978) : — Lorsque j'ai vu le général de Gaulle s'enfermer avec Massu, j'ai supposé que, pour cette partie-là de ma mission au moins, il n'aurait pas besoin de mon compte rendu. »

*
* *

Georges Pompidou : — J'ai passé des heures épouvantables; quatre ou cinq heures sans aucune nouvelle. Aucune [105]. »

Mme Claude Pompidou : — Je ne Lui pardonnerai jamais. »

« Epouvantable » soit, cet après-midi qui s'ouvre à l'hôtel de Matignon. Mais certes pas inactif.

Dans l'auto-mythologie que Georges Pompidou ne tardera pas à développer, l'accent sera porté sur la grande manifestation communiste face à laquelle l'inébranlable Premier ministre, seul désormais sur la dunette, veillait. En fait, l'agenda de Pompidou révèle que, sur le moment, ce fut seulement sa seconde préoccupation.

De 14 h 30 à 15 h 30, il a appelé en conférence dans son cabinet les

membres des bureaux des deux groupes parlementaires qui compo-
saient la majorité au Palais-Bourbon. On a convoqué aussi Jean Royer,
un des quelques « non-inscrits » qui votent généralement pour le
gouvernement : ce n'est pas le moment de laisser perdre une seule voix.

Sont là présents, pour le groupe des députés de l'UD Vᵉ (les
gaullistes, comme on dit), leur président Henri Rey, flanqué de
René Tomasini, René Le Bault de la Morinière, Henry Berger,
Claude Labbé, Guy Sabatier; pour les Républicains indépendants (les
« giscardiens », comme on dit, bien qu'ils ne le soient pas tous), leur
président Raymond Mondon, escorté d'Aimé Paquet, Roland Boscary-
Monsservin, Jean de Broglie, et — comment faire autrement? —
Michel Poniatowski, poisson-pilote de Valéry Giscard d'Estaing.

Plus, à portée de main dans le bureau de Michel Jobert, Jacques
Chaban-Delmas. Plus, arpentant le bureau de Pierre Juillet, le jeune
secrétaire d'Etat et fiévreux disciple Jacques Chirac. Plus, le Secrétaire général de l'UD Vᵉ, Robert Poujade que Pompidou s'est annexé.

Il va en entendre de vertes, Poniatowski, dans la bouche de quelques
gaullistes!

Les plus sobres, et au fond les derniers gaullistes, à cet instant, ce
sont les giscardiens. En 1962, ils ont pris le pari — et le risque —
d'appuyer le principe de l'élection du président de la République au
suffrage universel et de s'installer derrière le général de Gaulle quand
la plupart des politiciens traditionnels jugeaient l'heure enfin bonne
pour s'en détacher. Les voici gaullistes mécaniquement, pour ainsi
dire, en Mai 1968. Valéry Giscard d'Estaing n'a rien à gagner à ce que
sa troupe sorte de la fidélité au chef de l'Etat. Six années de démarche
politique seraient dilapidées.

Devant son petit monde, le Premier ministre énumère d'abord ses
responsabilités à l'heure où il parle. Il y a le problème de l'ordre
public, immédiat.

Guy Sabatier veut que le gouvernement fasse « enfin » tirer; Michel
Poniatowski recommande qu'on considère au préalable le lendemain :
si on tire, il faudra se préparer à affronter une insurrection générale.

Ayant souligné la nécessité que le pouvoir soit présent pour faire
face à toute éventualité, Pompidou en vient à l'absence du général de
Gaulle. Par trois fois il va analyser devant les représentants de la
majorité parlementaire la dernière conversation téléphonique du
Président de la République. A chaque fois, le « je vous embrasse » lui
apparaît un peu plus comme l'indice d'un départ définitif.

Le débat dérape. Il a commencé sur le thème : nous ne savons pas où
est le Général, que faire en l'attendant? On en est bientôt à : le Général
n'étant plus là, comment nous organiser pour assurer l'exercice du
pouvoir par Pompidou?

Survenant en cours de séance, Albin Chalandon contribue à
accélérer ce changement d'optique. Michel Poniatowski douche cette
ardeur. Avant de venir à Matignon, il s'est concerté par téléphone avec
Valéry Giscard d'Estaing. Giscard, qui s'est gardé de se rendre en
personne à la convocation de Pompidou, a recommandé à son second :

— Il y a un Président de la République. C'est à lui d'agir. Attendons donc qu'il agisse. »

Ce mercredi après-midi, à la différence des pompidoliens, les giscardiens restent persuadés que l'éclipse du général de Gaulle n'est pas la conséquence d'un désarroi, mais d'un calcul.

Michel Poniatowski (onze ans plus tard) : — M. Giscard d'Estaing et moi-même nous étions persuadés que le Général se livrait à une manœuvre. Ça nous paraissait évident : un homme de la trempe du général de Gaulle ne s'enfuyait pas en laissant le pays dans la pagaille. Cet homme qui avait fait le 18 Juin et tout ce qui a suivi, il n'était pas pensable que cet homme fuie le pays. Ce n'était pas Louis-Philippe! « D'autres raisonnaient en fonction d'un départ définitif : comment allons-nous nous débrouiller? »

Poniatowski, durant la conférence dans le bureau de Pompidou, ce mercredi après-midi, ne démord pas de la position indiquée par Giscard :

— Le Président de la République s'est absenté de l'Elysée, apparemment, parce qu'il veut se donner du recul. C'est une excellente manœuvre. Ne prenons aucune attitude, aucune mesure qui puisse contrarier ce que le Général va faire maintenant. Ce n'est pas à nous de bouger. Nous ne sommes que le législatif. Laissons agir le chef de l'Etat seul mandaté pour cette action. »

A des degrés variables, plusieurs gaullistes, Henri Rey, Claude Labbé optent pour l'attentisme préconisé par Poniatowski.

Faute de mieux, Pompidou observe que, pour tenir la place, il a besoin que les représentants de la majorité lui expriment leur confiance plus catégoriquement.

Poniatowski prend prétexte de l'heure pour ne pas contribuer à ce travail. La séance est donc levée.

Pompidou se contentera d'une motion de confiance des trois chefs de file de la majorité parlementaire, Henri Rey, Raymond Mondon et Jean Royer. Les collaborateurs du Premier ministre s'empressent de leur prêter un bureau. On leur mâche la besogne : c'est tout juste si on ne leur met pas dans les mains une motion de confiance préfabriquée. Ils signent sans consulter leur groupe.

La motion est diffusée à 17 heures. Elle a la forme insolite d'une adresse au chef de l'Etat. Il n'est pas dit comment on la lui fera parvenir. Peut-être écoute-t-il son transistor, au fond de sa cachette?

Les trois signataires de la motion, auxquels Pompidou a tenu la plume, font tout à fait poliment « confiance au président de la République ». Mais pas pour faire ce qui lui conviendra. A partir de maintenant, on lui dicte sa conduite. Les représentants supposés de la majorité de l'Assemblée nationale précisent avant toute autre condition qu'ils font confiance au président de la République, « *pour* *constituer immédiatement ET AUTOUR DU PREMIER MINISTRE * un gouvernement d'unité française ».*

Pompidou a fait mettre « gouvernement d'unité française » au lieu d'unité nationale. Qu'est-ce que ça veut dire? Qu'on exclut les opposants de gauche. Bon, mais alors, si c'est pour rester entre gens de la majorité, pourquoi Pompidou ne file-t-il pas au Palais-Bourbon demander tout bonnement un vote de confirmation à ladite majorité? Pourquoi ce succédané douteux, cette improvisation parlementaire en dehors de l'enceinte légale?

Parce que Pompidou veut éviter que sa prétendue majorité ait à se compter dans les formes légales. Parce que le pays constaterait qu'en réalité, sans Giscard, il n'y a plus de majorité pour voter cette motion de confiance en Pompidou qu'on présente comme émanant de la majorité.

Passez muscade, Pompidou se bricole un simulacre de légitimité.

Bon, mais si le général de Gaulle n'obtempère pas à ce semblant de motion d'un semblant de Parlement?

Pardon, on ne lui laisse pas le choix. Après un minimum de révérences, l'adresse au président de la République s'ouvre sur une mise en demeure : les signataires demandent au général de Gaulle « *d'informer aussitôt le pays* » des décisions qu'on lui dicte.

Echo, es-tu là? Ne perdons pas de vue que l'appel a été manigancé alors qu'on ne sait pas ce que devient de Gaulle. Si rien ne répond à l'appel des représentants du peuple, eh bien, ce peut être un commencement de preuve entre les mains de Pompidou pour ouvrir, devant le Conseil constitutionnel, la procédure de la vacance.

Article 7 de la Constitution : — (...) En cas de vacance (...) les fonctions du président de la République, à l'exception de celles prévues aux articles 11 et 12, sont provisoirement exercées par le président du Sénat (...) Il ne peut être fait application de l'article 50 durant la vacance... »

Mais de quoi parle-t-il donc, cet article 50 qu'on ne pourrait plus infliger à Pompidou en cas de vacance? De la motion de censure.

Passez muscade, Pompidou se bricole une inamovibilité.

N'empêche, il le sent bien, que tant de subtilité passera inaperçue pour un public qui voit seulement une chose : que l'Elysée est vide.

On va charger Robert Poujade de donner une version radiophonique. Le Secrétaire général de l'UDV^e téléphone au directeur des informations radio de l'ORTF, Pierre Fromentin : il va lui livrer « une importante déclaration ». Sur-le-champ? Non, pas sur-le-champ. Robert Poujade avoue sans détour à Fromentin qu'il n'a pas son texte : c'est Pompidou qui est en train de le revoir.

La manifestation de la CGT, on le voit, laisse quand même du loisir au Premier ministre. Pompidou consacre ce mercredi 29 mai après-midi, par priorité, à fignoler des variations sur le thème de la

---

* C'est nous qui soulignons.

vacance... Le texte révisé qu'il rend à Poujade pour diffusion, souligne :
« En cas de vacance de la présidence de la République, les
dispositions constitutionnelles concernant l'intérim n'autorisent *ni le
président du Sénat, ni celui de l'Assemblée, à renvoyer le gouvernement.* »

Il va être 16 heures. Où en est Pompidou? Il vient de s'affirmer
résolu à rester dans la place en tout état de cause. Or, tant que le
général de Gaulle semble rester dans le jeu, Pompidou n'est plus sûr de
détenir aucun pouvoir légal. En revanche, si l'intérim du général de
Gaulle est ouvert, aucun pouvoir ne pourra être retiré à Pompidou. En
somme, tout presse Pompidou, pour sa commodité personnelle,
d'établir que le général de Gaulle n'exercera plus la plénitude de ses
attributions. Pompidou, cet après-midi-là, n'a rien fait pour combattre
ce penchant. Au contraire, il a veillé tout de suite à ce qu'aucun détail
matériel ne retarde éventuellement la proclamation de l'incapacité du
Général.

Par instants il parle comme si c'était pour lui chose acquise. Il a des
minuties d'ordonnateur des pompes funèbres :

Georges Pompidou, à son directeur de cabinet, 15 h 45 : — Il faut que
les choses se passent bien. Je vais demander aux dirigeants de
l'opposition de venir pour que les choses se passent dans les règles. »

Mais il entend ne pas laisser lui échapper la direction de la
cérémonie, ni le bénéfice. Dès 14 h 30, à sa demande, le ministre de
l'Information, Georges Gorse, a convoqué le directeur de l'Actualité
télévisée, Edouard Sablier : il faut prendre les dispositions nécessaires
pour que le Premier ministre puisse, à partir de 17 heures, adresser un
message à la Nation. Sablier prend note et court à son bureau : ce n'est
pour lui qu'une complication de plus, avec un personnel déglingué par
la grève dans une journée qui ne sait plus où donner de la caméra.
Chaque ministre se croit des droits sur la télévision, et passe ses
propres commandes. Le téléphone de Sablier ne cesse pas de sonner.
Par-dessus le marché, un coulissier de la politique et de la littérature,
Roger Stéphane, est venu s'incruster dans son bureau, dans l'attente
de nouvelles du Général. Stéphane, qui se prévaut d'on ne sait quelles
relations avec l'Elysée, n'est pas, dans le climat de l'époque, un
personnage qu'on prie facilement de laisser les amis travailler. Il n'a
rien d'autre à faire que ses commentaires. Sa volubilité rauque couvre
les autres tintamarres.

A peine Sablier a-t-il commencé à vérifier que le Premier ministre
disposera à son gré soit d'un car de reportage — s'il veut parler à
partir de Matignon — soit d'un studio suffisamment gardé, il est
15 h 30. Irruption du rédacteur en chef du journal télévisé, Jean-Louis
Guillaud. Blême lui aussi. C'est fou, ce jour-là, ce qu'il y a de
personnages blêmes à franchir théâtralement les portes!

Guillaud, c'est un gaulliste des réseaux. Pas ceux de la guerre, il est
trop jeune. Ceux de l'Afrique, où il a fait carrière de journaliste et
rencontré Jacques Foccart. La religion de ce templier aux cheveux en
brosse vient de subir un rude coup : un des dix conseillers techniques

du Premier ministre, Jean-Luc Javal, l'a appelé de l'hôtel de Matignon; il avait charge de veiller aux préparatifs des déclarations de Pompidou; il s'impatientait de ne plus voir le car de reportage. Dans sa voix, l'enflure de l'attaché de cabinet et la fièvre déjà joyeuse du dernier quart d'heure :

Jean-Luc Javal, à Jean-Louis Guillaud, par téléphone : — Le moment vient de se débarrasser du vieux con! »

Voilà qui donne une coloration nouvelle au message que prémédite Pompidou. Message à la Nation? Seul le président de la République reçoit explicitement de la Constitution le droit d'en lancer.

Sauts de cabri et glapissements de Roger Stéphane qui réclame un téléphone, appelle du monde à l'Elysée, se fait éconduire, et finalement disparaît en clamant qu'il court voir Bernard Tricot, lequel ne se souviendra pas de l'avoir reçu.

Guillaud, plus secret, établit un contact décisif avec l'Elysée. Y avait-il quelqu'un d'autre que Tricot pour traiter ce genre de renseignements politiques?

Bernard Tricot : — Je pense que Jacques Foccart a eu des échos [106]... »

Rendu méfiant par la conversation que lui rapporte Guillaud, Sablier retourne chez Gorse :

Sablier : — Monsieur le Ministre, pour diffuser une déclaration du Premier ministre, il me faudra l'accord écrit de l'Elysée. Ou bien cette déclaration aura été préalablement enregistrée et montrée au Secrétariat général de la Présidence; ou bien, si le Premier ministre désire parler en direct, il faut me montrer l'accord préalable du général de Gaulle. »

Georges Gorse : — Mais vous voyez bien que le Premier ministre a reçu tous les pouvoirs! »

Sablier : — Quand? »

Gorse : — En fait, il les exerce tous depuis le voyage du Général en Roumanie. »

Sablier : — Qu'on me montre le papier... S'il n'y en a pas, c'est à vous de vous le procurer. »

Gorse : — Où ça? Le Général n'est pas là... »

Sablier : — Ses deux Secrétaires généraux sont dans leurs bureaux. »

Georges Gorse, de guerre lasse, expédie à l'Elysée son directeur de cabinet, Louis Delamare. C'est fou aussi, le nombre de voitures noires qui enjambent la Seine ce jour-là, à grands claquements de portières.

Louis Delamare fait chou blanc. Bernard Tricot n'appartient pas à l'exécutif; ce n'est pas une sorte de contrepoids occulte au Premier ministre. Il ne dispose d'aucun pouvoir de décision. Sa mission est de faire en sorte que le pouvoir de décision du président de la République ne soit ni entamé ni forclos. Il est le dernier dans l'Etat, ce jour-là, à continuer de voir qu'on se tirera du brouillard en se cramponnant à la lettre des charges respectives. Le Général a déclaré que son absence était momentanée; il va finir par faire signe. Aussi longtemps que le Général ne s'est pas défait de ses pouvoirs, la ligne de Tricot demeure de procurer au Général tout moyen — et tout renseignement — pour que le Général reste juge en dernier ressort.

Paterne, le Secrétaire général refroidit l'incident en répondant à Delamare qu'il sera temps d'aviser lorsque le Premier ministre exprimera une intention précise; inutile de mettre prématurément en circulation dans les bureaux de la télévision, d'insolites chèques en blanc; on réglera le problème s'il se pose, il suffira que, l'instant venu, le Premier ministre téléphone au Secrétariat général...

*
**

Cet épisode est encore un de ceux sur lesquels Georges Pompidou, dans la suite, ne cessera pas de se justifier. On aurait dit qu'il ne se sentait jamais certain d'avoir assez lavé le soupçon.

A Pierre Rouanet, il exposera qu'un enchaînement de détails banals a été exploité par la malveillance : le car de la télévision stationnait à peu près en permanence dans la cour de Matignon depuis plusieurs semaines; une habitude administrative ou technique dont on n'avait évidemment pas songé à informer le Premier ministre voulait, paraît-il, que ce car retournât aux ateliers chaque mercredi, pour une révision de routine. Lui, Pompidou, s'est indigné de voir que la gravité des événements de ce mercredi 29 mai n'avait pas empêché qu'on retire le car. Il en a fait réclamer le retour immédiat; sans doute son cabinet a-t-il fait valoir fermement que le chef du gouvernement devait avoir constamment à portée de main le moyen d'informer le pays.

Claude Mauriac s'est entendu proposer une version différente :

Georges Pompidou : — Quatre ou cinq heures sans aucune nouvelle... J'ai alors décidé d'annoncer que je parlerais le lendemain au pays, après le Conseil des ministres. Un Conseil des ministres, une allocution du Premier ministre, cela donnait au moins au pays l'impression que tout continuait, que l'Etat était là... »

Ces divers efforts de justification ont un point commun. Ou plutôt un trou commun. Pompidou passait chaque fois sous silence les longs préparatifs auxquels il s'était livré avec des parlementaires, juste avant de passer au projet d'allocution.

En outre, la version qu'il a fournie à Claude Mauriac et qu'on vient de lire présente plusieurs anomalies. D'abord, au moment de l'affaire, personne n'avait clairement entendu que le Premier ministre dût parler « le lendemain » : il voulait revoir son car tout de suite.

Deuxièmement, ce Conseil des ministres qu'il prétend avoir annoncé à tout hasard pour rassurer l'opinion publique, de Gaulle n'avait pas cessé de lui répéter qu'il aurait lieu le lendemain, ce que Pompidou n'a pas voulu croire.

Seulement, au degré de dramatisation qu'on atteignait, si quelqu'un devait haranguer le pays après le Conseil des ministres, tout le monde attendait que ce fût de Gaulle (c'est d'ailleurs ce qui va se produire).

La troisième anomalie est la plus troublante : si Pompidou pensait avoir à parler lui-même, c'est qu'il supposait que le Conseil des ministres du lendemain ne se déroulerait pas sous la présidence du général de Gaulle *.

*
* *

Palais-Bourbon, 16 heures : les deux délégations, celle de l'UD Vᵉ et celle des Républicains indépendants, reviennent de chez Pompidou. Il y manque Henri Rey et Raymond Mondon, restés à Matignon pour parapher l'adresse de la majorité pompidolienne au Président escamoté. Il y manque également Michel Poniatowski, qui file directement vers le bureau de Valéry Giscard d'Estaing.

Les deux délégations ont à peine le temps de descendre de voiture et déjà d'autres députés de la majorité s'agglutinent autour d'eux. On veut savoir ce que Pompidou sait du voyage du Général, on épilogue sur la portée du geste de De Gaulle, on discute du moment de son retour. Mais une voix impérative coupe court :

Albin Chalandon : — La question n'est plus là. De Gaulle, de toute façon, c'est fini : il n'a rien compris à cette crise. La question désormais c'est de voir comment aider Pompidou à prendre les affaires en main. »

Deux des députés présents à cette scène en déduisent que le Premier ministre va annoncer ce soir par télévision le retrait du Général. Nous n'avons pas établi si cette rumeur s'est fondée sur des bribes de conversation échappées à d'autres membres des délégations. Ce qui est établi, en revanche, c'est que les deux susdits députés (qui appartenaient à l'UD Vᵉ mais qui n'avaient pas été conviés chez Pompidou) se sont coulés vers le salon des Pas-perdus afin d'être les

---

* *a.* Edouard Sablier a été démis de ses fonctions quatre jours après l'incident, le 3 juin, par un nouveau ministre de l'Information, Yves Guéna, sur la demande du Premier ministre Pompidou; le 7 juin, le général de Gaulle a témoigné sa reconnaissance à Sablier et l'a fait rétablir. Sablier quittera son poste le lendemain de la retraite du général de Gaulle. Il ne retrouvera aucune fonction stable à la télévision ou à la radio d'Etat tant que Pompidou sera président de la République.

b. Jean-Luc Javal a été prié de quitter l'équipe de Georges Pompidou en octobre 1968. La veille de cette décision, Pompidou, qui était alors en réserve de la République, avait eu avec le général de Gaulle un long tête-à-tête, le premier et le seul.

c. Jean-Louis Guillaud a poursuivi sa carrière à la télévision jusqu'au jour où Pierre Juillet, conseiller personnel du président Pompidou, appréciant son sage mutisme, a convaincu ce légitimiste de se rallier à l'orléanisme et l'a fait entrer au service d'information de l'Elysée.

premiers à chuchoter la nouvelle aux journalistes qui tournaient en rond.

La rumeur du Palais-Bourbon recoupe ce que Sablier et Guillaud ont découvert. Mais sur le moment personne à l'Elysée ne détient les deux renseignements à la fois

**

A 16 heures un peu passées, le général Fourquet, chef d'état-major général, fait connaître au ministre des Armées que le général de Gaulle est à Baden-Baden. Pierre Messmer se précipite pour en aviser le Premier ministre :

— Nous avons des radars épatants. »

Pompidou n'est pas plus avancé. Il voit seulement qu'il risque de se trouver en contradiction éclatante avec le Général, si ledit Général proclame de Baden-Baden quelque invention dont lui, Pompidou, renonce à rien imaginer de vraisemblable.

Le Premier ministre s'est d'ores et déjà trop enfoncé pour pouvoir retirer ses pièces.

Or nous sommes en mesure de révéler que le général Fourquet avait retrouvé dès 14 heures la piste du président de la République éclipsé.

De Paris, le chef d'état-major général a appelé le général Massu, lui conseillant — en termes plus voilés — de se préparer à accueillir de Gaulle. De Baden-Baden, la réponse a été, en substance : oui merci, le général de Gaulle vient de faire annoncer son arrivée imminente, à partir du terrain de Baden-Oos. Cela situe avec précision l'instant où Fourquet a su.

D'où a-t-il su, c'est plus obscur. Il dit à Messmer : nos radars... Il y avait dans l'Armée beaucoup d'autres moyens de renseignements et de recoupement, pour peu qu'on parlât entre soi. On est resté entre soi, mais de Gaulle compris.

Car finalement, la grosse interrogation demeure là : pourquoi le chef d'état-major général, détenant l'énorme secret qui circulait dans l'Armée, a-t-il laissé patauger le ministre Messmer pendant deux heures d'horloge? Ah! si Pompidou avait eu le tuyau dès 14 h 15!

Peut-être — mais c'est une hypothèse — les formes exclusivement militaires du voyage du chef de l'Etat ont-elles d'abord donné à penser au général Fourquet qu'il ne lui appartenait pas d'y mêler l'autorité civile; ensuite, l'affaire tournant à la crise de régime, il a pu estimer que son devoir devenait de tirer le gouvernement du brouillard.

Toujours est-il qu'en dépit des anciens déchirements, de Gaulle grouillait dans son milieu naturel, aussi efficacement que poisson dans l'eau. Pompidou, si « passionné » trente-six heures plus tôt de découvrir le maniement des unités, ignorait qu'il ignorait tout.

La réalité du pouvoir ce jour-là est d'ordre militaire, beaucoup plus que la France ne s'en doute. Mais gare aux schématisations archaïques : ce pouvoir, le seul intact, se tient républicainement au service de la nation; de ce côté-là au moins le général de Gaulle aura atteint l'objectif, sept ans après le putsch d'Alger.

Baden-Baden, 15 heures. L'apparition du capitaine de vaisseau Philippe de Gaulle dans la Résidence de Massu n'a pas donné lieu, semble-t-il, à d'exceptionnelles effusions ou congratulations. La veille encore, la famille s'était vue. Et entendue...

Le Général est venu pour affaires. Le déjeuner expédié, il poursuit avec Massu. Tout à l'heure, il a exposé son problème. Maintenant, il questionne.

Sa première question : alors, ces Russes?

Bien que la nature ait calqué le contour de mâchoire de Jacques Massu sur la pièce anatomique qui, chez le cheval, s'appelle une ganache, le général d'armée Massu n'est pas la ganache que dit l'imagerie journalistique. Seulement, comme si son physique ne suffisait pas aux caricaturistes, il y a ce patronyme qui, dans certaines circonstances, fait choc : Massu... Tout se conjuguait pour qu'on bâtisse sa réputation sur le rôle répressif dont la IVᵉ République s'est déchargée sur lui en Algérie. Ce qui devrait caractériser Massu, précisément, c'est qu'il a été l'un des rares chefs militaires à se dégager de l'impasse par le haut. Il a surmonté une conception d'abord étriquée de la fonction militaire. Ce ne fut pas sans peine. Pour faire entrer sous le crâne de Massu que l'Armée grandirait sa mission et rejoindrait son avenir en se remettant au service entier de la République, il a fallu, en 1960, la pédagogie du général de Gaulle appliquée de la façon la plus vigoureuse; coup de poing sur la table : il en a écrasé sa montre-bracelet. Ce bruit incongru de verre pilé a décontenancé Massu : il n'a plus eu le cœur à contester. La clameur était telle dans le bureau présidentiel que les aides de camp avaient entrebâillé la porte, prêts à ceinturer le rebelle; il leur fallut penser à se porter plutôt à son secours.

Ceci pour dire que Massu sait comprendre. A Baden-Baden, son commandement en chef implique une mission de représentation à l'étranger et de diplomatie vis-à-vis des autres armées qui se partagent le sol allemand. Massu n'est pas en Allemagne simplement pour tenir tête aux Russes verre de vodka en main.

Alors, ces Russes? Eh bien voilà...

Ils sont donc venus dîner chez Massu hier, comme le général de Gaulle en avait été d'avance informé. Hier, c'est-à-dire mardi 28 mai, le jour où la CGT et le Parti communiste se décidaient à un nouveau pas dans l'escalade.

Dîner fastueux et chaleureux, dans la tradition des proconsulats. Aux cigares, le maréchal Kochevoï, commandant en chef des Forces soviétiques en Allemagne, a exprimé l'opinion, de plombier à plombier, que le général Massu pouvait s'attendre à ce que le gouvernement français lui emprunte une partie des régiments stationnés en Allemagne.

Tiens ça donc? Massu se borne à répondre, en substance, qu'il ne dispose pas d'informations ou d'indices permettant d'avaliser cette hypothèse technique.

Le Russe n'en discute pas : ce sont les oignons de Massu. Tout de même ce qu'il doit dire à ce cher Massu, parce que ça c'est de son rayon, à lui commandant en chef des Forces soviétiques, c'est ceci : si, par hypothèse, le dispositif français en Allemagne se trouve dégarni, lui, le Russe, est bien décidé à ne pas s'en apercevoir.

On ne traverse pas l'Allemagne pour tenir ce bavardage au collègue français tout à fait par hasard. Le maréchal Kochevoï, qui n'était pas venu seul, n'a pas pris ça sous son bonnet, pas plus que Massu n'a songé à garder pareille confidence sous le coude. Forcément, la démarche russe avait été déclenchée par le gouvernement de l'URSS.

Voilà l'information déterminante que de Gaulle pouvait recueillir de la bouche de Massu, et pas à Metz chez Beauvallet, ni à Nancy chez Hublot.

Déterminante à proprement parler : en ce sens qu'elle va permettre au général de Gaulle de déterminer sa conduite, qui était jusqu'ici en suspens.

Le renseignement peut se lire à plusieurs niveaux. D'abord, le gouvernement français disposera d'effectifs militaires plus nombreux. C'est sans doute commode : ce n'est pas l'essentiel. Il y a ensuite et surtout que les Russes éviteront de donner prétexte à des déplacements de forces « atlantiques ». Une intrusion américaine, sous couvert de l'OTAN, était plus à craindre qu'une invasion des Soviétiques répondant à quelque appel des communistes français : la France, depuis le partage de Yalta, est classée parmi les marches de l'Amérique.

Bref, si les Russes ne sont pas en mesure de faire rentrer dans sa boîte le Parti communiste français, du moins font-ils en sorte que le problème français reste de dimension intérieure.

Il serait oiseux de se demander si, dans l'hypothèse inverse d'une internationalisation de la crise française de Mai, de Gaulle aurait baissé les bras et loué une villa en Irlande pour ses vieux jours, ou s'il aurait appelé les Français à se redresser enfin contre l'ingérence étrangère. Croire à une alternative à deux branches serait trop sommaire, trop manichéen pour correspondre au personnage. Il ne s'encombrait pas de décisions prématurées. Lui-même n'avait rien décidé sur ce qu'il ferait.

A quoi bon épiloguer? De Gaulle, à Baden-Baden, est aux prises non plus avec des hypothèses, mais avec une situation. Sur cette base se fera le choix d'une conduite.

Après ce qu'a fait savoir le Russe, une partie devient jouable : il devient possible au gouvernement français d'assurer la vie de la population par des moyens militaires, au moins sur une partie du territoire.

De quelle façon? Avant de passer au comment, il faut regarder si les moyens militaires seraient bons.

La seconde série de réponses que de Gaulle attend de Massu tourne autour de la seconde question que voici : la République, en la personne du président de la République chef des armées, peut-elle compter sur l'Armée?

La troupe? Les indications de Massu rejoignent celles de Beauvallet et de Hublot (et ne font que confirmer celles que Lalande a rapportées de sa tournée d'avant-hier). En Allemagne comme dans l'est de la France, le contingent des recrues est exaspéré par les agitations de Mai : celles-ci privent les soldats de permission, multiplient les gardes d'édifices publics, etc. Le contingent est surtout composé de ruraux, de manuels, volontiers jaloux des sursis dont bénéficient « les étudiants ». La grande liberté que se donnent en Mai « les étudiants », le contingent en fait les frais. Ça ne veut pas dire que si on jetait le contingent contre une barricade du Quartier latin, il n'y aurait pas bientôt fraternisation. En revanche, s'il s'agit de donner une leçon aux étudiants en leur montrant qu'on est capable de faire tourner la machine française quand les étudiants la déglinguent, alors là, le moral est bon et les troupes sont fraîches.

Les cadres militaires? Là, Lalande était moins bien placé pour apporter une réponse. Il y fallait Beauvallet, ou Hublot, par Boissieu interposé. Et Massu. On est en 1968, six ans seulement après la fin de l'Algérie française. Les cadres sont encore imprégnés de rancune, forme facile de l'embarras moral.

De Gaulle fait remarquer à Massu que les mesures d'amnistie sont en bonne voie. Dès le 22 mars *, le président de la République a gracié trente-huit « détenus pour faits en relation avec la guerre d'Algérie ».

Notons-le au passage, ces grâces, puis l'amnistie générale de l'OAS, ne sont pas venues d'un marchandage à Baden-Baden. En revanche, à partir du moment où de Gaulle calculait qu'on n'échapperait pas à la nécessité de « verser de la gnole aux troupes », il trouvait mauvais de barguigner (à son retour de Roumanie, il avait coupé court aux marchandages entre Pompidou et Fouchet sur l'amélioration du niveau de vie des policiers engagés dans le maintien de l'ordre).

De Gaulle dit à Massu que l'amnistie générale de ses anciens copains de l'armée d'Algérie ne peut qu'être hâtée du fait des événements. Massu opine que ça ferait bon effet. De Gaulle lui laisse entendre qu'il peut l'annoncer à qui lui semblera bon.

*
* *

De Gaulle constate avec Massu qu'en somme les moyens militaires sont en bon état de marche. La République conserve la possibilité de les mettre en œuvre.

En vertu de quelle procédure? On en arrive au « comment? »...

---

* C'est-à-dire — bizarrerie du hasard — le jour où prenait par ailleurs naissance à Nanterre le « mouvement du 22 mars » qui allait susciter les troubles du Quartier latin.

Eh bien, en vertu d'un décret du président de la République qui peut décider la « mise en garde » de la nation française.

De Gaulle, à ce moment, s'appuie sur un texte fondamental de la Vᵉ République, un texte qui est aux situations de drame, justiciables de procédés militaires, ce que la Constitution est à la gestion civile des situations normales : « l'ordonnance nº 59-147 du 7 janvier 1959 portant organisation générale de la défense ».

Un texte aux dimensions d'une Constitution souterraine pour temps d'exception, le glaive nu, jamais rengainé, porté en permanence devant les pas du Connétable de France, en veille par tout temps.

Qu'on regarde bien la date de cette ordonnance : 7 janvier 1959... Le lendemain 8 janvier, le général de Gaulle prenait ses fonctions de président de la Vᵉ République. C'est le dernier texte qu'il ait signé comme chef du gouvernement en vertu des pleins pouvoirs que lui avait précipitamment délégués la République précédente. Dans le tohu-bohu de la passation des pouvoirs, on n'a guère remarqué que de Gaulle, en entrant à l'Elysée, glissait ce texte dans sa poche revolver.

L'ordonnance a été promulguée dans le *Journal officiel* du 12 janvier; juste le temps pour de Gaulle de s'installer à la tête de l'Etat. On dirait qu'il n'a pas voulu qu'un autre avant lui pût jouer à se prendre pour le Connétable.

Dernier texte qu'il a signé avant d'être le premier à s'en trouver muni; mais certes pas texte bâclé quand on bouclait les valises. De Gaulle a passé sa vie à en polir les articles : chaque ligne a été pesée au poids d'une erreur nationale dont il fallait empêcher le renouvellement : c'est le texte qui a manqué à la République française le 18 juin 1940.

Si la France n'était pas le seul pays où les citoyens ne savent pas leur Constitution par cœur, ils se réciteraient également cette Ordonnance, en contrepoint. Pour la commodité de la lecture, en voici des extraits, ceux que de Gaulle appliquera lors de son séjour de trois heures à Baden-Baden, puis dans les vingt-quatre heures qui suivront son retour en France *.

Ordonnance nº 59-147 du 7 janvier 1959
portant
ORGANISATION GENERALE DE LA DEFENSE

Article 1ᵉ.
La défense a pour objet d'assurer en tout temps, EN TOUTES CIRCONSTANCES ET CONTRE TOUTES LES FORMES D'AGRESSION, la Sécurité et l'intégrité du territoire, ainsi que LA VIE DE LA POPULATION (...)

* Nous nous sommes permis d'imprimer quelques formules capitales en lettres capitales. Ce n'est pas le cas dans le document original : celui-ci, destiné à se mouler souplement sur n'importe quelle situation exceptionnelle, comprend quarante-cinq articles infiniment plus diversifiés et complexes que les passages signalés ici. On remarquera toutefois que les dispositions qui nous intéressent sont placées significativement dans les articles de tête.

Article 2.

Le pouvoir exécutif dans l'exercice de ses attributions constitutionnelles prend les mesures nécessaires pour atteindre les objectifs
définis à l'article précédent.

En cas de MENACE, ces mesures peuvent être soit la mobilisation
générale, soit LA MISE EN GARDE définie à l'article 3, soit des
dispositions particulières prévues à l'article 6.

Article 3.

(...) la mise en garde consiste en certaines mesures propres à assurer
la liberté d'action du gouvernement, à DIMINUER LA VULNERABI-
LITE DES POPULATIONS OU DES EQUIPEMENTS PRINCIPAUX,
et à garantir la sécurité des opérations de mobilisation (...)

Article 4.

La mobilisation générale et, SOUS RESERVE DES DISPOSITIONS
DU DERNIER ALINEA DE L'ARTICLE 23 de la présente ordonnance,
la mise en garde, sont décidées par décrets pris en Conseil des
ministres.

Article 5.

Ces décrets ont pour effet, dans le cadre des lois existantes, la mise en
vigueur immédiate de dispositions qu'il appartient au Gouvernement
de préparer et d'adapter à tout moment aux nécessités de la défense.
Ils ouvrent dans tous les cas au profit du Gouvernement (...) :

    a) — le droit de requérir les personnes, les biens et les services;

    b) — le droit de soumettre à contrôle et à répartition les ressources
en énergie, matières premières, produits industriels et produits
nécessaires au ravitaillement, et, à cet effet, d'imposer aux personnes
physiques ou morales en leurs biens les sujétions indispensables.

Article 6.

En cas de menace portant notamment sur UNE PARTIE DU
TERRITOIRE, sur UN SECTEUR DE LA VIE NATIONALE ou sur
UNE FRACTION DE LA POPULATION, des décrets pris en Conseil des
ministres peuvent ouvrir au Gouvernement TOUT OU PARTIE des
droits définis à l'article précédent.

Article 23.

DANS CHAQUE ZONE (de défense), UN HAUT FONCTIONNAIRE
CIVIL DETIENT (...) LES POUVOIRS NECESSAIRES POUR PRES-
CRIRE EN CAS DE RUPTURE DES COMMUNICATIONS AVEC LE
GOUVERNEMENT, du fait d'une AGRESSION INTERNE OU EXTER-
NE, LA MISE EN GARDE PREVUE A L'ARTICLE 4 (...).

Article 35.

Dans les cas prévus aux articles 2 et 6 de la présente ordonnance, les
assujettis au service de défense peuvent être appelés à leur emploi de
défense à titre individuel ou collectif, pour servir au lieu et dans les
conditions qui leur sont assignés.

Article 37.
Les assujettis au service de défense, lorsqu'ils **accomplissent** les services visés aux articles ci-dessus, sont régis par un statut de défense. Ce statut est également applicable aux VOLONTAIRES.

Article 38.
Ceux qui sont affectés à une administration ou à une entreprise sont assujettis à la discipline propre de cette administration ou de cette entreprise. Le régime des rémunérations est celui de l'administration ou de la profession ou à défaut celui des forces armées

Le général de Gaulle a cristallisé dans ce document le schéma unique auquel il s'est tenu toute sa vie comme à celui qui permettait d'assurer la permanence de la France dans les tempêtes :

a) on constitue un môle avec les fragments d'armée qui restent disponibles;

b) sur ce môle, les volontaires s'agglomèrent et une action s'organise;

c) comme c'est là l'unique structure qui se montre en mesure de reprendre le mouvement vers le but auquel la nation aspire, là valeur exemplaire de ce mouvement, si faible qu'il soit en son début, exerce une attraction croissante sur le reste de la nation; les fragments de la nation se polarisent peu à peu, l'Etat reprend corps et la République reprend vie.

On reconnaît là les trois temps de l'action conduite par de Gaulle depuis le 18 juin 1940 jusqu'au jour de la Libération de Paris. Pendant quatre ans et deux mois, il lui avait fallu simuler une France de secours, au prix d'une énorme déperdition d'énergie nationale, parce que le président de la République de la débâcle de 40 n'avait pas fait légaliser à temps ce schéma.

Lorsque de Gaulle a essuyé les plâtres de la Ve République, le 8 janvier 1959, il avait dû transiger sur les institutions pour temps ordinaires (la Constitution dite de 1958 n'a en réalité vu le jour qu'en 1962 avec l'élection du chef de l'Etat et des Armées au suffrage universel direct). Mais les institutions de secours pour temps de crise, de Gaulle les a d'emblée, et lui tout seul, coulées d'un bloc dans son ordonnance n° 59-147.

Il ne les a pas forgées en vue d'un nouveau 18 Juin, il ne travaillait jamais sur des cas de figure. Son intention a été que la survie de l'Etat soit garantie à travers n'importe quel type de crise ou de désastre.

*
* *

Les habitants de l'Algérie ont vécu à leur insu sous le régime de l'ordonnance 59-147 pendant deux ans et demi, à compter du 28 janvier 1960 jusqu'au 1er juillet 1962, jour où l'Etat français plia ses derniers bagages.

Le 28 janvier 1960, c'était le jour où le délégué général Paul Delouvrier s'était éclipsé d'Alger « pour retrouver sa liberté de commandement ». Il avait caché à toutes les autorités civiles l'objet de son escapade. Comme de Gaulle le 29 mai 1968.

Il s'était retrouvé sur un terrain militaire avec les chefs de l'armée. Comme de Gaulle le 29 mai 1968.

Tout avait commencé à Alger lorsque « les étudiants » s'étaient retranchés dans « le réduit des Facultés ». Comme la Sorbonne.

Avec une étrange précision, la « Semaine des barricades » d'Alger a constitué la maquette des événements du Quartier latin, huit ans plus tard. La fidélité de la reproduction a été telle, jusque dans les détails les plus futiles, qu'il n'est pas possible que la ressemblance fût fortuite. Ou bien il y a eu derrière les deux épisodes le même technicien de la déstabilisation, ou bien les apprentis-sociologues de Nanterre avaient consacré leurs travaux pratiques à disséquer les astuces de leurs prédécesseurs. Les exemples fourmillent, du début à la fin : au télescope habillé au canon sans recul des facultés d'Alger a répondu à la Sorbonne la légende des bonbonnes d'acide fluor-hydrique trouvées au laboratoire et dont l'explosion eût rasé le quartier en cas d'assaut des policiers. Les slogans de 1968 avaient huit ans de bouteille et rien de gauchiste, notamment l'insulte inventée à Alger sur le rythme tititi-tata de la soi-disant Algérie Française : « CRS-SS ».

André Chamson : — Quand on traite son adversaire de SS et qu'on n'est pas mort dans la minute qui suit, c'est qu'on a menti [107]. »

La fidélité du calque s'est maintenue jusqu'à la sortie des « assiégés » d'Alger ou de la Sorbonne, avec les honneurs de la guerre, entre deux haies des forces de l'ordre qui avaient promis de ne pas relever les identités *.

Le parallèle va bien plus profond. Car même si les deux affaires commencèrent en mascarade (héroïque surtout aux yeux de leurs héros), n'empêche que les autorités des temps ordinaires se sont trouvées aussi inappropriées sous les nasardes d'Alger en 1960 qu'à Paris en 1968. Dans les deux cas, avant d'en venir aux ressources de l'Ordonnance, il avait d'abord fallu que de Gaulle se convainque de l'incompétence des ministres.

Cinq jours avant l'escapade de Delouvrier, il se montrait à cet égard entièrement détaché — au sens propre.

Général Massu : — Il m'a fait asseoir, mais de fureur, je me lève et je hurle : Vous êtes entouré d'une bande de c...! Lui (très calme) : « C'est vrai! » Du coup, je me rassieds, abasourdi. »

---

* A cette jeunesse qui se glorifiait de son « spontanéisme » inventif, aurait-on eu la dureté de révéler qu'elle exhumait le vieux clinquant des films impérialistes d'avant-guerre, des *Trois Lanciers du Bengale* ou de *Trois de Saint-Cyr*, tout comme elle se gargarisait de slogans puisés au fond du verre à whisky d'Hemingway, vieux macho vantard : « Fais l'amour en tenant ton fusil »?

Cinq demi-heures avant l'escapade du général de Gaulle, son gendre Alain de Boissieu n'a pas entendu des appréciations différentes sur les tartempions de ministres.

A rester bec dans l'eau devant la Sorbonne ou devant les facultés d'Alger, dans les deux cas l'Etat s'affichait impuissant à jouer son rôle n'importe où ailleurs. Beaucoup de gens se dépêchaient d'en profiter. Fallait-il alors dilapider le dispositif militaire bille en tête, sur le petit terrain où les moyens de police avaient été vains?

Pour Paul Delouvrier en 1960, les moyens que lui donnait l'ordonnance 59-147 n'étaient pas applicables à partir d'Alger. Pour de Gaulle en 1968, ils n'étaient pas applicables à partir de Paris. Dans les deux cas, il fallait d'abord se camper sur une position d'où l'armée pût donner ce qu'elle était en état de donner. Ici la similitude n'a rien de surprenant : la commission que Delouvrier avait en poche à l'adresse des généraux qu'il allait réquisitionner était signée de Gaulle, avec mode d'emploi.

L'identité la plus étonnante reste celle des deux harangues que de Gaulle a lancées en conclusion des deux épisodes. Pour présenter aux Français les raisons de son escapade de la veille, pour faire pressentir que des moyens différents vont être mis en œuvre, de Gaulle va reprendre purement et simplement le discours qu'il avait prononcé à la télévision le 29 janvier 1960, lendemain de l'escapade de Delouvrier. Le plan est le même, les idées sont les mêmes, leur ordre est le même, les phrases à peine démarquées se superposent une à une. On remarque dans chacune des deux allocutions une cicatrice grammaticale mal refermée : c'est l'endroit où Michel Debré, Premier ministre de 1960, et Georges Pompidou, Premier ministre de 1968, ont obtenu, lorsque le Général leur a montré le texte déjà achevé, que soit insérée une procédure autre que le recours à l'ordonnance 59-147 *. Dans la version initiale, en 1960 comme en 1968, il n'était question que des moyens procurés par l'ordonnance, laquelle n'était jamais explicitement mentionnée.

A compter du moment où Paul Delouvrier est retourné à Alger avec la caution du général de Gaulle, il ne s'est plus adressé aux populations algériennes de la même façon qu'auparavant, les rapports entre les pouvoirs publics et les populations n'ont plus été de même nature.

Entre l'avant et l'après de son éclipse totale, de Gaulle se dispose à établir la même différence essentielle.

*
* *

Une seconde fois, le général de Gaulle allait utiliser — à son propre compte ce coup-ci — l'ordonnance de dépannage militaire, en 1963.

---

* La mise en parallèle des deux documents a été faite par Pierre Rouanet dans *Pompidou* (Grasset 1969), pp. 257 à 259. Du premier texte au second, le style s'est resserré.

La panne, c'était la grève des mineurs. En vertu des articles 4 et 6, de Gaulle, symboliquement, les réquisitionna. Au *Journal officiel*, le décret portait, au-dessus de la signature présidentielle, une localisation insolite : « fait à Colombey ».

Lorsque les événements prennent tournure militaire, le commandant en chef, c'est bien connu, gagne son quartier général de campagne. Curieux que Pompidou — qui avait poussé de Gaulle à réquisitionner les mineurs en 1963 — n'ait pas deviné en 1968 que le Général allait pareillement se donner de l'air.

*
* *

Baden-Baden, 16 heures. Le principe du recours au dépannage militaire étant apparu plausible au cours du tête-à-tête, restent les modalités d'une mise en pratique éventuelle. Massu, normalement, demande à son chef d'état-major, le général Mathon, et à son chef de cabinet, le colonel Moniez, de se joindre à la conférence. De Gaulle demande une minute et gagne les toilettes. Les chirurgiens de l'hôpital Cochin n'avaient pas tout arrangé en 1964 : la vessie de ce vieil homme exigeait une suspension de séance à chaque demi-heure, le jeune docteur Saudubray était sur ses gardes.

Dès que le Général est à nouveau assis derrière le bureau de Massu, le colonel Moniez revient sur une question incidente : le président de la République française se trouve en territoire étranger; de telles apparitions ne sont pas tout à fait sans précédent; on peut faire valoir que la reine d'Angleterre ou le roi des Belges ont une fois visité leurs troupes en Allemagne sans faire le crochet par Bonn pour serrer la main au président de la Bundesrepublik. Mais enfin leur visite n'avait rien de clandestin. Il va falloir régulariser.

De Gaulle n'en semble guère tracassé : là où est le président de la République française, là est l'Etat. Après tout, c'est à Londres, sans trop de façons, qu'a regermé la France.

Flohic, Mathon et Moniez ont déjà, en grand mystère, alerté l'ambassadeur de France à Bonn, François Seydoux; on ne peut rien lui dire par téléphone, on lui prépare un hélicoptère avec quelque mot de passe assez exceptionnel pour qu'il comprenne qu'il doit accourir sans se froisser.

De Gaulle n'y voit pas d'inconvénient. Bien sûr, il faudra, à un moment ou à l'autre, que François Seydoux soit mis dans le coup, puisque c'est lui qui devra rassurer les Allemands s'ils remarquent un remue-ménage dans les Forces françaises.

C'est un tout autre problème que semble poser au général de Gaulle cette escapade irrégulière en territoire étranger. Il dit sombrement à son aide de camp Flohic :

— Maintenant que je ne suis plus présent sur le territoire français, le Conseil constitutionnel va prononcer ma déchéance. »

Flohic est d'avis que le président du Conseil constitutionnel, le fidèle Gaston Palewski, ne se précipitera pas pour examiner de lui-même la question.

De Gaulle agite le même problème devant Mathon, devant Moniez. Il se livre à une sorte de consultation, comme il faisait parfois à l'Elysée avec Tricot, avec Foccart, avec les conseillers techniques, à l'instant d'une décision fondamentale.

On peut se demander si les officiers ainsi consultés n'ont pas trop pris au pied de la lettre le pessimisme ou l'embarras du Général.

A l'approche d'une décision majeure dans une passe difficile, les collaborateurs qu'il interrogeait l'ont toujours entendu commencer par l'hypothèse désastreuse. A partir de là, il procédait par amplification apocalyptique. Le jour du putsch d'Alger, Bernard Tricot a entendu de Gaulle pronostiquer d'abord que personne à part quelques gendarmes ne se battrait pour la République; il fallait donc s'attendre aux coups de force de droite et de gauche, entraînant l'intervention antagoniste des Russes et des Américains; au bout de trois minutes Tricot ployait déjà les épaules dans l'attente de la première salve thermo-nucléaire. Ayant ainsi vaticiné, de Gaulle s'installa devant la caméra de la télévision et déquilla en trois phrases le quarteron des généraux putschistes.

En s'étendant avec tant d'amère complaisance sur l'éventualité où plus rien ne dépendrait de lui, de Gaulle, à son insu, se donnait peut-être le temps de réfléchir à toutes les autres hypothèses où l'action demeurait possible.

Il nous semble surtout que chaque fois qu'on voit le général de Gaulle se livrer à d'aussi épouvantables consultations, sa décision — plus tonique — est déjà formée. Sans doute ne le sait-il pas encore. On dirait qu'il lui faut au préalable purger ses humeurs amères. Il subissait le chagrin, pas le découragement, même quand il se racontait le contraire.

Tout de même on doit retenir qu'à Baden-Baden il a évoqué, formellement et presque d'entrée de jeu, la possibilité d'être destitué. Il avait en tête que ça pouvait lui arriver. Or qui pouvait saisir le Conseil constitutionnel? De Gaulle, forgeron des institutions, savait mieux que personne que ça ne pouvait pas venir de l'opposition. Il y fallait une démarche du gouvernement, du Premier ministre.

De Gaulle n'a pas exclu que Pompidou soit homme à ça.

Pompidou à la même heure — on vient de le voir — soupesait les textes constitutionnels sur les cas d'empêchement du Président de la République.

Ils en étaient là l'un par rapport à l'autre.

Mais à Baden-Baden, le général de Gaulle, ayant purgé son accès d'apocalyptisme, n'attendra pas chez Massu l'arrivée de l'ambassadeur François Seydoux. On décommande celui-ci. Le Général a déjà formé sa décision — plus tonique — : il repart.

Désormais, de Gaulle sait ce qu'il veut et ce qu'il veut se fera en

France, voire, pour les préliminaires, à l'Elysée. Le Général ne s'est pas réfugié au sein de ses légions. Il est passé pour les mettre en branle.

*
* *

Il est prévu que les opérations de remise en marche par des voies militaires se développeront en commençant par l'Est. De là naîtra la légende simplificatrice selon laquelle de Gaulle voulait « reconquérir » la France à partir de Strasbourg. Le plan n'a jamais prévu de lancer un rouleau compresseur pour écraser une nation impertinente. Il n'était pas prévu mort d'homme : l'objectif était d'assurer la vie des populations.

Certes, l'armée emploierait des procédés de police si on tentait de faire entrave à la remise en marche. Mais ce serait en exécution de la loi républicaine et non par insurrection; la responsabilité de se dresser contre la loi appartiendrait aux obstructeurs éventuels.

Pourquoi l'Est?

1° Parce que c'est là que la République française entretient son corps de bataille, c'est-à-dire ce qui doit devenir, le temps du grand dépannage, le plus gros de la main-d'œuvre.

2° C'est là qu'il existe, et de très loin, la plus forte proportion de moyens militaires par rapport aux services publics en grève à remettre en route.

3° C'est là aussi que gréviste ou non, la population est le plus en sympathie avec l'Armée et qu'elle est le mieux familiarisée avec les agissements militaires. Inutile d'aller chercher on ne sait quel racisme régional pour expliquer une telle particularité : les Français, comme toute nation, aiment leur armée, sans caricature ni phantasme, là où ils sont en contact quotidien avec elle.

A partir de l'Est, l'idée est que le rétablissement de la vie nationale fera tache d'huile. Non point par violence. Par vertu d'exemple. A mesure qu'on apercevra qu'une partie de l'Etat républicain recommence à fonctionner, d'autes auront envie d'y prendre part à leur tour. Les « volontaires » sauront qu'ils peuvent y être utiles et ils ne seront plus isolés sans consigne. En tache d'huile? Ce peut être en peau de léopard. Un « haut fonctionnaire civil » appréciera sur place. Voir plus haut l'article 23 de l'ordonnance... Dans chaque région, ce haut fonctionnaire civil a d'ores et déjà sa commission en poche.

A la Libération, avant que la mosaïque des territoires libérés soit ressoudée, de semblables hauts fonctionnaires improvisés avaient pareillement en poche leur lettre de commission, subrepticement acheminée par le Gouvernement provisoire d'Alger : c'est pourquoi de Gaulle les avait fait baptiser « *Commissaires de la République* ». Que le lecteur veuille bien ranger un instant ce détail dans un coin de sa mémoire.

*
* *

De Gaulle, en conclusion, notifie à Massu qu'il est désigné pour prendre le commandement du dispositif militaire temporaire, si des circonstances le nécessitent à un moment où le chef de l'Etat ne sera pas forcément en contact avec les armées.

Général Massu (quatre ans plus tard) : — Mon plus grand honneur sera d'avoir en des heures graves mérité sa confiance et pu lui témoigner mon inaltérable attachement [108]. »

C'est sans doute une lettre de commandement que le président de la République a glissée dans l'enveloppe cachetée qu'il remet à Massu.

Depuis vingt-quatre heures, le général de Gaulle sème le long de son chemin de telles lettres de tout hasard, comme Poucet jalonne la forêt de cailloux blancs. Philippe, Alain, Lalande en ont reçu, sans doute complémentaires de celles de Massu. A croire qu'il y en a pour tout le monde. Sauf pour le pauvre Pompidou.

Elles sont rédigées et remises en vertu — et comme disent les cuistres, « dans le cadre » — du pouvoir présidentiel. La délégation de pouvoirs que Pompidou était furieux de n'avoir pas reçue, cette délégation de pouvoirs qu'il envisageait d'aller faire prendre à Colombey le mercredi après-midi, il n'a jamais pu en être question dans l'esprit du général de Gaulle : son voyage aurait perdu sa raison d'être s'il n'avait pas gardé par-devers lui la plénitude de l'autorité suprême. Il n'y a pas eu l'étourderie sénile ou le désordre affolé que Pompidou croyait ou faisait croire. Voici au contraire que tout est proprement plié au carré avec Massu.

Pour l'heure — il est un peu moins de 17 heures à Baden-Baden — que Messieurs les généraux veuillent bien attendre pour exécution un signe de la République. Le général de Gaulle va regagner Colombey pour méditer en quels termes il offrira l'affaire aux Français, dès demain jeudi. Grand merci à Mme Massu pour le charmant accueil. On remet les valises dans l'hélicoptère sans oublier Mme de Gaulle. A bientôt Philippe.

Voilà, ça y est, c'est parti, c'est en ordre pour l'action. De Gaulle sait vers où il va. Alors, il se produit dans l'hélicoptère présidentiel le même phénomène que sur les routes de Roumanie, onze jours auparavant, lorsque de Gaulle eut fixé en son for intérieur la décision du référendum : le vieux devient guilleret.

Il commente le paysage, il sifflote.

*
* *

Aux journalistes agglutinés devant le portail de la Boisserie, le général de Gaulle, ravi de sa balade, ne se retient pas d'adresser son bonsoir à travers la vitre de la voiture.

Il est 18 h 15. Les gendarmes présentent les armes. Ils ont vu venir en trombe, du fond de la route, une Peugeot 404 noire, phares allumés en dépit du soleil qui s'attarde sur un somptueux après-midi de printemps. A côté du conducteur, Flohic. Sur le siège arrière, à gauche, le Général. A droite, Mme de Gaulle, sac à main bien sage sur les genoux, comme chaque fois qu'elle est de retour de promenade. Deux autres voitures suivent.

Est-il nécessaire d'écrire que les trois véhicules appartiennent à la gendarmerie? Maintenant, allez savoir pourquoi les hélicoptères ne sont pas venus jusqu'au pré, au fond du parc de la Boisserie.

La fin d'après-midi est belle, la forêt sent bon, on est chez soi, à peine débarqué le général de Gaulle entraîne son aide de camp dans un tour de parc. On dirait un président qui est resté toute la journée sur ses dossiers et qui a envie de se dégourdir les jambes. Il récite à Flohic des alexandrins, il lui demande de qui ils sont. Flohic donne sa langue au chat. Le Général, très fier, dit qu'ils sont de lui jeune homme. On retourne à la maison. Mme de Gaulle a défait quelques valises. Pas toutes. Mais de ce jour-là elle ne rapportera plus à l'Elysée la totalité de ce qu'elle en avait emporté le matin.

Une journée de plus vient de s'inscrire à la suite des journées de leur existence. Personne à table, ni de Gaulle, ni sa femme, ni Flohic n'a l'air de penser qu'elle fut différente.

* *
*

Bernard Tricot : — Il n'aimait pas le téléphone, c'est connu. Mais enfin, quand il fallait.... Il m'a appelé le 29 mai 1968 de Colombey. Je me rappelle sa phrase, ce qu'il a dit aussi à Georges Pompidou : « Je me suis mis d'accord avec mes arrière-pensées *. Confirmez le Conseil des ministres pour demain. » Le tout d'une voix ferme, celle d'un homme reposé, alors que j'avais vu partir le matin un homme fatigué [109]. »

D'accord avec ses arrière-pensées? Tout juste si le stratège n'a pas dit : j'ai consolidé mes arrières. A tout le moins, il confirme qu'il avait quelque chose derrière la tête, qui l'avait retenu de fixer son choix dès la veille.

« Mes arrière-pensées »... Une autre Libératrice n'intriguait pas moins en disant « mes voix »; des voix qui, cheminant le long des réseaux social-nationalistes des ordres mendiants, parvenaient à Domrémy pour conclure avec elle, après des jours de doute, que la

---

* Quelques semaines plus tard — mais non pas sur le moment — Pompidou racontait à quelques collaborateurs et notamment à Michel Jobert (qui le rapporte dans ses *Mémoires d'avenir*) que le général de Gaulle, téléphonant de Colombey, lui avait dit en manière d'excuse : « J'ai failli et je n'en suis pas fier. » Pompidou ne s'est pas tenu souvent à cette version. Signalons-la tout de même : on ne peut pas tronquer un témoignage sous prétexte qu'il fait excroissance. On ne voit pas en quoi de Gaulle aurait pu trouver que l'emploi de sa journée du 29 mai était un signe de défaillance. On voit en revanche ce qui a pu incliner Pompidou à infléchir son récit. En tout cas cette phrase ne figure pas parmi celles du général de Gaulle que Tricot et Pompidou avaient retenues tous les deux.

partie était jouable, qu'il n'était pas impensable de mettre en œuvre des moyens militaires inaccoutumés jusqu'à ce que se trouvent rétablis le fonctionnement régulier des pouvoirs publics, la continuité de l'Etat, l'indépendance nationale et l'intégrité du territoire.

Les voix porteuses d'un plan d'action si concrètement terrestre résonnaient-elles donc d'un accent bien français?

Jehanne : — Meilleur que le vôtre, Frère Seguin. »

Il est vrai qu'à ce conciliabule au sommet ne venaient pas s'exprimer n'importe quelles voix. Jehanne n'en a jamais mentionné que trois. L'une parlait au nom de mon Sieur saint Michel, lequel avait succédé à Toutatis en ses temples comme patron des forces militaires françaises. Les deux autres se réclamaient catégoriquement de ma Dame sainte Catherine et de ma Dame sainte Marguerite, lesquelles deux Dames avaient au Ciel, notoirement, mandat de garantir la Maison de France en sa légitimité.

*
* *

A Pompidou également donc, le Général confirme le Conseil des ministres pour le lendemain 15 heures. C'est ce qu'il lui avait déjà dit et répété le matin, avant de s'éclipser. Si l'on se tient aux faits, de Gaulle n'a bougé de cette ligne à aucun moment. C'est Pompidou qui, toute la journée, a accrédité l'idée d'un Général flottant et désemparé.

A supposer qu'à Baden-Baden de Gaulle soit parvenu à la conclusion que mieux valait se retirer, aucun indice ne permet de croire qu'il ne serait pas revenu pour un dernier Conseil des ministres. C'est ce qu'il avait fait en 1946. Il était soigneux des procédures de la République. Avant de regagner Colombey, l'avant-veille du référendum perdu en 1969, il préparera toutes les formalités de sa démission éventuelle; il laissera les documents autographes entre les mains du chef du gouvernement; et il préviendra publiquement tous les Français, par télévision dès l'avant-veille.

Seul Pompidou se persuadait obstinément, pendant l'escapade du général de Gaulle à Baden-Baden, qu'on était déjà sorti des formes constitutionnelles. Plus ou moins consciemment, il éprouvait, dirait-on, un besoin de justification pour envisager lui-même on ne sait quel coup de pouce à la légalité. Impatience, ambition, ou peur simplement? Il s'est bâti un système, passionnément, et n'a plus regardé ni écouté de Gaulle dans sa réalité. Il lui fallait que le Général fût tombé débile.

Georges Pompidou : — Le soir, il m'a rappelé de Colombey (...) Il m'a dit : « Je crois que nous allons devoir changer le ministre de l'Information. » J'ai pensé en moi-même : S'il n'y avait que lui à changer [110] ! »

Encore ce besoin de se persuader que le Général n'est plus dans le coup. C'est Pompidou qui mesure mal ce que le Général est en train de lui dire. De Gaulle, à cet instant, touche à l'essentiel : dès le retour à Paris le dialogue entre le président de la République et la nation doit changer de nature. Aussi catégoriquement que les relations entre Delouvrier et les Algériens ont changé de nature dès le retour de Reghaïa.

Ce dialogue, le Général s'y attelle sitôt le téléphone raccroché. Non, tout de même, sans avoir mangé sa potée de légumes à l'heure accoutumée, et regardé le journal télévisé comme d'habitude. A minuit moins le quart, l'envoyé spécial de l'Agence France-Presse à Colombey dicte :

— Tard cette nuit, des lumières, que l'on aperçoit à travers les frondaisons, sont demeurées allumées à la Boisserie. Mais aucune visite, aucune animation particulière n'a troublé la quiétude qui règne autour de la propriété. »

Les lumières n'avaient rien d'inhabituel. Pour rédiger sa harangue du lendemain, le général de Gaulle reprenait sa technique, sa méthode et son horaire d'écrivain, tels qu'il les avait adoptés à partir de 1949 pour ses *Mémoires de guerre*. Après le dîner, il s'isolait dans son bureau au rez-de-chaussée de la tour; il avançait lentement, phrase après phrase, raturant, condensant, recopiant, essayant les tournures du bout des lèvres. De temps en temps, Yvonne l'entendait placer la fin d'une phrase à haute voix.

Elle gagnait la chambre à 10 heures.

Son mari aimait bien être le dernier dans la maison endormie; il aimait bien, sur le point de monter à son tour vers minuit, fermer les volets de son bureau, les oiseaux s'étaient tus, les factionnaires aussi, à la grille.

Yvonne laissait chaque porte entrouverte entre le bureau et la chambre, jusqu'à ce qu'il soit monté. Elle l'impatientait un peu, à toujours compter qu'il avait soixante-dix-huit ans.

LA DEROBADE

Jeudi 30 mai, dix heures et demie du matin. Le palais de l'Elysée se prépare au retour du président de la République.

Le Secrétaire général Bernard Tricot est appelé au téléphone par Valéry Giscard d'Estaing. Celui-ci s'apprête à rendre publique sa position. Il veut d'abord en informer Bernard Tricot pour que ses mobiles soient versés au dossier du Général, dès l'arrivée de celui-ci.

En tant que président de la Fédération nationale des Républicains indépendants, Giscard va distribuer à la presse une déclaration où il demande, dans l'ordre :

1°) — le maintien du général de Gaulle à la présidence de la République;

2°) — la constitution d'un gouvernement nouveau (Giscard pensait à Couve de Murville; on commençait à connaître l'idée du Général...);

3°) — des élections législatives (mais seulement après le départ de Pompidou, on le voit...).

C'est le contrepied de la motion que l'atelier Juillet a fait signer la veille par les présidents des groupes de la majorité. Cette motion — en forme d'adresse au général de Gaulle — prétendait imposer une priorité : le maintien de Pompidou et de sa politique. Ainsi, que de Gaulle conserve ou non son titre, la motion pompidoliste ne lui laisse plus le choix d'un Premier ministre; on veut dérober au président de la République la première des attributions constitutionnelles que lui a confiées le peuple français.

Pompidou n'a pas pu faire avaler ça à tous les membres des délégations de la majorité qu'il avait appelées à Matignon. Il a dû se contenter de faire signer les présidents de groupe. D'autres se sont retirés sans rien cautionner, Michel Poniatowski notamment, qui a couru alerter Giscard. Et Giscard, le jeudi matin, alerte le pays. Et Tricot.

Valéry Giscard d'Estaing (deux heures avant la rentrée en scène du général de Gaulle) : — Dans les périodes de crise, un pays majeur ne remet pas en cause ses institutions, notamment le progrès essentiel de ces dernières années qui est le président de la République élu au suffrage universel. Si cette dernière institution était ébranlée, la France verrait sa dernière chance de stabilité partir à la dérive. »

Valéry Giscard d'Estaing et Michel Poniatowski se seront trouvés quelques instants, ce jeudi matin, les deux seuls et les deux derniers en posture gaulliste, à l'heure où Pompidou et les siens cherchaient comment mettre le Vieux dans le placard.

Giscard martèle son accusation, devant Tricot par téléphone d'abord, pour les journaux ensuite :

Valéry Giscard d'Estaing : — Dans ce moment où tout craque, même la fidélité élémentaire, je souhaite pour ma part que le président de la République continue à représenter la légalité que le peuple français lui a librement confiée par son vote. »

Tricot dresse l'oreille. Qu'est-ce que c'est que cette « fidélité élémentaire qui craque »? Et qui donc voudrait que ce ne soit plus le président de la République qui représente la légalité que le peuple lui a librement confiée?

Giscard recommande alors à Tricot de décortiquer attentivement la motion pompidoliste; et pour appuyer sa démonstration, il signale les étranges propositions soumises hier après-midi à ses amis par des gens qui avaient des titres manifestes à se réclamer de Pompidou. Il localise la scène : ça s'est passé à Matignon; Juillet le plus durement efficace, Javal le plus mufle, Chirac le plus piaffant *.

Bernard Tricot, à ce moment-là, fait le rapprochement avec l'incident de la télévision, qu'il a apaisé hier soir, quand on venait lui raconter que Pompidou se préparait à proclamer la mise à la retraite d'office du général de Gaulle.

Tricot, dans son Elysée vide, c'est très exactement le cardinal camerlingue dans son Vatican vide, entre la mort et l'élection d'un pape : en charge de tout, pouvoir de rien **. A l'instant où le souverain

* Etrange influence de la chronologie sur le destin de Jacques Chirac : depuis Sciences Po, l'occasion se sera offerte à lui de considérer avec intérêt la possibilité de mettre son talent à la disposition de tous les partis successivement, à mesure qu'ils représentaient à ses yeux la puissance montante. Tous les partis sauf le gaullisme : il l'a enjambé pour se vouer directement à Pompidou. Le calendrier a voulu que Chirac opère son choix de carrière l'année où la force de Pompidou commençait à exister par elle-même; de Gaulle, question d'âge, ne garantissait plus mathématiquement un avenir. Dès l'élection présidentielle de 1965 Jacques Chirac préconisait l'effacement du général de Gaulle et une candidature Pompidou.
Paradoxale éducation institutionnelle aussi : sous trois présidences successives, il a fait ses travaux pratiques auprès de l'atelier Juillet; il y a vu qu'un président de la République, quoi qu'on en dise ou qu'on en taise à un vain peuple, c'est surtout destiné à être manipulé. De Gaulle parce qu'on le veut sénescent, Pompidou quand l'interminable maladie le chambre, Giscard parce qu'on a posé en principe qu'il ne serait pas à la hauteur. Cette éducation ne laisse pas forcément les traces qu'on croit. Quel dauphin plus ardent à secouer le cocotier que le futur Louis XI? Lorsqu'il eut le trône, ce devint une tout autre affaire.
** A la différence du directeur du cabinet du « Président », un Secrétaire général de la « Présidence » exerce ses fonctions aussi longtemps qu'un président de la République, titulaire ou intérimaire, n'y met pas fin par décret.

pontife réoccupera le trône, le camerlingue devra rendre compte de la situation qui lui est tombée entre les mains; non pas restituer la situation telle qu'elle était hier matin lorsque le Général s'est éclipsé; mais bien restituer les choses en l'état qu'elles sont devenues, afin que le règne puisse instantanément redémarrer sur des données actuelles, et autant que possible exactes.

Tricot qui prépare une synthèse pour le Général, s'applique à ne pas fausser inconsidérément les perspectives, à ne pas s'arrêter à chaque paille qu'on lui désigne comme une poutre. Il s'est défié du tapage sensationnel que Roger Stéphane faisait à propos du projet de message télévisé de Pompidou.

Bernard Tricot : — C'étaient des bruits qui, jusque-là, étaient des bavardages, des choses d'assez bas étage. Je m'étais dit : si je parle de cela au Général, je vais lui donner le sentiment que son Premier ministre a des idées qu'il n'a sans doute pas et je risque de créer un problème qui peut-être n'existe pas. J'avais peut-être minimisé l'importance de ces bruits [111]. »

Surtout, ce tapage l'a trop distrait de la motion pompidolienne. Valéry Giscard d'Estaing l'y ramène. Et c'est vrai que ce document, qui n'est pas de bas étage, qui n'est pas un on-dit, qui a été établi sous le contrôle du Premier ministre, qui a été distribué aux radios et aux journaux par l'équipe du Premier ministre, qui a été placé intentionnellement sous les yeux et dans les oreilles de tous les Français, c'est vrai que cette motion, à y regarder de plus près, n'a rien de conforme à l'orthodoxie constitutionnelle et gaullienne.

Bernard Tricot : — A ce moment-là, je me suis dit : oui, j'ai trop tardé, j'ai tort, il faut que je voie M. Pompidou; car je dirai cela au général de Gaulle. Et avant de le lui dire, j'irai le dire au Premier Ministre [112]. »

Tricot s'annonce par l'interministériel. Le temps de traverser la Seine, il n'est pas 11 h 10 lorsque le Secrétaire général de la Présidence demande au Premier ministre ses intentions.

Pompidou va les lui livrer sans détour. Il sait que Tricot rendra compte immédiatement au Général. Les choses se passent à peu près comme si Pompidou chargeait Tricot de la commission. Or, ce que le Premier ministre fait dire au Général préfigure (dès ce matin du 30 mai où de Gaulle n'est même pas encore rentré) toute la conduite que Pompidou tiendra à compter de ce moment et jusqu'à ce que de Gaulle renonce au pouvoir.

A cet instant précis, 11 h 10, l'histoire des relations entre de Gaulle et celui qui lui succédera va passer par son dernier virage.

Depuis que hier soir le Général s'est décidé à faire coucou, il ne peut plus être question pour Pompidou de faire proclamer la vacance de l'Elysée : ce ne serait plus l'ultime coup de pouce; il y faudrait un coup de force. Mais Pompidou va reprendre ses billes.

Il résume pour Tricot la façon dont il analyse désormais la situation politique. Il constate que le général de Gaulle, en coupant le souffle au pays par son mystérieux départ, a réussi à bouleverser les données psychologiques. La crise va être dénouée. Pompidou répète qu'il avait prévu cette évolution et qu'il l'avait prédite avant-hier soir au Général. Il ne restera plus qu'à faire des élections législatives, le Général verra bien à un moment ou à l'autre qu'il lui faut en passer par là. Qu'un autre Premier ministre se charge de la campagne. Le Général n'a qu'à nommer Couve de Murville, puisque à lui au moins il fait confiance et confidence (tiens donc, voici Pompidou bien renseigné sur la conversation que le Général a eue avec Couve en Roumanie; sans doute Couve s'en est-il peu ou prou ouvert au Premier ministre par courtoisie, tout comme Pompidou avait fait vis-à-vis de Michel Debré plusieurs mois avant de lui succéder à l'hôtel de Matignon).

Georges Pompidou : — En tout cas, prévenez le Général que je lui adresse dès aujourd'hui ma démission. En me tenant dans l'ignorance sur sa démarche dans une période critique (je ne parle même pas de la façon dont j'ai été exposé), le président de la République a montré qu'il ne m'accordait pas la confiance qui est nécessaire entre lui et son Premier ministre, en tout temps et plus que jamais ces jours-ci. »

Lui Pompidou que va-t-il faire? Eh bien, le comportement du général de Gaulle vient de l'autoriser — « que dis-je, de m'obliger » — à considérer son propre avenir en fonction de son seul intérêt, sans plus se sentir tenu à la subordination filiale qui fut la sienne pendant vingt-cinq ans, il en prend le ciel à témoin.

Tous les torts de la rupture, ainsi donc, sont pour le Général. Pompidou est déchirant. Les scènes de la veille, les projets ébauchés pour s'imposer au Général ou pour le supplanter? On dirait que Pompidou les a déjà, une fois pour toutes, chassés de son esprit. Tout criminologue vous dira qu'aucun criminel ne supporte l'idée d'entreprendre un crime par intérêt sordide : il lui faut préalablement se monter la tête contre la victime choisie, se persuader que celle-ci lui a porté tort et préjudice, et que le vol ou le meurtre rétabliront la balance. Ce 30 mai avant midi, Pompidou commence à entasser au tribunal de sa conscience les pièces d'un plaidoyer avant même de porter la main sur son père spirituel putatif (un plaidoyer qu'il ressassera jusqu'à ce que la mort l'emporte en 1974, comme s'il avait constamment besoin, pour tenir le remords à distance, de remuer des braises de rancune).

Mais déjà il regarde yeux grands ouverts le geste qu'il va commettre. Déjà, il a son propre avenir tout armé dans sa tête. Déjà, il se l'est tracé avec une telle minutie qu'on se demande si vraiment le projet a pu surgir en douze heures, ou si ce n'est pas plutôt la résultante de vingt-cinq années d'ambitions et d'approches que Georges Pompidou tenait complaisamment au frigidaire de son subconscient.

Nous attestons, d'après les récits recoupés de Georges Pompidou et de Bernard Tricot que, dès ce 30 mai au matin, Georges Pompidou a dit, sans aucun fard et pour que ce soit parfaitement entendu du général de Gaulle, une fois pour toutes, a dit en substance ceci : puisqu'on m'oblige à considérer l'avenir en termes personnels, je constate que le moment est venu pour moi de prendre du champ par rapport à la politique que le Général veut mener; cet effacement temporaire me permettra de me préparer à me porter le moment venu candidat à la présidence de la République.

Ce fut sans aucun détour, et s'il voulut le prendre avec hauteur, ce ne fut pas sans grandeur.

*
* *

Voilà de quoi nourrir la note que Bernard Tricot doit rédiger à l'intention du Général. Il s'y attelle à midi dix. A midi et demi, le voyant rouge s'allume sur son combiné téléphonique : de Gaulle qui a réintégré son bureau l'appelle. Tricot pousse la porte du Général :

Bernard Tricot : — Je lui trouvai bonne mine et l'air reposé [113]. »

Une poignée de main, presque de routine; les gestes reprennent leur dimension quotidienne; on dirait que le château de la Belle-au-Bois-Dormant se réveille en enjambant vingt-quatre heures.

Général de Gaulle : — Eh bien, au cours de ces vingt-quatre heures, j'ai donc réfléchi à toutes les issues que pouvait comporter la situation, je dis : toutes. »

La phrase pince Tricot au plexus : le Général veut me signifier qu'aucune issue ne lui a paru moins mauvaise que les autres; il va me dire qu'il se retire.

Général de Gaulle : — Tous comptes faits, j'ai décidé de rester. »

A peine s'il ne dit pas : de résister.

De Gaulle, à Tricot : — Seul le référendum sera reporté. »

Conversation expéditive. Qu'on n'imagine pas le président de la République brossant un panorama pour son Secrétaire général. Il situe en quelques phrases le cadre à l'intérieur duquel devront s'ajuster les modalités administratives et politiques.

Tricot n'a pas besoin d'un dessin. Si le président de la République se carre dans sa légitimité pour assurer la vie immédiate des populations et la remise en route des services publics, il ne va pas commencer par donner l'image d'un homme qui cède à tous les partis qui, de droite et de gauche, prétendent publiquement lui forcer la main.

Tant que la situation sera ce qu'elle est, la question de dissoudre l'Assemblée nationale ou de ne pas la dissoudre ne sera pas mise à l'ordre du jour. Ni la question de changer le gouvernement. A Tricot de travailler sur cette instruction.

En voilà bien d'une autre! De Gaulle ne veut pas entendre parler de changer le gouvernement et Pompidou est démissionnaire.

A peine ressorti du bureau du Général — qui pour sa part va déjeuner — Bernard Tricot appelle le Premier ministre sur la ligne interministérielle. Il lui résume les intentions du chef de l'Etat. Pompidou demande derechef à Tricot d'informer le Général primo que le Premier ministre va se retirer, et secundo que son dernier geste politique, en déposant sa démission tout à l'heure à 14 h 30, sera de préconiser des élections immédiates.

Pompidou dit 14 h 30 parce que le Premier ministre doit venir s'entretenir en tête à tête avec le président de la République avant le Conseil des ministres, convoqué pour 15 heures, c'est l'usage constant.

Ayant dit, Pompidou va déjeuner, lui aussi. Seul Tricot ne pourra pas en faire autant. Il doit rédiger sa lettre de synthèse à temps pour que le Général la trouve en regagnant son bureau, sitôt le café pris. Le Secrétaire général se fait apporter un sandwich.

La règle est que la synthèse soit courte. Tricot y reproduit la position de Pompidou. En revanche, il saute ce qui s'est dit dans l'entourage de Pompidou sur l'opportunité d'évincer de Gaulle : c'est resté virtuel *. Enfin, le Général ayant toujours tenu à ce que ses services assortissent leurs comptes rendus d'une prise de position personnelle, Bernard Tricot conclut que lui paraissent souhaitables un remaniement partiel du gouvernement et de promptes élections.

*
* *

14 h 05 : retourné dans son bureau, le général de Gaulle tire de sa poche le brouillon de la harangue qu'il a rédigée hier soir à Colombey. Il fait publier son intention de la prononcer par radio à 16 heures. Il demande une secrétaire et lui dicte son texte.

Un des trois aides de camp, le lieutenant-colonel d'infanterie de marine Jean d'Escrienne, a dans ses spécialités de veiller au bon ordre des papiers présidentiels. Il vérifie la conformité du papier de la secrétaire.

Jean d'Escrienne (dix ans plus tard) : — Dans ce texte, effectivement, le Général disait : je ne dissous pas l'Assemblée nationale. C'était en tout début d'après-midi, le texte a été tapé sous cette forme [114]. »

D'Escrienne remet le papier au Général. A 14 h 29, il repasse la porte du Salon des aides de camp. Le Premier ministre y pénètre par l'autre bout. D'Escrienne l'introduit aussitôt dans le bureau du Général.

_____

* Le silence de M. Tricot sur ce point a abouti à ne pas mettre sous les yeux du général de Gaulle l'appel de M. Giscard d'Estaing. Cela a fait le jeu de M. Pompidou.

*
* *

Le Général vient au-devant du Premier ministre.

Georges Pompidou : — Il m'a embrassé; vraiment cette fois, physiquement. »

Chacun des deux, cependant, est sur ses positions, sinon sur ses gardes.

Georges Pompidou : — J'avais ma lettre de démission en poche... »

De Gaulle le sait, par la note de Tricot.

Georges Pompidou : — Il m'accueillit par ces mots : « Je vous garde [115]. »

Façon déjà ancienne, pour de Gaulle, de désarmer une démission. Mais ça, Pompidou ne le voit pas. C'est seulement plus tard que le général Massu racontera une semblable entrée dans le bureau du chef de l'Etat, le 23 janvier 1962 (six ans avant Pompidou). Massu arrivait démission en poche. De Gaulle le savait, par une note du ministre des Armées, Guillaumat. La suite? Le récit qu'en donne Massu est saisissant de similitude avec celui de Pompidou.

Général Massu : — Dès mon entrée dans son bureau, le général de Gaulle, debout, m'accueille d'un rassurant : « Je vous garde [116]. »

Si Pompidou avait connu ce précédent, il se serait rappelé que Massu n'était pas retourné pour autant dans son ancien rôle.

La pendule, derrière le Général, condamne les deux interlocuteurs à la concision. Dans vingt-sept minutes, ils entreront presque ensemble, affables, dans la salle du Conseil : ou bien le Général écoutera le Premier ministre lui remettre la démission du gouvernement; ou bien le Premier ministre maintenu en place écoutera sans sourciller les instructions du Général.

Le tête-à-tête va être dépouillé de toute considération inutile. De volée, Pompidou retourne la balle au Général : on ne saurait vouloir à la fois garder un Premier ministre et lui faire endosser la responsabilité d'actes politiques contraires à ceux que ledit Premier ministre a la charge constitutionnelle de proposer au chef de l'Etat.

Garder Pompidou, c'est le remettre dans la plénitude de ses attributions. Et il est dans ses attributions à lui, Pompidou, de déclarer au Général que des élections générales sont une nécessité. Le problème est d'une gravité telle qu'un Premier ministre digne de ce titre ne saurait rester en fonction s'il n'est pas écouté.

Le Général n'a rien à reprendre dans cette façon de voir.

Pompidou essaie de lui faciliter la conversion : le problème des élections n'est pas essentiel pour le chef de l'Etat; constitutionnellement, le gouvernement seul, en la personne du Premier ministre, risque son existence devant l'Assemblée nationale. Il est bien naturel qu'on considère les besoins propres du Premier ministre en matière de dissolution.

Georges Pompidou : — Et puis, si vous perdez le référendum, mon général, le régime est perdu. Si je perds les élections, je serai seul à les perdre... »

Général de Gaulle : — Et si vous les gagnez... »

A cette seconde, le Premier ministre a pu voir que le ton du général de Gaulle à son égard ne redeviendrait plus ce qu'il avait été pendant vingt-cinq ans. Mais le débat n'était pas là. Pompidou en savait trop — ne serait-ce que sur le projet de nommer Couve de Murville à sa succession — pour imaginer qu'on était en train de marchander sa réinstallation durable.

De Gaulle de son côté, s'il rechignait à la dissolution, c'est parce que des élections étaient antinomiques de son référendum. Pour gagner des élections, il faut se désigner un adversaire, le rejeter dans l'opposition, bref diviser, fût-ce artificiellement. Le référendum, de Gaulle voudrait qu'il fasse émerger au contraire le dénominateur commun de tous les Français.

Si les élections passent avant le référendum, elles vont ouvrir la division là où de Gaulle veut d'urgence rassembler.

Or, les élections passeront forcément avant le référendum, pour une raison mécanique que le Général et le Premier ministre ont parfaitement en tête tous les deux : la Constitution laisse la date d'un référendum à la libre initiative du président de la République; mais elle veut que des élections aient lieu quarante jours au plus tard après la dissolution.

A cet instant, Pompidou se fait aguicheur :

— Avec votre absence d'hier, les Français ont soudain mesuré toute la place que vous tenez dans la vie de la nation. Voilà le véritable référendum. Et vous l'avez déjà gagné! »

Pompidou ne voit toujours pas dans le référendum autre chose qu'un bain parfumé où le général de Gaulle voudrait se griser d'attachement populaire. Mais ce n'est pas le moment de rouvrir la vieille et vaine discussion, de Gaulle n'essaie pas de convaincre enfin Pompidou que, dans le référendum, il y aura l'expression d'une volonté nationale dans un sens politique précis.

Il reste treize minutes pour régler une affaire de court terme. De toute façon, le référendum ne pourra venir qu'une fois rétablis la vie des populations et le fonctionnement des services publics. Et pour les rétablir, il faut montrer au pays — et à l'armée... — que le pouvoir central est inébranlé, que le président de la République est là, que le Premier ministre n'est pas changé.

Pour le court terme, de Gaulle a choisi d'être pratique; contre les élections, il se borne à des objections pratiques.

Général de Gaulle : — Nous ne pouvons pas organiser le référendum, nous ne ferons pas mieux des élections... »

Georges Pompidou : — Ce n'est pas la même chose. Aucun parti n'osera se déclarer opposé à des élections, les communistes pas plus que les autres, et vous verrez qu'ils mettront fin aux grèves! »

De Gaulle (traînant encore les pieds) : — Soit, mais pour dissoudre, il aurait fallu que je procède à des consultations, la Constitution est là... »

De Gaulle songe à l'imminence de sa harangue radiodiffusée. Il a tendu son texte à Pompidou. Nouvelle réplique de volée :

Georges Pompidou : — Les consultations? Le président de l'Assemblée nationale a déjà rendu la sienne : Chaban-Delmas vous a écrit son sentiment. Et il a dit hier à Tricot, en présence de plus de deux témoins qui suffisent à authentifier la consultation orale, que sa lettre avait valeur officielle. »

Reste à consulter le président du Sénat, Gaston Monnerville. Envers celui-là, facile. Depuis 1962, le Général réduit les égards au minimum constitutionnel. Il lui écrit dix lignes, et il appelle Tricot pour qu'on envoie sur-le-champ et de conserve au Sénat les deux témoins exigés par les juristes.

Bernard Tricot : — J'interrogeai le Premier ministre du regard : il eut un geste de résignation : « Je reste... [117] »

Ces mimiques s'échangent par-dessus la tête du Général. Il a repris des mains du Premier ministre son discours dactylographié. Il est en train de rayer les mots « je ne dissoudrai pas ». De son écriture inclinée, il rajoute au-dessus de la ligne barrée : « je dissous aujourd'hui... »

*
* *

Pompidou n'a été pour rien dans la décision du général de Gaulle de retarder le référendum.

Plus tard, dans les cercles patronaux hostiles à la participation des salariés aux responsabilités, Pompidou se flattera d'avoir arraché le renoncement du Général.

Il est vrai qu'au long des six jours qui ont précédé l'ajournement, il avait tellement insisté que les souvenirs ont pu se télescoper.

Bernard Tricot n'était pas loin, dix ans plus tard, de voir les choses, dans le miroir du souvenir, de la même façon que Pompidou. Mais il est retourné à son coffre, il en a extrait un compte rendu qu'il avait dicté en sténographie à l'époque, et qu'il avait conservé sous cette forme cryptique.

Bernard Tricot : — J'en ai éprouvé une incrédulité sur la valeur des témoignages et des souvenirs, car j'aurais certainement raconté les choses d'une manière sensiblement différente. Je ne me souvenais pas que le 30 mai, avant d'avoir vu M. Pompidou, le Général était décidé à différer le référendum [118]. »

Il est désormais formel, cryptogramme en mains :

— Entre 12 heures et 13 heures, le Général revenu à l'Elysée m'appela (...). Le gouvernement devait rester à son poste et l'Assemblée nationale ne serait pas dissoute. »

La minutie, ici, n'est pas oiseuse. De Gaulle a reporté le référendum à des temps mieux réfléchis pour préserver les chances de la Participation. Pour Pompidou, désamorcer le référendum, c'était crever la Participation.

*
* *

Le général de Gaulle a remis ses feuillets raturés dans sa poche, sans les faire taper de nouveau. Il se lève pour se rendre au Conseil des ministres.

En fait de tenir Conseil, il est le seul à parler ou presque. Il prévient les membres du gouvernement du contenu de sa harangue. Le gouvernement approuve-t-il que le président de la République dissolve l'Assemblée nationale? Pas d'opposition. Les ministres ne sont pas plus loquaces, ce jeudi, pour dire amen à la dissolution qu'ils ne l'ont été jeudi dernier pour « proposer » le référendum. Pourtant le référendum, c'était de la résignation et les élections, c'est du soulagement. Ils étaient unanimes à souhaiter que le Général change son fusil d'épaule. Mais la satisfaction se nuance de mélancolie : le Général a dit au passage que le gouvernement va être remanié. Plusieurs des présents participent là à leur dernier Conseil; ils seraient malvenus de s'étendre sur la future conduite du gouvernement.

Quand le Général est entré, ils l'ont dévisagé comme s'il redescendait d'une autre planète. Il ne leur dit pas un mot de ses activités de la veille. Ils voient en face de lui Pompidou qui vient d'avoir un tête-à-tête avec l'énigmatique fugueur. Il n'en sait pas plus qu'eux; il se garde de le leur dire.

Le Conseil n'a pas duré une demi-heure. Le général de Gaulle s'enferme dans son bureau et ressort ses feuillets. Avec cette harangue, il va jouer à quitte ou double, banco, son autorité auprès des Français, sa présence à l'Elysée; il lui reste cinquante-huit minutes avant la diffusion pour introduire dans son texte les raccords grammaticaux qu'impose le rajout de la dissolution. Il essaie sa voix sur les phrases remodelées.

Il va parler aux Français par radio, sans télévision.

La sensation de mystère qu'a créée hier sa disparition s'en trouvera prolongée · bien que son retour à l'heure qu'il avait dite soit annoncé partout, on ne s'empêchera pas de penser que sa voix monte de quelque obscure tanière. Les chahuteurs, qui n'avaient pas interrompu leur chahut pour l'écouter le 24 mars, s'approchent malgré tout des transistors. Truc bien connu pour meetings tapageurs : prendre l'air de faire un aparté, les autres, en tendant l'oreille, se tairont.

On porte donc au compte du machiavélisme du général de Gaulle le fait qu'il se soit privé de la télévision. Et c'est comme pour ce pauvre Machiavel; chaque fois qu'on dit machiavélisme avec de Gaulle, on est parti pour se tromper.

La vérité était plus humble : il n'avait pas le temps d'apprendre son texte par cœur. A cet homme de soixante-dix-huit ans, rien n'était donné sans longue préparation *.

De Gaulle n'était pas cabotin : il soignait sa technique par volonté d'être efficace. Il avait porté à un degré jamais atteint l'efficacité politique de ses apparitions à la télévision, volontairement rares.

Jupiter tonnant n'allait pas se montrer besicles sur le nez et lisant son communiqué. A la guerre comme à la guerre, l'important c'était le message. Il ferait avec sa TSF de campagne.

Finalement, cet homme-là a bien pu se parer des plus somptueux atours de la télévision, c'est dans la nudité de la radio que de Gaulle aura été de Gaulle.

A 16 h 31, il dit :

Françaises, Français,

Etant le détenteur de la légitimité nationale et républicaine, j'ai envisagé depuis vingt-quatre heures toutes les éventualités sans exception qui me permettraient de la maintenir. J'ai pris mes résolutions. Dans les circonstances présentes, je ne me retirerai pas. J'ai un mandat du peuple. Je le remplirai. Je ne changerai pas le Premier ministre, dont la valeur, la solidité, la capacité, méritent l'hommage de tous. Il me proposera les changements qui lui paraîtront utiles dans la composition du gouvernement. Je dissous aujourd'hui l'Assemblée nationale. J'ai proposé au pays un référendum qui donnait aux citoyens l'occasion de prescrire une réforme profonde de notre économie et de notre Université, et en même temps de dire s'ils me gardaient leur confiance ou non par la seule voie acceptable, celle de la démocratie.

Je constate que la situation actuelle empêche matériellement qu'il y soit procédé. C'est pourquoi j'en diffère la date. Quant aux élections législatives elles auront lieu dans les délais prévus par la Constitution, à moins qu'on n'entende bâillonner le peuple français tout entier en l'empêchant de s'exprimer en même temps qu'on l'empêche de vivre, par les mêmes moyens qu'on empêche les étudiants d'étudier, les enseignants d'enseigner, les travailleurs de travailler. Ces moyens ce sont l'intimidation, l'intoxication et la tyrannie exercées par des groupes organisés de longue main en conséquence et par un parti qui est une entreprise totalitaire même s'il a déjà des rivaux à cet égard.

Si donc cette situation de force se maintient, je devrai, pour maintenir

---

* En outre le ministre de l'Intérieur Christian Fouchet a signalé au président de la République que l'on ne pouvait pas garantir que la diffusion par télévision ne serait pas sabotée. Il se faisait fort, en revanche, d'assurer la diffusion par radio.

la République, prendre, conformément à la Constitution, d'autres voies que le scrutin immédiat du pays. En tout cas partout et tout de suite il faut que s'organise l'action civique. Cela doit se faire pour aider le gouvernement d'abord, puis localement les préfets devenus ou redevenus Commissaires de la République dans leur tâche qui consiste à assurer autant que possible l'existence de la population et à empêcher la subversion à tout moment et en tout lieu.

La France, en effet, est menacée de dictature.On veut la contraindre à se résigner à un pouvoir qui s'imposerait dans le désespoir national, lequel pouvoir serait alors évidemment essentiellement celui du vainqueur, c'est-à-dire celui du communisme totalitaire.

Naturellement, on le colorerait pour commencer d'une apparence trompeuse en utilisant l'ambition et la haine de politiciens au rancart. Après quoi, ces personnages ne pèseraient pas plus que leur poids qui ne serait pas lourd. Eh bien! non, la République n'abdiquera pas, le peuple se ressaisira. Le progrès, l'indépendance et la paix l'emporteront avec la liberté. Vive la République! Vive la France!

*
* *

Un seul mot va faire tous les titres de la presse, tous les bulletins des radios et de la télévision : « je dissous ». C'est-à-dire la formule ajoutée par raccroc. Personne ne s'interroge sur les bizarres « Commissaires de la République » que de Gaulle tire de sa manche. Pourtant, se reportant à l' « ordonnance sur l'organisation de la défense », on y reconnaîtrait sans peine « les hauts fonctionnaires civils » prévus à l'article 23. De Gaulle dit aux Français que ces préfets « redeviennent » Commissaires de la République comme en 1944 pour faire sentir qu'il s'agit d'une nouvelle Libération.

Seuls, en entendant le message, les fonctionnaires intéressés voient bien, eux, que « la tâche » qui leur est assignée découle presque mot pour mot de l'article premier de l'ordonnance. De Gaulle prescrit d'assurer « l'existence de la population », l'article 1 dit « la vie... »; de Gaulle prescrit que ce soit « à tout moment et en tout lieu », l'article 1 dit « en tout temps, en toute circonstance »; de Gaulle invoque « la subversion », l'article 1 prévoit « toutes les formes d'agression » et l'article 23, celui des Commissaires de la République, mentionne plus précisément « l'agression interne ». Enfin, « l'action civique », c'était la mise en application des dispositions de l'article 37 sur les « volontaires ».

En fait, de Gaulle avait bâti tout le discours sur un seul objectif : justifier la proclamation de l'état de « mise en garde ».

Dans l'ultime demi-heure qui a précédé la diffusion par radio, il a interpolé une phrase qui était en réalité de la plume de Pompidou. Pendant le Conseil des ministres, entre 15 heures et 15 h 30, Pompidou a fait passer à Bernard Tricot (assis derrière une petite table dans l'angle de la pièce) un billet plié en quatre. Ce papier porte :

— Il suffit de dire que les élections législatives auront lieu dans le délai constitutionnel de tant de jours à tant de jours; on verra bien si les événements rendent impossible de le faire. G.P. »

Bernard Tricot a transmis le billet au Général à 15 h 35. De Gaulle a inséré les deux phrases de Pompidou dans son propre texte sans presque rien y changer. Muni de ce détail, le lecteur peut s'amuser crayon en main, à rétablir le texte original. Il suffit de couper les ficelles très visibles que de Gaulle a tant bien que mal nouées pour attacher le bagage imprévu de la dissolution.

A très peu près, ça donne :

— Je constate que la situation actuelle empêche matériellement qu'il y soit procédé (au référendum). C'est pourquoi j'en diffère la date. On prétend bâillonner le peuple français, etc. (la suite sans changement). Pour maintenir la République, je prends, conformément à la Constitution, d'autres voies que le scrutin immédiat du Pays. Que partout et tout de suite s'organise l'action civique, etc. (toute la fin sans changement) ».

Mais à partir du moment où il ajoutait la dissolution, il était amené à décaler le reste de l'opération. On dirait que de Gaulle, dans son message, s'excuse pour ce contretemps auprès de Massu, de Beauvallet, de Hublot : « Si cette situation de force se maintient, je devrai prendre d'autres voies... » Partie remise.

Ce n'était jamais arrivé au général de Gaulle : lancer en porte à faux toute une harangue en vue d'une éventualité qui n'était plus de saison. Ses auditeurs n'y ont vu que du feu.

*
* *

Au sortir de ce tourbillon où chaque Français glapissait contre tous les autres, un seul îlot préservé : on ne trouve pas trace que quiconque ait accusé l'Armée d'avoir outrepassé sa fonction nationale en Mai.

Si l'on compare avec ce qui se clamait contre elle sans cesse et sur tous les bords jusqu'en 1962, l'Armée peut mesurer qu'en six ans son Connétable l'a replacée dans son rôle vrai. Elle n'y avait pas mis beaucoup du sien.

La remise à jour des armées de la République restera peut-être comme une des réussites techniques les plus durables du général de Gaulle.

*
* *

Le retentissement du discours, le 30 mai après-midi, semble aussi soudain que le fiasco avait paru piteux le 24 au soir. Cinq jours et demi seulement séparent les deux harangues.

De Gaulle s'est retrouvé! s'exclament ceux qui avaient redouté le référendum. Ils parleront dévotement d'un miracle du Verbe. Si on relit ensemble les deux discours, celui du 24 et celui du 30, où trouver la différence de facture, si ce n'est à l'avantage du premier? Si on écoute l'enregistrement, la différence miraculeuse n'est pas perceptible. Le miracle — c'est le propre des miracles — fut chez les clercs plutôt que chez leur saint. Et — toujours le propre des miracles — ce sont les clercs qui vont en tirer commerce en dépit du saint.

Leur soulagement est le même qu'après la tournée des popotes en mars 1960, lorsqu'on avait cru que de Gaulle renonçait à pousser plus avant en direction de l'autodétermination des Algériens. Tout pareil le 30 mai 1968, pour cette autodétermination que doit être la Participation, ils négligent l'essentiel du discours : le référendum n'est que « différé », dès que « le peuple se ressaisira », « le Progrès l'emportera... » Plus étonnant que l'exultation des clercs peut paraître le consentement du peuple français si précipitamment satisfait de l'interprétation négative. Voyez comme cette saison-là se mentit : quand de Gaulle a parlé, plus des deux tiers des Français se croyaient en rupture de ban. Cinq minutes après, on dirait qu'ils sont tout aises d'entendre de Gaulle siffler la fin de la récréation.

Mai tournait en rond. Si l'Histoire veut y découvrir un trait sans précédent, ce sera la stérilité : tant de prétentions, pas un projet. Pire : lorsque le général de Gaulle — il s'est trouvé qu'il fut le seul — a émis le 24 mai l'idée qu'il devenait temps de s'atteler à la définition d'une Réforme, tous les académiciens disparurent comme volée de moineaux. A la dimension de l'Histoire, la nuit du 24 mai ne restera pas comme le constat d'échec du général de Gaulle, quoi qu'on ait cru sur le moment, mais bien comme le constat de carence intellectuelle des tapageurs. On conçoit que le public lorgnât vers la sortie.

Cependant, si le discours du général de Gaulle a ébranlé plus fortement le public le 30 mai, fût-ce de travers, cela tient aussi à une cause mécanique : le parti gaulliste a joué le rôle de relais auquel il s'était dérobé le 24. A cette différence, une raison simple : le 24, les députés n'étaient pas dans l'affaire; le 30, la dissolution les y met. Ils se lancent en campagne, mais en faussant celle du Général. Situation renouvelée de 1958 lorsque les candidats UNR soi-disant gaullistes se firent élire sur le thème de l'Algérie française, en faussant sans vergogne les efforts du général de Gaulle.

Pour l'heure, les députés se ruent sans s'occuper du discours : à peine le président de l'Assemblée nationale a-t-il lu le décret de dissolution, les ci-devant députés gaullistes galopent se faire photographier en tête de la manifestation qui se forme place de la Concorde pour remonter vers l'Arc de Triomphe. Il y a là beaucoup plus des trois mille personnes qu'avait pronostiquées l'état-major pompidoliste. Les estimations varient entre trois cent mille et un million. Il n'y a pas une heure que le Général a parlé. Tant de manifestants ne sont pas arrivés de tous les coins de France sur un tapis volant. Depuis l'avant-veille, Jacques Foccart, Roger Frey et quelques autres sobres spécialistes de l'Association de soutien ont mis en œuvre autant et plus de matériel et de finance que la CGT pour sa propre manifestation d'hier.

A l'invite de Foccart, le général de Gaulle vient un instant à sa fenêtre ouverte. Par-delà le parc, il écoute s'enfler sur l'avenue la rumeur réactionnaire. Elle le laisse mélancolique :

Général de Gaulle : — Sur les Champs-Elysées, le 30 mai... on a crié Vive de Gaulle parce qu'on avait peur; mais on ne me demandait pas autre chose que de ramener la tranquillité... Moi, il me semblait que ces événements étaient l'occasion de s'attaquer à des réformes dans tous les domaines... Vous avez pu constater que ce n'était pas du tout ce qu'on voulait !

« Ce fut le dernier malentendu entre les Français et moi [119]. »

XII

POMPIDOU MET SAC A TERRE

Le 5 juin (soit six jours après avoir été confirmé publiquement dans ses fonctions), M. le Premier ministre se frappe la tempe de l'index, plusieurs fois : toctoc... Puis, en confidence :

— Vous savez, Monsieur Droit, avec sa Participation, le Général rêve complètement. »

Ami des bonnes manières et du beau monde, le journaliste Michel Droit « n'en croit, écrira-t-il, ni ses oreilles, ni ses yeux [120] ». Il n'est pas de l'intimité du Premier ministre qui l'a flatteusement prié de passer. Il doit questionner le général de Gaulle à la télévision le surlendemain; il découvre que le Premier ministre l'a fait venir pour qu'il essaie d'éviter que le Général ne s'appesantisse trop sur sa marotte.

Or, ce jour-là, il n'est plus question de discuter l'opportunité d'un référendum : il est renvoyé à des jours meilleurs ou pires. Pompidou se démasque : la semaine précédente, ce n'est pas tant contre le référendum qu'il en avait, c'est contre la Participation. De Gaulle n'ayant pas désarmé là-dessus, Pompidou ne désarme pas non plus, en sens contraire.

L'index contre la tempe, Général toctoc, voilà où en sont les appréciations du chef du gouvernement sur le chef de l'Etat.

La réciproque ne vaut guère mieux.

Général de Gaulle, à son beau-frère Jacques Vendroux : — Pompidou? Les histoires de Grenelle n'ont pas tellement bien arrangé ses affaires. Si je n'avais pas rétabli la situation le 30 mai, nous allions au chaos. J'ai voulu conforter son image au cours des semaines qui ont suivi, en le félicitant publiquement. Mais je lui ai conseillé de se reposer quelque temps [121]... »

La seule différence, c'est que de Gaulle garde ce genre de réflexion pour ses intimes.

Les « histoires de Grenelle »? Tout à fait publiquement cette fois, le général de Gaulle dit aux téléspectateurs, dès le 7 juin, le peu de mérite

qu'il faut accorder au pacte Pompidou-Séguy : il ne procure qu'une
« amélioration apparente ».

Général de Gaulle : — Je dis une amélioration apparente parce que les
chiffres d'augmentation des salaires cela ne signifie absolument rien
si l'économie et les finances françaises ne peuvent pas les supporter à
moins de recourir à l'inflation, qui coûte plus cher à chacun que ce qui
lui est accordé. Et en outre, ce qui a été alloué — dix, douze, treize
pour cent... — c'est ce qui de toute façon aurait été obtenu en 1968 et
1969, dans une situation économique et monétaire favorable, et que
tout annonçait favorable, mais sans mettre en péril la compétitivité de
la France au point de vue international. »

S'ils en sont là, de Gaulle et Pompidou voient certainement tous les
deux qu'ils ne resteront pas en ménage. Le gouvernement qu'ils ont
retapé ne peut pas vivre au-delà des élections. Le remaniement n'a pas
été une conciliation, à peine une suspension d'armes. Pompidou, que
de Gaulle, dans sa harangue du 30 mai, chargeait théoriquement de
« proposer » ce remaniement, l'a en réalité subi, avec un haussement
d'épaules.

Le Général et lui ont été tout de suite d'accord sur un seul point : les
Français ne doivent plus voir dans le gouvernement de juin aucun des
ministres touchés par Mai : Christian Fouchet quitte l'Intérieur,
Jean-Marcel Jeanneney les Affaires sociales, sans compter Alain
Peyrefitte qui a déjà démissionné de l'Education nationale.

Cependant, Michel Debré qui ne voulait pas sembler le moins du
monde solidaire de la politique Pompidou a pris les Affaires étrangères au premier signe du général de Gaulle. Pompidou n'a pas pu ne pas
remarquer là une arrière-pensée. Plus significatif : Couve de Murville
quitte les Affaires étrangères où de Gaulle l'a maintenu dix années jour
pour jour, et il passe au ministère de l'Economie et des Finances; pour
se remettre à jour avant d'occuper une plus haute plate-forme.

Enfin, Pompidou a dû « proposer » l'entrée de René Capitant dans le
gouvernement! Capitant, il n'y a pas quinze jours qu'il annonçait son
intention de voter la censure contre Pompidou; il était grand temps,
clamait-il, de mettre hors d'état de nuire un personnage dont l'action
menait le Général à sa perte, il l'avait toujours dit et écrit et on voyait
ce que Mai donnait! Un coup de téléphone de l'Elysée avait canalisé
cette pugnacité : on conseillait à Capitant de démissionner sur-
le-champ de son mandat de député afin de plus être dans le cas de
voter la censure; on avait besoin qu'il ne soit pas hors jeu pour la suite.

René Capitant veut bien entrer dans le gouvernement du général de
Gaulle, mais il ne supporte pas qu'on croie que Pompidou y est pour
quelque chose. Vingt-quatre heures avant que le remaniement soit
officialisé, il a réuni des journalistes pour faire savoir qu'il en serait à
la demande du Général :

— J'avalerai la couleuvre Pompidou; je ne dis pas que ce sera
agréable; mais c'est mon devoir. »

En mars 1962, de Gaulle avait annulé la nomination du général Billotte comme haut-commissaire en Algérie parce que l'intéressé s'était flatté trop tôt. Mais là c'était l'autorité du général de Gaulle qui était en cause; Capitant fait la nique seulement à l'autorité de Pompidou. Peu chaut au Général. En fait de couleuvre, c'est Pompidou qui a dû l'avaler.

Capitant ne perd pas de temps pour déployer le drapeau de la Réforme. Il publie un projet d'organisation tripartite de la responsabilité au sein des entreprises. Ça ne vient pas de n'importe qui! Capitant, ministre de la Justice, a compétence pour mettre en forme les projets législatifs modifiant le droit social.

Il n'a pas pris l'affaire sous son bonnet. Il ne fait que traduire avec entrain, le patronat s'en aperçoit tout de suite, ce que de Gaulle a recommandé publiquement aux Français, par télévision le 7 juin : un système d'association tripartite — propriétaires, directeurs administratifs et techniques, travailleurs.

De Gaulle (clair et formel le 7 juin) : — Dès lors que des gens se mettent ensemble pour une œuvre économique commune — par exemple pour faire marcher une industrie — en apportant soit les *capitaux* nécessaires, soit la capacité de *direction*, de gestion et de technique, soit le *travail*, il s'agit que tous aient intérêt à son rendement et à son *fonctionnement*. Et un *intérêt direct*.
« Cela implique que tous (...) puissent par des représentants qu'ils auront tous nommés librement, participer à la société et à ses conseils pour y faire valoir leurs intérêts, leurs points de vue, leurs propositions. »

C'est donc bien du général de Gaulle que le Conseil national du patronat se sépare avec éclat, lorsqu'il dénonce immédiatement le projet Capitant.

Communiqué du CNPF : — De telles propositions ne pourraient, si elles prenaient forme légale, que détruire l'efficacité de l'entreprise et ruiner l'économie nationale. »

Voilà donc le gouvernement directement interpellé par d'importants bailleurs de fonds électoraux. Que va répondre le chef de ce gouvernement? Qu'il est bien entendu solidaire du président de la République? Pas du tout. Au moment crucial de la campagne, entre les deux tours, Pompidou fait savoir ouvertement au patronat qu'il ne se sent pas lié pour la suite :

Georges Pompidou (au micro de RTL, 26 juin) : — Pour l'instant, on n'en est encore qu'aux échanges d'idées. Et vous savez que les idées de tous ne sont pas forcément les mêmes — à l'occasion entre ministres... »

Toute la campagne électorale a été tiraillée à hue et à dia.

Georges Pompidou (en privé à Michel Droit) : — Je crains fort que les histoires de Participation du Général, qui inspirent autant de peur aux patrons qu'elles laissent froids les travailleurs, ne nous fassent pas gagner une voix et nous en ôtent beaucoup... »

René Capitant (en public) : — La Participation permettra à de Gaulle de récupérer une partie des voix de gauche qui étaient en train de l'abandonner! »

Général de Gaulle (7 juin, à la télévision) : — Si une révolution consiste à changer profondément ce qui est — notamment en ce qui concerne la dignité et la condition ouvrière — alors, certainement la Participation en est une.
« Et moi je ne suis pas gêné dans ce sens-là d'être un révolutionnaire comme je l'ai été si souvent! »

Dernier appel télévisé de Pompidou aux électeurs, entre les deux tours de scrutin :

— Achevez de décourager le camp de la révolution! »

Dernier appel télévisé du général de Gaulle, la veille du second tour :

— Il s'agit que la Participation devienne la règle et le ressort de la France renouvelée! »

Que de Gaulle se soit nommément inscrit parmi « les révolutionnaires », Pompidou ne pouvait pas l'avoir oublié lorsqu'il a parlé de « décourager le camp de la révolution ».

Il est décidé à ne plus se laisser arrêter par aucune considération de fidélité ou de subordination. Le Général « rêve complètement »; on n'a pas à tenir compte du pépé qui déparle. Entre les deux tours, au micro de RTL, le Premier ministre pousse loin l'effronterie :

— Quant au référendum dont le général de Gaulle a dit qu'il était en suspens, il portait sur bien d'autres choses que la Participation! »

Il suffit de se reporter au texte du projet référendaire, deux chapitres plus haut, pour vérifier qu'il n'avait strictement qu'un seul objet : la Participation.

Une chose effare, avec des années de recul : c'est qu'aucun membre de l'opposition, pendant cette campagne, n'ait demandé au chef de l'Etat et au chef du gouvernement le moindre compte de cette incroyable antinomie. L'ancienne gauche, si arrogante dans sa certitude de recevoir le pouvoir fin Mai, n'a pas figuré dans la campagne électorale de juin. Les socialistes, à qui la houle de Mai laissait la gueule de bois, croyaient suffisant de ressasser en dodelinant que de Gaulle et Pompidou, c'était tout un et qu'ils étaient ensemble perdus. Les dirigeants communistes, on dirait qu'ils se contentaient que les élections aient lieu, fût-ce à leur détriment, comme si leur crainte essentielle avait été que la participation ne fasse le bénéfice des « révolutionnaires », que ce soient les gauchistes ou de Gaulle.

Pompidou avait vu juste le 30 mai lorsqu'il avait pris devant de

Gaulle le pari que « les communistes » n'oseraient pas s'opposer aux élections et mettraient fin aux grèves : les services publics et les usines reprennent peu à peu leur fonctionnement. Mais s'agissait-il vraiment d'un pari? Il y avait connivence depuis le 24 mai, lorsque le bureau confédéral de la CGT avait répliqué à de Gaulle par cette assertion fort pompidolienne : les travailleurs ne revendiquaient pas un référendum. Le référendum retiré, on était retourné à l'âpreté routinière des négociations, entreprise par entreprise, sur la base de « Grenelle » qui, du coup, se trouvait tacitement ratifié et mis en vigueur avec le consentement soulagé de Georges Séguy. Un instant inquiétés par le projet de participation dans l'entreprise qui offrait une forme de démocratie directe, les dirigeants confédéraux retrouvaient avec soulagement leur fonction grâce à Pompidou. Eternelle querelle des « intermédiaires » contre de Gaulle... Les notables de la gauche syndicale n'allèrent pas chercher plus loin.

Finalement, les seuls à ne pas se tromper sur l'incompatibilité entre de Gaulle et Pompidou, ce furent Pompidou et de Gaulle. Quatre jours avant le second tour de scrutin, alors que le succès ambigu du parti gaulliste ne fait plus doute, Pompidou prévient *Le Parisien libéré*, qui en fait un titre en rouge sur huit colonnes :

— Un gouvernement tout nouveau sera constitué après les élections. Il ne s'agit pas d'un remaniement. »

Personne n'y prête attention. Le soir du même jour, Pompidou y revient vainement, au micro de RTL :

Question : — Donc, après dimanche, vous serez probablement et même sûrement appelé par le président de la République; et vous reprendrez votre place? »

Georges Pompidou : — Je n'en sais absolument rien! Cela ne dépend absolument pas de moi! »

Question : — Est-ce que ce gouvernement que vous serez appelé à constituer aura un sang nouveau? »

Georges Pompidou : — Vous voulez absolument, Monsieur Chapus, que je forme le gouvernement! Ce n'est pas du tout prouvé. Je répète que ça ne dépend pas uniquement de moi, tant s'en faut... »

Ah! oui, comme il dit, tant s'en fallait! Depuis un mois, la distance entre de Gaulle et lui se creusait en abîme. Mais lui seul et de Gaulle se donnaient la peine d'en tenir compte. Il leur restait un seul intérêt tactique commun : que le parti qui se réclamait de tous deux gagne les élections le 30 juin. Au-delà, rien.

*
* *

Mais il fallait d'abord assurer cette échéance.

La première fois qu'il a réuni en Conseil le cabinet remanié, le 2 juin, de Gaulle lui a fixé une mission limitée :

— Il s'agit que la future Assemblée nationale comporte une majorité indiscutable et homogène. »

A quelle fin, il le dit aux téléspectateurs cinq jours plus tard :

— Sur ces bases élargies, des perspectives élargies s'ouvriront pour les gouvernements. »

Passons sur ce pluriel éloquent, « les gouvernements », et non pas le gouvernement en place. L'idée du Général est claire : il ne veut plus que les perspectives gouvernementales soient étranglées dans les palabres d'une majorité discutée et hétérogène. Depuis les élections de mars 1967, Pompidou prétextait sans cesse de la fragilité de la majorité, et du risque de voir les giscardiens se dérober, pour refuser de soumettre une véritable Réforme au Parlement.

Eh bien! Que le Parlement cesse de fournir un alibi pour délayer de nouveau la Réforme. Peu importent les états d'âme de Giscard et les torts supposés de Pompidou ou de lui, on n'a pas le temps. Le Général regarde exclusivement qui souscrit et qui ne souscrit pas chez Roger Frey, ordonnateur de sa campagne, l'engagement de contribuer à la « défense de la République »; qui promet ou ne promet pas par avance de soutenir les projets du gouvernement.

Il se trouve que Valéry Giscard d'Estaing n'a pas pu y souscrire : il avait dit que la première réforme devait être dans la façon de gouverner. Le chef du gouvernement reste en place. Comment ratifier début juin ce qu'on condamnait fin mai?

Le Secrétaire général du parti gaulliste, Robert Poujade, vient présenter au Général une liste de candidats pour lesquels l'UD Vᵉ sollicite le bénéfice de l'étiquette « Défense de la République ».

Général de Gaulle : — Soit, soit! Et... en face de Giscard, vous présentez qui? »

Robert Poujade : — Mais, mon Général, personne... Pourquoi?... »

Général de Gaulle (regard au plafond) : — Bah! C'est votre affaire. J'avais cru que vous veniez me demander conseil... »

Robert Poujade : — Je suis prêt à entendre un ordre... »

La question n'ira pas plus loin.

Valéry Giscard d'Estaing avait eu beau, durant l'éclipse du Général à Baden-Baden, se trouver le seul et le dernier à invoquer la fidélité, de Gaulle n'était pas en mesure de le cataloguer parmi les volontaires inconditionnels pour la suite. Mais en fait, c'est chez Pompidou que Robert Poujade prend les consignes. Pompidou estime superflu de ferrailler contre Giscard, dont la réélection ne fait aucun doute dans le Puy-de-Dôme.

Si le Général ébarbe indifféremment tous les cactus où s'accrocherait la majorité dont la Réforme aura besoin dans la prochaine Assemblée nationale, Pompidou veille déjà à ne pas retrancher étourdiment la moindre miette de la majorité dont il aura besoin, lui, dans la prochaine élection présidentielle.

La demande d'entretien que Giscard avait adressée à de Gaulle dans le pire moment de Mai est finalement restée sans réponse, malgré les promesses polies de Bernard Tricot.

Tricot a fait venir chez le Président de la République un autre républicain indépendant, Aimé Paquet, à la place de Giscard. Celui-ci en a-t-il été poignardé? Il dit que non, ses proches disent que si.

Aimé Paquet a livré au général de Gaulle le compte rendu que Michel Poniatowski avait établi de la conférence du 29 mai au cours de laquelle, le Président de la République s'étant éclipsé, les pompido-liens s'interrogeaient sur la possibilité de faire constater sa déchéance. Onze ans plus tard Poniatowski restait persuadé que cette communication avait contribué à l'éviction de Pompidou.

Mais la partie constructive des initiatives de Valéry Giscard d'Estaing, son appel public du 30 mai 1968 et son coup de téléphone à Bernard Tricot, tout cela semble avoir été assourdi avant de parvenir au général de Gaulle.

Nous avons vu Tricot, le 30 mai, s'appliquer à mettre en perspective, à élaguer, à schématiser dans une note au général de Gaulle les incidents politiques qui s'étaient bousculés pendant l'éclipse du Président de la République. Tricot voulait éviter que l'arbre ne cache la forêt. Peut-être n'a-t-il pas fait suffisamment cas de l'arbre Giscard. Par scrupule de ne pas desservir Pompidou, Tricot l'a sans doute trop servi, inconsciemment. Il a estompé, dirait-on, ce qui pouvait donner une impression d'infidélité de Pompidou.

Il s'en fallait de peu à cet instant que Giscard apporte aux projets de réforme du Général la sève qui allait leur manquer irrémédiablement, et que Pompidou n'était pas en état de fournir. Qui saura jamais comment la suite aurait tourné?

*
* *

A l'instant où le Général a dit aux Français, dans le fracas du 30 mai, « je ne changerai pas le Premier ministre », Pompidou voyait la valeur très temporaire de cette affirmation. Le Général avait d'ailleurs précisé : « dans les circonstances actuelles ». L'élection d'une nouvelle Assemblée nationale allait ouvrir des circonstances nouvelles.

Depuis ce 30 mai, Pompidou n'a pas cessé de rappeler au général de Gaulle que sa démission était seulement ajournée. Il se tient à ce qu'il a dit à Tricot une fois pour toutes : son intention, désormais, est de s'occuper exclusivement de son avenir personnel; le Général n'a qu'à prendre son Couve comme Premier ministre. Le nom de Couve ne lui vient pas aux lèvres par hasard. Le 26 mai, Couve a mis Pompidou au courant des ouvertures que le Général lui a faites en Roumanie.

Dans les trois semaines suivantes, ni Couve ni le Général n'ont fait entendre à Pompidou que le projet ne fût plus de saison. En revanche, Pompidou est revenu à la charge auprès du Général, en tête à tête plusieurs fois, avant le premier tour des élections précipitées. C'est lui qui, chaque fois, insiste pour qu'un successeur lui soit donné.

Georges Pompidou : — De toute façon, mon Général, je me sens tout à fait fatigué. Six ans et demi Premier ministre!... Constituer un gouvernement une fois encore, c'est au-dessus de mes forces. Il faut que je m'écarte un peu de tout cela. La seule perspective de me replonger dans la ronde des consultations me lève le cœur, littéralement. »

Oui, littéralement... On sait aujourd'hui que sa lassitude, ses nausées n'étaient pas une image. Après Mai, ses médecins avaient fait examiner sa formule sanguine, c'était systématique depuis un an. Elle était redevenue mauvaise. Timidité? Pudeur? Superstition? Georges Pompidou n'a pas dit au général de Gaulle qu'il parlait de sa fatigue au sens médical.

Général de Gaulle : — Ce n'est pas le moment de parler du prochain gouvernement. Nous verrons ça après les élections, voulez-vous? »

Il veut dire : aux électeurs d'abord d'en décider.

Le lendemain même des élections, Pompidou derechef demande à partir.

Général de Gaulle : — Je ne vous comprends pas. Je lis dans tous les journaux que vous êtes le triomphateur, tout le monde vous imaginerait rayonnant, et vous voici à invoquer la lassitude... »

Rosserie plus blessante que ne croit le Général. Il se sent égratigné par la gloire que les nouveaux députés gaullistes tressent à Pompidou; il ne sait pas prendre au pied de la lettre l'insistance du Premier ministre. Pompidou lui-même regardait-il son mal en face? Lorsqu'il nous racontera ce dialogue, dix mois plus tard, il ne laissera percer à aucun moment qu'il se soit vu médicalement malade. Mais il s'appesantissait si étrangement sur la scène qu'on se dit, oui décidément là encore, qu'à son insu sans doute, la rancune du malade humilié s'était gravée jusqu'à la haine.

Quoi qu'il en soit, ce jour-là, de Gaulle donne acte à Pompidou de sa volonté de quitter le gouvernement.

De Gaulle (à son beau-frère) : — Je lui ai conseillé de se reposer quelque temps... »

Pompidou a quitté le Général en sachant que sa démission était enfin acceptée. Un jour se passe. Jacques Chaban-Delmas fait irruption dans le bureau de Georges Pompidou :

— Mon vieux Georges, content ou pas, il va falloir vous y coller. Le Général vient de me dire : étant donné le résultat des élections, mieux vaudra que j'aie pour Premier ministre un homme qui a déjà une longue habitude de travailler avec moi. »

Pompidou ne s'étonne pas que Chaban ait eu la primeur d'une telle réflexion. Au début de juin, le Général avait fait entrevoir au président de l'Assemblée nationale dissoute l'éventualité de lui confier le gouvernement pour une politique de « nouvelle société », comme disait déjà l'autre. Ce serait selon les possibilités que procureraient les élections; Chaban-Delmas — ainsi d'ailleurs que quelques autres — avait seulement à se tenir prêt. Chaban, qui ne se gênait pas pour exprimer ses avis tactiques au Général, avait déclaré qu'il restait aux ordres, mais qu'il trouvait qu'on ferait mieux de garder Pompidou. Au fur et à mesure, il avait tenu Pompidou au courant.

Normal que de Gaulle, courtois, avertisse Chaban de ses conclusions au vu des élections. Chaban s'est trompé sur le portrait-robot que le Général lui a donné du futur Premier ministre; il s'en apercevra plus tard. Mais Pompidou, alerté depuis Mai par la confidence de Couve, pouvait-il ne pas flairer que Chaban prenait le change? On sait seulement qu'il ne l'a pas détrompé.

Un jour encore : le Premier ministre est assis vis-à-vis du Général, en Conseil des ministres. C'est de Gaulle qui dicte son interprétation des résultats électoraux sans précédent : il veut qu'on y aperçoive « le grand mouvement qui porte le pays vers la participation à la marche des entreprises de tous ceux qui en font partie ». On est loin du scepticisme que Pompidou exprimait six jours plus tôt au micro de RTL.

De Gaulle conclut en invitant le gouvernement à se faire le truchement de « la résolution nationale ». Par ce bulletin napoléonien que va lancer le Conseil des ministres, il s'agit de remettre dans la direction efficace l'immense armée des citoyens qui détiennent l'avenir du pays.

De Gaulle fait encore inscrire dans le communiqué que le pays vient d'exprimer « sa décision d'élire un Parlement qui appuie massivement la politique du chef de l'Etat et de son gouvernement ». Du chef de l'Etat d'abord. Le Général prend au mot la majorité pompidoliste qui par habitude s'est dite gaulliste devant ses électeurs.

La politique du chef de l'Etat et de son gouvernement... Le chef de l'Etat, on sait qui c'est, il est élu fixe pour sept ans, il n'a pas cessé de seriner sa politique. Mais son gouvernement? Le Général a fait mentionner dans le communiqué qu'il s'agissait de « son » gouvernement : il a loisir de lui donner la tête qu'il veut. Mais ça, le Général n'en dit rien en Conseil.

Et il n'en dit guère plus le lendemain soir jeudi lorsque les de Gaulle reçoivent les Pompidou à dîner. Quand on passe au petit salon pour le café, le Général a dans son éducation de faire la conversation aux dames. Galant, il tourne à l'invitée d'honneur :

— J'entends beaucoup dire, Madame, que votre mari et moi venons de gagner ces élections... »

Retournés dans leur appartement du quai de Béthune, les Pompidou n'en finiront pas de décortiquer si c'était du lard ou du cochon. Ça colle mal avec l'indication de Chaban. Quand de Gaulle met quelqu'un aux affaires, il l'encourage en lui flattant l'encolure, il ne le fait pas mariner.

Et puis, il reste la dépêche de l'Agence France-Presse qui a été bizarrement répercutée la veille à Georges Pompidou, après le Conseil des ministres. Elle affirmait « de source absolument sûre » que M. Pompidou allait quitter le gouvernement. Un ton aussi catégorique n'est pas fréquent. La dépêche a été rédigée par le journaliste accrédité à l'Elysée : il n'a certainement pas pris le risque d'écrire la nouvelle sans l'accord de sa « source ». D'un autre côté, la direction de l'Agence a eu la bizarre prudence de diffuser la dépêche à l'étranger seulement. Il a fallu qu'un diplomate de l'ambassade de France à Washington interroge un peu au hasard le cabinet du Premier ministre : un crochet de douze mille kilomètres...

Georges Pompidou pense connaître son Général sur le bout du doigt. Le jeudi soir, il se confirme — et sa femme Claude avec lui — dans la certitude qu'on est sur le point de lui donner un successeur.

Le Général ne fera qu'accéder à sa demande. Mais Pompidou se sentait en droit d'escompter une autre sortie. Il a besoin de la grande porte, pour ne pas gâcher le prestige gagné en Mai, et qui sera bon pour la suite.

Pompidou a demandé à s'en aller, mais il voudrait bien que son départ s'entoure d'émotion, au lieu que tout le monde s'intéresse au Général. Autant vaut donc ébruiter lui-même l'affaire. Précisément, il doit recevoir à déjeuner, ce vendredi, cinq éditorialistes en renom. Il n'y va pas avec le dos de la cuillère.

Georges Pompidou, aux éditorialistes : — Ces élections, l'avez-vous bien remarqué, font que le général de Gaulle est maintenant en mesure de former un gouvernement entièrement nouveau. »

Quatre fois, il appuie sur ce mot : « entièrement ». Quatre fois, ses hôtes enchaînent en essayant d'arracher à Pompidou ses projets pour son nouveau gouvernement face aux nouveaux députés.

Georges Pompidou (à Michel Jobert, en regardant ses invités s'éloigner) : — Pas moyen de leur faire rien entendre! »

Il va donc appuyer plus franc sur l'avertisseur : reçu en début d'après-midi, le dévoué Robert Poujade a mieux compris que les cinq journalistes. Enfin quelqu'un qui va faire partager son émotion dans le public : sur les marches de Matignon, le Secrétaire général de l'UD Vᵉ donne à entendre que les nouveaux élus gaullistes comprendraient très mal un départ de M. Pompidou, et que l'énorme groupe parlementaire réagirait mal à la désignation de tout autre Premier ministre. La chose se répand, des députés commencent à venir ou à téléphoner leur solidarité inquiète.

Chez les grands coiffeurs, l'indignation pointe. Mᵐᵉ Castex, l'influente et toujours présente sœur de Claude Pompidou, le dit tout net à Georges, pendant le dîner quai de Béthune.

Georges Pompidou (dix mois plus tard) : — Elle détestait la politique, vous savez. D'ordinaire, elle disait que je ferais mieux de retourner aux affaires privées. Mais chez son coiffeur, disait-elle, il n'était question que de mon départ. Les clientes parlaient de scandale. Elles disaient à ma belle-sœur que mon départ, après les circonstances que la France venait de subir, serait un abandon de poste. Ma belle-sœur se demandait, m'a-t-elle dit, si l'opinion publique ne me taxerait pas de lâcheté... »

Il ne nous a pas livré le nom du coiffeur. Pour permettre au lecteur de voir de quelle opinion publique il s'agissait, indiquons que généralement, la toute mondaine Mᵐᵉ Castex n'entrait pas chez les figaros de quartier.

Georges Pompidou : — Cela m'a tracassé. Moi qui dormais habituellement bien, même en Mai, j'ai retourné le problème toute la nuit. J'avais toujours aussi grande envie de me retirer. Mais si je risquais de provoquer le désarroi d'une opinion à peine remise de ses désordres, avais-je le droit de choisir ce moment-là pour partir? »

C'est de ce scrupule, dit-il, qu'au terme de l'insomnie, il a décidé de faire part au général de Gaulle.

Samedi matin, dès l'heure où il sait que le Général est à son bureau, il demande à lui parler par téléphone. C'est le Secrétaire général de la Présidence, Bernard Tricot, qui prend la communication. Il est exceptionnel que le Général se saisisse en personne du récepteur. La prière de Pompidou n'y changera rien : de Gaulle aujourd'hui n'entend pas se mettre à son niveau. En posture vaguement inférieure, vaguement embarrassée, Pompidou doit se contenter de demander à Tricot de dire au Général que si lui le Général trouve provisoirement intempestive sa démission à lui Pompidou, lui Pompidou se résoudra à conserver pour un temps la direction du gouvernement.

Tricot dit qu'il rappellera.

*
* *

Entracte. Chaque protagoniste est dans sa loge, dialogue un instant suspendu. Profitons-en pour voir où en est la pièce.

Si méritoire que soit le sacrifice que Pompidou offre d'imposer à sa propre fatigue, Tricot, de Gaulle et Pompidou savent tous trois quels seront les effets éventuels dans le public : les Français verront qu'au lendemain des élections, la politique Pompidou prévaut sur celle qu'a préconisée de Gaulle. Après ce qui s'est dit entre les trois hommes depuis le 30 mai, Pompidou ne fait plus figure de lieutenant obéissant et malléable. Le laisser au gouvernement implique une politique que lui-même, le voudrait-il, ne serait pas en mesure d'infléchir : il a acquis trop de carrure.

C'est un marché qu'il met dans les mains du général de Gaulle : si le public veut qu'il reste en raison des souvenirs de Mai, ce sera pour qu'il détermine, lui Pompidou, la marche à suivre. C'est lui désormais qui guidera l'action politique, et non plus le président de la République. Il y aura transfert du pouvoir, transformation de l'esprit des institutions gaulliennes.

C'est un marché — l'a-t-il voulu? — qui ne peut pas ce samedi matin, être autre chose qu'un défi : que le Général mesure bien, avant de le laisser partir, la part de popularité qu'il emportera avec lui. Et — qui sait? — la part de légitimité électorale qu'il emportera dans sa retraite provisoire.

Cela ressemble à une tentative de putsch : le vieux Président conservera ses apparences, à condition de se tenir de lui-même dans son placard.

Sonnerie de fin d'entracte. C'est la sonnerie du téléphone interministériel : Bernard Tricot rappelle comme promis, au bout d'une demi-heure. Ici, divergence du souvenir : pour Pompidou, ce fut « une heure ». Les philosophes connaissent bien cette relativité de la durée : Pompidou a, comme disent les bonnes gens, trouvé le temps long.

C'est Tricot qui rappelle, toujours pas le Général; signe déplaisant. Tricot transmet la réponse : le Général fait dire qu'il a été profondément sensible à une proposition si dévouée; malheureusement il n'est plus loisible pour le Général d'examiner s'il vaut la peine que M. Pompidou renonce à son projet de se retirer; en effet, M. Couve de Murville lui a donné hier soir son acceptation définitive pour former le prochain gouvernement.

Pompidou penaud...

Lorsque la maladie ou le traitement le poignait, cet homme avait des inflammations d'amour-propre. Il a gardé une inextinguible rancœur de cet épisode somme toute secondaire.

Il s'est aventuré gratuitement dans un pas de clerc. Personne n'en saura rien. On se trouve ramené à la situation que lui-même appelait de ses vœux la veille encore : un changement de Premier ministre. Les choses vont pourtant se passer comme si Pompidou restait cruellement blessé : il ne supporte pas, dirait-on, l'idée du regard que de Gaulle a dû échanger avec Tricot.

Sur les tablettes de sa rancune, il gravera que le Général a laissé passer l'occasion d'être explicite l'avant-veille quand les de Gaulle ont reçu les Pompidou.

Peu à peu son amertume trouve un autre point de fixation : Maurice Couve de Murville. Celui-ci, calcule-t-il, aurait dû mettre plus d'empressement à le prévenir de son acceptation définitive. En privé, à mesure que les mois passent, il empilera les détails. Pareille minutie déconcerterait son auditeur si celui-ci ne la trouvait pas significative : Pompidou éprouve le besoin de nourrir de la moindre brindille son procès contre le général de Gaulle; pareil besoin devient si pathétique — sa conscience lui dit-elle que le dossier reste terriblement mince? — qu'il lui arrive de transgresser les limites de la bonne foi.

Pompidou est résolu à en vouloir à Couve parce que celui-ci, raconte-t-il avec insistance, s'est déchargé de la commission sur une relation commune, Pierre Lazareff, satrape du journalisme parisien. Lazareff a certes joint Pompidou, mais seulement après que l'étourderie du coup de téléphone de Pompidou à Tricot est devenue irréversible. Or Couve étant membre du gouvernement dont Pompidou était le chef jusqu'à plus ample informé, il se devait — toujours selon le même acte d'accusation — de communiquer directement la nouvelle.

Maurice Couve de Murville, dans cette minuscule affaire, a-t-il été trop guindé? Il n'avait pas à se forcer pour l'être beaucoup. A-t-il cru sentir que le Général prendrait mal un excès d'égards à l'adresse de Pompidou? Toujours est-il que, lorsque lui est revenu (bien plus tard) un écho des griefs dont Pompidou le poursuivait, il nous a assurés qu'en réalité, Pompidou avait bel et bien été averti, largement à temps. Comptait-il que la courtoisie qu'il avait eue envers Pompidou fin mai valait une fois pour toutes, puisque le général de Gaulle n'avait jamais annulé depuis mai son intention de le nommer Premier ministre?

Non, s'entêtait Pompidou, ce n'est pas sa désignation qu'il reprochait à Couve d'avoir dissimulée, c'est son acceptation finale.

Conséquence politique durable de ce bizarre procès : les dédains que Pompidou se croira autorisé à multiplier quant aux capacités de son successeur et cela fort publiquement devant les députés de leur parti commun, sans plus de respect pour les anciens usages de la solidarité gouvernementale et gaulliste.

*
* *

A l'égard du général de Gaulle, la rancœur de Pompidou se manifeste sans le moindre délai. L'ultime coup de téléphone de Tricot le décide à annuler le projet de lettre de démission — « filiale » nous dira-t-il plus tard, sans preuves — qu'il avait en tête.

Il demande à Jacques Donnedieu de Vabres, Secrétaire général du gouvernement, de lui ressortir le modèle de la lettre fort courte et toute juridique qu'il avait remise au Général après les élections de 1967, lorsqu'il était convenu d'avance avec le Général que c'était formalité sans conséquence. Il recopie le formulaire tout sec :

— « Mon Général,

« Vous avez bien voulu me faire part de votre intention, au moment où va se réunir l'Assemblée nationale élue les 23 et 30 juin de procéder à la nomination d'un nouveau gouvernement. J'ai l'honneur en conséquence et conformément aux dispositions de l'article 8 de la Constitution de vous présenter la démission du gouvernement.

« Je vous prie d'agréer, mon Général, les assurances de mon profond respect.

Georges Pompidou. »

Dans ce genre de littérature, les assurances du profond respect constituent le minimum glacé.

Attitude improvisée dans un mouvement de chagrin, Pompidou trouvant que de Gaulle aurait dû le mettre davantage dans sa confidence? Il peut sembler qu'en se dispensant des témoignages de piété filiale, le démissionnaire se prive pour la suite d'un atout sentimental auprès des gaullistes.

Cependant il s'épargne de passer pour un continuateur aux yeux des adversaires financiers de la politique gaulliste de participation. Du coup, la tournure qu'il donne à sa démission paraît beaucoup moins désavantageuse pour lui, et nullement improvisée. Mais que c'est emberlificoté *! Lui qui, depuis six semaines, demandait à partir, il aboutit à écrire qu'il s'en va parce que le Général l'a voulu. De Gaulle va remettre la vérité en place dès la première phrase de sa réponse officielle.

A ce détail près, la lettre du Général est un brevet d'excellence sans précédent :

Lettre ouverte du général de Gaulle à Georges Pompidou :

— « *Mon cher Ami,*

« *Mesurant ce qu'a été le poids de votre charge à la tête du gouvernement pendant six ans et trois mois, je crois devoir accéder à votre demande de n'être pas de nouveau nommé Premier ministre.*

Le regret que j'en éprouve est d'autant plus grand que, dans l'œuvre si considérable accomplie par les pouvoirs publics, en tous domaines au cours de vos fonctions, votre action a été exceptionnellement efficace et n'a cessé de répondre entièrement à ce que j'attendais de vous et des membres du gouvernement que vous dirigez. Cela a été vrai, en particulier lors de la crise grave que le pays a traversée en mai et juin derniers. Tel a été d'ailleurs le jugement du peuple français à ce sujet, ainsi qu'il vient de le marquer par les dernières élections.

Là où vous allez vous trouver, sachez, mon cher Ami, que je tiens à garder avec vous des relations particulièrement étroites. Je souhaite enfin que vous vous teniez prêt à accomplir toute mission et à assumer tout mandat qui pourrait vous être un jour confié par la nation.

Veuillez croire, mon cher Premier ministre, à mes sentiments d'amitié fidèle et dévouée.

Charles de Gaulle. »

Seul le général Raoul Salan, salué comme « un féal de qualité » aurait pu se flatter d'une lettre presque aussi chaleureuse lorsque, en

* Spectateur et confident de ces acrobaties, Jacques Chirac s'est-il promis, ce jour-là, de perfectionner la manœuvre le jour où il l'imiterait? Ainsi s'éclaire probablement la précipitation avec laquelle Jacques Chirac a proclamé que le 25 août 1976 sa propre démission de Premier ministre était de son seul fait. Comme Pompidou, il avait vainement demandé au président de la République de lui abandonner des « moyens accrus ». Comme Pompidou, il avait été prié de taire sa démission pendant quelques semaines.

1959, il a été démis lui aussi et déjà pour incompatibilité politique. L'affaire s'est finie pour Salan dans l'OAS et l'attentat contre de Gaulle, mais peut-on pousser à l'infini les parallèles?

L'essentiel est ailleurs : dans la lettre qu'il a décernée à Georges Pompidou, le général de Gaulle a gravé une formule dont personne d'autre que Pompidou ne pourra se targuer. Quand le Général parle de « tout mandat qui peut être confié par la nation », qu'on retourne la Constitution comme on veut, on n'en voit qu'un : le mandat septennal de président de la République.

Qu'on lise bien : de Gaulle ne se permet pas de « souhaiter » que la nation confie ce mandat à Georges Pompidou. Ce serait empiéter sur la souveraineté des citoyens assemblés. Il s'autorise seulement à souhaiter que Pompidou travaille en sorte d'être en mesure de briguer un jour le mandat. Ce n'est même pas une investiture : à la nation de voir, le jour venu, s'il a su s'y préparer ou si un autre semble plus apte. Mais tout le reste de la lettre porte à la nation témoignage que le général de Gaulle trouve à Georges Pompidou les qualités requises.

Il y a de la taquinerie à la Henri IV dans cette façon qu'a de Gaulle de suggérer publiquement à Pompidou de se préparer pour la présidence de la République. Il est bien placé pour savoir que l'autre s'est passé de la permission que le Général se donne l'air de lui accorder.

Taquinerie, et détachement plus encore. De Gaulle dit volontiers qu'il n'aura pas de successeur; il voit surtout qu'il n'aura pas de continuateur. Il n'investit pas Pompidou, il se doute que les Français l'investiront un jour. De Gaulle pense probablement qu'une fois close la période gaullienne, Pompidou offrira assez bien l'image d'un président tel que la France alors le souhaitera, on peut s'en faire une idée par les élections de la semaine passée.

De Gaulle ne s'en remuera pas sous terre dans sa tombe. C'est pendant qu'il est sur terre et tant que c'est lui qui a mandat, qu'il lui faut se hâter d'aider la France à se remodeler sur son temps, pour qu'elle se tienne prête, elle, à de plus rayonnants destins. On ne peut pas compter sur Pompidou pour réaliser la Réforme si elle n'est pas faite avant lui; de Gaulle est même obligé de se séparer de lui pour revenir à la Réforme. Mais Pompidou lui paraît homme à gérer convenablement la France en l'état où il la recevra.

De Gaulle a tenu un raisonnement analogue dès 1958 lorsqu'il préconisait de nouvelles institutions politiques : à partir du moment où le moule serait meilleur, professait-il devant Guy Mollet, tout futur président y trouverait une plus haute stature pour gouverner mieux. Eh bien, même chose demain pour la réforme sociale que naguère pour la révision constitutionnelle : quand le moule social aura été ajusté, le futur président en tirera meilleur parti pour le bien-être des Français. Et peu importera alors si Pompidou n'a pas cru d'avance à la justesse de la Participation.

Si l'on songe dans quelles aigreurs médiocres les relations entre de

Gaulle et Pompidou tombaient à une allure géométriquement accélérée depuis septembre 1967, il faut croire que le toctoc gardait une exceptionnelle largeur de vues pour considérer tout de même les perspectives profondes et enjamber tout le reste.

Sa lettre montre de plusieurs façons de la grandeur d'âme.

Dans quel état d'âme Pompidou de son côté a-t-il vécu l'après-Mai ainsi dessiné par la lettre du Général?

Georges Pompidou à Pierre Rouanet, le 25 avril 1969 : — Vous m'avez fait plus calculateur que je ne me vois ou du moins que je ne me voyais, car c'est vrai, depuis Mai, je calcule tout.

« Pendant vingt ans j'ai travaillé auprès du général de Gaulle dans des conditions telles qu'il voyait bien que mon dévouement lui était entièrement subordonné. J'ai œuvré sous sa direction dans une telle intimité que je pensais avoir droit à sa confiance et je lui ai donné toutes les preuves que cette confiance était méritée en toutes circonstances et à tout instant.

« En « Mai », il m'a fait suffisamment confiance pour me laisser me débrouiller, il faut croire. Or le 26 mai, sachant que j'étais homme à céder la place au premier mot de lui, il a offert le gouvernement à Couve et il ne m'a pas fait la confiance de me dire qu'il en voyait la nécessité.

« Le 29 mai, il est parti en me laissant tout sur les bras; je crois qu'il aurait pu me faire assez confiance pour me dire où il allait et combien de temps; il ne l'a pas fait.

« Lorsque je lui ai dit par deux fois entre les deux tours des élections, puis de nouveau le lendemain du second tour, mon désir de ne pas rester au gouvernement, il pouvait me faire suffisamment confiance pour me dire tout simplement et tout directement que ça l'arrangeait, au lieu de faire comme s'il le regrettait. J'ai appris de lui, le 6 juillet 1968, que vingt ans de fidélité n'avaient pas à entrer en compte [122]. »

La date de ce propos n'est pas sans intérêt : vendredi matin 25 avril 1969, avant-veille du référendum final. Le général de Gaulle n'était plus président de la République que pour soixante-douze heures; Georges Pompidou partait prononcer à Lyon l'unique discours où il ait paru se rallier au oui à de Gaulle. « Depuis Mai je calcule tout... »

Depuis Mai seulement? Au lecteur de voir si à cinquante-six ans, un tempérament peut se transmuter sur un coup de colère.

XIII

LE FRANC AU POING

Général de Gaulle, devant Philippe Dechartre * : — Les ordonnances sur l'intéressement, c'était les zakouski de la Participation. »

En dépit de Pompidou, il a pris devant les Français l'engagement de passer au plat de résistance :

Allocution télévisée du général de Gaulle, douze heures avant l'ouverture du scrutin du 30 juin 1968 : — Par-dessus tout, il s'agit d'accomplir LA VASTE MUTATION SOCIALE QUI SEULE PEUT NOUS METTRE EN ETAT D'EQUILIBRE HUMAIN, et qu'appelle d'instinct notre jeunesse... »

(rappelons que ce propos est tenu un mois après Mai; de Gaulle tient moins compte, on le voit, des manifestants des Champs-Elysées que de ceux des Facultés)

« ... Il s'agit que l'homme, bien qu'il soit pris dans les engrenages de la société mécanique, voie sa condition assurée, qu'il garde sa dignité, qu'il exerce sa responsabilité. Il s'agit que dans chacune de nos activités, par exemple une entreprise ou une université, chacun de ceux qui en font partie soit directement associé à la façon dont elle marche, aux résultats qu'elle obtient, aux services qu'elle rend à l'ensemble national. Bref IL S'AGIT QUE LA PARTICIPATION DEVIENNE LA REGLE et le ressort de la France renouvelée. »

« La règle », dit-il. Autrement dit, pas une aimable possibilité laissée à la fantaisie de quelque patron philanthrope. C'est cette «vaste mutation sociale » qu'il recommande aux électeurs de hâter à travers la désignation des nouveaux députés. Quant à l'importance qu'il y attache, elle est dite à la fin de son allocution :

---

* Jean Duprat-Geneau, dit « Philippe Dechartre », animateur de divers petits mouvements de « gaullistes de gauche », nommé secrétaire d'Etat dans l'ultime gouvernement Pompidou le 31 mai 1968; élu député un mois plus tard; redevenu secrétaire d'Etat dans le gouvernement Couve de Murville.

— Françaises, Français, voilà le chemin qu'il faut suivre, et que ma vocation et mon mandat me commandent de vous montrer, puisque le destin est en jeu. »

Cela sonne grave comme un appel du 18 Juin, bien qu'on soit le 29. Toute sa vie il a travaillé à désigner des réformes sans lesquelles la République française allait à la débâcle : débâcle militaire en 40, débâcle des institutions politiques en 58, débâcle d'une société maintenant. Le fait de se trouver « seul et démuni de tout, comme un homme au bord d'un océan qu'il prétendrait franchir à la nage [123] » ne l'a jamais persuadé que la réforme devienne moins nécessaire ni que l'action cesse d'être son devoir personnel. Pompidou ne suit plus? Toute sa vie il a vu beaucoup de notables qui trouvaient plus opportun de faire la pause à Vichy. De Gaulle, à soixante-dix-sept ans trois quarts comme à cinquante, s'obstine à pousser dans la direction où son analyse l'a convaincu qu'il trouverait le salut pour la France, là et pas ailleurs.

Trois jours à peine après les élections, il souligne en Conseil des ministres :

— La consultation nationale des 23 et 30 juin a manifesté le grand mouvement qui porte le pays vers la participation à la marche des entreprises de tous ceux qui en font partie. »

Les ministres qui entendent ça sont encore ceux du cabinet Pompidou. Ce n'est pas eux qu'il importe d'orienter. De Gaulle rend publique cette déclaration parce que les véritables destinataires sont les nouveaux députés UDR qui viennent de se faire élire à foison sous son invocation.

Il ne tardera pas à sentir qu'à travers cette nouvelle majorité parlementaire, « le grand mouvement qui porte le pays » s'exprime mal. Il sait bien ce qui a faussé la consultation.

Général de Gaulle : — C'étaient les élections de la trouille [124]... »

La nouvelle majorité a été instantanément confisquée par Pompidou. Celui-ci a convoqué les députés supposés gaullistes, à peine élus; ils étaient si nombreux qu'aucune salle de conférence n'était suffisamment spacieuse au Palais-Bourbon. On leur a loué le salon surchargé d'ors et de cristaux de l'hôtel du palais d'Orsay, inimaginablement Belle Epoque. Dans ce faste et ce clinquant, Pompidou a fait une apparition d'imperator au sein de la légion victorieuse; de Gaulle restait abstrait.

Et Pompidou a donné sa consigne au groupe énorme qui n'était même pas constitué officiellement :

Georges Pompidou (1er juillet 1968): — Il faut que la majorité s'organise, notamment pour constituer à l'égard du gouvernement un interlocuteur valable. »

On n'a jamais vu un Premier ministre en exercice inciter la majorité à se poser en interlocuteur plutôt qu'en soutien. Les nouveaux élus sont trop électrisés et trop peu rodés pour s'en faire la remarque. Pompidou était seul à savoir que le gouvernement face auquel il dressait la masse des députés ne serait pas le sien.

Quant à l'appui que ce groupe parlementaire obèse donnerait au projet de participation, de Gaulle ne s'est pas longtemps bercé d'illusions :

Général de Gaulle à Christian Fouchet (après avoir pratiqué durant huit mois seulement les nouveaux députés) : — J'ai eu tort de céder sur les élections générales... »

Que pouvait-il faire de mieux? Il le dit aussi au brave Fouchet :

— Un référendum, c'est autre chose! On sait sur un point précis si la nation est d'accord ou pas [125]. »

Sitôt les élections passées, il a remis son monde à la préparation de ce référendum. Il en a parlé tout de suite dans les séances de gibernage — comme il dit en argot militaire — qui regroupent autour de lui, en chaque fin d'après-midi, les deux Secrétaires généraux, Tricot et Foccart, avec le directeur de cabinet Xavier de La Chevalerie et le chef d'état-major particulier, le général Lalande.

Bernard Tricot — Tout de suite après les élections il y a eu chez le général de Gaulle le sentiment que ces élections étaient magnifiques sur le plan tactique immédiat, mais que les intentions profondes de réforme n'y avaient pas trouvé leur satisfaction. Les élections exprimaient une réaction dans l'ensemble conservatrice. Pour dégager ce qu'il souhaitait, il lui fallait l'expression plus directe d'un appui national. »

Il n'a pas fallu huit jours au général de Gaulle pour revenir à son idée première et majeure. Sa première instruction au nouveau Premier ministre a été pour rappeler au gouvernement qui s'installait qu'il aurait à réaliser le référendum suspendu.

Maurice Couve de Murville : — Quand je suis devenu Premier ministre en juillet 1968, le référendum n'était pas une décision à prendre, c'était un héritage à assumer; la décision était prise depuis le 24 mai... « Lorsque j'ai fait aux environs du 10 juillet ma première déclaration devant l'Assemblée nationale je n'ai pas parlé expressément d'un référendum, mais c'était implicite [126]. »

Pourquoi ce besoin d'un référendum?

Hypothèse *Couve de Murville :* — Les élections de juin ne constituaient pas pour le président de la République le vote de confiance personnel dont il considérait qu'il avait besoin après les événements dramatiques de Mai. »

C'est à croire que l'homme qui vient de recevoir avec plaisir la direction du gouvernement n'a pas pensé que les orientations politiques du général de Gaulle devaient être prises au sérieux! On a vu tout à l'heure ce que de Gaulle disait en public. Il y revenait devant ses collaborateurs immédiats :

Bernard Tricot : — Le Général disait bien : " C'est une question de confiance ", mais il précisait aussi : ", Ce sera une manifestation de confiance et d'intention. " Ce n'était pas la confiance au sens : ", Bon, on vous aime bien... "; c'était : " Nous voulons que telles ou telles choses soient faites et nous vous faisons confiance pour les faire. " Le Général disait, à propos de la réforme de l'entreprise notamment : "¬Ça ne se décrète pas de l'Olympe, il y faut un courant suffisamment fort dans le pays. " »

On doute que le nouveau Premier ministre Couve de Murville ait entendu un son de cloche moins timbré. Mais s'étant mis en tête on vient de le voir, que le Général de Gaulle recherche une simple démonstration sentimentale, il ne trouve pas que ce soit pressé.

Maurice Couve de Murville : — Je n'ai jamais été très heureux de cette affaire du référendum [127]... »

Six semaines plus tôt, Couve figurait, ne l'oublions pas, parmi les ministres qui adressaient des prières au ciel pour que Pompidou persuade de Gaulle de renoncer à son caprice.

Maurice Couve de Murville (à neuf ans de distance) : — Je considère que je me suis trompé... »

Dès qu'il fut chef du gouvernement il a été harcelé par son nouveau ministre de l'Intérieur, Raymond Marcellin *. Les Renseignements généraux continuaient à signaler que l'opinion publique jugerait la consultation intempestive. L'oreille saturée par les cris de Mai et par les véhémences de la campagne électorale de juin, les Français ne seront pas de longtemps en état de considérer une question référendaire à tête reposée, c'est le cas de le dire.

Au fond pour Couve, qu'il s'en rendit compte ou non, le référendum en suspens n'était qu'une corvée quasi superflue. Il n'a pas constitué le nouveau gouvernement comme un commando de choc tout entier tendu vers le référendum. Tous les ministres qu'il a recrutés avaient déjà siégé sous Pompidou **. A ce titre ils avaient tous conclu en coulisse à l'inopportunité du référendum. Le nouveau Premier ministre s'est borné de bric et de broc à une petite ronde des portefeuilles.

Il a poussé ce tourniquet de hasard jusqu'à l'indifférence mortelle de la roulette russe : on ne sait trop comment, deux anciens collaborateurs de Pompidou, François-Xavier Ortoli et Jacques Chirac se retrouvent maîtres des leviers économiques, financiers et budgé-

---

* Membre de la Fédération des Républicains indépendants de Valéry Giscard d'Estaing, mais se comportant en antigiscardien.
** C'est seulement au rang des Secrétaires d'Etat qu'il a fait entrer cinq nouveaux venus.

taires qui vont être décisifs : le premier comme ministre indécis, le second comme secrétaire d'Etat très décidé.

Couve de Murville a déféré avec empressement aux deux exigences du général de Gaulle : que René Capitant reste à la Justice, maître de rédiger les textes juridiques; et que Jean-Marcel Jeanneney, significativement promu ministre d'Etat, soit chargé de préparer les projets de la Réforme; il y a sept ans au moins qu'il en parlait avec le Général.

Jean-Marcel Jeanneney : — Même lorsque j'étais ambassadeur à Alger, aussitôt après l'indépendance, il arrivait souvent que les fréquents tête-à-tête que j'avais avec le Général en raison de ma mission diplomatique dévient vers des sujets de politique générale. »

C'est pendant l'été 62 que Jeanneney était parti pour Alger. C'est cet été-là également que de Gaulle s'était résolu à déclencher un référendum pour donner une stature nationale indiscutable au président de la République. Beaucoup de ministres déjà — dont Pompidou — répugnaient à ce référendum. Jeanneney, de son ambassade, était venu dire au Général qu'il approuvait de tout cœur à la fois le projet et la procédure. En lui confiant le projet référendaire à l'été 1968, de Gaulle savait que cet homme-là au moins lui serait acquis sans réticence *.

Avec quel plaisir Couve se dépêche de signer une pleine délégation de pouvoirs à Jeanneney en matière de Réforme! Le questionne-t-on dix ans plus tard sur la part que chacun a prise dans les préparatifs qui ont abouti au projet référendaire malencontreux d'avril 1969 et à la démission finale du Général, Couve répond d'un trait :

— La participation de M. Jeanneney a consisté à faire tous les textes! »

Jeanneney qui assiste à cette déclaration bondit au micro. Il sait bien qu'au bout de dix ans, ses anciens collègues essaient encore de lui faire porter le chapeau. Il les rappelle à la solidarité ministérielle, en corrigeant âprement :

— Faire tous les textes? En rendant compte constamment au Premier ministre! Je vous les montrais, vous me donniez des indications, je les envoyais au cabinet du Général [128]... »

Participation à tous les étages? Bernard Ducamin conseiller technique pour les questions juridiques signale au Général qu'il y a un problème de procédure. A l'intérieur d'une entreprise, l'instauration de la participation des salariés relève du droit privé. Or la Constitution n'autorise le référendum que pour ce qui a trait à « l'organisation des

---

* Après la Libération, Jean-Marcel Jeanneney a été directeur de cabinet de son père, Jules Jeanneney, vice-président du Gouvernement provisoire que présidait de Gaulle. Le Général a fait connaissance du fils auprès du père dès 1944.

pouvoirs publics » : on peut y recourir pour aménager par exemple l'institution parlementaire de façon à introduire la participation des représentants syndicaux aux orientations économiques du pays, à l'étage national. En revanche, pour modifier le droit des sociétés, pas d'autre procédure possible que le dépôt d'un projet de loi devant le Parlement, qui en fera ce qu'il voudra.

Le Général connaît l'objection : c'est pour cela que son projet de Mai prévoyait seulement que les Français, par référendum, donnaient un an au Parlement pour étudier et voter une loi. Même tourné comme ça, le Conseil d'Etat a trouvé que c'était illégal. Eh bien! de Gaulle va scinder son projet de participation globale en deux procédures distinctes :
a) Le ministre d'Etat aux Réformes, Jean-Marcel Jeanneney, est chargé de mettre dans un texte référendaire les retouches à l'organisation des pouvoirs publics;
b) le ministre d'Etat aux Affaires sociales, Maurice Schumann, est chargé de mettre dans un projet de loi ordinaire la réforme des entreprises.

Quant à la participation des enseignants et des étudiants au fonctionnement des universités, le nouveau ministre de l'Education nationale, Edgar Faure, y déploie une subtilité pas trop cohérente. Mais ce chaudron de sorcière est encore tellement bouillonnant, trois mois après Mai, qu'on ne peut en attendre de sitôt une contribution positive à la vie nationale. Les pires tapages du Quartier latin se sont faits pour revendiquer la participation. A l'instant où de Gaulle, le 24 mai, a proposé un moyen d'y parvenir, ça n'a plus amusé ces jeunes gens. Tout au plus peut-on espérer, si la participation des travailleurs entre dans les mœurs françaises, que le monde universitaire en sera peu à peu pénétré et cessera son balancement infantile de perpétuel assisté, entre la soumission et l'insurrection.

On laisse le ministre de l'Education et les universitaires user ensemble leur salive, Dieu sait s'ils en ont.

Là est le ventre mou de l'action prescrite par de Gaulle en cet été 1968. Pompidou le voit. Comme il ne veut pas encore s'en prendre de front à l'entreprise sociale du Général, il concentre ses attaques sur Edgar Faure. Elles portent auprès de gens encore outrés par les désordres de Mai. L'image de Pompidou homme d'ordre en est consolidée; la confiance envers le gouvernement Couve de Murville est entamée d'autant. Pour le général de Gaulle, en cet été 1968, le principal et le possible est de proposer aux travailleurs français les moyens d'une participation à la vie sociale enfin comparable à celle que les citoyens exercent dans la vie politique. Et là, de Gaulle calcule que la volonté nationale exprimée dans un référendum — même si c'est sur une moitié de projet — impressionnera suffisamment les parlementaires pour qu'ils en votent la seconde moitié. Comptez sur de Gaulle, si le texte Jeanneney est voté par référendum, pour appeler les électeurs à faire pression sur les députés. Les députés, pour plus de la majorité d'entre eux, se disent gaullistes. De Gaulle se prépare à leur mettre aux trousses les électeurs de l'opposition de gauche. La recette est éprouvée : voir règlement de l'affaire algérienne.

Au travail donc Jeanneney, et au travail Schumann. Chacun des deux est entouré d'un tout petit groupe de ministres et de hauts fonctionnaires, individuellement désignés par le Général en personne.

Les choses se passent comme lorsque deux usines d'une même firme se spécialisent dans la fabrication d'organes différents qui doivent à la fin s'emboîter. Ce dispositif fragmenté implique qu'un animateur entretienne dans les deux usines, et dans le public, l'idée que tout le monde travaille au bout du compte pour un seul et même produit. Il implique qu'au-dessus des ministres un Premier ministre entraînant fasse sentir la cohésion et l'entrain du projet global.

Couve de Murville avec une courtoisie distante se borne à apposer son paraphe sur chaque pièce que les uns ou les autres font passer sous son nez. Ni sur le moment ni longtemps après il ne s'est déclaré activement solidaire de ce qui devait être l'unique dessein de son gouvernement.

On en est encore à se demander ce qui a poussé ce fonctionnaire souvent lucide à accepter les fonctions de Premier ministre. Le Général, vu son âge, ne pouvait pas le couvrir durablement. Par surcroît, avant même d'être nommé, Couve pensait déjà, dit-il, que le Général allait à un échec s'il s'obstinait à son référendum; le chef du gouvernement en place y serait inévitablement compromis. Il a tout de même pris la place. Il n'a pas tenté de profiter du peu de temps qui restait pour se donner la carrure d'un candidat possible à la succession du vieux président de la République, qui ne demandait pas mieux que de l'y encourager. Alors quoi? La tentation du titre?

Bernard Tricot : — En dépit de mon admiration pour les qualités de M. Couve de Murville je n'étais pas sûr qu'il fût l'homme de la situation. J'avais cru l'inciter à s'interroger. Mais il s'est piqué au jeu. Il n'est pas aisé, j'imagine, de résister à la perspective de s'entendre appeler M. le Premier ministre. Il n'était pas commode, en tout cas, de résister à une proposition du général de Gaulle... »

Raymond Barre (1979) : — Du poste où je me trouvais en 1968, à Bruxelles, il m'a semblé que le général de Gaulle a choisi M. Couve de Murville parce qu'il connaissait très bien la mécanique de la politique internationale et parce que le Général lui-même pensait que la politique française ne pouvait pas se passer de cette dimension-là.

« De Gaulle partait d'un raisonnement de politique internationale pour aller vers la politique intérieure : la politique sous toutes ses formes doit être calculée en fonction de la situation où la France doit se placer par rapport au monde extérieur. Pompidou en revanche ne considérait que les problèmes de politique intérieure, il ne prenait guère en compte l'aspect international.

« Un exemple : quand j'étais vice-président de la Commission européenne, à Bruxelles, nommé par la France, le général de Gaulle m'accordait périodiquement audience, Couve qui était ministre des Affaires étrangères me voyait souvent, Pompidou qui était Premier ministre jamais. Le Général a très probablement vu qu'à ce niveau Pompidou ne collait pas et il a pensé que Couve transmettrait mieux ses impulsions. »

Mais Couve de Murville va s'appliquer uniquement à amortir les effets de Mai, on dirait qu'il ne comprend pas que de Gaulle veuille avant tout en extirper les causes. Il ne comprendra pas et ne fera pas comprendre autour de lui l'importance primordiale du référendum : il ne prendra pas la carrure d'un véritable chef de gouvernement. Sur l'instant, le général de Gaulle ne paraît pas s'en être tracassé. Question d'âge?

De plus il avait l'habitude. Il avait eu Debré pour Premier ministre alors qu'il élaborait ses référendums sur la politique algérienne; à peine sorti de là, Pompidou, Premier ministre à son tour, lui avait déconseillé de prime abord le référendum gigantesque sur l'élection du président de la République au suffrage universel direct.

Mais, ce coup-ci, il y a autre chose : de Gaulle vient d'en avoir par-dessus la tête pendant dix-huit mois des objections que Pompidou a multipliées contre l'idée de la participation; sans cesse il se réfugiait derrière les difficultés parlementaires. Chat échaudé craint l'eau froide. De Gaulle se convainc que tout gouvernement et tout Parlement ne sont bons qu'à faire tourner la Réforme en eau de boudin. Son âge n'autorise plus les délais, et Mai a montré que la Réforme presse. De Gaulle décide de mettre le Parlement et même le Conseil des ministres dans le coup seulement quand les projets sur la participation seront tout cuits. Le manque de passion de Couve de Murville semble l'arranger.

Au fond, depuis que de Gaulle s'est éclipsé à Baden-Baden, il ne s'est plus jamais retrouvé à l'aise avec ses ministres.

Les quelques personnages auxquels le Général a confié les prépara- tifs de la participation n'ont pas immédiatement flairé cette défiance nouvelle. Hommes discrets et même secrets, ils n'ont pas senti d'emblée que de Gaulle voulait un surcroît de discrétion. Bernard Tricot va le découvrir à ses dépens. Le Général lui a demandé de réfléchir au contenu éventuel du projet référendaire. Le Secrétaire général de la Présidence croit bien faire en allant demander au Premier ministre ce qu'il en pense. Il revient tout content le raconter au Général. De Gaulle lui explose à la figure.

Bernard Tricot : — A son sens j'avais commis un manquement à la réserve. C'est à lui qu'il appartenait de discuter avec le Premier ministre lorsqu'il le trouverait bon. Il m'avait fait dépositaire de sa pensée et j'étais allé m'en ouvrir à quelqu'un sans qu'il m'en eût chargé. Cette fois-là — je crois que ce fut la seule — j'ai essuyé sa colère. Et par-delà cette colère je lui avais fait de la peine, je le sentais à sa voix. »

Tricot exprime sa contrition au Général :

De Gaulle : — N'en parlons plus. »

Il est mauvais de s'attarder à réprimander une maladresse de l'exécutant en cours d'exécution.

Côté Parlement, Jean-Marcel Jeanneney a fait la même expérience.

Jean-Marcel Jeanneney : — Dès que j'ai eu dans mes attributions l'étude des réformes, dès juillet donc, des sénateurs sont venus tâter le terrain. Ils savaient bien qu'en 1966 le Général avait relancé l'idée de transformer le Sénat. Or voici qu'en ce début de l'été 68, tout le monde pensait que de Gaulle allait pouvoir faire ce qu'il voudrait. Mes sénateurs le croyaient comme tout le monde. Alors ils venaient me proposer de parlementer. J'ai écouté quatre d'entre eux. »

Fier comme un Tricot du produit de sa pêche Jeanneney court le présenter au Général. De Gaulle lui explose à la figure.

De Gaulle : — Au nom du ciel, arrêtez ça! Si on commence à négocier, nous serons conduits à faire encore une fois un projet qui n'aura plus de sens. »

*
* *

Excès de précautions? Il n'en prenait pas assez.

Le 29 août, *Le Figaro* divulgue la note d'orientation que le général de Gaulle a adressée quatre semaines plus tôt à quelques membres du gouvernement. Il y indiquait confidentiellement en quel sens il souhaitait creuser la réforme des régions et du Sénat pour en faire un référendum, et en quel sens creuser la participation dans l'entreprise avant de la soumettre aux Chambres sous forme de projet de loi.

Bernard Tricot (en 1979) : — La réaction du Général n'a laissé la place à aucun doute. Il a considéré cette divulgation comme une chose qui n'aurait pas dû avoir lieu. Il l'a trouvée fâcheuse, dans la forme autant que dans le fond. »

Quand Bernard Tricot, gros amateur de litote et d'euphémisme, dit ça, vous pouvez traduire : grosse colère du Général. Le document divulgué avait été adressé à quelques ministres seulement, Schumann, Jeanneney, Frey, Ortoli, Guichard, Bettencourt, et à un secrétaire d'Etat, Chirac. Sa nature confidentielle était soulignée. Négligence ou manœuvre? Pour de Gaulle c'est pareil : un fléchissement du devoir d'Etat. Force est au vieux Président de la République de constater, deux mois et demi après la formation du gouvernement de la dernière phase, que Couve de Murville ne lui a pas fabriqué là un instrument impeccablement dévoué et loyal. Pour aller de l'avant, de Gaulle ne se sent peut-être plus aussi bien assuré de l'Etat que l'an dernier sur l'escalier du port de Brest. Le divulgateur de la directive a-t-il été insensible au handicap qu'il infligeait à l'entreprise gaullienne? Ou a-t-il voulu bloquer de Gaulle? Nous ne savons pas qui a trahi, ni si le chef de l'Etat l'a su. La certitude c'est que le personnage qui a livré le document au *Figaro* ne pouvait pas ignorer qu'il serait utilisé pour combattre le projet de Participation. Le journal accompagne le texte du Général d'un commentaire dégoûté :

— Ces directives permettent-elles d'atteindre les objectifs? On peut en douter... N'y a-t-il pas contradiction, etc. »

Or la torpille ne part pas à n'importe quel moment. Un autre article, dans le même numéro du même journal, situe le contexte :

— On attend dans les milieux patronaux et à la Bourse, avec une impatience mêlée d'inquiétude des précisions sur ce que sera la "participation " dans les entreprises. »

Eh bien, voici cette « inquiétude » alimentée à point nommé par la divulgation.

Général de Gaulle : — La politique de la France ne se fait pas à la Corbeille [129]. »

Mais il arrive qu'on l'y défasse. La Bourse baisse à la lecture du *Figaro*. De ce jour, « dans les milieux patronaux » commence l'exportation clandestine des capitaux que le gouvernement prête à caisse ouverte pour assurer le redémarrage après les dégâts de Mai.

Le bel été 68 où le général de Gaulle semblait pouvoir faire ce qu'il voudrait, l'été cette année-là a fini un 29 août.

*
* *

François Goguel (à l'époque Secrétaire général du Sénat) : — A la fin d'octobre, il n'y avait pas l'ombre d'un doute dans la pensée du général de Gaulle : ce référendum serait gagné. »

Le Sénat venait de se donner un nouveau président, Alain Poher, à la place de Gaston Monnerville. Les relations de courtoisie redevenant possibles, les membres élus du nouveau bureau du Sénat étaient venus se présenter au président de la République. Le plus haut fonctionnaire du Sénat, François Goguel, les accompagnait. De Gaulle le pratiquait de longue date. Goguel lui consacrait ses talents de spécialiste du droit constitutionnel. Le Général l'avait pris à part après la visite des autres, pour s'informer de leur état d'esprit. Comme souvent, le Général était passé du questionnaire au monologue.

François Goguel : — Tous ses propos manifestaient la conviction qu'il n'y avait pas de problème [130]. »

Ah! si le gouvernement rapetassé quatre mois plus tôt montrait autant d'ardeur!

Maurice Couve de Murville : — Le Général et moi, nous avons parlé des quantités de fois du référendum. Je ne lui ai jamais caché ce que j'en pensais, c'est-à-dire que je n'en étais pas heureux, pour employer une expression très modérée [131]. »

Fin octobre toujours : le général de Gaulle rentre en voiture d'une chasse officielle à Rambouillet; à côté de lui son aide de camp, lieutenant-colonel d'Escrienne. Soudain il vide son sac :

De Gaulle : — Ça devient chaque jour plus difficile. Il y a trop de gens qui freinent ou qu'on traîne! Parmi ceux dont c'est la carrière, la vocation et l'honneur de servir l'Etat, il y a trop d'eunuques. On s'en aperçoit trop tard : ce n'est pas écrit sur leur figure [132]. »

Regrettait-il de ne pas avoir remplacé la présentation de la liste ministérielle par le cérémonial très dépouillé d'un conseil de révision?

Notons qu'il établit la distinction entre les ministres qu'on traîne et ceux qui freinent.

D'un jour sur l'autre, de Gaulle est passé de l'entrain à un sentiment d'impuissance. Son humeur suit la courbe des réserves de la Banque de France. Fin octobre, on constate qu'elles ont recommencé à fondre à la même allure que pendant la paralysie de Mai et début juin. C'est plus dramatique en octobre parce qu'il n'y a pas les mêmes raisons qu'en Mai : l'activité est normale; elle devrait même être supérieure à la normale, grâce à quelques artifices de relance introduits par le Premier ministre Couve de Murville et par le Secrétaire d'Etat au budget Chirac.

Gérard Belorgey (directeur de cabinet de Jacques Chirac à l'époque des faits) : — C'était une période passionnante parce que le ministre de l'Economie et des Finances, M. Ortoli — qui en outre s'est trouvé très accaparé à l'étranger — accordait à M. Chirac la plus large délégation de responsabilités. On se sentait autonome. Plus tard, à partir de juin 1969, quand M. Giscard d'Estaing s'est retrouvé ministre, il a repris par-devers lui tous les pouvoirs de décision. Le travail de M. Chirac redevenu un secrétaire d'Etat ordinaire devenait bien moins excitant * . »

Couve de Murville s'est donné dix-huit mois pour rétablir les équilibres, comme disent les économistes. En bon français, on peut traduire : pour cicatriser les lésions de Mai.

Comment de Gaulle est-il passé en quelques jours de l'entrain au doute?

Fin octobre, les capitaux désertent l'économie française à la même allure qu'au lendemain de Mai. Le référendum que de Gaulle juge imperdable devant François Goguel, les eunuques vont le rendre injouable.

L'ampleur de l'événement tient en une ligne d'un bilan, celui de la

---

* Par ce propos tenu en 1970, M. Belorgey exprimait sa satisfaction d'avoir quitté le cabinet de M. Chirac fin 1969 pour gagner la carrière préfectorale.

Banque de France : la France va perdre la moitié ou presque (42 % exactement) de ses réserves, en deux cascades étalées sur un mois et demi chacune : deuxième quinzaine de mai et juin jusqu'aux élections; puis octobre et les trois premières semaines de novembre. De Gaulle voit la France perdre dans cette hémorragie les moyens accumulés depuis dix ans pour accéder à l'indépendance monétaire. Le socle du progrès est saccagé.

Jean-Marcel Jeanneney : — La formule favorite du nouveau Premier ministre c'était : le temps est galant homme... »

Le lièvre disait déjà ça devant la tortue. Les équilibres, on commence par leur tourner le dos. A ce train, d'ici à quelques mois, la France n'aura plus de disponibilités pour corriger le déficit de son commerce extérieur. Quelques mois ou plutôt quelques semaines, parce que d'une part la désertion des capitaux fait boule de neige et d'autre part la spéculation retarde les rentrées du commerce extérieur. L'économie française est comme un bateau dont la cargaison mal arrimée glisse toute sur un bord : le bateau prend de la gîte et plus il en prend, plus la cargaison bascule.

Par la suite les savants épilogueront à pleins livres sur ce qui s'est passé en France à l'automne 1968. De quelque manière qu'ils le prennent, ils retomberont sur une constatation que le bon peuple a faite sur-le-champ : le gouvernement désireux de relance distribue des crédits qui, au lieu de s'investir dans l'activité nationale, procurent aux bénéficiaires les moyens de spéculer contre l'économie française. Dans le passé, les spéculateurs jouaient de leur propre argent. Jamais à une telle échelle on ne les a vus utiliser de l'argent qui ne leur appartenait pas pour en jouer contre la nation qui se saignait aux quatre veines pour le leur procurer.

L'austère Couve avait été illuminé par cette découverte : le crédit! M. Le Trouhadec saisi par le crédit... En veux-tu en voilà! A des taux tellement avantageux qu'ils ressemblent de bien près à des procédés illégaux de dumping. De quoi démantibuler le Marché commun dont la France a plus que jamais besoin dans cette passe difficile. A Bruxelles la commission des Communautés européennes s'en affole : elle entame des poursuites contre le gouvernement français. Particularité cruelle : c'est un Français, probablement, qui les a menées. En dépit du secret de la procédure il n'est pas difficile de supposer que les poursuites devaient être engagées par le vice-président de la commission de Bruxelles, responsable des affaires économiques et monétaires. Or ce personnage, à l'époque, est de nationalité française. De Gaulle l'a choisi en 1967 : il voulait être sûr que l'homme désigné par la France — même s'il ne devait plus agir là-bas en tant que Français — se tiendrait à la totale et stricte application des règles du Marché commun. Là était l'exigence pour laquelle de Gaulle s'était battu contre les cinq partenaires de la France. Voici la France poursuivie pour tricherie. Quelle tentation offerte aux autres de reprendre leurs billes à de Gaulle!

Le vice-président choisi sur le volet par le général de Gaulle est un professeur agrégé d'économie politique. Son nom ne dirait rien au public : Raymond Barre. Dès la reprise de la bourrasque monétaire, le voici contraint par sa fonction bruxelloise à scruter les développements de la crise monétaire qui secoue la France.

Raymond Barre (avec plus de dix ans de recul) : — Le laisser-aller de la France en matière de crédit nous semblait désastreux. Je ne sais pas comment à Paris, on en est venu là ; j'étais à Bruxelles... Dieu sait si en juillet, juste après sa nomination, j'ai vu M. Couve de Murville rigoureux ! Je l'ai vu rendre par sa fermeté des services énormes à la France quand, par exemple au sortir de Mai, il a imposé l'application intégrale du Marché commun. Je ne comprends pas ce qui a pu se passer ensuite, ni comment de tant de rigueur à l'été on est allé à tant de laisser-faire en automne. »

A l'automne la politique Couve — mise sur pied avec Ortoli, ci-devant pompidolien, et Chirac, plus pompidolien que jamais — tient en trois points :

1°) crédits pratiquement sans intérêts (donc à prendre sans risques et sans limites) prodigués aux entreprises exportatrices (donc entraînées à faire leurs comptes avec l'étranger et disposant d'avance de tout l'appareil nécessaire pour faire circuler les capitaux) ;

2°) suppression du contrôle des changes instauré pendant la panique de Mai ; donc liberté aux mouvements de capitaux ;

3°) projet budgétaire assorti d'un déficit si grand qu'il ne peut pas être remboursé par les résultats de la croissance qu'il doit permettre ; autrement dit inflation inscrite dans les chiffres de ce budget ; les spéculateurs éventuels n'ont qu'à les lire pour douter de l'avenir du franc.

Prenez deux de ces trois mesures, à votre choix, peu importe, elles se tiennent. Ajoutez-y la troisième : vous rassemblez toutes les causes et tous les moyens de la désertion des capitaux.

Pour ne pas tomber dans ce péché, s'il est sincère, le capitaliste qui revendique de mener à son idée un secteur de l'économie française ne se permet pas d'utiliser pareille somme à une autre fin.

Ouais, chacun se rue sur son télex pour planquer cet argent hors de France jusqu'à ce que la dévaluation permette de palper la différence : une différence qu'on empochera pour soi tout seul, quitte à rembourser le prêt en francs diminués, c'est-à-dire à voler les autres Français.

Est-ce coïncidence de hasard si à partir d'août de très grandes sociétés comme Péchiney, Rhône-Poulenc, CGE, Philips ont simultanément obtenu des crédits invraisemblablement avantageux en France et créé ou agrandi des filiales à l'étranger, en Allemagne, en Suisse, aux Etats-Unis ? Les emplois ainsi créés ne profiteront évidemment pas aux salariés français à l'activité desquels les crédits étaient théoriquement réservés. Ces salariés, Pompidou aidant à Grenelle, on leur a allégrement promis une augmentation des salaires. C'est la moindre

des choses que les crédits du gouvernement français aident à
compenser cette concession : en les laissant servir à démolir le franc,
on rattrapera ce qu'on avait lâché, les salariés auront un plus gros
salaire en plus petite monnaie, les syndicats auront eu leur satisfaction
d'amour-propre; à l'heure de la désillusion, c'est à de Gaulle — et plus
au patronat ou à Pompidou — qu'ils reprocheront l'amenuisement du
franc. Gloire à Pompidou de Grenelle, qui a permis au patronat de se
faufiler entre les gouttes.

Les dirigeants des entreprises nationalisées ne veulent pas que leur
établissement ait moins de part au pactole que les capitalistes privés.
Chacun trouve son truc: Electricité de France achète d'avance du
mazout qu'elle ne saurait loger. La Régie nationale Renault — qui ne
peut rien faire sans la bénédiction de la Direction du Trésor — pousse
ses ventes en Allemagne fédérale et laisse là-bas ses deutsche marks
jusqu'au moment où, espère-t-elle, elle les échangera contre un plus
grand nombre de francs dévalués. Les banques nationalisées autant
que les banques privées indiquent à leurs clients toutes les ficelles
auxquelles ils n'auraient pas encore songé : plus il y a de mouvements
de capitaux, plus la banque palpe de commissions. Chacun pour sa
boutique. Aucun dirigeant des entreprises nationales ne s'arrête au
fait que c'est autant d'argent tondu sur le dos de la nation. Mais qui le
rappelle à l'intérêt national, quel ministre, en cet automne, a énoncé
que les tactiques dispersées des entreprises nationales peuvent se
polariser en considération d'une stratégie commune? Il y a un cahier
des charges en ce sens. Ce ne sont pas les firmes nationales qui s'y
dérobent, c'est le gouvernement qui n'exerce plus à son véritable
niveau l'autorité de l'Etat. Il est politiquement vide. Vide — comme dit
de Gaulle à d'Escrienne entre soudards — du vide des eunuques.

L'étranger n'en croit pas ses yeux :

John L. Hess, correspondant du *New York Times* à Paris pour les
affaires économiques : — Il n'y a que la France pour se payer le luxe
d'une « panique » monétaire avec vingt milliards de réserve, un
gouvernement fort et aucune dette étrangère! Il faudrait un Voltaire
pour raconter comment la bourgeoisie française qui paie moins
d'impôts que celle de n'importe quel autre grand pays crie le plus fort
contre le fisc; et comment, en dissimulant les bénéfices, elle a empêché
la croissance du marché monétaire français, encouragé les gens à
investir ailleurs et laissé le champ libre à des sociétés étrangères [133]. »

Il n'y a que la France, il est vrai, à avoir une tradition de
l'émigration. Non pas celle qui le cœur déchiré est réduite par
oppression à aller repiquer ailleurs ses racines nationales. Non.
l'émigration de Coblence — ou de Zurich et de ses banques — celle qui
de Coblence souffle aux Coalisés qu'il faut ouvrir le feu sur les
Volontaires de Valmy et qui revient dans les fourgons de l'ennemi,
dans un pays réduit à sa merci grâce à l'étranger, persuadée d'y

réinstaller les valeurs nationales qu'elle prétend cultiver en exclusivité.

Général de Boissieu (dix ans après) : — De Mulhouse, cet automne-là, j'étais invité dans les grandes chasses des Vosges. Tout le monde discutait sur les placements à l'étranger. Je garde sur moi, depuis lors, la liste de soixante grandes entreprises qui ont joué contre le Franc. »

Bernard Tricot : — En dehors des informations qui lui venaient par la voie administrative, le général de Gaulle était attentif aux réactions qu'on pourrait appeler celles de l'opinion courante; il écoutait volontiers les réflexions des aides de camp par exemple, précisément parce que les dossiers n'étaient pas de leur ressort. Mais il faut surtout compter les informations qui lui venaient de sa famille, la sienne et celle de Mme de Gaulle, par son fils, par son gendre. Ils avaient manifestement de longues conversations sur les affaires du moment, à l'occasion des réunions familiales. »

Général de Boissieu : — J'entendais discuter notamment des dirigeants de l'industrie nucléaire. Les Allemands leur faisaient valoir l'avantage de passer la main aux Américains. »

Le président de la République avait tout de même des moyens d'information moins approximatifs.

Bernard Tricot (toujours un ton en dessous) : — De l'Elysée nous avons eu l'impression que derrière les mouvements de capitaux se dessinait un arrière-plan politique. J'ai eu l'occasion de dire cette impression à des membres du patronat. Ils ont eu l'air un peu gêné. Nous savions de bonne source qu'ils faisaient des opérations de ce genre-là; le général de Gaulle en était informé. »

Il était informé par des rapports de police, et aussi, plus simplement, par certains autres membres du CNPF. Tricot s'efforçait de lui en faire rencontrer le plus grand nombre possible.

Bernard Tricot : — Enfin, tout simplement, de mon côté, il m'est arrivé d'avoir peu après les élections de juin des conversations particulières avec des gens qui disaient tout droit : ne vous faites pas d'illusion, ce n'est pas pour de Gaulle que nous avons fait voter. Pas de noms propres pour le moment... Ils figurent sur des documents que nous avons emportés de l'Elysée. Ils sont aux Archives nationales. Il s'agissait de gens qui avaient le temps et les moyens de faire des opérations. »

Si ces puissants personnages prenaient la peine de se confier au Secrétaire général de l'Elysée, ils comptaient probablement que leur pression était de taille à infléchir les projets du Général dans un sens plus conforme au système Pompidou.

A l'étage au-dessous, celui des petites et moyennes entreprises, les esprits ne sont pas moins agités. Mathématiquement, cela influe beaucoup moins sur la monnaie. Psychologiquement, c'est plus grave. Beaucoup plus nombreuses et faciles à affoler, ces petites firmes — qui se protègent mal contre les à-coups — sont plus proches de la population. Elles y répandent leurs états d'âme, souvent mal fondés et toujours outrés. Les succursales bancaires leur mettant des envies dans la tête, les petits patrons s'en voudraient d'être en reste de spéculation sur les grands. A ce niveau, la fuite des capitaux retrouve sa réalité matérielle : on voit l'homme à la valise, là où un véritable capitaliste se borne à un jeu d'écriture.

Robert Beaussant, directeur de l'information à la Banque de France :
— Les traités nous imposaient de racheter tous les soirs les billets français dépensés sur les places étrangères. A l'automne 1968, nous avons vu revenir quotidiennement les liasses de billets, encore enrobés de leur ruban comme des cadeaux, ce que nous appelons " les ganses ". Pas bien sorcier de savoir de quel guichet ces ganses étaient sorties. »

C'est à peine illégal : tout juste le fait qu'au-delà d'un certain montant une transaction ne doit plus s'effectuer en billets. Les douaniers n'y regardent guère : le contrôle des changes est supprimé. Ce qui devrait sembler plus ouvertement malhonnête est de demander un prêt à la banque sans la nécessité invoquée et pour le détourner du but invoqué. Mais voler l'Etat, est-ce voler? Le directeur d'agence bancaire est d'accord, puisqu'il fournissait les liasses de billets, au lieu d'ouvrir un compte comme cela se fait pour un investissement. Qui dans la France noyée sous le formulaire croit encore qu'il y ait une relation entre les questions d'un formulaire et la réalité? En foi de quoi le soussigné déclare sur l'honneur que la présente déclaration...

On se paie le voyage, ou, plus chic, on s'adresse à un convoyeur de caisse noire. Il prend cinq à dix pour cent, à la tête du client *.

Quand le client est trop visiblement benêt — c'est généralement celui qui se démène le plus pour la plus petite somme — le passeur garde la valise pour lui.

De toute façon, la désertion de l'argent liquide est difficilement rentable. Les frais sont tels qu'il faudrait ensuite une catastrophe démesurée de la monnaie nationale pour qu'on y retrouve son compte. Même remarque pour les pierres précieuses, les commodes anciennes : quand on essaie de les revendre elles ne sont jamais à la cote des moments de panique.

Robert Beaussant : — Il y a tout de même soixante-dix pour cent des Français — parmi ceux qui auraient eu les moyens de cette spéculation individuelle — qui n'ont pas perdu la tête, au moins pour les sorties de billets. La fièvre était surtout perceptible à Paris, c'était contagieux dans un rayon de cent, cent cinquante kilomètres, avec également des taches de contamination autour de quatre grandes villes Lille, Marseille, Lyon, Bordeaux. »

La grande excuse qu'on se donne là pour courir perdre de l'argent

* Ce n'est pas un métier improvisé : beaucoup d'industriels ont l'habitude de passer par un convoyeur pour transformer en argent liquide le montant de factures sans vente, afin de se constituer une caisse noire.

en, en faisant aussi perdre à la France, la peste, la grand-peur de l'an 68, c'est la menace d'augmentation des droits de succession. La génération suivante ne pourra jamais croire que l'anicroche ait pris une telle ampleur. On ne s'explique pas une panique après coup, même si on sait qu'elle a été délibérément provoquée.

Le ministre des Finances, pour donner un peu d'air martial à un budget qui perd ses bretelles, a eu l'idée d'y ajouter une augmentation toute relative de la taxe sur les tranches supérieures d'héritage.

Comme disait tout à l'heure John L. Hess, même comme cela, les Français paieront moins qu'à l'étranger. En outre un système d'exonération à la base, pour les habitations familiales notamment, fait qu'il y a peu de gens concernés. mais ce sont ceux qui ne le sont pas qu'on ameute. Procédé classique : les fabricants d'apéritifs et de parfums qui profitent de l'alcool clandestin par centaines de milliers de litres ont naguère mobilisé contre Mendès France des bouilleurs de cru dont le privilège se limitait à dix litres. Il n'y avait pas là de quoi se payer une place d'autocar; personne ne s'est surpris de voir se concentrer par miracle tant de luxueux véhicules gratuits. Plus tard les marchands de grosses motos mobiliseront pareillement les gamins à cyclomoteur qui tout contents de pétarader pousseront parfois la jobardise jusqu'à se tuer pour la vignette qu'on ne songeait pas à leur infliger et ce sont des députés dits gaullistes qui les y appelleront. Dans l'intervalle, le gouvernement Chaban-Delmas aura été en butte à la manifestation curieusement collective de la profession la plus émiettée de France, celle des chauffeurs routiers et personne sur le moment ne remarquera qu'au Chili le gouvernement Allende et le régime démocratique ont été déstabilisés par une grève des camionneurs.

Le scandale artificiel des droits de succession aura eu, lui, en octobre 1968 deux prolongements. On ne sait pas s'ils ont été voulus, on voit qu'ils ont été exploités. Un prolongement financier : le Conseil national du patronat français a bénéficié de l'émotion de sa clientèle pour exiger le maintien d'une politique de crédit à-tout-va, le jour où de Gaulle invitait Couve de Murville à cesser. L'autre prolongement était de tactique politicienne : le groupe parlementaire UDR en passe de se regrouper autour de Pompidou a monté l'affaire en épingle pour reprocher au gouvernement de brimer à l'automne la clientèle qui l'avait élu aux premiers jours de l'été. L'argument enflamme les troupes que le projet gaullien de participation laissait de glace. Dans ces gens empressés à saisir le plus piètre prétexte pour jouer contre la monnaie nationale, dans ces députés qui du budget de la France au sortir de Mai ne voient que cette occasion de valoriser Pompidou contre Couve et, ils le savent bien, contre de Gaulle, qui reconnaîtrait les patriotes indignés du 30 mai sur les Champs-Elysées?

John L. Hess (déjà cité) : — A peine avaient-ils remisé leurs drapeaux tricolores qu'ils filaient vers la frontière, leurs sacoches pleines d'argent. »

De Gaulle n'avait pas eu d'illusion sur leur compte: « Ce fut le dernier malentendu... », « C'étaient les élections de la trouille... »

*
* *

Mais les autres, ceux qu'il n'avait pas réussi à faire venir eux aussi sur les Champs-Elysées le 30 mai pour un entier rassemblement de la nation en vue de son progrès?

La désertion des capitaux qui s'étale sous les yeux des salariés, chaque jour plus insolente, n'est pas pour les réconcilier avec la République gaullienne. On ne prend pas son travail sous son bras pour aller le faire fructifier à Zurich, du jour au lendemain. Et si l'on s'y risquait, le monsieur qui s'est absenté la veille pour aller à sa banque à Zurich ne manquerait pas de vous priver de paie pour absence illégale. Les salariés impuissants apprennent chaque matin par journaux et radios que d'autres tripotent à leur guise la monnaie dans laquelle sont payés les salaires.

Humiliation, sensation d'être manipulé : le contraire d'une participation.

La monnaie, c'est le pacte national. Qu'un régime y triche, le peuple se sent ilote en son propre pays. On ne se fait pas tuer pour une République qui a négligé sa monnaie; la IVᵉ République l'a éprouvé dans la tragi-comédie de mai 1958; la IIIᵉ l'a éprouvé dans l'entière tragédie de mai 40. Un million de Français ont consenti le sacrifice de leur vie pour la République qui a tenu jusqu'en 1914 le franc de Germinal. Les dirigeants des organisations de gauche n'ont jamais — sauf Mendès France — voulu voir ça.

Mais quand on est de Gaulle et qu'on veut avant de mourir que tous les Français se retrouvent participants de la France, c'est une chose que l'on considère.

*
* *

Général de Gaulle : — La politique et l'économie sont liées l'une à l'autre comme le sont l'action et la vie [134]. »

Bernard Tricot (dix ans plus tard) : — Les mouvements de capitaux et tout ce qui concernait la monnaie, c'est une chose que nous suivions avec une attention et une minutie extraordinaires. Depuis juin 1968, le général de Gaulle a su chaque jour où on en était, quel était le volume des sorties au cours des vingt-quatre heures précédentes, ainsi de suite. Il n'y a pas eu un jour où il n'ait pas fait le point de la situation économique et monétaire et envisagé ses prolongements internationaux. »

Le Général ne se borne pas au bilan hebdomadaire que la Banque de France publie le jeudi. Chaque après-midi un officieux coup de téléphone rend compte à l'Elysée de la conférence secrète réunie autour du Gouverneur de la Banque, Jacques Brunet. On en tire un feuillet qui est porté au président de la République — c'est peut-être simple coïncidence — dans le même classeur où se trouve la note que le SDECE établit de son côté, non moins quotidiennement. Cette dernière firme a des correspondants sur les places financières étrangères, voire à l'intérieur des banques, voire encore assis en quelque fauteuil directorial de-ci de-là. Il pourrait arriver qu'un spéculateur français dépose candidement ses fonds émigrés entre les mains d'un de ces honorables informateurs. Qu'il ne s'en tracasse pas; le SDECE n'est pas la police. Il est là pour observer des évolutions, non pour contrecarrer des délits. Au siège parisien de cet établissement, il y a moins de passe-murailles que d'analystes, pour la branche financière comme pour les autres : ils seraient à la hauteur pour tenir le même emploi à la Banque de France; ça arrive probablement de temps à autre. A l'Elysée leurs analyses, pas plus d'ailleurs qu'aucun document de la même firme, ne transitent habituellement pas par le bureau des conseillers techniques. Jacques Foccart, secrétaire général pour les Affaires africaines et malgaches, est chargé d'entretenir un circuit court : il l'administre, il ne dirige pas. Par ses soins les analyses quotidiennes du SDECE sur l'actualité monétaire internationale parviennent au sommet de l'Etat, sans intermédiaire ni interprète. De Gaulle sait les lire :

Mémoires d'espoir [135] : — Les problèmes économiques et sociaux (...) j'y consacrerai une bonne moitié de mon travail, de mes audiences (...) aussi longtemps que je porterai la charge de la nation. »

Alain Prate (conseiller technique, à l'époque) : — Je me trouvais être à moi seul l'équipe économique du général de Gaulle. Il ne voulait être sous la dépendance de personne, ministre ou autre : on lui établissait des notes, il élaborait seul la décision. »

Général de Gaulle : — Il est vrai que je ne m'en remettrai pas aux leçons changeantes de maints docteurs qui manient en tous sens et dans l'abstrait le kaléidoscope des théories [136]. »

Alain Prate : — De Gaulle était aussi solide en économie qu'en politique. Il n'était pas compétent, si l'on veut, pour parler technique comptable; mais militaire il ne comptait pas les lacets de chaussures des soldats; il y a des comptables pour ça. »

Général de Gaulle : — Il est vrai que si, à l'échelon suprême où je suis placé, il me revient de provoquer les expertises et les avis puis de choisir et d'endosser, je ne me substituerai pas à ceux, ministres ou fonctionnaires, qui doivent étudier, proposer, exécuter en tenant compte des données complexes au milieu desquelles ils ont l'habitude et la vocation de vivre [137]. »

Bernard Tricot : — On ne peut certes pas dire qu'il suivait des conseils et subissait des influences. Mettons plutôt que si le besoin s'en présentait, il se faisait donner des leçons particulières par Jacques

Rueff ou par Roger Goetze par exemple, pour éclaircir un point monétaire. »

Raymond Barre (reçu périodiquement à titre d'expert, de 1967 à 1969) : — Il connaissait tout ça parfaitement. Il avait — en économie c'est comme en politique — il avait le sens des masses : il ne se perdait pas dans les détails. »

Général de Gaulle : — Il est vrai que pour traiter le sujet, je m'efforcerai sans cesse, conformément à ma nature, de le ramener à l'essentiel [138]. »

Raymond Barre : — Il avait le sens de l'échelle des choses; il ne prenait jamais un fait en tant que tel, il le plaçait dans son cadre. Alors il voyait tout de suite si le fait était important ou pas, par rapport au reste. C'était ça sa force.
« Il voyait très vite ce dont il s'agissait. Pour lui, l'économie, ce n'était pas une technique isolée. S'il voulait tenir le franc, à travers l'économie, c'était pour une raison bien déterminée. Il avait, à proprement parler, un sens aigu de l'économie politique. »

Général de Gaulle : — C'est dire, entre parenthèses, à quel point le reproche adressé à de Gaulle de s'en désintéresser m'a toujours paru dérisoire [139]. »

N'empêche qu'il en revient toujours à ce reproche, jusque dans sa retraite. Il en reste atteint. Il ne manquait aucune occasion d'ouvrir une parenthèse, comme ici, pour démentir qu'il eût jamais prononcé le propos qui, de tous ses propos, lui a été le plus souvent attribué : l'intendance suivra. Qui en avait lancé la rumeur? Elle nous était revenue par Pompidou à ses débuts de Premier ministre : il présentait la formule plutôt comme un résumé de l'attitude du général de Gaulle que comme un mot authentique; il y mettait plus d'amusement que de critique, l'air de l'homme fier d'avoir la charge de l'intendance et qui se valorise en faisant sentir combien le grand chef l'a facile d'ordonner qu'elle suive. Après Mai seulement, Pompidou commencera à dire (voir plus haut son âpre propos à Michel Droit) que « le Général, lui, n'a jamais été dans les affaires ». Dix ans auparavant, le même Pompidou, alors directeur de cabinet, tirait fierté que de Gaulle ait retenu tant de ses propositions dans le plan de redressement qui inaugura la Ve République.

*
* *

De Gaulle a réussi là en 1958, d'entrée de jeu, une redistribution complète des données financières et monétaires, en tirant soudain un plein parti de l'autorité sans limite qu'il détenait temporairement. Il fallait s'y connaître d'avance pour choisir juste en même temps que vite. En cette matière aussi « la véritable école du commandement est la culture générale ».

Il n'avait pas quarante-deux ans que, lieutenant-colonel, il s'y était déjà mis. A l'automne 1932, comme un peintre élargit sa palette, il ose passer ouvertement de la réflexion de technique militaire aux considérations globales de la défense nationale.

Article du lieutenant-colonel de Gaulle dans la « Revue Bleue » : — (...) Comment dans un conflit devrait agir la France — toute la France bien entendu —? (...) Quel que puisse être le dessein guerrier, il doit y correspondre en temps de paix certaines dispositions précises (...); il faut se donner l'armée, la marine, l'aviation, la diplomatie, les finances, l'économie, les transports de ses besoins éventuels *. »

C'est la première fois qu'on voit sous sa plume « les finances, l'économie » (et aussi « la diplomatie ») prendre autant de place que « l'armée ». Mais ce n'est pas chez lui le début d'une recherche; c'est sa première conclusion. Le lieutenant-colonel de Gaulle, avant d'écrire ce qui pourrait se faire en France, a inventorié ce qui se fait à l'étranger. De ce dossier il va d'ailleurs tirer un autre article, « la mobilisation économique à l'étranger » qui terminé en 1933 paraîtra dans la *Revue militaire française* du 1ᵉʳ janvier 1934; cette fois-ci, seul le levier économique l'occupe.

Processus mental habituel chez de Gaulle : lorsque sa vision globale est parvenue au terme d'une lente maturation, elle se transmute instantanément en besoin d'action.

Dès le premier article, celui de la *Revue Bleue*, il met ses idées à la disposition de quiconque sera en situation d'en faire un outil d'Etat :

— Sans doute ce grand œuvre à bâtir en silence offre au maître qui l'entreprend peu de profits immédiats, mais peut-être un jour quelle grande gloire! Il y faut un homme d'Etat. »

La bouteille à la mer, pour une fois, trouve preneur : Paul Reynaud. Il en extraira (trop tard, malgré lui) la « loi sur l'organisation de la nation en temps de guerre ». De 1935 à 1938, il demandera note sur note au colonel. Autant d'occasions qui ramènent de Gaulle sur les liens entre économie et politique. Paradoxalement, c'est cet officier qui doit remettre cette conception globale dans la tête des dirigeants politiques, de Léon Blum, par exemple, qui, président du Conseil depuis quatre mois, recueille son avis sur l'organisation d'une force mécanisée autonome. Ce jour-là, c'est de Gaulle qui parle argent et bon emploi de l'argent au chef du gouvernement.

Colonel de Gaulle à Léon Blum (en tête à tête à l'hôtel de Matignon) : — Nous allons construire autant d'engins et dépenser autant d'argent qu'il en faudrait pour l'armée mécanique et nous n'aurons pas cette armée. »

---

* Compte tenu des longs soins que de Gaulle apporte à la confection de ses écrits, et compte tenu aussi des délais d'impression, l'article qui a paru dans le numéro de la *Revue Bleue* daté du 4 mars 1933 a dû être rédigé dans l'automne précédent.

Léon Blum : — L'emploi des crédits affectés au département de la guerre est l'affaire de M. Daladier et du général Gamelin. »

Colonel de Gaulle : — Sans doute! Permettez-moi cependant, monsieur le Président du Conseil, de penser que la défense nationale incombe au gouvernement entier [140]. »

*
* *

Lorsque de Gaulle, s'installant au sommet du pouvoir en 1958, se fixe pour première règle l'intangibilité du franc, ce n'est pas au petit bonheur et par gloriole. Sous son premier septennat, entre 1959 et 1965, il ne prononcera jamais un discours sans redire l'espérance sociale qu'ouvre la perspective de la stabilité monétaire.

A la fin de son premier mandat présidentiel, dans l'unique discours qu'il adresse aux électeurs avant le premier tour de scrutin, il en demande acte.

Appel aux électeurs, 3 décembre 1965 : — L'inflation qui (...) entretenait au point de vue social une insécurité constante, est jugulée! »

Voilà pour l'acquis du premier septennat. Il prévient qu'il ne le remettra pas en question s'il est de nouveau élu (par l'ensemble des Français cette fois) :

Interview télévisée, entre les deux tours : — Ce n'est pas la peine de nous raconter des histoires! Si nous sommes en désordre, économiquement parlant, nous ne progresserons pas socialement [141]. »

Réélu, et cette fois au suffrage universel direct, il trouve dans un mandat de type nouveau l'occasion d'entreprendre, sur le socle monétaire, une construction sociale d'un type nouveau.

Déclaration remise à la presse le surlendemain de l'élection de 1965 : — Le chef de l'Etat est explicitement le mandataire direct de l'ensemble du peuple français. Partant de là, la République nouvelle va développer avec une ardeur redoublée au service de la France et au profit de tous les Français son œuvre de progrès... »

Il ne dit pas que c'est lui, mais bien la République nouvelle : l'idée de participation est en train d'affleurer.

Dix jours plus tard, *vœux télévisés* aux Français pour le nouvel an :

— Nous savons qu'il y a maintenant dans nos têtes, dans nos cœurs et nos mains tout ce qu'il faut pour que la France parcoure une étape décisive de son progrès. »

Dans le discours-pivot par lequel s'ouvre le 10 août 1967 la troisième et dernière phase de l'action de De Gaulle, celle du « progrès », le Général répète une fois de plus que le franc sera le socle :

— Nous faisons en sorte dans les domaines économique, social, financier, monétaire, scientifique et technique que notre pays suive son propre chemin (...) Pour chasser l'inflation qui mettrait notre activité à la merci des prêteurs du dehors, nous nous dotons d'une monnaie forte et stable (...). »

Tel était l'engagement pris vis-à-vis des travailleurs français. Si de Gaulle ne tenait pas la monnaie, il ne tiendrait pas son engagement. Le dilemme devient brûlant, en octobre et début novembre 1968 à mesure que le général de Gaulle, d'un œil connaisseur dépouille les notes de la Banque et du SDECE sur la désertion des capitaux.

Alain Prate : — La dévaluation condamnait la Participation. »

La logique — et non pas la gloriole, comme on dira — veut qu'on condamne plutôt la dévaluation.

Déclaration du président de la République au Conseil des ministres, 13 novembre 1968 : — Accepter la dévaluation serait la pire absurdité qui soit. »

En foi de quoi il invite le gouvernement à ajuster son budget et sa politique du crédit de sorte que la défense de la monnaie retrouve la priorité. Couve se résout à réduire de deux milliards (sur le papier) le déficit du budget. Il y aura moins de crédits pour les entreprises. Ce n'est pas grave pour l'activité économique, puisque ces crédits, au lieu de les investir, les bénéficiaires les font passer à l'étranger.

D'autre part, ces crédits perdront un tout petit peu de leur bon marché incroyable : le taux de l'escompte est légèrement relevé. Réaction menaçante des bénéficiaires, le jour même de la déclaration du général de Gaulle sur l'absurdité de la dévaluation :

Communiqué du Conseil national du patronat français 13 novembre 1968 : — (...) Le CNPF rappelle l'absolue nécessité d'une forte expansion qui ne doit pas se trouver contrariée par des mesures de restriction de crédits... »

Ainsi, tout en prenant la précaution oratoire d'assurer que « les chefs d'entreprise partagent le souci de défendre la monnaie », le patronat refuse de considérer la stabilité du franc comme l'impératif national prioritaire. C'est comme sur un canot de sauvetage trop petit : au point où en est la crise monétaire si on fait passer le crédit d'abord, le franc se noiera, et avec lui « l'espoir » du Général pour la France *. La déclaration du Conseil des ministres et le communiqué du CNPF posent l'alternative en termes abrupts, et de la façon la plus publique. Ce 13 novembre les hommes politiques sont au carrefour, inéluctablement : résistance monétaire aux côtés du général de Gaulle, ou fuite de l'économie dans la dévaluation aux côtés du patronat.

---

* Est-il utile de rappeler que le général de Gaulle a intitulé le livre où il explique sa politique : *Mémoires d'espoir?*

*
* *

Ça c'était le mercredi. Le vendredi les Pompidou viennent dîner chez Claude Mauriac : un étage à franchir d'un appartement à l'autre, 24 quai de Béthune dans l'île Saint-Louis. C'est le père, François Mauriac, qui a eu l'idée du dîner; il y est lui aussi avec sa femme. Six à table en tout.

Claude Mauriac : — Champagne. Puis haut-brion 1948 (...) Est-ce la détente de l'alcool, du vin? Timidement d'abord puis avec une sorte de véhémence, de passion, Georges Pompidou parle, il se livre. »

Le déroulement est celui qu'ont connu ou que vont connaître quelques autres interlocuteurs de Pompidou — au haut-brion près — : comme malgré lui, le propos de Pompidou monte en spirale vers l'obsession centrale : le moment où de Gaulle l'a laissé tomber, voici pas tout à fait six mois, le 29 mai.

A travers la table des Mauriac, sa femme ponctue la litanie de ses répons :

Claude Pompidou (d'une voix sourde, têtue selon Claude Mauriac) : — Ça, je ne lui pardonnerai jamais... Ça, je ne lui pardonnerai jamais [142]. »

Claude Mauriac (six ans plus tard) : — Georges, lui, dit et répète : " C'est inadmissible. " S'il ne dit rien de plus précis, il assure de façon éclatante qu'il ne pardonne pas, lui non plus, qu'il ne pardonnera jamais. »

D'ici à trois jours les députés UDR ont à voir s'il y a lieu d'appuyer le redressement prescrit par de Gaulle avant-hier.

Claude Pompidou demande à abréger un peu la soirée. Elle s'en excuse sur le traitement médical dont son mari relève :

— Georges doit encore se coucher tôt... »

*
* *

Mardi suivant 19 novembre : les députés UDR écrasent sous leurs huées François-Xavier Ortoli, ministre de l'Economie et des Finances. Ils détiennent largement la majorité absolue dans l'Assemblée nationale. Couve de Murville a cru se les concilier en envoyant Ortoli leur exposer les motifs des retouches budgétaires que le gouvernement proposera tout à l'heure à l'Assemblée. Il s'est en effet résolu à proposer une réduction d'environ deux milliards sur le déficit d'abord prévu. En pratique, cela doit faire autant de moins pour le crédit aux sociétés privées. Les députés UDR dénoncent à qui mieux mieux un déficit budgétaire encore excessif et un freinage exagéré du crédit. En bon sens les deux reproches sont exclusifs l'un de l'autre, mais quand on veut noyer son gouvernement... De toute façon, le gros clairon des attaquants, c'est l'indignation contre le projet d'alourdissement de la taxe sur les gros héritages. On en revient toujours là comme Toinette dans Molière : le poumon! le poumon! les droits de succession!... A ceci près que le franc, ce jour-là, n'est pas un malade imaginaire.

Le gouvernement, clame-t-on à qui mieux mieux, s'est disqualifié pour conduire la politique financière de la France. La capacité de Couve à diriger un gouvernement est formellement mise en cause.

Pompidou parle le dernier :

— Le gouvernement nous appelle à le suivre; nous y avons toujours été décidés; encore faudrait-il qu'il puisse nous dire où il va. »

Tournure usuelle du style parlementaire : on se justifie de ne plus suivre sans avoir à dire où on veut aller.

Dans le tollé, pas une fois n'est prononcé le nom du général de Gaulle, par qui Couve est Premier ministre. Qui se rend compte que la prérogative présidentielle, et aussi la politique gaullienne de « réforme » et de « progrès » sont atteintes à travers le gouvernement? Les députés élus dans le tohu-bohu de juin ne vont pas chercher si loin. Pompidou, forcément si. Il a pratiqué les institutions plus longtemps que quiconque. Ça ne l'arrête plus.

Dieu sait pourtant si Couve a été modéré dans l'atténuation du déficit, avec l'espoir de désarmer son propre parti; les coupes qu'il envisage dans le budget sont tellement faibles qu'elles frapperont l'opinion seulement si le Parlement — autrement dit les députés UDR — en atteste la substance.

Modéré, Couve? Plus précisément : timoré. La peur qu'il a eue de Pompidou n'a pas été bonne conseillère. Cet homme, Couve de Murville, inébranlable dans les assemblées internationales, n'a pas su par quel bout prendre une assemblée parlementaire. Là est vraisemblablement le secret de la déception qu'il a causée et qu'il a sans doute éprouvée.

Il n'était pas armé pour affronter l'Assemblée nationale. C'est pourtant devant elle qu'un Premier ministre est responsable. Sans doute Couve s'est-il imaginé que le groupe UDR étant sous la coupe du général de Gaulle, tout risque lui serait épargné de ce côté-là, à lui Couve.

Il n'a pas vu que la dissolution du 30 mai changeait tout ça. De Gaulle, en y procédant, se retirait le pouvoir de recommencer avant un an; telle est la Constitution. Ce qui veut dire que, pendant un an, les députés de qui dépendait la majorité étaient libres de faire ce qu'ils voulaient contre le gouvernement sans que de Gaulle puisse faire les électeurs juges.

Le 16 mai dernier, en Roumanie, quand le Général a offert le gouvernement à Maurice Couve de Murville, rappelez-vous, c'était pour faire un référendum. Pas question de dissoudre. Giscard de son côté, appelait de ses vœux à peine déguisés, un gouvernement Couve : la majorité qui semblait précaire avec Pompidou serait redevenue suffisante avec Couve. Au lieu de quoi Couve n'a eu de cesse — il l'a dit plus haut — que Pompidou arrache la dissolution au général de Gaulle.

Du même coup, les futurs rapports entre la future Assemblée et le futur gouvernement se trouvaient bouleversés : de Gaulle n'avait plus d'arme de dissuasion pour tempérer les frondes. Couve n'a pas reconsidéré pour autant son envie d'être Premier ministre.

Pompidou, lui, avait immédiatement flairé que tout se trouvait changé; le jour même où les nouveaux députés UDR ont débarqué à Paris — voir plus haut — il les a appelés à « s'organiser notamment pour constituer à l'égard du gouvernement un interlocuteur valable ».

François-Xavier Ortoli, le 16 novembre, éprouve combien, grâce à cette organisation, le punch et le crochet de ses interlocuteurs pompidoliens sont effectivement devenus valables. Il quitte la séance comme un boxeur défait; son ancien patron Pompidou n'a pas un mot de charité.

*
* *

Ce mardi, le groupe UDR a fait en sorte que la politique financière du gouvernement ne soit plus crédible le mercredi. Il suffit d'ouvrir les journaux : le groupe qui fait la majorité du Parlement ne donne pas son appui aux projets financiers.

Les spéculateurs n'ont pas besoin qu'on le leur dise deux fois : la désertion des capitaux s'accélère ce mercredi en progression géométrique.

Il n'y a pas que les spéculateurs pour prendre note. Il y a aussi les puissances étrangères! Quand les députés pompidoliens ont lancé leur torpille mardi, ils ne pouvaient pas ignorer que le lendemain la conférence monétaire des Dix * allait se réunir. Le poids de la France dans cette conférence allait dépendre de la résolution ou de la défiance que la majorité laisserait percer à l'égard de la politique gouvernementale. Un gouvernement que sa majorité déclare disqualifié n'a plus d'autorité dans une conférence internationale. Ortoli part là-bas entaché de la même précarité qu'un ministre de la IIIᵉ partant pour la conférence de Munich. Dieu sait si les députés gaullistes et pompidoliens ont pu dauber sur le manque de sens national de leurs prédécesseurs; ils n'ont pas l'excuse de l'ignorance le jour où ils font pareil.

* Il s'agit des dix principales puissances dites occidentales — Japon compris. Les gouverneurs de leurs banques centrales viennent de tenir à Bâle leur réunion mensuelle; ils ont constaté que le système monétaire mondial était sur le point de s'effondrer : toutes les devises disponibles affluaient des Etats-Unis, d'Angleterre et de France vers l'Allemagne fédérale dans l'espoir d'une réévaluation en hausse du deutsche mark. Les réserves des autres pays fondaient. Cela importait relativement peu aux Etats-Unis, le privilège du dollar leur permettait de fabriquer de la monnaie à mesure. Les Anglais se débattaient tant bien que mal. La France était la plus gênée parce que Mai l'avait déjà obligée à larguer une bonne part de ses réserves. Pour arrêter ces mouvements de capitaux, il fallait une décision politique. Aussi la conférence des gouverneurs vient-elle d'obtenir la réunion, à Bonn cette fois, des ministres de l'Economie et des Finances des Dix. Les gouverneurs font donc un saut de Bâle à Bonn, où ils assisteront à la plupart des délibérations entre ministres.

La France — et Georges Pompidou est mieux placé que personne pour le savoir puisque l'affaire s'est engagée sous sa responsabilité lorsqu'il était Premier ministre —, la France se trouve avoir un intérêt temporaire mais très aigu à cette conférence monétaire.

En mai et juin derniers, pour compenser l'arrêt de ses productions, et le déséquilibre absolu de son commerce extérieur, la France a utilisé à plein sa possibilité d'emprunter au Fonds monétaire international. Ce fonds est là pour amortir les saccades. Mais le compte de la France auprès du FMI est momentanément asséché. Les gouverneurs des banques centrales des Dix ont donc à regarder comment lui procurer un crédit intérimaire d'une autre nature. C'est à charge de revanche. Les partenaires de la France y ont leur intérêt; c'est comme lorsqu'on prête des haricots pour continuer la partie de nain jaune : faute de dégager ces crédits pour la France, ils ne pourraient plus continuer leur commerce avec elle.

Toutefois, si Mai a placé la France dans un embarras financier particulier, tout le mal ne vient pas de Mai, et la France n'est pas seule en peine. Dès le 17 mars, donc avant Mai, les gouverneurs des banques centrales se sont accordés pour défendre non pas le franc mais le dollar et pour freiner la spéculation sur l'or. Ils sont convenus de se revoir à ce sujet une fois par mois. De Gaulle n'est guère content que la Banque de France s'associe à cette opération de survie d'un système qui étale son inadaptation. Une semaine à peine plus tard, le 24 mars — donc toujours avant Mai — le président de la République française prend occasion d'un discours à Lyon pour proclamer avec plus d'éclat que jamais l'urgence d'une réforme du système monétaire international. Il ne cesse de le dire depuis la retentissante conférence de presse du 4 février 1965 où il a eu le front de mettre en cause le privilège que le Gold Exchange Standard procure au dollar pour domestiquer le reste de l'Occident. Le système monétaire international se démantibule de pis en pis durant l'été, et en novembre — c'est là que nous en étions — les Dix constatent, disent-ils, la nécessité d'une remise en ordre collective de leurs monnaies.

Ce n'est pas de Gaulle qui dira le contraire. Il donne son accord pour qu'Ortoli aille voir ça du point de vue de la France. Remettre les monnaies en ordre, on sait ce que ça veut dire : ça peut impliquer qu'on modifie leur parité; c'est-à-dire en clair qu'on ajuste la valeur des unes par rapport aux autres et par rapport à l'or; c'est-à-dire, plus clair encore, qu'on n'exclut pas des réévaluations ou dévaluations des unes et des autres. Si tout le monde s'y met, on peut en finir — ou en tout cas commencer à en finir — avec l'injustice et la fragilité que les Américains imposent aux autres peuples; on peut accomplir un pas vers une stabilisation raisonnable. Si tel est bien le cas, s'il s'agit pour tous et d'abord pour les Six du Marché commun de repartir d'un pied plus solide, la France en est. Elle en est même si les Dix sont conduits à considérer au passage que le franc, pour cause de Mai, doit être descendu d'un cran.

De Gaulle ne s'interdit jamais de regarder bien en face aucune situation; mais pour lui, il lui paraît de bon sens que la présente affaire mérite considération seulement si elle fait avancer la remise en ordre générale.

Ce n'est pas du tout comme ça que l'entendent les chers collègues sur lesquels François-Xavier Ortoli tombe à Bonn. Confiant dans le huis clos, il déclare candidement que la France n'exclut pas, pour sa part, une dévaluation du franc si cela peut contribuer à rééquilibrer le commerce. C'est la première conférence à laquelle il participe en chef de file, en tant que ministre de l'Economie et des Finances. Il a deux Allemands contre lui seul : Karl Schiller pour l'Economie, et Franz-Josef Strauss pour les Finances. Ils lui signifient tout à trac que la dévaluation du franc c'est son problème puisque la France s'est mise dans un mauvais cas, mais qu'eux ils ne mêleront pas le deutsche mark à l'affaire : pas question de réévaluer la monnaie allemande.

Rien de sorcier dans tout ça : seuls les magisters l'entourent de fumée compliquée pour se donner l'air savant. Si le mark était ajusté en hausse simultanément avec un ajustement en baisse du franc, le commerce reprendrait plus sain à l'intérieur d'un Marché commun plus sûr de lui et entreprenant; tant pis pour l'Angleterre si elle ne veut pas en être à part entière, en renonçant à d'autres avantages incompatibles avec son adhésion. Et si cet ajustement européen se faisait par référence à l'or et non plus au dollar, tant pis ou tant mieux si c'est le début d'une remise du dollar à sa place; tant pis ou tant mieux si c'est le tout petit commencement de la fin pour le privilège des sociétés dites multinationales qui déménagent allègrement vers l'Europe l'inflation que les Etats-Unis débitent inlassablement et impunément.

Le refus de réévaluer le deutsche mark rend plus suspect encore le comportement de Franz-Josef Strauss : comment se fait-il qu'il ait tant traîné les pieds avant d'interdire l'accès de l'Allemagne aux devises de la spéculation? Si les capitaux n'avaient plus pu entrer chez lui, ils auraient été moins enclins à sortir d'ailleurs, et d'abord de France. Bref, Franz-Josef Strauss affiche une totale absence de solidarité européenne.

Dès ce mercredi soir, il flotte sur cette conférence des Dix une atmosphère étrange. Pour la démêler, il faut des narines plus exercées que celles d'Ortoli. Celles par exemple du vice-président de la commission des Communautés à Bruxelles chargé des problèmes monétaires du Marché commun. C'est le Français Raymond Barre. Les Dix l'ont invité comme observateur : droit d'entendre et pas de parler (sauf en coulisse lorsque les Six du Marché commun se concertent entre deux séances des Dix : là, Barre retrouve sa qualité de conseiller).

Cette atmosphère, révérence parler, c'est celle d'une arrière-salle de bistrot à truands. Tout est calme. On tape la carte. A la table, il y a juste un gars qui s'est cru de taille à jouer les affranchis. Il a prétendu remettre en cause la suzeraineté du caïd qui jusqu'alors imposait sa loi au milieu. Il l'a gueulé à tous les vents. On a été sur le bord de l'écouter.

Mais voici qu'il a des revers. Il n'a pas les reins assez solides, apparemment. Il urge de se démarquer, de donner au vrai caïd des gages sérieux qu'on reste de son bord et sous sa coupe : par exemple en faisant passer une fois pour toutes au présomptueux le goût d'y revenir.

Et le cercle se resserre autour du présomptueux qui se croit entre copains puisqu'il y a là ceux du Marché commun. Dans son dos, on tourne la clé dans la serrure : plus question de toucher aux neuf autres monnaies. Maintenant, mec, causons sérieusement : tu vas fermer ta grande gueule et laisser faire bien gentiment ceux qui savent mieux que toi où est ton bien; et n'essaie pas de te protéger les oreilles.

Ce traquenard, c'est exactement celui où Pierre Mendès France a été attiré en août 1954, à Bruxelles, quand les autres lui ont fait injonction de se plier à la création d'une armée européenne intégrée : la France n'avait plus à discuter.

En 1954, les autres ne se cachaient pas d'agir sur ordre du caïd : c'était à l'époque John Foster Dulles; il désignait ouvertement ses émissaires. En 1968, à Bonn, on n'a pas pu démêler si le caïd avait eu besoin de faire signe, ou si les autres avaient fait du zèle. De Gaulle semble s'être donné du mal pour en avoir le cœur net; en vain a-t-il soumis ses ministres des Finances (Ortoli) et des Affaires étrangères (Michel Debré) à de discrets interrogatoires. Nous n'avons pas, pour ce cas-là, recueilli d'indications sur les rapports que le SDECE lui a vraisemblablement adressés.

En 1954 à Bruxelles, l'Allemand Adenauer, le Belge Spaak, avaient mouché Pierre Mendès France en tirant des lettres de leurs poches : des chefs de partis, Guy Mollet, Maurice Faure, leur écrivaient de tenir; c'était la preuve, pouvait-on penser, que la position du gouvernement français n'était pas appuyée par la majorité qu'il prétendait. En 1968, à Bonn, ils n'ont même pas eu la peine de remettre sous le nez d'Ortoli les proclamations du groupe pompidolien; elles s'étalaient dans tous les journaux. Elles étaient l'annonce quasi mathématique que la politique du gouvernement français privé de majorité ne pouvait pas passer dans les faits. Le gouvernement français n'était plus en posture de mettre son grain de sel dans la discussion des Dix : il n'avait plus qu'à faire ce qu'on lui dirait.

La seule différence entre 1954 et 1968, c'est que Mendès France, vieux routier par l'entraînement sinon par l'âge, ayant beaucoup vu et beaucoup retenu à l'école de De Gaulle, avait le jarret prompt : il rompit les chiens, sauta par la fenêtre d'une conférence qui, du coup, n'eut plus de raison d'être, et il courut faire les Français juges.

Le jeudi 22 novembre 1968, la Ve République se trouve moins gaullienne que la IVe sous Mendès : Ortoli reste sur sa chaise pour attendre la fin. Il n'est pas assez entraîné pour calculer que mieux vaudrait tout arrêter, théâtralement ou pas, et filer tout raconter à de Gaulle. Il était arrivé que Couve de Murville, ministre des Affaires étrangères, le fît. Couve de Murville, Premier ministre, n'a pas, semble-t-il, l'idée qu'Ortoli doive le refaire.

La conférence des Dix s'érige en tribunal du franc, en Conseil de tutelle de la France. Sa décision tombe le vendredi 23 en milieu de journée :

Franz-Josef Strauss : — Il s'agit de la dévaluation du franc. Il appartient au gouvernement français d'en fixer le montant. Il n'y a pas lieu d'envisager la dévaluation d'autres monnaies. »

Europe, où est-il le temps d'Adenauer? Strauss joue à fond la carte américaine. Bien bon encore de laisser à la France le choix de la sauce! Tout de même pas trop : la matinée s'est passée à établir le taux de dévaluation que les Français n'auront pas la permission de dépasser. C'est que s'ils se permettaient une dévaluation sauvage, comme disent les financiers, tout l'avantage serait pour elle dans l'immédiat, les autres pays devraient l'imiter en catastrophe, adieu système monétaire mondial. Pour ce qui est de la démolition, de Gaulle aurait gain de cause. Mais là n'est pas son genre. La reconstruction, qui est son but, perdrait toute chance. Comment de Gaulle pourrait-il prêcher la solidarité européenne, si le premier il la jetait par-dessus les moulins. L'ambition qu'il a pour l'avenir de l'Europe l'oblige à cette solidarité. Les autres en jouent. On avertit Ortoli qu'on ne permettra pas à la France de tirer la couverture commerciale à elle en dépassant 12 % de dévaluation. Dans l'entourage de Franz-Josef Strauss, on assure que le bon taux est facile à calculer : 9,785 %. Le choix de la quatrième décimale est apparemment laissé à la souveraineté française.

*
* *

Un cauchemar à rendre malades les acteurs ou spectateurs français! Grippé, enchifrené, les yeux rouges, vagues, François-Xavier Ortoli se traîne vers l'avion pour Paris du pas dont on marche à la guillotine : il part soumettre à son gouvernement l'accord que les autres ont manigancé sous son nez. Un aumônier l'accompagne et l'exhorte jusqu'au pied de l'échafaud : l'ambassadeur de France à Bonn, François Seydoux, l'assiste jusqu'au pied de la passerelle. Là — qui saura jamais ses raisons véritables, était-il emporté par son rôle charitable? — le diplomate prend le ministre aux épaules et l'embrasse.

Pas en bien meilleur état, Raymond Barre, quand il est reparti pour Bruxelles par la route, dès le matin. Un des gouverneurs de banque centrale lui a glissé dans l'oreille que l'accord de principe était acquis dès la nuit précédente.

Raymond Barre : — En rentrant de Bonn sur Bruxelles, j'étais effondré. Je souffrais de rhumatismes de fatigue. Après Mai 68, il avait fallu soutenir à Bruxelles des discussions sans fin. Mais d'habitude, je ne me laisse pas aller. Je me demande si, dans cette maladie, il n'y avait pas une part d'origine morale, l'effet du climat de la conférence de Bonn.

« Deux journées affreuses! Le plus mauvais souvenir dans ma carrière officielle. J'ai vu la satisfaction, oui c'est le mot, des gens qui se disaient qu'on allait enfin rabattre le caquet à la France. »

Rien de tel que ces sujets apparemment introvertis, à carapace anormalement épaisse, pour faire des poussées psychosomatiques *.

*
* *

La nouvelle est parvenue en France dès la nuit de jeudi à vendredi, précédant le retour d'Ortoli, précédant le diktat de Strauss.

A Bonn, la conférence des Dix ouverte le mercredi s'était interrompue jusqu'à la soirée du jeudi pour permettre aux Six du Marché commun de se concerter. Dès qu'on se retrouvait entre délégations de la Communauté européenne, Raymond Barre retrouvait sa fonction, et sa voix. Il avait opiné que, du point de vue communautaire qui était le sien, on ne pouvait voir que des dangers et des inconvénients à une dévaluation du franc en ce moment. Plusieurs experts de la délégation française affirmaient l'avis contraire. Les dix ministres avaient repris leur séance plénière jeudi à 23 heures. C'est alors que, foin de la concertation européenne, l'Allemand Franz-Josef Strauss avait rallié le bloc atlantiste.

Par qui l'annonce d'une dévaluation inéluctable du franc a-t-elle été communiquée nuitamment aux radios, répandue sur Paris? Délégation française? Ou allemande? Ou autre? Ce n'est pas éclairci. Où finit la spéculation? Où commence la manœuvre diplomatique? Qui, Français ou étranger, vise le profit, qui vise le franc, qui, étranger ou Français, vise de Gaulle? Qui vise de Gaulle pour empêcher la Réforme dans les entreprises? Qui fait son deuil de la Participation pourvu qu'on ouvre la succession du Général? Tout cela s'entrecroise, inextricable. Un des brins de l'écheveau s'aperçoit dans les relations privilégiées que les services israéliens entretiennent avec Franz-Josef Strauss. Israël est sur pied de guerre pour sa survie; son gouvernement croit que la présence du Général est une menace. A la guerre comme en amour, tous les coups sont bons.

Ce n'est qu'un des brins innombrables et enchevêtrés; la multiplicité et la convergence des manœuvres de grande ou petite portée aboutissent en France à une situation sans précédent : jamais tant de monde n'aura été si longtemps à l'avance dans le secret d'une dévaluation qui n'était pas encore décrétée. La spéculation a tout son temps pour aggraver l'effondrement. Avant que la dévaluation soit faite, elle est déjà vaine.

* Confidence en date du 17 avril 1979. Or, le 18 octobre 1979 — quelques lecteurs se le rappellent peut-être — Raymond Barre, devenu Premier ministre, a été hospitalisé pendant dix jours au Val-de-Grâce dans le moment le plus déprimant d'une crise politique larvée (refus du vote des recettes par la majorité de la majorité, campagnes de calomnie, suicide du ministre Robert Boulin, etc.). Les symptômes dont on a parlé à ce moment-là n'avaient pas l'air bien différents de ce que le patient appelle ci-dessus, en profane, des rhumatismes de fatigue.

Tous les spéculateurs sont à leur poste. La Bourse de Paris est fermée depuis mercredi. Mais les banques sont ouvertes. Les joailliers de la place Vendôme vendent leurs plus gros joyaux comme des petits pains; les antiquaires du quai Voltaire n'avaient jamais vu ça : des clients entrent, désignent un tableau, une commode, la plus grosse du magasin, demandent le prix, et sans plus regarder, ouvrent une mallette et paient en billets, par liasses, comptant.

Au niveau supérieur, celui de gens qui n'ont jamais un billet entre les doigts, le télex crépite, les achats de précaution, là, se font par la Suisse, par l'Iran, Singapour, en tonnes de matières premières, sur papier.

La déclaration de Franz-Josef Strauss est connue au Palais-Bourbon à 15 h 10. Guère de surprise. Une tristesse triomphante. Jean Lecanuet, adversaire malheureux du général de Gaulle à l'élection présidentielle de 1965, est péremptoire :

— La catastrophe est survenue... La France est obligée en dévaluant sa monnaie, de recourir à une aide internationale massive. »

Le bureau politique des députés UDR se réunit autour de Pompidou : c'est une instance restreinte, une quintessence de ce groupe parlementaire tellement hypertrophié qu'on ne peut pas le convoquer entier à l'improviste, faute de local. On décide de prendre les choses en main, entre gens sérieux, et de demander audience sur-le-champ à ce pauvre Couve pour lui recommander très fermement les mesures économiques propres à tirer parti de la dévaluation maintenant que la voici acquise.

Elle est en effet acquise, opine Pompidou l'oracle :

— On ne peut pas ne pas dévaluer, nos partenaires nous le demandent. »

Pour qualifier ce type de raisonnement, les disciples de Pompidou n'ont pas encore à cette époque lancé l'expression : parti de l'étranger. Partenaires... étranger... deux lentilles interchangeables pour colorier différemment le même objet. Vous voulez faire péché au gouvernement de négocier? Dites : l'étranger. Vous dites « partenaires »? C'est que vous êtes plus pressé encore que le gouvernement de plier. Pompidou ce jour-là, tient pour naturel et inéluctable de passer par la dévaluation, dès lors que les partenaires l'ont décidée. Il en est déjà à l'étape suivante : dicter à Couve une politique de relance et de confiance, comme on dit. Tous les pompidoliens sont d'accord : il faut en finir avec des initiatives intempestives qui entretiennent la défiance des financiers. Sous-entendu : en finir avec les idées de Réforme sociale.

Le Premier ministre Couve de Murville renonce à se rendre demain samedi à Strasbourg, où il devait commémorer la Libération de la ville par Leclerc. Financiers et hommes politiques traduisent sans peine : il y aura Conseil des ministres demain samedi pour fixer les modalités de la dévaluation.

En descendant du biréacteur spécial qui le ramène de Bonn avec Ortoli, le gouverneur de la Banque de France, Jacques Brunet est invité à aller rendre compte sans délai au président de la République. De Gaulle le voit à la fin de l'après-midi de vendredi.

Jacques Brunet (1978) : — Quand je suis sorti de son cabinet, je gardais l'impression que la dévaluation ne pourrait pas être évitée. »

Le Général l'a écouté sans mot dire ou presque... juste une formule de remerciement, banale. Il était immobile. Très las. Comme en Mai... Il ne dormait plus. Dernières nuits de Mai...

Comme Pompidou en Mai de la Sorbonne à Grenelle, Couve en novembre a dessiné des lignes de défense successives qui ne sont que châteaux de sable. Pas mieux que Pompidou avec son protocole de Grenelle n'a ramené au travail aucun gréviste, Couve avec ses ultimes retouches budgétaires n'a retenu aucun financier d'expatrier ses capitaux. Pas plus que Pompidou en Mai, Couve en novembre n'a plus prise sur rien. « C'est l'inondation »...

Le Général n'adresse pas plus de reproches à Couve en novembre qu'à Pompidou en Mai. Personne ne dit qu'on puisse faire plus que le Premier ministre.

Bernard Tricot (dix ans après) : — Depuis quinze jours au moins j'établissais des notes pour le Général. Il tenait, en toute matière, à ce que l'auteur d'une note prenne position pour conclure. Les premiers jours, j'étais d'avis qu'il fallait soit ne pas dévaluer, soit dévaluer beaucoup, comme le préconisait Michel Debré.
« Mais un avis comme celui-là n'était pas très intéressant, puisqu'il laissait en suspens l'alternative fondamentale : dévalue-t-on ou ne dévalue-t-on pas? Je sais très bien qu'à certains moments mes notes ont déçu le Général parce que je n'arrivais pas à conclure. »

C'est la glissade sur un glacier sans aspérités. De Gaulle a dit voici huit jours que la dévaluation serait la pire absurdité. Ça ne veut pas dire qu'on y échappera. Ça veut dire que si on y tombe, on s'engloutira dans l'absurdité; de Gaulle n'aura plus de raison d'être puisque le Progrès pour lequel il est revenu de Baden-Baden sera condamné.

Furtivement, depuis quelques jours, cette imminence de l'absurde taraude quelques personnages. Ils ne sont pas nombreux : à la fin de l'affaire nous en dénombrerons trois. C'est aussi que, pour être homme en cette circonstance à s'insurger contre l'absurde, il faut à la fois :
1°) être familier des phénomènes économiques;
2°) croire que la présence du général de Gaulle est encore nécessaire pour assurer le Progrès à la France;
3°) vouloir.

A elle seule, chacune de ces trois conditions élimine à peu près tout le monde. Reste sur les rangs Jean-Marcel Jeanneney, le ministre d'Etat chargé de la Réforme. C'est un ancien professeur d'économie politique. Voilà des jours qu'il se ronge les sangs. Sans doute y a-t-il quelques contraintes ignorées, suppose-t-il, peut-être un besoin d'aide étrangère encore plus aigu qu'il n'y paraît. Les questions financières ne sont pas de son champ ministériel. Il garde ses questions pour lui, mais toujours sur le cœur et au bord des lèvres.

Ainsi lundi dernier après dîner. Il rentrait d'une réunion des jeunes gaullistes de l'UJP qu'il avait essayé d'enflammer pour son avant-projet de révision constitutionnelle par référendum. Il est passé par le Palais-Bourbon. Les députés tenaient séance de nuit, la majorité pompidolienne malmenant à son ordinaire le budget gouvernemental. Jeanneney tombe sur le Premier ministre qui arpente solitaire le salon carrefour des Quatre-Colonnes. Ils s'asseyent sur le canapé de velours grenat, à gauche de l'embrasure.

Couve de Murville : — Ce débat est attristant. En plus, il est irréel. Car on va à la dévaluation, vous le sentez bien. C'est absurde, comme a si bien dit le Général. »

Jeanneney : — Donc il ne faut pas le faire. »

Couve : — C'est absurde, mais on va être obligé. Tenez, on vient de me signaler que quatre cents millions de dollars sont encore partis rien qu'aujourd'hui. »

Jeanneney : — Eh bien, voilà quatre cents millions de dollars qui ne partiront plus! »

C'est la doctrine économique de l'assèchement. Quand la trésorerie des entreprises est à sec, la circulation des capitaux se ralentit. Encore faudrait-il ne pas réinjecter inconsidérément de nouveaux crédits. C'est pourtant ce qui se passe.

Couve : — Malheureusement, ce n'est pas fini. Qu'est-ce qu'on peut y faire? »

Jeanneney : — Clemenceau montait à la tribune et disait : je fais la guerre. Montez à la tribune, et dites : je ne ferai pas la dévaluation! Quoi qu'il arrive! Vous verrez la spéculation s'inverser. »

Couve hoche la tête d'un air approbateur. Et il se tait. Il n'est pas Clemenceau; ça, c'est le rayon du Général. Qui se tait lui aussi.

Trois jours de glissade, géométriquement accélérée.

Jeudi après dîner, à l'heure où à Bonn la conférence des Dix reprend séance pour porter le coup de grâce, espère-t-on, au franc de Gaulle, la tribu Jeanneney se lamente au chevet de la monnaie et de la République.

De tels conseils de famille n'ont rien que d'ordinaire. La famille Jeanneney, c'est le contretype laïque de la famille de Gaulle. A Rioz, son village de Haute-Saône, Jean-Marcel Jeanneney s'enorgueillit d'être le troisième, de père en fils, à s'être marié civilement. Mais c'est le même goût que chez les de Gaulle pour la table de famille, et l'habitude d'y faire passer les grands sujets avant les petits. Le parallèle n'échappe pas du tout à la pieuse Mᵐᵉ de Gaulle qui, jusque dans la retraite finale de Colombey, écrira de sa main les invitations aux Jeanneney. Son faible à leur égard est de longue date et pour un motif hors de pair. Le vieux Jules Jeanneney — père de Jean-Marcel — ancien président du Sénat quand c'était la dernière marche avant l'Elysée, Jules Jeanneney, couvert d'années, de dignités et d'honneurs, s'est mis à la disposition du Général dès que celui-ci est entré dans Paris. Enfin la caution républicaine, et la plus grosse, pour de Gaulle qui, depuis 40 voyait l'Etat se débiner à son appel! A la Libération, de Gaulle, chef du Gouvernement provisoire, s'est installé au ministère de la Guerre pour montrer, comme Clemenceau, que la priorité est à la bataille. Il prie Jules Jeanneney de le remplacer à l'hôtel de Matignon pour y tenir le ménage de la République. Jules engage son fils Jean-Marcel, jeune professeur de droit, comme directeur de cabinet. De là dateront la cordialité et la familiarité exceptionnelles des relations entre de Gaulle et son futur ministre des Réformes. Quiconque a secondé le Général, Mᵐᵉ de Gaulle l'a sur son carnet d'adresses, à jamais. Et puis cet incroyant de Jeanneney a un titre supplémentaire à sa complaisance : huit enfants.

A Rioz comme rue d'Assas, les Jeanneney ont des tables pour vingt personnes, enfants, gendres, brus et petits-enfants. On arrive à l'heure qu'on peut, on s'assied, on prend une assiette et on délibère sur ce qu'il y a lieu de faire pour la République française.

Ce jeudi soir, Jean-Marcel Jeanneney pense qu'il y a d'autant plus à faire que personne ne fait rien. Il examine ce qu'il aperçoit de la crise financière, il fait un cours d'économie politique à sa femme, Marie-Laure, qui n'est pas en reste de science juridique. C'est elle-même un juriste, qui dès la Faculté, a présenté l'un à l'autre Jean-Marcel et Michel (Debré).

Jean-Marcel : — Il me semble qu'il y a encore tant de possibilités pour ressaisir la situation. Quelque chose m'échappe sans doute... »

Marie-Laure : — Il faut que tu en parles au Général... »

Jean-Marcel : — Je ne suis pas ministre de l'Economie nationale... »

Marie-Laure : — Tu es ministre d'Etat. »

Bruits de porte. C'est Jean-Claude qui vient dîner et qui demande un lit pour la nuit. Que viens-tu faire à Paris à cette heure-ci? Jean-Claude, c'est Jean-Claude Paye, le gendre. Il est à Bruxelles le chef de cabinet du vice-président de la Commission européenne, Raymond Barre. Celui-ci devait prononcer un discours, ce jeudi soir, au dîner de l'Association des analystes financiers. Au lieu de gagner Paris, il a dû prendre la route de Bonn. Il a demandé à Jean-Claude Paye d'aller lire le discours de sa part.

Jean-Marcel Jeanneney : — Puisque tu en parles, je serais curieux de savoir ce qu'il pense de tout ce spectacle, Barre! »

C'est la tribu tuyau-de-poêle du service de l'Etat! Raymond Barre a été le directeur de cabinet de Jean-Marcel Jeanneney au ministère de l'Industrie. C'est ainsi qu'il est passé du monde universitaire au cercle politique. Pourtant sur le moment, ça ne semblait pas une promotion. Jeanneney lui avait proposé le poste, de collègue à collègue, presque timidement, lui disant que s'il refusait, il aurait mieux : le « service d'études économiques » dont le professeur Jeanneney était obligé, cœur fendu, d'abandonner la chère direction pour devenir ministre. Barre avait répondu, d'un accent romain, que si l'on pensait que l'économie et l'industrie françaises pussent avoir besoin de lui, il prendrait le poste qu'on lui désignerait. Depuis longtemps, Jeanneney admirait son cadet, rencontré dans un jury d'agrégation. Ministre, il ne pouvait s'empêcher dans aucune conversation, jusque devant le Général, de placer qu'il avait la perle comme directeur de son cabinet. Il insistait pour qu'on entendît Barre. Par la suite, le Général eut mainte occasion de rencontrer ledit Barre parti vers d'autres horizons; il partagea si bien l'appréciation de Jeanneney qu'en 1967 il fit de la perle son homme à Bruxelles.

Jean-Claude Paye à ses beaux-parents : — Ce qu'en pense M. Barre? Je ne sais pas ce qu'il aura trouvé à Bonn... Avant de partir, il estimait d'une part que la situation monétaire de la France appelait des mesures d'urgence, et d'autre part que la dévaluation n'était pas une solution. »

Jean-Marcel Jeanneney : — A la réflexion, tu devrais bien lui dire que j'aimerais l'avoir au téléphone. »

A deux heures du matin, on écoute la radio avant d'aller se coucher : Europe n° 1 annonce que la nouvelle filtre à Bonn : les Dix se sont mis d'accord sur la dévaluation du franc; en récompense, croit-on savoir, la France obtiendra un crédit exceptionnel des banques centrales. Jean-Marcel fait remarquer qu'il arrivera après la bataille; Marie-Laure répond qu'il n'y a rien à perdre à se mettre en règle avec sa conscience. Jean-Marcel en convient volontiers. Il s'y mettra dès la première heure.

La radio de deux heures du matin a été entendue par tous les spéculateurs de France. Et, accidentellement ou presque, par Henri Modiano. Le nom ne vous dit rien? Il ne dit rien à personne. C'est le moins connu de la masse inconnue que les élections de la trouille ont catapultée voici moins de cinq mois à l'Assemblée nationale sur les bancs UDR. Il se trouve qu'il est gaulliste et bouillonnant constamment d'idées : on n'avait pas le temps de trier les candidats... Râblé, joufflu, fureteur, souriant, maîtrisant mal son impétuosité, il aperçoit partout des occasions d'agir, et il croit que qui les voit doit agir. Si on ajoute qu'il s'imagine qu'un élu du peuple doit conformer ses actes à ses idées, on conclura aisément que cet insolent démarre trop vite et ne tardera pas à se casser les reins. Il bombarde tout le monde d'articles et de notes qu'il donne envie de jeter au panier et qu'on est forcé de prendre au sérieux.

Médecin sur le papier pour ne pas chagriner son père, il s'est lancé au hasard des vacances dans la vente de quelques autorails à la Grèce, pour se retrouver à vingt-neuf ans directeur de l'exportation à la Régie Nationale Renault, après divers détours dont un stage à la banque Rothschild sous l'autorité de Pompidou. Vocation et talent éprouvé pour le commerce international et la pratique des échanges. Dans le déséquilibre financier que la France affronte, le député trop neuf est tout de suite à son affaire.

Dans sa voiture, quand il entend l'annonce de deux heures du matin, il calcule impertinemment que la dévaluation est une absurdité et il décide impavidement de montrer une voie plus raisonnable au gouvernement de la France. Il va donc passer le reste de la nuit à mettre ses recettes sur le papier. Pour les porter à qui? Là est le hic, comme on dit dans les mélos. Eh bien, quitte à donner dans le mauvais feuilleton, allons tout de suite jusqu'au bout : facile de deviner la fin, ce sera la plus invraisemblable. A huit heures du matin, parmi les trois ministres qu'il a pu apercevoir et interpeller au Palais-Bourbon, il commence par celui qui lui a prêté un peu d'attention bienveillante, Jean-Marcel Jeanneney. Lequel n'a rien à voir dans les préparatifs de dévaluation, suppose Modiano, mais c'est un économiste de formation. Modiano téléphone au ministère d'Etat à l'heure où les ministères sont vides. Il y trouve, invraisemblance supplémentaire, le chef de cabinet de Jeanneney. Lequel répond qu'on ne donne pas le numéro privé d'un membre du gouvernement. Et qui ajoute contre toute vraisemblance qu'il n'est pas interdit de regarder dans l'annuaire. Modiano y trouve le numéro. Jeanneney est probablement le seul ministre à n'avoir pas fait rayer son numéro privé. Le seul aussi à décrocher lui-même le téléphone. Il entend un jeune député haleter en lui déconseillant de dévaluer. Jeanneney, qui devrait dire que sa journée s'annonce lourde, répond contre toute vraisemblance que chaque suggestion réaliste sera la bienvenue, qu'il part pour le ministère, et que Modiano n'a qu'à l'y rejoindre.

Il n'est pas neuf heures du matin quand Modiano passe devant le professeur Jeanneney son examen de travaux pratiques d'économie politique. Il a une mauvaise note lorsqu'il déconseille le rétablissement du contrôle des changes. Le professeur menace de le mettre dehors quand l'autre lui montre le brouillon d'une lettre pour le Premier ministre : Modiano y traite Couve de zéro. Jeanneney a du mal à faire admettre que ce n'est pas le moyen le plus direct pour convertir quelqu'un. En revanche, le ministre d'Etat dresse l'oreille et met un bon point quand Modiano — c'est là sa partie — fait remarquer qu'une suppression de la taxe sur les salaires qui faciliterait les exportations, doublée d'une augmentation de la TVA qui modérerait la consommation intérieure, aurait pour le rétablissement de la balance commerciale de la France, un effet analogue à celui de la dévaluation, sans compromettre le franc et le Général [143]. Jeanneney y pensait aussi. Il demande à Modiano de mettre ça au net, il lui prête bureau et secrétaire. Déchargé de cette partie de la besogne, le ministre d'Etat va gagner quelques heures dans ses démarches politiques, s'il est temps encore de les entreprendre. Les journaux de ce vendredi matin, qu'on lui apporte, professent tous que le seul point à débattre est désormais le taux de la dévaluation et non plus son principe.

Jeanneney court trouver son vieux camarade Michel Debré qui pour lors est ministre des Affaires étrangères. Debré en tient toujours pour son idée — qui est en réalité celle de son directeur de cabinet Jean-Yves Haberer, l'original le plus discuté de France — : une dévaluation de 25 % qui casse tous les circuits monétaires mondiaux, mais qu'importe, adieu Marché commun, il n'y a qu'à fermer les frontières. Pour un peu, Debré y enverrait le contingent, sur la frontière et même au-delà. Ce ne serait pas de très bon exemple au moment où de Gaulle regrette que l'Europe ne soit pas assez européenne. On peut douter que le Général retienne l'idée. Debré se calme et dit que, dans ces conditions, mieux vaut ne pas dévaluer du tout. Jeanneney lui énumère alors toutes ses raisons et ses moyens.

Michel Debré : — Pourquoi ne vas-tu pas exposer ça au Général? Malheureusement, il n'y a apparemment plus rien à faire. »

Deux heures et demie de l'après-midi : Raymond Barre venant de Bonn par la route réintègre son bureau de Bruxelles au moment où Jean-Claude Paye rentre de Paris par le train. Mon beau-père voudrait vous parler; voici ce qu'il pense, etc. Eh bien! Autant l'appeler tout de suite.

Raymond Barre à Jean-Marcel Jeanneney, par téléphone. Vendredi 15 heures : — Pour commencer, je vous préviens que d'après les renseignements que j'ai eus ce matin avant de quitter Bonn, c'est cuit. M. Ortoli me semble avoir signé l'accord sous réserve, selon l'usage, de l'approbation de son gouvernement. Il ne manque plus que cette formalité, je crois bien. Maintenant, quant à ce que j'en pense, ce sera désastreux pour la France, sans profit pour ses partenaires de la Communauté européenne. Les raisons, mes fonctions m'ont conduit à les exposer hier après-midi, aux ministres des Finances des six pays du Marché commun — dont M. Ortoli — au cours de la longue suspension des Dix. J'avais préparé un texte écrit, afin de le soumettre par courtoisie au collègue de la Commission de Bruxelles qui m'accompagnait. Le plus simple, si vous en avez le temps, est que je vous lise ce texte. Vous y verrez que mes raisons n'ont rien à voir avec le Marché commun agricole. Elles sont d'ordre général pour l'intérêt de la Communauté européenne. »

Jeanneney s'excite. Son dossier s'organise. L'analyse de Barre va en constituer le volet majeur. Il demande à Barre permission d'en faire prendre copie et d'en signaler l'existence en bon lieu le cas échéant. Ma secrétaire appelle votre secrétaire. Barre répète qu'hélas! leurs efforts ressemblent à un procès en réhabilitation posthume du franc. Jeanneney est encore en ligne quand son chef-adjoint de cabinet, Loïc Rossignol, met sous ses yeux la dépêche d'agence qui reproduit la déclaration impérieuse de Franz-Josef Strauss.

Barre et Jeanneney échangent les numéros où ils pourront se rappeler par téléphone.

A partir d'ici, les acteurs sont en place, voici branchés les trois derniers volontaires d'une France libre, Jeanneney, Modiano, Barre. Un ministre mal supporté dans son milieu — voir Mandel en 40 —; un inventeur sans brevet; un savant renfermé. Rencontre hétéroclite. Recrutement de bric et de broc. Ni plus ni moins dépareillés que les trois premiers volontaires de la France libre, cherchant le 17 juin l'adresse du général comment déjà?

22 novembre 1968... 17 juin 1940... C'est le jour où les réalistes proclament qu'il n'y a plus qu'à prendre acte de la débâcle et à signer l'armistice au taux fixé par les partenaires.

Dix ans plus tard, à l'insu l'un de l'autre, Raymond Barre et Jean-Marcel Jeanneney s'étonnaient encore de la cascade de menus hasards qui avaient abouti à ce branchement — le premier en date étant que Barre ait eu Jean-Claude Paye pour étudiant à Tunis.

Hasards, soit! A condition qu'on puisse aussi appeler hasards tous ceux qu'il fallait tourner dans le bon sens avant de se retrouver dans le petit bureau du général de Gaulle à Londres. Ces gens ont été polarisés par une certaine idée de la France.

*
* *

16 h 30 : Jeanneney va voir Bernard Tricot à l'Elysée, lui résume son analyse, lui confie Modiano et lui remet copie de la déclaration écrite de Raymond Barre.

Le Secrétaire général est preneur de toute pièce susceptible d'éclairer le président de la République. Cependant, à ce moment-ci, tout est suspendu aux informations que François-Xavier Ortoli et le gouverneur Jacques Brunet vont rapporter de Bonn. Bernard Tricot leur a fait savoir que le Général désire les entendre dès le début de la soirée.

19 h 15 : tandis qu'Ortoli est dans le cabinet du chef de l'Etat, Bernard Tricot appelle Raymond Barre à Bruxelles.

Bernard Tricot : — Votre déclaration a été lue par qui vous pensez. J'ai la charge de vous en remercier. Mais — je vous l'ai déjà dit plusieurs fois — je suis sûr que dans le bureau à côté on apprécierait que vous veniez développer tout ça de vive voix. »

Nul n'aurait imaginé que le général de Gaulle prît son téléphone pour former une décision!

Raymond Barre : — Impossible. La Commission européenne se réunit demain matin. En principe si le gouvernement français dévalue de 12 %, l'automatisme voudrait qu'il y ait une hausse des prix agricoles français de 12 %. Impensable! Ce serait l'explosion des prix. Je ne vous cache pas que ma position à la Commission va être demain de recommander de ne pas faire la répercussion totale immédiatement. Il faut ménager des étapes. Ma présence est indispensable. »

Bernard Tricot : — Je vois. Dans ces conditions, d'ailleurs, il est plus important que vous restiez là-bas de telle sorte que vous puissiez tenir ce cap. »

Dialogue significatif : ce vendredi soir à 19 h 15, à l'intérieur de l'Elysée comme à Bruxelles, on agit, bon gré mal gré, dans l'optique où la dévaluation du franc est un fait acquis.

Vendredi 19 h 30, quand le gouverneur de la Banque de France, Jacques Brunet, sort du bureau du Général (voir plus haut) rien ne lui indique que les choses puissent aller autrement.

22 heures : le président de la République et son Secrétaire général récapitulent la journée. Ils dressent la liste des gens dont le Général veut entendre l'avis demain matin, avant le Conseil des ministres de l'après-midi. Tricot vient de lui rapporter la visite de Jeanneney. Le Général lui dit de mettre Jeanneney sur la liste.

23 heures : Tricot appelle Jeanneney chez lui. Rendez-vous chez le Général demain matin samedi 11 heures, pour une demi-heure au maximum. A charge à Jeanneney d'exposer préalablement ses vues au Premier ministre.

23 h 05 : Jeanneney appelle le cabinet du Premier ministre. Jean Ausseil, conseiller technique, est de permanence. Jeanneney le connaît bien, pour l'avoir employé à son ambassade d'Alger, puis à son ministère. Il lui explique tout. Plutôt que de réveiller le Premier ministre, Ausseil prend sur lui de proposer à Jeanneney de le faire entrer dans le bureau de Couve demain matin dès que Couve arrivera.

Samedi 9 heures, hôtel de Matignon : Jeanneney passe par le bureau d'Ausseil.

Maurice Couve de Murville : — Mais bien sûr! faites-le entrer tout de suite. Très bonne idée. »

Jean-Marcel Jeanneney (dix ans plus tard) : — Je crois qu'intellectuellement il avait été de mon avis depuis le début de la crise. Seulement le gouvernement subissait cette crise sans réagir. Autant mes relations avec Pompidou étaient courtoisement gênées, autant avec Couve elles ont toujours été directes, ouvertes, d'une très grande confiance réciproque. C'était constamment agréable. »

Le ministre d'Etat explique qu'il vient voir le Premier ministre parce qu'il a audience du président de la République.

Couve : — Je sais, Ausseil m'a prévenu. »

Jeanneney : — Je vais lui répéter que, comme il l'a dit, la dévaluation demeure absurde. »

Couve : — Vous faites bien d'y aller. Mais entre nous, c'est cuit. »

Jeanneney : — Tant pis, j'aurai soulagé ma conscience. Comment a-t-on pu en arriver là? »

Couve : — La Banque de France avait besoin de leur prêt... Le gouverneur Jacques Brunet a exposé tout cela hier soir au Général... »

9 h 50 : Jeanneney passe à son ministère. Il a cinquante minutes pour classer son jeu.

Leur prêt... C'était donc ça... Mais au fond quel rapport avec la dévaluation? Le prêt, ce devrait être justement pour permettre au commerce extérieur de continuer jusqu'à ce que l'économie nationale retrouve son équilibre.

Que les Dix imposent à la France de dévaluer avant de l'aider à traverser la passe, c'est un non-sens. A moins que ce soit un chantage.

Bon mais dire ça au Général, ce n'est pas un projet d'action. Le Général n'a que faire ce matin de considérations académiques : si on ne lui apporte pas de formule pratique, on ne lui offre pas de prise nouvelle sur la pente glacée. Il manque à Jeanneney le pignon central, faute duquel rien ne tournera.

10 h 35 : Jeanneney appelle Raymond Barre à Bruxelles.

Barre : — Vous m'attrapez de justesse. Je pars pour la Commission européenne. »

Jeanneney : — Et moi pour l'Elysée. Dites-moi d'un mot si nos partenaires font de la dévaluation de notre monnaie une condition de leur prêt. »

Barre : — Tout le monde en tout cas fait comme si c'était ainsi... A la réflexion, je ne vois pas pourquoi... C'est même absurde... Seulement je ne peux pas vous garantir ma réponse par oui ou par non. Ministres et gouverneurs se sont réunis à huis clos sans l'invité que j'étais. Je vais me renseigner tout de suite en bon lieu... »

Jeanneney : — Malheureusement, ce sera trop tard... je pars à l'instant. Enfin, dès que vous aurez quelque chose de catégorique, puis-je vous demander de communiquer votre information à Tricot? »

10 h 54 : Jeanneney fait le point pour Tricot, qui de son côté entendra Modiano pendant que le Général entendra Jeanneney.

11 heures : Jeanneney franchit la porte du Général. Le temps d'apercevoir de Gaulle, assis droit, les deux mains à plat sur le bureau de part et d'autre du sous-main, regard horizontal profil vertical, ni raideur ni effondrement. Immobilité simple. Le Général digère les dernières données, ordinateur sans clignotant. Il vient d'inventorier

Debré, Goetze; Marcellin succédera à Jeanneney. Pas de décision avant terme. Pas d'impulsion qui fausserait le choix.

Le Général se lève, tend la main à Jeanneney.

Jeanneney (sans autre entrée en matière) : — Mon général, je viens vous demander de ne pas dévaluer. »

Le président de la République désigne un siège. Gros soupir.

De Gaulle : — Qui douterait que de Gaulle soit pour le maintien de la monnaie, si c'était possible? »

Même geste d'impuissance que le 29 mai au matin, recevant son gendre Boissieu pour organiser le départ vers Sainte-Odile. Boissieu, comme Jeanneney ce matin, faisait irruption porteur de moyens insolites, les messages de Beauvallet, de Hublot... Mais il avait dû subir d'abord un couplet sur l'inappropriation des tartempions de ministres.

Avec Jeanneney, le Général est plus concis, guère moins amer. Dans les mauvais moments il commence par le pire. C'est peut-être un besoin de décapage intellectuel. De Gaulle y met une mélancolique complaisance. Cet homme, qui n'a jamais pu s'empêcher de trouver réponse à toute situation, commence volontiers par se raconter qu'il est un bouchon sur les flots. Comme d'autres rêvent d'agir, lui se rêve impuissant. Fugace jouissance. Il n'a jamais tardé à se retrouver dans sa véritable nature. Seuls des visiteurs mal entraînés s'atterrent et perdent leur fil. Pas les familiers.

Jeanneney, comme Boissieu en Mai, laisse passer.

De Gaulle se voit seul (après tout ce n'est pas faux). La France est lâchée par ses alliés, voyez ces Allemands, quand on pense d'où je les ai sortis! Et même pas servie par les Français.

Général de Gaulle à Jean-Marcel Jeanneney : — En matière d'affaires étrangères, en matière d'affaires militaires, je sais à qui m'adresser, j'ai mes généraux, j'ai mes ambassadeurs. Mais pour la monnaie, pour l'économie, pas de rouages consistants, il n'y a jamais un personnage précis à qui m'adresser. On dirait que les choses dégringolent d'elles-mêmes, selon la pente qu'elles veulent. »

Il joue à être envahi par le sentiment de la vanité des actions humaines. Il y a de quoi. Car ce qu'il ne dit pas à Jeanneney, c'est que la dévaluation qui semble inéluctable au gouvernement, Roger Goetze vient de lui donner conscience qu'elle sera vaine par-dessus le marché.

Goetze! artisan de l'opération triomphale de janvier 1959, une dévaluation oui, mais pour solde de tout compte de la IV\u1d49 République, afin que la V\u1d49 s'installe d'emblée sur sa propre monnaie, stable *. Ça c'était du solide, il aura fallu Mai...

---

* De juin 1958 à janvier 1959, Roger Goetze a été conseiller technique au cabinet du général de Gaulle dernier président du Conseil de la IV\u1d49 République. Le directeur de cabinet était Georges Pompidou.

A-t-on une chance de réussir une seconde fois? Goetze vient de répondre non. Pour des raisons politiques d'abord. En 59 un régime s'installait, dans tout son éclat, adossé au suffrage de quatre-vingt-un pour cent des Français. Les dégâts financiers qu'il avait à réparer n'étaient pas de son fait; le général de Gaulle semblait irremplaçable. Aujourd'hui les dégâts ont eu lieu sous la présidence de De Gaulle, Mai a montré que la nation était loin d'appuyer unanimement le régime; enfin les financiers parlent beaucoup d'un personnage susceptible de remplacer agréablement de Gaulle. Les conditions de la confiance telles qu'on l'entend à la Bourse ne sont plus rassemblées comme en 59.

A cela Goetze ajoute une remarque technique : la dévaluation dont on parle aujourd'hui, imposée du dehors par des spéculateurs et des gouvernements étrangers au lieu d'être librement déterminée par de Gaulle, cette nouvelle dévaluation n'a pas pu être préparée aussi longuement, aussi astucieusement qu'on l'a fait dix ans plus tôt; Pompidou et Goetze y avaient travaillé six mois en secret.

Diagnostic de Goetze le 23 novembre 1968 au matin : dévaluation inévitable apparemment, puisqu'on le dit, mais on ne peut pas espérer que la monnaie se stabilisera durablement sur un *nouveau palier*, ni même que les spéculateurs feront reprendre à leurs devises le chemin de la Banque de France : à quel titre un gouvernement humilié pourrait-il escompter la confiance boursière? La dévaluation de 1958 clôturait une ère de décadence, celle de 1968 va en ouvrir une, autant le voir.

Jeanneney ne sait pas que le Général vient d'entendre ça. Lui prend les choses par l'autre bout. Avec Goetze de Gaulle essayait de voir comment se passerait la dévaluation. Jeanneney attaque en posant que la dévaluation est politiquement impossible. Qu'un ministre dise que la dévaluation est absurde, et annonce la dévaluation huit jours plus tard, c'est d'usage ou presque, il faut parfois masquer les préparatifs. Mais quand c'est le président de la République, et que le président de la République est le général de Gaulle, il y a engagement envers le peuple français.

De Gaulle : — Qui douterait que de Gaulle soit autant que vous pour le maintien de la monnaie, si c'était possible?... »

Jeanneney : — C'est possible, et voici comment... »

De Gaulle enregistre. Il ne discute ni n'approuve. Tout de même, au moment où Jeanneney explique qu'en combinant suppression de la taxe sur les salaires et augmentation temporaire de la TVA on favorisera les exportations comme ferait la dévaluation mais sans en avoir l'inconvénient irréversible, et sans payer aux spéculateurs leur kilo de chair de la France, l'œil du Général ne se fait-il pas malgré lui plus avide?...

Jeanneney ne saura jamais si l'impression allait se confirmer. A cet instant a éclaté le scandale.

Un huissier entre dans le cabinet du général de Gaulle, président de la République française, pendant une audience et sans y être appelé. De Gaulle a un haut-le-sourcil. Pour un peu on l'entendrait gronder : qu'est-ce que je vous disais, la France n'est plus servie!

On ne l'entendra pas parce qu'un second coup d'Etat recouvre le premier : c'est vers le visiteur et non vers le président de la République que l'huissier se dirige, il lui tend un papier plié en quatre et se retire imperturbable.

Jeanneney, professeur qui sait son métier, s'attache à poursuivre tout en coulant un œil sur le papier. Mais l'artiste craque. De Gaulle, de plus en plus agacé, voit Jeanneney, oui, se trémousser! Ricanement d'intellectuel triomphant, vaguement vengeur. Il faut bien le dire, Jeanneney a un visage redoutablement mobile, quelques-uns susurrent : sympathiquement simiesque. On l'imaginerait aisément, en un moment d'excitation, se lançant dans la danse du scalp.

C'est communicatif. Un mouvement de curiosité enfantine échappe à l'impassible Général. Mi-jaloux, mi-impérieux.

Général de Gaulle à Jean-Marcel Jeanneney : — Qu'est-ce qu'il y a écrit, là-dessus? »

Jean-Marcel Jeanneney : — La France peut avoir son prêt sans dévaluer. »

*
* *

Quand l'événement parle très fort les procédures font preuve d'élasticité; Bernard Tricot a embrassé d'emblée l'importance du message de Raymond Barre : à l'huissier épouvanté, il a ordonné de sauter le pas, à chacun ses 18 Juin.

Sitôt reçu l'appel de Jeanneney, voici trente-deux minutes, le professeur Barre, vice-président de la Commission de Bruxelles, a téléphoné en voisin à son très respectable ami et très estimé confrère en économie politique, le baron Hubert Ansiaux, gouverneur de la Banque de Belgique. Par un surcroît de chance, le baron Ansiaux préside la Conférence des gouverneurs de banques centrales pendant l'année 1968.

Raymond Barre au baron Ansiaux : — Je ne vous appelle pas en tant que personnalité officielle. A titre amical et individuel je sollicite de vous deux conseils. D'abord pensez-vous qu'il soit opportun de dévaluer le franc français? »

Hubert Ansiaux : — Je ne vois pas qu'il en soit besoin si on fait la politique économique appropriée. »

Raymond Barre : — Pensez-vous que si le gouvernement français ne dévaluait pas il continuerait à bénéficier des concours qui viennent de lui être promis? »

Hubert Ansiaux : — Je ne vois pas pourquoi nous lui refuserions ces concours. Nous, je veux dire les banques centrales. Nous avons accordé ces concours hier alors que le ministre français, devant ses collègues, se montrait sur le point de dévaluer. Mais aucun banquier central, savez-vous, ne souhaite cette dévaluation. Donc si la France ne dévalue pas, elle doit avoir notre concours à plus forte raison, me semble-t-il *. »

Raymond Barre : C'est une question qui m'a été posée; je vais faire communiquer votre avis au président de la République française. »

⁂

Jeanneney dit en deux phrases au Général comment lui vient l'information. Il explique en quoi elle est capitale. De Gaulle n'a pas besoin d'un long dessin. Son visage est redevenu impassible. L'instant n'est pas encore de pencher vers une décision.

Général de Gaulle : — Monsieur le ministre d'Etat je vous remercie de cet entretien. Il est l'heure que j'y mette fin. »

Le président de la République se lève, reconduit le ministre d'Etat vers le bureau — contigu — du Secrétaire général.

Bernard Tricot (1977): — Il était très rare qu'il dise : "Vous avez raison", c'était plutôt : "Je réfléchirai [144]." »

Général de Gaulle : — Ayez l'obligeance de remettre à Tricot un résumé de ce que vous venez de me dire. Vous pourrez d'ailleurs le répéter cet après-midi devant le Conseil des ministres. »

Jeanneney : — Ça permettez que non, mon général. J'ai dit ce qui me semblait de mon devoir, mais à vous. Votre Conseil, c'est une passoire. »

De Gaulle : — Comme vous voudrez... »

Il n'a pas sourcillé. En direction de qui, la passoire? Ce n'était évidemment pas avec des dirigeants de syndicats ouvriers ni avec des chefs de l'opposition que certains membres du gouvernement pouvaient avoir intérêt à garder contact.

Tricot installe Jeanneney dans son bureau, pour établir la note. Il lui prête sa secrétaire. Sonnerie du Général qui appelle Tricot. Jeanneney se demande quel sera l'effet de sa démarche. Il a conscience d'avoir par deux fois accroché l'intérêt du Général. Mais c'est imperceptible. Tricot réapparaît, appuie sur une touche du réseau interministériel :

— Monsieur le Premier ministre, le Général me charge de vous prier de venir vous entretenir avec lui une demi-heure avant le Conseil. Il ne souhaite pas que l'entretien soit annoncé; la grille latérale du parc, avenue Marigny, sera ouverte à votre voiture. »

---

* Dans les jours suivants seuls les Japonais ont voulu subordonner le prêt à une dévaluation préalable du franc français.

Jeanneney se dit qu'il a peut-être fait bouger quelque chose. Mais c'est impondérable. Ayant dicté sa note, il quitte l'Elysée sans en savoir plus.

Il ignore — le saurait-il, ça n'avancerait guère — que le Général, après Tricot, a fait venir son conseiller technique pour les questions économiques, Alain Prate. Il le questionne sur des points mentionnés par Jeanneney, sur le mécanisme et le volume de la taxe sur les salaires, ceux de la TVA.

Alain Prate (dix ans après) : — Le Général m'a posé de multiples questions. Il m'a peu parlé. Il faisait ses synthèses secrètement, seul en lui-même. Il m'a simplement demandé un ultime rapport. Il est allé à l'appartement pour déjeuner. J'ai fait monter un sandwich et j'ai entrepris de dicter mes huit pages. J'ai signalé les conséquences qu'une dévaluation allait avoir sur les prix agricoles, sur les prix à la consommation etc. D'autre part, alors que le déficit commercial était encore limité, il y avait à prévoir que la dévaluation risquait de nous emporter dans un cycle inflationniste. Pour espérer qu'elle réussisse, elle impliquait qu'on propose aux Français un redressement intérieur et à l'étranger une restructuration monétaire.

« Il était évident que si l'on n'était pas contraint de dévaluer, de Gaulle ne le ferait pas. Mais au-delà... »

C'est la dernière ligne droite avant le Conseil.

14 h 40 : Les ministres gagnent l'Elysée. Celui de la Recherche scientifique, Robert Galley, a pris dans sa voiture le jeune député Henri Modiano qui insistait pour le voir rapidement. Modiano seul parle. On se doute en quel sens.

Les autres membres du gouvernement, chacun dans sa voiture, parcourent *Le Monde*, paru à l'instant. Titre en pleine largeur de page : « Le gouvernement définit les grandes orientations du programme économique qui accompagnera la dévaluation. » En sous-titre : « Le taux envisagé avant le Conseil était de moins de 10 %. »

Jeanneney est au désespoir. Les ministres arrivent dans le salon du Conseil. On attend debout le chef de l'Etat. C'est d'abord Couve qui sort du bureau présidentiel. Jeanneney voit Ortoli en sortir avec lui. Couve avant de gagner sa place vient à Jeanneney.

Le Premier ministre : — Vous direz au Conseil ce que vous avez à dire. Soyez net. »

Jeanneney : — Non je me tais... »

Couve de Murville : — Mais si! Le Général est de votre avis. Moi aussi. »

Jeanneney : — Dans ces conditions... »

Ortoli, du fond de son rhume et de sa crise de foie, lui adresse, dirait-on, un geste de connivence.

Jeanneney n'est plus au désespoir. Le Général est entré, a fait signe de s'asseoir, a donné la parole à M. le Ministre des Finances. Jeanneney, mentalement absorbé dans l'organisation de son propre exposé, écoute peu l'exposé d'Ortoli. C'est un inventaire des données, la dévaluation conduira à ceci, ne pas dévaluer impliquera cela. Ortoli insiste surtout sur les raisons qui ont conduit le gouvernement à rechercher un prêt.

Le président de la République annonce qu'il va demander à chacun des membres du Conseil d'exprimer tour à tour son avis. C'est la procédure des grandes circonstances, quand chaque ministre doit prendre individuellement sa part de la responsabilité collective. Les ministres appellent ça le tour de table.

Général de Gaulle : — Monsieur le ministre d'Etat Jeanneney, vous avez la parole. »

Pas habituel de commencer par celui-là. De Gaulle fait traditionnellement parler en premier le personnage qui est à la gauche du Premier ministre; on continue ensuite dans le sens des aiguilles d'une montre, pour tomber en dernier sur le Premier ministre. Or actuellement, le ministre d'Etat à la gauche de Couve, c'est Roger Frey. Le Général immuablement depuis la fondation de la Vᵉ République, installe à sa propre droite André Malraux; depuis le changement de gouvernement il prend à sa gauche Michel Debré ancien chef du gouvernement de la Vᵉ République. Maurice Schumann est à droite après Malraux. Le Premier ministre, assis vis-à-vis du Général, prend à sa droite Edgar Faure, qui n'est pas ministre d'Etat, mais qui a été chef du gouvernement sous la IVᵉ République. De la sorte le quatrième ministre d'Etat, Jeanneney se trouve décalé d'une chaise sur la droite du Premier ministre. Ainsi Jeanneney devrait normalement parler en antépénultième.

A vrai dire, un spectateur doit avoir une longue pratique du Conseil pour remarquer que le Général donne un coup de pouce en lançant Jeanneney d'abord. Le spectateur capable de saisir au vol la subtilité doit en outre être doué d'un sens politique particulièrement prompt pour flairer que de Gaulle, attaché aux formes comme il est, ne commet pas l'entorse sans une intention politique. Au bas bout de la table un des secrétaires d'Etat admis aujourd'hui, Jacques Chirac, ne semble pas s'en dire tant, pris qu'il est dans les bruyants soupirs et les impatiences de jarret que déclenche chez lui la démonstration de Jeanneney.

Une dévaluation isolée du franc français, dit celui-ci, serait non seulement une absurdité mais une folie inappropriée aux circonstances et un crime inutile puisqu'on dispose des moyens de ressaisir la situation sans recourir à elle. En termes plus politiques qu'Ortoli, il donne conscience à ses collègues que le prêt dont la France a besoin n'est nullement lié à une éventuelle dévaluation.

A partir de là, autour de la table, on dirait un château de cartes, la conviction de chacun semble basculer après sa voisine. Les premiers à parler sont entortillés. Maurice Schumann, quand vient son tour dénoue les consciences en déclarant tout bonnement :

— Lorsque je suis entré dans cette salle, tout nous donnait à croire que nous nous trouvions devant le fait accompli d'une dévaluation, et que nous étions convoqués pour en fixer le taux. J'apprends ici que ce taux peut être zéro. En ce cas le taux zéro est le bon, et je suppose qu'au lieu de nous occuper (il montre *Le Monde*) du programme économique qui accompagnera la dévaluation, le gouvernement doit se consacrer à définir le programme économique qui l'évitera. »

Malraux après Schumann déclare qu'il ne se sent pas équipé pour énoncer des mesures d'ordre économique; sur le plan politique en revanche une dévaluation romprait le pacte de confiance entre de Gaulle et les travailleurs. On acquitterait en fausse monnaie les promesses faites en Mai, à tort ou à raison, par Pompidou. Michel Debré tient à rappeler les avantages qu'il trouverait à une dévaluation apocalyptique mais puisqu'elle n'est pas de saison, il veut qu'on s'en tienne à la parité actuelle du franc sous condition de faire comprendre aux Français rigueur, volontarisme et salut public.

Jamais tour de table, même pendant la guerre d'Algérie, n'aura fait apparaître une réalité politique aussi différente de ce qu'on croyait en entrant. De Gaulle n'ouvre la bouche que pour appeler une à une les interventions. Il garde ses deux mains posées à plat.

Quand vient là-bas au bout le tour du secrétaire d'Etat aux Finances, Jacques Chirac, le Général est attentif et muré, ni plus ni moins que pour les autres. Il tranche pourtant sur ses aînés, Chirac. Il n'examine pas comme les autres si la dévaluation peut ou non être évitée : pour lui elle est désirable. Ce sera le bien des entreprises françaises. Là reste pour lui la priorité. Quand il dit entreprises, s'entend actionnaires et patronat. Dans le même esprit, il fait l'apologie du crédit à tire-larigot; il ne s'arrête pas au déficit budgétaire démesuré. S'il s'en prend au projet budgétaire dont il est l'un des pères putatifs *, c'est seulement pour souhaiter qu'il ne cause pas de peine inutile aux patrons dont Chirac attend tout pour la France. L'auditoire a tôt fait de comprendre : la majoration des droits sur les gros héritages semble malvenue à l'orateur. Qui imaginerait à l'entendre que Jacques Chirac, du fait qu'il est secrétaire d'Etat et content de l'être, assume tout spécialement la responsabilité de défendre cette mesure devant les Chambres **? L'insistance que le fougueux jeune homme met à veiller sur le moral des chefs d'entreprises sous-entend également que mieux vaudrait cesser une fois pour toutes de donner des insomnies avec les balivernes de la Réforme.

* Un procès en paternité se poursuivait autour de ce malheureux projet budgétaire qui ne surmontait pas la tare de son hérédité complexe. Il avait été ébauché par Michel Debré, ministre des Finances jusqu'à Mai. En juin l'ultime gouvernement Pompidou l'avait infléchi pour faire entrer Mai en compte : les bureaux avaient eu à ce ravalement plus de part que l'éphémère ministre des Finances Couve de Murville. Ce dernier devenu Premier ministre en juillet avait hâtivement faufilé avec Ortoli et Chirac le texte qui était soumis aux Chambres.
** On observera le même comportement paradoxal en 1975 quand M. Chirac devenu Premier ministre manœuvrera son groupe parlementaire contre le projet de taxation des plus-values déposé sous sa signature.

On ne sait trop contre qui, contre quoi il fonce. Chirac ne sait pas régler sa respiration. Est-ce la conséquence d'un tempérament ou l'inverse? Son débit syncopé est ressenti comme une agression. Il donne l'impression de s'intéresser plus à s'imposer qu'à persuader. Chirac en est malheureux. Il veut se contenir, mais comme il se force, le ton raisonnable fait supérieur, la suavité fait méchant. Il est de ceux qui sont tant pressés d'être aimés qu'ils dévorent quiconque ne s'y décide pas tout de suite.

A qui a-t-il l'air de s'en prendre aujourd'hui, devant le Conseil? Au franc? Au ministre des Réformes Jeanneney qui en plus contredit la dévaluation?

Pas au général de Gaulle en tout cas. Pour la raison que le général de Gaulle est absent de l'équation, inimaginablement absent. Chirac récite son Pompidou. En retard d'un gouvernement, ou en avance d'un? Son équation pompidolienne ne fait pas entrer en ligne le paramètre gaullien. L'engagement pris par le général de Gaulle voici neuf jours contre l'absurdité de la dévaluation? Dans le compte de Chirac, ça ne figure pas. L'engagement soutenu pendant dix ans par le général de Gaulle de munir la France d'un instrument monétaire inattaquable? Ce n'est pas entré en compte. Qu'une éventuelle dévaluation, en roulant les salariés appâtés par Grenelle, doive créer une coupure psychologique irréparable entre le monde du travail et la république gaullienne? Ce n'est pas dans les cordes sensibles de ce bon élève du pompidolisme. Que la dévaluation soit du parti de l'étranger? Qui croirait à entendre Chirac que ça puisse concerner de Gaulle? On est à l'opposé des inquiétudes de Jeanneney, aux antipodes de Malraux; Trissotin écrirait que le jeune secrétaire d'Etat parle en a-gaulliste.

Il ne sera pas tout à fait seul. Après l'a-gaulliste, l'ex-gaulliste. Fougueux Chirac, Chalandon condescendant : pour peu que le Conseil sache regarder à l'économique, il verra que la dévaluation est inscrite dans le ciel depuis Mai; là-dessus doit s'ajuster une conduite politique. En baisse.

Ça fait deux voix pour souhaiter qu'on recherche l'armistice de la dévaluation. Deux et demie peut-être : Raymond Marcellin, ministre de l'Intérieur, a émis des doutes sur la possibilité d'y échapper longtemps. La parole vient en dernier au Premier ministre.

Couve de Murville : — J'observe que dans leur plus grand nombre les membres du gouvernement ont exprimé l'avis qu'il n'y a pas lieu de modifier la parité du franc. »

Général de Gaulle : — J'en prends acte. Un communiqué sera publié dans la soirée par la présidence de la République. La séance du Conseil est levée. »

Les ministres restent secs. Ils étaient arrivés comme à la messe croyant entendre une homélie panoramique — le franc, la France et le monde — avec copie à M. le secrétaire d'Etat à l'Information, pour divulgation calculée. Le Général ne leur a même pas indiqué de quel poids aura été leur avis, ni seulement dans quel sens ira le communiqué, ni pourquoi ce communiqué ne sera pas confié comme d'habitude au secrétaire d'Etat à l'Information.

Lorsqu'ils fendent la muraille des journalistes agglutinés trois fois plus nombreux que d'habitude, jamais ministres n'auront si bien observé la règle de discrétion. Pour cause.

*
* *

Dans l'antichambre, François-Xavier Ortoli tombe sur Raymond Barre. Il le croyait à Bruxelles. Est-il effleuré par l'idée qu'il croise peut-être là son futur successeur? Avant de devenir ministre des Finances Ortoli était haut fonctionnaire. Comme Barre. Lequel, s'il est dans l'antichambre, c'est évidemment qu'il est appelé chez le Général.

Disons tout de suite, pour ne pas lancer le lecteur sur de fausses pistes, qu'en fait quelques années plus tard c'est Ortoli qui se retrouvera successeur de Barre à la Commission européenne.

Chirac, hérissé de ce qu'il lui a fallu entendre deux heures et demie durant, salue à peine son ministre Ortoli dans l'antichambre et détale à gigantesques enjambées. Rien ne marque qu'il ait vu Barre. L'aurait-il d'ailleurs reconnu? Dommage pour les auteurs, belle scène manquée, la préfiguration de l'Histoire : avec huit ans ou presque d'avance, Chirac sortant du bureau du président de la République et Barre y entrant, le second appelé par la confiance du président de la République pour réparer les étourderies du premier... Et le premier ne prenant pas à temps conscience que si le président de la République organise le croisement de Chirac avec Barre c'est logiquement pour que le second prenne le contrepied...

Le président de la République qui mettra Raymond Barre à la place de Jacques Chirac comme Premier ministre sera Valéry Giscard d'Estaing, le 25 août 1976. Mais ce 23 novembre 1968 celui qui a confiance en Raymond Barre pour l'aider à tenir le cap du gaullisme quand Jacques Chirac fonce en sens inverse, c'est de Gaulle.

Ah! le beau dialogue que nous avons manqué ce jour-là, la confrontation de deux doctrines inconciliables, le parti de l'abaissement monétaire face à l'entêté du franc, le pompidoliste qui secoue le cocotier et le gaulliste qui vient étayer de Gaulle...

De tout ça rien. Sans égard pour la perte qu'ils vont infliger à la littérature, Chirac court retrouver le climat plus compréhensif de son milieu d'origine, et l'aide de camp Flohic tire Barre par la manche : le Général a dit de l'introduire dès la sortie du Conseil.

*
* *

A midi, juste après le départ de Jeanneney, Tricot avait appelé Bruxelles derechef. Ce n'est plus du genre : vous devriez bien venir. C'est :

Bernard Tricot par téléphone à Raymond Barre : — Le Général a eu

instantanément votre information par M. Jeanneney. Il vous demande
de venir aujourd'hui. C'est essentiel. »

Hier Bernard Tricot disait : « Mieux vaut que vous restiez à
Bruxelles puisque la dévaluation paraît acquise. » Si maintenant
l'essentiel n'est pas que Barre reste à Bruxelles, c'est qu'à l'Elysée la
dévaluation n'a pas la priorité. Barre est trop sobre de ses propos pour
en faire l'observation à Tricot. Et trop expert pour avoir besoin d'un
croquis.

Barre se coule donc auprès du président de la Commission de
Bruxelles et lui confie, à lui seul, en quelle direction il s'absente. Libre
aux autres collègues de juger sévèrement cette absence en un tel jour,
alors que les secousses monétaires menacent le Marché commun.

Ni train ni avion en temps utile. La voiture de Barre enfile
l'autoroute du Sud (de la Belgique). On va droit à l'Elysée. Le Conseil
des ministres n'est pas achevé. L'aide de camp Flohic s'excuse auprès
de Raymond Barre de devoir le faire patienter. Alain Prate, conseiller
technique chargé des questions économiques, vient faire la conversation à l'invité. Prate et Barre ont tous deux besoin pour leur travail
immédiat de savoir d'abord ce que le Conseil aura décidé : dévaluation
ou stabilité. Ils vont se poster sur le passage des ministres. Flohic reste
avec eux.

Alain Prate (1978) : — Nous attendions les résultats des courses... »

Ils ne le sauront pas.

Quand Flohic fait entrer Barre dans le cabinet du Général, trois
minutes après la fin du Conseil, on peut sentir de quel côté incline la
France, mais les dés ne sont pas jetés.

*
* *

Le Général est assis à son bureau, main gauche à gauche, main
droite à droite. On croirait qu'il n'a pas bougé depuis que Jeanneney
l'a ainsi aperçu dans l'entrebâillement six heures plus tôt. En fait, de
Gaulle est assis depuis trente secondes. En sortant du Conseil, il est
juste passé se donner un coup de peigne, comme dit poliment l'aide de
camp. A l'intérieur du Général l'ordinateur ronronne; de Gaulle classe
en lui les ultimes données livrées en vrac par les ministres. Il se lève;
remercie l'hôte de sa venue; ne s'excuse pas de l'avoir provoquée;
désigne le fauteuil. Et passe à l'interrogatoire.

Général de Gaulle : — Je veux votre avis sur les différents problèmes
auxquels le gouvernement est confronté. La situation économique? »

Raymond Barre ne débarque pas muni de sa seule science. De par sa
fonction dans le Marché commun, il a décortiqué et soupesé toutes les
informations sur l'évolution de l'économie française après Mai. C'est
de cet accès aux dossiers que Jeanneney se sentait privé; c'est pour

cela que depuis hier Jeanneney fait campagne pour qu'on s'en rapporte à Barre.

Raymond Barre à de Gaulle : — Le projet budgétaire français est indéfendable. A Bruxelles nous avons fait le compte. En l'état actuel de l'économie, le prochain budget de la France fabriquera de l'inflation si le déficit dépasse six milliards et demi; le projet en prévoit près de douze... »

La distribution inconsidérée du crédit aux entreprises, combinée avec la liberté des changes, ne trouve pas grâce davantage.

De Gaulle : — Alors vous pensez que si nous ramenons le déficit à six milliards et demi, si nous rétablissons pour un temps le contrôle des changes et la discipline de l'impôt, si nous filtrons les demandes de crédit, si nous bloquons pour un temps les prix au niveau où ils sont et les salaires au niveau promis à Grenelle, l'économie française retrouvera l'équilibre de la santé sans s'étioler? »

Barre : — Oui, elle retrouvera ses espérances intactes. »

De Gaulle : — Je veux dire : Calculez-vous que nous pouvons éviter la dévaluation aujourd'hui? Et à plus long terme? Depuis que je suis aux affaires je me suis attaché à tenir la monnaie de la France. Calculez-vous qu'à long terme on pourra encore la tenir? »

Barre : — Nous ne savons pas quel sera l'avenir, ni le comportement des autres Etats dans l'avenir. Je sais, en revanche, qu'il ne faut pas faire cela en ce moment. Aucun motif d'ordre intérieur — nous parlons, mon Général, des motifs d'intérêt national — aucun motif intérieur ne nous l'impose, aucun ne nous y incite.

« La crise monétaire n'est pas d'ordre intérieur. Ce n'est pas une crise française. Elle est internationale. Alors, à long terme il faudra bien qu'on se décide à la résoudre, d'un commun accord. Il faudra bien qu'on en vienne à envisager une remise en ordre des parités. A ce moment-là nous serons conduits en même temps que les autres à regarder quelle parité peut revenir à notre monnaie. Malheureusement les autres n'y sont pas encore disposés, nous venons de le voir à Bonn...

« Alors, mon Général, le contexte international ne s'y prêtant pas, le contexte économique français ne le nécessitant pas, le contexte social français exigeant le maintien de la monnaie et de la parole donnée, dévaluer le franc français actuellement et isolément serait un contresens gratuit.

« Ce que nous avons à faire en revanche, nous Français, est d'une autre nature : dans l'attente du jour où les autres pays admettront comme nous la nécessité d'une refonte complète du système international, d'ici là il faut que nous tenions le cap par une politique économique vigilante et cohérente. »

De Gaulle : — Que jamais plus la France ne puisse être piétinée comme elle vient de l'être! »

Dans ce dernier cri suinte l'amertume amassée en lui quand il a vu les Allemands faire et parler comme s'ils pouvaient disposer du franc à leur seule discrétion, sans réciproque. La France, d'acteur qu'elle était, est devenue objet.

Raymond Barre : — Ne consentons surtout pas à une manipulation séparée du franc français. Il en va de la crédibilité politique de la France. »

C'est l'autorité de la France dans le Marché commun qui se joue. Bien sot qui parlera à ce propos d'un souci de prestige. En dix années de stabilité monétaire et de continuité diplomatique, la France s'est procuré assez d'autorité pour persuader ses cinq partenaires de donner au Marché commun une certaine forme. Ils y ont leur intérêt et la France y a le sien. Les idées, la cohérence sont venues de chez de Gaulle. Dans le domaine agricole par exemple la France tient le Marché commun à bout de bras. Qu'elle se mette dans le cas de tomber en tutelle, tout ce qu'elle a tricoté pour l'Europe se démaillera. Voilà ce que de Gaulle et Barre considèrent, et non pas de faire de l'épate.

De Gaulle : — Oui dès que les difficultés surviennent il n'y a que la France à se faire une idée de l'Europe. Une fois de plus elle va se trouver seule, il lui faudra toutes ses forces. Mais regardez ce pays... »

Le voici lancé à brosser un panorama. Décollant des mesures à court terme, il met en perspective les fragilités de l'économie française, il trace les défilés par où elle doit gagner ses chances. Il restitue, les ayant assimilés, triés, classés, mis à l'échelle, tous les éléments récoltés depuis la veille en ordre dispersé.

Extrait de « Vers l'armée de métier » (p. 238) : — Par la culture générale, la pensée est mise à même de s'exercer avec ordre, de discerner dans les choses l'essentiel de l'accessoire, d'apercevoir les prolongements et les interférences, bref de s'élever à ce degré où les ensembles apparaissent sans préjudice des nuances. »

Raymond Barre, dont les méchantes langues prétendent qu'il n'a jamais prêté l'oreille qu'à lui-même, écoute médusé. Le premier à l'agrégation d'économie politique rend les armes :

Raymond Barre (onze ans plus tard) : — C'était prodigieux. Prodigieux! Une fresque! »

On dirait que de Gaulle a besoin d'extérioriser de telles synthèses, lorsqu'il les a formées en lui.

Pierre Lefranc (1977) : — Devant ses visiteurs, le Général faisait ses gammes... »

Cependant ce samedi en fin d'après-midi, le visiteur — habitué depuis trois ans à des conversations périodiques avec le président de la République — éprouve l'impression d'une tonalité nouvelle, comme si de Gaulle se surpassait. Une allégresse le soulève.

Raymond Barre (1979) : — Il était dans une forme exceptionnelle. Je voyais de l'autre côté du bureau l'homme des tempêtes. C'était le général de charge! »

C'est que de Gaulle — au sens physique, comme on passe un seuil — de Gaulle, à cet instant, entre en action. Cet homme qui s'est dressé à ruminer interminablement ne s'est jamais accoutumé à ce temps de rumination. Une sorte de vertige, de désespérance semble l'envahir tant que la réflexion ne se transmute pas en action. On ne connaît pas de cas chez lui où la transmutation ne se soit pas produite. Il s'est imposé la méthode; il sait qu'il est nécessaire de ruminer des années, s'interdisant tout caprice impulsif, avant que jaillisse l'action parfaite :

Vers l'armée de métier (p. 231) : — Dans les quelques journées où, deux ou trois fois par siècle, le destin d'un peuple est joué (...) le jugement, l'attitude, l'autorité des chefs dépendent surtout des réflexes intellectuels et moraux qu'ils ont acquis pendant toute leur carrière. »

Quelqu'un qui a eu l'occasion de vérifier le 18 juin 40 l'efficacité de sa recette pourrait être rassuré. N'empêche... On dirait qu'à chaque fois il a été vrillé par la crainte que la réaction chimique ne rate; ce combattant de l'avenir n'a jamais eu une prétention d'ancien combattant. Crainte irrationnelle, jamais justifiée, mais elle revenait chaque fois, comme si l'ampleur du flot — « l'inondation » — lui semblait chaque fois inédite. Gaston Bachelard aurait beaucoup à dire sur la façon dont de Gaulle se voit la veille du 18 juin :

— Je m'apparaissais à moi-même, seul et démuni de tout, comme un homme au bord d'un océan qu'il prétendrait franchir à la nage [145]. »

Voilà un homme qui ensuite et contre toute vraisemblance a traversé l'océan à la nage, du 18 juin 1940 au 25 août 1944. Eh bien, ça ne l'a pas changé, il n'est pas arrivé à y croire. A chaque grande épreuve, et à celles qu'il maîtrisa du plus haut, il avait d'abord avoué cette sensation de nudité devant un élément liquide démesuré.

Voyez sa maussaderie ce matin encore en présence de Jeanneney, « je ne sais où m'adresser... »; il ne s'est pas écoulé sept heures et Barre le découvre tirant allégrement sa brasse dans l'océan des difficultés économiques. Même transfiguration apparente qu'entre sa conversation avec son gendre le matin où il allait partir vers Baden-Baden, et le poème sur le Rhin qu'il récitait à Flohic, à la table familiale, une fois vu Massu. Même transfiguration qu'en Roumanie quand il eut pris devant Couve sa décision pour un référendum immédiat.

Le nageur vient de retrouver le roc sous son talon : Barre, cet après-midi, c'est son Massu de l'action monétaire. La décision est nouée, l'action est là. Même scène que de Gaulle sur le point de quitter Baden-Baden et disant à Massu ce qu'au bout du compte il va faire.

Devant Barre, de Gaulle s'est levé, marquant la fin de l'entretien.

Général de Gaulle, à Raymond Barre : — Je vais vous dire ce que je viens de décider, ayant tout pesé. Nous ne dévaluerons pas. »

Raymond Barre : — Ah! Mon général, c'est la plus grande joie que vous puissiez me donner! »

Général de Gaulle : — Vous allez tomber sur des journalistes. Ne leur dites rien en sortant, nous publierons un communiqué dans la soirée. »

Tant que de Gaulle fut président de la République, l'habitude et le principe voulaient que les communiqués consécutifs à une réunion du Conseil des ministres fussent remis à la presse par un membre du gouvernement, généralement le secrétaire d'Etat à l'Information. Cette fois-ci, alors que les ministres pouvaient croire que la décision était arrêtée, de Gaulle l'a retenue jusqu'à sa conversation avec Raymond Barre. Il éprouvait le besoin de s'assurer auprès de Barre que l'ordre de mise en garde monétaire était exécutable comme il l'avait vérifié auprès de Massu pour la mise en œuvre des moyens militaires. La différence est qu'il lui avait fallu aller voir Massu, tandis que Barre a pu venir à l'Elysée.

Tout comme en rentrant de Baden-Baden, il avait fait appeler le Premier ministre Pompidou avant de passer à l'annonce publique, de Gaulle quittant Barre fait entrer Couve de Murville — qui attend dans le bureau voisin depuis la fin du Conseil.

Couve ne fait pas tant de façons que Pompidou le 30 mai. Il sert la volonté du président de la République. De Gaulle dit à son Premier ministre qu'il va annoncer lui-même et sans délai au pays les actions qu'il a décidées. Comme il l'a fait après avoir vu Massu. Il énumère pour Couve ces actions. Elles ne tiennent pas plus compte de la politique financière de Couve jusqu'à ce matin que la harangue du 30 mai ne tenait compte de la conduite que Pompidou avait recommandée jusque-là. Couve s'aligne sur le Général plus spontanément que ne l'avait fait Pompidou. De Gaulle alors prend une feuille de papier. En écrivain qui connaît le poids des mots, il rédige le communiqué où doit être fait le tour de la question. Pas de rature. Il donne le papier à Bernard Tricot qui le donne au conseiller technique qui le donne aux journalistes :

— Le président de la République fait connaître qu'à la suite du Conseil des ministres d'aujourd'hui, 23 novembre, la décision suivante a été prise :
« la parité actuelle du français est maintenue. »

Pierre-Louis Blanc, le conseiller technique pour la presse, aurait pu tout aussi bien enfoncer un bâton de dynamite dans le paquet des journalistes. Ils attendaient le taux de dévaluation. L'explosion de la phrase nettoie le perron. Ils ont été projetés à travers les murs en direction des téléphones.

De Gaulle avait déjà déclaré que la politique de la France ne se fait pas à la Corbeille. Ce coup-ci, il notifie à Franz-Josef Strauss qu'elle ne se fait pas non plus à l'étranger. La monnaie, glaive de l'économie, seule la Nation, dans la personne du Président qu'elle s'est élu, en a souverainement le maniement. Il fallait que, de toutes les façons, au vu et au su du monde et de la France, le communiqué portât la marque personnelle du Président de la République française.

Article 5 de la Constitution : — Le Président de la République est le garant de l'indépendance nationale... »

*
* *

L'enquête a établi qu'à l'instant de la déflagration, les montres des journalistes indiquaient 19 heures 46 minutes.

Tête des spéculateurs écoutant la radio de 20 heures pour connaître leur pourcentage de bénéfice sur la peau du franc.

*
* *

— Eh bien, mon cher et Vieux pays, nous voici donc ensemble encore une fois face à une lourde épreuve... »

Il avait dit ça le 29 janvier 1959, lorsqu'il s'agissait de surmonter les barricades d'Alger, « mauvais coup porté à la France ». Ça reste de saison pour refuser de lâcher la partie devant les barricades de la spéculation.

Il avait dit encore, en 59 :

— Du coup, la France ne serait plus qu'un pauvre jouet disloqué sur l'océan des aventures... »

Encore faut-il prendre entre Français les moyens de ressouder le destin. De Gaulle va les énumérer par radio vingt-quatre heures et quatorze minutes après son communiqué. Son appel tombe un dimanche soir. On ne pouvait pas attendre un jour ouvrable. Lundi, la Bourse, les banques, allaient rouvrir ; tout devait être mis en œuvre auparavant pour que le sens de circulation des capitaux soit inversé. On refusait la dévaluation parce qu'elle aurait été ratée ; il s'agissait de ne pas rater le refus de dévaluer. Dimanche ou pas, jamais discours sur la politique économique n'aura été écouté si spontanément par tant de Français. Le coup de théâtre d'hier soir leur a fait toucher du doigt l'enjeu national. L'auditoire est disponible.

Samedi soir, Pierre-Louis Blanc a eu du mal à courir après les journalistes pour leur faire remarquer qu'après l'annonce du refus de dévaluer, il y avait également celle d'une allocution radiodiffusée du chef de l'Etat.

Ce sera la dernière que de Gaulle ait prononcée pour régler le compte d'une lourde épreuve nationale. Personne ne peut savoir que c'est la dernière. Lui non plus.

Face à la tentative de putsch financier orchestré comme d'habitude par les grouilleurs de l'étranger et par les grenouilleurs en appétit de succession, les Français vont retrouver de Gaulle tel qu'ils le connaissent à chaque assaut. Harangue martiale, diront ceux qui aiment le clairon des mots. Mettons plutôt : résolue. Et fabriquée de telle sorte que la résolution est communicative. Simplificatrice et nullement simpliste : il remet dans la perspective nationale les problèmes qu'il va falloir prendre à bras-le-corps. Littéralement, il va éclairer le secteur.

Sur-le-champ, il a choisi : l'important est de tout annoncer tout de suite; vouloir adapter sa harangue pour la télévision serait perdre du temps. La nécessité le dispense de s'échiner à apprendre de mémoire un texte qui n'est pas encore composé.

Ayant ainsi disposé dès samedi 19 h 40 avec Couve et Tricot son agenda du lendemain, le général de Gaulle passe à l'appartement pour dîner avec sa femme. Comme il était revenu à Colombey manger son potage, ayant agencé son dispositif avec Massu. Et il va se coucher paisiblement. Il lui manquait peut-être de fermer les volets.

L'action est son bain de lait. Le dimanche matin, les choses se passent comme un dimanche sur deux quand on n'est pas parti pour Colombey. Il assiste avec sa femme à l'office dans l'oratoire de l'Elysée. C'est une messe basse. Vingt-trois minutes. A quoi pense de Gaulle en accomplissant les gestes de la dévotion?

En sortant de là, il reçoit le secrétaire d'Etat à l'Information Joël Le Theule. C'est rituel avant d'enregistrer une allocution; il s'agit moins de préparer un cérémonial que d'organiser une pédagogie. Le gérant gouvernemental de l'Information est aux yeux du général de Gaulle un relais indispensable. Sur le point de rassaisir les Français par sa harangue du 30 mai, son premier tracas avait été de se procurer un diffuseur mieux approprié que Georges Gorse. Ce dimanche matin, donc, il s'applique à fournir tous les arrière-plans à Joël Le Theule. Le Général n'adoucit pas le tableau; il ne suggère pas à Le Theule de l'adoucir. Idée générale : la France ne peut compter que sur elle-même; ses alliés viennent de montrer qu'ils n'ont pas encore appris la solidarité européenne; malheureusement, les financiers français qui revendiquent pour eux seuls le pouvoir économique en France viennent de se révéler dépourvus de sens national; tant d'états-majors financiers ont filé mettre leurs sous à l'abri sans réfléchir à ce qu'il adviendrait de la troupe des salariés, comme en juin 40 tant d'états-majors militaires filaient, toutes affaires cessantes, mettre leur peau à l'abri!

Couve de Murville, de son côté, s'est mis en devoir de retailler son projet budgétaire dans le sens que le chef de l'Etat lui a indiqué hier soir. Ordinairement, les bureaux mettent six mois; Couve a une demi-journée. Dimanche matin à 10 heures, le Premier ministre a convoqué le ministre Ortoli et son adjoint, le secrétaire d'Etat Chirac. Couve finalement content, et dirigeant prestement la manœuvre, maintenant que la décision a été tranchée à l'étage au-dessus; Ortoli rasséréné, son foie un peu remis; Chirac refermé dans son rôle de fonctionnaire comptable, extirpant des dépenses dans un budget qui n'en avait déjà pas assez, semble-t-il, pour son goût, Chirac ne pouvant pas dire sous peine de perdre son poste que le Général a tort et ne voulant pas dire sous peine d'être mal vu ailleurs que le Général a raison de ne pas dévaluer.

Elysée dimanche 13 heures : le Général déjeune en tête à tête avec Yvonne. Elle a pris sur elle de décommander les neveux et les petits-fils. A deux heures et demie, le Général regagne son bureau et s'enferme avec le dossier qu'Alain Prate lui a classé : les notes de Jeanneney, de Barre, de Tricot d'après Modiano, et d'Alain Prate lui-même. Il écrit sa harangue, de la plume qui boucla Mai. Pas besoin cette fois d'essayer son texte sur le Secrétaire général, et jamais question de l'essayer sur un ministre, fût-il le Premier. En fait, de Gaulle s'est essayé hier soir sur Raymond Barre. D'elle-même, la fresque d'hier se moule dans la forme radiophonique d'un ordre du jour aux forces françaises.

En une heure et demie, c'est terminé. A quatre heures et quart, le Général reçoit le Premier ministre. Il vérifie que ce qu'il compte dire et demander aux Français coïncide avec les dispositions du budget reconverti.

A cinq heures, comme convenu, Bernard Tricot vient chercher le Général pour l'enregistrement. Il y a là, selon le rituel, le secrétaire d'Etat Joël Le Theule et le directeur général de l'ORTF, Jean-Jacques de Bresson. L'enregistrement prend huit minutes et demie. Sitôt fini, les techniciens font écouter la bande. Pas de reprise.

Le Général passe à l'action suivante. Elle n'est pas mince. Au vu du communiqué d'hier soir, le président des Etats-Unis, Lyndon B. Johnson, lui a télégraphié une offre de coopération. Solidarité compréhensible : la spéculation ne s'est pas plus gênée avec le dollar que pour le franc. Geste précieux * : Français et étrangers verront que tous les partenaires de la France ne se jettent pas à la curée comme les Allemands, les Anglais et les Néerlandais ont eu l'air de le faire hier. Il peut donc être bon de publier le télégramme de Johnson avant même que la radio diffuse la volonté présidentielle. Mais geste à deux tranchants : il faut éviter que la France n'ait l'air d'accepter l'armistice avec le privilège du dollar; la demande du Général, réitérée depuis 1965, en vue d'une remise en ordre de l'ensemble des monnaies avec l'abolition du Gold Exchange Standard, tout cela est plus que jamais à l'ordre du jour. Pourtant il était exclu de s'y référer dans la harangue présidentielle qui va être diffusée tout à l'heure : cette harangue est affaire de souveraineté française; on n'y mêle pas l'étranger, si aimable qu'il se veuille.

Voici donc de Gaulle en train de fignoler son deuxième texte de la journée, qui doit être connu des auditeurs avant le premier. De Gaulle

---

* Geste d'autant plus précieux qu'il s'assortissait d'un prêt de 500 millions de dollars de la Banque fédérale de réserve des Etats-Unis. Geste curieux aussi : depuis dix-sept jours Lyndon B. Johnson, battu par Richard Nixon, expédiait les affaires courantes en attendant la passation de pouvoirs du 20 janvier suivant.

télégraphie à Johnson qu'il « apprécie hautement » son offre. Il prend soin de ne pas mentionner si la France en a besoin ou pas. Rien qui puisse entamer la libre détermination des Français, puisqu'une fois de plus, c'est sur elle seule que se fondera une action solide.

Retour enfin à l'appartement privé pour achever en tête à tête avec Yvonne cette journée dominicale. Elle a été — qui l'aurait cru? — studieusement paisible. L'esprit de méthode a tenu de Gaulle au-dessus des houles. A vingt heures, comme tous les soirs, il regarde avec Yvonne le journal télévisé. Il n'y a d'ailleurs rien à voir : sur la simple mire la télévision diffuse la bande sonore de l'allocution présidentielle.

*
* *

En France, la curiosité publique s'est concentrée sur le refus de dévaluer. Au-delà des frontières ce qui fait impression, c'est que de Gaulle jaillisse sur scène en personne. Vit-on jamais la reine d'Angleterre se porter au créneau pour le sterling?

De Gaulle, d'un geste, fait sentir qu'on touche à l'essentiel national : attaquer son nouveau Franc, c'est s'en prendre à sa nouvelle France.

*
* *

Démarrage en prise directe :

— *La crise monétaire traversée par la France est la conséquence de la secousse morale, économique et sociale qu'elle a subie à l'improviste aux mois de mai et juin derniers, faute que la coopération de tous les participants ait pu remplacer à temps la lutte stérile des intérêts.* »

La faute à Mai, donc, dans l'immédiat; mais à qui la faute de Mai sinon à ceux qui n'ont pas eu « à temps » la largeur de vue suffisante pour comprendre la nécessité de la Participation?

« ... *Quand au milieu de la concurrence mondiale, un pays — je parle du nôtre — qui était en état de croissante prospérité et qui disposait d'une des monnaies les plus fortes du monde, a cessé de travailler pendant des semaines et des semaines, quand on l'a longuement privé de trains, de navires, de transports en commun, de radio, d'essence, d'électricité, quand, pour échapper à la mort par asphyxie, il a dû d'un seul coup imposer à son économie des charges salariales énormes, écraser son budget de dépenses soudainement accrues, épuiser son crédit en soutiens précipitamment prodigués aux entreprises devenues défaillantes, rien ne peut faire que ce pays-là, même s'il a su s'arrêter au bord du gouffre, retrouve aussitôt l'équilibre.* »

Ainsi d'abord, avis aux agités et aux grévistes de Mai : il ne faut pas se raconter qu'on retrouve intact le confort qu'on avait voulu démolir.

« ... *Mais jusqu'à ce que ce pays-là ait retrouvé l'équilibre, rien ne peut empêcher qu'il y ait, au-dedans et au-dehors, nombre de gens qui suspendent la confiance qu'ils avaient en lui, et tâchent de faire passer leurs intérêts à eux avant l'intérêt public.* »

Les auditeurs dressent l'oreille : nous voici à la spéculation. « Au-dedans et au-dehors », conquérant étranger et collabos empressés à tirer leur fortune du marché noir... De Gaulle ne se plaint pas que la spéculation gagne contre la monnaie. Il prévient ses compatriotes qu'elle « tâche de gagner ». Aux bons Français de voir s'ils se laisseront abaisser ou s'ils s'organiseront pour résister à l'outrage.

« ... *Naturellement, c'est la monnaie NATIONALE qui risque alors de faire les frais de cette ODIEUSE spéculation.* »

« Odieux » : mot de condamnation le plus fort du vocabulaire gaullien. Réservé aux circonstances exceptionnelles. Antonyme de « national ». Dans les discours du général de Gaulle, l'adjectif « odieux » s'applique aux crimes contre « la République ». Il livre le criminel à la vindicte des bons citoyens. Les politiciens au rancart de Mai dernier n'ont pas été frappés de l'étiquette infamante... de Gaulle faisait son affaire de régler leur compte. « Odieux », en revanche, avaient été les généraux du putsch d'Alger : ceux-là avaient pris les armes contre la République. C'est à eux que de Gaulle assimile les spéculateurs qui n'ont pas hésité à prendre les armes contre le franc. De Gaulle, une fois de plus, ne compte guère que sur les sans-culottes pour défendre la patrie en danger.

A l'heure où de Gaulle parle, les auditeurs savent que, pour le moment, les frontières demeurent intactes et que la suite est encore entre leurs mains : le refus de dévaluer leur est connu depuis hier soir samedi. Pareillement, le jour de 1961 où de Gaulle invectivait contre un quarteron de généraux en retraite, on sentait déjà que le putsch avait cessé de progresser. La République gardait ses chances. L'économie française garde les siennes en ce 24 novembre 1968 :

« ... *En dépit du mauvais coup qui lui avait été porté, notre économie s'est ressaisie. Le travail a repris partout. L'expansion se développe de nouveau. Le commerce extérieur s'accroît. Cela, grâce au ressort naturel de notre peuple et à certaines mesures appropriées. D'autre part, les Etats les mieux pourvus viennent de nous ouvrir des crédits considérables, qui peuvent encore être augmentés et qui s'ajoutent aux réserves qui nous appartiennent en propre...* »

(Vous reconnaissez l'allusion au télégramme de Lyndon B. Johnson.)

« .. *Enfin, on voit venir le jour où, à force d'expériences fâcheuses, le monde entier sera d'accord pour établir un système monétaire impartial et raisonnable, mettant chaque pays, dès lors qu'il le méritera, à l'abri des mouvements subits et absurdes de la spéculation...* »

Le professeur ès sciences monétaires Raymond Barre (qui a passé le dimanche à son domicile parisien avant de regagner Bruxelles) est avec sa femme Eva derrière son récepteur de télévision, réduit pour huit minutes à l'état de récepteur radio. Le professeur Barre a croisé ses mains replettes. Il ne se tourne pas tout à fait les pouces : le pouce gauche bat sur le pouce droit, et le rythme de battement mesure la tension intellectuelle du personnage. Rythme particulièrement vif durant la phrase que le général de Gaulle vient de prononcer : On voit venir le jour, etc. C'est, mot pour mot ou presque, le cours que le professeur Barre a fait hier après-midi sur la remise en ordre générale et concomitante des monnaies. Le Général a pleinement assimilé la leçon particulière.

« *Bref, nous avons en toute vérité pour le présent et pour l'avenir tout ce qu'il faut pour achever le rétablissement commencé et repasser en tête du peloton.*
« *C'est pourquoi, tout bien pesé, j'ai, avec le gouvernement, décidé que nous devons achever de nous reprendre sans recourir à la dévaluation...* »

Ici va venir la phrase qui sépare à jamais du général de Gaulle quiconque continue à prendre légèrement ou complaisamment l'éventualité d'une capitulation monétaire. Les membres du gouvernement eux aussi sont chacun à leur récepteur, à commencer par les deux qui prêchaient la dévaluation hier en Conseil. Dommage pour eux que le Général n'ait pas dit ce qu'il en pensait avant de leur passer la parole.

« *... Dans la situation à la fois troublée et pleine d'espérance où nous nous trouvons aujourd'hui, une pareille opération risquerait fort d'être non pas du tout un remède, mais L'ARTIFICE MOMENTANÉ D'UNE RUINEUSE FACILITÉ ET LA PRIME PAYÉE A CEUX QUI ONT JOUÉ NOTRE DÉCLIN.* »

Là, ce ne sont plus seulement les accents antiputsch de 1961. Le ton, les mots, rejoignent les premiers appels de 1940 quand déjà il s'agissait de ne pas laisser ceux qui avaient joué le déclin prélever leur prime sur la chair pantelante de la France.

La voix sort du poste. Même effet de lointain qu'il y a six mois, le 30 mai, lorsque de Gaulle rentrait d'on ne savait où. Impression que le Général, prenant personnellement la direction des opérations, a gagné quelque PC de campagne. Lointain, mais intime aussi, s'adressant individuellement à chaque Français pour le requérir de prendre sa part de responsabilité dans le rétablissement du front.

En fait, le 30 mai, le président de la République n'avait pas eu la certitude qu'il aurait la possibilité de lancer son message à la télévision. Alors dans les deux cas, le 24 novembre et le 30 mai il avait utilisé la radio. Mais tout moyen est bon à qui sait le prendre; de Gaulle avait conscience que la pauvreté du moyen allait ajouter à la dramatisation.

De tous les discours que de Gaulle a prononcés durant sa présidence, ces deux harangues-là sont celles qui ont empoigné leurs auditoires au plus profond. C'est sans doute, dans les deux cas, que l'image n'est plus là pour distraire. Ici s'arrête l'analogie. D'une harangue à l'autre, les destinataires sont différents. Ce dimanche 24 novembre, alors que la débâcle et l'humiliation nationale roulent leur bruit de bottes dans les avenues voisines, de Gaulle en appelle au peuple de la Résistance.

Sous l'occupation, radio baissée, émissions brouillées, on s'obligeait à tendre l'oreille. Tête et corps tendus vers le poste pour comprendre. Volontaires pour participer. Le même mouvement affleure huit minutes durant, ce dimanche soir, inconscient post-scriptum à quatre années de remobilisation française. Oreille penchée sur le transistor, ou face à cette voix sans image qui sourd de la télévision, l'armée de ceux qui, de toute façon, détiennent l'avenir de la patrie, attend la consigne. Le discours du général de Gaulle prend l'accent d'un ordre du jour. Plus de fioritures, point d'atténuation, la nécessité et l'urgence commandent; de Gaulle parle à des gens sur qui il compte :

« *A côté de certains concurrents qui sont, eux, très actifs et en très bon ordre, le maintien de notre monnaie exige absolument que nous nous remettions, à tous égards, et dans tous les domaines, en équilibre complet.* »

Les troupes devront progresser le long de trois axes que le Général va énumérer, tour à tour :

« *..Au point de vue économique, cela veut dire que, sans revenir sur l'accroissement des rémunérations tel qu'il a été fixé au printemps, nous refusons d'imposer, à ce titre, à notre économie, des charges nouvelles, dès lors qu'elles l'empêcheraient de redevenir vigoureuse et concurrentielle.*
« *Cela veut dire que, simultanément, nous entendons tenir les prix des produits fabriqués, des aliments et des services.*
« *Cela veut dire que, pour rendre positive la balance de nos paiements, nous allons développer d'office la capacité d'exportation de nos entreprises, notamment en les allégeant de certains impôts qui pèsent à l'excès sur leurs prix de revient...* »

Jean-Marcel Jeanneney aura reconnu ici la recette qu'il soufflait hier matin au général de Gaulle : suppression de la taxe sur les salaires. La capacité d'exportation s'en trouve accrue « d'office » précise de Gaulle, apparemment peu soucieux que les industriels s'en donnent faussement le mérite après avoir fait l'emploi qu'on sait des crédits à l'investissement qu'on leur a prodigués. Aussi bien vient-il, dans la phrase précédente, de bloquer les prix. Dans la phrase d'avant, il a bloqué les salaires, mais en y incorporant les promesses de Mai. Et ces promesses, il s'agit précisément qu'elles soient tenues en vraie monnaie.

Second point de l'ordre de bataille :

« *... Au point de vue financier, le découvert du budget de 1969, qui avait été d'abord évalué à plus de 11 milliards et demi, sera ramené à moins de 6 milliards et demi, grâce en particulier à la réduction des dépenses de fonctionnement de nos administrations, à celle des subventions fournies*

*aux entreprises nationalisées, à celle de nos ambitions du moment, quant
à notre équipement civil, militaire et universitaire.*

*« En même temps, les crédits octroyés par l'Etat seront adaptés et limités
aux besoins réels de l'expansion nationale : il va de soi que les contrôles
nécessaires devront jouer avec rigueur, tant pour ce qui est des changes
qu'en ce qui concerne la perception effective de tous les impôts
existants... »*

Le professeur Barre voit que, là aussi, il a été compris. Ce n'est pas
sans mérite. Lorsque de Gaulle parle de réduire dans cette énorme
proportion « nos ambitions du moment, quant à notre équipement
militaire », il n'exclut pas ce qui lui tient le plus à cœur pour la sécurité
de la France : il a permis tout à l'heure à Couve de Murville de
renvoyer à des jours meilleurs le développement de la force de
dissuasion. Celle-ci est nécessaire à l'indépendance? La monnaie aussi.
Un général en difficulté doit décider de l'ordre des périls, et choisir
entre les moyens entamés qui lui restent.

Du moins puisque la bataille va creuser des brèches cruelles — dans
les équipements universitaires et civils autant que militaires — faut-il
rendre à la nation la conviction qu'il n'y aura plus de planqués ni de
resquilleurs : le contrôle des changes est rétabli et les industriels ne
pourront plus rechigner à verser l'impôt sous prétexte qu'ils sont
dépassés par leurs promesses de Mai.

Ces promesses de Mai, on n'est pas sûr que de Gaulle ait approuvé
qu'on les fasse si larges. Mais dès l'instant qu'elles ont été faites sous la
caution de la République française, toute tricherie serait une atteinte
au moral de la nation.

Troisième axe de marche :

*« ... Au point de vue de l'ordre public — car la crise est survenue à partir
du moment où il avait été troublé et ne cessera pas si l'on peut douter
qu'il soit désormais maintenu — les mesures voulues doivent être prises
pour que c'en soit désormais fini, aussi bien dans nos facultés et nos
écoles que dans les rues de nos villes et sur les routes de nos campagnes,
de toutes agitations et exhibitions, de tous tumultes et cortèges, qui
empêchent le travail et scandalisent les gens sensés, et pour que chacun
de ceux qui ont un devoir à accomplir, une place à tenir, une fonction à
remplir, le fasse consciencieusement... »*

C'est aussi que les jeux de Mai ne remontent guère à plus de six mois.
Les vacances d'été ayant passé là-dessus, des étudiants, de jeunes
fonctionnaires essaient de reprendre le bal.

Mais la plus grave chienlit maintenant, elle est dans l'ordre
monétaire; et ceux qui la nourrissent sans un regard pour la France ce
sont ceux-là qui gesticulaient contre elle sur les Champs-Elysées le
30 mai au soir. Alors, le général de Gaulle ne veut pas qu'on s'y trompe.
S'il dit non à la chienlit, c'est, comme en Mai, dans la mesure où elle se
met en travers de la Réforme.

La remise sur rails passe par la remise en ordre.

Il faut — et cet impératif va prendre dans sa bouche son sens fort —
il faut rouvrir tout large le chemin qui mène à la Participation :

« *... Françaises, Français,*
« *Ce qui se passe pour notre monnaie nous prouve, une fois de plus, que
la vie est un combat, que le succès coûte l'effort, que le salut exige la
victoire. Si, comme nous le pouvons et comme nous le devons, nous
gagnons celle-ci EN Y PARTICIPANT TOUS ENSEMBLE, alors nous
serons en mesure de mener à bien comme il le faut LES TRANSFORMA-
TIONS, LES REFORMES, LES PROGRES QUI FERONT DE NOUS A
COUP SUR UN GRAND PEUPLE EXEMPLAIRE DES TEMPS MODER-
NES. Car à travers nos épreuves, quelles qu'elles soient et quelles qu'elles
doivent être, VOILA LE BUT NATIONAL.*
Vive la République! Vive la France! »

En refusant de dévaluer le franc, de Gaulle ramène le référendum
sur la participation. C'est inéluctable.

Georges Pompidou, à partir de l'été 1970 (en privé, mais à de nombreux
interlocuteurs successifs) : — Depuis Mai la dévaluation s'inscrivait
dans le ciel. Toutes les données de la société française y concouraient. »

Exact. L'alternative était brutale : soit signer l'armistice avec la
fatalité, soit changer les données de la société française. Le refus de
dévaluer ne signifiait rien sans la Réforme.
    Obstination d'un songe de vieillard? En écoutant l'appel du Général,
Pompidou a pu de nouveau se toquer la tempe comme déjà en juin. Il
n'avait pas senti non plus le 18 juin 40.
    Obstination c'est sûr, mais de jeunesse : la harangue qu'on vient de
lire tombait pour le vingt-septième anniversaire de l'avertissement que
le jeune général de Gaulle adressait aux étudiants d'Oxford dans la
plus sombre période de la guerre :

— Si complète que puisse être un jour la victoire des armées, rien ne
sauvera l'ordre du monde si le parti de la libération ne parvient pas à
construire un ordre tel que la liberté et la dignité de chacun y soient
exaltées et garanties. » (25 novembre 1941.)

D'un bout à l'autre de sa vie, de Gaulle a tenu un unique discours.
Les gaullistes semblent l'avoir entendu d'une oreille variable, selon
qu'ils étaient à un bout ou à l'autre de leur carrière.

SI LE PEUPLE LE VEUT

Bernard Tricot (1977) : — Si le Général avait fait son référendum sur la lancée, le plus tôt possible après le refus de la dévaluation, il pouvait le gagner. C'est du moins ce que je me suis dit souvent par la suite... »

Dimanche, le général de Gaulle a refusé de légaliser la défaite. La victoire, elle, dépendra du peuple français. De Gaulle, une ultime fois, est l'homme qui tient un pied dans la porte. Le 18 juin 40 il n'allait pas repousser les armées hitlériennes à lui tout seul. Il s'agissait de tenir ouverte devant le peuple français l'occasion de vouloir, et de lui procurer l'occasion de le dire. Pareil le 24 novembre 1968.

Les Français ont fait cocorico. Ils rigolent comme le lendemain du Québec libre. David a défié Goliath? L'épisode est plutôt ressenti comme Guignol rossant son propriétaire. La mésaventure des spéculateurs crée le sentiment qu'il existe pour une fois une justice expéditive. Primo, l'énorme amputation des crédits budgétaires incite les grandes sociétés à rapatrier leurs capitaux disponibles, entreprises nationales en tête. Le courant de circulation monétaire s'inverse. Secundo, la France dispose d'un prêt tel qu'elle ne court plus le risque d'être mise à genoux; la spéculation étrangère renonce à miser sur la chute du franc et cela aussi rétablit la balance.

Les petits déserteurs n'ont plus qu'à faire revendre leurs beaux marks contre du bon franc.

Pour ce retour comme à l'aller, ils acquittent un droit de passage; les banques resteront les principales bénéficiaires de la panique qu'elles ont cultivée. Les plus petits joueurs seront les plus gros perdants : pour la plupart ils n'ont pas de réserves suffisantes pour laisser leur mise à l'étranger en attendant des jours meilleurs pour eux et plus mauvais pour la France. Phénomène classique : ce n'est pas à ceux qui les ont fourvoyés qu'ils en voudront. Parmi les boutiquiers, les petits entrepreneurs resurgit contre de Gaulle la haine qui court souterraine depuis Vichy. Chez de plus gros brasseurs d'affaires on reste davantage de sang-froid, on conserve des moyens de jouer une seconde manche. Aussi cherche-t-on d'un regard de plus en plus intéressé le personnage qui saura se montrer moins intraitable que de Gaulle. Enfin ceux qui ont acheté commodes ou diamants sont pressés de voir ce personnage apparaître pour que les cours remontent et qu'on puisse se défaire du placement avec profit.

En face, parmi les salariés, il y a eu autre chose qu'une réaction sentimentale contre l'humiliation. De Gaulle vient de leur faire toucher du doigt une réalité : la volonté d'une nation peut barrer la route au mauvais destin. Avec le refus de dévaluer, la France fait ses premiers travaux pratiques de la Participation. Elle en a conscience. Peut-on fixer cette prise de conscience? Oui. Par le référendum dont Bernard Tricot vient de parler.

Fin novembre, les instituts de sondage indiquent une remontée aiguë de la cote du général de Gaulle. Les Français sont à nouveau d'humeur à l'écouter. La rigueur demandée par de Gaulle a rencontré leur accord.

Resterait à remodeler la structure gouvernementale, dans la perspective de ce combat plus proche que prévu. La question va être tout de suite posée au général de Gaulle.

*
* *

Surlendemain de l'appel du général de Gaulle à la résistance monétaire : le mardi 26 novembre le Conseil des ministres a défini les mesures concrètes qui découlent de l'allocution présidentielle de l'avant-veille. Le projet sera déposé aussitôt devant l'Assemblée nationale.

A la fin du conseil, le Général demande à Jean-Marcel Jeanneney de passer dans son bureau.

De Gaulle : — Eh bien, votre visite de samedi n'a pas été inutile!... »

Jean-Marcel Jeanneney : — Mon général, vous m'en voyez heureux, profondément. Mais le changement de politique économique et financière implique qu'il faut changer votre ministre des Finances... »

Jeanneney souligne qu'il ne s'agit pas de punir Ortoli ni d'en faire le bouc émissaire. Mais, dit-il au Général, les Français viennent de percevoir un énorme couac de l'action gouvernementale; en de tels cas il est sain que des signes frappants fassent comprendre sans ambiguïté que le gouvernement se remet dans le ton juste.

De Gaulle : — Mais qui? »

Jeanneney : — Barre. Vous l'avez vu totalement dévoué aux affaires publiques. Il connaît mieux que quiconque le jeu monétaire présent, et tous les détours du commerce extérieur qu'il nous faut rééquilibrer... »

De Gaulle : — Mais le projet budgétaire que nous venons de remodeler? Nous sommes le 26 novembre... »

Jeanneney : — Si vous pensez qu'il n'est pas prêt pour ça, faites en votre ministre de l'Economie nationale et je me chargerai des Finances, du Budget. Pour la première fois de ma vie je me porte candidat à un poste. »

De Gaulle : — Vous en avez parlé au Premier ministre? »

Jeanneney : — Bien entendu, mon Général, ce matin avant de m'en ouvrir à vous. »

Jeanneney aux Finances? L'idée n'a rien pour étonner le général de Gaulle. C'est lui qui dès octobre 1962 a dit à Jeanneney, alors ambassadeur à Alger :

— Votre place est au gouvernement... »

Et de ponctuer :

— Aux Finances. »

C'était au moment de la dissolution, après que l'Assemblée nationale eut mis le tout jeune gouvernement Pompidou en minorité à propos du projet référendaire sur le principe de l'élection présidentielle au suffrage universel direct. Jeanneney demandait au Général s'il devait se présenter aux élections brusquées :

De Gaulle à Jeanneney : — Non. Vous êtes mieux fait pour être ministre. Il convient que les ministres soient de moins en moins parlementaires. »

En quoi de Gaulle se montrait d'un avis contraire à celui de Pompidou qui allait par la suite insister pour que tous les ministres recherchent l'onction électorale.

Ministre, Jeanneney allait le devenir en 1966 sans être parlementaire *. Mais point ministre des Finances. C'est que dans l'intervalle, Pompidou, Premier ministre consolidé, avait mené une politique économique contraire aux conceptions de l'autre.

Aujourd'hui, le 26 novembre 1968, c'est différent. Pompidou est parti depuis juillet. Et de Gaulle vient d'instaurer pas plus tard qu'avant-hier une politique financière et donc sociale qui prend le contre-pied de Pompidou.

Raymond Barre a ignoré que son nom était mis en avant **.

Quand Jeanneney a fait acte de candidature devant Maurice Couve de Murville avant de le dire au général de Gaulle, Couve a sagacement secoué la tête. Il s'est donné dix-huit mois, à compter de juillet 1968, pour retrouver les équilibres commerciaux, monétaires, budgétaires déquillés en Mai. Il lui faut que ces dix-huit mois s'étalent comme une

---

* Jean-Marcel Jeanneney n'a été député qu'un mois dans sa vie, s'étant présenté avec succès contre Pierre Mendès France à Grenoble au sortir de Mai 68, mais ayant été presque aussitôt nommé ministre d'Etat.
** En revanche Valéry Giscard d'Estaing, président de la République, n'ignorait pas les états de service gaullistes de Raymond Barre lorsqu'il l'a nommé Premier ministre le 25 août 1976.

plage tranquille. Drôle de rêve, si près de Mai. La secousse monétaire ne l'en a pas réveillé. Il n'a sans doute pas envie d'en être dérangé avec un remaniement ministériel. En matière d'efficacité ministérielle, comme en matière de rééquilibrage du franc, comme en tout ennui, il professe suavement — y croit-il — que le temps est galant homme.

On peut gager que si tout se passait comme en rêve, les dix-huit mois passés, Couve aurait offert les Finances à Jeanneney.

Plus étrange que de Gaulle n'ait pas donné suite. Quand Jeanneney a fait sa proposition il n'y avait pas six mois que le gouvernement Couve était constitué. Un remaniement spectaculaire aurait eu tout l'air d'un désaveu. Surtout, de Gaulle et Couve ont pu vouloir éviter de faire marche arrière sous les attaques que Pompidou faisait lancer contre le gouvernement qui lui succédait. Au fond, tout s'est passé — ou plutôt rien ne s'est passé... — comme si Pompidou conservait une emprise morale sur de Gaulle. On dirait que pour la première fois de sa vie, le vieux Général se comporte en fonction d'un qu'en-dira-t-on, d'un qu'en-dira-Pompidou. Première marque de lassitude.

Il n'a pas eu la main heureuse en prenant Couve de Murville? Il en prend son parti, lui, l'ancien homme du sursaut. Si Couve n'est pas capable, si les Français ne veulent pas, après tout...

Oui, lassitude de l'âge, probablement, indifférence naissante, imperceptible refroidissement. Car les conséquences de l'attentisme ne peuvent pas lui échapper, à lui qui les signalait à Pompidou avant Mai.

Galant homme, le temps? Vendredi dernier, le jour où Franz-Josef Strauss a proclamé impérieusement la dévaluation de la France, le jour où le gouverneur de la Banque de France est venu exposer au président de la République que ça lui semblait cuit, le soir où Jeanneney a téléphoné pour soutenir que ce n'était pas cuit, ce vendredi 22 novembre 1968 c'était le jour du soixante-dix-huitième anniversaire du général de Gaulle.

Aucun membre de la maison présidentielle ne le marquait d'aucun geste. Yvonne seule, sans doute, avait un mot.

Mais lui, vous croyez qu'il ne savait pas?

De part et d'autre du franc, les deux camps s'organisent instantanément. Ils ne changeront plus.

Georges Pompidou à Jacques Chirac (trois jours après le refus de dévaluer) : — Vous au moins, en Conseil des ministres, vous avez su maintenir votre position en faveur de la dévaluation! »

Général de Gaulle à Alain Prate (onze mois plus tard) : — Je conserve ma reconnaissance entière à tous ceux qui m'ont montré que la France pouvait ne pas dévaluer. »

*
**

Pompidou a fait son compliment à Chirac dans le dos du Général. Le mercredi qui suit le sauvetage du franc, le président de l'Assemblée nationale offre sa réception annuelle. C'est la seule circonstance où le président de la République vienne, une fois l'an, toucher la main des députés chez eux *. Le Général, guidé par Chaban-Delmas, circule dans la cohue des invités du commun, Mme de Gaulle suivant en retrait, courtisée de personne. En arrière d'eux le salon du fond — à gauche après le vestibule — est traditionnellement réservé aux grands notables et hauts dignitaires, avec buffet spécial. Les huissiers y ont aspiré les ministres. Cinq minutes après eux, Pompidou y fait son entrée en vedette. Ses anciens ministres s'empressent à lui présenter leurs devoirs.

Dans tout ancien ministre, un futur ministre sommeille d'un œil seulement. Anciens et futurs, ils sont aussi ministres présentement. Mais Couve est deux pièces plus loin, dans le sillage du Général. Pompidou rend les politesses sans complaisance. Il sait marquer déjà les différences qui, effrayant quelques réprouvés, attisent le zèle des hésitants. C'est devant le plus jeune qu'il s'arrête, comme un entraîneur flatte l'encolure de son yearling. Cinquante personnages sont à portée d'oreille — et il le sait — lorsqu'il parle à Chirac le mercredi de ce qui s'est dit samedi en Conseil des ministres. En entendant ça, Jeanneney pense probablement qu'il n'a pas eu tort de déclarer samedi au Général que son Conseil était une passoire **.

Le compliment à Chirac vaut blâme pour Ortoli, ancien directeur de cabinet de Pompidou qui a cru que le loyalisme envers Couve et envers le président de la République faisait partie de ses attributions de ministre. Mais si Pompidou prend la peine et le risque de tenir son propos en public, on peut lui faire l'estime de lui prêter des calculs de plus haute volée.

* En jouant sur une ambiguïté immobilière. Le corps de bâtiment où réside le président de l'Assemblée nationale s'appelle l'Hôtel de Lassay. Celui où travaillent les députés s'appelle le Palais-Bourbon. Ils sont reliés comme les diverses pièces d'un même appartement. La Constitution interdit au chef de l'Etat de pénétrer dans l'enceinte parlementaire, mais elle n'empêche pas les députés de passer dans le salon contigu pour le rencontrer.
** Inaugurant le dernier tronçon de l'autoroute Lille-Marseille, le 29 octobre 1970 à Savigny-les-Beaune, Georges Pompidou, devenu président de la République, a donné publiquement acte à Albin Chalandon que celui-ci avait été, parmi les membres du gouvernement Couve de Murville, l'un de ceux — « pas très nombreux » — qui avaient continué à correspondre avec lui, Pompidou, et à donner suite aux observations et conseils de portée générale qu'il leur adressait à son seul titre de député du Cantal. Albin Chalandon, on l'a vu plus haut, a été seul avec Jacques Chirac à maintenir un point de vue favorable à la dévaluation, lors du Conseil décisif.

Avant-hier lundi, dès le lendemain de l'appel du général de Gaulle à la résistance monétaire, le bureau du Conseil national du patronat français a fait connaître qu'il ne servirait pas volontaire dans ce maquis-là.

Bien sûr il n'a pas pu se dispenser, le climat national étant ce qu'il est, de se déclarer d'abord et comme tout le monde « persuadé de l'importance de la défense du franc ». Mais il se dérobe aussitôt en soutenant que cette défense « suppose une vigoureuse expansion impliquant des investissements productifs croissants ».

Ces « investissements », de Gaulle vient de les tronquer, pour passer la bride à l'inflation (d'ailleurs, en guise d'être « productifs » pour la France, ils filaient à mesure faire pelote en Suisse).

Alors, en attendant les jours meilleurs où on lui proposera une politique financière plus agréable, le patronat se tient spectateur en dehors de l'effort; un peu évasif, un peu menaçant, il dit dans son communiqué que « l'avenir dépendra de ce qui sera fait pour permettre à l'économie française de faire face à la concurrence internationale ».

C'est ce que, dans ce milieu, on nomme un appel d'offres. Il est adressé à qui voudra soumissionner pour une politique financière moins rigoriste. Le surlendemain Pompidou, en approuvant ostensiblement son disciple Chirac de maintenir une attitude favorable à la dévaluation, soumissionne.

D'une pierre deux coups : les assaillants de la France à la conférence des Dix sauront eux aussi que Pompidou, sans délai, trouve raisonnables leurs conditions. Le futur candidat a pris le parti de l'étranger. Le moment venu, ça lui épargnera de premiers obstacles.

*
* *

Le général de Gaulle a fait son compliment à Alain Prate dans sa retraite de la Boisserie en octobre 1969. Il avait quitté les affaires publiques depuis six mois.

Depuis août, le Général, se donnant comme il dit un mal de chien, s'est attelé au chapitre « L'économie » du tome I de ses *Mémoires d'espoir*. Il s'y est mis à l'instant où Pompidou, qui l'a supplanté à l'Elysée, dévalue le franc. C'est plein de cet épisode qu'il tient à confirmer sa reconnaissance à Alain Prate et aux quelques autres qui lui ont procuré les moyens de sa volonté pour tenir la monnaie.

Alain Prate (1977) : — Le ciel du Général restait vide. Il a aperçu l'étincelle dans les propositions que lui apportait M. Jeanneney. Ce déclic a été relayé par M. Barre, dont les précisions ont permis la mise en route instantanée du dispositif. Au fond de lui-même, le général de Gaulle a toujours voulu ne pas dévaluer. »

Le Général a demandé à son ancien conseiller technique de lui apporter à la Boisserie des éléments pour préciser son chapitre. En fait l'écrivain qu'il est devenu à part entière a besoin d'essayer sa première mouture sur un auditeur secret. Mais il n'ose pas le lui dire. L'écrivain Charles de Gaulle a toujours été d'une timidité profession-nelle proche de la panique. Qui sait si ce ne fut pas aussi le cas quand il s'essaya dans l'art de rencontrer les foules?

Pour faire venir Alain Prate à Colombey il s'est raconté qu'il avait besoin de précisions supplémentaires. En fait Prate va s'apercevoir que le chapitre est fort avancé. Mais le Général se livre à une approche en chicanes. De onze heures et quart à une heure moins le quart, le visiteur est prié de détailler ses documents. Puis après un stage à la bibliothèque où Mᵐᵉ de Gaulle offre du porto, on le mène à la table familiale où l'on parle du monde entier moins la France pompido-lienne. Ensuite le Général le ramène tout au fond, dans le bureau qui fait le rez-de-chaussée de la tourelle. Il referme la porte sur eux deux; là enfin il tire le manuscrit et se jette à l'eau *. La lecture dure plus d'une heure.

De paragraphe en paragraphe, l'auteur coule un œil vers son public. Prate se torture, gêné à l'idée de risquer un mot d'enthousiasme qui sonnerait creux croit-il dans sa bouche de fonctionnaire, et simultané-ment se reprochant un mutisme tout aussi mal approprié.

Alain Prate (1977) : — Le Général était amer. Le premier jet du chapitre qu'il m'a lu était beaucoup plus polémique que ce qu'il a finalement publié. »

D'une mouture à l'autre, d'une rature à l'autre, l'écrivain a senti qu'il ne fallait pas se tromper de public. Il voulait faire un livre pour que les générations suivantes comprennent. Il a su voir que rien n'est plus hermétique que l'actualité dès qu'elle rancit. Il en a expurgé son livre. Ce geste ne signifie pas que son ressentiment contre les complaisances monétaires de Pompidou se soit estompé. Les mobiles de l'écrivain sont d'une autre nature. Plus vraisemblablement de Gaulle a pu se dire que l'image de Pompidou serait éteinte depuis belle lurette quand les *Mémoires d'Espoir* trouveraient leur place. Après son mouvement de chagrin, Charles de Gaulle a passé outre.

Que les curieux se consolent : le premier état du manuscrit tel qu'Alain Prate l'a entendu n'est pas forcément perdu, ni la trace biffée des rancunes que de Gaulle portait au parti de l'abandon.

*
* *

Alors, piétiner pendant plus d'un an en espérant que les mesures budgétaires feront leur effet et que Mai se rendormira?

---

* Comme pour toutes les phases de l'existence matérielle de Gaulle fera de cette procédure une habitude rigide; façon qu'il avait de se débarrasser une fois pour toutes du tracas de l'organisation; mais façon également de se pousser vers le moment de la peur par un engrenage irréversible. Maurice Couve de Murville passera par le même cérémonial puéril avant que l'écrivain Charles de Gaulle s'enhardisse à lui lire ses chapitres de politique extérieure.

Général de Gaulle : — Il est bien vrai que certains, oubliant déjà ce que fut l'éruption de mai-juin trouvent qu'on peut en rester là sans remédier aux causes profondes du danger, et que des mesures techniques de circonstance doivent suffire à tout remettre en ordre. Bien sûr, il faut prendre ces mesures-là! Et on les prend! Mais de quel aveuglement seraient coupables les responsables — et d'abord, s'il vous plaît, le président de la République — s'ils voulaient se borner à cela, et voir petit dans cette grande affaire? »

La citation qu'on vient de lire est du 10 avril 1969, quand il eut forcé son gouvernement à se jeter — trop tard — à l'eau du référendum. Mais qui douterait qu'il ait prononcé les mêmes phrases chaque fois qu'il relançait Couve avec le projet référendaire.

Fin novembre, au lendemain du refus de la dévaluation, ceux qui sont partisans de renvoyer aux calendes grecques « cette grande affaire » de la Participation ont beau jeu. Et c'est à peu près tout le monde au gouvernement, comme si on n'avait pas changé Pompidou pour Couve.

On est entré dans la plus mauvaise saison électorale. Faire le référendum sur la lancée, en un mois, c'est tomber sur Noël et le Nouvel An. Janvier? Les préfets tiennent que c'est le mois rébarbatif.

Quand le ministre de l'Intérieur n'est pas chaud pour une consultation nationale, il a bien des moyens de traîner les pieds. On l'a déjà vu quand de Gaulle voulait son référendum le 16 juin, en trois semaines. On lui a démontré qu'il en faudrait six au minimum, sans compter les difficultés exceptionnelles de la mise en train, transports immobilisés, imprimeries fermées, etc. Comme par miracle, les trois semaines ont suffi pour des élections législatives; il y fallait pourtant dix fois plus de bulletins que pour le oui ou non d'un référendum.

Jeanneney est à peu près le seul (comme en 1962 lors de l'autre grande affaire, l'institutionnalisation de l'élection présidentielle au suffrage universel) à croire et à dire que le Général doit trancher par référendum. Il se trouve bien hardi en recommandant février.

Le Premier ministre craint pour ses mesures de redressement.

Maurice Couve de Murville (1976) : — Le Général et moi nous en avons parlé des quantités de fois. Je ne lui ai jamais caché ce que j'en pensais, c'est-à-dire que je n'en étais pas heureux — pour employer une expression très modérée — et que s'il pouvait y renoncer ce serait à mon avis beaucoup mieux (...) Ceci s'est passé jusqu'au discours de Quimper, c'est-à-dire jusqu'à l'engagement du général de Gaulle face au pays [146]. »

Autrement dit : jusqu'en février.

Jacques Foccart (1978) : — Depuis l'été je ne sentais pas la chose, à travers les sondages que j'étais chargé d'analyser pour le Général. Le raisonnement des électeurs qui avaient voté gaulliste en juin était : nous lui avons donné carte blanche, pourquoi nous ferait-il revenir aux urnes? La majorité silencieuse ne se sentait pas concernée. Elle n'était plus mobilisable. »

Foccart ne considère ici que les électeurs de la majorité parlementaire. Or un référendum improvisé à la suite du rejet de la capitulation monétaire aurait précisément pour seule justification de ramener dans le concert national l'autre moitié de la France, celle qui n'a pas compris que de Gaulle l'espérait sur les Champs-Elysées le 30 mai.

C'est avec l'appoint de ces Français-là que de Gaulle a gagné ses référendums de 1958 à 1962. Mais les députés d'après Mai ont été élus contre ces Français-là. Ils n'ont pas envie de ramener les vaincus de Mai dans le jeu de la France, et tant pis pour celle-ci.

Les partis dits de gauche, les syndicats de salariés n'ont pas pris sur eux de soutenir le refus de dévaluer. Inquiets du retour de flamme de leurs électeurs en faveur de De Gaulle les socialistes surtout insistent sur les désagréments de la rigueur financière.

La CGT se tient, dirait-on, à la lettre des accords de Grenelle. Est-ce routine? Elle reste dans le camp de Pompidou. Son silence sur le problème monétaire vaut accord tacite pour laisser le termite inflation dévorer par le dedans la substance des conquêtes de Mai.

Le patronat, les financiers sont pour éponger à coups d'inflation les désagréments qu'ils avaient feint d'assumer à Grenelle. Parce que de Gaulle est contre, les syndicats ne sont pas contre.

Ils ont évité d'évoquer le besoin que les salariés ont d'une monnaie nationale stable. C'est peut-être en grande partie par ignorance.

Ce besoin, le gouvernement n'a pas osé l'exposer frontalement, de la part du général de Gaulle. C'est peut-être en grande partie par insensibilité. Ces gens étaient tellement pris dans leurs évaluations tactiques, toujours à garder un œil sur Pompidou, qu'ils y perdaient la largeur de vues, et le grand souffle nécessaire.

Depuis le Québec — le moment est nettement situé — de Gaulle les a semés derrière lui. Les ministres ne relaient plus le Général. Les députés, le parti soi-disant gaulliste s'occupent de leur avenir, autrement dit de Pompidou. Le pays n'entend plus parce que le gouvernement ne lui dit rien.

L'instant passe. Le redressement national se ratatine à sa dimension parlementaire. Au lieu de passionner la France pour la défense de la monnaie, les députés prétendument gaullistes s'excitent contre les droits successoraux. Le budget rectifié par le général de Gaulle est voté maussadement.

Jalousée par les dirigeants syndicaux, sapée par le patronat, inexploitée par Couve de Murville, la cote du Général retombe à gauche.

Celle de Pompidou remonte d'autant à droite.

*
* *

Rome, 17 janvier 1969, un salon d'hôtel, six journalistes; Pompidou lance à la cantonade devant les magnétophones allumés :

— Si le général de Gaulle venait à se retirer, je serais candidat à sa succession. »

On ne saurait mieux dire à ceux qui croient que Pompidou président arrangerait leurs affaires (en leur épargnant la participation des travailleurs à la conduite des entreprises) : à vous de voir d'abord à ce que de Gaulle se retire...

Le patronat français voit bien que de Gaulle remet sur le tapis son projet de Participation. Le Général l'a répété lui-même à la fin de son appel à la résistance monétaire. En conséquence de quoi, le 10 décembre, Jean-Marcel Jeanneney, ministre d'Etat, a officiellement confirmé que le gouvernement préparait le référendum. Certes il a dit que la consultation populaire porterait seulement sur la création d'institutions régionales et sur une réforme du Sénat. De tous les projets que de Gaulle voulait englober dans le référendum avorté de Mai, ces deux-là sont les seuls que les juristes estiment justiciables d'une telle procédure. Mais il n'y a pas sept mois que de Gaulle a abattu son jeu révolutionnaire. Tout le monde peut se dire que si de Gaulle se trouve en accord avec le peuple français pour n'importe quel fragment de la Réforme, le reste suivra.

Pompidou a fait son éclat du 17 janvier à Rome. L'ayant fait, il explique que ce n'en est pas un. A l'entendre, sa déclaration n'introduit aucun fait nouveau : il parlait, explique-t-il, à un petit groupe de journalistes chargés de le suivre dans son voyage à Rome; l'un de ces journalistes, correspondant de l'agence France-Presse dans la capitale italienne, n'était pas au fait de la politique intérieure française; il aura câblé comme une nouveauté sensationnelle ce que tout le monde peut se dire à Paris depuis la lettre du général de Gaulle faisant entrevoir la possibilité d'un mandat confié à Pompidou par la nation.

Le journaliste a bon dos pour amortir les retombées; si Pompidou ne voulait pas l'éclat il lui suffisait de se taire. La déclaration de Rome n'explose pas à l'improviste. Elle est l'aboutissement d'une préparation d'artillerie.

Depuis que de Gaulle a refusé de lâcher le franc, Pompidou n'a guère passé de jour sans prôner un rétablissement de l'autorité, comme si le gouvernement qui lui a succédé n'en était pas capable. C'est entretenir l'idée qu'un chef de l'Etat autre que le général de Gaulle peut faire mieux à sa place.

Pour le Nouvel An Pompidou rédige — théoriquement à l'adresse de ses électeurs cantaliens — un message que son secrétariat diffuse plus abondamment à Paris qu'à Saint-Flour :

— (...) je remercie enfin tous ceux qui m'ont écrit pour me dire leur confiance quant à mon action nationale. Qu'ils soient certains de ma volonté de ne jamais les décevoir. »

En somme le 1er janvier, il ne dit pas encore qu'il sera candidat; mais il s'arrange pour faire savoir que beaucoup d'électeurs y pensent pour lui, en confiance. Et il prend d'ores et déjà l'engagement « de ne jamais les décevoir ». Autrement dit : il s'interdit de renoncer le moment venu à se porter candidat.

Tout cela fait jaser parmi les professionnels de la tactique professionnelle. Loin de s'en fâcher, Pompidou tisonne les imaginations. Il déjeune en privé avec des journalistes en renom. Il leur montre complaisamment qu'il a les bonnes cartes; si le Général se retire, il sera candidat dans l'heure suivante; si le Général meurt, il a sa lettre.

Quand ces journalistes lisent sur le téléscripteur de l'AFP la déclaration de Rome, ils y voient le feu vert : ce qui était privé devient public. Ils sautent sur leur micro, Georges Altschuler à Europe n° 1, Jean Ferniot à RTL. S'ils ne l'avaient pas fait, ils auraient accompli ce qu'on appelle dans leur métier un ratage. Depuis sept ans qu'il les pratiquait, Pompidou l'Auvergnat ne pouvait pas croire qu'ils auraient un autre réflexe.

Résultat immédiat de la déclaration de Rome : la finance parisienne se met sur la réserve en attendant le jour prochain où les affaires seront délivrées du général gauchiste. L'économie nationale se dérobe sous les pieds du gouvernement. Le projet de redressement monétaire du général de Gaulle va tourner à vide.

*
* *

Pourtant, dans sa déclaration de Rome, Pompidou a conclu qu'il n'était « pas pressé ». Il l'a répété le lendemain. Pourquoi alors parler si vite et si fort? A Paris, les ministres essaient de démêler ses mobiles. Ils en viendront au diagnostic suivant : Pompidou a éprouvé le besoin de s'affirmer tout de suite comme candidat à la présidence de la République pour faire sentir que la campagne d'insinuation lancée contre lui puis contre sa femme n'entamerait pas ses chances.

La déclaration de Rome, c'est un fait, a éclaté au plus noir de l'affaire Markovitch.

A l'origine, il y a le meurtre du jeune factotum d'un couple de comédiens, Alain et Nathalie Delon. On avait retrouvé le corps sur une décharge publique. Des présomptions concordantes avaient amené l'inculpation d'un personnage soupçonné d'avoir transporté le cadavre. L'enquête pataugeait dans un milieu équivoque d'argent, de noce, de violence, de poudre aux yeux. Devant le juge d'instruction le personnage incarcéré fit état de quelques relations avec Georges et Claude Pompidou. Provinciaux exagérément parisianisés, les Pompidou avaient parfois eu à cœur de faire croire que les outrances ne les effarouchaient pas. Tandis que l'inculpé demandait l'audition du ménage Pompidou comme témoins de moralité, des rumeurs croustillantes firent le tour des salons à une vitesse anormale. L'ancien Premier ministre se déclara ulcéré que le garde des Sceaux, René Capitant, ne l'eût pas averti immédiatement de la procédure judiciaire. A son tour, Pompidou va commettre un amalgame abusif. Averti de son état d'esprit, le général de Gaulle s'est décidé à l'inviter à dîner, lui et sa femme, dans une ostensible et flatteuse familiarité. Pompidou y va, tout en disant autour de lui que c'est étrangement tard.

Au lendemain de la déclaration de Rome, les membres du gouvernement Couve de Murville, se concertant en coulisse, aboutissent à la conclusion que Pompidou a été emporté par le besoin de montrer que la calomnie ne l'éclaboussait pas.

Plus tard Pompidou en est venu à penser qu'il était l'objet d'une machination de la part d'un groupe de policiers, d'indicateurs et d'agents secrets qu'en tant que Premier ministre il avait malmenés en 1965 et 1966 après le meurtre de l'homme politique marocain Mehdi Ben Barka *.

Voici comment se reconstituent les faits pour la même période, côté gouvernement :

Dès que le personnage inculpé eut mentionné devant le magistrat instructeur le nom de Georges Pompidou et surtout celui de sa femme, le parquet a instantanément rendu compte au ministre de la Justice. C'était René Capitant.

Celui-ci a tout de suite vu le Secrétaire général de l'Elysée, Bernard Tricot. Le général de Gaulle était à Colombey. Tricot a immédiatement pris sa voiture pour mettre le Général au courant. C'était un samedi. Le Général, rentrant le lundi matin à l'Elysée, a convoqué le Premier ministre Couve de Murville. Il lui a communiqué l'information et l'a invité à prévenir Pompidou.

Il n'était pas question d'interrompre le cours d'une procédure judiciaire. Mais une chose aurait été d'étouffer l'affaire, une autre était d'avertir l'intéressé.

A cet instant, le destin a tourné. On ne sait pas totalement pourquoi le général de Gaulle n'a pas voulu prendre personnellement contact avec Pompidou. Il lui répugnait constamment, c'est certain, d'avoir à agiter de si loin que ce soit des questions trempant dans un milieu que lui-même n'avait jamais effleuré; il lui aurait fallu prendre énormément sur lui-même pour faire en faveur de Pompidou l'unique exception de sa vie. Peut-être par surcroît le comportement de son ancien Premier ministre depuis Mai lui a-t-il fait craindre confusément que Pompidou ne cherche à utiliser à des fins pré-électorales une rencontre charitable ou courtoise.

Plus sûrement, il y avait chez de Gaulle, en règle absolue, la volonté de tenir au-dessus de toute écume la Présidence de la République. Il voulait que cette institution reste après lui le phare des Français. Rien ne devait en ternir la luminosité. Prévenir Pompidou, c'était une des besognes qu'un Premier ministre était là pour épargner au chef de la Vᵉ République.

Mais c'était aussi une des corvées que Couve de Murville était le plus maladroit à mener. Le temps est galant homme... Il a traîné autant

---

* L'idée que Georges Pompidou s'est ainsi faite, avec l'aide du ministre de l'Intérieur Raymond Marcellin, n'a pas été absente de la réorganisation qu'il a fait opérer à la tête du SDECE et de la police nationale, après son accession à la Présidence de la République.

qu'en juillet quand le Général déjà l'avait chargé d'avertir Pompidou qu'il allait lui succéder à Matignon. Les choses ont tourné comme en juillet : au bout de quarante-huit heures Pompidou a appris l'affaire d'une autre source : par des commérages de palais de Justice.

Il a cru à une manœuvre de Capitant. On vient de voir qu'il n'en était rien. Ame généreuse, passionnée, Capitant était incapable de manigancer une bassesse. Mais il était teigneux. Pompidou de son côté inclinait toujours à voir une attaque personnelle dans chaque jugement défavorable sur ses conceptions politiques, et Capitant ne manquait aucune occasion d'en porter.

Pompidou prêtait l'oreille dans son entourage — les années suivantes l'ont montré — à quelques personnages secondaires qui n'étaient pas systématiquement décidés à mépriser l'exploitation de la diffamation. Ce climat a pu le pousser à commettre une erreur d'appréciation, par le bas, en prêtant pareille mentalité à Capitant.

Quant au fond, il avait de quoi être légitimement mortifié : il a fait abondamment marquer le coup auprès des ministres par son directeur de cabinet Michel Jobert. Là-dessus, René Capitant a été atteint d'une crise cardiaque. Au bout de quelques jours l'intérim du ministre de la Justice a été confié à Jean-Marcel Jeanneney. Découvrant le dossier, Jeanneney a proposé aussitôt une conversation à Pompidou. Il a eu le geste de se rendre auprès de l'ancien Premier ministre.

Georges Pompidou : — Vous êtes le premier membre du gouvernement qui se donne personnellement la peine de m'informer. Quand je fais poser des questions — car il a fallu que j'en fasse poser — on m'envoie un directeur de cabinet *... »

Pompidou mettait de la complaisance intellectuelle à se trouver en posture d'offensé. Depuis huit mois on le voit inventoriant et ressassant tout ce qu'il ne pardonnera jamais, comme il dit, au général de Gaulle. Il n'y en avait jamais assez dans le secret de son cœur, pour tuer tout à fait le remords qu'il éprouvait d'enterrer vif le Général. En un sens il a peut-être été soulagé que l'affaire Markovitch lui donne le beau rôle, dans son propos parricide de Rome.

Ici s'arrête la reconstitution à laquelle s'est livré le gouvernement français. Elle a négligé un indice.

Vingt-deux heures après s'être déclaré disposé à assumer la succession du général de Gaulle quand l'occasion s'en présenterait, Georges Pompidou a été reçu par le pape Paul VI.

Les clichés pris par le photographe attitré du Vatican révèlent chez lui, de la pointe de la pommette jusqu'au-dessous de la mâchoire, une soudaine enflure des joues. Le stigmate est aussi accusé que celui qui

---

* Il s'agit de Pierre Somveille, à l'époque directeur de cabinet du ministre de l'Intérieur, Raymond Marcellin. Celui-ci avait choisi cet émissaire parce qu'il avait été conseiller technique auprès du Premier ministre Pompidou pour les affaires de police. Pompidou n'a tenu rigueur ni à l'un ni à l'autre. Sa rancune demeurait pour Couve de Murville, pour le secrétaire d'Etat à l'Information Joël Le Theule et, par-delà la mort, pour Capitant.

apparaîtra de nouveau sur ses photos dans les derniers mois de sa vie. Depuis, on a su que cela signifiait : corticoïdes à haute dose. Un tel traitement n'aide pas à maîtriser les humeurs impérieuses.

Au début de 1969, le malade a répété à tous vents qu'il n'était pas pressé de se porter candidat à la magistrature suprême. Se forçait-il à croire que son temps de reste ne lui était pas compté?

*
* *

Le vieux résistant qui n'a jamais voulu se laisser dicter la loi de l'événement va pour la première fois fléchir le genou à soixante-dix-huit ans. Cinq jours à peine après l'ébranlement déclenché par Pompidou, volontairement ou pas, le général de Gaulle est contraint d'accuser le coup. Le 22 janvier, à la fin du Conseil des ministres le Général demande au secrétaire d'Etat à l'Information de rendre public le papier qu'il lui met dans la main :

— Dans l'accomplissement de la tâche nationale qui m'incombe j'ai été le 19 décembre 1965 réélu président de la République pour sept ans par le peuple français. J'ai le devoir et l'intention de remplir ce mandat jusqu'à son terme. »

C'est le Premier ministre Couve de Murville qui lui a démontré la nécessité de cette mise au point. Sous la Vᵉ République, le gouvernement n'est rien sans le chef de l'Etat qui l'a installé. Si on laisse courir l'idée que de Gaulle peut à tout instant passer la main, le gouvernement n'a plus d'avenir. Depuis la déclaration de Pompidou à Rome, toutes les actions financières, monétaires, économiques, sociales sont entachées de précarité. Couve ne peut plus retrouver prise si de Gaulle ne proclame pas son intention de demeurer à l'Elysée jusqu'au 8 janvier 1973. Ça lui ferait quatre-vingt-deux ans. En bon stratège, il avait toujours évité jusqu'ici de prendre avant terme des engagements qui limitent uniquement sa propre liberté de manœuvre. Pompidou vient de lui arracher ce que même le quarteron des généraux en retraite du putsch d'Alger n'a pas obtenu de lui.

*
* *

J'ai l'intention de remplir mon mandat...

Le remplir de quoi? De sa personne, ou de la politique qu'il croit nécessaire pour la France?

— Qui a jamais cru que le général de Gaulle, étant appelé à la barre, devrait se contenter d'inaugurer les chrysanthèmes? »

Il n'est pas là pour le plaisir de se pavaner dans les palais nationaux. Surtout pas à l'Elysée. Il s'y sent toujours un peu comme l'albatros sur le pont du navire.

— L'histoire ne se fait pas dans le 8ᵉ arrondissement... [147] »

Sa femme le tire continuellement par la manche : à son âge il est temps de penser à une vie mieux appropriée à Colombey.

S'il reste là, c'est pour en finir avec ce qu'on n'aura pas la largesse de faire après lui : la Réforme. Maintenant ou jamais. Couve, Foccart, presque tous les autres lui serinent que ce n'est pas le moment. Exact. Ce sera même de moins en moins le moment. On a laissé passer l'occasion des orages de Mai, quand l'éclair faisait apparaître le chemin devant les Français.

Le 2 février, à Quimper, le président de la République annonce que le gouvernement s'apprête à fixer la date pour le référendum :

— Puisqu'il s'agit d'ouvrir la voie à une espérance nouvelle, nous le ferons au printemps. »

L'accueil est morose. Les gens de progrès, ou qui se disent tels, ne s'intéressent plus à de Gaulle. Les conservateurs ne s'intéressent plus qu'à Pompidou.

*
* *

Fin de règne? Les Anglais se chargent de le faire sentir au général de Gaulle avec « l'affaire Soames ».

De Gaulle réfléchissait sur des moyens d'associer la Grande-Bretagne, avec ses particularités, à l'organisation politique de la péninsule européenne. Une insuffisance le tracassait : tant qu'on n'aurait pas trouvé un mécanisme satisfaisant pour tous les intéressés l'Europe qu'il s'efforçait d'éveiller à son autonomie resterait précaire.

Le 4 février 1969 à son retour de Quimper, le général de Gaulle invite l'ambassadeur britannique, Christopher Soames * à déjeuner : seuls à table avec les épouses respectives. Echanges de vues privés, évidemment pas propos en l'air.

De Gaulle propose d'abord à son hôte de constater qu'on ne peut pas admettre la Grande-Bretagne dans le Marché commun sans démanteler celui-ci; il suffit de voir les projets d'aménagement et les clauses d'exception dont le précédent gouvernement anglais de Harold Macmillan assortissait sa propre demande d'entrée.

Il fallait donc inventer quelque chose de plus. De Gaulle dit en substance qu'on pourrait par exemple régénérer « l'Union de l'Europe occidentale », l'UEO. Ce vieux traité a été dirigé d'abord contre l'Allemagne d'après guerre; puis Mendès France y a fait incorporer la République fédérale allemande en 1954 pour la faire participer à la défense atlantique. Il y a même, siégeant depuis vingt ans sans tapage, une Assemblée parlementaire de l'UEO; il y a sans doute là un moyen

---

* Député conservateur, ancien ministre de Winston Churchill dont il était le gendre, Christopher Soames était une personnalité politique et non pas un diplomate professionnel. Le gouvernement travailliste de Harold Wilson lui avait proposé l'ambassade à Paris en dépit des divergences politiques parce qu'il était un partisan déclaré et actif de l'entrée de son pays dans la Communauté économique européenne.

d'associer non seulement les Etats, mais les peuples. Mais bien sûr si l'on veut créer quelque chose de vivant, de Gaulle est disposé à tenir compte du poids politique de la Grande-Bretagne; on peut envisager une sorte de directoire des principales puissances intéressées, Grande-Bretagne, France, Allemagne, à la rigueur Italie. Le Général n'a pas besoin d'ajouter qu'après tout une situation comparable existe déjà dans le Marché commun : celui-ci est devenu vivace lorsque de Gaulle et Adenauer ont posé l'alliance franco-allemande comme une colonne vertébrale sur l'égalitarisme factice des six membres de la Communauté européenne.

Il y a là une idée à creuser. Le président de la République française aurait plaisir à connaître le sentiment du gouvernement britannique sur ce moyen de reconstituer enfin entre France et Grande-Bretagne des relations normales et profitables aux deux parties. Soames répond qu'il ne manquera pas de rapporter au général de Gaulle l'avis de son gouvernement. Au lieu de quoi le gouvernement britannique court raconter aux cinq autres pays membres du Marché commun que de Gaulle songe à les mettre en tutelle. La France est le seul pays des six auquel l'ambassadeur britannique ne fasse pas connaître le sentiment du gouvernement de Londres : de Gaulle trouvera la réponse dans les journaux.

Pareil procédé était risqué : le gouvernement qui le pratique ne peut plus compter sur la confiance de ses interlocuteurs. George Brown, ministre britannique des Affaires étrangères, a d'abord estimé qu'il n'était pas convenable de se comporter ainsi. Il se trouvait à Bruxelles : il a fallu que le Premier ministre Harold Wilson lui confirme par un télégramme menaçant l'ordre d'ébruiter la suggestion du général de Gaulle auprès des Belges, des Néerlandais et des Luxembourgeois.

Ainsi Harold Wilson refuse ostensiblement de traiter avec de Gaulle et, non moins ostensiblement, il se place auprès des autres membres du Marché commun pour traiter quand de Gaulle aura disparu.

Le fait est que sitôt élu un nouveau président de la République française en la personne de Pompidou, les Anglais vont aisément trouver le chemin pour entrer dans le Marché commun et non plus pour créer la construction différente que préconisait de Gaulle. Tant de facilité amène à se demander si, dès avant la retraite de De Gaulle, Christopher Soames n'avait pas reçu quelque signe susceptible de lui faire sentir que la Grande-Bretagne et d'autres pays étrangers se trouveraient bien de favoriser tel prétendant à la succession du Général. Difficile de répondre formellement. Les notes du SDECE ne laissent pas de trace. Tout au plus les présomptions sont-elles alimentées par le satisfecit que Christopher Soames a délivré à Pompidou le 6 novembre 1972 quand s'est achevée son ambassade à Paris :

Christopher Soames à Pompidou : — Le changement des relations entre nos deux pays s'est centré autour de votre personne... »

Le jour où le général de Gaulle avait choisi Raymond Barre pour siéger à la commission européenne de Bruxelles, en juillet 1966, il lui avait précisé :

— Vous allez arriver là-bas au moment où à la porte se pressent les Anglais, les Norvégiens, les Danois et autres Irlandais... Alors il faudra veiller à ce qu'ils n'entrent pas; parce que le jour où ils seraient entrés et même le jour où on commencerait à en discuter, on ne ferait plus rien. Nous n'avons pas passé toutes les années que nous avons passées à construire ce marché commun pour qu'en fin de compte il ne soit plus qu'un Kennedy round européen ! * »

C'est pourtant ce qui s'est passé après son départ. Le gouvernement britannique n'a jamais vu dans le Marché commun tel qu'il a fonctionné — et bien fonctionné — au temps du général de Gaulle qu'une réédition du Blocus continental. Les Anglais l'ont forcé pour le désagréger.

Les nouvelles dispositions qu'ils ont fait avaliser par Georges Pompidou ont supprimé les garanties d'étanchéité dont bénéficiaient jusque-là les producteurs des six pays membres. Il devenait inévitable que d'autres élargissements ultérieurs, à la Grèce, au Portugal, à l'Espagne s'assortissent d'assouplissements; le jour venu les post-pompidoliens ont été les plus véhéments pour dénoncer les conséquences de cette politique Pompidou comme une atteinte insupportable aux intérêts des travailleurs et producteurs français. C'était le jour de l'affaire Soames qu'il fallait choisir. Mais dans cette affaire les tacticiens pompidoliens ne jugeaient plus habile de se montrer aux côtés du général de Gaulle. Fin de règne...

*
* *

Après la déclaration de Rome, Pompidou peut constater qu'il a tiré sur la ficelle jusqu'à la tension de rupture. Il lui faut certes tirer sur la ficelle au point que les électeurs de droite le distinguent, lui Pompidou, du général de Gaulle, et le préfèrent, et lui ouvrent la voie de l'Elysée en votant d'abord non à de Gaulle et à son projet de Participation. Mais pas au point d'offusquer les électeurs gaullistes, et de se fermer ainsi l'autre vantail.

Il s'agit de ne pas faire comme Valéry Giscard d'Estaing qui, en combattant ouvertement le référendum et son contenu, est en train de se mettre à dos tout l'appareil du parti dit gaulliste.

Episode énigmatique dans la carrière de Giscard. Il a roulé délibérément au fossé. C'était faire — contre son gré semble-t-il — la courte échelle à Pompidou. Giscard prend sur lui de faire échouer le référendum, ce qui dispense les pompidoliens de secouer eux-mêmes

* Le « Kennedy round » avait été une négociation puis un accord provoqué par le président des Etats-Unis en vue d'abaisser certaines barrières douanières devant les exportations américaines et de favoriser dans le monde « occidental » un régime de libre-échange.

le cocotier. Et en même temps les pompidoliens vont prendre prétexte du lèse-gaullisme de Giscard pour lui contester ses droits à la suite. La seule question serait de se demander si Giscard pouvait jouer le coup autrement. On sort là de l'objet du présent livre.

Le ton de la réplique du Général à la déclaration de Rome a inquiété Pompidou. Ou plutôt la gêne que cette réplique a causée parmi les députés UDR. Ces foudres de guerre de juin 1968 ne sont pas bien aguerris. Depuis le froncement de sourcils du Général ils n'osent plus trop se montrer en conversation avec Pompidou. Un mot de plus du Général, et ce qu'il reste d'électeurs vraiment gaullistes aura cessé de regarder l'autre avec complaisance.

Pompidou déjeune avec le général Alain de Boissieu, gendre du président de la République. De toute la famille de Gaulle, Boissieu est le plus ami avec lui. C'est même le dernier *. Pompidou ressasse sa bonne foi, épèle sa déclaration de Rome, démontre qu'elle est insignifiante, maudit la malveillance dont il se dit entouré.

Et quand il a bien remonté Boissieu, il lui enfonce dans la poche une cassette de magnétophone où se trouve enregistré l'entretien avec les journalistes, à Rome. A charge à Boissieu de faire écouter ça par le Général.

Boissieu est tout d'une pièce. Il ne lui viendrait pas à l'idée qu'un innocent n'a pas besoin de s'envelopper de tant de plaidoyer. Il n'est pas intrigué par le fait qu'un homme décidé à ne prononcer devant des journalistes que des propos bénins les ait fait enregistrer par l'inspecteur qui l'escortait. Boissieu n'a pas davantage dressé l'oreille quand Pompidou lui a expliqué qu'il s'est procuré pour contre-expertise un second enregistrement pris celui-ci par un reporter de RTL attaché à ses pas, Jacques Chapus.

Pour le Mardi gras, le 18 février, à la fin d'un déjeuner en famille, le brave Boissieu fait entendre la cassette à son beau-père, sur un magnétophone portatif. Et plaide.

De Gaulle reste froid. Le gendre passe à nouveau la bobine. Et replaide.

De Gaulle : — Que voulez-vous, vous n'enlèverez pas l'ambition chez un homme comme Pompidou... »

Boissieu passe une troisième fois la bobine, l'arrête sur les bonnes phrases. Et tri-plaide l'acquittement.

De Gaulle : — Alors, son histoire de Genève, qu'est-ce que vous en faites? »

---

* Contrairement à la légende entretenue par la propagande pompidolienne, Georges Pompidou n'avait pas su se maintenir dans les bonnes grâces de Mme de Gaulle. Elle le lui a durement fait sentir le surlendemain de la mort de son mari. Elle a évité d'adresser la parole et de tendre la main à Pompidou, président de la République venu s'incliner devant le cercueil. Dans un mouvement qui en dit long sur la maîtrise tactique insoupçonnée de cette dame, elle a pris devant l'autre la main du Premier ministre Chaban-Delmas et, à haute voix : « Il faut que vous le sachiez, il vous aimait bien. »

Boissieu reste sec. L'histoire de Genève, il ignore. Pour la politique, il n'était pas de taille avec son beau-père.

C'était six jours plus tôt. Pompidou était invité par le Cercle français de Genève. Au moment de partir, il a promis en riant à Michel Jobert, son directeur de cabinet, que cette fois-ci non, il ne parlera pas de candidature. Il n'en parle pas. Devant la caméra de la Télévision de Suisse romande, il déclare :

— Je ne crois pas avoir un avenir politique. J'ai un passé politique. J'aurai peut-être si Dieu le veut un destin national. »

Et les spéculateurs de repartir eux aussi vers la Suisse.

De Gaulle n'aimait pas trop, semble-t-il, qu'on mêlât Dieu aux élections françaises. Plus certainement il se choquait qu'on y mêlât l'étranger. L'usage qui distingue l'homme d'Etat d'un personnage politique, c'est que lorsqu'il se trouve à l'étranger, il s'abstient de commenter la vie intérieure de son pays.

Rome... Genève... Pompidou, qui n'évoque jamais sa candidature en public à l'intérieur des frontières françaises, montre un surprenant penchant pour les confidences exprimées à l'extérieur. Elles tombent dans les oreilles étrangères à l'instant où, de toutes parts, l'étranger affiche son désir de rétablir sa mainmise sur la diplomatie française. On a vu tout à l'heure la Grande-Bretagne. Il y a aussi Israël, plus monté que jamais depuis le 1ᵉʳ janvier, à cause de l'embargo total que de Gaulle a jeté sur les envois d'armes. Il y a tous les pays du système de défense dite atlantique, depuis que de Gaulle s'efforce de créer un dispositif français tous azimuts, c'est-à-dire un dispositif qui ne serait plus braqué en exclusivité contre des adversaires choisis par les Etats-Unis.

Toutes ces puissances espèrent que le successeur du général de Gaulle sera moins sourcilleux que lui en matière d'indépendance. C'est à ces puissances surtout que de Gaulle a voulu faire connaître « son intention de remplir son mandat jusqu'à son terme ». Même si Georges Pompidou était peu porté à considérer les affaires françaises sous l'angle planétaire, il n'était pas naïf au point d'ignorer que sa candidature en une telle période s'inscrivait dans le jeu des puissances étrangères. Ses appels de Rome puis de Genève résonnent comme des demandes d'appui étranger.

Le lendemain de ce Mardi gras, ce sera le mercredi des Cendres. C'est aussi le jour convenu pour que le Conseil des ministres choisisse la date du référendum.

Quand de Gaulle discute avec son gendre, il voit déjà à quoi cela peut le mener.

Hier lundi, Roger Frey a reçu un coup de téléphone de l'aide de camp de service à l'Elysée : il est une heure, le Général le convoque pour trois heures. Quel motif? quels dossiers emporter? L'aide de camp n'en sait rien : le Général n'a pas indiqué l'ordre du jour. Roger Frey est ministre d'Etat, chargé des relations entre gouvernement et Parlement.

Il est aussi et surtout un baron de la Table Ronde, un de ceux, un des rares qui sont écoutés de pair à égal sur toute affaire où il'leur paraît bon d'ouvrir la bouche. Peu importe s'ils contredisent de Gaulle : celui-ci tient une fois pour toutes que ce que dira Frey sera toujours conçu pour le bien de la République tel que le conçoit aussi de Gaulle.

Général de Gaulle : — Alors, Frey, ce référendum, comment le voyez-vous? »

Roger Frey : — Si vous le faites ce printemps, ça se jouera à très peu de chose près. Nous allons probablement le perdre. »

De Gaulle : — C'est une hypothèse probable. Dans ces conditions ma question est : croyez-vous possible que je le reporte à plus tard? »

Roger Frey : — Mon général, la réponse mérite réflexion. Puis-je vous la rapporter ce soir? »

De Gaulle : — Non, je vous demande la réaction instinctive, là, sur-le-champ. »

Roger Frey : — Il me faut sept ou huit minutes. »

De Gaulle : — Allez-y. »

Il chausse ses lunettes et parcourt *Le Monde*, colonne par colonne, avec Frey de l'autre côté du bureau, l'œil bleu clair toujours écarquillé, le sourire fixe. En fait : suant le sang.

Roger Frey, se souvenant dix ans plus tard : — Il m'est arrivé de sentir le poids d'une responsabilité exceptionnelle, au temps de l'OAS par exemple. Mais jamais comme là dans mon fauteuil : jusqu'à l'angoisse. Mes idées tournaient à cent à la minute : si le référendum est perdu, il s'en ira; lui dire de maintenir la consultation c'est prendre moi, un comble! la responsabilité de le faire partir; lui conseiller d'ajourner, ce sera sa première défaite et c'est moi, un comble! qui l'y aurai poussé; son prestige historique en sera terni; il voudra se rattraper en relançant son référendum plus tard, sans son prestige; c'est reculer pour plus mal sauter. Finalement, c'est là-dessus que l'aiguille s'est arrêtée : sur le respect et l'affection que je portais à cet homme. Je me disais : il ne faut pas que le capital moral énorme qu'il représente soit diminué. »

Claquement des lunettes repliées à côté du journal.

De Gaulle : — Eh bien, nous y sommes. »

Roger Frey : — Mon général, il ne vous reste qu'une preuve à donner, c'est que vous serez jusqu'au bout un démocrate. »

De Gaulle (après un court soupir) : — Mon vieux Frey, c'est la réponse que j'attendais de vous. »

Roger Frey n'a pas interprété ce demi-soupir.

Autre coulissier consulté ce même lundi : Jacques Foccart. Et réponse analogue.

Jacques Foccart à de Gaulle : — Après ce que vous avez dit à Quimper, vous êtes obligé de faire ce référendum. »

Ça rejoignait ce que le Premier ministre disait depuis quinze jours.

Maurice Couve de Murville au général de Gaulle : — Maintenant que vous avez annoncé à la France un référendum, si vous y renoncez, bien sûr vous ne serez pas battu par le vote des Français, mais vous perdricz en autorité tout ce que vous auriez gagné en l'absence de défaite. Par conséquent, ce n'est pas la peine de renoncer; il vaudrait mieux alors vous en aller tout de suite. [148] »

A peu près sûrement, c'est ce que de Gaulle doit penser depuis le début. Mais aussi longtemps qu'il a été président de la République on ne l'a jamais vu se dispenser d'aucune consultation et d'abord — contrairement à la légende — auprès du Premier ministre en place. Besoin d'imposer une contre-épreuve à ses intuitions, sans doute. Mais aussi, tout bonnement, sincérité scrupuleuse dans la pleine mise en œuvre des institutions qu'il a recommandées aux Français.

Le mercredi 19 février le Conseil des ministres propose donc au Général — ainsi le veut la Constitution — que le référendum ait lieu le 27 avril.

A cette nouvelle, les préfets envoient de tels rapports sur l'état de l'opinion publique que le ministre de l'Intérieur, Raymond Marcellin, va demander au général de Gaulle de surseoir à la consultation.

Il a un double intérêt à la démarche. D'abord, bien entendu, éviter un échec au gouvernement dont il est membre. Ensuite, Marcellin est du parti républicain indépendant, celui que préside Valéry Giscard d'Estaing. Or celui-ci s'annonce résolu à combattre le principe du référendum puis s'il le faut son contenu. L'ajournement du référendum tirerait une épine du pied de Marcellin.

Maurice Couve de Murville : — Il y a eu une tentative très appuyée pour essayer de faire renoncer le président de la République au référendum [149]. »

De Gaulle en prend acte, et renouvelle son enquête. Le Premier ministre lui confirme sa propre analyse, au cours de deux entretiens successifs. Le Secrétaire général est sondé à son tour :

De Gaulle : — Je suis encore libre. Le gouvernement m'a proposé la date d'un référendum; je peux encore dire non... »

Bernard Tricot : — Personne ne croira jamais que le gouvernement vous l'ait proposée par surprise, et que vous soyez encore à vous demander que faire de cette proposition! »

De Gaulle : — C'est juste. »

Il a un petit rire rentré de collégien dont le tour est déjoué. Il ne prenait pas l'éventualité au sérieux. Il est satisfait, dirait-on, que ses aides la lui démolissent.

*
* *

Voici pour Jean-Marcel Jeanneney le moment de sortir du coffre-fort le projet de loi référendaire, fin prêt. Trop prêt, sans doute : depuis des mois des ministres s'usent à y mettre leur grain de sel, au lieu d'affûter leur campagne.

Le projet, sur instructions du général de Gaulle, se compose de deux volets :

1. D'abord il organise des institutions régionales à travers lesquelles il s'agit de faire sourdre l'initiative, de dégager, comme on dit, les forces vives;

2. Ensuite il remanie le mécanisme parlementaire de façon à y faire participer lesdites forces vives, jusqu'au niveau de la décision nationale, inclusivement. A cette fin le Conseil économique et social sera incorporé au Sénat.

Cela aboutit à instaurer au profit des organisations syndicales une participation aux décisions locales et nationales qui étaient jusqu'ici le monopole des hommes politiques.

Accessoirement, il faut contourner une objection juridique : les représentants syndicaux n'étant pas des élus du suffrage universel mais de leurs seuls adhérents, le président du futur Sénat ne pourra plus exercer quelques-unes des prérogatives que la Constitution réserve à la représentation nationale proprement dite. Notamment le président du futur Sénat ne pourra plus, si le projet référendaire est adopté, assurer l'intérim de la Présidence de la République en cas de vacance.

L'essentiel du projet, l'élément révolutionnaire qui doit faire choc, c'est évidemment l'appel à l'initiative locale à travers des institutions régionales. Cinq siècles de centralisme et de fonctionnarisme vont être contredits.

La faute du général de Gaulle aura été de confier cet accouchement provincial au plus fonctionnaire des fonctionnaires parisiens, Maurice Couve de Murville.

Neuf ans après le désastre final, le témoin numéro un, Couve, en sera encore à chercher des excuses tarabiscotées pour le général de Gaulle qui n'en demandait pas tant :

Maurice Couve de Murville (1976) : — Dans l'affaire des régions, je pense que l'instinct du général de Gaulle, qui était imbu d'histoire, d'autorité et de la très haute conception qu'il avait de l'Etat, allait dans le sens de l'autorité incontestable et incontestée de l'Etat central.

« D'autre part, la raison lui faisait penser ou lui démontrait que l'Etat fort c'était très bien mais que les choses avaient changé, que bien des systèmes qui existaient depuis très longtemps n'étaient plus adaptés aux conditions actuelles.

« Je crois que c'est dans ce sens que la raison l'a poussé, l'emportant sur son instinct de l'Etat fort [150]... »

Le vieux général courant après le modernisme, tiraillé entre son instinct et sa raison? C'est déchirant. Mais c'est menteur.

Au lieu de faire tourner les guéridons, pourquoi ne pas écouter le général de Gaulle? Trente-cinq ans avant de publier son projet de Réforme, il lui suffisait d'une phrase pour trancher.

Vers l'armée de métier (page 241) : — LA SEULE VOIE QUI CONDUISE A L'ESPRIT D'ENTREPRISE, C'EST LA DECENTRALISATION. »

Cela a été publié en 1934; il faut donc compter que ce fut écrit vers 1932, voire 1930. De Gaulle n'a pas eu à se forcer pour proposer la régionalisation, contrairement à ce que Couve imagine. C'est écrit noir sur blanc : toute sa vie il s'était impatienté du manque de décentralisation. Il n'a pas voulu mourir sans essayer d'en guérir la France.

Alors ceux qui l'y ont mal aidé se défendent en disant qu'une phrase inscrite dans *Vers l'armée de métier* ne pouvait avoir, dans l'esprit du commandant Charles de Gaulle, qu'une application militaire. Voire. Ils auraient mieux fait de lire le début du chapitre. De Gaulle y insiste pour que la réflexion ne se laisse jamais enfermer dans un seul domaine :

Vers l'armée de métier (page 238) : — La profondeur de la réflexion, l'aisance dans la synthèse, l'assurance du jugement, sans lesquelles les connaissances professionnelles ne seraient que vain manège, ceux qui en portent le germe le développeraient mal s'ils l'appliquaient seulement aux catégories militaires.

« La puissance de l'esprit implique une diversité qu'on ne trouve point dans la pratique exclusive du métier, pour la même raison qu'on ne s'amuse guère en famille. »

Ne nous égarons pas à chercher ce qui, dans les années trente, pouvait éclairer cette boutade toute stendhalienne, de la part d'un chef de bataillon quadragénaire. Retenons plutôt la leçon de méthode. Le jour viendra probablement où ce dernier chapitre de *Vers l'armée de métier* sera au programme de tous les collèges français; c'est plus vivant que Descartes.

Dommage pour de Gaulle et pour son projet de Participation, si les ministres ne l'avaient pas lu après se l'être fait dédicacer.

Si Maurice Couve de Murville, Premier ministre, premier responsable de l'ultime offensive référendaire gaullienne, si vraiment Couve se racontait que de Gaulle lui-même avait besoin de se forcer pour lancer son projet de décentralisation, où voulait-on qu'il trouve la foi qu'il était chargé d'insuffler aux Français?

Maurice Couve de Murville est allé au référendum comme à une bataille sans motif. En juin 1940, lorsque de Gaulle, sous-secrétaire d'Etat, s'est aperçu que Weygand n'avait plus foi dans la possibilité de résister, il a conseillé à Paul Reynaud de le relever de son commandement, quels que soient les inconvénients en pleine débâcle. A la fin de l'hiver 1969, si près du référendum, les inconvénients n'étaient pas pires. Dans un cas comme dans l'autre le choc psychologique, qui sait? pouvait être salvateur. De Gaulle n'a pas relevé Couve. Question d'âge probablement. Non pas sans doute que son caractère ait beaucoup fléchi. Mais il n'avait plus de temps devant lui pour ajouter du nouveau à tout le nouveau auquel il avait voué sa vie.

*
* *

La conviction de toute sa vie sur la vertu de la décentralisation, de Gaulle l'a confirmée dans chaque période d'épreuve nationale :

Bernard Ducamin * : — De même que la Résistance a été un phénomène non pas d'élites parisiennes mais a surgi de notre fonds national, de même on pouvait penser qu'une meilleure répartition des compétences dans le pays pourrait produire un dynamisme plus grand. »

L'épreuve de Mai n'est pas allée en sens contraire.

Bernard Ducamin : — En mai 68, l'absence de relais avait montré que des phénomènes de désordre pouvaient se généraliser et constituer un danger pour l'Etat. Je crois que l'idée d'une meilleure distribution des responsabilités, la réorganisation régionale, pouvait renforcer le rôle de l'Etat dans le pays [150]. »

Rappelons-nous l'autorité décentralisée que de Gaulle a voulu déléguer « aux préfets redevenus Commissaires de la République » en Mai comme à la Libération. C'était alors une improvisation. Il a voulu la structurer.

*
* *

Faute de croire à cette sincérité fondamentale chez de Gaulle, les ministres vont au référendum les épaules voûtées. De droite ou de gauche, les partis politiques ne prêtent au projet référendaire de 1969 ni plus ni moins de défauts qu'à celui de 1962 sur le système d'élection présidentielle directe : autrement dit ils les lui prêtent tous. La différence c'est qu'en 1969 les ministres semblent confus du costume que le Général leur fait endosser.

La longueur du texte, par exemple. Celui de 1958, qui contenait le projet de Constitution, était autrement plus long, autrement plus ardu. Ça n'a pas empêché 81 % des électeurs français de l'approuver. Ce

---

* Rappelons que Bernard Ducamin a été, comme conseiller technique du général de Gaulle, le plus proche témoin de l'élaboration du projet référendaire.

coup-ci, en 1969, les ministres s'excusent tellement auprès des électeurs éventuels qu'ils les démobilisent d'avance.

De Gaulle a pourtant précisé à son gouvernement les raisons qui le poussaient à chercher un texte minutieux.

Jean-Marcel Jeanneney (1977) : — En Mai, le Général avait proposé un texte référendaire très concis, et on l'avait accusé de vouloir un blanc-seing. Lorsque nous l'avons fait plus détaillé, on s'est plaint que c'était obscur. »

Bernard Ducamin (1976) : — J'étais continuellement amené à suggérer qu'on essaie de mettre ailleurs que dans le texte les conséquences juridiques en chaîne qu'on découvrait à mesure qu'on avançait.
« Mais la réaction du Général était chaque fois très nette : il fallait que ce soit dans le texte pour que la Réforme fût applicable d'un coup. »

Jean-Marcel Jeanneney : — Là a été vraiment l'exigence du Général : que le texte qu'on lui soumettait soit rédigé de telle manière qu'il puisse être instantanément appliqué. »

Bernard Ducamin : — Sa volonté a été que la Réforme sorte toute armée du référendum et que nous soyons condamnés à l'appliquer telle quelle [152]. »

Jean-Marcel Jeanneney : — Il gardait, je crois bien, le sentiment qu'entre 1962 et 1968 on n'avait pas été assez vite quant aux réformes nécessaires. »

Le motif principal est là : de Gaulle a été échaudé par Pompidou qui a délayé, ratatiné l'intéressement jusqu'à ce que Mai s'ensuive. Le Général ne veut pas laisser la Participation à la merci d'une majorité parlementaire pompidolienne. Il n'a plus le temps.

Il a besoin que la modification des institutions apparaisse comme un événement soudain, massif. Il lui faut ce choc politique pour faire passer sur-le-champ le reste de la Réforme, toute la partie qui n'est plus dans le texte référendaire, mais qui ne perd rien pour attendre le lendemain.

La charnière entre ce qui est dans le projet référendaire — la modification des pouvoirs publics — et ce qui n'y est pas mais qui en découlera — la modification des rapports sociaux au sein des entreprises —, la charnière c'est la fusion du Conseil économique et social et du Sénat.

Pour de Gaulle, l'intéressant n'est pas de réformer le Sénat mais de renforcer le Conseil économique et social.

Ce n'est pas une lubie tardive. Quinze mois à peine après le grand ajustement du système d'élection présidentielle, il avait prévenu les Français qu'il restait là une ultime amélioration à introduire :

Général de Gaulle (31 janvier 1964) : — Notre Constitution est bonne. Sans doute l'évolution de la société française nous amènera-t-elle en notre temps de PROGRÈS, de développement et de planification à reconsidérer l'une de ses dispositions. Je veux parler de celle qui concerne LE ROLE ET LA COMPOSITION DU CONSEIL ECONO-MIQUE ET SOCIAL [151]. »

On voit que l'idée d'un tel projet de révision constitutionnelle ne doit rien aux agitations de Mai, quoi qu'ait cru Couve. On voit même que la date était suggérée : ce serait pour la phase du « progrès ».

L'idée révolutionnaire, c'est de faire siéger dans une Chambre législative et non plus seulement consultative des représentants des catégories dites socio-professionnelles.

Bernard Ducamin : — On mettait à un niveau de pouvoir politique des catégories qui généralement n'en veulent pas, et qui se retrouveraient forcément, par le fait d'une volonté du pays tout entier, tout d'un coup, de l'autre côté de la barrière.
« Ceci pouvait permettre de renverser une situation d'opposition faisant obstacle à certaines évolutions [152]. »

En clair, de Gaulle voudrait que la France réquisitionne, contre leur gré, les syndicalistes afin que ceux-ci installés de force au Sénat aident à imposer la participation dans l'entreprise... contre le gré du patronat.

C'est à peu près ce que le général de Gaulle avait déjà fait à la Libération lorsqu'il avait réquisitionné les communistes pour les orienter bon gré mal gré vers les devoirs de la reconstruction nationale. Une fois dans l'engrenage, ils n'avaient pas été les moins ardents ni les plus rechigneurs.

Ça menace de déranger le confort des anciens sénateurs, et le prestige de leur président. D'où tollé. Au lieu de remettre les choses au point, les ministres suivent les sénateurs sur leur terrain. Personne ne parle au pays de l'accession des syndicalistes aux responsabilités politiques : le gouvernement passe son temps à demander pardon pour quelques accrocs dans le statut de l'ancien Sénat. Beau dossier pour les sénateurs, qui courent en saisir leurs grands électeurs.

La couardise des ministres — et pour quelques-uns d'entre eux, des arrière-pensées pompidoliennes — en arrive à créer une situation politique doublement étonnante.

A l'approche de la campagne référendaire, le corps électoral français n'est passionné que pour les tracas d'une Chambre que ce corps électoral n'élit pas.

La gauche et les socialistes, plus acharnés que tout le monde, appellent à renverser de Gaulle parce qu'il veut faire passer dans les faits une réforme dont l'idée lui vient de Léon Blum.

Obsédés par le qu'en-dira-Pompidou, les ministres omettent de signaler aux Français le caractère progressiste du projet. La nation, du coup, s'étonne que le pouvoir veuille un bouleversement sans raison. Elle peut craindre une instabilité chronique, là où de Gaulle veut laisser une institution durable.

Il pouvait paraître moins difficile d'amener le gouvernement Couve de Murville à exalter la Participation en 1969 que de conduire le gouvernement Debré à faire campagne pour les accords d'Evian en 1962. Les colonels d'Algérie pouvaient sembler plus difficiles à mettre à la raison que le patronat. Celui-ci détenait l'argent de la propagande, les autres avaient les canons.

Le fait reste que le général de Gaulle, ayant mis le mécanisme en place, n'est pas parvenu à y faire circuler la même passion nationale. Il n'a plus eu le temps. Peut-être en a-t-il perdu l'envie. Pourtant, on va le voir faire jusqu'au bout ce qui dépendra de lui, presque clandestinement.

*

Maurice Couve de Murville (1976) : — Autant que je me rappelle, le général de Gaulle avait l'intention (il m'en avait parlé avant le référendum) de mettre en discussion au Parlement — dont la session devait reprendre normalement après le scrutin — un projet de réforme des sociétés et du régime de gestion des entreprises [153]. »

Ah! qu'en termes distants ces choses-là sont dites! Couve, neuf ans après les faits, manie encore avec des pincettes ce tison brûlant.

En fait, il s'agit d'une pièce essentielle de la Réforme. On a de la peine à croire que le Premier ministre qui jouait son destin là-dessus, doive forcer sa mémoire, « autant qu'il se rappelle », pour y retrouver trace d'un projet élaboré par son propre gouvernement.

Il est drôle — en un sens — de voir la définition contournée, édulcorée, émasculée que Couve donne du contenu du projet. Au bout de neuf ans, il a encore peur, dirait-on, que le patronat le lui reproche. Il en parle comme si ce n'était pas la chose qui tenait de Gaulle au ventre depuis 1941 : la participation des travailleurs à la conduite de l'entreprise où ils ont leur vie.

Il est incroyable que le Premier ministre chargé de conduire l'action collective du gouvernement dans une période qui va se solder pour la France par le plus gros choc psychologique depuis la Libération, le départ du général de Gaulle, que ce Premier ministre-là dans cette période-là n'ait pas flairé la gravité du projet.

Le général de Gaulle en a passé commande au ministre d'Etat chargé des affaires sociales, Maurice Schumann. Il n'était pas question de faire autre chose : de Gaulle l'avait promis aux Français au sortir de Mai.

Maurice Schumann (dix ans plus tard) : — Le Général m'a demandé de la façon la plus claire de préparer un projet de loi sur la participation dans l'entreprise. Il estimait que le succès électoral de 68 n'avait un sens que s'il ouvrait en 69 l'ère des vraies réformes. »

C'est le complément indissociable du projet référendaire : la participation des représentants des travailleurs aux destinées de l'économie nationale est proposée par le biais de la loi référendaire; la participation directe de l'ensemble des travailleurs aux destinées de leur entreprise doit se faire par une loi ordinaire. Ainsi le veulent les spécialistes du droit constitutionnel.

Mais pour la participation dans l'entreprise tout autant que pour la mise en pratique de la loi référendaire, de Gaulle se méfie des décrets d'application et des amendements. Il veut éviter qu'on ne défasse dans son dos ce que le peuple français aura voulu. Il sait ce que Pompidou a fait ou défait de ses projets sur l'intéressement, et comment ces tripatouillages ont donné Mai. Les pompidoliens détiennent sans partage la majorité au Parlement. De Gaulle veut que le projet de Réforme au niveau de l'entreprise privée leur soit soumis sur la lancée d'un succès au référendum, quand la poussée populaire se sera manifestée assez haut pour que les financiers baissent le nez, comme à la Libération pour les comités d'entreprise.

Précisément de Gaulle n'a pas envie qu'on lui refasse le coup des comités d'entreprise qui ont été spécialisés dans la gestion des arbres de Noël faute que la loi ait suffisamment tracé leur compétence, et faute surtout que les délégués syndicaux aient été suffisamment préparés aux responsabilités.

Le projet Schumann devra donc être soumis aux députés pompidoliens — y compris le député du Cantal Georges Pompidou — comme une chose à prendre ou à laisser. Mais le résultat du référendum les aura avertis de ce qui attend — après dissolution éventuelle — les parlementaires qui se seront mis en travers.

Schumann est chargé de bâtir un texte minutieux, applicable dès son adoption par les Chambres, sans décrets interprétatifs : une sorte de règlement intérieur des entreprises. Et ce sera applicable sans discussion ni murmure, d'un bout à l'autre du territoire, dans toutes les firmes privées aussi bien que publiques « employant habituellement plus de cent salariés ».

Applicable? A condition que la volonté des Français se soit imposée à travers le référendum...

Le lecteur sait ce qu'il en est advenu. Le projet Schumann est donc resté dans les coffres. Allons y chercher les passages essentiels, en l'état où ils se trouvaient dès novembre, quand le général de Gaulle y apposa son approbation. La Réforme — on va le voir dès l'article 1er — devait entrer en vigueur dès la réouverture des usines et des bureaux et des magasins à la fin des vacances d'été :

Article premier. — Dans toutes les entreprises employant habituellement plus de 100 salariés, quelles que soient la nature de leurs activités et leur forme juridique, il sera procédé, dans un délai de trois mois à compter de la promulgation de la présente loi, à l'élection de *délégués à la participation chargés d'élaborer* avec le chef d'entreprise *un contrat de participation.*

Article 2. — Les délégués sont élus au scrutin secret et uninominal à un tour par les salariés de l'entreprise.

Ceux-ci sont répartis en *trois collèges électoraux* : Ouvriers et employés; agents de maîtrise, techniciens et assimilés; ingénieurs et cadres. (...)

Pour l'élection des délégués des ouvriers et employés, l'entreprise est divisée en *unités fonctionnelles*, en nombre égal au nombre des délégués à élire.

Tout électeur peut être candidat.

Article 5. — Le contrat de participation devra être conclu *dans un délai de six mois* suivant l'élection des délégués, par accord entre la majorité de ceux-ci et le chef d'entreprise.

Le contrat sera soumis dans le mois suivant sa conclusion, à l'approbation de l'ensemble du personnel qui devra se prononcer au scrutin secret à la majorité simple des votants. (...)

Si les délégués à la participation n'ont pu se mettre d'accord avec le chef d'entreprise sur le texte d'un contrat à soumettre au vote ou si le personnel se prononce contre le contrat qui lui est soumis, *la cour sociale sera saisie* et établira un contrat de participation, sur la base d'un contrat-type qui aura été élaboré conformément à l'article 16 ci-dessous. (...)

Article 6. — Le contrat de participation doit définir la composition et les modalités de fonctionnement d'un COMITE DE PARTICIPATION, chargé de promouvoir la participation des travailleurs à la marche des entreprises. Il ne pourra comporter des clauses moins favorables que celles contenues dans les articles 7 à 12.

Article 7. — En matière *d'information*, le chef d'entreprise devra communiquer au Comité de participation les documents suivants :

— *Chaque mois* : Une *note d'information* sur l'évolution des productions, des techniques mises en œuvre, de la productivité, du volume des ventes et des prix pratiqués; (...)

— *Chaque année* : Le compte rendu d'activité annuel de l'entreprise, le compte d'exploitation (et, en particulier, les éléments concernant la masse salariale), le compte des profits et pertes, le bilan, le rapport des Commissaires aux Comptes. Tous ces documents seront accompagnés de tableaux permettant de comparer les résultats de l'exercice considéré avec ceux des trois dernières années, ainsi que d'informations prévisionnelles sur l'évolution envisagée de l'activitié de l'entreprise, des investissements et de l'emploi.

Article 8. — Les documents mentionnés à l'article 7 feront l'objet d'un examen détaillé du Comité de participation qui *émettra un avis* et fera toutes *suggestions* tenant compte des impératifs économiques et financiers de l'entreprise.   •

Article 9. — Les avis et suggestions du Comité seront consignés, chaque mois ou chaque année, selon les cas, dans un procès-verbal qui sera distribué à l'ensemble du personnel et pourra être accompagné de questionnaires.

Les salariés pourront, à tout moment, adresser leurs commentaires ou leurs suggestions au Comité de participation. En outre, des assemblées du personnel, organisées au niveau de l'unité fonctionnelle, se réuniront deux fois par an en présence du chef d'entreprise ou de son représentant et de membres du Comité de participation.

Ces assemblées pourront adopter, au scrutin secret, des motions relatives aux informations transmises par le Comité de participation.

Article 10. — LE COMITE DE PARTICIPATION SERA *OBLIGATOIRE-MENT CONSULTE* PAR LE CHEF D'ENTREPRISE SUR TOUTE DECISION AYANT POUR EFFET DE MODIFIER *L'ORGANISATION OU LES ACTIVITES DE L'ENTREPRISE* ET RESULTANT, NOTAM-MENT, DE CHANGEMENTS IMPORTANTS DANS LA PRODUC-TION, DE TRANSFORMATIONS DE L'ACTIVITE DE L'ENTRE-PRISE, D'OPERATIONS DE DECENTRALISATION, DE CONCEN-TRATIONS OU DE FUSIONS DANS L'ENTREPRISE.

Le Comité devra disposer d'un délai d'au moins quinze jours pour émettre un avis sur ces mesures.

Cet avis sera transmis au Conseil d'administration ou au Conseil de surveillance, selon le cas, et devra faire l'objet d'une REPONSE ECRITE ET MOTIVEE DU CHEF D'ENTREPRISE.

Article 11. — Pour donner leur plein effet aux dispositions de l'article 10, l'accord de participation devra définir les règles relatives à l'observation du secret professionnel et à l'obligation de discrétion qui s'appliqueront aux membres du Comité de participation.

Article 12. — Les propositions, suggestions ou motions, présentées par le Comité de participation, à l'initiative du personnel ou de sa propre initiative, doivent faire l'objet d'une réponse motivée du chef d'entre-prise sur la suite pouvant leur être réservée.

Cette réponse sera communiquée à l'ensemble du personnel sous réserve des règles de secret.

Article 13. — (Initiation des salariés aux problèmes de la gestion des entreprises.)

Article 14. — (Compétences du Comité de participation pour la conclusion et l'application des accords d'intéressement aux bénéfices.)

Article 15. — Il est institué un Conseil national de la participation comprenant, en nombre égal, des représentants des employeurs, des travailleurs et des Pouvoirs publics, ainsi que des personnes qualifiées par leur compétence en ce domaine.

Les membres du Conseil national sont désignés par décret, sur proposition des organisations représentatives, dans un délai d'un mois suivant la promulgation de la présente loi.

Article 18. — Le Conseil national de la Participation peut être appelé par le ministre chargé du Travail à procéder à des études particuliè-res, notamment en vue de L'ORGANISATION D'UN ENSEIGNE-

MENT D'INITIATIVE ECONOMIQUE et d'une formation aux techniques de gestion, destinée aux membres des Comités de participation *

Il y avait là-dedans une petite phrase — « tout électeur peut être candidat » — propre à effaroucher les grandes confédérations syndicales. Elles jouissaient jusqu'alors d'un monopole des candidatures dans les comités d'entreprise. De Gaulle, avec son goût de la démocratie de base, malmenait ce privilège aussi cruellement qu'il avait fait pour celui des partis politiques avec la nouvelle Constitution de 1958. Comme dans le cas des partis, il fallait le souffle irrésistible d'un référendum pour que les états-majors syndicaux prennent le nouveau pli.

Mais c'est le patronat traditionaliste que tout le reste du projet avait de quoi effaroucher. Un des symptômes de la faiblesse politique du gouvernement Couve de Murville est que les salariés français n'aient jamais été saisis de la grandeur d'un tel projet. Les ministres n'ont pas relayé le Général. Ils sont allés au référendum sans mener campagne. Ils ont eu peur de perdre plus du côté conservateur qu'ils n'auraient gagné du côté progressiste. A ce calcul-là ils ont perdu sur les deux tableaux.

Etrangement, de Gaulle lui-même n'a fait que de vagues allusions au projet explosif qu'il tenait sous le coude. Il en a un peu parlé aux téléspectateurs en avril, lorsqu'il savait la partie perdue.

Il ne s'est probablement jamais remis d'avoir mal composé son dernier gouvernement : en cela il a probablement senti qu'il ne visait plus juste. Et c'est peut-être cet échec secret qui fait tinter en lui la sonnette d'alerte du départ en retraite.

*
* *

Mais il ne sera pas dit que, tant qu'il est en charge de son mandat, il ne le remplit pas dans tous les domaines.

Colosse aux pieds d'argile, la France de la Réforme, si elle ne s'assurait pas enfin un socle monétaire. De Gaulle n'a pas envie de la voir tourner en eau de boudin comme le Front populaire.

Le 19 avril, soit huit jours à peine avant le référendum, un nouveau gouverneur de la Banque de France, Olivier Wormser, prête serment devant le chef de l'Etat. De Gaulle l'a fait nommer à la place de Jacques Brunet, à qui il garde du ressentiment pour avoir trop passivement pris son parti de la perspective d'un renoncement monétaire exigé par l'étranger, en novembre dernier. Le Général va avoir besoin d'un homme promptement résolu.

* Après la mort du général de Gaulle, le parti pompidolien s'est emparé de la dépouille de ce projet. Il l'a fait déposer par ses députés sous forme d'une proposition de loi. Mais tout ce que de Gaulle voulait uniformément obligatoire a été transformé en facultatif. Le dessein social gigantesque du général de Gaulle a été ainsi ratatiné aux dimensions d'une curiosité juridique.

Après la cérémonie, il tire Wormser à part. Le Gouverneur confirme au Général que la situation monétaire redevient fâcheuse. Un plan brutal de redressement financier lui paraît s'imposer.

Général de Gaulle : — Préparez-vous en vue du Conseil restreint que je réunirai pour arrêter ce plan de redressement dans dix jours, mardi 29 avril... »

Ce sera le surlendemain du référendum. De Gaulle enchaîne :

« ... si toutefois je suis encore ici... »

Il entendait que tout fût prêt pour l'offensive, si le peuple français s'y lançait.

Adossé à la poussée révolutionnaire qu'aurait exprimée l'avant-veille un succès du oui à la Participation, on peut gager que le plan financier aurait été sans ménagements pour ceux qui spéculaient contre la France.

*
* *

Pompidou a une étrange façon de gonfler le moral des députés UDR :

— S'il en était parmi nous qui ne soient pas encore convaincus de la nécessité de faire ardemment campagne pour le « oui », je les invite à pratiquer la méthode Coué en se répétant chaque soir jusqu'au 27 avril toutes les raisons qu'ils ont de s'en convaincre. »

Le Dictionnaire Robert 2 relève que la méthode Coué est invoquée « le plus souvent sur le mode ironique ». Pour Pompidou autant dire que le contenu du projet n'a pas de quoi convaincre. Les financiers ne pourront pas lui garder rancune de l'avoir approuvé; les gaullistes ne pourront pas lui garder rancune de l'avoir combattu. Et tout ça peut refaire une majorité une fois de Gaulle réexpédié à Colombey.

Sans l'agrément du général de Gaulle, André Malraux demande à Pompidou de mettre fin au double jeu en déclarant qu'il ne sera pas le candidat de ceux qui auront évincé de Gaulle. Pompidou lui oppose visage de bois prétextant qu'il n'a pas à être plus gentil qu'on ne l'a été avec lui dans l'affaire Markovitch. On ne sait plus si cette affaire est pour lui un motif ou un moyen.

*
* *

Le redressement monétaire et financier organisé dès le 29 avril? La participation au sein des entreprises votée dès la session de printemps, avant le 30 juin? La création des régions et la socialisation du Sénat exécutoires dès la proclamation des résultats du référendum?

Essentielle coïncidence : les trois chapitres de la Réforme devaient être bouclés simultanément avant fin juin. Personne ne l'a dit. Aucun ministre ne l'a vu. Etroitesse de vue, ou couardise? Le général de Gaulle n'a pas pris la peine d'en faire état. Lassitude devant le manque de relais? C'était là pourtant la clé.

Au sortir de Mai, l'année précédente, lorsque de Gaulle offrait un référendum global sur la Participation, il avait proposé, rappelez-vous, que gouvernement et Parlement aient un an, à compter de juin 1968, pour en finir avec la mise en œuvre dans tous les domaines.

On lui avait démantibulé son référendum global. Mais voici que par des détours bizarres, il restait dans le délai.

Il ne s'est jamais expliqué sur l'échéance qu'il s'imposait ainsi. Plusieurs hypothèses s'entrecroisent. La première : de Gaulle ne se serait pas comporté autrement si dès 68 il avait calculé qu'il ne resterait pas au pouvoir au-delà de 1970.

Cependant on peut lui prêter un mobile plus technique : le 1er juillet 1969, le président de la République allait retrouver son pouvoir de dissolution suspendu pendant un an à compter du 30 juin précédent *. Ce jour-là il retrouverait prise sur la majorité pompidolienne. Il pouvait espérer que cette considération suffirait pour ramener cette majorité à une vue plus gaulliste de l'avenir. En ce cas on pouvait à partir du 1er juillet revenir à la pratique parlementaire courante. Mais il est probable que de Gaulle n'aurait pas été fâché de changer l'Assemblée nationale en prenant prétexte de la première incartade à laquelle se seraient livrés les pompidoliens dans les scrutins sur le projet de participation dans l'entreprise. De Gaulle n'a eu que deux Assemblées disposées à le soutenir bon gré mal gré : celle de 1958 puis celle de 1962. Dans les deux cas les élections législatives avaient immédiatement succédé à un référendum. Pourquoi pas une troisième fois, si le référendum du 27 avril 1969 devait être gagné?

Par-delà toutes ces considérations d'âge ou de tactique, il y a plus important. Le 24 mai 1968, le général de Gaulle a estimé nécessaire aux intérêts de la France de proposer aux Français un contrat de progrès, à échéance d'un an. D'autres ont pu tripoter les opportunités, chipoter sur les modalités, ça ne le concernait pas, lui de Gaulle, ça ne le déliait pas. Quand de Gaulle s'engageait envers la France, c'était irrévocable.

Quant à la date qu'il pouvait envisager pour son départ en retraite, sans doute vaudrait-il mieux repérer d'autres échéances découlant du projet référendaire. Il avait chargé Jean-Marcel Jeanneney d'indiquer que la mise en place des institutions régionales serait achevée le 1er janvier 1970; consécutivement le Sénat régionalisé et socialisé serait installé en avril 1970. Comptez quelques mois pour la mise en train, la République gaullienne sera parachevée à l'approche du quatre-ving-

* L'alinéa 4 de l'article 12 de la Constitution dispose que lorsque les élections législatives générales sont la conséquence d'une dissolution anticipée de l'Assemblée nationale « il ne peut être procédé à une nouvelle dissolution dans l'année qui suit ces élections ».
Le second tour des élections avait eu lieu le 30 juin 1968.

tième anniversaire du général de Gaulle : 22 novembre 1970. Ici situait-il peut-être le moment.

Jacques Foccart (1977) : — Le général de Gaulle m'avait dit parfois, comme à son fils Philippe : "Je n'irai pas au bout de mon mandat." Je ne sais pas ce qu'il a dit à d'autres. »

Le témoignage est formel, l'interprétation reste difficile. Le général de Gaulle tâtait souvent ses familiers en donnant pour certaines les hypothèses noires. Sans doute se tâtait-il surtout lui-même. Ses remarques n'ont jamais pris une tournure formelle.

Jacques Foccart : — De Gaulle avait encore beaucoup de projets. Mais aussi la crainte du naufrage de l'âge. Si je l'avais trouvé vieillissant, je le lui aurais dit. Il était encore lui-même, toujours pugnace. Mais j'en reste convaincu : quand bien même il aurait remporté le référendum d'avril 1969, il ne serait pas allé au terme de son mandat. »

Le général de Gaulle, ayant démissionné à l'âge de soixante-dix-huit ans et demi pour des motifs de cohérence politique, est décédé le 9 novembre 1970, soit douze jours avant la date limite qu'il s'était peut-être imposée.

Bernard Tricot : — Chaque fois que le Général a dit aux Français " la seule querelle qui vaille, c'est la querelle de l'homme ", il a, me semble-t-il, été entendu. »

Personne, au dernier référendum, n'aura porté devant le peuple français la querelle de l'homme.

Bernard Ducamin : — Au fond, il aura manqué un Malraux de la réforme de l'entreprise.
« Le général de Gaulle a senti très tôt où se trouvait le nœud de la question il a eu très vite l'intuition radicale que le problème central était celui de l'homme au travail, de l'homme dans l'entreprise. A partir de là, sa pensée ne s'est pas bâtie d'un coup. Conscient des limites de sa compétence dans le domaine social, il n'osa jamais imposer à ses ministres, à ses fonctionnaires, la mise en application d'une réforme. Son idée de base n'a pas été reprise par de grands théoriciens, de grands penseurs [154]. »

Pénombre du soir tombant. Ses yeux supportaient mal les lumières intenses. Les audiences de l'après-midi sont achevées. L'aide de camp, lieutenant-colonel d'Escrienne, vient prendre sur le bureau les dossiers de secrétariat. De Gaulle comme toujours est le stylo à la main. Sur la feuille de papier, d'Escrienne aperçoit une colonne de mots et, en regard de chacun, deux chiffres. Le Général lève les yeux.

De Gaulle : — Saviez-vous que lorsque Sophocle a écrit Œdipe à Colone il avait quatre-vingt-dix ans? »

D'Escrienne avoue son ignorance. Le Général, montrant le feuillet du dos de la main, mais sans le lire, récite sa liste : Michel-Ange peignant la Sixtine et traçant la coupole de Saint-Pierre à quatre-vingts ans passés, Le Titien et sa Bataille de Lépante à quatre-vingt-quinze ans, sa Descente de Croix à quatre-vingt-dix-sept, Goethe et son Second Faust à quatre-vingt-trois ans, Torquemada conçu par Victor Hugo à quatre-vingts ans, la seconde Légende des Siècles à quatre-vingt-trois ans, les quatuors à corde de Saint-Saëns à quatre-vingts ans passés aussi, Voltaire, Mauriac [155]...

Jeu familier au général de Gaulle, jeu anxieux : il faisait passer un incessant examen à sa faculté de mémoire et de logique. Comme il fera des réussites à la Boisserie. Mais ce soir le sujet d'exercice qu'il s'est tracé est pathétique. De Gaulle, en les inventoriant, veut se convaincre que de puissants vieillards sont demeurés capables d'œuvrer pour l'humanité.

Or avez-vous remarqué? Sur sa liste ne s'inscrivent que de grandes créations de l'esprit. Plus d'œuvres de l'action, semble consigner cet homme qui a tant œuvré en action. Il n'envisage pas sa retraite comme un repos; il aborde sa conversion, lucidement. Volontaire de la France une fois de plus.

Il y pensait déjà le 18 février. C'était Mardi gras, on avait déjeuné en grande famille à l'Elysée. Boissieu, le gendre, l'avait accompagné en tête à tête pour faire le tour du bassin, plus souvent encore, plus impatiemment que le tour du parc à la Boisserie. Ils parlaient bien sûr du référendum, du voyage à Quimper.

Boissieu : — Dans l'Est, vous conserverez une majorité. Ailleurs... »

De Gaulle : — ... »

Boissieu : — Vous n'êtes pas forcé de partir... »

De Gaulle : — Gouverner avec quarante-six pour cent de consentement? Il sera plus utile que j'écrive pour les Charles. »

Les Charles, c'était la génération de ses petits-fils (on avait donné à l'aîné le prénom du grand-père).

Plus utile à l'avenir de la France, la rédaction des *Mémoires d'espoir.* Telle est la dimension qu'il assignait à sa dernière œuvre.

La décision de metttre le livre en chantier était déjà prise, avant celle de lancer le référendum. Le livre au moins — cette ultime avancée vers la France du futur — ne dépendrait que de lui, adieu ministres réticents.

Seul comme à chaque bond vers l'avenir, l'Armée de métier, le 18 Juin, la Réforme constitutionnelle, l'outre-mer, l'Indépendance nationale, la Participation.

La décision était prise. Pour quand? Dans ce cas précis, on ne sait pas. Simple remarque, à propos de toutes les autres décisions que de Gaulle a prises : il tardait systématiquement à les prendre, jusqu'à inquiéter ses servants; mais chaque fois qu'il en avait pris une, il n'avait pas pu s'empêcher ensuite de passer à l'exécution en tronquant le délai qu'il s'était d'abord fixé.

A trois jours du référendum, le jeudi 24 avril, Maurice Schumann rend compte une dernière fois au président de la République : le projet de réforme de l'entreprise est prêt pour l'examen parlementaire dès que les Chambres reprendront leur session interrompue par la campagne référendaire. De Gaulle parcourt les feuillets.

Général de Gaulle : — Oui, voici enfin la réforme qu'il fallait. Nous n'aurons pas l'occasion de la mettre en œuvre; nous allons perdre dimanche. Dommage pour la France... »

Maurice Schumann (dix ans plus tard) : — Il m'a bien dit qu'il le trouvait dommage. Ce qu'on a pu dire sur un référendum suicidaire, pour chercher une sortie, ne tient pas debout. »

Maurice Couve de Murville : — La version du référendum-suicide est venue très largement après coup. »

Jean-Marcel Jeanneney : — Il est probable qu'en propageant cette version après coup, des gens qui passaient pour des partisans du général de Gaulle mais qui en fait l'avaient trahi avant le référendum ont voulu se donner à leurs propres yeux un alibi contre le remords. »

Ce ne fut pas un référendum-suicide. Ce fut un référendum-testament. De Gaulle a voulu que soit dit tout ce que la France était en mesure de faire le jour où les Français prendraient conscience de le vouloir. Il n'avait nul moyen de les forcer à être vainqueurs; il s'estimait capable mieux qu'un autre de leur mettre sur pied un ordre de bataille.

Il n'avait pas été homme à ressentir comme un outrage à sa personne qu'on fût d'un autre avis que lui. Le seul véritable outrage qu'on pût infliger à l'homme d'action a été de rêver qu'il restât à l'Elysée sans y faire ce qu'il croyait nécessaire.

Les défections lui inspiraient un autre sentiment : l'impatience du temps gâché. Il l'avait confié à Cahors, le 17 mai 1962 quand cinq ministres MRP * lui avaient dérobé l'aide promise un mois plus tôt :

Général de Gaulle : — Un homme est un homme, et les traverses sont pour lui où qu'il soit, à quelque place qu'il se trouve, des traverses; les chagrins sont des chagrins; mais la France est la France et il faut la servir [157]... »

Après la dernière traverse il est rentré dans son village avec son chagrin pour la France, mais déjà disposé à la servir d'ultime façon : en lui composant son livre de raison.

—————

* Pflimlin, Buron, Bacon, Fontanet et... Maurice Schumann.

Le 30 décembre 1969, Mme de Gaulle a invité la famille Jeanneney pour déjeuner à la Boisserie.

Jean-Marcel Jeanneney (1978) : — Le sentiment du Général était qu'il n'y avait pas à verser de larmes, puisqu'on était en démocratie et que l'époque fait qu'on doit y être. »

A table la conversation vient sur l'ancien président tchèque Benès.

De Gaulle : — Ce n'était pas un homme d'Etat, c'était un professeur. »

Jean-Noël Jeanneney (fils de l'autre) riant en regardant son professeur de père : — Un professeur ne peut donc pas être un homme d'Etat? »

De Gaulle : — Tout le monde peut le devenir. »

Jean-Noël Jeanneney : — Alors qu'est-ce qu'un homme d'Etat? »

De Gaulle : — C'est quelqu'un qui est capable de prendre des risques. »

Le 9 novembre 1970 à 19 h 25 dans la bibliothèque de la Boisserie lorsque le docteur Lacheny, agenouillé pour ausculter le général de Gaulle étendu sur un matelas à même le sol, s'est retourné vers Mme de Gaulle et lui a fait signe que c'était fini, Mme de Gaulle a dit :

— Il a tant souffert depuis deux ans [158]. »

On ne sait pas si elle parlait de douleurs morales ou physiques. C'était un monsieur âgé. A deux semaines près il allait sur ses quatre-vingts ans.

Stendhal : — Cent ans après sa mort le plus grand bonheur qui puisse arriver à un grand homme, c'est d'avoir des ennemis. »

TABLE DES REFERENCES

Les références aux ouvrages de Charles de Gaulle correspondent au texte et à la pagination de l'édition des Œuvres complètes chez PLON.

La sténographie du Colloque tenu le 22 mai 1976 à l'Institut Charles de Gaulle est reproduite dans le n° 16 de la revue ESPOIR.

Celle du Colloque tenu le 12 février 1977 est reproduite dans le n° 20 de la revue ESPOIR.

CHAPITRE PREMIER

1. Colloque de l'Institut Charles de Gaulle, 12 février 1977.
2. Michel Jobert, *l'Autre Regard*, Grasset, p. 37.
3. Maurice Grimaud, *En Mai fais ce qu'il te plaît*, Stock, p. 64.
4. Même livre, même page — Ainsi que les propos suivants de M. Grimaud.
5. Eloge funèbre de Christian Fouchet devant l'Assemblée nationale, octobre 1974.
6. Même source.
7. Michel Droit, *les Feux du crépuscule*, Plon, p. 120.
8. Colloque de l'Institut Charles de Gaulle, 12 février 1977.

CHAPITRE II

9. Michel Droit, *les Feux du crépuscule*, Plon, p. 210.
10. *Mémoires de guerre*, Plon, tome II, p. 241.
11. Même source, même page.
12. *Mémoires de guerre*, tome I, p. 251.
13. Même source, p. 253.

CHAPITRE III

14. Conférence de presse du 9 septembre 1965.
15. *Mémoires d'espoir*, tome I, p. 254.
16. Bernard Tricot, *De Gaulle et le service de l'Etat*, Plon, p. 144.

CHAPITRE IV

17. Pierre-Louis Mallen, « Souvenirs sur la visite du Général », Revue *Espoir*, n° 12, p. 24.
18. Jean d'Escrienne, *le Général m'a dit*, Plon, p. 115.
19. Même source, p. 115.
20. Marcel Chaput, *Pourquoi je suis séparatiste*, les Editions du Jour, Montréal 1962 et *J'ai choisi de me battre*, Club du livre du Québec, Montréal 1965.
21. Jean d'Escrienne, *De Gaulle de loin et de près*, Plon, 1968, p. 219.
22. *Mémoires d'espoir*, Plon, tome I, p. 311.
23. André Passeron, *De Gaulle 1958-1962*, Bordas, p. 313.

CHAPITRE V

24. Gilbert Pérol, « Auprès du Général de Gaulle », Revue *Espoir*, n° 14.
25. *Mémoires de guerre*, tome II, p. 311.
26. Stendhal, *Vie de Henri Brulard*, chapitre XIV.
28. *Mémoires de guerre*, tome II, p. 322.
29. Même source, p. 302.
30. Colloque de l'Institut Charles de Gaulle, 12 février 1977.
31. Même source.
32. Revue *Espoir*, n° 14, p. 15.
33. *L'Express*, n° 1373 du 31 octobre 1977.
34. Même source.

CHAPITRE VI

35. *Discours et messages*, tome I, p. 440.
36. Cité par Sylvie Guillaume : « Les Québécois et la vie politique française » (Institut d'études politiques de Bordeaux, 1975).
37. Même source.

CHAPITRE VII

38. Jean Mauriac, *Mort du Général de Gaulle*, Grasset, p. 125.
39. Ce propos a été recueilli de la bouche de témoins différents et avec quelques variantes par André Passeron, *De Gaulle parle*, 1962-1966, Fayard, p. 272.
40. Bible, Genèse, XXXII, 29.
41. « Le Flambeau », article repris dans le recueil posthume, *Charles de Gaulle. Articles et écrits*, Plon, p. 67.
42. Même source, p. 226.
43. Dépêche d'A.F.P., n° 180. 15 h 41, du 18 octobre 1974 (troisième feuillet).
44. Même dépêche (premier feuillet).
45. Michel Poniatowski, *Cartes sur table*, Fayard, p. 108.
46. Michel Bassi, *Valéry Giscard d'Estaing*, Grasset 1968, p. 82.
47. Même source, p. 136.
48. *Paris-Match*, n° 962, 16 sept. 1967, « Secrets d'Etat » par Raymond Tournoux.
49. *Mémoires d'exil et de combat*, par Henri, Comte de Paris, Atelier Marcel Jullian.

CHAPITRE VIII

50. Scène évoquée par Jean d'Escrienne dans *De Gaulle de loin et de près*, Plon 1978, p. 212.
51. Même source, p. 224.
52. André Passeron, *De Gaulle 1958-1969*, Bordas, p. 317.
53. Préface de l'*Index des thèmes de l'œuvre du général de Gaulle*, Plon, 1978, p. 9.
54. Colloque de l'Institut Charles de Gaulle du 22 mai 1976.
55. Discours de clôture des IIIe Assises nationales du RPF.
56. Colloque de l'Institut Charles de Gaulle du 22 mai 1976.
57. *Mémoires d'Espoir*, tome II, Plon, p. 115.
58. Lettre du 11 avril 1966 à M. Marcel Loichot.
59. Entretien télévisé avec Michel Droit, 7 juin 1968.
60. Pierre Rouanet, *Pompidou*, Grasset, pp. 132-133.
61. *Mémoires d'Espoir*, tome II, p. 113.
62. Michel Droit, *les Feux du crépuscule*, Plon, p. 55.
63. *Mémoires d'Espoir*, *l'Effort*, tome II, p. 215.
64. Colloque de l'Institut Charles de Gaulle du 22 mai 1976.
65. Michel Droit, *les Feux du crépuscule*, p. 55, Plon.

CHAPITRE IX

66. Colloque de l'Institut Charles de Gaulle le 22 mai 1976.
67. Entretien télévisé avec Michel Droit, 7 juin 1968.
68. *Le Monde*, 30 mai 1978, p. 13.
69. Même source.
70. *L'Année politique*, tome 1968, P.U.F. éditeur, p. 382.
71. Entretien télévisé avec Michel Droit, 7 juin 1968.
72. Même source.
73. Colloque de l'Institut Charles de Gaulle le 22 mai 1976.
74. Maurice Grimaud, *En Mai fais ce qu'il te plaît*, Stock éditeur, p. 209.
75. *L'Express*, n° 1373 du 31 octobre 1977.
76. Colloque de l'Institut Charles de Gaulle le 22 mai 1976.
77. *Le Monde*, du 30 mai 1978, p. 13.
78. Jean d'Escrienne, *le Général m'a dit*, Plon, p. 227.
79. *Mémoires de guerre*, tome III, Plon, p. 122.
80. *Le Point*, n° 293, du 1er mai 1978, p. 123.
81. Même source.
82. Même source.
83. *Le Monde*, du 30 mai 1978, p. 13.
84. Jacques Chirac, « *Georges Pompidou en Mai 68* », *Le Monde*, du 30 mai 1978, p. 13.
85. *Le Point*, n° 293 du 1er mai 1978, p. 123.
86. Michel Droit, *les Feux du crépuscule*, Plon, p. 55.
87. Claude Mauriac, *les Espaces imaginaires*, Grasset.
88. Scène racontée par Edouard Balladur dans *le Point*, n° 293 du 1er mai 1978, p. 130.
89. Même source.
90. Maurice Grimaud, *En Mai fais ce qu'il te plaît*, Stock, p. 281.
91. Même source, même page.
92. Même source, même page.
93. Claude Mauriac, *les Espace imaginaires*, Grasset.
94. Même source.
95. Maurice Grimaud, *En Mai fais ce qu'il te plaît*, Stock, p. 283.
96. Entretien télévisé avec Michel Droit, 7 juin 1968.

CHAPITRE X

97. Claude Mauriac, *les Espaces imaginaires*, Grasset, le mot « faut » est souligné dans le texte.
98. Même source. (Grasset).
99. Même source. (Grasset).
100. Même source. (Grasset).
101. Même source. (Grasset).
102. Claude Dulong, *la Vie quotidienne à l'Elysée sous de Gaulle*, Hachette.
103. Claude Mauriac, *les Espaces imaginaires*, Grasset.
104. Même source. (Grasset).
105. Même source. (Grasset).
106. Colloque de l'Institut Charles de Gaulle, le 27 mai 1978.
107. Cité par Michel Droit, *les Feux du crépuscule*, Plon, p. 89.
108. Jacques Massu, *le Torrent et la digue*, Plon, p. 372.
109. *L'Express*, n° 1373 du 31 octobre 1977.
110. Michel Droit, *les Feux du crépuscule*, Plon, p. 54.

CHAPITRE XI

111. Colloque de l'Institut Charles de Gaulle le 27 mai 1978.
112. Même source.
113. Même source.
114. Colloque de l'Institut Charles de Gaulle le 27 mai 1978.
115. Claude Mauriac, *les Espaces imaginaires*, Grasset.
116. Jacques Massu, *le Torrent et la digue*, Plon, p. 310.
117. Colloque de l'Institut Charles de Gaulle, le 27 mai 1978.
118. Même source.
119. Jean d'Escrienne, *le Général m'a dit*, Plon, p. 227.

CHAPITRE XII

120. Michel Droit, *les Feux du crépuscule*, Plon, p. 56.
121. Jacques Vendroux, *Ces grandes années que j'ai vécues*, Plon.
122. Pierre Rouanet, *le Cas Chaban*, Laffont, p. 41.

CHAPITRE XIII

123. *Mémoires de guerre*, tome I, p. 67.
124. Christian Fouchet, *Les lauriers sont coupés*, Plon, p. 48.
125. Même source.
126. Colloque de l'Institut Charles de Gaulle, le 22 mai 1976.
127. Même source.
128. Même source.
129. Conférence de presse du 28 octobre 1966. *Discours et messages*, tome V, p. 110.
130. Colloque de l'Institut Charles de Gaulle, le 22 mai 1976.
131. Même source.
132. Jean d'Escrienne, *De Gaulle de loin et de près*, Plon, p. 215.
133. John L. Hess, *De Gaulle avait-il raison?* Mame, 1969, p. 7.

134. *Mémoires d'Espoir*, tome I, p. 139.
135. Même source, p. 140.
136. Même source.
137. Même source.
138. Même source.
139. Même source.
140. *Mémoires de guerre*, tome I, p. 20.
141. De Gaulle à Michel Droit à la télévision, 12 décembre 1965.
142. L'ensemble de la scène est rapporté par Claude Mauriac dans *les Espaces imaginaires*, Grasset.
143. Henri Modiano, *Lettre ouverte aux gaullistes trahis*, Albin Michel.
144. *L'Express*, n° 1373 du 31 octobre 1977.
145. *Mémoires de guerre*, tome I, p. 67.

CHAPITRE XIV

146. Colloque de l'Institut Charles de Gaulle le 22 mai 1976.
147. Cité par Claude Dulong, *la Vie quotidienne à l'Elysée sous Charles de Gaulle*, Hachette.
148. Colloque de l'Institut Charles de Gaulle le 22 mai 1976.
149. Même source.
150. Même source.
151. Conférence de presse du 31 janvier 1964.
152. Colloque de l'Institut Charles de Gaulle le 22 mai 1976.
153. Même source.
154. Causerie à l'Institut Charles de Gaulle le 20 décembre 1977.
155. Scène rapportée par Jean d'Escrienne, *De Gaulle de loin et de près*, Plon 1978, p. 226.
156. Colloque de l'Institut Charles de Gaulle, 22 mai 1976.
157. Cité par André Passeron, *De Gaulle parle 1962-1966*, Fayard, p. 22.
158. Jean Mauriac, *Mort du général de Gaulle*, Grasset, p. 122.

TABLE DES MATIERES

Cet ouvrage a été réalisé sur
SYSTEME CAMERON
par Firmin-Didot S.A.
le 7 mars 1980

Dépôt légal : 1ᵉ trimestre 1980
Nᵒ d'édition : 5305
Nᵒ d'impression : 6179
ISBN 2-246-00909